U0655109

纪连海评点后汉书

（修订版）（上）

纪连海　著

中国出版集团　　现代出版社

图书在版编目（CIP）数据

纪连海评点《后汉书》：全2册 / 纪连海著. —北京：现代出版社，2018.4
ISBN 978-7-5143-6627-3

I. ①纪…　II. 纪…　III. ①中国历史－东汉时代－纪传体 ②《后汉书》－研究　IV. ①K234.204.2

中国版本图书馆CIP数据核字（2017）第317478号

纪连海评点《后汉书》：全2册

作　　者	纪连海	
策划编辑	庞俭克	
责任编辑	申　晶	
出版发行	现代出版社	
地　　址	北京市安定门外安华里504号	
邮政编码	100011	
电　　话	010-64267325　010-64245264（兼传真）	
网　　址	www.1980xd.com	
电子邮箱	xiandai@cnpitc.com.cn	
印　　刷	长沙鸿发印务实业有限公司	
开　　本	787mm×1092 mm　1/16	
印　　张	32.5	
字　　数	575千字	
版　　次	2018年4月第1版　2018年4月第1次印刷	
书　　号	ISBN 978-7-5143-6627-3	
定　　价	78.00元	

版权所有，翻印必究；未经许可，不得转载

目 录

（上）

1

4

（下）

7

卷一　光武帝纪

第一节　大智若愚成大事

【原文】

　　世祖光武皇帝讳秀，字文叔，南阳蔡阳人，高祖九世之孙也，出自景帝生长沙定王发。发生春陵节侯买，买生郁林太守外，外生钜鹿都尉回，回生南顿令钦，钦生光武。光武年九岁而孤，养于叔父良。身长七尺三寸，美须眉，大口，隆准，日角。性勤于稼穑，而兄伯升好侠养士，常非笑光武事田业，比之高祖兄仲。王莽天凤中，乃之长安，受《尚书》，略通大义。

　　莽末，天下连岁灾蝗，寇盗锋起。地皇三年，南阳荒饥，诸家宾客多为小盗。光武避吏新野，因卖谷于宛。宛人李通等以图谶说光武云："刘氏复起，李氏为辅。"光武初不敢当，然独念兄伯升素结轻客，必举大事，且王莽败亡已兆，天下方乱，遂与定谋，于是乃市兵弩。十月，与李通从弟轶等起于宛，时年二十八。

　　十一月，有星孛于张。光武遂将宾客还春陵。时伯升已会众起兵。初，诸家子弟恐惧，皆亡逃自匿，曰"伯升杀我"。及见光武绛衣大冠，皆惊曰"谨厚者亦复为之"，乃稍自安。伯升于是招新市、平林兵，与其帅王凤、陈牧西击长聚。光武初骑牛，杀新野尉乃得马。进屠唐子乡，又杀湖阳尉。军中分财物不均，众恚恨，欲反攻诸刘。光武敛宗人所得物，悉以与之，众乃悦。进拔棘阳，与王莽前队大夫甄阜、属正梁丘赐战于小长安，汉军大败，还保棘阳。

　　更始元年正月甲子朔，汉军复与甄阜、梁丘赐战于沘水西，大破之。斩阜、赐。伯升又破王莽纳言将军严尤、秩宗将军陈茂于淯阳，进围宛城。

　　二月辛巳，立刘圣公为天子，以伯升为大司徒，光武为太常偏将军。

世祖光武皇帝刘秀，字文叔，南阳蔡阳人，高帝刘邦第九代孙，出自景帝所生长沙定王刘发。刘发生春陵节侯刘买，刘买生郁林太守刘外，刘外生钜鹿都尉刘回，刘回生南顿令刘钦，刘钦生光武。

光武九岁丧父，为叔父刘良抚养。身高七尺三寸，美须眉，大口，鼻子高高的，额角饱满。爱农业劳动。他哥哥伯升却好侠养士，常诽笑光武从事田业，把他比作治产业的高祖兄刘仲。

王莽天凤年间，刘秀到长安，读《尚书》，大略通晓当中道理。

王莽末年，国内连年蝗灾，盗贼蜂起。地皇三年，南阳饥荒，各家门客多为小盗。

光武到新野避乱，将收获的谷物在宛城出卖。

宛人李通等以谶纬符命对光武说："刘氏复起，李氏为辅。"光武乍听觉得不敢当，但转念哥哥伯升广交食客，必举大事。而且王莽已露出败亡的迹象，天下正乱，便和他们合计谋划，决定举兵起事，购买兵器。十月，与李通堂弟李轶等在宛城起兵，时年二十八岁。

十一月，彗星出现于南方张宿。光武便带领宾客回到春陵。这时伯升已会众起兵。

起始，各家子弟害怕，都逃亡避匿，说："伯升要杀我们！"等到看见光武绛衣武冠，都惊异地说："谨慎厚道的文叔也起兵了啊！"大家才安定下来。

伯升于是招新市、平林兵，与其首领王凤、陈牧向西攻打长聚。

光武先骑牛，杀新野尉才得以骑马。进屠唐子乡，又杀掉了湖阳尉。

军中所获财物分配不均，大伙愤恨，想反攻诸刘氏。光武便收本宗人所得财物，全分给大家，众人才喜悦。

便进攻拔取棘阳，与王莽前队大夫甄阜、属正梁丘赐战于小长安，汉军大败，退守棘阳。

更始元年正月初一，汉军又与甄阜、梁丘赐战于沘水西，大破之，杀掉了甄阜、梁丘赐。伯升在淯阳又打败王莽纳言将军严尤、秩宗将军陈茂，进而围攻宛城。

二月初一，拥立刘玄为天子，刘玄任命伯升为大司徒，光武为太常偏将军。

【评点】

毛泽东曾经评价历史上的历代君王，说秦皇汉武没有什么文化，唐宗宋祖也没有什么超强魅力，成吉思汗也就是一个只知道弯弓射大雕的猎人而已。对于历史上的这些帝王，在毛泽东看来，基本上也就算是些中等生吧，不见几个各方面都拔尖儿的。只是，其中有这么一位很入他老人家的眼，得到了他的高度评价。谁啊？此人就是光武帝刘秀。

有哲人说刘秀是历史上会用人、有学问、最会打仗的皇帝。清代的著名学者王夫之也认为他是一位难得的皇帝。王夫之在《读通鉴论》卷六中写道："自三代而下，唯光武允冠百王矣！"意思是说，自夏商周三代以来，只有这个皇帝"允冠百王"。什么是"允冠百王"啊？那就是说刘秀在众多皇帝中，那是高人一头、技压群雄的，最起码也是鹤群中的一只鸵鸟吧。高人一头，宽人一臂，允冠百王，盖了帽儿了。

刘秀到底是怎样的一个皇帝啊？

说起这个东汉开国皇帝——汉世祖光武帝刘秀，他的一生真可谓曲折跌宕，充满了传奇。他从一个放牛娃、一个庄稼汉到光复汉室的大英雄，再到治国平天下的模范皇帝，真可谓接近完美了，也可以说他算得极品中的珍品了。他的高大光辉形象，深受人爱戴，广受人敬仰。

《后汉书·光武帝纪》记录了这位独领风骚、近乎完美的皇帝传奇的一生。

就让我们在这里回溯历史，感知光武帝刘秀在历史烟尘中的音容笑貌，重温伟大人物的履历壮举，感受这位伟大皇帝强大的人格魅力吧。

我们先来看看这个开国皇帝的貌相。他长得什么样啊？

刘秀有一个高鼻梁。他的高鼻梁，大有可能是汉高祖刘邦的多代遗传，因为汉高祖刘邦也是一个高鼻梁。他美须眉，不但头发胡须浓密，眉毛也很漂亮。"大口"，嘴大吃四方。"日角"指额骨中部突起，这样的人聪明，也有帝王相。如此看来，刘秀整个一颇有帝王相的帅哥儿，男人中的范儿。

接下来再看刘秀年轻时候的职业：性勤于稼穑。也就是说刘秀热爱农业劳动。咦？这就奇了怪了，他这个汉高祖刘邦的第九代孙，怎么搞着搞着成了庄稼汉，皇家血脉怎么就挽裤脚戴斗笠干起了农活儿啦？并且还"性勤"？按理说，他是皇室的人，皇室不是给买了养老保险，每年都会拨付养老金的吗？那小日子，定然是吃无忧穿不愁。这话当然不假，以前是这样的，皇室的人衣食无忧，年年都有吃有穿，小康日子乐悠悠，可是三十年河东三十年河西呀，西汉王朝不是被王莽给篡了吗？此时的刘秀生活在王莽建立的新朝了。也就是说王莽的篡权，中断了大汉王室子孙的养老保险，现在他们一个个都成了体制外的人，单飞单干了，并且，你刘秀又早早死了父亲，姊妹几个跟着伯父过日子，你不劳动，不种地，不放牛，哪里有面包和牛奶？更别谈什么奶酪了。所以，刘秀就喜爱农业劳动了。不喜欢不行啊。

据《东观汉记》卷一记载，刘秀出生的那一年，他的出生地发生了一件奇特的事情："一茎九穗，大于凡禾，县界大丰熟。"

意思是说他出生那年，他的出生地有一棵庄稼长出了九头穗，并且整个县都获得了大丰收。

刘秀名字里这个"秀"字，据说也因此而来。"秀"指的是庄稼、植物吐穗开花，这个名字很农业，难怪刘秀爱干农活。可是，有意思的是，他的这个喜好，常常要遭到长兄伯升的耻笑：喊，这点出息！成天就知道扛锄头砸坷垃摆弄庄稼，能成什么大事？

刘秀的长兄伯升是个什么样的人呢？他怎么就这么有底气地笑话自己的弟弟刘秀呢？此人性格非常豪爽，一直"好侠养士"，喜欢结交朋友，收留宾客，暗地里想着积攒力量，做成大事。他对刘秀的耻笑，刚好表现出两个人的不同性格，而性格的不同，也刚好造就了兄弟两个人以后不同的人生际遇和结局。性格决定命运嘛！

刘秀爱好农业劳动，并且"重慎畏事"，办什么事都小心谨慎，显得有些胆小怕事，给人一种畏畏缩缩、不舒展、挺憋屈的感觉。其实，也并非他毫无理想，而是这个人含蓄而沉稳罢了，他知道隐忍。《东观汉记》卷一记载："（刘秀）亦喜游侠，斗鸡走马，具知闾里奸邪，吏治得失。"庄稼汉只是他的职业，借以谋生，并不是他的追求。他在业余时间，也很喜欢"游侠"，性格也很豪爽，只是没有他大哥那样放得那么开，表现得那么张扬，而是内敛、低调。他还非常关心天下大事。哪个地方有坏人，哪个地方的官当得好，他都很了解。当时也不能上网，也没有手机，他能做到这一点，只能说明他下了不少功夫，消息灵通，这一点也为他以后治国平天下打下了良好的基础。这是一个人的视野宽广与狭窄问题。

说这个老实巴交的刘秀有理想、有抱负，不得不提到公元 14 年，也就是刘秀二十岁的那一年，他还主动到长安上学深造去了。他去长安上太学了。太学，就是中国古代的大学，长安的太学，怎么说也算得是一类本科吧，高等学府。这说明了他对自己的未来没有放弃，没有拘泥于刨坷垃种庄稼，而是一直在追求更高的理想。也说明人家刘秀，是很有一点心眼儿的。《东观汉记》卷一载："（与）同舍生韩子合钱买驴，令从者僦，以给诸公费。"由于家庭条件的窘迫，刘秀去长安上学的路上，没有盘缠，就跟同学合伙买了一头驴，拉着驴车去上学。可是，刘秀一路上可没有闲着，他一边意气风发地驾驶驴车，还一边在路上用驴车搞经营拉客，卖票搞运输，挣点生活费，这也表现了他有很好的经营头脑。反正那车闲着也是闲着，搞点副业，弄点创收，何乐而不为呢？

在长安，刘秀上了三年左右的太学。在这三年的大学生活里，他主要的学习课程是《尚书》。三年来刘秀的学习成绩也算不上优异，你想啊，基础差底子薄，能够学到"略通大义"的程度也就算是不错了。所以，如此推断的话，刘秀当年上大学的时候，指定拿不到奖学金。当然，就是这"略通大义"，也为刘秀打下了一定的文化底子。别小看这点文化底子，它对于刘秀的未来，影响可是巨大的。毛泽东称赞他"最有学问"，他的学问，大概就是在这个时候打下的基础。

话说这时候正值王莽末年，国内连年蝗灾，盗贼蜂起。地皇三年，南阳饥荒，各家门客多为小盗。刘秀大学毕业之后，没有分配工作，也没有弄个人简历到处应聘，而是又回到老家重操旧业，继续种地呗。

这地，一种可就种到了二十八岁。说到这里，人家刘秀也没有娶亲，足以看出他这个人是有理想的。当时他到底有什么具体的理想啊？他在大学期间，其实遇到了一个女子，谁啊？阴丽华。那是他的初恋情人。加之看到了当时的执金吾出行，阵容强大，声势惊人，于是刘秀就立下了誓言：仕宦当做执金吾，娶妻当得阴丽华。这就是他当时的理想。

就在二十八岁这一年，刘秀等人可就起兵了。从此，光武帝刘秀就开始了戎马生涯，开始一路拼杀打天下。

起兵之初，有几个小插曲挺有意思的。他的长兄伯升起兵，各家子弟吓了个不轻，大嚷"伯升是想要了我们的命啊"，因为那可是杀头之罪，是要诛灭九族的啊。于是，他们纷纷退避。可是当看到刘秀绛衣武冠，一想连他这样老实巴交的人也参加了，他们就改变了主意，安定了下来。从这里也可以看出，在此之前的刘秀，整个一老实人，是个听话懂事的乖孩子。到了后来，刘秀当了皇帝，有一次回老家的时候，一个邻居家的老大娘还说"我可真没有想到，你会做上皇帝啊"。而这也恰恰说明了他从年轻的时候就具有的内敛性格，不事张扬，沉稳隐忍。当然，这并不等同于说刘秀木讷，是榆木疙瘩一块，是窝囊废一个，后面的一件事情恰巧说明了刘秀的聪明睿智和胸襟大度。

起兵之后，他们七长八短一帮子人，浩浩荡荡地进发了。我们可以展望这样一个镜头，刘秀身先士卒，在前面骑着一头老牛，率众出击，后面的众将士一个个七长八短、参差不齐的，手里举的不是刀枪棍棒斧钺钩叉，而是铁锹锄头镰刀和擀面杖之类不伦不类的武器，那场面着实滑稽。为什么啊？一个字——穷！没有制服，没有先进的设备，所有的武装，都是原生态的。所以，当第一仗胜利，缴获了不少财物之后，大家就开始分啊，抢啊，结果有人下手早，抢到的就多，当然就很高兴，可是有人下手晚，得到的就少，那当然不乐意了！大家一起出生入死好不容易抢来点东西，居然分配不公，揍你个姓刘的！大伙生气了，要找刘氏兄弟们算账。

这时候，刘秀的聪明睿智和胸襟大度就表现出来了，他赶紧将刘姓所得财物收起来，分配给其他人，方才稳住军心。

就这样，这支队伍逐渐发展壮大起来，连连打胜仗，形势一片大好。而这大好形势的得来，与刘秀的大智若愚和远大抱负是不无关系的。

第二节　以诚相待的魅力

【原文】

时莽军到城下者且十万，光武几不得出。既至郾、定陵，悉发诸营兵，而诸将贪惜财货，欲分留守之。光武曰："今若破敌，珍琊万倍，大功可成；如为所败，首领无余，何财物之有！"众乃从。

严尤说王邑曰："昆阳城小而坚，今假号者在宛，亟进大兵，彼必奔走；宛败，昆阳自服。"邑曰："吾昔以虎牙将军围翟义，坐不生得，以见责让。今将百万之众，遇城而不能下，何谓邪？"遂围之数十重，列营百数，云车十余丈，瞰临城中，旗帜蔽野，埃尘连天，钲鼓之声闻数百里。或为地道，冲辒橦城。积弩乱发，矢下如雨，城中负户而汲。王凤等乞降，不许。寻、邑自以为功在漏刻，意气甚逸。夜有流星坠营中，昼有云如坏山，当营而陨，不及地尺而散，吏士皆厌伏。

六月己卯，光武遂与营部俱进，自将步骑千余，前去大军四五里而陈。寻、邑亦遣兵数千合战。光武奔之，斩首数十级。诸部喜曰："刘将军平生见小敌怯，今见大敌勇，甚可怪也，且复居前。请助将军！"光武复进，寻、邑兵却，诸部共乘之，斩首数百千级。连胜，遂前。

【译文】

这时王莽军队已有近十万到了城下，光武差点儿走不出城。

到了郾、定陵，将各兵营军队悉数调发，而诸将贪惜财货想分兵留守。

光武说："现在假如打败了敌人，珍宝万倍，大功可成；假如被敌人打败，我

6

们的头颅也保不住，哪还有什么财物呢？"大家这才依从。

严尤劝王邑说："昆阳城小而坚固，现僭称帝王的刘玄在宛城，我们快速派遣大军攻击，他们必定逃跑；宛城兵败，昆阳自然归服。"王邑说："过去我以虎牙将军身份围攻翟义，因不曾活捉他而受到责备。现在率百万大军，碰上城池不能拿下来，怎么说得过去呢？"

于是将昆阳包围几十重，扎营数百个，立起云车，高十余丈，俯视城中，旗帜遍野，尘埃满天，金鼓之声响彻数百里。

有的军士挖掘地道，有的军士用冲车和楼车攻城。

弓弩乱发，箭如雨下，城中人要背着门板才能打水。

王凤等求降，未得允许。

王寻、王邑自以为成功在顷刻之间，意气闲逸自得，夜有流星坠落兵营，白天有云团，如崩塌的山般当营陨落，离地不到一尺才散，军吏士卒都趴伏在地上。

六月初一，光武便与军队一同前进，自率骑兵步兵千余，在王莽大军前四五里布阵，王寻、王邑也发兵数千交战。

光武冲杀敌军，斩首数十。

众部下高兴地说："刘将军平生见小敌胆怯，今见大敌勇敢，很是奇怪，而且又到前面去了。我们应协助刘将军！"光武向敌人冲去，王寻、王邑部队退却，部众乘胜进击，斩敌成百上千。连连得胜，于是向前推进。

【评点】

在刘秀一生里最著名的这次战役中，他身先士卒，冲杀敌人，斩首数十，其部下很是吃惊——刘将军平时胆子很小很谨慎的啊，见了很少的敌人都会很胆怯，可今天见了这么多的敌人竟然所向披靡，勇猛异常！这可真是奇了怪了。

这就是刘秀，他明白在这样的情形之下，最需要的是鼓舞士气，最需要的是以身作则，最主要的是身先士卒。前文他给人"这么老实本分的人都起兵了"的印象，激发起大家起兵的信心，现在又给人以"这么胆小的人都身先士卒勇往直前了"的感觉，便立即激发起将士们的英勇斗志，结果只有一个，那就是连连得胜，大部队势不可当地向前推进了。

这就是领导的率先垂范的作用。

假如领导、负责人、领队的人不以身作则，只是做个甩手大掌柜，用神仙指在背后指指点点地指挥一通，那么，他所带领的团队，怎么会激发出最大的斗志，发掘出最大的潜能，进而取得良好的成绩呢？要不毛泽东怎么评价刘秀是"最会打仗"的皇帝呢？如此看来，刘秀的确是深谙此道。谁说刘秀老实巴交胆小怕事？人家胆子大着呢！谁说刘秀隐忍木讷？人家聪明睿智着呢！

刘秀在带兵打仗中的聪明睿智还表现在很多地方。

五月初一，攻克邯郸城，杀死了那个冒充真命天子的王郎。结果，在缴获的文书中，光武发现他自己的部下官员和王郎勾结往毁谤自己的书信有几千份。这可不是一件小事啊，性质恶劣至极，危害程度至极，伤害兄弟感情至极啊。按理说，自己的部下出现了这样的叛徒贼子，拉出来毙了都不为过，最起码也要让他们尝尝苦头。可是，咱们的刘秀是怎么做的呢？他并没有派人展开调查，按图索骥，顺藤摸瓜，将叛徒抓起来毙了，反而看也不看那些书信，还召集将军们当面一把火烧掉了那些罪证，说："让那些睡不着觉的人安下心来吧！"

你看！这是多么宽广的胸怀？这是多么宽大的肚量？你不仁，可以，但是我不会不义。我放你一马，权当没有发生这样龌龊的事！逃过一劫的那些有负于他的属下，胆战心惊地擦擦额头的冷汗之后，还不死心塌地地跟着刘秀，赴汤蹈火在所不惜了？

后来，铜马军屡屡挑战，光武把他们打得大败。受降还没有完，高湖、重连两支部队从东南方来，与铜马残部会合，光武又与他们大战于蒲阳，结果又把他们全部打败迫降了，还封投降的头目为列侯。

投降的部队头领不放心啊，怎么可能？是不是给我开了张空头支票，诱我投降，然后再下黑手把我给拾掇了啊？兵不厌诈，这种事情不是不可能啊！出来混，不得不留一手，不得不防啊！

刘秀很理解他们的心理，便命令他们归营统率约束部队。什么意思啊？叫你回去继续统领自己的部队去。刘秀不但给他们官做，还给他们领兵的实权，这还不算，刘秀去巡视他们的时候，居然只带几个随从前往。这样的举动给了那些投降的人多么大的信任啊！所以，那些投降的官兵相互议论说："萧王这样推心置腹待人，我们能不以死相报吗？"于是都真心归附。为什么叫萧王啊？这时候的刘秀，是在更始帝的门下效力。他的实力和威望越来越强大，更始帝封他为萧王，不过也对刘秀有了戒备之心。

光武将全部投降的兵力分配给诸将领，自己的队伍越拉越大，威望越来越高。这可都是诚信的超强魅力啊！所以关西人称光武为"铜马帝"。

第三节 经典语录

【原文】

二年春正月甲子朔，日有食之。大司马吴汉率九将军击檀乡贼于邺东，大破降之。庚辰，封功臣皆为列侯，大国四县，余各有差。下诏曰："人情得足，苦于放纵，快须臾之欲，忘慎罚之义。惟诸将业远功大，诚欲传于无穷，宜如临深渊，如履薄冰，战战栗栗，日慎一日。其显效未训，名籍未立者，大鸿胪趣上，朕将差而录之。"博士丁恭议曰："古帝王封诸侯不过百里，故利以建侯，取法于雷，强干弱枝，所以为治也。今封诸侯四县，不合法制。"帝曰："古之亡国，皆以无道，未尝闻功臣地多而灭亡者。"乃遣谒者即授印绶，策曰："在上不骄，高而不危；制节谨度，满而不溢。敬之戒之。传尔子孙，长为汉籓。"

【译文】

二年春正月初一，日食。

大司马吴汉率九位将军在邺东进攻檀乡寇贼，大败檀乡贼军，迫使他们投降。

十七日，把功臣都分封为列侯，大的封国四县，其余多少不一。

诏令说："人的欲望满足以后，最怕的是放荡不羁，只求一时的快乐，忘却慎于刑罚的道理。想到各位将军功业远大，的确想代代相传，应当像站临深潭边、在薄冰上行走一样，战战兢兢，一天比一天更谨慎。有些有显著功绩，没有得到报酬，名未扬、官未封的人，大鸿胪赶快报上，我将分别录用。"

博士丁恭提议说："古代帝王封诸侯地不过百里，以'利建侯''雷震百里'为准则，中央强大，地方弱小，这是用来治理国家的方法。现在封诸侯大到四县，不合法制。"

光武帝说："古代国家的灭亡，都是由于国君无道，没有听说过功臣封地大而遭灭亡的。"

于是派谒者马上授予列侯印绶，策书上说："居于上位而不骄傲，即使位高也不危险；节制谨守法度，即使满盈也不漫出。敬肃戒慎，传给你们子孙后代，永远做汉家的藩属。"

"在上不骄，高而不危；制节谨度，满而不溢。"刘秀的这话，怎么看怎么都有较高的哲学意味，足以称为经典语录、网络流行语了，搁在现在，早被各大网站争相转载，因为它的确有着很好的现实指导意义。

他的这话，意思是说居上位不骄傲，虽高也不危险；节制谨守法度，虽满也不漫出。

大概这就是他在上大学期间所打下的文化底子，加之这么多年来的摔打历练，凝结成的个人智慧的结晶。这都是人生经验，是很值得借鉴与吸取的。

这也是刘秀谦虚谨慎的态度的一个集中表现。从小，他就是这样的生活态度，不骄傲，不自负，年少时他大哥笑话他只喜欢刨地扒坷垃，没什么大出息的时候，他没有跳出来和大哥理论。他的大哥锋芒毕露，被更始一伙儿杀害之后，他也没有暴跳如雷，举着大砍刀去找更始算账，而是选择了坚忍，把悲伤留给自己，心中深藏怒火，脸面上什么也不表露，还向更始请罪。结果，他的隐忍，让他得以在那种复杂而多变的时局里生存了下来。先生存，后发展，这大概是刘秀隐忍的大义之所在。

还有，在大家极力推举刘秀为皇帝的时候，他拒绝了三次，不肯受命。登基之后，每逢遇到天灾人祸，他总要自我检讨，说是自己有过错，有疏漏，是上天在告诫自己，惩罚自己，常常自省。当然，他一次次这样的自省和谦恭，并非是为了作秀，而是出自内心。所以，每当此时，他都要大赦天下，减免税收，释放犯人。

我们今人实在需要好好学习刘秀的这话，君不见眼下有些人稍有成就，就趾高气扬、不可一世，虚荣心膨胀得实在了得，哪怕只当个生产队队长也要雇个拎包端茶杯的。这是极其危险的哦，同志们！其实，自己的那点成绩，那点权力，那点财富，不值得自满自负啊。那些都只不过是浮云而已。连神马都是浮云，你那点成就和权力，能有神马值钱吗？我们实在需要好好咀嚼咀嚼这光武皇帝"高而不危，满而不溢"的人生哲学。

第四节　节俭是美

【原文】

初作寿陵。将作大匠窦融上言园陵广袤，无虑所用。帝曰："古者帝王之葬，皆陶人瓦器，木车茅马，使后世之人不知其处。太宗识终始之义，景帝能述遵孝道，遭天下反覆，而霸陵独完受其福，岂不美哉！令所制地不过二三顷，无为山陵，陂池裁令流水而已。"

【译文】

开始修建寿陵。

将作大匠窦融上书说明园陵占地面积，及一切所需器物。

光武说："古时帝王的陪葬，都是陶人瓦器，木车茅马，使后世的人不知墓室埋葬的地点。太宗了解生死大义，景帝能遵从孝道，历天下变乱，唯独霸陵完好无损，难道不是好事吗？现在所规划的地不要超过二三顷，不起山陵，陂池能散水就行了。"

【评点】

历代君王，几乎都热衷于修建自己的陵墓。古人崇尚不朽，天子永存。故古代王墓极尽奢华，不惜代价。而刘秀对自己的寿陵要求很随意，"令所制地不过二三顷，无为山陵，陂池裁令流水而已"。从这一点，可以看出这位光武帝有着较好的节俭意识。毕竟这位开国皇帝是接地气的，年轻时种了很多年的地嘛，他知道老百姓的疾苦，知道瞎折腾是没有意义的。

所以，他还力主丧事简办。

他曾经诏令说："从前曾子、闵子侍奉父母，都竭尽全力孝养；孔子葬子，有棺无椁。办丧事贵在表达哀思，礼仪表现在入土为安和俭朴上。目前百姓送终的做法都比阔气讲排场。结果生者无一石米之储存，所有的财力都用在丧葬上。伏日、腊日无糟糠之食，而把猪羊用于一奠之丧祭。历代的积蓄，一个早晨浪费掉，子孙饥寒，命运就这样断送，这难道是祖先的心愿吗？还有车马服饰，尽情讲究奢华。田地荒芜，游手好闲的人成堆。各级政府官员应申明各种适用于今天的法规禁令，向郡国宣布执行。"

刘秀说的，入情入理。我们来看，当下许多地方，尤其是广大农村地区，在红白喜事上讲排场，铺张浪费的现象很多。老人死后，做子女的花大价钱给扎房子、扎轿车、扎彩电，大摆宴席，有的还请戏班子吹拉弹唱七天七夜。他们以此为孝。实则，这是一种莫大的不孝。人已死去，如此铺张浪费，还有什么意义呢？

早在几千年前，作为君王的刘秀，就如此看得开，他很排斥在丧葬上铺张浪费。

刘秀去世的时候，六十二岁。他在遗诏里说："朕无益百姓，皆如孝文皇帝制度，务从约省。刺史、二千石长吏皆无离城郭，无遣吏及因邮奏。"

超赞哦！刘秀的这些先进的思想，也适用于我们今天啊。他的思想的先进性由此可见一斑。力倡节俭，自古有之，反观你我，可否做到？

卷二　显宗孝明帝纪

第一节　谦恭品德聚人脉

【原文】

显宗孝明皇帝讳庄，光武第四子也。母阴皇后。帝生而丰下，十岁能通《春秋》，光武奇之。建武十五年封东海公，十七年晋爵为王，十九年立为皇太子。师事博士桓荣，学通《尚书》。

中元二年二月戊戌，即皇帝位，年三十。尊皇后曰皇太后。

三月丁卯，葬光武皇帝于原陵。有司奏上尊庙曰世祖。

夏四月丙辰，诏曰："予末小子，奉承圣业，夙夜震畏，不敢荒宁。先帝受命中兴，德侔帝王，协和万邦，假于上下，怀柔百神，惠于鳏寡。朕承大运，继体守文，不知稼穑之艰难，惧有废失。圣恩遗戒，顾重天下，以元元为首。公卿百僚，将何以辅朕不逮？其赐天下男子爵，人二级；三老、孝悌、力田人三级；爵过公乘，得移与子若同产、同产子；及流人无名数欲自占者人一级；鳏、寡、孤、独、笃癃粟，人十斛。其弛刑及郡国徒，在中元元年四月己卯赦前所犯而后捕系者，悉免其刑。又边人遭乱为内郡人妻，在己卯赦前，一切遣还边，恣其所乐。中二千石下至黄绶，贬秩赎论者，悉皆复秩还赎。方今上无天子，下无方伯，若涉渊水而无舟楫。夫万乘至重而壮者虑轻，实赖有德左右小子。高密侯禹元功之首，东平王苍宽博有谋，并可以受六尺之托，临大节而不挠。其以禹为太傅，苍为骠骑将军。太尉憙告谥南郊，司徒䜣奉安梓宫，司空鲂将校复土。其封憙为节乡侯，䜣为安乡侯，鲂为杨邑侯。"

显宗孝明皇帝名庄，光武帝第四子。母为阴皇后，明帝生而面方，十岁能通晓《春秋》，光武对他的才能很惊奇。建武十五年（39）封东海公，十七年（41）晋爵为王，十九年（43）立为皇太子。拜博士桓荣为师，学通《尚书》。

中元二年（57）二月初五，登皇帝位，年三十。尊崇皇后为皇太后。三月初五，葬光武皇帝于原陵，有司奏上庙号尊为世祖。

夏四月二十四日，明帝下诏说："我本小子，继承祖宗大业，日夜惶恐，不敢有半点随便。先帝秉承天命中兴汉室，品德同于帝王，与万国融洽，上下通达和睦。祭祀山川，百神和安，恩惠施及于鳏寡。我承受国家大运，继承政体，谨守文德，不知稼穑的艰苦，只怕有荒废失误。祖宗的遗嘱告诫，顾惜尊重天下，要以老百姓为首要。公卿百官，将怎样来辅助我的不足呢？今赐天下男子爵位，每人两级；三老、孝悌、力田每人三级，爵过八级，可以移授予子或同母兄弟、同母兄弟的儿子；以及无户口的流浪人想自归首的，每人一级；鳏、寡、孤、独、患绝症的，每人发粟十斛。解除了枷锁的囚徒及郡国苦役，在中元元年（56）四月十一日，大赦前犯罪而后来捕系的，一律免刑。在四月十一日大赦前，边境平民遭乱成为内郡人妻子的，一律遣回边境，完全听她们自己的意愿。中二千石下至二百石，降级和出钱赎罪的，都恢复官位品级发还赎钱。现在上无天子，下无地方长官，就像要渡过深渊而没有舟楫一样。皇位至关重要，而我年岁尚轻，思虑浮浅，实靠有德才的人指点帮助我。高密侯邓禹大功居首，东平王刘苍大度而见识渊博有谋，临大节而不会屈挠，都可以受托辅助幼主治理天下。今任邓禹为太傅，刘苍为骠骑将军。太尉赵憙告谥南郊，司徒李䜣奉安先帝梓宫，司空冯鲂将校复土。今封赵憙为节乡侯，李䜣为安乡侯，冯鲂为杨邑侯。"

用现在的话来说，显宗孝明皇帝刘庄，可以说是一个官二代了。在如今这个时代，一说官二代，总会让人联想到他仰仗着父辈的大树荫，坐享其成，不费吹灰之力，就轻而易举地得到祖辈开疆扩土南征北战打下的江山。所以，这些官二代们多数会给人一种不学无术、游手好闲的不良印象。炫富，飙车，烧钱，摆酷，趾高气扬，令人生厌。

可是，人家官二代刘庄可不是这样的人。人家刘庄不但不是不学无术，还"十岁能通晓《春秋》，光武对他的才能很惊奇"。刘庄从小就是一个小天才呢。当年光武二十多岁去长安上太学，好歹才把那《尚书》学了一个"略通大义"而已，而刘庄要比老子强了好多，他"拜博士桓荣为师，学通《尚书》"。一个"略通大义"，大体上知道里面的意思而已，一个"学通《尚书》"，整个能够融会贯通了。从这点看，刘庄是有文化、有知识的，绝非不学无术之流。

可是，就算是有着非常深厚的文化底蕴和渊博的学识，刘庄登基后还是非常谦逊的。他的谦逊品格让人爱戴。中元二年四月二十四日的诏书，就像刘庄登基后正式的就职演说一样，他表明自己的心胸，谦恭异常。"我本小子，继承祖宗大业，日夜惶恐，不敢有半点随便。"

想想也是，以他的资历，面对德高望重、阅人无数、劳苦功高的老臣子，不谦虚点可吃不开啊。因为他知道，自己是一国之君不错，可在文武百官心中的分量，还是轻的啊。所以他对公卿百官将怎样来辅助他、弥补他的不足是进行了深入思考的，也采取了许多措施。

刘庄曾说："先帝诏书，禁人上事言圣，而间者章奏颇多浮词，自今若有过称虚誉，尚书皆宜抑而不省，示不为谄子蚩也。"

意思是说先帝的诏书，禁止人上书言事称圣，而近来有些章奏，颇多浮夸虚词，自今以后如再有过头的称谓和溢美之词，尚书都应抑压而不加省览，表示不为谄媚的人欺骗嘲弄。这也充分体现出了明帝刘庄的谦虚谨慎。看来明帝这人，对那些泛泛的官话、套话、奉承话不怎么感冒。这种实事求是的品格值得称道。

假如要刘庄做一张名片的话，估计他在头衔上会什么也不写，而是只写一个"东汉刘庄"。反观现在人，在名片上往往会冠以一长串头衔——某某协会名誉会长，某某单位名誉顾问，某某大学客座教授，等等，生怕别人不知道自己的社会职务，可是，往往那些职务都是自诩的，没有什么实际意义。刘庄之举，实在是今人的榜样。世间浮华轻，谦虚谨慎贵啊。

汉显宗孝明皇帝刘庄做太子时，博士桓荣是他的老师，也就是那位使他"学通《尚书》"的老师，后来他继位做了皇帝之后，"犹尊桓荣以师礼"。他曾亲自到太常府去，让桓荣坐东面，设置几杖，像当年讲学一样，聆听老师的指教。为什么要桓荣坐东面呢？中国自古有东为大之说嘛。这也足以看出孝明帝对恩师的敬重。

他还将朝中百官和桓荣教过的学生数百人召到太常府，向桓荣行弟子礼。老师生病的时候，明帝还派人专程慰问，甚至亲自登门看望。每次探望老师，明帝都是一进老师的街口，就下车步行前往，用以表示对老师的尊敬。

进了老师的门后，明帝往往就拉着老师枯瘦的手，默默垂泪，良久乃去。当朝皇帝对桓荣都如此了，所以"诸侯、将军、大夫问疾者，不敢复乘车到门，皆拜床下"。恩师桓荣去世的时候，明帝刘庄还换了衣服，不穿龙袍，亲自去给他送葬，并将其子女做了妥善安排。

明帝刘庄不但尊师，更是敬老。他不止一次亲自袒袖割牲，拿着酒杯，给老者漱口，他怕老人哽噎，还前后捶打。尊师敬老如刘庄者，实属难得。为什么啊？人家刘庄可是一朝天子、一国之君哦，对自己的老师如此敬重，对老人这样爱戴，实在让人感动至极。这就是刘庄的聪明之处了，正是对老师和长者的这种敬重之举，给他带来了超强人气，积聚了超强人脉。当然，他的那些敬重与尊崇，应该都是发自内心深处的，毫无作秀的嫌疑。假若那时候有网络，搞一个年度尊师敬老明星的网络投票的话，想必明帝的票会水涨船高，居高不下。

第二节　关注民生接地气

【原文】

十二月甲寅，诏曰："方春戒节，人以耕桑。其敕有司务顺时气，使无烦扰。天下亡命殊死以下，听得赎论：死罪入缣二十四，右趾至髡钳城旦春十匹，完城旦春至司寇作三匹。其未发觉，诏书到先自告者，半入赎。今选举不实，邪佞未去，权门请托，残吏放手，百姓愁怨，情无告诉。有司明奏罪名，并正举者。又郡县每因征发，轻为奸利，诡责羸弱，先急下贫。其务在均平，无令枉刻。"

【译文】

十二月二十六日，明帝诏令说："现在正是春天，人们都忙于耕田养蚕。令所有官员务必顺应节气，不要妨碍干扰农事。天下亡命之徒判处斩首以下的，让他们赎罪：死罪入缣二十四，刖右脚直至髡钳城旦、春入缣十匹，完城旦、春直至司寇作入缣三匹。没有发觉，诏书到以前自首的，赎物减半。现在选举不真实，邪佞之人没有去掉，权贵受贿酷吏贪求，为所欲为，百姓愁苦埋怨，实情无从上告，有关官府，应明白上奏罪名，荐举不当者，治荐举人的罪。郡县每次征发劳役，轻易地作奸牟利，诡诈地呵责恫吓贫弱平民，使其心急如焚。现在务必要使劳役均平，不要枉屈刻薄。"

刘庄以人为本，时刻把百姓放在心上，并且贯穿始终。他关注三农，把农村、农业、农民时刻放在心上。也就是说他非常关注民生大计。这一点，的确是可圈可点的。

刘庄在就职演讲式的那个诏书里说了，"继承政体，谨守文德，不知稼穑的艰苦，只怕有荒废失误"。意思是说我接管了这个国家，懂得些书本知识不差，可是对农业生产不太熟悉啊，也没有怎么干过农活，麦子怎么种，农田怎么管，我都不知道，我基本上是一个门外汉，恐怕会有荒废农业的失误啊。于是，刘庄呢，反而就很重视农业生产，他还兴修水利，改进水利设施，在农村政策上颇费脑筋，煞费苦心。

那个年代，农业生产，是国之根本啊。一国之君这么重视农业生产了，那生产肯定能取得好的收成。作为一国之君，怎样关心三农呢？那就是制定优惠的政策，刺激和推动农村、农民和农业的发展。明帝刘庄在位期间多次下诏招抚流民，把公家的地赐给贫困的人，兴修水利，经济社会和各项社会事业都取得了较好发展。

有史书记载为证，光武帝末年的时候，全国人口普查，登记有户籍的人口为2100多万，至明帝末年，在不到20年的时间里一下子就增加到了3400多万。这和明帝的注重民生的治国之策是有着直接关系的。明帝以及随后的章帝在位期间，史称"明章之治"。由此可见，不管是哪朝哪代，君王一定要以民生为重，以百姓为先，才基业牢固、长治久安啊。

第三节　公私分明出绩效

【原文】

帝遵奉建武制度，无敢违者。后宫之家，不得封侯与政。馆陶公主为子求郎，不许，而赐钱千万。谓群臣曰："郎官上应列宿，出宰百里，有非其人，则民受其殃，是以难之。"故吏称其官，民安其业，远近肃服，户口滋殖焉。

论曰：明帝善刑理，法令分明。日晏坐朝，幽枉必达。内外无幸曲之私，在上无矜大之色。断狱得情，号居前代十二。故后之言事者，莫不先建武、永平之政。

而钟离意、宋均之徒，常以察慧为言，夫岂弘人之度未优乎？

【译文】

帝遵行建武年代的制度，没有敢违抗的。外戚之家，不得封侯参政。光武女馆陶公主，为儿子求郎的官位，明帝没有答应，却赐钱千万。

对群臣说："郎官上应天上星宿，宰辖百里，如果人选不当，老百姓就要遭殃，因此不能准许。"所以明帝时期官员称职，民安其业，远近心悦诚服，户籍人口增加很多。

史家评论说：明帝善于刑事诉讼，法令分明，日晏坐朝，枉屈不明的问题都能得到处理。内外没有侥幸徇私的心情，在上也没有骄矜炫耀的神气。断案合情合理，案件据称仅及前代十分之二。所以后来称颂事情办得好的，没有不推崇建武永平之政的。而钟离意、宋均一伙人，常常因明帝褊察明慧而不满，这难道是弘人之度不曾宽容吗？

【评点】

明帝刘庄对内部工作人员的严格管理是举世闻名的。

大到一个国家，小到一个企业，"管理"二字可是大有文章可做啊。管理，其实是推动一个单位、一个企业乃至一个国家发展的内驱力。没有行之有效的管理机制，就形成不了最经济、最强大的发展合力。这是毋庸置疑的。

刘庄对人员的管理是出了名的严厉。要说他老子刘秀在位时，由于有着极高的威望，实施柔道政策，靠个人魅力感召起作用的话，用到刘庄身上就不灵了。为什么不管用啊？你想，刘庄资历浅啊，他的威望高不过那一朝功臣去。所以，聪明的刘庄就不能那么干了。明帝即位后，注重刑名文法，为政苛察，总揽权柄，权不借下。就是说在一个"严厉"上下功夫。

律人先律己啊。

他严令后妃之家不得封侯参政，对贵戚功臣也多方防范。比如，明帝根据光武生前的意思，画二十八将于云台，但对自己的岳父马援却不予收入，老丈人都不例外，这就给大臣们一个信号，就是自己要限制和约束外戚。他在位时，他的舅舅们都位不过九卿。馆陶长公主想替儿子求个郎官做，汉明帝宁可送给外甥一千万钱，也不答应。大臣阎章才学出众，工作突出，但因两个妹妹是后宫嫔妃，汉明帝为不破坏外戚不封侯参政的规矩，硬是不提拔阎章。他对自己的亲戚就是这么严格要求，毫无余地。

但同时，明帝又委任开国元勋高密侯邓禹为太傅，同母弟东平王刘苍为骠骑将军，光武朝太尉赵熹保留原职，使宗室、功臣、官僚集团都有了自己的政治代表。同时对生母阴太后、异母郭太后都非常尊重、平等对待，赢得了外戚和臣下的好评。

在内部管理上，明帝六亲不认，绝不含糊。太后阴丽华的弟弟阴就的儿子驸马阴丰，杀了公主。由于阴丰地位显赫，这个案子不好断啊。加之当时阴太后还在，是他最大的保护伞，但是明帝也不徇私情，毅然决然地将阴丰绳之以法，给依法处斩了。

光武遗命辅政的大臣梁松，是河西功臣梁统的儿子，同时也是明帝的姐夫，这层关系也够亲密的了吧？可是由于这小子"坐怨望、县飞书诽谤"，结果还是让明帝依法给拾掇了。

卷三　肃宗孝章帝纪

第一节　不扰民不折腾

【原文】

九月甲戌，幸偃师，东涉卷津，至河内。下诏曰："车驾行秋稼，观收获，因涉郡界。皆精骑轻行，无它辎重。不得辄修道桥，远离城郭，遣吏逢迎，刺探起居，出入前后，以为烦扰。动务省约，但患不能脱粟瓢饮耳。所过欲令贫弱有利，无违诏书。"遂览淇园。

【译文】

九月初十，章帝到偃师，东渡卷津，至河内。下诏令说："我出来看秋收情况，了解年岁丰歉，因而涉足郡界。都是轻骑简从，没有多的车辆行李。不要为此修理道路桥梁，不要派官吏远离城郭迎接，打听伺候起居，前呼后拥，增加滋扰。一切行动都要省俭，我只恨自己不能脱粟瓢饮。所经过之处，必使贫弱有利，千万不要违背我这诏书上所说的。"于是游览了淇园。

【评点】

章帝是一个不爱折腾的皇帝。

这很难得。

我们从一些影视作品和文学作品上可以看到，中国古代有很多官员，下来巡访的时候，往往都是鸣锣开道，大张旗鼓，吵吵嚷嚷，声势浩大。刘秀在长安见到的那个执金吾出行的阵势，就是一个佐证。他们出行巡视，往往是所到之处，鸡飞狗跳，搅扰得民不安生，畜不安宁。

那些大官甚至皇帝所到之处，当地官员就跟迎接天神一样，赶紧做各种迎接准备：铺路修桥，拆迁阻碍，唯恐上级的车马行走受阻；安排百姓装扮商贩，演个繁荣场面，唯恐上级看出地方破败颓废；差人准备上等酒肴美食，山珍海味投其所好，唯恐上级吃不好喝不好；着人安排星级住宿，红毯铺道极尽奢华，唯恐上级贵体得不到休养。

如此等等，非弄得钱两哗哗流淌无度，人心惶惶一通瞎忙不可。哄上瞒下，搞一通劳民伤财的形象工程，粉饰太平。地方官员苦，当差效力的苦，平头百姓更苦。

这叫一个瞎折腾。

还要说人家章帝，这一点就做得无可指摘。

有一次，章帝南巡视察。在巡察之前，他就发了一道旨令，要那些所要经过的地方，不管是大郡还是小县，一律不得提前做迎接准备。

那位说，不做特别准备，地方上给提前铺铺路总该行吧？要知道那时候都是车马行军，即使是官道，也不会多么平坦，不是水泥路，也不是柏油路，坑坑洼洼的马失前蹄伤了圣上，那可了不得啊！

不用！

人家章帝命令司空自带员工支柱桥梁。他自己带着专门铺路架桥的人，自会清除一路障碍。并且，在诏书中还格外强调：凡是在路上，有派人欢迎，探望起居者，二千石坐罪！

这作风，实在难得。这么大个领导下来巡视，能做到这样，实在是难能可贵了。一句话，不折腾。不折腾的皇帝，才是好皇帝。不折腾的江山，才是稳固的江山。

我们再看下面的选文。

【原文】

乙丑，敕侍御史、司空曰："方春，所过无得有所伐杀。车可以引避，引避之；骓马可辍解，辍解之。《诗》云：'敦彼行苇，牛羊勿践履。'《礼》，'人君伐一草木不时，谓之不孝。'俗知顺人，莫知顺天。其明称朕意。"

【译文】

二十一日，章帝敕令侍御史、司空说："现在正当春天，所到之处不得有所砍伐杀害。车可以绕道避开的，就绕道避开；骈马可以停止解除的，就停止解除。《诗经》说：'路旁茂盛的苇草，牛羊不要践踏。'《礼记》上说：'人君伐一草一木，不得其时，谓之不孝。'一般人知道顺人情，而不知顺天意。希望大家明白而称我意。"

【评点】

从这一段，我们也可以看出章帝的确是一个不折腾、不扰民的好皇帝。

前面说，他亲自带着工作人员，在前面逢山开道，遇河搭桥，现在他还对那些工作人员有专门的要求，那就是：现在是春天，很多植物和庄稼都在成长，你们在前面开道是不错，但是，不能为了好走，不能为了让我这个皇帝走得舒服点、排场点，就把那些庄稼和植物给随意砍伐了啊！

如果遇到庄稼地，路窄的地方什么的，车能过去的就过去，过不去的就绕道儿走好了。马车过不去，为了保护庄稼，可以先把马车拆了过去再组装嘛！

他还引用《诗经》和《礼记》的话，进行训导，实行教化。这真可谓要求到了细枝末节了，要求到了根子上了。

在古代，皇帝出巡的目的是什么呢？怎么总是见皇帝出巡呢？光武帝刘秀出巡，明帝出巡，章帝也时不时地出巡，还有我们熟知的乾隆皇帝微服私访，等等，都是为了什么呢？

章帝在一次出巡的时候，对常山、魏郡、清和、钜鹿、东平郡太守说："我想到巡视的制度，是用以宣传教化，考察远近，解释怨结。当今'四方政事不好，是由于没有用德才兼备的人'，皇帝巡视，是想亲自了解艰难和轻易。"

这就是出巡的目的了。用现在的管理学术语来说，管理的方式有三种。一是文件管理，古代的诏书或者圣旨就属于这一范畴；二是会议管理，古时候的早朝，就是会议管理模式；三是现场管理，皇帝巡视各地，很显然就是为了现场管理，在巡视过程中，可以宣传教化、考察远近、解释怨结嘛。

另外，古代没有电话、传真，也没有网络。所以，出巡是自然的事情。

章帝对全国各地进行现场管理的时候，能够做到不扰民、不折腾，是深受地方官员和百姓爱戴的。其实，任何一个朝代，百姓都不喜欢折腾的官员，摆官架子，大造声势，惊扰四方，会被人所唾弃。为官者，艰苦朴素，实事求是，脚踏实地，才是根本。

第二节　重农亲民

【原文】

二月甲戌，诏曰："王者八政，以食为本，故古者急耕稼之业，致耒耜之勤，节用储蓄，以备凶灾，是以岁虽不登而人无饥色。自牛疫已来，谷食连少，良由吏教未至，刺史、二千石不以为负。其令郡国募人无田欲徙它界就肥饶者，恣听之。到在所，赐给公田，为雇耕佣，赁种饷，贳与田器，勿收租五岁，除算三年。其后欲还本乡者，勿禁。"

【译文】

二月十八日，章帝诏令说："王者八政，以食为本，故古代重视耕稼，致力于耒耜之勤，节用储蓄，防备荒年，因而年岁不好也不会挨饿。间中发瘟以来，谷米连年减少，这的确是由于官吏没有责任心，刺史、二千石不以民众食物为忧。今命令郡国募集无田而想迁移富饶地域者，悉听自愿。到达所在地，派给公田，为他雇请佣工，贷给种粮，借与农具，五年不收租，三年不收人口税。以后有想回原籍的，不禁止。"

【评点】

章帝提出了"王者八政，以食为本"的理念，足以看出他是多么重视农业生产。他分析，以前的人，非常重视农业生产，辛勤劳动，省吃俭用，每年都能节约并积攒下一些粮食，这样即使出现了灾荒之年，由于家中有余粮在那里储备着，也总不至于饿肚子。

可是，现在是什么情况呢？国内有的地方发生灾荒了，农业减产甚至绝产了，结果，老百姓就只好饿肚子。什么原因？都是为官的没有责任心，不为百姓长远打算，不知道防患于未然。这是为官者的失职啊。

既然有这样的情况了，那么，要怎么办呢？

章帝的主意是，在全国招募那些贫苦无地的人，看看他们有没有愿意到一些富饶的地方谋生的想法，如果有，就遵照他们的意愿，将他们迁至富饶的地方，分配给土地和种子，帮助他们进行农业生产，也就是去开辟一个北大荒，种出粮食来发家致富。去的呢，五年不收租，三年不收人口税。发了家，腰包赚满了，又想回到原来的住处的，官方要给予方便，不能阻挠。用现在的眼光来看，章帝的惠民政策算是很优惠的了。

这样做，有两个好处。一是解决了贫苦人的生计问题，国家出台个政策，让他们靠自身力量解决温饱；二是解决了较大的社会问题，对那些吃不上饭的穷人，不用像五保户那样进行供养，发挥了他们的积极性，激发了他们的主观能动性，国家因此还节约了开支，并缓解了社会矛盾，什么矛盾啊，老百姓打穷仗、寻衅滋事的矛盾呗。

为了激发国人热爱农业劳动的积极性，章帝还亲自跑到农田里去进行农业生产，进行示范带动——

> 乙丑，帝耕于定陶。诏曰："三老，尊年也。孝悌，淑行也。力田，勤劳也。国家甚休之。其赐帛人一匹，勉率农功。"

意思是说，那一年某月十五，章帝在定陶亲自下了地，亲自在地里进行农业劳动，锄禾拔草，浇水施肥，干得不亦乐乎，并且还诏令说："三老，年高，孝悌，德行端淑。那么大年纪的人，还在田间勉力劳作，勤劳辛苦。国家很崇敬他们啊。今赏赐他们每人一匹帛，勉励农功。"

在章帝的示范带动之下，自然会有很好的效果。国家领导人都亲自下地种地了，那么上到地方官员，下到平民百姓，还不热情高涨，齐心协力抓生产啊。

章帝重视农业生产，尊重农民阶层，促使了当时农业生产迅猛发展，解决了国计民生的大问题。他登基后几年间，天灾人祸、农业减产、饥民大增的状貌，得到了很好改观。这都是章帝关注民生、注重农业的功劳啊。

我们再看一段选文。

【原文】

> 三年春正月乙酉，诏曰："盖君人者，视民如父母，有僭怛之忧，有忠和之教，匍匐之救。其婴儿无父母亲属，及有子不能养食者，禀给如《律》。"
>
> 丙申，北巡狩，济南王康、中山王焉、西平王羡、六安王恭、乐成王党、淮阳王昞、任城王尚、沛王定皆从。辛丑，帝耕于怀。

【译文】

三年（86）春正月十一日，章帝诏令说：“作为一国君王，要像父母一样看待平民，为他们担忧操心，教他们智、仁、圣、义、忠、和，有丧葬困难就救助。没有父母亲属的婴儿，或有子女不能养活的人，照法定给粮食。”

二十二日，章帝巡视北方，济南王刘康、中山王刘焉、西平王刘羡、六安王刘恭、乐成王刘党、淮阳王刘昞、任城王刘尚、沛王刘定，都随从前往。

二十七日，章帝耕于怀县。

【评点】

章帝重视农业，自然就会亲近百姓。他曾经诏令说一国之君就要把平民百姓当作父母一样对待，急他们所急，忧他们所忧，教给他们先进的思想和道德观念。如果百姓有困难了，一定要给予帮助，不要袖手旁观。比如，婴儿没了父母，成了孤儿了，或者因为穷，连自己的孩子都养不活的，那么政府就应该按照规定发给粮食，不能坐视不管，最起码要让他们吃上低保，有个最低生活保障。

思想决定行动。这么看来，章帝的确是有这样的思想，那么他所有亲民的举动，就是可以让人信服的了。说到这里，还有一个特别举措，可以说是自古以来，算他首创，那就是女子怀孕赏谷制度。我们来看看这一段文字：

> 二年春正月乙酉，诏曰：“《令》云‘人有产子者复，勿算三岁’。今诸怀妊者，赐胎养谷人三斛，复其夫，勿算一岁，著以为令。”

什么意思呢？意思是说：《令》规定“民有生孩子的，免田赋，免三年人头税”。现在怎么办呢？现在怀孕的，丈夫免赋，免人头税一年，不但要减免税负，还要赏赐胎养者一人三斛，这个要明文规定，广布天下。

也就是说，章帝规定，凡是怀孕的人就赏赐给她三斛。三斛什么呢？当然是粮食。那么，什么是斛啊？斛是一种古代的容器。

1969 年济宁公园就出土了一只斛。那东西呈直口直壁的圆筒形，平底，腹两侧各有一个小柄儿。那时候，十斗为一斛。1976 年 6 月 1 日国家计量局度量衡史小组用小米测了测，那个斛的容量为两万四百二十毫升。

在古时候，十升等于一斗，十斗即一百升，等于一斛，也就是一石，而一石即二十七市斤。也就是说，在东汉章帝时期，女子怀孕了就可以到官府领取三斛谷子，三斛谷子也就是三石，相当于现在的七十一斤左右。章帝的这个政策，相当于现在的农村孕妇生育补助政策，现在在我国，农村户口的孕产妇可以享受到一定金额的生育补助。

从这点，难道还看不出章帝真的视百姓为父母吗？

第三节　宽政仁政

【原文】

十二月壬子，诏曰：“《书》云：‘父不慈，子不祗，兄不友，弟不恭，不相及也。’往者妖言大狱，所及广远，一人犯罪，禁至三属，莫得垂缨仕宦王朝。如有贤才而没齿无用，朕甚怜之，非所谓与之更始也。诸以前妖恶禁锢者，一皆蠲除之，以明弃咎之路，但不得在宿卫而已。”

【译文】

十二月初一，章帝诏令说：“《尚书》上说：‘父不慈，子不敬，兄不友，弟不恭，是彼此不亲近啊！’以往对妖言大狱，株连很广，一人犯罪，罚及父、母、妻三族，不能做官、任职王朝。即使有贤才也没齿不用，我十分怜惜，这是不给人重新振作的机会。现在凡是以前因妖恶禁锢的，一律解除，给以出路，但不得在宫中值夜，担任警卫。”

【评点】

在古代，一人犯罪，往往会株连九族。

我们从那些电影或者小说中就可以看到，某人犯罪了，与他相关联的家人都会被投入大牢，更严重的会遭到满门抄斩。

这种株连制度很有弊端，俗话说一人做事一人当，总不能把相关不相关的人都牵扯进来吧？

宽厚仁慈的章帝，当然看到了这个制度的弊端所在：即使有贤才也没齿不用，这实在是可惜啊。于是，章帝便进行了改制，改变以前那种胡子眉毛一起抓的局面，给那些不相干的人以出路，让他们有重新振作的机会。

章帝的这个举措，算是非常仁慈了。

当然，更加具有人性化的举措还在后面呢。我们来看下面的这两段文字：

> 秋七月丁未，诏曰："《律》云'惊者唯得榜、苔、立'。又《令丙》，
> 筆长短有数。自往者大狱已来，掠考多酷，钻钻之属，惨苦无极。念其
> 病毒，怵然动心。"

> "《书》曰'鞭作官刑'，岂云若此？宜及秋冬理狱，明为其禁。"

什么意思呢？翻译过来意思是这样的：

秋七月二十三日，章帝诏令说：《律》规定'问案只能榜击、笞击、罚站'。又《令丙》规定，打人的有一定的长短。自过去考讯大狱以来，掠考多残酷用刑，钻、凿、刀、锯，惨苦无极。念其痛毒，触目惊心。《尚书》中说'用鞭打做审判的刑罚'，难道是这样的吗？应当在秋冬审理案件时，明确禁止酷刑。"

章帝对那些酷刑看不下去啊，他看了觉得于心不忍，看了觉得心痛啊。于是，仁慈的章帝就决定将那些惨无人道的酷刑明令禁止了。这足以看出他的仁慈和宽厚之心。

章帝的仁慈宽厚、仁政宽政是为人所称道的。

可是，凡事有利也有弊，每件事情都有正反两面。章帝宽以待民，无可非议，可是在他的集团内部管理上却由于疲软无力，尤其是对待外戚权势大增危害深重时，他又过于仁慈，过于优柔寡断，没有当机立断进行压制，结果，导致汉王朝因外戚掌权搅扰得乌烟瘴气，慢慢走向了衰落。

由此可见，宽厚仁慈待人、严肃认真待事才是我们可取的态度。

卷四　孝和孝殇帝纪

第一节　孝和帝

求贤若渴的孝和帝

【原文】

孝和皇帝讳肇，肃宗第四子也。母梁贵人，为窦皇后所谮，忧卒，窦后养帝以为己子。建初七年，立为皇太子。

章和二年二月壬辰，即皇帝位，年十岁。尊皇后曰皇太后，太后临朝。

【译文】

孝和皇帝名肇，肃宗第四子。

母梁贵人，被窦皇后诬陷，忧郁而死，窦后养帝以为己子。

建初七年（82），立为皇太子。

章和二年（88）二月三十日，即皇帝位，时年十岁。

尊皇后为皇太后，太后临朝听政。

【评点】

孝和皇帝刘肇的身世很有趣。他本来是人家梁贵人的儿子，他本可以过另外一种生活，可问题是遭遇了一个人，这个人改变了他的命运。

是个什么人啊？这个人就是当时的窦皇后。

皇后窦氏是一个悍忌之人。什么是悍忌之人啊？悍忌之人就是凶悍妒忌、蛮横猜忌的人。她的性格之所以这样，一个原因是她没有生养过孩子。不用说我们也会明白，在宫里，不能给皇帝生孩子意味着什么。母以子贵嘛，没有儿子，怎么贵呢？于是，为了自己的命运，这个窦皇后就采取行动了，不择手段地排除异己，争取自己的幸福去了。她争取自己的幸福本无可厚非，世界上的每一个人都会为了自己的幸福而奋斗的，可是问题在于，这个窦皇后所争取的幸福，是建立在别人的痛苦之上的。把别人踩在水里，按在泥里，让她们喘不过气来，甚至窒息而死，然后她就幸福了。

那么，她是怎么做的呢？

窦皇后先是想方设法，废掉了章帝立的太子刘庆，又设计陷害梁贵人，逼得人家自杀了。梁贵人自杀之后，她便把人家的儿子，也就是刘肇收为自己的养子，后来就立为太子。这就是孝和皇帝了。

孝和皇帝登基的时候，只有十岁，开启了东汉帝王年幼登基的历史。他之后的几位皇帝，多是年幼登基。年幼登基说明了什么呢？只能说明一个问题，那就是外戚掌权。你想啊，一个年幼的皇帝，比如，孝和皇帝当时十岁，他能懂什么事，能管什么事？还不是当妈的在幕后掌权操纵？现在的孩子，十岁大概才上三年级呢，上三四年级的小学生，你给他一个偌大的国家，让他来管理，这不是纯粹扯淡吗？

这个只有三四年级小学生年龄的孝和皇帝上台后，窦皇后就成了窦太后了。于是，大汉王朝就开始由皇帝的养母窦太后执政。窦太后排斥异己，让哥哥窦宪掌权，窦家人一犯法，窦太后就再三庇护。从此汉朝由稳转乱，进入外戚、宦官相继掌权的时期，和帝在位时期东汉日益衰败。

好在随着年龄的增长，汉和帝也有了自己的主见了，加之一些忠臣辅佐，他渐渐对母后窦氏的专横跋扈产生不满。于是，为了江山社稷，这位年幼的君主果断地采取了行动。

后来窦宪阴谋杀帝叛逆。有一天，汉和帝来到北宫，诏令逮捕窦宪党羽射声校尉郭璜，郭璜子侍中郭举、卫尉邓叠、邓叠弟步兵校尉邓磊都被打入囚牢，最后在牢中死去。

同时，汉和帝还派谒者仆射去收缴了窦宪大将军的印绶，也就是他的工作证，遣窦宪及弟窦笃、窦景到封国。窦宪他们一到封国就都自杀了。不自杀，也没有意思了啊。那样的日子，还真就是生不如死。

永元四年壬辰年六月二十三日（92 年 8 月 14 日），汉和帝联合宦官郑众将窦氏一网打尽。

但是，摁倒了葫芦瓢又起。别看汉和帝把外戚势力给收拾了，可是，宦官势力又起来了。毕竟，汉和帝还是个孩子啊，时值 92 年，汉和帝应该在十四岁上下，是一个还没有长出胡须来的初中生而已。让他掌管这个国家，实在是太难为他了。

大汉王朝也由此进入宦官专权时期。

元兴元年乙巳年十二月二十二日（105 年 2 月 13 日），汉和帝郁郁而终。好一个"郁郁而终"啊，这四个字，堪可道出汉和帝郁闷的一生啊。

我们继续看选文。

【原文】

三月戊子，诏曰："选举良才，为政之本。科别行能，必由乡曲。而郡国举吏，不加简择，故先帝明敕在所，令试之以职，乃得充选。又德行尤异，不须经职者，别署状上。而宣布以来，出入九年，二千石曾不承奉，恣心从好，司隶、刺史讫无纠察。今新蒙赦令，且复申敕，后有犯者，显明其罚。在位不以选举为忧，督察不以发觉为负，非独州郡也。是以庶官多非其人。下民被奸邪之伤，由法不行故也。"

【译文】

三月二十五日，诏令说："选拔好的人才，为治政的根本。分别品类德行技艺，一定要由基层举荐。然而郡国推举官吏，不加选择，所以先帝明令有关部门，要在实际工作中试用，合格的才肯任用。品德特别好的，不须经过试用，可另外上报。然而宣布以来，前后九年，二千石竟不按指示办事，一心只照自己的爱好，司隶、刺史从来没有检查纠正。现在新颁布了赦令，对过去了的不加追究，并且重新申明赦令，以后有犯这种错误的，就一定加以惩罚。在职的不把推荐人才当一回事，督察的不以发觉这种错误作为本身职责，这种情况不仅仅州郡如此。所以很多的官员不称职，老百姓受他们奸诈邪恶的伤害，是由于法制得不到执行的缘故。"

【评点】

孝和皇帝在位期间，举国上下，多有灾难，数次地震，旱涝灾害不断。按照当时的思维逻辑，这些灾难的出现，无不因为为官者在思想上或者行动上有过失，有罪过，是上天在惩罚他们。于是，最高领导往往会在出现了灾难之后，进行自省，大赦天下，以减轻罪行，祈求上天宽恕，也期盼有识之士，拿出好的建议来。所以，那些有才能的人才，便是君王所渴慕的。

孝和皇帝更是求贤若渴。他曾经多次颁发诏书，要下面的官员举荐才俊。因为他明白，选拔好的人才，为治政的根本。这也从一个侧面看出来，年幼的汉和帝，内心深处是有着孤寂感的。那么年轻的一个人，无法承受来自各方面的压力。所以，他的内心深处渴慕着能有真正的"朋友""知己"，与他推心置腹地交谈、商量，共同治理国家。

从这里，我们还可以看出，那时候的选贤多为举荐。也就是下面的官员觉得某个人有学识、有本领，就向上举荐。那时候还没有科举考试，更没有现在的公务员考试。那时候的基层官员举荐人才，问题很多。怎么衡量一个人有德行、有才学呢？那是一个仁者见仁智者见智的事情，举荐的人才也是良莠不齐，最后搞得君主不太满意。

原因是什么啊？无非有这么两个原因。一是当官的考察人时不认真，很随意，只是为了完成上头给的举荐任务而已，没有进行深入的考核、政审，结果举荐上去的人名不副实，不能胜任；二是当官的有私心，举荐了一些对自己有益处的人，比如，没有什么才学的人，贿赂他一下子，给买个购物卡，送上一所小别墅，买辆高级小轿车，等等，结果，就被举荐上去了，这都是时有发生的事情。

"故先帝明敕在所，令试之以职，乃得充选。"所以先帝明令有关部门，要在实际工作中试用，合格的才肯任用。这个明显存在的社会问题，其实是一个棘手的问题，客观存在，又不好解决，可是不解决又不行。于是，汉和帝的内心就更加孤寂，也就更加渴慕贤才辅佐。

我们再看下面的文字。

【原文】

丙寅，诏曰："朕以眇末，承奉鸿烈。阴阳不和，水旱违度，济河之域，凶馑流亡，而未获忠言至谋，所以匡救之策。癔瘵永叹，用思孔疚。惟官人不得于上，黎民不安于下，有司不念宽和，而竞为苛刻，覆案不急，以妨民事，甚非所以上当天心，下济元元也。思得忠良之士，以辅朕之不逮。其令三公、中二千石、二千石、内郡守相举贤良方正能直言极谏之士各一人。昭岩穴，披幽隐，遣诣公车，朕将悉听焉。"帝乃亲临策问，选补郎吏。

初九，诏令说："我本渺小微末，继承伟大的帝业。阴阳不调和，水旱都超过往日，济水黄河流域，饥馑流亡，但没有获得好建议好计谋，用以进行挽救。日夜长叹，忧思急切。当官的干得不好，黎民百姓就会不安。管事的人不讲宽和，竞相苛刻，反复审理不急之务，妨碍民间农事，这完全是上不能符合天帝的心意，下不能让老百姓得点好处。想得到忠良志士，来帮助我的不足。现令三公、中二千石、二千石、内郡守相推荐贤良方正，能说真话肯批评的人士各一人，将隐逸在穷乡僻壤中有才华的能人请出来，送到公车门，我将亲自听取他们的意见。"于是皇上亲临策问，选补郎吏。

【评点】

那时候，没有手机，也没有网络，不可能迅速了解基层动态，无法通过 QQ 或者微博什么的迅速听取网民的呼声，所以，也只能这样，将隐逸在穷乡僻壤中有才华的能人请出来，开个君民见面会，亲自听取他们的意见。

孝和皇帝年纪轻轻，能做到这一点，也实在是难能可贵了。

得到人才，是一个问题，用好人才，才是关键。我们的孝和皇帝求贤若渴，自然想方设法得到人才，得到人才就要重用啊，但是在初期，由于窦氏从中作梗，外戚势力越来越强大，很自然，那些人才就被压制了，提拔的都是窦氏家族的人。孝和皇帝后来意识到了这个问题，痛下决心，一举取缔了那个庞大的势力集团。那一年，孝和皇帝十四岁。

亲政后孝和皇帝宽缓为政，重视德教，安定边疆，爱惜民力，使东汉基本维持了明章之治的强盛景象，尤其是在班超的努力下汉朝的国际声望达到顶峰，在国际舞台上举足轻重，成为名副其实的泱泱大国。这当然与孝和皇帝铲除奸臣，起用忠将，比如班超这样的人才得到重用，有着很大的关系。由此可见，汉和帝求贤若渴，制定了各种各样的激励政策，广招人才，还是很有成效的，毕竟涌现出了一些难能可贵的人才。

孝和皇帝在任期间，还出现了一位伟大的史学家班固，班固撰写了《汉书》，还有一个是蔡伦，蔡伦发明了造纸术。这些人才，为经济和社会的发展，做出了自己的贡献，对当世也对后世产生了深刻的影响。这些都是孝和皇帝时期社会经济和文化繁荣的一个个表征。

第二节　孝殇帝

稀里糊涂一生帝王命

【原文】

孝殇皇帝讳隆，和帝少子也。元兴元年十二月辛未夜，即皇帝位，时诞育百余日。尊皇后曰皇太后，太后临朝。

【译文】

孝殇皇帝名隆，和帝幺儿子。

元兴元年（105）十二月二十二日夜，即皇帝位，这时他生下才百余日。

尊皇后为皇太后，太后临朝执政。

【评点】

汉殇帝，大概是中国历史上最可怜的皇帝了。他登基的时候，才三个多月大，三个月大的孩子还不会走，不会说话，顶多能衔着个奶嘴儿哇哇地哭，那样一个孩子登基，肯定很有情趣，很有乐子可看。

那个登基大典，是在元兴元年（105）正月的一天夜里举行的。

三个月大的小皇帝还在襁褓里呢，那怎么坐上龙椅当皇帝呢？也是没有办法的办法，就由他的母后抱着，坐在龙椅上登基当了皇帝。我们可以想象一下，登基时，满朝文武百官纷纷跪倒，对着这个嗷嗷待哺的娃子，山呼万岁。那阵势，想起来就觉得有趣。你说文武百官叩拜的是什么啊？那一刻，皇帝是谁呢？其实，说白了，还不是人家汉殇帝的母后邓太后吗？

看官要问了，怎么弄这么小个婴儿做皇帝啊，岂不儿戏？

其实，这也是迫不得已的事情。

孝和皇帝有生之年，有几个孩子都纷纷死掉了。他觉得有人要害他的孩子，就将孩子转到民间去养。他本来是有个大儿子，叫刘胜的，可以即位，可是，那位刘胜没有那个福分，体弱多病，久治不愈。当然，也许称病只是一个说辞，背后还有利益之争的缘故，所以，孝和皇帝驾崩后，便将小儿子，也就是只有百天大的刘隆接进宫中，由母后抱着登基，接管了刘家天下。

这就是汉殇帝。

汉殇帝登基后，朝政由外戚邓氏掌权。可怜这个婴儿皇帝汉殇帝，只做了八个月的皇帝。延平元年八月辛亥日，汉殇帝得了场大病就死在襁褓之中了。死后葬于康陵。汉殇帝应该是中国帝王中即位年龄最小、寿命最短的皇帝了。这皇帝当得，登基时不记事，驾崩时也不懂事，就这么稀里糊涂地做了一遭皇帝。不过，这一生，也算没有白活，毕竟是当了回皇帝嘛，被永记史册。

在中国，百日皇帝是有好几位的，比如：

东汉冲帝刘炳在位一百五十五日，一四四年八月庚午至一四五年正月戊戌。

东汉少帝刘辩在位一百五十日，一八九年四月至九月。

北辽宣宗耶律淳在位九十七日，一一二二年三月十七至六月二十四。

有人会说了，那袁世凯在位才八十三天，他才是在位最短的皇帝啊。可是，列位想一想看，袁世凯算得哪门子皇帝嘛！

卷五　孝安帝纪

最郁闷的皇帝

　　恭宗孝安皇帝讳祜，肃宗孙也。父清河孝王庆，母左姬。帝自在邸第，数有神光照室，又有赤蛇盘于床笫之间。年十岁，好学《史书》，和帝称之，数见禁中。

　　延平元年，庆始就国，邓太后特诏留帝清河邸。

　　八月，殇帝崩，太后与兄车骑将军邓骘定策禁中。其夜，使骘持节，以王青盖车迎帝，斋于殿中。皇太后御崇德殿，百官皆吉服，群臣陪位，引拜帝为长安侯。皇太后诏曰："先帝圣德淑茂，早弃天下。朕奉皇帝，夙夜瞻仰日月，冀望成就。岂意卒然颠沛，天年不遂，悲痛断心。朕惟平原王素被痼疾，念宗庙之重，思继嗣之统，唯长安侯祜质性忠孝，小心翼翼，能通《诗》《论》，笃学乐古，仁惠爱下。年已十三，有成人之志。亲德系后，莫宜于祜。《礼》'昆弟之子犹己子'；《春秋》之义，为人后者为之子，不以父命辞王父命。其以祜为孝和皇帝嗣，奉承祖宗，案礼仪奏。"又作策命曰："惟延平元年秋八月癸丑，皇太后曰：咨长安侯祜：孝和皇帝懿德巍巍，光于四海；大行皇帝不永天年。朕惟侯孝章帝世嫡皇孙，谦恭慈顺，在孺而勤，宜奉郊庙，承统大业。今以侯嗣孝和皇帝后。其审君汉国，允执其中。'一人有庆，万民赖之。'皇帝其勉之哉！"读策毕，太尉奉上玺绶，即皇帝位，年十三。太后犹临朝。

　　恭宗孝安皇帝名祜，肃宗孙。

父清河孝王刘庆，母左姬。

帝自从住在父王邸第，多次有神光照室，又有赤蛇盘于床铺上。

年十岁，好学《史书》，得到和帝称赞，多次在宫中召见。

延平元年（106），刘庆才到封国，邓太后特诏令留刘祜住清河邸中。

八月，殇帝逝世，太后与兄车骑将军邓骘在宫中决定帝位问题。

当夜派邓骘带着符节，用王青盖车迎刘祜，在宫殿中整洁身心。

皇太后来到崇德殿，百官都穿吉服，群臣出席相陪，引见拜刘祜为长安侯。

皇太后诏令说："先帝圣德淑茂，早弃天下。我侍奉皇帝，日夜瞻仰岁月，希望快快长大。不料突然发生变故，天年不永，悲痛断心。我考虑平原王素患痼疾，宗庙的重任，继位嗣后的大统，只有长安侯刘祜质性忠孝，小心谨慎，能通《诗》《论》，笃学乐古，仁惠爱下，很是合适。现年已十三岁，有成人一般的志气。亲民明德传宗接代，没有比刘祜再好的。《礼记》说'兄弟之子犹如是自己的儿子'；《春秋》之义，出继于人就是他的儿子，不受父亲之命而受祖父之命。应以祜为孝和皇帝的后嗣，继承祖宗，合乎礼仪标准。"又下策书说："延平元年（106）秋八月初八，皇太后说:咨！长安侯刘祜:孝和皇帝懿德巍巍，光照四海;新逝世的天子，寿命太短。我想到你长安侯，是孝章帝世嫡皇孙，谦恭慈顺，幼年就很勤勉，适宜于奉祀郊庙，继承帝业。今以长安侯为孝和皇帝后嗣。应慎重统治汉家天下，诚信地执掌中庸之道。'一人有庆，万民赖之。'皇帝应好好勉励啊！"

读完策书，太尉奉上御玺，刘祜就继皇帝位，年十三。

太后仍临朝听政。

【评点】

汉恭宗孝安帝刘祜，是光武帝的五世孙，他是汉章帝的孙子、当年被废太子清河王刘庆的儿子，母亲是左小娥。

殇帝百日大的时候即了皇位，可不到两岁就夭折了，所以他没有后人，但是，汉王朝不能一日无主啊。这就面临着有新的皇帝宣布就职。

这时候，幕后的最高领导邓太后与兄长车骑将军邓骘就开始商议了，这个新的君主，到底立谁呢？在这样的情况下，有野心的掌权者，完全有篡权夺位的条件了，但是，还要说人家邓太后，她是一个非常聪明的女性，她吸取窦氏灭亡的教训，没有明目张胆和大张旗鼓，而是改变策略，联合宦官，袒护族人，拥立刘家族人，这样才可以顺应天意，顺应民心。就让你们刘家人登基做皇帝，当然你是做前面的皇帝，我是做前面的皇帝，最终还是后面的皇帝大于前面的皇帝，这样岂不更好？那么，她是怎么做的呢？

邓太后与兄长车骑将军邓骘开了个碰头会，密谋一番，最后以和帝长子平原王刘胜有个很严重的病为由，确定不立他为帝。有大病嘛，当皇帝日夜操劳，对身体不好嘛。所以，这个皇帝，也就别当了吧。这个刘胜也真够倒霉的，你说你都两次面临绝佳的登基机会了，可就是因为有病在身无缘帝位。所以说，再穷别没钱，有啥别有病啊。其实，真正的原因是什么呢？在邓太后看来，刘胜大了，肯定是不听话了，不好操纵了。弄个不听话的皇帝，是很让人操心的。

于是，邓太后的目光就瞄准了被废太子刘庆的儿子，拥立他为皇帝，那他们还不对自己感恩戴德？以后还不要干吗就干吗。邓太后便迎立十三岁的刘祜为和帝嗣子，再立他为帝，名正言顺。他就是后来的汉安帝。

当然了，这种立侄不立子的安排，也还是引起了一些大臣的不满，如司空周章等。周章这个人是个正派的人，也是一个耿直的人。耿直到了什么地步呢？他在这样的情形下密谋拥立平原王刘胜，打算让他当皇帝。要说这个周章，想法是好的，但是不看清形势，无异于以卵击石啊，你能斗过邓太后吗？你耿直不要紧，但是要耿直到个地方和时候不是？这不，拥立久病的刘胜不成，事情败露，被逼无奈，最后自杀了事了。当然，周章的耿直和对大汉王朝的忠诚，还是很值得圈点的。

安帝即位后，当然是邓太后继续临朝，一直到她死为止才将那权把子撒了手。邓太后摄政共十六年之久。直到永宁二年（121），邓太后去世，安帝才有机会亲政。安帝憋屈了那么多年，早就受够了，他如今终于可以扬眉吐气，挺直腰杆做自己的皇帝了。那心情，无异于齐天大圣被压五指山下五百年，忽然被唐僧揭去了封条，"腾"的一下跳将出来，那个兴奋劲真是无法形容了。

于是，安帝亲政后，立即下令灭了邓氏一族。

当然，安帝虽然灭了邓氏，但还是没能够完全扭转局面。为什么啊？朝廷那点儿事儿，复杂着呢，朝廷那潭水，深着呢。那么多年以来，安帝年年不理朝政，为什么不理朝政？他理得了吗？朝廷的事，都是邓氏说了算啊。两个字，郁闷。四个字，非常郁闷！怎么办呢？安帝无奈啊，就只好沉湎于酒色，导致当时东汉朝政腐败，社会黑暗，奸佞当道，社会矛盾日益尖锐，边患也十分严重。即使到了他亲政，这样的烂摊子，也不是一会半会就能理顺清楚、调理清楚的。

并且，安帝在位期间，全国到处地震，水旱蝗灾也接连不断。有资料统计，安帝在位期间，有十九年举国上下发生地质灾害，如地震、地裂、山崩，十九年发生气象灾害，如水旱、冰雹。可以说安帝是一个年年和天灾人祸打交道的皇帝。

还有，加上外戚宦官相互勾结，玩弄权柄，致使国力日衰，危机四伏。那可真是一个内忧外患接踵而至，让安帝焦头烂额、心力交瘁。那时候，外有西羌等入侵边境，内有杜琦等领导的长达十多年的农民起义，社会危机日益加深，东汉王朝进一步衰落。

安帝这一辈子，那叫一个郁闷啊。前期就是一个傀儡，让人在背后操纵着，指哪儿打哪儿，郁闷得只好沉迷于酒色之中。后期亲政了，却大势已去，内忧外患连连不断，这个皇帝也就无心料理政事，一度吃喝玩乐起来。这个安帝，昏庸到了什么程度呢？他居然忠言逆耳，不听良谏。

邓太后去世后，皇帝身边的内宠开始横行。汉安帝的乳母王圣，因从小保养安帝辛勤周到而有功，深受安帝信任和尊重。王圣便仗此地位骄横放纵，连她的女儿伯荣也经常出入禁宫，串通贿赂，横行霸道。伯荣还代表皇帝出去祭祀，提前通知当地官员，准备这个准备那个，捞个钵满盆满。

于是，司徒杨震就给安帝上书说："臣听说，自古以来施政，主要是选用德才兼备的贤能人士治理国家，管理主要是惩治去除违法乱纪行为，所以唐尧虞舜时代，贤能有德的人，都在朝中为官，而恶人则被流放监禁，天下百姓都心悦诚服，国家一派兴旺发达的气象。当今之世，古人推崇的忠、信、敬、刚、柔、和、固、贞、顺九种道德，未能发扬光大，而小人却充斥朝廷内外。阿母王圣，出身卑微，因遭千载难逢的机会，得以奉养圣上。虽然有推燥居湿抚养陛下的辛勤劳苦，但陛下对她前后所封赏的财富荣耀，已远远超过了她的功劳。然而她贪得无厌的心理无法得到满足，经常交际朝臣，接受贿赂、请托，扰乱天下，使朝廷清正的名声受到损毁，如同日月蒙上灰尘一样。书上说，奸诈的妇人不能干预政事。因此，陛下应当迅速送阿母出宫，让她居住在外面，同时还要阻断她女儿同宫内的往来，这样就能使恩情和德行都继续保持下来，对陛下和阿母都是好事。请陛下舍弃有碍大局的儿女私情，割除有害国家的仁爱优柔之心，把精力集中在朝政上！"

这建议书呈给了安帝后，安帝看了看，朝案子上一丢，不仅不采纳杨震的忠谏，还抽空把那奏章拿出来给乳母王圣看。

王圣的女儿伯荣，得意忘形，是一个很随便的女人，大搞暧昧关系，最后与已故的朝阳侯刘护的远房堂兄刘瑰勾搭成奸。那个刘瑰也不是个好东西，他趋炎附势，遂娶伯荣为妻。安帝因此让刘瑰承袭了刘护的爵位，官至侍中之职。

对此，杨震坚决反对，再次向安帝上书说："臣听说，天子只封有功之臣，诸侯靠德行获得爵位。现在刘瑰没有任何功劳和德行，仅仅以匹配阿母之女的缘故，一时间就位至侍中，又得以封侯，这既不符合高祖定下的老制度，又不合乎道义，以致满朝文武议论纷纷，百姓迷惑不解。请陛下以历史为镜鉴，按照帝王应该遵循的规则办事，得人心，安天下。"

对于杨震的再次忠谏，昏庸的安帝仍然我行我素，不予理睬。安帝心说：好你个杨震啊，你哪里那么多事儿？

延光年间杨震任太尉时，安帝下令派人为阿母王圣修建府第，中常侍樊丰及侍中周广、谢挥等人，便推波助澜，弄得朝廷倾摇，不得安宁。为此，杨震又来了，他又向安帝上书言明利害，安帝依然不纳。后来还听信樊丰的谗言，将疾恶如仇、敢于直谏的杨震逼上绝路，免去他的太尉职务。

这个安帝，独断专行，昏庸无度，令忠臣良将痛心疾首啊。

延光四年（125），汉安帝在南巡的途中死于南阳，享年三十二岁。

世祖光武皇帝是南阳蔡阳人。这个德行不高、政教不行的安帝死于南阳，看他怎么有脸去见自己的老祖宗。上天这样安排，冥冥中也算是一种极大的讽刺吧。

卷六 孝顺帝纪

最不顺利的汉顺帝

【原文】

孝顺皇帝讳保，安帝之子也。母李氏，为阎皇后所害。永宁元年，立为皇太子。延光三年，安帝乳母王圣、大长秋江京、中常侍樊丰谮太子乳母王男、厨监邴吉，杀之，太子数为叹息。王圣等惧有后祸，遂与丰、京共搆陷太子，太子坐废为济阴王。明年三月，安帝崩，北乡侯立，济阴王以废黜，不得上殿亲临梓宫，悲号不食，内外群僚莫不哀之。及北乡侯薨，车骑将军阎显及江京，与中常侍刘安、陈达等白太后，秘不发丧，而更征立诸国王子，乃闭宫门，屯兵自守。

十一月丁巳，京师及郡国十六地震。是夜，中黄门孙程等十九人共斩江京、刘安、陈达等，迎济阴王于德阳殿西钟下，即皇帝位，年十一。

【译文】

孝顺皇帝名保，安帝之子。

母李氏，为阎皇后所害。

永宁元年（120），立为皇太子，延光三年（124），安帝乳母王圣、大长秋江京、中常侍樊丰诬陷太子乳母王男、厨监邴吉，王男、邴吉被杀，太子刘保几次为之叹息。

王圣等惧怕遗留后患，于是与樊丰、江京共同陷害太子刘保，太子刘保因而被废为济阴王。

延光四年（125）三月，安帝逝世，北乡侯刘懿立为帝，济阴王刘保因为被废黜，不得上殿亲临安帝灵堂参与丧礼，悲号不食，内外百官都为之哀痛。

及至少帝刘懿逝世，阎太后兄车骑将军阎显及江京与中常侍刘安、陈达等报请太后秘不发丧，而计划另征立诸国王子为帝，刘保把宫门紧闭，屯兵自守。

十一月初四，京师及郡国十六处发生地震。

这天夜里，中黄门孙程等十九人合力斩江京、刘安、陈达等，迎济阴王刘保于德阳殿西钟下，登皇帝位，年十一岁。

【评点】

孝顺帝刘保的皇位，实在是来得不容易。

公元125年，汉安帝刘祜去世。按理说，太子刘保应该继承王位，登基做皇帝了。可是，阎皇后没有儿子做皇帝，但也不甘心眼睁睁看着别人的儿子登基。我有的你不一定要有，我没有的你绝对不能有！于是，她就想方设法废掉了刘保的太子位，将他贬为济阴王。

然后呢，阎皇后就找来了一个幼儿，叫刘懿，把他弄到位子上去做了皇帝。阎皇后的想法非常明确，那就是弄个小皇帝在前台，她想自己在后台，来个垂帘听政，掌握朝政大权。

可是，那个刘懿做了七个月的皇帝就死了。

就在这个关口，宦官曹腾、孙程等十九人发动了宫廷政变，赶走了阎太后，将刚刚十一岁的刘保拥立为帝。那十九位拥立刘保的宦官当然就全部封侯。

刘保从太子位上被贬，又经宦官政变把他推上最高领导岗位，可以说，他的这个皇帝，是靠宦官给整来的。俗话说，拿人家的手短，吃人家的嘴软。虽然这个天下是他老刘家的天下，可是他只能扮演一个傀儡角色了。于是，刘保就很自然地将大权交给宦官了。

实际上，顺帝本人是个什么性格的人呢？这个人性格很温和，温和过了，也就是软弱了。他被推上皇位，当然会被各种势力推来推去、捏来捏去的，几乎没有自己的个性可言了。正如某些国家总统的选举，当选者自然是某个政党、财团、势力集团的代言人，顺帝在台上当然会听从那些宦官势力的喜好。这不，顺帝就下诏了："四年春二月丙子，初听中官得以养子为后，世袭封爵。"

意思是说：四年（135）春二月十六日起，宦官可以养子为后人，并世袭封爵。

那么，什么是宦官啊？

宦官就是中国古代专供皇帝、君主及其家族役使的官员。先秦和西汉时期并不全是被阉割了的人。可是自东汉开始，则全为被阉割后失去性能力不男不女的中性人。也就是说，宦官就是我们常常听到的太监，又称寺人、阉（奄）人、阉官、宦者、中官、内官、内臣、内侍、内监等。

也就是说，那十九个发动政变的人都是太监。

孝顺帝的皇帝宝座，来自于宦官的宫廷政变啊，所以，他对那些宦官就格外恩典。于是就有了这个规定，也就是允许太监收养孩子，作为自己的子孙后代，可以世袭他们现在所拥有的待遇。

中国的历史，就是在各种力量的彼此较量和彼此消长中发展的。孝顺帝在任期间，那些宦官势力后来又和外戚梁氏勾结，形成了新的幕后力量，叫作梁氏专权。梁氏专权长达二十多年。宦官、外戚互相勾结，弄权专横，汉朝政治更加腐败，阶级矛盾日益尖锐，百姓怨声载道，简直是民不聊生。

建康元年，汉顺帝在内忧外患中死去，享年三十岁，在位一共十九年。顺帝死后谥号孝顺皇帝，庙号敬宗。

这个顺帝，临终前留下了一个遗诏，还是很值得圈点的："遗诏无起寝庙，敛以故服，珠玉玩好皆不得下。"

意思是遗下诏书不要起寝庙，装殓现存衣服，珠玉玩好都不得陪葬。

他的这个遗诏，彰显出的节俭品格，倒是很值得称道。其实这个习俗，从光武帝刘秀时就有了，这个很好。

史家评论说，古时候的人君，遭到幽禁放逐而终于返回来登上皇位的事情时有发生。他们莫不矫正借鉴过去的经验教训，审察识别人情的真伪，而且牢记在外时的艰难险阻，故能中兴大业。

孝顺帝由皇太子废为济阴王，几经周折，才继承帝业，和过去那些遭幽禁的人君不是差不多吗？考察顺帝朝政，却为何没有多大的成就呢？是因为他仿效以前的弊端很多，而不能改正。

一句话，就是因为顺帝在各种利益团体的裹挟和操纵之下，没有展现自己的个性。

卷七　孝桓帝纪

摁倒葫芦瓢又起

【原文】

孝桓皇帝讳志，肃宗曾孙也。祖父河间孝王开，父蠡吾侯翼，母匽氏。翼卒，帝袭爵为侯。

本初元年，梁太后征帝到夏门亭，将妻以女弟。会质帝崩，太后遂与兄大将军冀定策禁中，闰月庚寅，使冀持节，以王青盖车迎帝入南宫，其日即皇帝位，时年十五。太后犹临朝政。

【译文】

孝桓皇帝刘志，肃宗章帝曾孙，祖父河间孝王刘开，父亲蠡吾侯刘翼，母亲匽氏。

刘翼死后，刘志袭为蠡吾侯。

本初元年（146），梁太后征召刘志到洛阳城夏门亭，打算将她的妹妹嫁给刘志。

适逢质帝逝世，梁太后便与兄大将军梁冀决策宫中，闰六月初七，派梁冀持符节，以王青盖车接刘志入南宫，这一天就登帝位，时年十五岁。

梁太后仍然临朝听政。

【评点】

顺帝只活了短短三十年。太子炳即位，炳即位时才两岁，即位只有六个月就死了，他就是汉冲帝。接着，由八岁的刘缵即位，是为汉质帝。在这段时间内，一直由梁冀掌权，梁太后听政。正所谓那时候的天下是梁家的天下，臣民是梁家的臣民。

当时，汉质帝虽然只有八岁，但非常聪明伶俐，他看得出是非曲直，但他毕竟还是一个孩子，没有什么城府，心直口快，有什么说什么。于是有一次上朝时，质帝突然间指着梁冀对大家说："这真是一个跋扈将军啊！"

没想到，这一句话不要紧，一下子让那个梁冀怀恨在心：好啊！你不就是区区一个小皇帝吗？你竟然在文武百官面前这么让我下不来台？你牛什么牛？让你在位，是抬举你不是？既然这样，看我怎么收拾你！就是这句话，要了他汉质帝的皇命。

梁冀听了汉质帝的话之后，一直怀恨在心，总是在寻找机会收拾他。终于，有一次他命令下人在蒸饼时，偷偷掺进毒药拿给小皇帝质帝吃。质帝吃了，立刻抱着肚子在床上翻滚，疼得全身冒冷汗，气绝而死。

146年，外戚梁冀毒死九岁的汉质帝后，十五岁的刘志即位。

刘志（132—167）就是汉桓帝，东汉第十位皇帝（146—167年在位），他是汉章帝的曾孙，在位21年。继位人是汉灵帝刘宏。汉桓帝的庙号为威宗。年号有建和、和平、元嘉、永兴、永寿、延熹、永康。

一直以来，都是外戚梁氏掌权，朝中以及宫中的事情，刘志当然看得听得都很清楚，所以，刘志从小就对梁氏不满。于是，他即位后，就想方设法去诛灭梁氏。

可是，梁氏的势力太庞大了，简直就是棵难以撼动的大树，要想扳倒这个利益团体还真不是一件容易的事情。

延熹二年（159），桓帝联合宦官单超等五人，经过多番周折，才最终一举歼灭了梁氏。单超等五人同日被封侯，称之为"五侯"。

俗话说，摁倒了葫芦瓢又起。

汉桓帝以为，将那个眼中钉肉中刺的梁氏给摆平了，就会万事大吉了，可让他没有想到的是，新起来的五侯比外戚更加腐败！汉桓帝失算了。

那么，这五侯都是谁呢？汉桓帝封的这五个宦官分别是单超新丰侯、徐璜武原侯、左悺上蔡侯、具瑗东武阳侯、唐衡汝阳侯。《后汉书·宦者传·单超》："五人同日封，故世谓之'五侯'。"

五侯势力猛涨，他们对百姓们勒索抢劫，搞得民不聊生，四处怨声载道，大汉政治更加衰颓，国势益弱。

中国的汉语中，有一个成语，叫作"五侯蜡烛"。它的解释是用以形容豪门权势的显赫景象。这个成语来源于唐代韩翃《寒食》诗："日暮汉宫传蜡烛，轻烟散入五侯家。"

旧俗寒食节亦称禁烟节、冷节、百五节，在夏历冬至后一百零五日，清明节前一二日。是日初为节时，禁烟火，只吃冷食并在后世的发展中逐渐增加了祭扫、踏青、秋千、蹴鞠、牵钩、斗卵等风俗，寒食节前后绵延两千余年，曾被称为民间第一大祭日。举国上下都禁火呢，而宫中传烛分火于五侯之家，贵宠可见，偏宠可见。寒食虽禁火，但对宠臣，皇上可于当日晚上"赐火"，以示恩泽，这在当时被视作是一种殊荣。这首诗的作者借助"寒食赐火"的细节，蕴藉而巧妙地表达了对宦官特权地位的不满。

从这里我们可以理解到，五侯势力猛涨，还得到皇帝的偏宠。那么，后面发生的事情，也就在情理之中了。

汉桓帝统治后期，一批太学生看到朝政败坏，便要求朝廷整肃宦官、改革政治。宦官们一个个气急败坏，什么？想动我的奶酪？休想！宦官们很不高兴，后果很严重。

结果宦官势力在延熹十年（167）与德扬天下的司隶校尉李膺发生了大规模冲突。

桓帝大怒，下令逮捕替李膺请愿的太学生二百余人。学生游行请愿，结果被皇帝给镇压了，给逮了。

后来在太傅陈蕃、将军窦武的竭力反对下，汉桓帝才释放了太学生。但是，这实属迫于压力，而非情愿，于是，他就将那些参与游行请愿的学生纷纷拉入了黑名单，对他们进行了终身的禁锢，不许再做官，历史上称为"党锢之祸"。

党锢之祸其实发生了两次。上面这是一次，汉灵帝时又发生了一次。党锢之祸以宦官诛杀了几乎所有的士大夫一党而结束。当时的言论以及日后的史学家大多数都同情士大夫一党，并认为党锢之祸伤了汉朝的根本，伤及命脉了，也为后来发生的黄巾之乱和汉朝的最终灭亡埋下了伏笔。

东汉在桓、灵二帝之前，虽然宦官、外戚在很多时候都掌过权，但有名臣陈蕃等人主持朝政大局，士大夫、豪强等心向朝廷，局势尚未到不可收拾的境地，即《后汉书》中所说的"汉世乱而不亡，百余年间，数公之力也"。但两次党锢之祸后，清正的官员不是被害就是被禁锢，宦官更加为所欲为，残害百姓，因而激起民变，酿成黄巾之乱。黄巾之乱以后群雄并起，东汉最终走向了灭亡。

卷八　孝灵帝纪

福兮祸兮

【原文】

孝灵皇帝讳宏。肃宗玄孙也。曾祖河间孝王开，祖淑，父苌。世封解渎亭侯，帝袭侯爵。母董夫人。桓帝崩，无子，皇太后与父城门校尉窦武定策禁中，使守光禄大夫刘儵持节，将左右羽林至河间奉迎。

建宁元年春正月壬午，城门校尉窦武为大将军。己亥，帝到夏门亭，使窦武持节，以王青盖车迎入殿中。庚子，即皇帝位，年十二。改元建宁。

【译文】

孝灵皇帝刘宏，肃宗玄孙。

曾祖河间孝王刘开，祖父刘淑，父亲刘苌。

祖父、父亲都封解渎亭侯，刘宏袭侯爵。

母董夫人。

桓帝死后，无子，皇太后窦氏与其父城门校尉窦武定策宫中，使代理光禄大夫刘儵持符节，率领左右羽林军至河间迎接刘宏。

建宁元年（168）春正月初三，任城门校尉窦武为大将军。

二十日，刘宏来到洛阳夏门亭，派窦武持符节，用王青盖车迎自己入殿中。

二十一日，即皇帝位，年十二。

改元建宁。

【评点】

汉灵帝刘宏能登上皇帝位，可以说他算是幸运的。为什么这么说呢？

汉桓帝刘志虽然三十六岁而终，也是妻妾成群的，可是他身后并无子嗣。年轻的窦皇后（桓帝死后被尊为太后）及其父亲窦武，把大汉王朝新的继承人的年龄设定在少年段。为什么设定为少年段啊？如前面的那些皇后一样，他们是有野心的，弄个还没成年的新主子，没有自己的主见，控制起来容易得多。这就是他们的政治目的。

刘宏是汉章帝的玄孙，刘宏的曾祖父是河间王刘开，父亲解渎亭侯刘苌与桓帝刘志是堂兄弟，刘宏是桓帝的亲堂侄，他当时只有十二岁。这样说来，外戚集团选中了刘宏，推他为帝，岂不是刘宏的幸运？

可是，反过来讲，刘宏登上皇帝位，又是不幸的。汉桓帝去世后，留下的是怎样的一个大汉王朝啊？很显然，那是一个千疮百孔的"怏怏大国"。之所以叫"怏怏大国"，而不是"泱泱大国"，是因为那个大国已经病入膏肓了，腿瘸眼瞎，塌腰弓背，病恹恹的，很不像个样了。我们看看啊，那个时候，外戚们一个个跃跃欲试，准备统理朝政，宦官们也都虎视眈眈地对皇权垂涎三尺，虽然那些忠贞耿直的士人们一直发出不平的声音，举国上下饥民们痛苦呻吟之声此起彼伏，但都已经无济于事了。你说让一个十二岁的刘宏接管这样的一个国家，能算是他的幸事吗？

但刘宏还是临危受命，走马上任了。

汉桓帝永康元年（167），刘儵以光禄大夫身份与中常侍曹节带领中黄门、虎贲、羽林军一千多人，前往河间迎接刘宏。建宁元年（168）正月二十日，刘宏来到夏门亭，窦武亲自持节用青盖车把他迎入殿内。第二天，刘宏登基称帝，改元为"建宁"。他就是汉灵帝。

汉灵帝即位后，汉王朝政治已经十分腐败了，天下旱灾、水灾、蝗灾等灾祸泛滥，四处怨声载道，百姓民不聊生，国势进一步衰落。再加上宦官与外戚夺权，最后宦官推翻外戚窦氏并软禁窦太后，夺得了大权，又杀正义的名士李膺、范滂等一百余人，流放、关押八百多人，太学生多惨死于狱中，造成第二次党锢之祸。

而昏庸荒淫的灵帝除了沉湎酒色以外，还一味宠幸宦官，尊张让等人为"十常侍"，并常说"张常侍乃我父、赵常侍乃我母"。宦官仰仗着皇帝的宠幸，胡作非为，对百姓勒索钱财，大肆搜刮民脂民膏，可谓腐败到了极点。

真不知道这个汉灵帝当初是抱着怎样的理想而坐上龙椅的。或者说，当时的刘宏根本就没有自己的想法，没有自己的主张。既然让我当，那就当呗。只是，当了皇帝，你们几大势力集团，爱咋整就咋整吧，谁把谁打败了，谁掌握实权了，都无所谓了，正所谓神马都是浮云，你们折腾你们的，我享受我自己的算了。

其实，这大概也可以称为刘宏的权宜之计，或者说是没有办法的办法，说大了就是刘宏的处世哲学，聪明之处。你能让他怎么样呢？要他力挽狂澜？那简直就是天方夜谭了。既然无法改变这个世界，那就尽情享受现有的每一天吧。于是，我们的汉灵帝就日复一日地沉迷于昏庸享乐之中。

你道他昏庸享乐到了什么样的地步？

我们可以举几个例子来看一看。

那时候，宫中没有驴，有个下属很会逢迎，知道皇帝喜欢玩新奇的游戏，就想方设法给弄些名目。那家伙从外面给整来了四匹长相帅气的毛驴儿，灵帝一看，高兴了，特别喜欢。开始做了一辆车，让四匹小驴拉着满宫里溜达、兜风，相当于现在的富二代公子哥们开个新潮的宝马啥的飙车。开始的时候，还用个下人担任驾驶员，赶着那几匹驴子拉着驴车上路。后来，灵帝觉得不过瘾，就亲自驾驶，挥舞着鞭子猎猎作响，那几头驴子大概觉得自身价值得到了最大程度的体现，也很欢实，就格外卖力地奔跑。

那场面，实在是雷人啊。于是，京城很多人竞相效仿，纷纷赶驴车游玩，甚至上下班也以赶驴车为时尚。

这还不算，还有更滑稽可笑的在后面呢。

这个灵帝开了两天驴车就不玩了。再好的驴，看多了也就不顺眼了，再好的驴车，开时间长，也就不美气了。那怎么办呢？

那喜欢逢迎的下属搜肠刮肚，终于又想出了新颖的游戏。什么游戏啊？他选来一只狗，打算在这只狗身上做做文章。如此看来，那只狗是烧了几辈子的高香啊，居然在有生之年得到了皇上的宠幸！天下的狗多了去了，能得到皇帝喜欢的，可是万里挑一了。怎么弄的呢？他们给那只狗戴上文官的乌纱帽，摇摇晃晃地就上了朝，在文武百官中走来走去，不可一世的样子，大有"你们是官，我也是啊，有官帽在身，你们都低看了俺不成"的意思？就在文武百官之中扭捏作态，那样子实在滑稽得可以。

灵帝一看，龙颜大悦！笑罢，大声说道："好你个狗官！"

文武百官虽然统统觉得受到了羞辱，可是一个个是敢怒不敢言。要是搁在现在，那只戴着官帽的幸运狗，一定会瞬间被炒作成为网络红狗，身价飙升，接着，会有生产帽子的公司审时度势抢抓机遇让它代言产品。

如此可见，灵帝实在是昏庸到了极点了。

可是，这哪里算得上是极点呢？灵帝还被后人称为最贪财的皇帝呢。他怎么贪财啊？那时候，很多属国每年都要向大汉王朝进贡，送些宝贝和稀罕东西。按照制度，是要充当国有资产进行统一管理的，皇帝要用，需要相关部门去提取。灵帝一看，麻烦啊，就要那些宝贝不上交国库了，而是直接送到后宫，只要他拿到提成费。再后来，他为了收敛更多的财富，谎称要修缮王宫，要各地供应木料，有多少送多少。各地官员不敢怠慢啊，就源源不断地将木料运送来了，可是，进宫时，负责验收的官员故意说木料不合格，就以一成价格买来，又以十成价格卖给各地，一本万利，灵帝赚了个钵满盆满。各地官员知道上当了，可又能怎样？

再后来，灵帝觉得这样发财太慢啊，就觉得很苦恼。董皇后提醒他说："你的那些乌纱帽都放那里干吗啊？"一下让灵帝茅塞顿开。是啊，要想富，上项目，富得快，快卖官儿！于是，我们的灵帝啊，就将官位明码标价，科长五十万，处长一百万，厅长二百万，在全国上下公开出售。果然，那钱来得快啊。你想啊，那些个买官的，花了那么多钱，上位后，还不疯狂地搜刮民膏，捞回成本？结果是举国上下乌烟瘴气，民不聊生。

在皇帝的昏庸和官吏的腐败下，人民终于无法忍受，聚众起义了。

张角兄弟三人以"苍天已死，黄天当立;岁在甲子，天下大吉"为名举行起义，史称"黄巾之乱"，这次起义所向披靡，给病入膏肓的东汉王朝以沉重打击。最后这次黄巾起义，虽然被镇压，但是影响极大。从此东汉政府就名存实亡了。

公元189年，昏庸的汉灵帝，这个史上最会玩儿的皇帝，在人民的一片怨声中结束了他的一生，终年三十四岁。

卷九　孝献帝纪

献出帝位的献帝

【原文】

论曰：传称鼎之为器，虽小而重，故神之所宝，不可夺移。至令负而趋者，此亦穷运之归乎！天厌汉德久矣，山阳其何诛焉！

赞曰：献生不辰，身播国屯。终我四百，永作虞宾。

【译文】

史家评论说，《左氏传》称鼎为传国之神器，虽小而重，神灵所宝，不可夺移。

如果王室不造，昏凶肆虐，神鼎虽大亦轻，以至于被人背着它奔走，这也就是国运穷尽，不可复振的时候了。

汉自和帝以来，政教渐失，天下厌恶汉德由来已久，怎么能把这个祸患完全推到献帝山阳公身上，责怪他一个人呢！

史家评说，献帝生不逢时，颠沛流离，国家遭难。汉家四百年天下，终于断送在他手里，自己也只能像尧帝儿子丹朱为舜帝之宾一样，作为魏帝曹丕之宾了。

【评点】

汉献帝是东汉王朝的最后一位皇帝。汉献帝是最为悲催的皇帝，在位那么多年，可是一天也没有亲政，做了一辈子的傀儡。后世就将他作为傀儡的代名词。

其实，汉献帝并非一个没有任何才能的平庸之辈。如果不是生不逢时，他应该能成为一个好皇帝的。

汉献帝刘协登上帝位的过程，一波三折，充满了戏剧性。刘协的母亲王美人，是前五官中郎将王苞的孙女，出身于名门世家，举止文雅，再加上容貌姣好，身材匀称，算是倾国倾城的美女，深得灵帝的宠爱。当时主宰灵帝后宫的是何皇后。这个何皇后呢，出身于屠夫之家，老爸是个杀猪的，她是靠贿赂宦官被选入宫并当了皇后的。你想想，就这样的教育背景和起家手段，她能有怎样的品性？于是，这个何皇后就非常忌妒王美人。

王美人也是一个聪明人啊，她自然看得出其中的利害关系。因此当王美人发现怀孕时，她非常害怕招惹何皇后更深的忌妒，就没有告诉灵帝，而是偷偷地堕胎，保命要紧啊。可是，活该这个刘协命大不死，也活该刘协要来到这个乱世遭受天下欺辱。王美人服下了堕胎药之后，居然没有奏效，不知是假冒伪劣产品还是那流产药过了期，反正最后刘协还是生了下来。

何皇后果然妒性大发。什么？你漂亮性感，就漂亮性感吧，最起码在我面前低调点儿啊？是，你低调了，你低调就低调吧，可你干吗还要怀个龙种啊？你怀个龙种就堕了吧，可干吗最后给生下来了？你这不成心吗你！骗子啊！骗子就不应该得到好下场！

你说何皇后那个气啊！她内心就怕王美人有了儿子会进一步威胁到她的地位，本来灵帝就很宠幸那该死的王美人啊！该死的小三！

于是，心狠手辣的何氏就指使人将毒药偷偷地放在王美人产后服用的汤药里，王美人饮后当即就死了。千算万算，最终没有逃脱小人的暗算。做女人难，做皇帝身边的女人更难啊。

何皇后事先已用巨金买通受灵帝信任的宦官曹节等人，宦官们一齐跪下为何皇后求情，灵帝居然赦免了何皇后。

刘协这时尚未足月，灵帝怕将刘协留在后宫再遭到暗害，于是将他抱到永乐宫，请董太后抚养。

这也算是对刘协的补偿吧，这个成长环境，造就了刘协高人一等的学识修养和才能。他的哥哥刘辩，也就是少帝，从小就放到宫外一个道士那里密养，没有什么教养，吊儿郎当的，很没有帝王模样。灵帝立太子的时候，有心想立刘协，可是刘辩是长子，立刘协不符合体统，于是就很犹豫，迟迟没有下决定。后来灵帝死了，何太后才直接立刘辩为帝。

汉献帝第一次展现才能是在一次危难时刻。

刘协随刘辩在袁绍等人诛杀宦官时被宦官张让和段圭绑架，遇到董卓将他们救了出来。董卓是个粗人，他粗声大气地问少帝当时是个什么情况啊？少帝早已经吓得屁滚尿流，语无伦次，哪里有点皇帝的模样？当时董卓就想啊，就这个德行，还皇帝呢！整个一窝囊废。

他又和刘协谈话，没有想到，当时比皇帝哥哥还要小好几岁的刘协居然沉着冷静，将事情的前因后果，按照新闻五要素讲了个头头是道，将事情的经过交代得清清楚楚。董卓一听，得，小小年纪，居然这么有派，果然贤能啊，果然有君王相啊。他就想，假如让这个刘协当皇帝，那实在是要比那个少帝强若干倍了。

果然，董卓就真的废了少帝，立当时九岁的刘协为皇帝，以使用他挟天子而令诸侯。

董卓死后，刘协成为诸侯争夺的目标，李傕、郭汜执政，后来李、郭二人内讧，刘协被迫流亡，屡被劫持。公元196年，曹操迎刘协到许昌，改称许都。但刘协依然是一个没有实权的皇帝。曹操虽然试图利用刘协来实现他统一中国的目的，却不敢直接取代他而自立为皇帝。

刘协第二次展现智慧和抱负，体现在试图谋杀国贼曹操的计划上。

刘协发现，那个董卓立他为帝，目的昭然，他不是个什么好东西。后来的那些利用他的人，也都没有一个好东西。后来他遇到了曹操，以为终于遇到了一个忠臣。结果，他发现这个曹操更不是东西。献帝对曹操的专横也越来越不满。他要寻找其他的忠臣，去遏制和剪除曹操的势力，摆脱一直做人家傀儡的命运，从此自信自立，自己说了算。找来找去，表叔兼岳父董承便成为最佳的人选。于是，献帝刘协咬破手指，在一条衣带上写了密诏，然后偷偷赐给董承，让他联络人马，诛杀"国贼"曹操。董承受诏之后，又联络了吴兰、王子服、刘备等人，结盟同心，誓杀"曹贼"。

然而，密谋泄露，董承等人被曹操杀了个一干二净。

由此看来，傀儡皇帝汉献帝曾经抗争过、奋斗过，可是由于命运不济啊，生不逢时，最终也没有逃脱自己的宿命。

公元220年，老"国贼"曹操终于去世，可是他的儿子曹丕认为自己在北方的地位已经足够稳固，羽翼已经很丰满，时机已经很成熟，于是逼迫刘协禅让帝位给他。

公元220年10月，汉献帝告祭祖庙，禅位于曹丕。

这可是世间最为悲催的事啊。

大汉江山，历经近四百年风雨，现在在献帝手上恭送他人，你说这个献帝心里那个憋屈啊。时也命也运也。唉！

汉献帝这名目，也实在有些趣味，献帝献帝，将帝王之位拱手献给他人也。

曹丕在繁阳亭登上受禅坛，接受了玉玺，即皇帝位之后，随即进入许都，改建康元年为黄初元年，国号为魏，追尊曹操为武皇帝，庙号太祖。废献帝为山阳公，曹皇后为山阳公夫人，勒令他们搬出宫去。

可怜这汉献帝啊，他做了大半辈子的傀儡，到最后也没有摆脱被取代的命运。十四年之后，即魏青龙二年（234），献帝死去，终年五十四岁。

东汉王朝，怆然消亡。

卷十　皇后纪

第一节　光武郭皇后

没有真爱的婚姻不长久

【原文】

光武郭皇后讳圣通，真定槁人也。为郡著姓。父昌，让田宅财产数百万与异母弟，国人义之。仕郡功曹。娶真定恭王女，号郭主，生后及子况。昌早卒。郭主虽王家女，而好礼节俭，有母仪之德。更始二年春，光武击王郎，至真定，因纳后，有宠。及即位，以为贵人。

建武元年，生皇子彊。帝善况小心谨慎，年始十六，拜黄门侍郎。二年，贵人立为皇后，彊为皇太子，封况绵蛮侯。以后弟贵重，宾客辐凑。况恭谦下士，颇得声誉。十四年，迁城门校尉。其后，后以宠稍衰，数怀怨怼。十七年，遂废为中山王太后，进后中子右翊公辅为中山王，以常山郡益中山国。

【译文】

光武郭皇后名圣通，真定槁县人。

为郡中大姓。

父亲郭昌，将田宅财产数百万让给异母弟，郡国的人们都认为他很有道义。

郭昌在郡里任功曹的官职。

娶真定恭王刘普女为妻，号郭主，生皇后郭圣通及子郭况。

郭昌去世得早。

郭主虽然是王家女子，却好礼节俭，有人母典范之德。

更始二年（24）春，光武进击王郎，到达真定，纳后有宠。

等到光武登帝位，立为贵人。

建武元年（25），生皇子刘彊。

光武很看重郭况小心谨慎的品格，年刚十六，任为黄门侍郎。

建武二年（26），贵人立为皇后，刘彊立为皇太子，封郭况为帛系蛮侯。

郭况因为是皇后弟弟，显得很贵重，来往宾客很多。

郭况恭谦下士，颇有声誉。

建武十四年（38），升任城门校尉。

此后郭皇后因光武对她的宠爱渐有衰退，常怀怨恨愤怒的情绪。

建武十七年（41），郭皇后被废为中山王太后，进皇后中子右翊公刘辅为中山王，以常山郡增给中山国。

【评点】

光武帝刘秀和郭圣通结识的时候，已经和自己爱慕已久的阴丽华结为夫妻了。但是，由于刘秀需要南征北战，结婚之后就安排阴丽华回娘家去了。

更始二年（24）刘秀率军出征，征伐王郎就来到了真定。那时候的刘秀，虽然不再骑牛了，装备已经精良了，队伍也开始壮大了，可是毕竟还是显得势单力孤。加之刘秀大军初到河北，立足未稳，而那伪皇帝王郎的势力正盛，不可一世，便上演了一出王郎赶刘秀的大戏，让刘秀喘不过气来。在评书中，这一段演绎得颇为精彩。

气喘吁吁的刘秀一想，这仗不能这么个打法啊！怎么办呢？思来想去，刘秀做出了一个决定。什么决定啊？刘秀决定联合真定王刘扬，一起来对付王郎。联军作战，肯定要比单打独斗来得凶猛。

刘秀为了表示诚意，出于政治目的，就娶刘扬的外甥女郭圣通为妾，与刘扬结亲。

从当时的历史背景来看，刘秀娶郭圣通，一是为了在动乱岁月有个安稳的家，可以享受温馨的生活，因为他的妻子阴丽华没带在身边。二是为了利用郭圣通舅舅真定王刘扬在河北中部的势力，扩大自己与王郎抗衡的筹码。在当时的情形下，不这么做不行啊。也就是说，刘秀娶郭圣通是情非得已。三是心底也有需求。在这样复杂的心情下，他在阴丽华之后娶了二房。

事实证明，在刘秀平定河北的征战中，郭圣通家族和刘扬的兵力为刘秀最终立足河北，进而平定天下发挥了重要作用。

迎娶郭圣通的时候，聪明的刘秀可是隐瞒了自己已婚的情况的，就跟现在的隐婚一族一样，将元配妻子阴丽华隐瞒起来，他主动以迎娶正妻之礼向郭圣通求亲，并于更始二年（24）春结婚。

刘秀称帝登基后，封阴、郭二人为夫人。当然，刘秀的心里还是觉得挺对不住阴丽华。毕竟阴丽华是他的初恋情人，第一任夫人嘛。于是，刘秀想把阴丽华立为皇后，但阴丽华知晓当时的形势及自己的实力均不足以让自己封后，遂以自己未曾生育为理由婉拒，于是刘秀就顺水推舟，在建武二年（26），立郭圣通为皇后，长子刘彊被封为太子。当然，这个刘彊太子呢，是郭皇后所生。

虽然刘秀将郭圣通立为皇后，可是他心里最爱的还是人家阴丽华啊。帝王将相也都是有情之人，爱谁更甚心里自然明了。要不怎么说人生若只如初见呢。我们对最初的那份感情，总是无法割舍和忘怀的。

其实，人的立场，有时候真的很难捉摸，尤其在各种利益诱惑和势力裹挟之下，往往会做出令人意想不到的事情。纵使这段婚姻，让刘秀和刘扬结为亲家了，可是刘扬还是在后来举事叛乱中被刘秀杀了。随之其宫廷势力被吞并，加上郭圣通年长色衰，自然在刘秀的眼里渐渐失宠，而阴丽华背后势力开始膨胀。建武十七年（41）刘秀以"怀执怨怼，数违教令，不能抚循它子，训长异室"这样众所周知的托词为由，将郭圣通由皇后废为中山王太后，阴丽华被立为皇后。

史家范晔等人多为之不平，声称郭后无辜。其实想想也是，人家郭皇后，也真的够无辜的。要说郭圣通这人，家庭出身高贵，其家族是名门望族。她的父亲郭昌，是一个重情重义的好人，因为将数百万财产送给了同父异母的弟弟，而受到广泛赞誉。其母亲郭主"虽王家女，而好礼节俭，有母仪之德"。在这样的家庭背景之下，郭圣通的思想品格自然无可指摘。有一首诗是这么写的：怜香笑比执金吾，想见花容绝世无。他日乾元称作配，糟糠遗却郭家珠。里面暗含着对郭圣通的怜惜和不平。

刘秀废后，真的对人家郭圣通不公。要知道在古代，如果皇后没有什么大过而被废黜，那是有损皇帝的德舆的。但是，刘秀还是以那么一个勉强的借口就把她废黜了，只能说明刘秀和郭皇后之间，真的没有爱情。没有爱情的婚姻，定然长久不了。

但是，没有爱情，总还有亲情的。刘秀在这点上做得还是挺厚道的。他废黜了郭皇后之后，对她的家人，却还是多有恩典。郭圣通的弟弟郭况官至大鸿胪，刘秀还把自己的第四个女儿淯阳公主嫁给了他的儿子郭璜。光武帝多次幸临其宅第，赏赐金钱缣帛甚丰，京城（洛阳）人称其家为"金穴"。

到了二十六年（50）的时候，郭圣通的母亲郭主去世，光武帝刘秀临丧送葬，还派人将她父亲郭昌的灵柩迎来与郭主合葬，追赠郭昌为阳安侯印绶，谥思侯。这也算是对因无爱而废黜了郭皇后的另一种方式的弥补吧，何况，郭圣通改封为中山王太后而未迁入冷宫，这也是一个明证。

二十八年（52）六月丁卯（初六）日（7月22日）郭圣通去世，被安葬在北邙山上。

第二节　光烈阴皇后

雅性宽仁的女性

【原文】

十七年，废皇后郭氏而立贵人。制诏三公曰："皇后怀执怨怼，数违教令，不能抚循它子，训长异室。宫闱之内，若见鹰鹯。既无《关雎》之德，而有吕、霍之风，岂可托以幼孤，恭承明祀。今遣大司徒涉、宗正吉持节，其上皇后玺绶。阴贵人乡里良家，归自微贱。'自我不见，于今三年。'宜奉宗庙，为天下母。主者详案旧典，时上尊号。异常之事，非国休福，不得上寿称庆。"后在位恭俭，少嗜玩，不喜笑谑。性仁孝，多矜慈。七岁失父，虽已数十年，言及未曾不流涕。帝见，常叹息。

【译文】

光武建武十七年（41），废郭皇后而立阴贵人为皇后。

诏令三公说："郭皇后心怀怨怼，多次违反教令，不能安抚他子，教诲开导崇尚别室。宫闱之内，好像发现凶残的鹰鹯猛禽一样。既无《关雎》贤淑之德，却有吕后、霍后之风，难道可以托付幼少之君、六尺之孤，肃敬地继承神明之祀？现在派大司徒戴涉、宗正刘吉持符节，使其献上皇后玺绶。阴贵人乡里良家女，在我微贱的时候嫁给我。自从我们不能相见，到如今恰有了三年！应当奉祀宗庙，为天下母。主办这事的要详细按前代的规章制度，及时献上尊号。不同平常的事件，不是国家的幸运福气，不得上寿称庆。"

阴皇后在位肃敬俭朴，很少嗜好玩乐，不喜欢戏言谑笑。

性情仁厚孝顺，多矜怜慈悯。

七岁死了父亲，虽然已经数十年，然每言及没有不流泪抽泣的。

光武见了，也常陪着叹息。

【评点】

阴皇后名叫阴丽华，她是光武帝刘秀的初恋情人。刘秀对她的感情，那可真是无可挑剔。他们之间的爱情故事，被后世广为传诵。

阴丽华出身名门，祖上是春秋时期齐国的著名丞相管仲，传到第七代管修，从齐国迁居楚国，做了阴县的大夫，以后便以"阴"为姓名。秦汉之际，阴氏子孙在南阳新野定居。

刘秀也是南阳人。二十几岁的时候，刘秀还在种地，是个布衣阶层。一次去长安，他遇到了执金吾出行，那阵势简直是惊天动地，好不威风啊，又是鸣锣开道，又是前呼后拥的，车骑很盛。执金吾是个什么官啊？就是京城的卫戍司令。年轻的刘秀第一次见到如此八面威风的场面，心里十分震撼，决心将来也做个执金吾。当然他羡慕的并不是这个官职，而是这个威风和阵势。

还有一次刘秀来到新野见到一个美丽动人的姑娘阴丽华，不由得心生爱慕之情。心头暗想，有朝一日能够娶这样的女子为妻，也就心满意足了。于是刘秀就立下了"仕宦当做执金吾，娶妻当得阴丽华"的人生誓言。

由此可见，这个阴丽华是多么的貌美。刘秀这个大帅哥对她那可是一见钟情，被迷得神魂颠倒的。

地皇三年（22），二十八岁的刘秀在宛起兵。第二年，刘秀好梦成真，他果真迎娶了令他魂牵梦萦的阴丽华。

阴丽华是一个性格温文尔雅，为人宽大仁慈的人。

怎么这么说呢？有例为证。

刘秀建立了东汉王朝当上皇帝以后，在立皇后问题上非常为难。为什么呢？他在娶了人家阴丽华之后，因为政治谋略而又娶了刘扬的外甥女郭圣通为第二任夫人。面对两个女人，到底立谁为后好呢？两个女人对自己来说，都是非常重要的。刘秀就犯了难了。说心里话，刘秀爱的是阴丽华，那可是刻骨铭心的初恋啊。于是，他打算立阴为后。可是，阴丽华十分豁达大度，她对刘秀说，郭夫人也是明媒正娶的，又一直跟在你的身边出生入死地服侍你，况且，她的出身高贵，不立为皇后也很难办。再者说了，人家郭家在战争中对你支持那么大，劳苦功高，并且郭贵人已生有皇子，应当立为皇后哦。

就这么着，郭圣通就成了皇后。

可是，那个郭皇后虽然立了后了，并没有得到刘秀宠爱。那是自然的事情，人家刘秀最爱的女人不是她嘛。郭皇后心再大，也会吃醋吧，也会不满吧，于是，她就时常口出怨言，表达自己的不满。其实这也属于正常。可结果使刘秀更加反感。加之人老色衰，更不中光武帝的意了。

建武十七年（41），刘秀下了决心，以她舅舅谋反为契机，找了个理由下诏废掉郭皇后，立阴丽华为皇后。刘秀在诏书中动情地说：阴丽华出自良家，嫁给了当时很微贱的我。并引用了《诗经》"自我不见，于今三年"的句子以表达他的思念之情。刘秀在那正式的公文里用词都火辣辣的，足以看出他对阴丽华的痴爱之情。于是，他果真宣布立她为皇后，"为天下母"了。

《后汉书》中说阴皇后她"在位恭俭，少嗜玩，不喜笑虐，性仁孝，多矜慈"。当了皇后的阴丽华，仍然保持她"雅性宽仁"的美德。这也是这个美人的最为可爱之处。

阴丽华的美德主要还表现在对家人的严格要求上。她高居后位，按理说给家里人办点私事啥的，应该是小菜一碟，不在话下的。只要她向光武帝开口，那还不有求必应？可人家不，她从来不为家人向刘秀要求什么。作为外戚的阴氏家族，尽管立下汗马功劳，但处世一直很低调，从来不张扬跋扈，家风甚好。阴皇后的哥哥阴识是个大功臣，在皇帝论功行赏的时候，谦虚地说："天下初定，将帅有功的多，臣作为外戚已经很荣幸了，如果再获封赐，不能示天下以公。"阴识后来担任执金吾，负责辅导太子。阴识在光武帝面前敢于极言正议，但在外人面前，从不谈及国事。为此刘秀十分敬重他，常常以他为榜样告诫贵戚左右。

阴丽华的弟弟阴兴，也是屡建战功的将领。有一次，刘秀升迁他为侍中，赐爵关内侯，印绶已经准备妥当，红头文件也印了，可是那个阴兴却坚决辞让。后来刘秀准备任命阴兴为大司马，这是朝廷命官的最高职位之一，有多少人梦寐以求啊。可是人家阴兴叩头流涕地说："臣不敢不为皇帝效命，但让我担任这样高的官职，会影响皇帝的形象，千万不要这样。"坚决拒绝了这个官职。阴丽华带动得家里人一个个做事低调，品德高尚，并且她还十分重视对子女的教育培养。儿子刘庄被教养得聪慧异常，被册封为皇太子，成为日后的汉明帝。

客观地讲，东汉初期出现的"中兴"局面，与阴丽华以她的雅性宽仁主理后宫，使刘秀无后顾之忧，专心国事有着很大的关系。如此看来，这阴丽华，可堪称完美女子了。"娶妻当得阴丽华"，被多少后人引而用之，感而慨之，羡而慕之。后人说，刘秀因阴丽华而废黜郭皇后，是他的一个污点，其实不然，人家刘秀也算得一个有情有义之人了，他能大胆地追求自己的爱情，在我看来，很值得敬重呢。

第三节　明德马皇后

一、德冠后宫立为后

【原文】

明德马皇后讳某，伏波将军援之小女也。少丧父母。兄客卿敏惠早夭，母蔺夫人悲伤发疾慌惚。后时年十岁，干理家事，敕制僮御，内外诸禀，事同成人。初，诸家莫知者，后闻之，咸叹异焉。后尝久疾，太夫人令筮之，筮者曰："此女虽有患状而当大贵，兆不可言也。"后又呼相者使占诸女，见后，大惊曰："我必为此女称臣。然贵而少子，若养它子者得力，乃当逾于所生。"

【译文】

明德马皇后，史失其名，伏波将军马援的小女。

少丧父母。

哥哥马客卿敏惠早夭，继母蔺夫人悲伤发疾，精神恍惚。

这时马皇后十岁，料理家事，管理教育童仆，童仆凡事请示报告对她像成人一般。

起先，各家没有知道的，后来听说了，都赞叹惊异。

马皇后曾经久病，太夫人叫占卜，占卜的人说："此女虽有疾而终当大贵，卜卦上显示的吉兆简直妙不可言。"

后来又叫看相的为诸女孩儿相面，看相的见到马皇后，大为惊讶地说："我一定要向此女称臣。然而她贵而少子，若抚养他人的儿子得力，也当会超过自己亲生的。"

【评点】

明德马皇后，真可谓是历代后妃中的佼佼者，母仪天下之典范。她贤惠有德，深明大义，为清明政治、稳定社会起了积极的作用。

明德马皇后（39—79），是伏波将军马援的小女儿，扶风茂陵（今陕西兴平东南）人。马援不仅是一代名将，更是一位传奇式的人物。然而马援虽是智者，却善于谋生前而不善于谋死后，他晚年得罪了光武帝刘秀的女婿梁松。当时马援正受到光武帝的宠幸，梁松只能怀恨在心。什么事情得罪了梁松啊？其实也不是什么大不了的事情。就是有一次，马援病了，人家梁松前去探望，结果，马援没有从床上起来迎接他，没有和他热情打招呼。于是，就得罪他了。后来马援最后一次出征五溪时，死于军中，梁松借机陷害马援，光武帝听信谗言，夺去马援的侯爵和官印，应该给的待遇也全部取消。

在中国，自古以来就是树倒猢狲散。这倒罢了，散也就散了，可往往还要来掐枝撼树，令人心寒。马援一倒，京城各贵族纷纷来欺负马家。马援刚死的时候，马援的小儿子因思念父亲很快就死了。马援的夫人又因思念小儿子而精神恍惚，也就是相当于得了抑郁症了，精神不好。这么看来，这个家可真就要彻底破败了。

这时，马援年仅十岁的小女儿，也就是后来的马皇后，就开始处理家务。人们常说穷人家的孩子早当家。在这样的忧患之家，马皇后也是早早当家了。她指挥童仆，内外咨禀，如同大人一样，左邻右舍的人无不惊叹。

公元52年，这个十三岁的女子被选入太子刘庄的宫中。

刘庄是谁啊？刘庄是皇后阴丽华之子，后来的汉明帝。那时候，他当然深得光武帝的宠信。马皇后入宫后，悉心侍奉阴皇后，与宫中上下都相处得十分融洽，因此深得阴皇后的喜爱。公元57年，太子刘庄即帝位，封她为贵人。这时候，马贵人二十岁。马皇后这人，长得很端庄，史书上说："身长七尺二寸，方口，美发。能诵《易》，好读《春秋》《楚辞》，尤善《周官》《董仲舒书》。"东观记曰："明帝马皇后美发，为四起大髻，但以发成，尚有余，绕髻三匝。眉不施黛，独左眉角小缺，补之如粟。常称疾而终身得意。"马氏品行高尚，孝顺温和，立刻获得了太子刘庄的专宠。

马氏成为贵人后，就是仅次于皇后了。也就是说，马贵人距离皇后还有那么一步之遥，但也面临着艰难险阻。为什么啊？那时候，一是马皇后没能生儿育女，在那个年代的宫里，不能生个儿子作为撒手锏，是很难混的。另外，和她有得一争的人，也是大有人在啊。其中一位就是阴太后的侄女。

公元60年，大臣们上奏请立皇后。明帝去问阴丽华皇太后，太后说："马贵人德冠后宫，即其人也。"马皇后继承了她父亲的智慧和为人处世的本领，终于在倾轧的后宫中脱颖而出。她当上皇后后，依然保持勤奋、恭谨、俭朴的本色，衣服很朴素。她喜欢读书，没事时，便读《易》《春秋》《楚辞》《周礼》等书，最喜欢的就是《周礼》《董仲舒书》这两本。

当时马皇后一个同父异母的姐姐的女儿贾氏也被选入太子宫，并且生下了皇子。明帝便让马皇后养育这个皇子，当作自己的儿子。马皇后尽心尽力地养育太子，视为己出，甚至比自己亲生的还要辛苦。这个孩子，就是后来的汉章帝。

二、严于律己率先垂范

【原文】

时诸将奏事及公卿较议难平者，帝数以试后。后辄分解趣理，各得其情。每于侍执之际，辄言及政事，多所毗补，而未尝以家私干。故宠敬日隆，始终无衰。

【译文】

当时，诸将奏报的问题及公卿考校评议难得平衡稳妥的，明帝多次拿来试告皇后。

马皇后屡次分析解释，都合于道理，合乎人情。

马皇后每每于陪侍明帝两情绸缪之际，就言及政事，多所补益，但从没有以家族私事求官求福。

所以明帝对她的宠爱敬重越来越隆，始终没有衰退。

【评点】

马皇后的聪明才智，还体现在辅佐朝政上。她给明帝出了许多很好的主意，弥补了朝廷里的一些缺憾，可以说是一个难得的贤内助。俗话说，一个成功的男人背后，总是站着一个伟大的女人。这个马皇后，就是汉明帝身后那个伟大的女人。

"故宠敬日隆，始终无衰。"

所以明帝对她的宠爱敬重越来越隆，始终没有衰退。

公元70年，楚王刘英（明帝同父异母的兄弟）企图谋反，事情败露后，明帝不忍按照法律处死，只是废黜了刘英的王爵，但是刘英到丹阳之后还是自杀身亡。明帝认为是一些小人鼓动楚王造反，便下令穷究党羽。结果监狱里的人越来越多，查了几年都没有个结果。受株连下狱和判处流放的官员竟多达几千人。一些耿直的大臣也劝皇上，明帝根本不听，马皇后十分忧虑。一天，她乘机向明帝进言，请求明帝不要把案件无限扩大，神情悲楚。她那悲楚的神情，深深刺痛了明帝的心，让明帝甚为感动，弄得明帝半夜睡不着觉，爬起来踱步，反复思虑马皇后的话，最后就放了许多人，也很快结案了事。

通过这件事，明帝了解到马皇后很有处理国家政务的才能。有时明帝遇到难以裁决的事，便试着让马皇后出出主意。这个马皇后毫不含糊，总能分析得头头是道，并能拿出很好的方法来。可是，自始至终，马皇后从未提及过自己的家事，因此得到明帝的敬重。

公元 75 年，明帝去世，太子刘炟即位，是为章帝，马皇后也被尊为太后。她自己撰写明帝的起居注，不想让后人说先帝重用了皇后的家属，就把自己哥哥马防侍奉明帝医药的事削去。

后来，章帝想封三个舅舅为侯爵，马太后的三个兄弟都上章推辞，太后也不允许。一些大臣以为太后是故作谦虚，为了讨太后和国舅的欢心，便趁第二年夏天，全国大部分地区都发生旱灾时，联名上书说，天久旱不雨，是由于陛下不封外戚，引起阴阳失调。请陛下依照祖宗常法，加封帝舅们为侯。

马太后看到奏章后，非常气愤，批评那些上书的人是溜须拍马。马太后如此做并不只是谦虚，而是怕娘家人权势过盛后，会不知收敛，在自己死后如同西汉的那些外戚一样遭受灭族大祸，这正是真心为自己家人着想。

章帝觉得有些愧对三位舅舅，重新向太后请求："两汉制度，国舅封侯，和皇子封王一样。太后固然谦虚，为何不让儿臣加恩三个舅舅。况且舅舅们年纪很大了，万一哪天过世，儿臣岂不抱恨终生。"

太后了解章帝的心情，又进一步对章帝解释说："封侯的事我之所以这样决定，是从你和你舅舅两方面的利益出发的，并非为慕得谦让之美名而使你蒙受无恩于外戚的指责。如今天气反常，农业歉收，粮价飞涨，人民生活还十分困苦，匈奴又在边境寻衅，内忧外患，弄得我日夜难眠。而你却把封帝舅当作什么大事，这不是违背了慈母的拳拳之心吗？我生来脾气刚急，有胸中气，不可不顺。如若阴阳调和，风调而顺，年成转好，边境靖安，到那时再实现你的意愿也不迟。"章帝见太后如此坚持，只好把封侯的事暂时搁起。

公元 79 年，全国农业获得了丰收，边境也太平无事，章帝又提出封三位舅舅为列侯的事，太后仍然辞让，马氏三兄弟也不愿就封。章帝坚持要封，受封之前，太后将三兄弟召来，劝诫他们说："我年轻少壮时，时时提醒自己，居不求安，食不贪饱，恭谦克己，兢兢业业，只望能把国家治理好，让百姓们生活得好一些，以不负先帝的遗愿。希望各兄弟也能共承此志，使我归天之日，无所遗恨。"三兄弟接受了太后的劝导，在受封之后不久，即辞去官职，回家养老去了。他们能晚节有保，安全地从一线退下来，颐养天年，这里面的确有马皇后的良苦用心啊！

三、勤俭节约美名传

【原文】

时新平主家御者失火，延及北阁后殿。太后以为己过，起居不欢。时当谒原陵，自引守备不慎，惭见陵园，遂不行。初，太夫人葬，起坟微高，太后以为言，兄廖等即时减削。其外亲有谦素义行者，辄假借温言，赏以财位。如有纤介，则先见严恪之色，然后加谴。其美车服不轨法度者，便绝属籍，遣归田里。广平、钜鹿、乐成王车骑朴素，无金银之饰，帝以白太后，太后即赐钱各五百万。于是内外从化，被服如一，诸家惶恐，倍于永平时。乃置织室，蚕于濯龙中，数往观视，以为娱乐。常与帝旦夕言道政事，乃教授诸小王，论议经书，述叙平生，雍和终日。

【译文】

这时，新平主家车夫失火，燃烧至北阁后殿。

太后以为是自己的过错，起居不欢。

当时要去拜谒原陵，因自己引咎守备不谨慎，愧对陵园，就没有去。

起先，安葬太夫人，起坟略高，太后提出意见，太后兄马廖等即时进行减削。

其外亲有谦虚朴素尚义品质的，就给予温和的言辞，赏以财物提高地位。

如有纤芥不良之处，就先现出严格敬慎的脸色，然后加以谴责。

有把车辆服饰搞得豪华美丽越轨不合乎法度的，便断绝族籍，遣归田里。

广平、钜鹿、乐成王车辆坐骑朴素，没有金银的装饰，章帝告诉了太后，太后马上赐钱各五百万。

于是内外翕然影从效法，衾被衣服表里如一，各家都很谨慎，不敢奢华，俭朴远远超过了明帝永平时期。

于是设置纺织房，养蚕于濯龙苑，频频前往观看，以为娱乐。

太后常与章帝日夜谈论政事，教授诸小王，评议经书，述叙平生经历，雍和终日。

【评点】

俗话说，磨难最能磨砺一个人的良好品性。当年马皇后家道中落，险些破败，她十岁起就开始主持家务，打那时候起就逐渐养成了勤俭节约的良好品性。

无论是成为贵人，还是成为皇后，乃至最后成为皇太后，她都坚持以节俭的风气化行天下。

她常穿着白色的厚缯，裙子不加边，不做任何奢华的装饰。初一及十五诸妃嫔参加春秋时节的朝见，她们看见马皇后袍衣稀疏粗糙，反以为是质地细密的绮罗皱郁，走过去仔细一看，什么呀？根本不是，而是实实在在的粗糙之品，她们都不禁发笑。

马皇后却神情自若地告诉她们说："这种素缯特别适合染色，所以我才用它。"六宫妃嫔没有不叹息的。

这马皇后节俭到了什么程度呢？

起先，安葬太夫人的时候，也就是马皇后的母亲，起的坟略高了那么一点，按理说，高点就高点吧，皇后的老娘，谁还敢提出不同意见？可是，她自己就提出意见来了，说这样哪里行？按照规定，不能起那么高的。于是，太后兄长马廖等赶紧将高出去的那一块儿给减削去了。

马皇后发现有人把车辆服饰搞得豪华美丽，不合乎法度的，便断绝族籍，遣归田里。直接开除，不要了。有一次，马皇后碰见自己的几个亲戚家连下人都穿戴奢华，就果断断了对他们的补助。你不是奢华吗？说明你有的是人民币呀，那我还周济你个什么劲儿啊？

她时常以"居不求安，食不念饱"来要求自己，就是要求自己和身边的人居住不求太安逸，饮食不求太奢华。

她对奢侈浪费疾恶如仇，见了就生气，见了就要管。可对厉行节俭的人，又极其欣赏。你不是节俭吗？那我就重赏你，我要的就是这个节俭的风气。于是，其外亲有谦虚朴素尚义品质的，就给予温和的言辞，赏以财物提高地位。广平、钜鹿、乐成三个亲王的车辆坐骑朴素，没有金银的装饰，章帝告诉了太后，太后马上赐钱各五百万。在她的倡导下，全国上下都以简朴为荣，艰苦朴素渐成气候，以至于俭朴远远超过了明帝永平时期。

马皇后最后因病逝世，享年四十一岁。马皇后一生勤俭、朴素、谦逊，知书识礼，明理达义。她的所作所为，对明帝、章帝两朝的政治都有着积极的影响，因此赢得后世人们的赞誉。

第四节　贾贵人

这个母亲太悲催

【原文】

贾贵人，南阳人。建武末选入太子宫，中元二年生肃宗，而显宗以为贵人。帝既为太后所养，专以马氏为外家，故贵人不登极位，贾氏亲族无受宠荣者。及太后崩，乃策书加贵人王赤绶，安车一驷，永巷宫人二百，御府杂帛二万匹，大司农黄金千斤，钱二千万。诸史并阙后事，故不知所终。

【译文】

贾贵人，南阳人。

光武建武末选入太子宫，光武中元二年（57）生肃宗章帝，显宗明帝以贾氏为贵人。

章帝既为马太后抚养，专以马氏为外家，故贾贵人不登皇后之极位，贾氏亲族没有受到宠荣。

等到马太后逝世，章帝乃策书加贾贵人侯王赤绶，安车一辆，永巷宫官婢二百，御府杂帛二万匹，大司农黄金千斤，钱二千万。

各种史书都没有记贾贵人后事，所以不知道她最后的结果。

【评点】

贾贵人，大概是史上最悲催的一位母亲了。

贾贵人当然姓贾，她出生在南阳郡，可以说是汉武帝刘秀的老乡。

贾氏在建武末年，被选入皇太子刘庄的宫中，为姜。那时候，刘庄所宠的女人马氏，也就是后来的那个马皇后，是贾贵人的母亲同父异母的姐妹。也就是说，贾氏应该管人家马皇后叫姨娘。

到了建武中元二年（57）的时候，贾氏生下刘庄的第五子刘炟。俗话说在古代宫中，母以子贵，按理说贾氏生有刘炟，应该前途光明一片啊，可是，命运总是那么爱捉弄人。当时马氏不是被宠吗？但是马氏没有儿子，皇帝刘庄就发话了，将贾氏所生的刘炟交由马氏抚养。这一件事，就彻底改变了贾氏的命运或者说是给贾氏的命运定性了，她就要开始自己悲催的一生了。果然，在刘庄即位之后，贾氏和马氏皆被封为贵人，永平三年（60），汉明帝册封马贵人为皇后，刘炟为皇太子。

永平十八年（75），汉明帝逝世，皇太子刘炟登基，尊马皇后为皇太后。虽然贾贵人是皇帝的生母，但是刘炟一直由马皇后抚养长大，只认马家是其外家。所以贾贵人最终不能登上皇太后的位置，贾家的亲族也没有受到荣誉和宠信，只有她所生的一个女儿刘奴在汉明帝时被封为平阳公主。

我们可以想一下，当时的贾贵人会怀有怎样的心情。自己的儿子，被人家养着，大了当了皇帝了，却不认自己这个亲娘。每日望着儿子的行踪，听着儿子的事情，那当母亲的心里可是有着无法诉说的苦楚啊。这就相当于你废寝忘食耗时数载，完成了一部小说作品，结果被署上别人的名字出版发行，并且发行得非常火爆，在当当网啊、京东网啊那些大型网店销售排行榜上一直遥遥领先。而那一切的殊荣，当然还有诱人的稿费收入，都与你无关。那是什么样的心情？那就是贾贵人的心情。

这样的日子过了几年之后，就到了建初四年（79）马太后逝世，汉章帝才给生母贾贵人加上等同于诸侯王的赤绶，安车一驷，永巷宫人二百，御府染锦二万匹，大司农黄金千斤，钱二千万。这么看来，人家汉章帝不是不知道自己的生母是谁啊，只是一直没有表示自己的孝心而已。那是刘庄使然还是制度使然？到底是为什么呢？不管为什么，只是在我们看来，这样的命运加在贾贵人身上真的是不应该的，至少我们会认为贾贵人作为汉章帝的生母，真的不应该受到那样的冷遇和痛苦。

那个世道，对贾贵人实在是不公啊。可是，不公的还不止这一点，还有关于贾贵人这个人，历史对她的记载是这样的：

"诸史并阙后事，故不知所终。"

意思是此后再无关于贾贵人的记载。贾贵人生卒之年均不详，连真名也失传。这样的结局，实在是令人痛心而无语，实在是悲催啊！

第五节　章德窦皇后

一、悍妒的女人

【原文】

章德窦皇后讳某，扶风平陵人，大司空融之曾孙也。祖穆，父勋，坐事死，事在《窦融传》。勋尚东海恭王彊女沘阳公主，后其长女也。家既废坏，数呼相工问息耗，见后者皆言当大尊贵，非臣妾容貌。年六岁能书，亲家皆奇之。

【译文】

章德窦皇后，扶风平陵人，大司空窦融的曾孙。

祖父窦穆，父亲窦勋，因事而死，事载《窦融传》中。

窦勋娶东海恭王刘彊女沘阳公主为妻，窦皇后就是沘阳公主的长女。

窦勋既死，家道废坏，多次叫相工面相问善恶消息，见到窦皇后的都说她一定大尊大贵，不是一般的官员的妻妾容貌。

窦皇后六岁能读书识字，姻戚人等都很惊奇。

【评点】

窦皇后，是一个参与政事的皇后。从历史上看，凡是参与政事的皇后，多数是有手腕的女人，为人处世多有高人之处，有谋略，有胆识。

当然，那些高人之处，自然都是有来历的。有的是后天学习得来，有的是先天带来。这位窦皇后的高人之处是怎么来的呢？这还要从她中落的家族说起。

窦皇后是扶风平陵（今陕西省咸阳西北）人，东汉初年名将窦融的曾孙女，父窦勋，母沘阳公主。窦氏出生于显贵的家庭，她的父亲窦勋，因为犯了罪，被皇上给拾掇了，家道从此中落，家中发生的那些变故，让窦家再无往日的显赫。窦氏生长在破落的名门里，人又长得很漂亮，六岁能写字，很有才情，所以家人对她寄予很大的希望。自然，在这样的背景之下，窦氏慢慢产生了不顾一切往上爬的野心。所以，后人评点她这个人是貌美，性悍妒。

这就是这个人物最大的性格特点。

在浩瀚而驳杂的历史人物画卷里，那些个历史人物，让我们记忆犹新的，当然是他们的性格特点。性格特点，决定了一个人的行为方式。这跟文学作品是一样的。比如，我们说起某个历史人物，首先想到的是他有一个怎样的性格特点，做过哪些事，而他们所做的那些事，无不带着性格特点的烙印。

窦皇后最大的性格特点就是"悍妒"。那么什么是"悍妒"呢？就是说这个女人很勇猛，手段硬，心狠手辣，并且看不得别人好，一看到别人好就心生忌妒。心生忌妒会怎样呢？就会去找人家的碴儿，想方设法搞定人家，摁倒人家，她自己起来。窦皇后就是这样的一个人。

东汉章帝建初二年（77），窦氏与她的妹妹同时应召入了长乐宫，迈出了她人生中最重要的第一步。那时候，汉章帝听说宫中新来了两位姓窦的美女，于是就立即召见，马太后见了也说窦氏相貌非凡。再加上窦氏会来事儿啊，把皇太后、皇上以及周边各位伺候得那叫个周全。于是，第二年，章帝就册立窦氏为皇后，她的妹妹也封为贵人。窦氏的非凡人生，从此迈出了第二步。

这一步可是不得了的一步啊，好多事情从此得以改变。东汉章帝建初七年（82），窦皇后的父亲窦勋得到平反，追封为安思成侯，她的弟弟窦宪，拜为郎官，旋升侍中虎贲中郎将。另一位弟弟窦笃，也拜为黄门侍郎。从此，窦族又重新显赫起来。

按理说，窦氏成为一国之后，给老爹平反昭雪，让中落的窦氏家族重新显赫扬名，已经不错了。可是这位窦后完全没有满足。也就是说她一点也不淡定，没有知足常乐的思想境界。

那时候，有个宋贵人，生下了皇太子刘庆，有个梁贵人呢，也生了一个皇子，叫刘肇。可偏偏窦皇后生不出个儿子来。这可是了不得的大事啊。所以，汉章帝对窦皇后逐渐疏远起来。聪明的窦皇后，自然感觉到了自己的失宠。在皇宫里，一个女人失宠了，她非常明白将意味着什么。

在这样的境况之下，这位窦皇后悍妒的性格特点立即展现出来了。她是怎么做的呢？这个窦皇后决心改变现状，想重新得到章帝的宠幸。于是，她就迈出了人生中的又一步，出手下了一着重磅炸弹一样的棋。她诬陷宋贵人"挟邪媚道"，逼她自杀，并使用阴谋促使汉章帝废去太子刘庆，贬为清河王。

这还不算完，她对梁贵人也下手了。只是她采用了另一种手段，收刘肇为养子。按理说，抢了人家的儿子，也该知足了，不！窦皇后怕有后患，居然差人写匿名信诬陷梁贵人，逼其自尽。从此，窦皇后于后宫就没有对手了，她铲除了一切阻碍自己的人。这就叫"谁敢挡我的道，我就叫谁倒地！"窦太后从此气焰嚣张，谁都不敢说她的坏话。并且，她又极力献媚讨好汉章帝，重新获得了汉章帝的宠爱。

二、野性的女人

【原文】

及帝崩，和帝即位，尊后为皇太后。皇太后临朝，尊母沘阳公主为长公主，益汤沐邑三千户。兄宪，弟笃、景，并显贵，擅威权，后遂密谋不轨，永元四年，发觉被诛。

【译文】

到章帝去世，和帝即位，尊窦皇后为皇太后，皇太后临朝，尊母沘阳公主为长公主，增益汤沐邑三千户。

兄窦宪，弟窦笃、窦景，都地位显贵，专擅威权，后来以致密谋不轨。

和帝永元四年（92），发觉被诛。

【评点】

窦皇后的势力日渐庞大起来。她的哥哥窦宪仗着他妹妹是皇后，竟把汉章帝的妹妹沁水公主的田园也霸占了，后来被章帝知道，才被逼归还。对于这件事，章帝居然不仅不问罪，还授予重任。由此可见，这个窦皇后已经能够操纵章帝，左右章帝的言行了。窦皇后的野心逐渐显现了出来。汉章帝此举，为外戚专权埋下了祸根。外戚当然就是以窦皇后为首的窦氏家族了。

东汉章帝章和二年（88），章帝死，刘肇继位为汉和帝，时年仅十岁。这个汉和帝，就是窦皇后从人家梁贵人那里霸占来的皇子刘肇。

十岁的皇帝，能理朝中大事吗？当然不能。于是，窦氏以皇太后的特殊身份，监朝执政。也就是说，窦皇后成了大汉王朝最高统治者。她的哥哥窦宪等成为朝中炙手可热的人物。窦太后专政后，废除了盐铁官卖，借以取得地主豪强的支持。

汉章帝驾崩后，齐殇王的儿子刘畅来京吊丧，这个人很得窦太后的欢心。窦宪一看，哪里来这么个刘畅啊，你来干吗啊？他思前想后，恐怕刘畅会分了他的权力，便派刺客暗杀刘畅。事情当然败露。窦太后迫于大臣们的压力，只好将其关进内宫。

恰巧那时候北匈奴再次侵扰，南匈奴方面飞马快报请求朝廷出兵征讨。

窦宪当然是一个聪明人，他害怕自己在这样的情况下，迫于百官的压力妹妹保不了自己而被杀，他眼珠一转，立即请求待罪出征匈奴，来个戴罪立功。

窦太后一听——好啊，还有什么别的办法呢？就同意了他的请求。

横竖不好过的窦宪，深知这场战役的重要性，于是，他可就卖了命了。永元元年（89），汉军连战连捷，窦宪因此威名大振。不但不死，还被加官晋爵，被封为大将军。从此，他更加趾高气扬，不可一世。

当然，他的趾高气扬和无法遏制的野心，让他最终付出了惨重的代价。

汉和帝永元四年（92），窦宪阴谋叛逆，走漏了消息。这可是犯下了滔天大罪啊，他的妹妹也保不了他了。和帝与宦官关众等合谋，诛杀窦宪等外戚势力，逼窦太后归政。窦氏家族做官的人全部被罢免，窦太后也由此被软禁，不得参与政事。永元九年，窦太后忧郁而死。

东汉和帝永元九年（97），窦太后死，太尉张蒲、司徒刘方、司空张奋联名揭发窦太后的罪状，请废去封号，不宜与汉章帝合葬。汉和帝为了报答窦太后的养育之恩，没有采纳，后葬于敬陵。

窦皇后这个人打小就心机重重，野心勃勃。可结果是，来了一个忧郁而死。人贵淡定啊。淡定的人生，会知足常乐。窦皇后一步一步实现着自己的理想，其实，当她在实现了一个又一个理想之后，如果能够怀有淡定之心，不那么贪得无厌，也不至于落得个悲惨下场。

第六节　和帝阴皇后

忌妒是魔鬼

【原文】

帝使司徒鲁恭持节赐后策，上玺绶，迁于桐宫，以忧死。立七年，葬临平亭部。父特进纲自杀，轶、敞及朱家属徙日南比景县，宗亲外内昆弟皆免官还田里。永初四年，邓太后诏赦阴氏诸徙者悉归故郡，还其资财五百余万。

和帝派司徒鲁恭持节赐阴后策书，缴上皇后玺绶，迁于桐宫，阴后忧愤而死。立七年，葬临平亭部。

阴后父亲特进阴纲自杀，阴轶、阴敞及邓朱家属，流放日南比景县，宗亲外内昆弟都免官回原籍。

安帝永初四年（110），邓太后诏令赦阴氏所有流放人员一律还归故郡，归还资财五百余万。

【评点】

后宫的事，总是纷纷扰扰，不得清净。贵人们与皇后争宠夺利，硝烟四起，乌烟瘴气，搞得后宫永无宁日。按理说，这个阴皇后聪明伶俐，也很有才情，很得宠幸的，照这个大好形势发展下去，肯定是前途光明，后宫的生活幸福指数定然不低，可是，最后却落了个家破人亡的悲惨下场。什么原因啊？人性使然！这个阴后啊，骨子里有种忌妒心理，忌妒是个毒瘤，毒性不小，威力吓人啊，一旦毒性发作，后果不堪设想。

阴皇后的曾祖父是汉光武帝皇后阴丽华的哥哥阴识，父亲名阴纲，母亲邓氏，是汉光武帝大功臣邓禹的孙女儿。永元四年（92），十三岁的阴氏，经过特选进入后宫。这个阴皇后是个大美人儿，长得无可挑剔，加上聪明伶俐，多才多艺，尤以书法见长，汉和帝当然非常喜欢她，不久就封为贵人了。

永元八年（96），汉和帝十八岁。大长秋郑众奏请说，该册立皇后啦。汉和帝一想，也是，是该册立了。那么，册立谁为皇后呢？汉和帝就开始思考。经过一番郑重其事的选择之后，汉和帝最后就册立十七岁的阴氏为皇后。阴氏便正式开始了自己的皇后生活。

就在同一年，邓禹的另一位孙女邓绥被封为贵人，年仅十六岁。这个人物的出现，就像一剂药引子，朝砂锅里那么一丢，坏了，药效就出来了，将阴皇后的忌妒心给激发出来了。十六岁的邓绥更年轻、更漂亮啊，这可是一个大威胁！

在后面的《和熹邓皇后纪》中说："七年，后复与诸家子俱选入宫。后长七尺二寸，姿颜姝丽，绝异于众，左右皆惊。八年冬，入掖庭为贵人，时年十六。"

是什么意思呢？意思是说：和帝永元七年（95），邓绥与诸家女子一同选入宫中。她身长七尺二寸，姿色十分美丽，出类拔萃，左右都很惊讶。永元八年（96）

冬，入掖庭为贵人，时年十六。

这还了得啊！一石激起千层浪，阴皇后立即开始忌妒和担心起这个突然而来的情敌。

阴氏当了皇后之后，骄纵的本性也渐渐露出，她居然在汉和帝跟前动不动就要小姐脾气，弄得汉和帝很没有面子，也很恼火。作为女人，在老公面前偶尔耍耍小姐脾气，是可以的，可是，你总不能经常那样吧？何况人家是一国之君，人家可是三宫六院七十二妃啊，选择权在老公的手里呢。

于是，汉和帝就对这个虽然有才情但是本性毕露的阴皇后不怎么感冒了，不搭理你了！

在这种状态下，邓绥邓贵人却是深明事理，善解人情，又自制极严，事事谨慎，一切行动均遵循礼法，对阴皇后尤其恭敬，待宫女、内侍等也十分体贴。在汉和帝跟前，她十分自抑，不让汉和帝对她有特别的恩宠。汉和帝对邓贵人除了宠爱，又增添了不少敬重。汉和帝对邓贵人的爱宠，更加引起阴皇后的妒忌与不满，于是，邓绥只能更加小心谨慎。

永元十三年（101）夏，汉和帝身患痼疾，久卧不起，到农历五月中，病势更加沉重。大家都以为皇帝没有希望了，住在嘉德宫里的邓贵人，日日祈祷上苍保佑汉和帝早日康复。但阴皇后见汉和帝垂危，却首先想到的是如何报复，她密语左右："我若得志，一定将邓氏满门抄斩！"邓绥听到这一消息，好似晴天霹雳，恐惧至极，她差点以自杀来摆脱这场灾难。后来，汉和帝的病好了，上朝理事了，阴皇后的希望又落空了。

这时候，阴皇后的外祖母邓朱氏献计，以巫术蛊道来诅咒邓氏速死，或使皇帝无子，以保全皇后之位。永元十四年（102）夏，有人把邓朱氏家供奉巫蛊的事向汉和帝密告。汉和帝查问结果，确有其事。汉和帝非常愤怒，以大逆不道罪将相关人员逮捕入狱。

汉和帝那个气啊！当时，这可是大逆不道的罪行啊。汉和帝认为阴后失德，不足以母仪天下，皇后嘛，应该在各个方面都是举国上下的表率，可这个阴后也太过火了，竟然做出这样不齿的行径！于是，汉和帝派司徒鲁恭持节将阴皇后从长秋宫迁到待罪的桐宫去居住。

阴皇后追悔莫及，在忧愤和羞愧中一病不起，于永元十五年（103）去世，终年二十三岁。

由此可见，忌妒是魔鬼啊！忌妒，让阴皇后做出不光彩的行动，做了丢脸的事情，她本以为这可以保住自己的地位和幸福，可是，恰恰让自己失去了地位和幸福。这就是阴皇后的人性，人性决定人生。

同样是皇后，我们看看后来的邓皇后，她的人性就要好得多。永元十四年（102）夏，阴皇后因搞巫蛊之事而被废除后位时，邓贵人请求皇帝宽大处理阴皇后，但是没有成功。后来，她成了皇后之后，邓皇后诏令赦阴氏所有流放人员一律还归故郡，归还资财五百余万。这可是做到了仁至义尽啊。为什么啊？也是人性使然。

古语说善有善报，恶有恶报。人生在世，就是应该多行善事啊，切不可让忌妒心左右，切不可让邪恶心扼住了命运。

第七节　和熹邓皇后

一、孝可齐天

【原文】

和熹邓皇后讳绥，太傅禹之孙也。父训，护羌校尉；母阴氏，光烈皇后从弟女也。后年五岁，太傅夫人爱之，自为剪发。夫人年高目冥，误伤后额，忍痛不言。左右见者怪而问之，后曰："非不痛也，太夫人哀怜为断发，难伤老人意，故忍之耳。"六岁能《史书》，十二通《诗》《论语》。诸兄每读经传，辄下意难问。志在典籍，不问居家之事。母常非之，曰："汝不习女工以供衣服，乃更务学，宁当举博士邪？"后重违母言，昼修妇业，暮诵经典，家人号曰"诸生"。父训异之，事无大小，辄与详议。

永元四年，当以选入，会训卒，后昼夜号泣，终三年不食盐菜，憔悴毁容，亲人不识之。

【译文】

和熹邓皇后邓绥，是太傅邓禹之孙女。

父亲邓训，护羌校尉；母阴氏，光烈皇后堂弟之女。

邓绥五岁，太傅夫人很爱她，亲自为她剪发。

夫人年高眼睛不大好，误伤邓绥前额，邓绥忍痛不吭声。

左右看到的感觉奇怪就问邓绥，邓绥说："不是不痛，太夫人怜爱我为我断发，

74

不忍伤老人心意，所以就忍受了。"邓绥六岁能读《史书》，十二岁通《诗经》《论语》。

哥哥们每读经传时，她往往注意提出问题。

她的志趣在研究诗书典籍，而不问居家事务。

她妈妈常常批评她，说："你不习女红以供服饰之用，却另外一心向学，难道你要当博士吗？"邓绥听母亲的话，白天操练女红，晚上就诵读经典，家人叫她为"诸生"。

她父亲邓训认为她与众不同，无论大小事，往往和她详细计议。

和帝永元四年（92），邓绥本当选入宫中，恰好邓训去世，邓绥日夜号哭，整整三年不吃荤菜，面容憔悴的连家里亲人都不认识她了。

【评点】

古语有云：百善孝当先。的确如此，不论一个人有着多么伟大的成就，也不论他有怎样威震四方的名气，假若他是一个不肖子孙，那么，一切硬建起来的高塔都会顷刻倒塌。不孝，一切都免谈。自古至今，这渐渐成为国人的一个共识。

邓皇后一生的高风亮节，也都是建立在一个"孝"字的基础之上的。《后汉书》上记载的关于邓皇后的孝事，有这么几件。

一件是，她的奶奶，也就是太傅邓禹的妻子，打小就喜欢她，每次见了她，都非常喜欢与她一起玩，有好吃的总是给她留着。有一次，老太太决定亲自给她剪头发，做个喜欢的发式。

于是，小小的邓皇后就乖乖地坐在那里，等着老太太给剪发。可是，老太太年纪大了，手脚不怎么利索了，手里拿着剪刀颤颤巍巍地，剪着剪着，一不小心，剪刀把小邓绥的额头给划破了，鲜血流了出来。可是，老太太浑然不觉，依然兴高采烈地给乖孙女剪头发。

旁边的人可都看到了，后来问小邓绥："老太太把你的额头划破了，你不疼吗？怎么一动也不动，像没有伤着一样呢？"

没有想到，刚刚五岁大的邓绥认真地说："疼啊，怎么不疼呢？可是，老太太喜欢我啊，她给我剪头发，是喜欢我、心疼我，我不想让老太太知道划伤了我，让她心里难过，所以，就没有吭声。"

你听听！这就是五岁时候的邓皇后。小小的人儿，心里就有这样的思想，实在是值得敬佩啊。

那有的看官就要问了，这么说，邓皇后小时候的额头被剪刀划伤了，是不是留下了一个疤痕啊？如果有个疤痕的话，怎么会被选入宫？入宫的女孩子，都是经过千挑万选的。这个，无从考证。也许，邓皇后小时候留下的那个额头疤，随着年龄增长，就慢慢消失了。

当然，我们也可以这么理解，即使当时真的留下了一个额头疤，可是，当被选入宫的时候，相官们得知那个疤痕的来历，反而给她加了砝码也说不准。

只是，邓皇后的额头上到底有没有那么一个小小的疤痕，我们没有太大的必要进行考证，但是，不管有，还是没有，那都是一个"孝疤"，是一种高贵品格的承载。

那么，邓皇后的孝，还体现在什么地方呢？

和帝永元四年（92），邓绥本当选入宫中的，可是，她没有入宫。为什么啊？因为那一年，恰好她的父亲邓训去世了。邓绥日夜号哭，整整三年不吃荤菜，面容憔悴的连家里亲人都不认识她了。

历朝历代，各种各样的"孝悌"行为层出不穷。古制父母死后守孝三年。东汉的时候，有一个叫赵宣的人，一连二十多年都住在墓道里，因此成了著名孝子，名气很大，被举为孝廉。同样是东汉人许武，自己做了官，为了使两个弟弟也取得做官资格，在分家的时候故意欺负两个弟弟，把家产都据为己有。而弟弟们尊重兄长，毫无怨言，成了"悌"的典型，名声远扬，也被举为孝廉。之后，许武才公布了自己私藏的分家文书，说明是为了使弟弟们成名才这样做的。结果许武也受到了赞扬。原因是他为了弟弟们的前途，自己甘愿被人误解，承担骂名，于是他也被举为孝廉，一门三孝廉，美名遍天下。

邓皇后守孝三年，不吃荤菜，也足以看到她的孝心齐天了。

三年之后，也就是和帝永元七年（95），邓绥才与一批女子一同选入宫中。

永元八年（96）冬，入掖庭为贵人，时年十六。

二、科学意识

【原文】

是时新遭大忧，法禁未设。宫中亡大珠一箧，太后念，欲考问，必有不辜。乃亲阅宫人，观察颜色，即时首服。又和帝幸人吉成，御者共枉吉成以巫蛊事，遂下掖庭考讯，辞证明白。太后以先帝左右，待之有恩，平日尚无恶言，今反若此，不合人情，更自呼见实核，果御者所为。莫不叹服，以为圣明。常以鬼神难征，淫祀无福，乃诏有司罢诸祠官不合典礼者。又诏赦除建武以来诸犯妖恶，及马、窦家属所被禁锢者，皆复之为平人。

这时刚刚遭到大的忧患，法规禁条没有完备。

宫中大珠一箧不见了，邓太后想来，如果加以拷问，必定伤及无辜。

于是亲自检阅所有宫人。

冷静仔细地察言观色，偷窃者马上就自首服罪。

又和帝宠幸者吉成，驾车的一起冤枉吉成有挟邪弄巫蛊惑的坏事，于是下掖庭狱拷问审讯，供词证言明白无误。

但邓太后认为吉成常在先帝左右，平日待之有恩，尚无恶言，今竟反而如此，不合人情，便自己叫有关人等进行核实，结果，是驾车人自己所为。

宫中没有不叹服的，认为邓太后圣英明哲。

邓太后常以鬼神难于征信，太多的祭祀没有好处。

于是诏令管事人罢去不合典礼的诸祠官。

又诏令赦免自光武帝建武以来所犯妖言巫恶，及马、窦家属所被禁锢永不得仕者，都免为平民。

这个邓皇后，用现代的话来说，是有一些科学意识的。她相信科学，不怎么相信鬼神。怎么这么说呢？有例为证。

"常以鬼神难征，淫祀无福。"

意思是说邓太后常常认为鬼神难于征信，太多的祭祀没有好处。于是就下诏令管事的人，罢去不合典礼的诸祠官。

这种思想，在当时可是了不得啊，是比较具有先进性的。那个年代，妖言巫恶罪，可是大罪啊，前面的那个窦皇后诬宋贵人"挟邪媚道"，结果，宋贵人就自杀了。那个罪，想来和这个妖言巫恶罪是一样的。

可是，到了邓太后这里，又诏令赦免自光武帝建武以来所犯妖言巫恶，及马、窦家属所被禁锢永不得仕者，都免为平民。

这是一个不小的进步了。

邓太后还下诏令说："大抵供荐新味，多半不适应节候，有的积养强行催化成熟，有的在萌芽状态就采摘挖掘，味道还没有形成就夭折而不得遂其生长，这难道是顺应天时而培育万物吗？有的书上说不到时候还没有成熟的食物，有伤于人，不宜奉供养。自今以往，奉祠陵庙及供御用之物，都要到了时节才贡上。"

什么意思啊？就是说，邓太后对那些反季节蔬菜和水果不怎么感冒。她觉得，那种催熟的水果，是对身体有害的。在那个时代，有这种科学意识，也是难能可贵的了。反观我们现在，反季节蔬菜多了去了，很多农产品都是反其道而行之，利用技术手段，打乱季节，催化早熟，实在不知道对我们人体到底有利还是有害。

另外，邓皇后对一些案件的审理，也是注重科学论断的，而不太相信表面现象，她能客观地朝深处分析。

永初二年（108）夏，京师遭遇了旱灾，邓太后亲自到洛阳官舍里来，审视记录，看看有没有冤狱的情况。

其中，有一个囚徒是被冤枉了的，他根本就没有杀人，可是，被严刑拷问被迫认罪。一通折腾之后，人就不像个样子了，瘦骨嶙峋，瘦弱困顿地被抬着来见邓太后。太后问他情况，可是，那个人被打怕了啊，他当着邓太后的面也畏于官吏而不敢申言，不过，就在他将要离去的时候，回过头来朝邓太后看了一眼，鹿回头一般，眼含热泪。

邓太后立即察觉到了，她从那个犯人的眼神里，看到了冤屈，便马上把他叫了回来，单独问他情况，这一问不要紧，就完全了解了他受冤枉的一切事实，结果立刻逮捕洛阳令下狱抵罪，把那个被冤屈的犯人给释放了。

邓太后此行还没有回到宫里，天就下了及时雨。

三、母仪天下

【原文】

六年，太后诏征和帝弟济北、河间王子男女年五岁以上四十余人，又邓氏近亲子孙三十余人，并为开邸第，教学经书，躬自监试。尚幼者，使置师保，朝夕入宫，抚循诏导，恩爱甚渥。乃诏从兄河南尹豹、越骑校尉康等曰：

吾所以引纳群子，置之学官者，实以方今承百王之敝，时俗浅薄，巧伪滋生，《五经》衰缺，不有化导，将遂陵迟，故欲褒崇圣道，以匡失俗。传不云乎："饱食终日，无所用心，难矣哉！"今末世贵戚食禄之家，温衣美饭，乘坚驱良，而面墙术学，不识臧否，斯故祸败所从来也。永平中，四姓小侯皆令入学，所以矫俗厉薄，反之忠孝。先功既以武功书之竹帛，兼以文德教化子孙，故能束修，不触罗网。诚令儿曹上述祖考休烈，下念诏书本意，则足矣。其勉之哉！

安帝元初六年（119），邓太后诏令征召和帝弟弟济北王、河间王子女年龄在五岁以上的四十余人，以及邓太后近亲三十余人，为他们开设邸舍，教学经书，并亲自监督考试。

年龄幼小的，还设置保育人员，朝晚入宫，抚育勉励告诫诱导，恩爱很是浓厚。

于是诏令堂兄河南尹邓豹、越骑校尉邓康等说："我之所以引进接纳这些孩子，设置学官进行教育，实在是因为现在继承了过去一切弊端，时下世俗浅薄，淫巧虚伪普遍存在，《五经》之义衰落缺乏，没有教化开导，将会一天一天衰微下去，所以我想褒扬崇尚圣人的道义，用以匡救挽回失去了的淳朴世俗。

孔子不是说过吗：'饱食终日，无所用心，不措心于大义，末了是没有出息的，很危险啊！'处在衰亡时期的皇亲贵戚，为享受优厚俸禄的家族，穿好的吃好的，乘坐好车驱策良马，而面墙向学，分不清善恶得失，不晓得品评褒贬，这就是一切祸害失败的由来。

明帝永平中，外戚樊、郭、阴、马四姓子弟小时候都叫入学，就是用以矫正砥砺浅薄的风俗，回到忠孝的轨道。

我先祖既以武功书之竹帛，又以礼乐教化子孙，所以能约束修整自己，不触犯法律陷身罗网。

应让儿孙辈上要继承先祖父亲的美德和武功，下要体会诏书的根本意义，那就很满足了。大家勉励啊！"

在中国历代皇后中，舜妻娥皇、女英，文王母大任，武王母大姒，都是有着大圣英姿，体现着天地厚德而母仪天下的典范。无疑，邓皇后也足以与之齐名。

邓皇后孝悌仁慈，孝敬老人的事情感动世人。并且，她还想尽办法杜绝奢侈溢浪的根源，防止抑制逸乐贪欲的苗头。在国家遭遇水灾旱灾等天灾人祸的时候，经常廪赈饥荒，施恩全国百姓，自己节衣缩食，不事奢华，为群下表率，又减少膳食，解除车马，以赡养黎民大众。邓皇后还常怀恻隐之心，崇尚安和之政，布施宽恕之教。

从小时候对待老人，到入宫做了贵人，又到成为邓皇后，再到被尊为太后，她的人生轨迹，所作作为，几乎无可挑剔，不愧为母仪天下的典范。

当然，有史家评论说，邓太后临朝行使皇帝权力到终年，号令自出，术智拒采周公之良，身缺摄位还政于君的大义。

这不假，邓太后临朝行政前后算来有二十年左右。

可是，这二十年来，邓太后并不是为了自己的利益，不是为了自己家族的利益，而是把着眼点放在国家的安危和繁荣上，她为了大汉江山，可以说是倾心倾力，常怀忧患意识。

再者说了，邓太后不这样做能行吗？后期的那些个大汉皇帝，一个个跟泥捏的一样，禁得起风吹雨打吗？没有这么一个人背后操持着，大汉江山早就分崩离析了也说不准。

邓太后确实以大汉江山为己任，常怀忧虑之思。

那怎么办啊？

邓太后下诏说："孔子不是说过吗：'饱食终日，无所用心，不措心于大义，末了是没有出息的，很危险啊！'处在衰亡时期的皇亲贵戚，为享受优厚俸禄的家族，穿好的吃好的，乘坐好车驱策良马，而面墙向学，分不清善恶得失，不晓得品评褒贬，这就是一切祸害失败的由来。明帝永平中，外戚樊、郭、阴、马四姓子弟小时候都叫入学，就是用以矫正砥砺浅薄的风俗，回到忠孝的轨道。"

邓皇后对亲近家小，采取严格的教育，让他们居安思危，学习真才实学。

这样的教育理念，也是很值得称道的。

纵观历史，不禁感慨，邓皇后者，母仪典范也。

第八节　安思阎皇后

娇生惯养酿大祸

【原文】

安思阎皇后讳姬，河南荥阳人也。祖父章，永平中为尚书，以二妹为贵人。章精力晓旧典，久次，当迁以重职，显宗为后宫亲属，竟不用，出为步兵校尉。章生畅，畅生后。

后有才色。元初元年，以选入掖庭，甚见宠爱，为贵人。二年，立为皇后。后专房妒忌，帝幸宫人李氏，生皇子保，遂鸩杀李氏。

【译文】

安思阎皇后阎姬，河南荥阳人。

祖父阎章，永平中为尚书，两个妹妹是贵人。

阎章精晓旧典，长久地处在原来的官位上，理当升迁以担任重要的职务。

但显宗明帝认为他是后宫亲属，始终不用，而让他出任步兵校尉。

阎章生阎畅，阎畅生皇后阎姬。

阎姬有才华和美色。

安帝元初元年（114），因以选入掖庭，很得宠爱，以为贵人。

元初二年（115），立为皇后。

阎皇后一心想独占安帝专宠，深怀妒忌，安帝幸宫人李氏，生皇子刘保，阎皇后就鸩杀李氏。

【评点】

人的一生会是什么样的，这取决于很多因素，但主要的因素不外乎年少时所接受的教育，还有长大之后的际遇。

俗话说三岁看大，七岁看老，说的就是这个道理。一个人小时候所接受的教育，无疑会对他的一生产生极大的影响。那影响是深远的，也是旷日持久的。

这位举世闻名的阎皇后，是一个心狠手辣、野心极大的女人。那么，她的小时候，是生活在怎样的一个境地里呢？

阎姬是河南荥阳人，她的生日不详。阎姬的生父就是阎章的儿子阎畅。阎畅有四个儿子，即阎显、阎景、阎耀、阎晏，阎姬是他的独生女。所以，阎姬一出生，就被父母视为掌上明珠。所有的家人都非常疼爱她，可以说打小就是娇生惯养，含在嘴里怕化了，捧在手中怕摔了。

一个人小时候生活在娇生惯养中，会在人性中埋下一颗含有毒素的种子，等着发芽长大，那个毒素会在合适的时候发挥毒性。不幸的是，这颗毒种子在美丽的阎姬体内生根发芽了。

阎姬长大后，生得如花似玉，妖娆可爱，加之她又聪明伶俐，颇有才气，在汉安帝元初元年（114），以"才色"被选入掖庭。入宫之后，由于她的母亲与邓绥之弟西平侯邓弘的夫人是同胞姐妹，这一层关系非常铁啊，在邓绥临朝的日子里，阎姬得到了很多照应。这种格外的优惠政策和偏爱，又一次给了阎姬娇生惯养的土壤。

终于，她体内那颗毒种子生根发芽了，毒性发作了。

那时候，安帝已经二十出头，是一位成年天子。由于朝政一直由皇太后把持着，这个安帝就觉得非常郁闷，成天没有事情可做，他便更多地沉溺于女色之中。阎姬入宫后，安帝为其出众的容貌倾倒，大有相见恨晚之感，很快，他们便如胶似漆、难舍难分了。不久，阎姬即被立为贵人。

元初二年（115），阎姬被安帝立为皇后。

册封大典结束之后，阎姬以皇后的显赫身份入居中宫，她环顾四周，心里那个美啊，内心深处的那种喜悦自然是不难想象。

小时候受到父母的娇生惯养，入宫后得到邓太后的关照，立后之后又深得安帝宠爱，这一路下来，那颗毒种子的毒性就大发了，让她开始备感骄傲，很快就变得在宫中撒泼使性，大要威风，尤其是对女人有极强的忌妒心理，她就看着宫中的女人不顺眼，跟美女有仇，无法忍受安帝染指其他妃子。

一句话，娇生惯养的阎皇后一心想独占安帝专宠，深怀妒忌。

李氏因为曾得到安帝的亲幸，生下刘保。阎姬因此妒性大发，竟将李氏鸩杀。她肆无忌惮地行凶，安帝并没有任何反应，更没有设法阻止她。相反，安帝倒是按照惯例，将皇后的父亲阎畅封为北宜春侯，食邑五千户。

元初七年（120），李氏所生的皇子刘保，在皇太后邓绥的主持下被立为太子，改元永宁。阎姬虽然甚得宠幸，却一直未能生养。她对太子刘保心怀不满，恨得牙根儿痒痒，可是，当时对他是没有办法啊。但是，这不代表以后没有办法。阎皇后就暗暗发誓：你迟早会犯到我的手上的！

果然，机会来了。永宁二年（121），邓太后病死，安帝亲政。阎姬顿时来了精神，连忙要求安帝在对付邓氏外戚的同时，将她的四个兄弟加官晋爵。这样，阎显、阎景、阎耀、阎晏并列为卿校，典掌禁兵。事隔不到一年，到延光元年（122），又将阎显加封为长社侯，食邑一万三千五百户，追封早死的母亲为荥阳君。就连阎显兄弟家七八岁的孩子都被拜为黄门侍郎。你看看，阎皇后的能量有多大吧，野心有多大吧。中国的"自由"两个字，最早出现在《后汉书》中，比如在《安思阎皇后纪》中就有这样的表述："于是景为卫尉，耀城门校尉，晏执金吾，兄弟权要，威福自由。"

阎氏家族的势力迅速崛起。李贵人生了太子刘保之后，阎氏怕李氏会取代她的地位，竟将李氏毒死。后来，阎氏又恐太子继位后为母报仇，便于公元124年诬告年仅十岁的太子谋反，逼迫安帝将太子刘保废为济阴王。当时的刘保，人家才十岁的一个孩子，按现在说的话，才上三年级呢，他懂得谋反是何意啊？可是，欲加之罪何患无辞呢？这就是心狠手辣的阎皇后。

公元125年安帝死于南巡途中，阎姬与哥哥阎显害怕京师大臣们拥立在京的刘保，便秘不发丧，只说皇帝病重。四天后，阎后才扶安帝之尸回宫发丧，自己以太后身份临朝听政，任命哥哥阎显为车骑将军仪同三司，掌握军政大权。阎太后为了阎氏家族长期把持朝政，便决定拥立一个年幼不懂事的皇族成员为帝，最后选中了汉章帝之孙济北王刘寿的儿子，北乡侯刘懿为帝，史称少帝。少帝继位时年幼无知，外戚阎氏执掌朝政，杀逐安帝亲信宦官，独揽大权。这样，东汉刘氏王朝便由宦官专政改为外戚阎氏掌权。

少帝命短，在位半年就死了。刘懿死了之后，阎氏秘不发丧，屯兵宫中自守。而宦官孙程等，联合宫中几大掌权宦官，秘密迎立废太子济阴王刘保为帝——他就是顺帝。最终，心狠手辣的阎皇后阎姬则被囚禁起来了，不久死去。阎显、江京等被杀。史称此事为夺宫之变。

第九节　顺烈梁皇后

人贵表里如一

【原文】

永建三年，与姑俱选入掖庭，时年十三。相工茅通见后，惊，再拜贺曰："此所谓日角偃月，相之极贵，臣所未尝见也。"太史卜兆得寿房，又筮得坤之比，遂以为贵人。常特被引御，从容辞于帝曰："夫阳以博施为德，阴以不专为义，螽斯则百，福之所由兴也。愿陛下思云雨之均泽，识贯鱼之次序，使小妾得免罪谤之累。"由是帝加敬焉。

【译文】

顺帝永建三年（128），梁妠与她姑姑一同选入掖庭，时年十三。

相工茅通见了梁妠，吃了一惊，再举手拜贺说："这叫作日角偃月，前额中央隆起，形状如日，两眉弯弯如半月，是极贵的生相，我从来没有看见过的。"太史用龟甲占得寿房，又用蓍草占得坤卦之变化，比九五，居得其位，显示吉祥。

于是顺帝以梁妠为贵人，常常特别指定她侍寝。

梁贵人从容辞谢并说："帝王要像温暖的阳光广泛地施舍才是德，后妃要像螽斯不妒忌不专宠独占才是义，子孙众多，蛰蛰然幸福就由此兴起。希望皇上把云雨之恩泽均匀地洒在所有后妃身上，使后妃像鱼一样按先后轮次以进，使得小妾我免遭诽谤之罪。"因而顺帝更加敬重梁贵人了。

【评点】

梁皇后的人生轨迹，可以分为两个大的阶段来圈点。一个阶段是成为皇后之前，一个阶段是成为皇后之后。

为什么这么分呢？因为她的人生轨迹表明，第一阶段和第二阶段有着质的变化，有着两极的区别。也就是说，梁皇后是一个表里不一的人，或者说，她的发展变化是非常大的，直接从一个不要专宠的人，到了定要专权的人，结果，她的家族却遭遇了灭顶之灾。

顺烈梁皇后梁妠，是大将军梁商的女儿，恭怀皇后弟弟的孙女。在古代的那些文学作品，甚至是《后汉书》等史书中，但凡像皇帝、贵人和皇后等大富大贵之人，在出生时总会有种种奇异的祥瑞之象呈现。梁妠降生的时候，和很多皇后、贵人一样，天空有祥瑞之象。

梁妠少年时善于女工，好读《史书》，九岁能诵读《论语》，研习韩婴所传《诗经》，书中的大义都能领略。并且，她有一个特别的爱好，那就是经常以列女图画放置于左右，随时看看，用以自我监督和警戒。

"列女图"是什么呢？传说汉成帝沉湎于酒色，宠信赵飞燕姐妹，朝政大权旁落于外戚手中，危及刘氏政权。楚元王四世孙光禄大夫刘向（前77—前6）针对这一情况，采摘自古以来诗书上所记载的贤妃、贞妇、宠姬等资料，编辑成《列女传》一书呈送汉成帝，希望他从中吸取经验教训，以维护刘氏政权。列女图自然就是《列女传》中的人物插图，是用以劝诫妇女德行的。

公元128年，十三岁的梁妠与其姑姑梁茉共同被选入宫充实掖庭，不久封为贵人，阳嘉元年（132），册立为皇后。由于她少时喜读史书，知道历朝治国的得失，尚不敢骄横自专，她的父亲梁商也只做了执金吾的中级军官。永和六年（141），梁商死，梁冀袭位为大将军，他的兄弟梁不疑做了河南尹。建康元年（144），顺帝死，梁妠无子，立虞美人的两岁小儿刘炳为汉冲帝，梁妠以皇太后的身份临朝摄政。刘炳在位仅五个月就死了，梁太后又拥立年仅八岁的刘缵为帝，是为汉质帝，梁太后继续临朝。

梁太后是二十多岁的年轻寡妇，不便经常与大臣接触，其兄梁冀得到了重用，权倾朝野。

梁冀专横跋扈，连八岁的小皇帝刘缵也看得出来，小皇帝不懂世事，说了一句梁冀是"跋扈将军"，竟被梁冀毒死。而身为皇后的梁妠竟然没有处置其兄。顺烈梁皇后在其统治的十九年中，最大的不足即是对亲族的容忍。

汉质帝死后，梁氏兄妹又拥立蠡吾侯刘志为汉桓帝，操纵刘志册立梁太后的妹妹梁女莹为皇后，这样，从皇太后到皇后，均出梁门姐妹。刘志即位时年仅十五岁，实权自然仍操在梁太后和梁冀的手中。

梁太后称制冲、质、桓三朝，她鉴于历史上外戚当政的失败教训，兼用外戚、宦官，重用拥护她的官僚集团，以达到均衡各种势力，便于操纵的目的，她还表扬儒学，招太学生多至三万余人。

和平元年（150），梁太后病重，始下诏归政于汉桓帝，不久崩于洛阳南宫，在位十九年，时年四十五岁，与顺帝合葬于宪陵。

《后汉书》称其在位期间，削平大难，平定了江南的诸多叛乱，对外又击败了西羌的进攻，于社稷有大功。但同时又称：梁太后"溺于宦官，多所封宠，以此失于天下望"。可见，顺烈梁皇后是一个褒贬不一、功过皆有的人物。

人的品行，贵在持之以恒，表里如一。梁皇后若是将小时候的德行操守持之以恒，将撇弃专宠思想发扬光大的话，梁氏一门在梁太后死后也不至于遭到灭顶之灾。

这人啊，就是要坚持好的秉性，将其贯穿始终，唯有如此，才是正道。

第十节　虞美人、陈夫人

以子贵乎？

【原文】

虞美人者，以良家子年十三选入掖庭，又生女舞阳长公主。自汉兴，母氏莫不尊宠。顺帝既未加美人爵号，而冲帝早夭，大将军梁冀秉政，忌恶佗族，故虞氏抑而不登，但称"大家"而已。

陈夫人者，家本魏郡，少以声伎入孝王宫，得幸，生质帝。亦以梁氏故，荣宠不及焉。

熹平四年，小黄门赵佑、议郎卑整上言："《春秋》之义，母以子贵。隆汉盛典，尊崇母氏，凡在外戚，莫不加宠。今冲帝母虞大家，质帝母陈夫人，皆诞生圣皇，而未有称号。夫臣子虽贱，尚有追赠之典，况二母健在，不蒙崇显之次，无以述遵先世，垂示后世也。"帝感其言，乃拜虞大家为宪陵贵人，陈夫人为渤海孝王妃，使中常侍持节授印绶，遣太常以三牲告宪陵、怀陵、静陵焉。

【译文】

虞美人，以良家女年十三选入掖庭，生冲帝，又生女舞阳长公主。

自汉兴，母氏莫不尊宠。

顺帝既未加美人爵号，而冲帝早夭，大将军梁冀秉政，忌恶他族，故虞氏受到压抑而不得升登，但称"大家"而已。

陈夫人，家本魏郡，少时以声伎入孝王刘鸿宫，得宠幸，生质帝。

也因为梁氏的缘故，得不到荣宠。

灵帝熹平四年（175），小黄门赵佑、议郎卑整上书说："《春秋》之义，母以子贵。隆汉盛典，尊崇母氏，凡在外戚，没有不加封荣宠的。今冲帝母虞大家，质帝母陈夫人，都诞生圣皇，而没有称号。臣子虽贱，还有追赠的恩典，况二母现在，不享受崇高显贵的位置，没有遵循先世的典则以垂示后世。"灵帝为其言所感，乃封虞大家为宪陵贵人，陈夫人为渤海孝王妃，派中常侍持符节授印绶，遣太常以三牲告祀顺帝宪陵、冲帝怀陵、质帝静陵。

【评点】

《春秋》上有云：母以子贵。其实，这是一个很好理解的道理。人家虞美人和陈夫人都生了一个皇帝儿子，儿子是皇帝，那么当母亲的很自然会"母以子贵"。可是，实际上她们二位真的以子贵了吗？受到相当的礼遇和尊敬了吗？当然，一开始的时候，她们是没有得到的。

这是一种悲哀。

是什么原因让她们没有应承古语"母以子贵"的呢？

很显然，是由于当时的梁氏势力。

我们先来看看导致虞美人悲哀的原因。《后汉书·虞美人传》中是这么说的："大将军梁冀秉政，忌恶佗族，故虞氏抑而不登，但称'大家'而已。"

由于梁将军，她才抑而不登，实在是郁闷至极。好在还被称为"大家"。那么，什么是"大家"呢？想必也不是一个什么显要的官职或者称谓，顶多只是一个周围人的尊称而已。

那么，陈夫人是因为什么不能"母以子贵"的呢？《后汉书·陈夫人传》中说：

"亦以梁氏故，荣宠不及焉。"

嗨！也是梁氏的原因。

由此可见，梁氏掌权，权倾朝野，他们拥有着生杀掠夺的大权，左右着人们的命运。是他们的专权，让很多人无法自主，只得听信命运的安排，实际上命运的安排，也就是梁氏势力的安排。

《后汉书》的作者，在文字中也体现出了对两位女性的同情，"但称'大家'而已"，这个"而已"就带有同情和讽刺的意味，带着作者的感情色彩。

这样的命运，当然有人看不下去啊。于是，后来，就有人上书灵帝了，说这样怎么能行呢？那些低贱的臣民，都还有获得追赠的恩典，虞大家和陈夫人，都是生养过皇帝的人，却没有任何实际的称号，何况人家两位还健在呢，不让她们享受到崇高显贵的礼遇，实在说不过去啊。

终于，灵帝被这话感动了，就给了她们应得的称号和礼遇。假如，没有人这样上书，那么，两位生了皇帝的女性就会在专权势力的压制之下，连其他低微的臣子也不如了。

第十一节　桓帝懿献梁皇后

生前为皇后死后为贵人

【原文】

建和元年六月始入掖庭，八月立为皇后。

时太后秉政而梁冀专朝，故后独得宠幸，自下莫得进见。后藉姊兄荫执，恣极奢靡，宫幄雕丽，服御珍华，巧饰制度，兼倍前世。及皇太后崩，恩爱稍衰。后既无子，潜怀怨忌，每宫人孕育，鲜得全者。帝虽迫畏梁冀，不敢谴怒，然见御转稀。至延熹二年，后以忧恚崩，在位十三年，葬懿陵。其岁，诛梁冀，废懿陵为贵人冢焉。

【译文】

建和元年（147）六月，梁女莹始入掖庭，八月立为皇后。

当时梁太后秉政，梁冀专权，所以梁皇后独得宠幸，自妃嫔以下没有能分享半点皇帝的宠幸的。

梁皇后凭借姐姐哥哥的庇荫和势力，便任意奢靡，宫室雕彩，帷幄华丽，服饰珍贵，用具奢华，超过以前旧制数倍。

等到梁太后去世，桓帝对她的恩爱渐渐衰退。

梁皇后自己没有儿子，暗怀怨恨，宫人孕育，很少有得以保全的。

桓帝虽受逼迫畏惧梁冀，对梁皇后不敢谴责兴怒，然亲幸梁皇后日见稀少。

至延熹二年（159），梁皇后因忧愁恚恨去世，在位十三年，葬懿陵。

这年，梁冀受诛，废懿陵为贵人冢。

【评点】

这个梁皇后，是梁太后的妹妹，也是不可一世的实权派人物梁冀的妹妹。她入宫当了桓帝的皇后之后，仰仗着梁氏庞大的势力，在姐姐势力的庇荫之下，随意地浪费奢华，穿最名贵的衣服，用现在的话说就是周身上下都是举世名牌，用的器具也都是名牌货，好得简直无法再好了，以至于所有的东西都成倍地超过了以前。

但是，她的所作所为，宫里宫外的人都不敢说什么，就连桓帝也无可奈何。为什么呢？梁氏集团势力太庞大了，桓帝还受到他们的抑制呢。也就是说，这个皇帝基本上是被梁氏集团给架空了。只是，作为一个能辨是非的皇帝，桓帝还是有所表现的，什么表现呢？就是等到梁太后去世之后，桓帝对这个梁皇后的恩爱就渐渐衰退，不喜欢她了。

梁皇后作威作福不可一世，可是，她一辈子也没有生养过一个孩子。这让她心理失衡，产生了变态心理。我不能生，你们也不能给我生。凡是宫里的生了孩子的女人，她都记恨在心，并且想尽办法拾掇了人家，宫里女人怀孕的基本上没有保全的。一时间宫里是人心惶惶，不可终日。

这个女人都这样了，皇帝怎么做的啊？"桓帝虽受逼迫畏惧梁冀，对梁皇后不敢谴责兴怒，然亲幸梁后日见稀少。"那种境况下，作为桓帝，也已经难能可贵了。

为什么啊？那时候皇帝受制于梁氏势力，自己没有实际的签字权嘛，一些事情自己拍不了板。至延熹二年（159），梁皇后因忧愁恚恨去世，在位十三年，葬懿陵。她死的时候，桓帝当然是按照皇后的礼遇将她下葬的，墓地名为懿陵。其实，这也是迫于压力的事情。

同年，梁冀受诛，梁氏势力最终土崩瓦解，这时候，桓帝才扬眉吐气，立即下诏废懿陵为贵人冢。也就是说，梁皇后死后被桓帝给废了，算是最后给了一个贵人的名分。这样的结局，对读者来说虽然有点不大过瘾，不是大快人心的那种感觉，但也算是为世人出了一口恶气。

常言说得好，善有善报，恶有恶报。蛇蝎一样的梁皇后最终落得这么一个下场，还是很好地顺应了这句古训的，人生在世，多行不义必自毙。

第十二节　桓帝邓皇后

大起大落情何以堪

【原文】

帝多内幸，博采宫女至五六千人，及驱役从使，复兼倍于此。而后特尊骄忌，与帝所幸郭贵人更相谮诉。八年，诏废后，送暴室，以忧死。立七年。葬于北邙。从父河南尹万世及会皆下狱死。统筹亦系暴室，免官爵，归本郡，财物没入县官。

【译文】

桓帝多所宠幸，博采宫女多至五六千人，驱役随从使唤者，更成倍于此数。
邓后依仗自己的尊位骄横忌妒，与桓帝宠幸的郭贵人互相诬陷控诉。
延熹八年（165），桓帝诏令废后，送掖庭内暴室，忧郁死去。
立为皇后七年。葬于北邙。
邓后叔父河南尹邓万世及虎贲中郎将邓会都下狱死。
邓统也拘系于暴室，免去昆阳侯爵位及侍中官位，遣归本郡，财物没收充公。

【评点】

邓猛女出生日期没有记载。她是河南南阳新野人。她的出身倒是很有来头，属于名门之后。祖上都是谁啊？她的曾祖父就是高密侯邓禹。邓禹是东汉开国元勋，任大司徒，拜太傅。邓猛女的父亲叫邓香，官至郎中。再轮一轮的话，邓猛女还是和熹皇后邓绥的侄孙女。可以这么说，邓猛女出生在家境优越的官宦世家，可以说是大有来头。

可是，在书中提到，邓猛女的生活发生了一些变化。她的父亲早逝，母亲改嫁他人。嫁给了谁啊？梁纪。梁纪这个人，是大将军梁冀妻子孙寿的舅舅。邓猛女跟随母亲，到梁家去生活。结果，就改了姓，将邓姓改为了梁姓。

后来，邓猛女就长大了。经孙寿举荐，邓猛女进宫做了一名采女。

什么是采女啊？采女原为汉代六宫的一种称号，因其选自民家，故曰采女。后用作宫女的通称。采女在汉代宫廷中，原指三等的宫女。《后汉书·皇后纪序》曰：又置美人宫人采女三等。后世又称彩女，通常指普通宫女。

也就是说，邓猛女入宫的时候，地位是很卑微的，三等宫女嘛。可是，她有一个优势，那就是人长得漂亮，秀色绝伦。结果怎样啊？书中用了一个词叫"绝幸"，意思是说，邓猛女因为人长得漂亮，得到汉桓帝百般宠爱。

汉桓帝这个人，有几个特点很有意思，其中一个是由于长期受到梁氏集团的压制，对梁姓非常反感，甚至可以说是恨之入骨。当时采女猛女，是带着这个"梁"字进宫的，随继父姓了嘛！汉桓帝不但没有因为这个"梁"字对猛女反感，反而非常宠爱她，把她的"梁"姓改为了"薄"，后来又恢复为最初的"邓"。

由此可见，汉桓帝对美女邓猛女是多么宠爱有加。人漂亮嘛。看来，漂亮确实是一种资本啊。这不，因为邓猛女受到"绝幸"，公元159年被立为皇后。邓氏家族再次声名鹊起，该提拔的提拔了，该重用的重用了，邓氏家族的人大部分被封官，位到校尉者数不胜数。

汉桓帝还有一个出名的特点，就是好色，可以用荒淫无度这个词来形容。

花无百日艳，人无数年春。再漂亮的美女也有容颜易老的一天，再专一的宠爱也会移情别恋。汉桓帝本身就是一个好色之人，没过多久，他的本质就显露出来了，他开始宠幸郭贵人，可以说是喜新厌旧了。很显然的事情，邓皇后逐渐受到冷落。邓皇后当然不肯善罢甘休，她与郭贵人明争暗斗、争风吃醋。

结果是桓帝一怒之下，于延熹八年（165）下诏废掉了邓皇后，邓皇后被打入暴室。后来，这个美女皇后忧愤至极，死在了暴室里。死后，被葬于洛阳城北的邙山。

邓皇后一死，可真就塌了天了。当年邓氏家族皆因邓皇后而声名显赫，加官晋爵，可人一废，一死，一切就化为乌有。怎么啦？邓后叔父河南尹邓万世及虎贲中郎将邓会都下狱而死。邓统也拘系于暴室，免去昆阳侯爵位及侍中官位，遣归本郡，财物没收充公。总之一句话，邓家人的官该撸的都撸了，财产该没收的都没收了。

轰隆隆一通荣辱交叠，命运转折就在弹指吹灰间。邓皇后的下场，是因为明争暗斗争风吃醋，只可怜了那一干邓姓人家，所有的荣辱都系于邓猛女一身，猛女荣，邓姓荣，猛女亡，邓家亡。

第十三节　桓思窦皇后

一、鹬蚌相争渔翁得利

【原文】

　　桓思窦皇后讳妙，章德皇后从祖弟之孙女也。父武。延熹八年，邓皇后废，后以选入掖庭为贵人，其冬，立为皇后，而御见甚稀，帝所宠唯采女田圣等。永康元年冬，帝寝疾，遂以圣等九女皆为贵人。及崩，无嗣，后为皇太后。太后临朝定策，立解犊亭侯宏，是为灵帝。

　　太后素忌忍，积怒田圣等，桓帝梓宫尚在前殿，遂杀田圣。又欲尽诛诸贵人，中常侍管霸、苏康苦谏，乃止。时太后父大将军武谋诛宦官，而中常侍曹节等矫诏杀武，迁太后于南宫云台，家属徙比景。

　　窦氏虽诛，帝犹以太后有援立之功，建宁四年十月朔，率群臣朝于南宫，亲馈上寿。黄门令董萌因此数为太后诉怨，帝深纳之，供养资奉有加于前。中常侍曹节、王甫疾萌附助太后，诬以谤讪永乐宫，萌坐下狱死。熹平元年，太后母卒于比景，太后感疾而崩。立七年。合葬宣陵。

【译文】

　　桓思窦皇后窦妙，章德皇后从祖弟的孙女，父亲窦武。

　　桓帝延熹八年（165），邓皇后邓猛女废，窦妙选入掖庭为贵人，这年冬，立为皇后，而桓帝很少宠幸，桓帝最宠幸的是采女田圣等。

　　桓帝永康元年（167）冬，帝卧病，以田圣等九采女为贵人。

　　桓帝去世，无嗣，窦皇后为皇太后。太后临朝定策，立解犊亭侯刘宏，是为灵帝。窦太后素性忌妒残忍，积怒田圣等，桓帝灵柩尚在前殿，就把田圣杀了。

　　又想把所有贵人都杀掉，中常侍管霸、苏康苦苦劝谏，才没有下手。

　　这时窦太后父亲窦武阴谋诛杀宦官，而中常侍曹节等诈称灵帝诏书把窦武杀了，把窦太后搬到南宫云台，家属流放到比景。

　　窦武虽然被诛杀了，灵帝还是念及窦太后援立自己为帝的功劳，建宁四年

（171）十月初一，率领群臣朝太后于南宫，亲自奉献祝寿。

黄门令董萌，因此多次为太后申诉怨愤，灵帝一一采纳，供养资奉比以前有所增加。中常侍曹节、王甫疾恨董萌依附帮助窦太后，便诬陷他毁谤灵帝母所居永乐宫，董萌因罪下狱死。

熹平元年（172），窦太后母死于比景，太后患疾去世。立七年。与桓帝合葬宣陵。

【评点】

窦妙是今天的陕西咸阳人，那时候叫扶风平陵，在咸阳的西北。她的曾祖窦融曾官至大司徒，父亲窦武官至大将军。

由于出身高贵，窦妙自小就养成了泼辣的性格，并且极其专横。不过她的长相很一般，不是属于姿色迷人的类型。但是，因为家庭背景等方面的原因，她入宫之后，也就是汉桓帝延熹八年（165），还是被封为贵人，只不过她并不被桓帝所喜爱。桓帝是一个好色之徒，他对长相平平的窦贵人不怎么感冒，这也是在情理之中的事情。

问题是，就是这样一个不被皇帝宠幸的贵人，怎么一步登天，成了皇后呢？这正应了那句话，叫鹬蚌相争渔翁得利。当时，皇后邓猛女和郭贵人争风吃醋，打得不可开交，桓帝一怒之下，把邓皇后给撸了，那个郭贵人也没有落得什么好处，于是，在背后的这个窦妙，就是最终的受益者。窦妙被立为皇后。依照惯例，她的父亲窦武晋升为城门校尉、槐里侯。

汉桓帝延熹九年（166），窦妙的父亲窦武又被封为城门校尉。家族也日渐显赫了，可是贵为皇后的她却始终得不到桓帝的宠爱。为什么呢？前面说了，这个桓帝是一个好色之徒，虽然窦妙被立为皇后，可是姿色不行啊，桓帝对她依然不怎么感兴趣。他对谁感兴趣呢？那时候宫里又出现了一个新的女人，是一个采女，三等宫女田圣。桓帝就和这个女人打得火热，对她宠爱有加。

你想啊，人家窦妙是正宫娘娘，是颁了证的正妻，结果老公对自己不感冒，而是对一个三等宫女神魂颠倒的，那还了得啊？从小就泼辣专横的窦妙，岂能善罢甘休？于是，她就恨得牙根儿直痒痒，老想找个机会给那个小三儿点颜色看看。

二、宦官外戚争斗皇后遭殃

汉桓帝永康元年（167）冬，汉桓帝驾崩。因桓帝无子，窦皇后遂以皇太后的身份临朝称制。

窦皇后选中了汉章帝的哥哥河间王刘开的曾孙，汉桓帝的堂侄，十二岁的解犊亭侯刘宏为嗣。汉灵帝建宁元年（168）正月，刘宏登上王位，做了皇帝，他就是汉灵帝。这个汉灵帝才十二岁，指定支撑不了局面，于是由窦太后执政。这下好了，大汉江山一下就成了他们老窦家的了。窦太后立即封她的父亲窦武为闻喜侯、弟弟窦机为阳侯、堂兄窦绍为鄂侯、窦靖为西乡侯。窦氏一家权倾内外，皇权再次回到外戚手中。朝中朝外，可以说都是他们老窦家的人。

外戚势力越来越大，但是宦官势力也不可小觑啊。那时候，窦太后人处深宫，身边成天围着宦官，于是，她就视他们为心腹，经常受他们的影响而改变主张。别看窦太后从小专横，但却是一个没有主心骨的人，宦官的话，她基本都听，所以，她的老爸窦武和陈蕃等人都很担心。

担心什么啊？担心宦官夺权啊。于是，窦武就有意想把眼中钉肉中刺，也就是那帮子宦官给拾掇了，以绝后患。他跟自己的女儿说了多次，可是窦妙却迟迟不能下定决心。

两军相争，胜败就在瞬息。有些机会是稍纵即逝啊。窦妙这么一犹豫，事情可就发生变故了。那些宦官也不是吃素的，曹节很快得知了消息，他们可没有犹豫，直接来了个先下手为强。宦官侯览、曹节、王甫等人把灵帝骗出来开路，掌握了宫廷禁卫军。他们闯进长乐宫，以武力逼迫窦太后交出了传国玉玺，并起草诏书调取了军队的符令节杖，以谋反罪名派军队逮捕围攻窦武、陈蕃。

没有办法，窦武父子最后自杀，陈蕃门下数十人被杀，窦太后被迫迁入南宫幽禁，窦武家属流放日南比景。自公卿以下，凡是陈蕃、窦武举荐的，以及他们的门生、旧属，一律免官，永不录用。至此，宦官们取得了决定性的胜利，曹节为长乐卫尉，封育阳侯；王甫为中常侍；朱瑀、共普、张亮等六名宦官为列侯，十一人为关内侯。

外戚集团和宦官势力两军交锋，就因为窦妙的犹豫，外戚们是遭了殃了。外戚集团土崩瓦解，窦太后的位子坐也坐不成了，她在无限的懊悔和痛苦中又活了三年。

汉灵帝熹平元年（172）六月，窦太后的母亲在流放地越南病故。消息传来之后，窦太后那个悲伤、那个后悔啊，可是一切都晚矣。同月，窦妙在云台宫去世。

窦太后死后，掌权的宦官们却仍不肯放过她，他们不允许将她的遗体送到宫里举行葬礼，而是送到城南的一个宅院里。后来经过激烈的辩论，才终于使灵帝同意让窦皇后以先帝嫡配的身份合葬宣陵，谥为"桓思皇后"。

总体说来，窦妙这个人，长相平平，性格专横，无才无能，属于耳朵根子软的一种女人。当初她老爹建议她剿灭宦官势力时，她如果像拾掇小三儿田圣那样果断的话，就不是这个下场了。那时候她对采女田圣恨之入骨，桓帝驾崩，尸体还没有处理呢，她就立即把田圣给杀了，还要将桓帝宠幸的那些贵人也都给拾掇了，好在有人苦谏她才作罢。唉！真是该当出手不出手，片刻犹豫当自受。

第十四节　孝仁董皇后

人心不足蛇吞象

【原文】

孝仁董皇后讳某，河间人。为解犊亭侯苌夫人，生灵帝。建宁元年，帝即位，追尊苌为孝仁皇，陵曰慎陵，以后为慎园贵人。及窦氏诛，明年，帝使中常侍迎贵人，并征贵人兄宠到京师，上尊号曰孝仁皇后，居南宫嘉德殿，宫称永乐。拜宠执金吾。后坐矫称永乐后属请，下狱死。

及窦太后崩，始与朝政，使帝卖官求货，自纳金钱，盈满堂室。中平五年，以后兄子卫尉修侯重为骠骑将军，领兵千余人。初，后自养皇子协，数劝帝立为太子，而何皇后恨之，议未及定而帝崩。何太后临朝，重与太后兄大将军进权执相害，后每欲参干政事，太后辄相禁塞。后忿恚詈言曰："汝今辀张，怙汝兄耶？当敕票骑断何进头来。"何太后闻，以告进。进与三公及弟车骑将军苗等奏："孝仁皇后使故中常侍夏恽、永乐太仆封谞等交通州郡，辜较在所珍宝货赂，悉入西省。藩后故事不得留京师，舆服有章，膳羞有品。请永乐后迁宫本国。"奏可。何进遂举兵围骠骑府，收重，重免官自杀。后忧怖，疾病暴崩，在位二十二年。民间归咎何氏。丧还河间，合葬慎陵。

【译文】

孝仁董皇后，河间人。为解犊亭侯苌夫人，生灵帝。建宁元年（168），灵帝即位，追尊苌为孝仁皇，陵曰慎陵，以后为慎园贵人。及至窦武诛，第二年，灵帝使中常侍迎贵人，并征召贵人兄董宠到京师，上尊号为孝仁皇后，居南宫嘉德殿，宫称永乐。拜董宠为执金吾。后因假称永乐后属请，下狱死。等到窦太后去世，孝仁皇后才参与朝政，使帝卖官索取财货，自纳金钱，盈堂满室。灵帝中平五年（188），以孝仁皇后兄子卫尉修侯董重为骠骑将军，领兵千余人。

起先，孝仁皇后自养皇子刘协，多次劝帝立为太子，而何皇后怨恨，议未定而灵帝去世。何太后临朝，董重与何太后兄大将军何进权势相矛盾，孝仁皇后每次想参与干涉政事，何太后就禁止阻拦。孝仁皇后愤怒恚恨骂道："你现在这么强横跋扈，依仗你哥哥的权势吗？当令骠骑将军（董重）砍断何进头来。"

何太后听到这话，就告诉何进。何进与三公及弟车骑将军何苗等上奏："孝仁皇后唆使故中常侍夏恽、永乐太仆封谞等互相勾结州郡，剥夺所在居处珍宝货赂，悉数归入永乐宫。过去藩后不得留京师，乘舆服饰有一定的章则，饮食有一定的品位，现在请永乐后把宫室迁到她的封国去。"皇帝批示："可以。"何进于是派兵围骠骑将军董重府第，拘捕董重，董重免官自杀。孝仁皇后忧虑恐怖，发病突然死去，在位二十二年。这件事民间都归咎何进。孝仁皇后灵柩归还河间，与刘苌合葬慎陵。

【评点】

孝仁董皇后是一个不懂得知足的女人。俗话说，知足常乐。按理说，她的儿子灵帝登基之后，尊她为孝仁皇后，她安心做她的藩后，也就行了，荣华富贵享之不尽，可是，还想来个蛇吞象，想拥有更大的荣誉和更多的财富。

人心若被贪欲统摄，那是什么事情能做得出来，什么事情都敢做得出来。

为了拥有更多的财富，这个孝仁皇后打起了官位的主意。她对灵帝说："你那些官帽放在那里干吗用的啊？"意思是说举国上下有那么多的官职，又有那么多想当官的人，而你是拥有决定权的"大拿"，为什么不做这笔大生意呢？现在可是卖方市场啊，这生意要是做起来，年销售额肯定高得惊人哩，纯利润更是基本等于销售额，几乎是零成本啊！于是，灵帝就听取了她的建议，大卖官帽，一时间财富滚滚而来。

按理说，想要更多的钱，你也搞到了，银行卡里的钱数不胜数了，也该知足了，可是孝仁皇后还是不知足。那还干吗呢？她还想摄政掌权。这可不是一件容易的事情。在古代宫廷里，眼睛盯着权力的，就必须想方设法把阻碍自己的人都给压制了，甚至给彻底拾掇了，不然，自己就只有被压制或者被拾掇的份儿。后来，孝仁皇后和何皇后争权，屡受压抑。何皇后是谁啊，何皇后就是孝仁皇后的儿媳妇。孝仁皇后就对儿媳妇愤愤地说："你现在这么强横跋扈，依仗你哥哥的权势吗？当令骠骑将军（董重）砍断何进头来。"何皇后也不是等闲之辈，何皇后出身于一个坊间的杀猪之家，性格也很彪悍。听到这话，她就告诉了何进。

何进当然不是等闲之辈，他与三公及弟车骑将军何苗等上奏："孝仁皇后唆使故中常侍夏恽等互相勾结州郡，剥夺所在居处珍宝货赂，悉数归入永乐宫。过去藩后不得留京师，乘舆服饰有一定的章则，饮食有一定的品位，现在请永乐后把宫室迁到她的封国去。"

意思是说，一个藩后，就应该住在她的封国，就不要在京城了，不然，某些人会不高兴的，某些事情会不好处理的。皇帝批示："可以。"

有皇帝的这一个批示，何进就下了狠手了。何进就是何太后的弟弟啊，他下手能轻了吗？他派兵围骠骑将军董重府第，拘捕董重，董重被罢免了官职，之后，就选择了自杀。杀不了敌人，就被敌人杀了。

孝仁皇后忧虑恐怖，发病突然死去，在位二十二年。

前车有辙，后车有鉴。历史上那些争宠夺势的皇后们，有成功的，有失败的，但不管成功与失败，其代价都是令人惊心的，孝仁皇后不可不知这其中的道理，若是安心做个藩后，颐养天年，哪来的晚年时的忧虑恐怖？成天在忧虑恐怖中惶惶不可终日，那幸福指数可想而知。

第十五节　灵帝宋皇后

千年冤情今一叹

【原文】

灵帝宋皇后讳某，扶风平陵人也，肃宗宋贵人之从曾孙也。建宁三年，选入掖庭为贵人。明年，立为皇后。父酆，执金吾，封不其乡侯。

后无宠而居正位，后宫幸姬众，共谮毁。初，中常侍王甫枉诛勃海王悝及妃宋氏，妃即后之姑也。甫恐后怨之，乃与太中大夫程阿共构言皇后挟左道祝诅，帝信之。光和元年，遂策收玺绶。后自致暴室，以忧死。在位八年。父及兄弟并被诛。诸常侍、小黄门在省闼者，皆怜宋氏无辜，共合钱物，收葬废后及酆父子，归宋氏旧茔皋门亭。

帝后梦见桓帝怒曰："宋皇后有何罪过，而听用邪孽，使绝其命？勃海王悝既已自贬，又受诛毙。今宋氏及悝自诉于天，上帝震怒，罪在难救。"梦殊明察。帝既觉而恐，以事问于羽林左监许永曰："此何祥？其可攘乎？"永对曰："宋皇后亲与陛下共承宗庙，母临万国，历年已久，海内蒙化，过恶无闻。而虚听谗妒之说，以致无辜之罪，身婴极诛，祸及家族，天下臣妾，咸为怨痛。勃海王悝，桓帝母弟也。处国奉籓，未尝有过。陛下曾不证审，遂伏其辜。昔晋侯失刑，亦梦大厉被发属地。天道明察，鬼神难诬。宜并改葬，以安冤魂。反宋后之徙家，复勃海之先封，以消厥咎。"帝弗能用，寻亦崩焉。

【译文】

灵帝宋皇后，扶风平陵人，肃宗章帝宋贵人从曾孙。灵帝建宁三年（170），选入掖庭为贵人。第二年，立为皇后。父宋酆，执金吾，封不其乡侯。

宋皇后不得灵帝宠而居皇后正位，后宫受宠幸的姬妾很多，联合谗言毁谤宋皇后。起先，中常侍王甫枉杀勃海王刘悝及妃宋氏，宋妃即宋皇后的姑姑。王甫恐惧宋皇后怨恨他，就与太中大夫程阿共同捏造谎言诬说宋皇后巫蛊惑众祝诅于神欲降祸于人，灵帝相信。光和元年（178），下策书，收玺绶。宋皇后自己走进掖庭暴室，忧郁而死。在位八年。父亲及兄弟都被诛戮。诸常侍、小黄门在禁宫内的，都怜悯没一点过错的宋皇后，共同聚资，收殓埋葬宋皇后及其父子，归宋氏旧茔皋门亭。

灵帝后来梦见桓帝发怒说："宋皇后有何罪过，你听从那些邪孽的坏话，使她死去？勃海王刘悝既已自贬，又受诛毙。今宋氏及刘悝投诉于天，上帝震怒，你的罪孽难于挽救。"这个梦的内容十分明白清楚。灵帝醒来很是恐慌，就把这件事询问羽林左监许永说："这是什么不祥之兆？可以把它攘除吗？"

许永答说："宋皇后与皇上一同继承皇位，以母仪亲临天下，历年已久，四海之内都蒙受她的教化，从来没有听说有什么过失和恶声。而皇上偏听谗毁嫉妒的言辞，使她蒙受无辜之罪，身遭诛戮，祸连家族，所有臣妾，都为其抱怨痛惜。勃海王刘悝是桓帝妈妈的弟弟，处理封国之事和作为藩属事奉朝廷，不曾有过错误，陛下没有经过验证审察，就加罪诛杀。从前晋侯梦见大厉鬼，披长发达到地面，是因晋侯杀了厉鬼的祖先。天地之间的道义是明白清楚的，鬼神是难于欺骗的。应当一并改葬，以使冤魂得到安息。让宋皇后流放了的亲族返回原籍，恢复勃海王的封爵，以期消去因此而招致的咎衍。"灵帝没有听用许永的意见，没有多久灵帝也去世了。

【评点】

这个宋皇后，可以说是历史上最为冤屈的一位皇后了。

封后之后，宋皇后并没有得到灵帝的宠爱。可是，除了宋皇后以外，灵帝宠爱的女人那可是多了去了，那些得宠的女人一看，正宫娘娘不受皇帝宠幸，这事儿有门儿！就联合起来对宋皇后进行诽谤诋毁，意图很明显，那就是趁火打劫，加重宋皇后失宠失势的进程，尽快把她从皇后宝座上赶走，让她滚蛋。赶走干吗啊？赶走了，就腾出皇后位子了。皇后位子空了，她们就有机会得到。可是，皇后位子就那么一个，那么多被灵帝宠爱的女人，到底谁有胜算啊？当然只有一个。那么，为什么她们能联合起来共同对付宋皇后呢？这也是不得已的事情，也是居心叵测之人的战术。要想得到皇后位子，首先要将在位的这个给轰了下去，然后，她们内部再争夺。宋皇后在位，她们都没有机会，宋皇后下台，她们都有均等的机会了。这就是当时的局面。

当时她们是怎么诬陷宋皇后的呢？当时最恶毒的做法，就是诬陷人巫蛊惑众祝诅于神欲降祸于人。她们就诬陷宋皇后这样做了。用今天的话说，那可是一个反人类的大罪名，大逆不道啊。前面一些人就用过这样的损招置人于死地，无不阴谋得逞。结果是怎样啊，结果就是灵帝相信了那些小人的话。

灵帝这人，就这么个特点，爱听信谗言。他就喜欢歪嘴和尚念歪经。

灵帝一相信，事情可就坏了，结果只有一个，那就是宋皇后被废。

宋皇后被废的时候，也没有哭，也没有闹，而是自己走进了暴室。这种无声的反抗，最具震撼力，大有刑场上的婚礼的气概。最后，宋皇后在暴室里忧郁而死。

周围的人都为她抱不平。可是，又有什么办法呢？他们能做到的就是凑了点钱，把可怜的宋皇后安葬回原籍。

宋家人也都跟着遭殃了，罢官的罢官，流放的流放，一个个都没有落得好下场。整个一奇冤大案。

后来怎么样呢？灵帝做了一个噩梦，他梦见桓帝骂他：看看你做的是什么事儿啊，听信小人谗言，加害忠良，酿造冤屈，这罪过不可饶恕！

灵帝很惊慌。他问人这是什么征兆啊？可能破解？

于是，民间的声音才真切地传到灵帝的耳中，一个叫许永的说，的确是冤枉了宋皇后，也冤枉了宋家的人，他们落得如此悲惨下场，都是小人陷害，现在需要做的就是应当给蒙受冤屈的人一并改葬，以使冤魂得到安息。让宋皇后流放了的亲族返回原籍，恢复勃海王的封爵，以期消去因此而招致的种种非议和过错。

可气的是，那位灵帝爷真就是忠言逆耳，好人的话半句也听不进去，最后并没有听用那个许永的意见，没有给宋皇后改葬，也没有给宋家人平反。没有多久灵帝也死了。这千古奇冤，只留待后人鸣不平空叹息，每每念及，总会让人想起宋皇后自己无声地走进暴室的身影。

第十六节　灵思何皇后

道高一尺魔高一丈

【原文】

灵思何皇后讳某，南阳宛人。家本屠者，以选入掖庭。长七尺一寸。生皇子辩，养于史道人家，号曰史侯。拜后为贵人，甚有宠幸。性强忌，后宫莫不震慑。

光和三年，立为皇后。明年，追号后父真为车骑将军、舞阳宣德侯，因封后母兴为舞阳君。时王美人任娠，畏后，乃服药欲除之，而胎安不动，又数梦负日而行。四年，生皇子协，后遂鸩杀美人。帝大怒，欲废后，诸宦官固请得止。董太后自养协，号曰董侯。

王美人，赵国人也。祖父苞，五官中郎将。美人丰姿色，聪敏有才明，能书会计，以良家子应法相选入掖庭。帝愍协早失母，又思美人，作《追德赋》《令仪颂》。

中平六年，帝崩，皇子辩即位，尊后为皇太后。太后临朝。后兄大将军进欲诛宦官，反为所害；舞阳君亦为乱兵所杀。并州牧董卓被征，将兵入洛阳，陵虐朝庭，遂废少帝为弘农王而立协，是为献帝。扶弘农王下殿，北面称臣。太后鲠涕，群臣含悲，莫敢言。董卓又议太后踧迫永乐宫，至今忧死，逆妇姑之礼，乃迁于永安宫，因进鸩，弑而崩。在位十年。董卓令帝出奉常亭举哀，公卿皆白衣会，不成丧也。合葬文昭陵。

【译文】

灵思何皇后，南阳宛城人。家里本来是杀猪的，以金帛贿赂选入掖庭。长七尺一寸，生皇子刘辩，养于史道人家，号为史侯。因而拜为贵人，很得灵帝宠幸。她性格强梁忌刻，后宫妃嫔没有不怕她的。

光和三年（180），立为皇后。第二年，追号她父亲何真为车骑将军、舞阳宣德侯，封她母亲兴为舞阳君。这时候，王美人怀孕，怕何皇后暗害，于是服打胎药想把胎儿打掉，但胎儿安然不动，而且多次梦见背着太阳行走。光和四年（181），生皇子刘协，何皇后便把王美人鸩杀。灵帝大怒，想把何皇后废掉，众宦官三番五次向灵帝求情才止。董太后亲自抚养刘协，号为董侯。

王美人，赵国人。祖父王苞，五官中郎将。王美人富有姿色，聪明敏慧有才干，能书能算，以良家子合乎法相选入掖庭。灵帝怜悯刘协早早失去母亲，心里又怀念王美人，作《追德赋》《令仪颂》，寄托哀思。

中平六年（189），灵帝去世，皇子刘辩即位，尊何皇后为皇太后。太后临朝。太后兄大将军何进企图诛杀宦官，反被宦官所害，何太后母舞阳君也被乱兵所杀。并州牧董卓被征召，领兵入洛阳，蹂躏朝廷，废少帝刘辩为弘农王而立刘协，是为献帝。董卓扶弘农王下殿，北面称臣。何太后哽咽流涕，群臣含悲，都不敢吭气。

董卓又非议何太后逼迫孝仁董皇后于永乐宫，使她忧愤而死，违背了儿媳应当孝顺姑婆之礼，于是把何太后迁于永安宫，并进鸩杀死，在位十年。董卓叫献帝到奉常亭举行哀悼，公卿都素服而朝，不书葬，不成丧。合葬文昭陵。

【评点】

何皇后是一个心狠手辣的女性。她颇有一点权谋。

何皇后出生在一个杀猪的屠户之家，生性强梁忌刻。她是怎么进宫的呢？花钱走后门进去的呗。从花钱走后门进宫的举动来看，她是有远大抱负的，有种志在必得的气概。

所以，宫里的人无不惧怕她。有个王美人怀了龙种，这本来是非常值得高兴的事情，可是，王美人心里觉得惧怕不已。怕谁啊？怕这个何皇后。何皇后太厉害了，见不得别人比她强，比她好。若是谁比她强了，比她好了，必定要遭殃。王美人知道自己怀了龙种，搞不好，是要葬送了自家性命的。那怎么办啊？

王美人一狠心，干脆，服用流产药吧，把这个龙种打掉，以免毁于何皇后之手。可那龙种命不该绝，流产药吃下去之后，居然没有发生药效，那产没有流下来。最后就生出来了刘协。刘协就是后来的汉献帝。

这可了不得了。何皇后怀恨在心，立即就把王美人给杀了。这事让灵帝很恼火，他很喜欢这个王美人，王美人长得漂亮啊，也有才华，就迁怒于何皇后，打算把何皇后给废了。可是，有人苦苦相劝，才作罢了。

皇子刘协就由董太后亲自抚养长大。灵帝很是怀念那个王美人，也觉得愧对于她，后来就写了几篇文章，如《追德赋》《令仪颂》等，用以寄托哀思。

中平六年（189），灵帝去世，皇子刘辩即位，刘辩就是何太后的亲生儿子，是为少帝。少帝登基，他尊何皇后为皇太后。何太后当然临朝执政，主持大局。至此，这个杀猪的屠户的女儿，算是机关算尽，用尽了狠毒手段，最终实现了当初的梦想了。

后来，何太后的哥哥大将军何进企图诛杀宦官，却反被宦官所害，何太后母舞阳君也被乱兵所杀。

这时候，并州牧董卓被征召，领兵入洛阳，蹂躏朝廷，废少帝刘辩为弘农王而立刘协，是为献帝。董卓拉着少帝从金銮宝殿上走下来，面朝北，向汉献帝称臣。

那情境，是何等悲催啊。心狠手辣不可一世的何太后哽咽流涕，群臣含悲，都不敢吭气。

这还不算完，半路杀出来的这个董卓，自己以董太后家的人自居，又拿出当年何太后逼迫孝仁董皇后于永乐宫，使她忧愤而死的事，骂她违背了儿媳应当孝顺姑婆之礼，于是把何太后也丢进永安宫，并进鸩杀死。何太后在位十年，以心狠手辣著称，而最后，却灭于更加心狠手辣的董卓之手。

这个董卓蹂躏朝廷，搞得朝廷乌烟瘴气。少帝废了就废了吧，董卓还赶尽杀绝，用毒药将他毒死，引出一部感天动地的爱情悲剧。那少帝知道董卓送毒药杀他，就设宴，吃了一顿最后的晚餐，和妻子唐姬作别，那一番对唱，令人不禁悲从中来，泪流满面。而那唐姬，也一生死不改嫁，实在令人感而敬之。

后人评说，大汉王朝，实则毁在了何太后之手。

一个成功的男人背后，总有一个伟大的女性。

一个灭亡的王朝背后，也总有一个祸水女人。

第十七节　献帝伏皇后

真爱恒久远

【原文】

董承女为贵人，操诛承而求贵人杀之。帝以贵人有妊，累为请，不能得。后自是怀惧，乃与父完书，言曹操残逼之状，令密图之。完不敢发，至十九年，事乃露泄。操追大怒，遂逼帝废后，假为策曰："皇后寿，得由卑贱，登显尊极，自处椒房，二纪于兹。既无任、姒徽音之美，又乏谨身养己之福，而阴怀妒害，苞藏祸心，弗可以承天命，奉祖宗。今使御史大夫郗虑持节策诏，其上皇后玺绶，退避中宫，迁于它馆。呜呼伤哉！自寿取之，未致于理，为幸多焉。"又以尚书令华歆为郗虑副，勒兵入宫收后。闭户藏壁中，歆就牵后出。时帝在外殿，引虑于坐。后被发徒跣行泣过诀曰："不能复相活邪？"帝曰："我亦不知命在何时！"顾谓虑曰："郗公，天下宁有是邪？"遂将后下暴室，以幽崩。所生二皇子，皆鸩杀之。后在位二十年，兄弟及宗族死者百余人，母盈等十九人徙涿郡。

【译文】

董承女为贵人，曹操杀了董承，又要求杀他的女儿贵人。献帝认为贵人怀孕在身，连连请予免诛，终不能得。伏皇后看了这个情况，从此心怀恐惧。于是给她父亲写信，讲曹操残酷逼迫的凶相，要她父亲秘密地谋划铲除曹操。伏完不敢动手。

至十九年，秘密事泄露了。曹操追查大怒，便逼着献帝废去伏皇后，并假为策书说："皇后伏寿，由卑贱而得入宫，以至登上皇后尊位，自处显位，到现在二十四年。既没有文王母、武王母那样的徽音之美，也缺乏谨慎修身养怡之福，还阴险地怀抱妒害，包藏祸心，不可以承奉天命，祀奉祖宗。现在派御史大夫郗虑持符节策书诏令，把皇后玺绶缴上来，退去中宫，迁往其他馆舍。唉！可悲伤啊！伏寿咎由自取，未受审讯，幸甚幸甚！"又以尚书令华歆为郗虑副手，统兵入宫逮捕伏后。伏后紧闭门户匿藏墙壁中，华歆伸手将伏后牵出。时献帝在外殿，引郗虑于座。

伏后披发赤脚徒步而行哭泣着经过献帝面前告别说："不能再使我活下去吗？"献帝说："我也不知我的性命还能延续到何时！"回头望着郗虑说："郗公！天下难道有这样的事吗？"于是曹操将伏后下于掖庭暴室，幽禁去世。所生二皇子，都被鸩杀。伏后在位二十年，她的兄弟及宗族株连死者百余人，她母亲盈等十九人流放到涿郡。

【评点】

伏皇后名伏寿，出生于公元 180 年左右，具体生日不详。伏皇后家在今天的山东诸城，她出生于一个经学世家，从小饱读诗书，灌输了满脑子的仁义道德，属于典型的中国传统女性。她的父亲是伏完，母亲是阳安长公主刘华。

伏皇后对献帝的爱情，可谓深沉大爱，感召后人。问题是伏寿生逢乱世，她的爱情也注定是一个历史悲剧。那时候，已经是东汉末年了，天下乱糟糟一片，各路军阀势力纷纷将汉献帝视为猎物，争而夺之，为的是挟天子以令诸侯。

作为汉献帝的妻子，伏皇后当然也成了他们猎捕的对象。

于是，自从伏寿入宫，就开始了颠沛流离的动荡生活，一会儿都洛阳，一会儿都长安，一会儿又都许昌的，简直是疲于奔命。

然而，在这样不堪回首的奔命岁月里，伏皇后却一如既往、无怨无悔地忠于自己的丈夫，那个傀儡皇帝汉献帝。逃难的日子里，有追兵追来，她能背着献帝蹚过大河逃命，过了河又遇追兵举刀砍杀献帝，伏皇后能挺身而出舍身相救。在患难的日子里又能与汉献帝一起吞糠咽菜，始终不离不弃。真可谓是患难夫妻啊。

后来，国贼曹操得势，实现了挟天子以令诸侯的目的。曹操这个人，心狠手辣，他杀了董承之后，为了灭口，又去杀董承的女儿。董承的女儿是个贵人，并且身怀有孕，汉献帝苦苦求情，说她有身孕啊，就饶了她吧。可是，曹操不为所动，痛下狠手，还是把她给杀了。

看到这样的情形，伏皇后很恐惧。

当然，伏皇后恐惧的，肯定不只是自己的身家性命。为什么啊？大风大浪她都过来了，早已经将自己的生死置之度外，如今她担心的是汉献帝的性命，还有那危在旦夕摇摇欲坠的大汉王朝。曹操的凶残秉性，让伏皇后惶惶不可终日。为了自己的丈夫，还有大汉江山，伏皇后冒着极大的危险，做出了一个大胆的决定，她秘密写信给自己的父亲伏完，要他想办法除掉国贼曹操，以保汉献帝于不死，也保大汉王朝于不倒。可是，她的父亲伏完是个不争气的人，他害怕曹操，没有敢动手。不久，伏完就死了。

本以为事情就这么过去，可是，四五年后伏皇后密谋除掉曹操的事情败露了。一听到这个消息，曹操气急败坏，决心立即除掉伏皇后。

于是，曹操设法擒了伏寿。

伏皇后藏在墙壁中，被披头散发地拖了出来，赤着脚路过前殿时，见汉献帝忧心忡忡地坐在那里，就问：真的就不能再活着相见了吗？

汉献帝这个软蛋，实在无奈，说了一句：我的命也不知道能保到何时啊！

这可真是世界上最悲催的诀别，与少帝和唐姬诀别如出一辙。

伏皇后被投入暴室，最后悲惨死去。有一说是在暴室内活活饿死的，也有一说是被乱棒打死的。但至于是怎么死的，已经不再重要，重要的是，她是被曹操害死的。并且，伏皇后的家族中，受株连而被害的人达到百余人，连她的孩子也被杀害，这可真是惨绝人寰的一次杀戮啊。

中国历史上共产生过三百多个皇后，她们中间既有聪慧睿智、光明磊落者，青史有名，流芳后世；也有心胸狭隘、阴险狡狯者，遗臭万年，人所不齿；当然，也有生逢乱世、命途多舛者。东汉献帝刘协的皇后伏寿，真可谓封建社会阶级斗争牺性品的代表。但她对汉献帝的爱情，以及为汉献帝所做的牺牲，实在是感人肺腑。

第十八节　献穆曹皇后

末代皇后的悲催一掷

【原文】

献穆曹皇后讳节，魏公曹操之中女也。建安十八年，操进三女宪、节、华为夫人，聘以束帛玄𬘓五万匹，小者待年于国。十九年，并拜为贵人。及伏皇后被弑，明年，立节为皇后。魏受禅，遣使求玺绶，后怒不与。如此数辈，后乃呼使者入，亲数让之，以玺抵轩下，因涕泣横流曰："天不祚尔！"左右皆莫能仰视。后在位七年。魏氏既立，以后为山阳公夫人。自后四十一年，魏景元元年薨，合葬禅陵，车服礼仪皆依汉制。

【译文】

献穆曹皇后曹节，是魏公曹操的中女。建安十八年（213），曹操进纳三个女儿曹宪、曹节、曹华为夫人，聘以束帛玄𬘓五万匹，年纪小的留国待年长。建安十九年（214），一同拜为贵人。到伏皇后被弑，第二年，立曹节为皇后。魏受汉献帝禅位，派使者索取玺绶，皇后曹节怒而不给。

这样追索玺绶好几次，曹皇后才将使者叫进去，亲自数落责骂，并持玺抛掷轩下，涕泣纵横说："上天是不会让你们延续长久的！"左右在场的人都不忍抬头仰视曹皇后。曹皇后在位七年。曹魏夺得了帝位以后，以曹皇后为山阳公夫人。此后四十一年，魏景元元年（260）去世，与献帝合葬禅陵，车服礼仪皆依汉制。

【评点】

献穆曹皇后曹节是汉献帝的第二任皇后。之前的那位是伏寿伏皇后，曹操翻拣出陈谷子烂芝麻的事情来，深究不放，把她给杀了。伏皇后被杀之后，曹操的女儿曹节，就被立为汉献帝的第二任皇后。

曹节这个人，也可说是一位烈性女子。那性子烈得刚正不阿，并且深明大义，明辨是非。为什么这么说呢？她很清楚，自己是被父亲曹操当棋子一样安放在汉献帝身边的，是出于政治目的的。她也明白，曹操心怀鬼胎，最终的目的是将汉献帝取而代之，独拥天下。

那么，从这点来说，曹节也明白，父亲让自己去做汉献帝的皇后，是置她的幸福于不顾的。

果然，不久之后，魏受汉献帝禅位，派使者去索取玺绶，皇后曹节非常生气，就是不肯给他们。这样追索玺绶好几次，曹皇后才将使者叫进去，可是，叫进去之后，皇后亲自数落责骂一通，举起那玺绶愤然扔了出去，接着痛哭流涕，愤慨地说："上天是不会让你们延续长久的！"那当时的状貌，实在怕人，也实在悲催。左右在场的人都不忍抬头仰视曹皇后。

曹皇后在位七年。曹魏夺得了帝位以后，废汉献帝为山阳公，而曹皇后就成了山阳公夫人。此后四十一年，魏景元元年（260）去世，与献帝合葬禅陵，车服礼仪按照汉朝的礼制。

人贵有节。无疑，曹节是有节的，有节者值得世人敬仰。俗话说嫁鸡随鸡，嫁狗随狗，既然嫁于汉献帝，那就是汉献帝的人了。虽然曹节知道当初自己只是一粒棋子，自己的归属应该是曹家，可是，深明大义的曹节以汉室天下的荣辱为荣辱，她的立场是：我是大汉的皇后。于是，面对自己那如狼似虎的娘家人，她愤然扔玺的细节，充分彰显着她的气节。

作为大汉王朝的最后一位皇后，她的愤然一掷，掷出了大汉皇后的气节，如项羽自刎般悲壮，令人感佩。

卷十一　刘玄刘盆子列传

第一节　刘　玄

一、最滑稽的天子

【原文】

圣公因往从牧等，为其军安集掾。

是时光武及兄伯升亦起春陵，与诸部合兵而进。四年正月，破王莽前队大夫甄阜、属正梁丘赐，斩之，号圣公为更始将军。众虽多而无所统一，诸将遂共议立更始为天子。二月辛巳，设坛场于淯水上沙中，陈兵大会。更始即帝位，南面立，朝群臣。素懦弱，羞愧流汗，举手不能言。于是大赦天下，建元曰更始元年。

【译文】

刘玄就往投陈牧等，做了陈牧手下的安集掾。

这时光武和他的哥哥伯升也在春陵起兵，与各部合兵而进。地皇四年（23）正月，破王莽前队大夫甄阜、属正梁丘赐，并把他们斩了，称刘玄为更始将军。这时军众虽多但没有统一的指挥，各将领就共同商议立更始为天子。二月初一，在淯水边的沙滩上设立坛场，陈列军队，举行大会。更始即皇帝位，南面而立，接受群臣朝拜。

更始向来懦弱，见到这种场面，羞愧流汗，举着手连话都说不出来了。于是大赦天下，建年号为更始元年。

【评点】

刘玄字圣公，是光武帝刘秀同宗同族的兄弟。有一年，刘玄的弟弟被人给杀了，他气不过，就广结宾客，拉拢了一些小混混儿，打算将仇人给拾掇了，给弟弟报仇。后来，他结交的那些小混混儿犯了事儿，触犯了法律，于是官府便差人捉拿他。刘玄就来了个畏罪潜逃，逃到了平林，躲在外面不敢回来。

官府的人一看，人跑了，但是跑了和尚跑不了庙，干脆就把他的老爷子刘子张捉去，以此逼迫刘玄归案。

还要说刘玄，他的确有一些市侩俗人的小狡猾。俗话说百善孝为先啊，再怎么混，总不能见老爹被捉而不露面吧？可是，一露面，人就被逮了，这要逮住，那还有个跑吗？刘玄想了想，便想出来了一个计策，装死吧。

于是就装死。装死，得装得像一点儿啊，刘玄就派人将自己的灵柩送回春陵老家。官府一看，看来是真的死了，也就算结了案吧，于是就释放了刘玄的老爷子刘子张。从此刘玄就在外边逃匿。

那是王莽末年，举国上下起义的很多，这里一股，那里一伙的。在外畏罪潜逃的刘玄看了看，就投奔了一伙儿，做了陈牧手下的安集掾。后来，被称为更始将军。

这时候，刘秀和他的哥哥伯升也起义了。各方豪杰联合作战，将王莽打得个落花流水。可是群龙无首啊，经过商量，就拥立刘玄为天子。

大家拥立刘玄为天子，自然是考虑他乃大汉皇室后人，真正的龙脉传承。于是，就在河边举行仪式，让刘玄登基称帝，称更始皇帝。

这个刘玄从小就是一个上不得台面的人物，生性懦弱，如今面南背北，接受群臣的朝拜，他哪里见过这么大的阵势和气派？他立即觉得很害羞，举着双手连一句囫囵的话也说不出来了。

刘玄就这么点儿出息。

到了后来，更始皇帝刘玄迁都长安，占了王莽的老巢。更始刚来到长安时，居住在长乐宫。有次他来到前殿，郎吏依次排列在庭中。更始看了看那阵势，又羞愧起来了，头埋得几乎都挨着席子了，不敢仰视。

随后跟来的那帮将士一到，这个更始皇帝竟然当着众人的面急切地问：抢到什么东西啦？左右的侍从官都是长期在皇宫中担任职务的，都是见过大世面的人，听到这个皇帝竟然说这样土老帽儿的话，一个个都觉得非常惊讶，便面面相觑，目瞪口呆。这更始皇帝，整个儿一地痞习气，山贼土豹子，土老帽儿嘛！哪来的帝王气派？简直是滑稽至极。

说起这个皇帝滑稽，他带的那帮子人也真够滑稽的。这个更始皇帝所封授的那些官爵，都是一些小人商人，还有伙夫厨师之流，封了官之后他们中的许多人穿着绣面上衣、锦缎裤子、短衣，或者穿着妇女的大襟上衣，在路上嬉笑怒骂，简直是丑态百出。当时在长安城有歌讽刺说："灶下养，中郎将。烂羊胃，骑都尉。烂羊头，关内侯。"

更滑稽的是，在决定迁都的时候，那帮子七长八短的人急匆匆行路，结果刚刚出发，李松奉引在前，马突然惊奔，触撞在北宫的铁柱门上，三匹马都给撞死了。

刘玄不但是一个上不得台面的人，还是一个心胸狭窄之人。

二、心有多宽天有多大

【原文】

五月，伯升拔宛。
六月，更始入都宛城，尽封宗室及诸将，为列侯者百余人。
更始忌伯升威名，遂诛之，以光禄勋刘赐为大司徒。

【译文】

五月，伯升攻下宛城。
六月，更始入都宛城，尽封宗室及诸将，为列侯的达一百多人。
更始忌妒伯升威名，把伯升杀了，以光禄勋刘赐为大司徒。

【评点】

伯升他们攻打下了宛城之后，各路势力兵打一处将打一家，共同的目标就是王莽。于是，更始就来到了宛城，把宛城当作了首都。定都宛城之后，刘玄就将宗室的人尽数封赏，总共提拔重用和重重赏赐的人，达到了一百多个。可是，有一个人功劳很大，这个都城宛城就是他给攻打下来的，但是，他不但没有得到封赏，还被刘玄给杀了。谁啊？伯升。这个伯升是谁呢？伯升就是光武帝刘秀的哥哥，曾经笑话刘秀只喜欢种地没有大出息的那位，他揭竿而起，一路斩杀，所向披靡。

更始是一个小肚鸡肠的人，心胸狭窄，容不下比自己强的人。伯升为人强悍，屡立战功，大有功高盖主之势，结果，更始忌妒他的威名，就把他给杀了。从这一点来看，刘玄肚量很小。肚量有多大，就能容多大的天下。由此看来，这个刘玄也就那么回事，虽然现在是皇帝了，可是，他的天下到底能有多大，他的皇帝到底能坐多久，还是一个未知数。

到了后来，更始荒淫无度，不理政事，心急如焚的军帅将军豫章李淑上书规劝，说现在刚刚打败了贼寇，统一大业还远远没有实现呢，百官和执掌职事的官吏都应小心谨慎行使自己的职责。他好言相劝要更始抛弃以前的荒谬错误，正儿八经地做皇帝。结果，更始这个人忠言逆耳，听了那些话之后，不但不引以为戒，反而大为震怒，彻底听不得规劝，下令将李淑逮捕入狱。

你看，好不容易出来一个说真话的人，来规劝他，结果被他给关进监狱里去。真是好心无好报。这下好了，从那以后，大家的心都寒了，团结起来的力量，也就散了，天下四方纷纷怨恨叛变。更始几乎成为孤家寡人了，这已经注定了他的帝王之路的结局。

刘玄不但心胸狭窄，还是一个荒淫无度不成大器的人。

三、荒淫无度

【原文】

更始纳赵萌女为夫人，有宠，遂委政于萌，日夜与妇人饮谦后庭。群臣欲言事，辄醉不能见，时不得已，乃令侍中坐帷内与语。诸将识非更始声，出皆怨曰："成败未可知，遽自纵放若此！"韩夫人尤嗜酒，每侍饮，见常侍奏事，辄怒曰："帝方对我饮，正用此时持事来乎！"起，抵破书案。

【译文】

更始纳赵萌女儿为夫人，很宠爱，于是把政事委托赵萌办理，自己日夜与妇人在后庭饮酒取乐。群臣有事想上奏于他，更始常常因喝醉了酒而不能接见，有时不得已，就命令侍中坐在帷帐内答话。

诸将听出来答话的不是更始的声音，出来后都抱怨说："现在成败还不可知，为何放纵成这个样子！"韩夫人尤其嗜好喝酒，每侍奉更始饮酒，见到常侍奏事，时常发怒说："帝正和我饮酒，你为什么偏偏拣这个时候来奏事呢？"起身，把书案都捶破了。

【评点】

刘玄娶了右大司马赵萌的女儿，很是宠爱。宠爱到什么程度呢？几乎天天都和夫人在后庭喝酒作乐，卿卿我我缠绵悱恻。

你说这才当了几天皇帝啊，就开始这么沉迷于酒色？天下还未定呢，就这么消磨了斗志，实在看不出这个皇帝还能坐多久。

刘玄成天不理朝政，把大事小情都托付给他的老岳丈赵萌来处理，自己每天都是喝得酩酊大醉。有人来奏请要事，总是见不着他的人。更可气的是，刘玄醉酒不见群臣也就罢了，可是他还在帐子后面安排个人，充当圣上，让那人代替他听奏请，答话做决定。

人的声音指定不一样啊。奏请事情的大臣一听，那帐子里传出来的声音和皇上不一样，就知道了事情的真相，无不叹息说道："现在成败还不可知，为何放纵成这个样子！"

可是人家刘玄就是放纵成这个样子。

赵萌作为刘玄的老丈人，掌管朝中大权，更是趾高气扬，不可一世，作威作福。有人胆敢说他的坏话，提出不同意见的，他就会发飙生气，抽剑就刺。所以，朝廷内外，在赵萌面前，再也没有人敢说话。

后来，又一股势力成长起来。赤眉军立刘盆子为天子，来势凶猛。更始帝刘玄颓势已就，身边的人就密谋反叛。赤眉传下书信说："如圣公肯降，就封他为长沙王。"说的这个圣公，指的就是刘玄。

几经挣扎，均是徒劳，刘玄就请降了。最后，被谢禄派亲兵带到郊外去牧马，偷偷地把他给绞杀了。

光武听到消息很是悲伤，他们本是同门兄弟啊，虽然刘玄当年不顾兄弟情分，因嫉妒而杀了伯升，可光武还是为他的死感到悲哀，于是，就令大司徒邓禹将他葬在了霸陵。一个荒唐可笑的更始皇帝，就这样结束了自己的帝王生涯，也结束了自己的人生之旅。

第二节　刘盆子

一、被拥为天子

【原文】

　　时方望弟阳怨更始杀其兄，乃逆说崇等曰："更始荒乱，政令不行，故使将军得至于此。今将军拥百万之众，西向帝城，而无称号，名为群贼，不可以久。不如立宗室，挟义诛伐。以此号令，谁敢不服？"崇等以为然，而巫言益盛，前及郑，乃相与议曰："今迫近长安，而鬼神如此，当求刘氏共尊立之。"六月，遂立盆子为帝，自号建世元年。

　　初，赤眉过式，掠盆子及二兄恭、茂，皆在军中。恭少习《尚书》，略通大义。及随崇等降更始，即封为式侯。以明经数言事，拜侍中，从更始在长安。盆子与茂留军中，属右校卒史刘侠卿，主刍牧牛，号曰牛吏。及崇等欲立帝，求军中景王后者，得七十余人，唯盆子与茂及前西安侯刘孝最为近属。崇等议曰："闻古天子将兵称上将军。"乃书札为符曰"上将军"，又以两空札置筒中，遂于郑北设坛场，祠城阳景王。诸三老、从事皆大会陛下，列盆子等三人居中立，以年次探札。盆子最幼，后探得符，诸将乃皆称臣拜。盆子时年十五，被发徒跣，敝衣赭汗，见众拜，恐畏欲啼。茂谓曰："善藏符。"盆子即啮折弃之，复还依侠卿。侠卿为制绛单衣、半头赤帻、直綦履，乘轩车大马，赤屏泥，绛襜络，而犹从牧儿遨。

【译文】

　　这时方望的弟弟方阳怨恨更始杀了他哥哥，就上书劝樊崇等说："更始荒乱，政令不行，故使将军到达这种地步。现在将军拥有百万之众，西向帝京长安，而无称号，叫作群贼，这是不能持久的。不如立刘氏宗室，打着正义的旗号以进行诛杀讨伐。以此号令，谁敢不服？"樊崇等以为这样很好。

　　樊崇向前挺进到郑县，与诸将共议说："现在我军迫近长安，而鬼神这样显灵，应当求刘氏宗室共立为帝。"六月，就立刘盆子为帝，自号建世元年。

　　当初，赤眉经过式县，掳掠了刘盆子及他的两个哥哥刘恭、刘茂，都留在军中。刘恭从小学习《尚书》，懂得书中的一些大义。后来随樊崇等投降了更始，即被封为式侯。因通晓经术多次上书议事，拜为侍中，从更始在长安。

刘盆子与刘茂留在赤眉军中，归属于右校卒吏刘侠卿，负责割草喂牛的工作，号称牛吏。后来樊崇等想立皇帝，查找在军中的城阳景王后裔，共得七十多人，只有刘盆子与刘茂及前西安侯刘孝最为近属。樊崇等商议说："听说古代天子带兵称上将军。"于是就用木片写了一个"上将军"的标记，另外又把两个一样大小的空白木片放在篚中，在郑北设了一个坛场，祭祀城阳景王。

三老、从事都大会于台阶之下，刘盆子、刘茂、刘孝三人站于正中，按年龄大小依次去摸取木片。刘盆子最幼，最后一个去摸，刚好摸中"上将军"木片，坛下诸将于是都向刘盆子称臣拜贺。刘盆子这时年仅十五岁，披着头发光着脚，穿着破衣，脸红流汗，看到大家向他跪拜，吓得要哭。

刘茂对他说："把木片藏好。"刘盆子却立即把木片咬断丢掉，复回到刘侠卿身边。刘侠卿就替刘盆子制了大红色的单衣、空顶的红帽帻、直线花纹的鞋子，让他乘坐高车大马，车轼前边是赤色的屏泥，车身围着红色帷屏，但刘盆子还是和牧牛伢儿在一起玩。

【评点】

刘盆子是太山郡式县人，城阳景王刘章的后代。他的祖父叫刘宪，在汉元帝的时候被封为式侯，后来他的父亲刘萌嗣位。刘盆子算是刘家汉室血脉，按理说也应该吃着皇粮过着优裕的生活，可是，随着王莽篡权，汉室的人纷纷败落。王莽篡位后，就把封国给废除了，铁饭碗给砸了，刘家人就成了式县普通百姓。

王莽统治下，各地怨声载道，纷纷揭竿而起，造反的很多。

先是有一个叫吕母的，她的儿子犯了一点小事，结果被县宰给枉杀了。吕母气不过，一心想给儿子讨个说法，为儿子报仇。她乐善好施，广结宾客，组建了不小的队伍，结果将那县宰捉了，砍下头来拿到儿子的坟上祭奠。

之后，又有一个叫樊崇的人招揽人马，势力越来越大，很是威猛，大小强盗纷纷投奔他去。队伍越来越大，为了区分哪些是自己的队伍哪些是官兵，这支队伍纷纷将自己的眉毛涂成赤色，于是，就称其为赤眉军。

赤眉军烧杀抢掠，所向披靡。后来，前面提到的那个吕母病死，她的部下也分别加入到赤眉、青犊、铜马各部中。

赤眉军一路烧杀抢掠，途经式县的时候，就把刘盆子给抓到队伍里来了，一起抓进来的还有刘盆子的哥哥刘恭和刘茂。抓进来干吗呢？让刘盆子喂牛。才十几岁嘛，别的干不了，就割草喂牛吧，叫作牛吏。

后来，赤眉军越来越强大，逐渐意识到这样不是个办法啊，名不正言不顺的，深究起来看，毕竟是一伙子贼而已。怎么办呢？有人就提出来了："更始皇帝是个昏庸无道之徒，群众的意见很大，他已经是兔子的尾巴长不了了，咱们不如借这个机会立汉氏宗室，也拥立个天子，以正义的旗号去讨伐那昏庸的更始，有这样的号令，谁敢不服啊？"

樊崇一听，觉得有理，立天子，那就立吧。于是，就寻找刘家的人。结果，找来找去，物色来了三个人，其中就有刘盆子。到底立谁呢？抓阄儿吧。他们制作了三个木牌，两个是空白的，只有一个上刻有"上将军"字样。为什么不刻个"天子"而刻"上将军"呢？那时候，天子出征领兵打仗，就叫"上将军"的。

于是就抓阄儿，结果，"上将军"的牌子就让牛吏刘盆子给抓着了。

刘盆子抓到那个牌子之后，可了不得了，坛下所有的人都呼啦跪倒，向他称臣拜贺。这时候的刘盆子，才刚刚十五岁，披散着头发，光着脚丫子，衣裳也破烂不堪，看到这个情形，早已经面红耳赤，汗流浃背，吓得险些哭了出来。

这状貌，比前面那刘玄被拥为天子的时候有过之而无不及啊。

就这样，刘盆子被立为帝，自号建世元年。

可是，皇帝是随便哪个什么人都能做得的吗？之前刘玄做过，结果是栽了。刘盆子如今又做了，但是这个皇帝能做到什么程度呢？想到这个问题，我们不禁为他担心起来。你看那刘盆子，都当了皇帝了，也有人给做了皇帝的行头了，可是，他还是喜欢和那些放牛娃一起玩儿。这样的主儿，能成什么大事呢？

二、人贵有自知之明

【原文】

征西大将军冯异破之于崤底。帝闻，乃自将幸宜阳，盛兵以邀其走路。

赤眉忽遇大军，惊震不知所为，乃遣刘恭乞降，曰："盆子将百万众降，陛下何以待之？"帝曰："待汝以不死耳。"樊崇乃将盆子及丞相徐宣以下三十余人肉袒降。上所得传国玺绶，更始七尺宝剑及玉璧各一。积兵甲宜阳城西，与熊耳山齐。帝令县厨赐食，众积困馁，十余万人皆得饱饫。明旦，大陈兵马临洛水，令盆子君臣列而观之。谓盆子曰："自知当死不？"对曰："罪当应死，犹幸上怜赦之耳。"帝笑曰："儿大黠，宗室无蚩者。"又谓崇等曰："得无悔降乎？朕今遣卿归营勒兵，鸣鼓相攻，决其胜负，不欲强相服也。"徐宣等叩头曰："臣等出长安东都门，君臣计议，归命圣德。百姓可与乐成，难与图始，故不告众耳。今日得降，犹去虎口归慈母，诚欢诚喜，无所恨也。"帝曰："卿所谓铁中铮铮，佣中佼佼者也。"又曰："诸卿大为无道，所过皆夷灭老弱，溺社稷，污井灶。然犹有三善：攻破城邑，周遍天下，本故妻妇无所改易，是一善也；立君能用宗室，是二善也；余贼立君，迫急皆持其首降，自以为功，诸卿独完全以付朕，是三善也。"乃令各与妻子居洛阳，赐宅人一区，田二顷。

【译文】

征西大将军冯异在崤底打败赤眉军。

光武闻讯，就亲自率军到宜阳，以强大军队拦阻他们的逃路。

赤眉忽遇大军，惊震得不知如何是好，于是遣刘恭向光武乞降，说："盆子将百万之众归降于陛下，陛下将怎样对待他们呢？"帝说："不杀你们就是了。"樊崇就将刘盆子及丞相徐宣以下三十多人去衣露体向光武请降。

光武得到了传国玺绶、更始的七尺宝剑及玉璧各一件。

缴获的兵器堆积在宜阳城西，与熊耳山一般高。

帝令县厨赐给赤眉军食物，众军士长时间又饿又困，十多万人得以饱餐一顿。

次日一早，帝陈列兵马于洛水之旁，令刘盆子君臣列队观看。

帝对盆子说："你自知当死不？"盆子回答说："罪应当死，还侥幸陛下见怜赦免了啊。"帝笑说："你真是聪明，我们刘氏宗室没有痴呆儿。"又问樊崇等说："是不是后悔了呢？我现在放你们回营去，你们可以再率领军队鸣鼓相攻，一决胜负，我并不想你们来勉强服从我哩。"徐宣等叩头说："我们出长安东都门时，君臣商议，向圣上归降。百姓可以在事成之后与他们一同欢乐，但在开始时是很难同他们图谋的，所以我们事先没有告诉群众。今日归降，好比是从虎口中逃出而归慈母，真是欢喜之至，没有什么悔恨的。"帝说："你真不愧是那种铮铮的硬汉子，庸人中的优秀人才啊。"又说："各位大为无道，所过之处，诛死老弱，对社稷撒尿，把井水锅灶都污秽了。但还有三个好处：攻破城邑遍于天下，没有抛弃原来的妻妾，这是一个好处；立君主能用刘氏宗室，这是第二个好处；别的盗贼立了君，走投无路时往往拿着他的首级投降，还以为自己立了功，你们却让盆子活着来降我，这是第三个好处。"于是令他们各与妻子住到洛阳，每人赐住宅一区，赐田二顷。

【评点】

被拥为帝之后，刘盆子的部队赤眉军就名正言顺地开始讨伐更始。结果，他们与更始的叛将联合，攻进长安城。更始无奈，出来投降了。

于是，刘盆子就入住长乐宫。

每天早朝的时候，那些手下的人就讨论谁的功劳大，谁应该加官封爵，争着争着就大打出手，弄得乌烟瘴气。各地使者送来了贡品，那些士兵们动不动就哄抢而空。不但如此，他们还动不动就出去掠夺百姓，老百姓一个个吓得不敢出门。

刘盆子的哥哥刘恭见赤眉部队乱得不成样子，知道他们必败无疑，很是担心自己的弟弟刘盆子的安危，就好心告诫他，说这个皇帝啊，咱不能做了，想办法把皇帝的玺绶交出去吧，不然，命不保啊。

刘盆子于是解下玺绶，叩头说："现在设置了天子而仍像过去一样做贼。吏民贡献物品，经常遭到抢劫，这种丑闻流传四方，莫不怨恨，因而不再信任和向往我们。这都是立得不得其人造成的后果，我乞求保全我这条性命，让位给贤圣的人。如果一定要杀我以塞责，我无法逃避。诚心希望诸君能同情我可怜我。"说完，就泪流满面，哀叹不止。

樊崇等和与会者数百人，莫不为之哀怜，于是都离座叩头说："臣等不成样，辜负了陛下，自今以后，不敢再放纵了。"因此一起把盆子扶抱起来，又为他系上印绶带。刘盆子呼叫不得已，情不得已啊。这个皇帝没有辞下来。

之后一段时间，景象有所改观。可是，俗话说狗喜欢吃的东西，总是改不了还吃。没过多久，赤眉军的旧病又犯，烧杀抢掠，无恶不作。

这样的部队，注定迟早要遭到惨败。果不其然，光武帝刘秀派出的征西大将军冯异在崤底打败赤眉军。刘盆子一干人统统投降了。

光武帝问刘盆子，你说说你该不该死啊？刘盆子也算是一个有自知之明的人，他回答说："罪应当死，还侥幸陛下见怜赦免了啊。"为什么说他有自知之明呢？前面他知道自己做不了这个皇帝，坚持交出帝位，就是一个明证。

光武帝听了之后，笑着说："你真是聪明，我们刘氏宗室没有痴呆儿。"

光武帝又说，你们这帮子人，罪孽深重，大逆不道，所到之处，烧杀抢掠，杀死老人和孩子，还对坟墓里的故人撒尿亵渎，又把百姓吃水的井也给玷污了，真是太过分了。不过，还是存在三个好处的，哪三个好处啊？第一，你们到处乱打乱攻，但是并没有抛弃原来的妻妾。第二，你们立君王还知道用刘氏宗室，用刘盆子，算是好的。别的盗贼立了君王，看到走投无路了就会提着君王的头去投降，你们没有，还让刘盆子活着，算是第三个好处。于是，都不杀，而是令他们各与妻子住到洛阳，每人赐住宅一处，也分些农田，过小日子去吧。

至于那刘盆子，光武帝很是怜爱，就赏赐给他很多东西，让他做了赵王的郎中。

后来，刘盆子眼睛有疾，最后瞎了，看不见东西了，光武帝就赐他荥阳一带的均输官地，开设铺店，让他终身享用这里的税收，衣食无忧，直到终老。

卷十二　王刘张李彭卢列传

第一节　王　昌

出来撒谎，迟早要还的

【原文】

　　王昌一名郎，赵国邯郸人也。素为卜相工，明星历，常以为河北有天子气。时赵缪王子林好奇数，任侠于赵、魏间，多通豪猾，而郎与之亲善。初，王莽篡位，长安中或自称成帝子子舆者，莽杀之。郎缘是诈称真子舆，云"母故成帝讴者，尝下殿卒僵，须臾有黄气从上下，半日乃解，遂妊身就馆。赵后欲害之，伪易他人子，以故得全。子舆年十二，识命者郎中李曼卿，与俱至蜀；十七，到丹阳；二十，还长安；展转中山，来往燕、赵，以须天时"。林等愈动疑惑，乃与赵国大豪李育、张参等通谋，规共立郎。会人间传赤眉将度河，林等因此宣言赤眉当至，立刘子舆以观众心，百姓多信之。

　　更始元年十二月，林等遂率车骑数百，晨入邯郸城，止于王宫，立郎为天子。

【译文】

　　王昌一名王郎，赵国邯郸人。本来是个占卜、看相的人，对天文历数有些研究，常以为河北有天子气。这时赵缪王的儿子刘林喜爱术数，任侠行义于赵魏间，与豪强不法之徒多有相通，而王昌与之相亲善。

　　起初，王莽篡位时，长安中有自称是成帝的儿子刘子舆的人，王莽将他杀了。王郎缘着这条线索诈称自己是真子舆，说："我母亲本是成帝的歌女，有次下

116

殿时突然扑倒，很快有一道黄气从上下通过，过了半天才苏醒过来，就这样怀了孕住在馆舍中。生子后赵后想谋害这个孩子，我母亲就与别人互换了婴儿，因而保全了孩子的生命。我十二岁时，有一个识命的郎中叫李曼卿的把我带到蜀中；十七岁时，到了丹阳；二十岁时，回到长安；辗转往来于中山、燕赵之间，以等待天时的到来。"刘林等更加疑惑，就与赵国的大豪李育、张参等通谋，共同策划拥立王郎。

正好人们传说赤眉将渡黄河，刘林等因此宣言赤眉当至，立刘子舆看众人的反应，百姓多相信了。更始元年（23）十二月，刘林等率车骑数百，一早进入邯郸城，在王宫停下，立王郎为天子。

【评点】

王昌也叫王郎，他是一个很有些口才的人。他本是一个看相算卦的先生，自然能说会道。假如他依借自己的这个口才功夫，在那个年代给人占卜看相，蒙蒙普通百姓，赚俩小钱添补家用，想必也能过个小康日子。可这个王郎心比天高，打算把那谎言说破天，他竟然撒起了一个弥天大谎。什么谎啊？他居然对天下宣称，他王郎实际上是个天子。

那时候，天下很乱，王莽篡权，百姓怨声载道，都很怀念汉王朝的生活。各路兵马纷纷争战，有刘玄等人早已经被拥为帝，打算光复汉室。另外，还有一件事情，给王郎撒这个弥天大谎提供了契机。

什么事啊？当时在长安有个人自称是汉成帝的儿子刘子舆，王莽当然是将他给杀了。另外，刘林兵起，日渐强盛，而刘林与王郎的关系很铁。于是，聪明狡黠的王郎就动脑筋了。终于，他就打定了主意，开始了他的那个异想天开的计划。他对外宣称，自己才是汉成帝的儿子刘子舆，王莽杀掉的那个是假的。这个谎是怎么撒的呢？王郎说了，他的母亲本来是汉成帝的一个歌女，有一次下殿的时候，忽然就摔倒在地，很快有那么一道黄气从她的身体里通过，过了半天才醒过来，醒过来之后，就发现是怀孕了，最后生下了刘子舆。但是，那时候的赵后要加害那个龙种，没有办法，就用别的婴儿将刘子舆替换出来，带到民间养大。那个刘子舆就是他王郎。如今，真命天子已经长大成人，正在寻找时机来光复汉室。说得有鼻子有眼的，跟真的一样。

王郎的三寸不烂之舌，让刘林等人非常吃惊，也非常迷惑，他们一帮子人商量了一通，最后决定拥立王郎为天子。

就这样，王郎靠一个天大的谎言，换来了一个真命天子的身份，摇身一变，从一个算卦的先生变成了皇帝。

那时候，刘玄已经被拥立为帝了。怎么办呢？王郎又说了：我打小被秘密养在民间，他们都不知道。刘玄不知道我的存在，才替我当几天皇帝。现在知道了，就来我这里吧。他给各地下诏书，都是这么说的。当然，也给光武发来了檄文。

光武哪里肯归附于他呢，就派兵去攻打他。

开始的时候，久攻不成，就是打不过他。到了最后出现转机，把王郎困在邯郸。王郎数次派兵出击，可是都失败了。

这个王郎也很聪明，赶紧派他的谏议大夫杜威持着符节去向光武请降。杜威见了光武，还一口咬定说王郎真的是成帝的亲生儿子，是真命天子。

光武说：就算是成帝再复活，天下也不一定是他的，更何况是一个假冒伪劣产品呢？

那杜威真不愧是谏议大臣，也会说，会谈条件，他又开出个条件，说：如果降服了，就封个万户侯呗。光武说，那不行，能保住他的命，就算不错了。杜威又说，我们邯郸城很坚固的，我们坚守，肯定能抵挡相当长的时间的，总比只给保全性命强。于是，不降。

谈判没有谈成，光武就又展开更加猛烈的进攻。二十来天之后，王郎的少傅李立做了反间，里应外合，打开城门迎接汉兵，邯郸城很快就给攻克了。

最后王郎落了个什么下场呢？他连夜逃亡，最后被追兵杀死在逃亡的路上。他的弥天大谎，最后以丢了身家性命而宣告终结。

放着看相算卦的好买卖不做，非要撒个大谎做天子，结果被困邯郸城。放着投降就可保全性命的好事不做，非要顽固抵抗，结果命丧黄泉，竹篮打水一场空。由此可见，撒谎，是要付出代价的，出来撒谎，迟早是要还的。

第二节　刘　永

莫以成败论英雄

【原文】

刘永者，梁郡睢阳人，梁孝王八世孙也。传国至父立。元始中，立与平帝外家卫氏交通，为王莽所诛。

更始即位，永先诣洛阳，绍封为梁王，都睢阳。永闻更始政乱，遂据国起兵，以弟防为辅国大将军，防弟少公御史大夫，封鲁王。遂招诸豪杰沛人周建等，并署为将帅，攻下济阴、山阳、沛、楚、淮阳、汝南，凡得二十八城。又遣使拜西防贼帅山阳佽彊为横行将军。是时东海人董宪起兵据其郡，而张步亦定齐地。永遣使拜宪翼汉大将军，步辅汉大将军，与共连兵，遂专据东方。及更始败，永自称天子。

建武二年夏，光武遣虎牙大将军盖延等伐永。

【译文】

刘永，梁郡睢阳人，梁孝王第八代孙。传封爵到刘永的父亲刘立。

元始中，刘立与平帝外家卫氏有往来，被王莽杀害。

更始即位，刘永先到洛阳，被继封为梁王，定都睢阳。刘永听说更始政治混乱，于是据封邑起兵，以弟刘防为辅国大将军，刘防弟刘少公为御史大夫，封鲁王。于是招集诸豪杰沛人周建等，同时代为将帅，攻下济阴、山阳、沛、楚、淮阳、汝南，共得二十八城。又派遣使者拜西防贼帅山阳佽强为横行将军。

这时东海人董宪起兵占据了东海郡，而张步也平定了齐地。刘永遣使拜董宪为翼汉大将军，拜张步为辅汉大将军，与他们共同连兵，割据了东方。

后来更始失败，刘永自称为天子。建武二年（26）夏，光武派遣虎牙大将军盖延等讨伐刘永。

【评点】

刘永是梁孝王的第八代孙。他的父亲叫刘立，封爵传到了他的手上不久就断了延续。怎么啦？元始中，刘立与汉平帝的外家卫氏走得很近，来往甚密，结果就让王莽给盯上了，拉入黑名单后，就把他给杀了。从此家道中落，刘永失去了自己的富裕家业。

后来，更始即位，刘永就来到洛阳，被更始继封为梁王。为什么说是继封呢？很显然，刘永的祖辈就是梁孝王，父亲刘立也是，都是汉代的官爵。而如今，更始即位，号称恢复汉制，那么，为了显示出历史的延续性与大汉江山的连续性，就按照先汉的制度行事，让刘永继承祖业，继续当他的梁王。

关于刘永这个人，怎么说也算是一个有本事的人吧。

为什么这么说呢？

首先可以看到，刘永可以客观地分析天下大势，能够明辨是非。他在更始那里，被封为梁王，没过多久，就觉察出这个更始政治混乱，不怎么着调，也就感觉到跟着他肯定没有什么光明前途。于是，他就干脆利索地做出决定，以他的封地为根据地起兵，他让他的弟弟刘防为辅国大将军，刘少公为御史大夫，封鲁王。从这点可以看出，刘永的眼光是独到的，也是高远的。这个独到而高远的眼光，可以看作是刘永高明的决策力。

其次，我们可以看得出，这个刘永的战斗力也是很强的。他决定起兵之后，就招集诸豪杰沛人周建等，同时代为将帅，攻下济阴、山阳、沛、楚、淮阳、汝南，共得二十八城。这种战斗力，可以看作刘永较强的执行力。

最后，我们还可以看到他超强的组织能力。怎么体现呢？他能派遣使者拜西防贼帅山阳佼强为横行将军。这时候，东海人董宪起兵占据了东海郡，而张步也平定了齐地。刘永就赶紧遣使拜董宪为翼汉大将军，拜张步为辅汉大将军，与他们共同连兵，割据了东方，站稳了脚跟。他能广纳贤士，拉拢到有能力的人，这就是很强的组织能力。

由此看来，这个刘永，其实是一个很不错的人才。

后来更始失败，刘永就自称为天子。

建武二年（26）夏，光武派遣虎牙大将军盖延等讨伐刘永。光武帝刘秀讨伐刘永的时候，也很是费了一通周折，就是因为这个刘永有能耐。后来，刘永手下一个叫庆吾的把刘永给杀了，提着他的首级投降，结果就被封为列侯。

刘永死了之后，他的儿子又起来了，实力也很强大。苏茂、周建逃奔垂惠，共立刘永儿子刘纡为梁王，继续他们的大业，直到最后才宣告失败。

刘永该算作一个英雄吧。虽然，最后他以失败告终，但是，莫以成败论英雄。刘永的胆识、眼光还有本领，无不给人留下了深刻的印象。

第三节　张　步

一、大官迷

【原文】

张步字文公，琅邪不其人也。汉兵之起，步亦聚众数千，转攻傍县，下数城，自为五威将军，遂据本郡。

更始遣魏郡王闳为琅邪太守，步拒之，不得进。闳为檄，晓喻吏人降，得赣榆等六县，收兵数千人，与步战，不胜。时梁王刘永自以更始所立，贪步兵强，承制拜步辅汉大将军、忠节侯，督青徐二州，使征不从命者。步贪其爵号，遂受之。

【译文】

张步字文公，琅邪郡不其县人。

汉兵起来后，张步也聚众数千，转攻附近县城，攻下了几个城，自称五威将军，于是占据了琅邪郡。

更始派遣魏郡王闳为琅邪太守，张步拒之，不得进。

王闳发檄文，晓谕官吏众人投降，得到赣榆等六个县，收了数千士兵，与张步交战，不胜。

这时梁王刘永自以为是更始所立，贪张步兵强，秉承更始旨意拜张步为辅汉大将军、忠节侯，督察青州、徐州，让他征伐那些不服从命令的人。

张步贪其爵号，就接受了。

【评点】

张步看到汉军起来了，越来越强盛，自己也拉拢了一帮子兄弟，约莫有数千人，攻占附近的那些县城，并且也攻下来了好几个，自己称为五威将军，占领了琅邪郡。

这样一来，势力也算不小了。更始就派来了一个叫王闳的，干什么呢？叫他来做琅邪郡的太守。什么意思啊？其实意思很明确，就是想让张步及其部队归顺于他。张步可不肯让步啊，自己出生入死，好不容易得到的地盘，难道就这么名不正言不顺地拱手相让？那可不行。于是，张步就紧闭城门，不让王闳进来。意思是你想进来当太守，管制着我们？门儿也没有。

王闳呢，就下了檄文，要各县归降。果然就有那么几个县归降了。当时一个琅邪郡是管辖好几个县的。他们联手来对付张步，结果，都不是张步的对手，打不过他。于是，那个被更始派来的王闳，就做不成太守。

这时候，梁王刘永出面了。刘永的这个梁王，是更始封赐的啊，于是就依据更始的意思做事，打算让张步为辅汉大将军、忠节侯，督察青州、徐州，让他征伐那些不服从命令的人。这时候，张步一看，这个官爵倒是值得考虑，于是，他贪其爵号，就接受了。从此归于梁王手下。

先是硬来，可张步不吃那一套，后来见封官了，并且觉得这个爵号还不错，于是，张步就欣然领命，同意归顺。后来，光武也来了，他显然是看到了张步的实力，于是于建武三年（27），遣光禄大夫伏隆持符节到齐，拜张步为东莱太守。

更始麾下的梁王刘永听说伏隆到了剧县，意图很明显，就是来挖他墙脚，拉拢他家人才的嘛。于是，就从驰道立张步为齐王，意思是给张步升官了。

张步本来就是一个官迷，一看这个阵势，觉得齐王这个官，要比那个东莱太守大而实惠，就杀了伏隆，接受了刘永的任命，做起了他的齐王。

这时光武帝正忧虑其他方面的事情，还没有时间和精力来拾掇张步，所以张步就得以专心集中力量于齐地，结果占据了十二个郡，势力越来越庞大。

二、决定要果断，更要正确

【原文】

帝乃遣使告步、茂，能相斩降者，封为列侯。步遂斩茂，使使奉其首降。步三弟各自系所在狱，皆赦之。封步为安丘侯，后与家属居洛阳。王闳亦诣剧降。

八年夏，步将妻子逃奔临淮，与弟弘、蓝欲招其故众，乘船入海，琅邪太守陈俊追击斩之。

【译文】

光武帝于是派遣使者告张步、苏茂，谁能斩对方来投降，就封谁为侯。

张步于是斩苏茂，派使者奉苏茂首级投降。

张步的三个弟弟各自缚到监狱请罪，都受到赦免。

封张步为安丘侯，后来与家属居住洛阳。

王闳也到剧县投降。

建武八年（32）夏，张步携妻子逃奔临淮，与弟张弘、张蓝想招集他的旧部，乘船入海，琅邪太守陈俊追击并斩了他。

【评点】

后来，光武帝有精力来对付张步了，就集中兵力来攻打他。张步当然不敌。

张步和光武帝对抗，结果接连失败，最后退保平寿，苏茂率领万余人来救张步。

苏茂批评张步说："以南阳那样的精兵，延岑那样善战，大王怎么就攻他的营呢？既然召唤我来，为什么就不肯等我？"张步说："对不起，没什么话可说。"两个人心里都弄得不怎么痛快。

光武帝很会作战，他派使者分别告诉张步和苏茂，说，谁把对方杀了，提着首级来投降，就给谁封侯。

在这种生死攸关的抉择关头，张步向来是不肯吃亏的。以前他面临过这样的抉择，早已经锻炼得很有经验。于是，他思前想后，觉得再不决定，就错失良机了。他便来了个先下手为强，把苏茂给杀了，派人提着苏茂的人头去投降。结果封张步为安丘侯，后来与家属居住在洛阳城。

后来，这个张步又琢磨了下，还是不行，于是就携妻逃往临淮，与弟张弘、张蓝想招集他的旧部，重新起事，结果，被琅邪太守陈俊追击并把他给斩了。

人生总是会遇到各种各样的选择，在机遇面前，张步总是能够择其优者而从之，择其劣者而弃之。

第四节　李　宪

识时务者为俊杰

【原文】

李宪者，颍川许昌人也。王莽时为庐江属令。莽末，江贼王州公等起众十余万，攻掠郡县，莽以宪为偏将军、庐江连率，击破州公。莽败，宪据郡自守。更始元年，自称淮南王。建武三年，遂自立为天子，置公卿百官，拥九城，众十余万。

四年秋，光武幸寿春，遣扬武将军马成等击宪，围舒。至六年正月，拔之。宪亡走，其军士帛意追斩宪而降，宪妻子皆伏诛。封帛意渔浦侯。

后宪余党淳于临等犹聚众数千人，屯潜山，攻杀安风令。扬州牧欧阳歙遣兵不能克，帝议欲讨之。庐江人陈众为从事，白歙请得喻降临；于是乘单车，驾白马，往说而降之。潜山人共生为立祠，号"白马陈从事"云。

李宪，颍川许昌人。王莽时为庐江属令。王莽末年，江贼王州公等起兵十余万，攻掠郡县，王莽以李宪为偏将军、庐江连率，击破王州公。王莽失败，李宪据郡自守。更始元年，李宪自称淮南王。建武三年（27），李宪更自立为天子，设置公卿百官，拥有九城，众十余万。

建武四年（28）秋，光武到寿春，派遣扬武将军马成等击李宪，围住庐江舒县，到建武六年（30）正月，攻下舒县。李宪逃走，其军士帛意，追斩李宪而降，李宪的妻子都被杀。帛意被封为渔浦侯。

后来李宪的余党淳于临等还聚众数千人，屯灊山，攻杀安风县令。

杨州牧欧阳歙派兵攻打不能胜，帝商议准备前去讨伐。庐江人陈众为从事，告诉欧阳歙请求前去晓谕淳于临来投降；陈众于是乘单车，驾白马，前往说服淳于临终于归降。灊山人在陈众生前就为他立了祠庙，称呼他为“白马陈从事”。

【评点】

李宪这个人，有些一意孤行。他本是王莽麾下的庐江属令，立过显赫战功。那时候，有个叫王州公的起兵十多万，兴风作浪，攻占了许多郡县。王莽就派李宪为偏将军，去攻打那个王州公。结果，李宪大获全胜。

所以说，李宪在王莽的手下，很有一些威信，也会有光明的前途。可王莽的命运，没有被李宪看透，他只是盲目地忠诚于那个昏君。

后来，王莽败了。李宪没有主人了，便独自据郡自守。

按理说，你自守也就自守吧，大不了被更强大的势力招降了也好。可他偏偏不安于寂寞。更始元年，他居然自称淮南王。到了建武三年，也就是公元 27 年，李宪竟然自立天子，设置文武百官，管辖着九座城池。

如此看来，这个李宪也是野心不小啊。

到了第二年，也就是建武四年（28）秋，光武到寿春，派遣扬武将军马成等攻击李宪，围住庐江舒县，到建武六年（30）正月，攻下舒县。

李宪兵败，只得逃走。这时候，他的手下有一个将士，叫帛意，追斩李宪，提着他的人头就向光武投降了。李宪的一意孤行，实则是一条不归路，他最后的结局就是被人当成了加官晋爵的筹码。他的头，让他的部下帛意从光武那里换来了一个渔浦侯，而李宪什么也没有得到，还丢了脑袋，并且连妻子也被人杀死了。

生逢乱世，人要贵有审时度势之才能。不自量力的一意孤行，往往会一败涂地。

第五节　彭　宠

居功多疑的彭宠

【原文】

　　五年春，宠斋，独在便室。苍头子密等三人因宠卧寐，共缚著床，告外吏云："大王斋禁，皆使吏休。"伪称宠命教，收缚奴婢，各置一处。又以宠命呼其妻。妻入，大惊。宠急呼曰："趣为诸将军办装。"于是两奴将妻入取宝物，留一奴守宠。宠谓守奴曰："若小儿，我素爱也，今为子密所迫劫耳。解我缚，当以女珠妻汝，家中财物皆与若。"小奴意欲解之，视户外，见子密听其语，遂不敢解。于是收金玉衣物，至宠所装之，被马六匹，使妻缝两缣囊。昏夜后，解宠手，令作记告城门将军云："今遣子密等至子后兰卿所，速开门出，勿稽留之。"书成，即斩宠及妻头，置囊中，便持记驰出城，因以诣阙。封为不义侯。

【译文】

　　建武五年（29）春，彭宠斋戒，一人独居便室。

　　苍头子密等三人因彭宠睡着了，就将他共同缚在床上，通告外面的官吏说："大王斋禁，所有官吏都去休息。"又诈称彭宠命令，把奴婢都收拾绑缚起来，各置一处。

　　又以彭宠之命呼其妻。妻入见，大惊。彭宠急忙呼叫说："赶快为这几位将军办理装饰宝物。"于是两家奴随宠妻到内室收取宝物，留下一家奴看守彭宠。

　　彭宠对守奴说："你这个小孩儿，我向来是很喜爱的，你是被子密所胁迫的。你解开我的绳索，我当把女儿彭珠嫁给你为妻，家中财物都给你。"小奴心想解救他，看户外，见子密听到了彭宠的话，就不敢解其绳索。

　　于是收拾金玉衣物，到彭宠的住所装好，备马六匹，使妻缝两个包裹。

　　昏夜后，解开彭宠的手，命令他用亲笔字条告诉城门将军说："现派遣子密等到子后兰卿住所，快开门放他们出去，切莫稽留。"写好后即斩彭宠及其妻的头，放置在囊中，立即持字条出城，因而拜谒光武。被封为不义侯。

【评点】

　　彭宠字伯通，是南阳郡宛县人。他的父亲叫彭宏，汉哀帝的时候任渔阳太守。这个渔阳太守，长得人高马大，是典型的彪形大汉，酒量很大，饭量也大得惊人，在周围很有一些名气。彭太守不仅外表伟岸，内心也很有气节，不肯屈服。

　　王莽篡位掌权的时候，打算让他归顺臣服，可是，彭太守不依，结果就被王莽给害死了。

　　彭宠年少的时候，是一个郡吏，王莽地皇年间，他成为王莽的大司空士，跟随王邑抵拒汉军。随军到了洛阳之后，他听说在汉军中有他的同母的弟弟，疑心自己会被杀，就拉着老乡吴汉逃跑了，一口气跑到了渔阳，投奔了他父亲彭太守在世时的一个手下。

　　这时候，更始立为帝，他派人来宣示，说如果归顺的话，就可以拜封二千石以下官职。派来的那个人，叫韩鸿，来了以后才发觉，原来他和彭宠、吴汉都是同乡故旧，相见后几个人都高兴得了不得，随即拜彭宠为偏将军，代行渔阳太守职事，这个官职，和彭宠的父亲彭宏一样，都是渔阳太守。而吴汉被安排了一个乐县县令的职务。

　　对于这个渔阳太守的职务，彭宠是满意的。

　　而此时，光武也来书信了，也想让彭宠归顺于他。彭宠想了想，觉得可以，就准备好了酒席，准备答应光武。可恰在此时，王郎撒下弥天大谎，说自己是真正的天子，立为帝，派遣军队来掠取渔阳和上谷。当地的群众大都迷信了那个王郎，觉得他说的是真的，他才是真命天子，于是，大家就纷纷准备跟从王郎。而吴汉给彭宠的建议是从了光武。王郎准备攻击的那个上谷，太守叫耿况，他也派人来找彭宠，商议跟从光武的事。

　　最终，彭宠就决心跟随光武了。

　　光武承帝令封彭宠为建忠侯，赐号大将军。之后，在几次战斗中，彭宠立下了战功，就自以为功大，期望着进一步提拔重用，可是，光武并没有满足他的要求。于是，彭宠心里就觉得很不爽。心说，我这么大的功劳，怎么就不好好重用呢？

　　后来，光武知道了彭宠不高兴，就问幽州牧朱浮：彭宠什么意思啊？

　　朱浮回答说，以前吴汉发兵时，大王赐给彭宠他自己佩带的宝剑，对他非常地器重，尊他为北道主人。那种被器重的感觉，让彭宠感到很爽。来之前，彭宠以为你会出来迎接他，拉着他的手热情得不得了，交欢并坐。可是，他想要的，没有得到啊。所以，就感觉不爽了，失望了。

听了这话，光武大笑，说，不至于吧？这个人，值得这样对待吗？他有那么大的功勋吗？

后来，光武即位后，吴汉、王梁等几个彭宠派去的人都被提拔重用了，都位列三公，而独有彭宠没得到提拔重用，这更加让彭宠闷闷不乐。他多次感叹：按照我彭宠的功劳，应该封王啊，可居然弄到这么个地步。唉！看来，陛下是把我给忘了啊！

这时候，北州地渐渐破败，唯有彭宠的渔阳还完好，彭宠就和旧日的盐铁官一起从事粮食贸易，赚了很多钱，成了当地的富豪。

之后，这个彭宠就和光武作对了。他向北联系匈奴，向南联系张步，自封为燕王。经过拉锯战，很是折腾了一阵子。最后的结局是，彭宠丢了身家性命。

彭宠的性命丢得很有戏剧性。建武五年（29）春，彭宠斋戒，一人独居便室。结果就被人趁他睡着了绑在床上，卷走了所有钱财，逼他写了字条作为出门的通行证，然后割了脑袋提着，逃将出去，拜谒光武，结果就被封为不义侯。

因为觉得功劳大，不满得到的官职而与光武作对，最后居然被人砍了脑袋，成为别人升官发财的砝码。

还有他的儿子，也是同样的命运。彭宠被杀之后，儿子彭午被立为王，结果又被国师砍下了头，作为投降得到官位的砝码。

彭宠的选择，真可谓得不偿失。

第六节　卢　芳

出尔反尔的卢芳

【原文】

十六年，芳复入居高柳，与闵堪兄林使请降。乃立芳为代王，堪为代相，林为代太傅，赐缯二万匹，因使和集匈奴。芳上书谢曰："臣芳过托先帝遗体，弃在边陲。社稷遭王莽废绝，以是子孙之忧，所宜共诛，故遂西连羌戎，北怀匈奴。单于不忘旧德，权立救助，是时兵革并起，往往而在。臣非敢有所贪觊，期于奉承宗庙，兴立社稷，是以久僭号位，十有余年，罪宜万死。陛下圣德高明，躬率众贤，海内宾服，惠及殊俗。以肺附之故，赦臣芳罪，加以仁恩，封为代王，使备北藩。

无以报塞重责，冀必欲和辑匈奴，不敢遗余力，负恩贷。谨奉天子玉玺，思望阙庭。"诏报芳朝明年正月。其冬，芳入朝，南及昌平，有诏止，令更朝明岁。芳自道还，忧恐，乃复背叛，遂反，与闵堪、闵林相攻连月。匈奴遣数百骑迎芳及妻子出塞。芳留匈奴中十余年，病死。

【译文】

建武十六年（40），卢芳再入居高柳县，与闵堪兄闵林遣使请归降。帝就立卢芳为代王，闵堪为代相，闵林为代太傅，赐缯二万匹，令他与匈奴和平相处。

卢芳上书谢恩说："臣卢芳托为先帝遗体，被弃在边陲，汉朝社稷遭到王莽废绝，这是刘氏子孙的忧虑，应当奋起共诛国贼，所以我西连羌戎，北怀匈奴。单于不忘旧德，权且立我以相救助。那时兵革并起，到处都是。臣非敢有所贪婪觊觎，只望能奉承宗庙，兴立社稷，因而十多年来久僭汉帝号位，这是罪该万死。陛下圣德高明，亲自统率群贤，海内归服，恩惠及于远方。以亲属之故，赦免我的罪过，加以仁恩，封我为代王，令我守备北部边疆。无以报答重责，希望必定能与匈奴和睦相处，以不辜负圣恩。谨奉献天子玉玺，望到阙庭朝拜。"

诏报卢芳于明年正月进朝。这年冬天，卢芳入朝，南到昌平县，有诏书止其行，令他明年再来。卢芳只得就地返回，忧郁恐惧，就再次背叛，与闵堪、闵林相攻连月。匈奴遣数百骑迎接卢芳及其妻子出塞。卢芳留在匈奴中十多年，病死。

【评点】

又是一个弥天大谎，趁乱世想大捞一把的主儿。前面有一个算命先生王郎，后又有这个卢芳。

卢芳字君期，是安定郡三水县人。王莽篡权之后，国人都十分思念汉朝的日子，并且，那种思念很强烈。在这样的社会心理之下，聪明的卢芳就有主意了。什么主意啊？要做一桩大买卖。什么大买卖呢？想像那个王郎一样将自己的身份换作刘氏后裔，弄个皇帝当当。于是，他就诈称自己是武帝的曾孙孙文伯。为了让天下相信，他说得很周密，也很可信。结果，尤其是安定郡一带的人都相信了。

后来，更始来到了长安，就征这个卢芳为骑都尉。更始失败之后，三水县的豪杰们就坐在一起开了一个碰头会儿，商议今后的发展方向。他们觉得，卢芳是刘氏子孙，于是就立他为上将军、西平王。立为上将军的，自然是天子了。之后，他们与西羌和匈奴结交和亲。

单于一看，非常重视。那是为什么呢？匈奴本来就和汉朝约为兄弟。后来，匈奴衰弱了，单于归于汉朝，汉朝为了匈奴还派兵予以保护，因此，单于对汉朝代代称臣。也就是说，汉朝和匈奴有着非常铁的交情。

现在的局势是，汉朝被篡权了，遇难了，而刘氏后人来投靠。单于心说，如果不替这个卢芳出头，那实在是不道德、不仁义了，那样就不够哥们儿了！所以，匈奴方面对卢芳这个冒称的武帝的曾孙那是相当地重视。他们立即拥立卢芳为汉帝。

卢芳称帝之后，自然遭到光武打压。还要说这个卢芳，也的确有那么两下子，挺能折腾的，是久攻不下啊。后来，他因事杀了五原太守李兴兄弟，这样才让他的军心大乱，很多人感到害怕，就纷纷叛离了他，向光武投降。投降之后，光武令那些投降的，仍然回到原来的郡当太守。那些投降的有朔方太守田飒、云中太守桥扈等。虽然出现这样的局面，可是，那个卢芳有匈奴的支援，所以，一时半会儿还铲平不了。

但是，还要说光武，的确是领兵打仗的高人。怪不得毛泽东他老人家称赞光武是最会打仗的皇帝。光武打仗，善于离间敌人，结果，卢芳也败在了这一手上。卢芳知道他下面的人开始外附汉室，手下从内部开始叛乱了，就带了十多个人逃跑了。跑到哪里去了？匈奴。

建武十六年，也就是公元40年，卢芳向光武请降。光武就立卢芳为代王，令他发挥自己的特长，和匈奴搞好关系，和平相处。

后来，卢芳觉得很恐惧，也很忧郁，又再次反叛。匈奴人就又派人迎接卢芳和他的妻子出塞。卢芳在匈奴待了十多年，最后得病而死。

王郎撒谎，最后还是不攻自破了。卢芳撒谎，不管你信不信，匈奴人是信了，并且是信到底了。这不能说是卢芳的谎撒得高明，只能说是汉朝与匈奴之前的交情笃深。

卷十三　隗嚣公孙述列传

第一节　隗　嚣

一、正义之师

【原文】

　　隗嚣字季孟，天水成纪人也。少仕州郡。王莽国师刘歆引嚣为士。歆死，嚣归乡里。季父崔，素豪侠，能得众。闻更始立而莽兵连败，于是乃与兄义及上邽人杨广、冀人周宗谋起兵应汉。嚣止之曰："夫兵，凶事也。宗族何辜！"崔不听，遂聚众数千人，攻平襄，杀莽镇戎大尹。崔、广等以为举事宜立主以一众心，咸谓嚣素有名，好经书，遂共推为上将军。嚣辞让不得已，曰："诸父众贤不量小子。必能用嚣言者，乃敢从命。"众皆曰"诺"。嚣既立，遣使聘请平陵人方望，以为军师。

　　望至，说嚣曰："足下欲承天顺民，辅汉而起，今立者乃在南阳，王莽尚据长安，虽欲以汉为名，其实无所受命，将何以见信于众乎？宜急立高庙，称臣奉祠，所谓'神道设教'，求助人神者也。且礼有损益，质文无常。削地开兆，茅茨土阶，以致其肃敬。虽未备物，神明其舍诸。"嚣从其言，遂立庙邑东，祀高祖、太宗、世宗。嚣等皆称臣执事，史奉璧而告。祝毕，有司穿坎于庭，牵马操刀，奉盘错锃，遂割牲而盟。

【译文】

　　隗嚣字季孟，天水郡成纪县人。年少时做过州郡的官。王莽国师刘歆引隗嚣为士。刘歆死，隗嚣回到乡下。

小叔隗崔，素来豪爽侠义，得众人拥护。听到更始立而王莽兵连败，于是就与兄隗义及上邽人杨广、冀人周宗计谋起兵响应汉兵。隗嚣制止说："兵，是凶事啊！宗族有什么罪呢？"隗崔不听，就聚众数千人，攻平襄，杀王莽的镇戎大尹。

隗崔、杨广等以为要举事就应立个主将以统一众人思想，都说隗嚣素有名气，喜爱经书，于是共推举隗嚣为上将军。隗嚣辞让，不得已，说："诸父和众贤看得起我小子，必须用我的意见，我才敢从命。"众人都说："好。"隗嚣既立，遣使聘请平陵人方望，作为军师。

方望至，向隗嚣建议说："足下想要承天命顺民心，辅汉而起事，今更始立在南阳，王莽还据守长安，虽想以汉的名义行事，其实没有接到汉的命令，将用什么让众人相信呢？应当赶快建立高祖庙，称臣奉祀，所谓'神道设教'，求助于人神。而且礼因时不同而有增删变易，朴实与华丽并没有常规。削地以开兆域，虽然是茅屋土阶，也可以表示肃敬。就算简陋没有物质设备，神明也不会离开这里的。"隗嚣听从其言，就在邑东立庙，祭祀高祖、太宗、世宗。隗嚣等都称臣执事，祝史手捧玉璧以告神。祝完，各职能官员往来于庭，有的牵马操刀，有的端着盘子勺子，于是杀牲而盟。

【评点】

后世对隗嚣的评价，还是比较高的。这个人很会用兵，也很会用人。

起初，素来豪爽侠义，深得众人拥护的隗崔，听到更始立而王莽的军队接连溃败，于是就与兄隗义及杨广、周宗计谋起兵响应汉兵。隗嚣制止说，起兵举事，是一件很危险的事情啊！宗族有什么罪呢？你们这么做，会让族人受牵连的。隗崔不听，就聚众数千人，攻下平襄，杀了王莽的镇戎大尹。

隗崔、杨广等以为要举事就应立个主将，用以统一众人思想。立谁呢？想来想去，大家都说隗嚣素有名气，又喜爱经书很有学问，于是，大家就共同推举隗嚣为上将军。

隗嚣一听，赶紧辞让，说那怎么行啊。你们起兵，我是反对的。现在反而要我当头儿，这样不好嘛！再说了，我又有什么才能足以胜任呢？万万使不得。他越是这么说，大家越是推举他。最后情不得已，就说承蒙各位父老和有志之士看得起我，我何德何能啊，能担此大任？既然大家这么说了，那我再推辞，也就是不识抬举了。担任就担任吧，只是，要我担任首领，大家以后要听我的意见才行。

大家都承诺说，好。推举你为主将，目的就是听你的安排啊。于是，隗嚣就做了这支队伍的首领。他上任之后，做的第一件事情，就是聘请了一个军师。谁啊？平陵人方望。

方望一来，就给隗嚣一个中肯的建议，那就是立高祖、孝文庙。为什么啊？他给分析了，当下的国内局势是复杂的。其发展趋势呢，是大家都恨王莽，都拥护汉军。现在我们这支队伍是拉起来了，可是，一切行动，都必须打个鲜明的旗号才行啊，不然名不正言不顺的，不好办啊。于是，最好的做法就是立个高祖、孝文庙，以借神明之名，这样才好行事，这样才可以更好地聚拢民心啊！

　　隗嚣立即采取了他的意见。建好了庙宇，他们歃血为盟，发誓道：计盟誓的共三十一位将领，一十六姓，顺承天道，兴兵辅佐刘宗。如有哪个心怀不轨，神明就会消灭他。高祖、文皇、武皇，使他坠命，宗室遭到血洗，族类灭亡。

　　这样一来，隗嚣的军队，就打着拥护汉军的旗号，成为顺应民心和民意的正义之师。接下来，他们又总结出了王莽的三宗罪：逆天、逆地、逆人。犯有这样大罪的人，天下人，是人人得而诛之的。

　　于是，这样一支正义之师，所向披靡、无往不胜。

二、听人劝吃饱饭

【原文】

　　而长安中亦起兵诛王莽。嚣遂分遣诸将徇陇西、武都、金城、武威、张掖、酒泉、敦煌，皆下之。

　　更始二年，遣使征嚣及崔、义等。嚣将行，方望以为更始未可知，固止之，嚣不听。

【译文】

　　这时长安城中有人起兵杀了王莽。

　　隗嚣于是分遣诸将夺取陇西、武都、金城、武威、张掖、酒泉、敦煌，都攻了下来。

　　更始二年（24），遣使征召隗嚣及隗崔、隗义等。

　　隗嚣准备朝见更始，方望以为更始前途还不可知，坚决阻止，隗嚣不听。

【评点】

　　开始的时候，隗嚣还很能听取别人的意见，尤其是军师方望的意见。可是，后来他变得对别人的意见不太入耳，固执地按照自己的想法行事。

俗话说，三个臭皮匠顶个诸葛亮。隗嚣不听劝了，就走上了独断专行的道路。独断专行，其实是一条很危险的路啊。

后来，长安城中有人起兵杀了王莽。

隗嚣于是分遣诸将夺取陇西、武都、金城、武威、张掖、酒泉、敦煌，都攻了下来。他的势力越来越庞大了。到了更始二年（24），更始派遣使者来征召隗嚣及隗崔、隗义等。意思就是，更始打算以天子的名义，将这支正义之师收编了，归于他的麾下。

隗嚣一听，觉得这条路是走得的。于是，他就准备朝见更始，答应他的征召。这时候，军师方望出来说话了，他觉得现在的情况不明，更始这个人的前途还是一个未知数，切不可盲目做出决定而跟随了他，要从长计议啊。方望坚决阻止他。可是，隗嚣不听，他的主意已定，决心应征，就打算跟着更始混了。

方望一看，觉得隗嚣对自己的意见也不当回事了，就决心离开他。于是，就给隗嚣写了一封信，辞职不干了。方望的辞职信是这么写的：

"将军将像伊尹、吕尚一样建立开国的功业，弘扬非一世所常有的功绩，而现在大事还在草草创立之时，英雄豪杰还没有集中起来。我方望是异郡的人，缺点过失还没有暴露出来，本想效法郭隗之事燕昭王，以便能吸引乐毅那样的大英雄并归到将军麾下，所以当初你聘请我时，我顺风而来没有推辞。将军以至高的德行尊重贤才，广泛采纳其谋虑，行动有功绩，发兵能中要害，现在基业已定，辅弼的大功勋正在成就之中。今俊杰贤才并集，羽翼已经丰满，我方望没有高于常人的德才，而愧列宾客的上首，实在是惭愧得很。我虽怀耿介的节气，想衡量辞职与留职的所宜，我是始终如一不会背弃自己的本心，另怀异志的。为什么呢？范蠡助勾践灭吴后自收其罪责，乘扁舟泛于五湖之上；晋文公的舅舅子犯在随文公返国途中，也在河上停了下来，向文公谢罪请求辞去。以范蠡、子犯二人的贤德，在越国和晋国的史书上都留下了功名，还归罪于自己请求削籍回乡，我方望没有什么功劳，辞职是很适宜的。我听说乌氏县有龙池山，小路南通，与汉相连，那旁边时常有奇人异士，闲暇时，可广求其真。愿将军勉之。"

即使方望辞职，也没有撼动隗嚣的主意。这是隗嚣一意孤行的开始。不久，更始失败了，隗嚣险些没有了安身之所。

到了后来，光武很器重隗嚣，对他也非常尊重。光武素来听说他的美德、声誉，就以特殊礼节待他，叫他时称字，用国宾的仪礼，安慰荐藉至深且厚。可隗嚣思想游移不定，不肯死心塌地地归顺了光武。

有个叫王遵的，年少时就为人豪侠，很有辩才，虽然是与隗嚣一起举兵的，

133

但时常有归汉的意向。

他曾经多次劝隗嚣派遣儿子入朝侍奉，前后很恳切地辞谏隗嚣，隗嚣不从，所以王遵离隗嚣而归顺光武。

后来，隗嚣虽然派遣儿子入朝当了人质，可还是想凭借其地理条件的险要，自己独霸一方。他的独断专行，不听人劝，导致了一些游士长者，逐渐离开了他。

再到后来，光武那里给了最后的通牒，可是他还是对着干，不肯归降。结果，光武就杀了他的儿子隗恂，使大军围剿。不久，杨广死，隗嚣更加日暮途穷。最后弹尽粮绝，忧郁而死。

起初，拉起那支正义之师的时候，隗嚣说大家要听从我的思想，我才肯做主将。结果，他的独断专行，不听人劝，最后将那支正义之师引向了不归之路。

第二节　公孙述

死要面子活受罪

【原文】

蜀人及其弟光以为不宜空国千里之外，决成败于一举，固争之，述乃止。延岑、田戎亦数请兵立功，终疑不听。

述性苛细，察于小事。敢诛杀而不见大体，好改易郡县官名。然少为郎，习汉家制度，出入法驾，銮旗旄骑，陈置陛戟，然后辇出房闼。又立其两子为王，食犍为、广汉各数县。群臣多谏，以为成败未可知，戎士暴露，而遽王皇子，示无大志，伤战士心。述不听。唯公孙氏得任事，由此大臣皆怨。

【译文】

蜀人和他弟弟公孙光以为不应当空国千里之外，决成败于一举，坚决争持，公孙述于是停止。

延岑、田戎也多次请兵出战立功，公孙述始终疑虑不听。

公孙述喜苛求细枝末节，斤斤计较小事。

敢诛杀而不识大体，喜欢更改郡县的官名。

然而年青时做过郎，学着汉家制度，出入仿效汉天子法驾，銮旗旄骑，陈置陛戟，然后车驾才出房闼。

又立他的二子为王，食犍为、广汉各数县。

群臣多规谏，以为成败还不可知，军队暴露在外，又急于封儿子为王，表现得没有大志，会挫伤战士的心。

公孙述不听。

只有他公孙一家一姓的能够当官掌权，由此大臣们都埋怨不迭。

【评点】

公孙述字子阳，是扶风茂陵人。哀帝时，以父保任为郎。后来父公孙仁为河南都尉，公孙述就补为清水县长。公孙仁以公孙述年少，派遣门下掾随他到任。意思是不放心啊，那么小，有个人在跟前照应着才放心。可是，一个来月之后，那个辅佐他的掾辞回来了，向公孙仁说："公孙述不是等待教导的人。"意思是说他哪里需要我来教导和领路啊，自己厉害着呢！不需要我，我就自己回来了。

后来太守以公孙述为能，使他兼摄五县，就是一个人管理五个县，结果是，这五个县政事修理，奸盗不再发生了，让他给治理得井井有条。郡中都说，天啊，真是见了鬼神了！这个公孙述，能耐大得惊人哩！王莽天凤中，他担任导江卒正，住在临邛，任职期间，也享有能名。真是能人公孙述啊！

等到更始即位，豪杰们所在各县起兵响应，南阳人宗成自称"虎牙将军"，侵入汉中；又有商人王岑也起兵于洛县，自称"定汉将军"，杀了王莽庸部牧以响应宗成，众合数万人。

公孙述听说，就派遣使者迎接宗成等。可是，宗成那一帮子人到成都之后，掳掠暴虐，为非作歹，让公孙述感到很厌恶。嘁！什么玩意儿啊！一伙儿乌合之众，土匪流寇啊！于是召集县中豪杰对他们说："天下同苦于王莽新室，思想刘氏很久了，所以一听到汉将军到，我就派人驰去迎接。现在百姓无辜而妇女儿童都成了俘虏，百姓的家室房屋都遭焚烧，这是寇贼，不是义兵。我想保郡自守，以等侍真主。你们愿意同我一起干的请留下，不愿意的可以走。"

豪杰们都叩头说："愿效死。"

公孙述于是使人诈称汉使者从东方来了，命公孙述暂时代理辅汉将军、蜀郡太守兼益州牧印绶。当时，不这么做，不可以服众啊。因为那都是一帮子乌合之众，唯一可以拿住他们狂乱的心的，就是汉室天子的命令。大家都倾慕大汉王朝嘛！于是，公孙述就选精兵千余人，向西攻击宗成等人。此时，他就成了正义之师。

等到达成都，自己的队伍已经发展到数千人，于是对宗成发起攻击，大破宗成。宗成的将领垣副杀了宗成，率众向公孙述投降。那个副将，看来也是一个聪明人，他看出了天下大势，知道自己的头领宗成是兔子的尾巴长不了，干脆我杀了你弃暗投明吧。

二年秋，更始遣柱功侯李宝、益州刺史张忠，率领兵众万余人侵掠蜀、汉。

公孙述依靠蜀地地势险要，民众归附，有自立为王的意志，就派他弟弟公孙恢，在绵竹攻击李宝、张忠，大破宝、忠并将他们赶走。

由此以后公孙述威震益部。

功曹李熊对公孙述说："现在四海汹涌不安，平民百姓肆意议论。将军割据千里，地方十倍于过去的汤武，如能奋威德以投合天时，就可以成就霸王的事业了。应改名号，以镇抚百姓。"

公孙述说："我也考虑过，你的话启发了我。"于是自立为蜀王，定都在成都。

蜀地肥沃富饶，兵力精强，远方的士民多去归附，西南的小国邛、笮的国王，都来贡献。

李熊再向公孙述说道："现在山东饥馑，人庶相食；遭到兵灾的屠灭，城邑都成了丘墟。蜀地沃野千里，土壤肥腴，果实所生，虽不耕种也可饱腹。女工纺织之业，衣服可以覆盖天下。名贵木材竹干，器械之富饶，取之不尽用之不竭。又有鱼盐铜银之利，浮水转漕运输之便。北面据有汉中，阻塞褒、斜的险要；东面扼守巴郡，拒扞关之口；地方数千里，战士不下百万。见到有利时机则出兵扩大地盘，无利则坚守从事于农业。东面可下汉水以窥秦地，南面顺着江流以震荆、扬。所谓拥有天时地利等一切成功的条件。现在你蜀王的声名，已闻于天下，而名号未定，有志之士在狐疑观望，应当即大位，使远方之人有所依归。"这个功曹想得很远，野心也是不小啊。

公孙述说："帝王是天命所归，我怎么能当得起呢？"

李熊说："天命没有一定的，老百姓归附能者，能者承当起使命，你还怀疑什么呢！"谁说皇帝命是天生注定的？能者上，庸者下嘛。如此看来，这个李功曹还是有一点进化论思想，适者生存，不适者就下课呀。

公孙述梦见有人对他说："八厶子系，十二为期。"醒来后对妻子说："虽然贵极但祚短，如何？"妻说："早晨听到了道，晚上死了还可以哩，何况十二呢！"恰巧有龙出于府殿中，夜间有光芒耀眼，公孙述以为这是符瑞，因而在掌心写着："公孙帝。"

建武元年（25）四月，自立为天子，号成家，尚白色。

建立年号为龙兴元年。以李熊为大司徒，以其弟公孙光为大司马，公孙恢为大司空。改益州为司隶校尉，蜀郡为成都尹。

越辒任贵也杀了王莽大尹而占据其郡以降公孙述。

自从更始失败后，光武正忙于山东事务，没有来得及西伐。关中豪杰吕鲔等往往拥有兵众达万，不知归属，多往归公孙述，公孙述都拜他们为将军。于是大作营垒，陈车骑，肆习战射，会聚兵甲数十万人，在汉中积聚粮食，在南郑修筑宫殿。又造十层赤楼帛兰船。多刻天下牧守的印章，用作备置公卿百官。公孙帝使将军李育、程乌率领数万军众出陈仓，与吕鲔侵犯三辅。

三年，征西大将军冯异攻击吕鲔、李育于陈仓，大败鲔、育，鲔、育逃奔汉中。光武帝腾出手来，有空拾掇西部了。五年，延岑、田戎被汉兵打败，岑、戎军等都逃亡入蜀。

延岑字叔牙，南阳人。开始起兵时据有汉中，又拥兵关西，关西破散了，又走到南阳，占有数县。田戎，汝南人，初起兵于夷陵，转而侵掠郡县，发展到数万人。延岑、田戎都与秦丰会合，秦丰以女儿嫁给岑、戎为妻。后来秦丰失败，岑、戎都向公孙述投降。公孙述以延岑为大司马，封汝宁王，封田戎为翼江王。

六年，公孙述派遣田戎与将军任满出江关，下临沮、夷陵间，招其故众，想攻取荆州诸郡，但没能攻克。

这时，公孙述废除铜钱，置铁官以铸钱，百姓手中的货币不能流通。蜀中童谣说："黄牛白腹，五铢当复。"好事的人们窃窃私语说王莽称"黄"，公孙述自号"白"，五铢钱，是汉货，说天下当并还刘氏。公孙述也喜好为符命鬼神瑞应的事，荒谬地引用谶记。他称帝之前的那些征召，其实也是这个原因。他以为孔子作《春秋》，为赤制而断十二公，说明了汉高帝至汉平帝已经过十二代，历数已完了，一姓不得再受命为帝。你老刘家的江山，到此结束，该真正的改朝换代了。于是，他又引录运法说："废昌帝，立公孙。"括地象说："帝轩辕受命，公孙氏握。"援神契说："西太守，乙卯金。"说西方太守而轧绝卯金刘氏。五德之运，黄承赤而白继黄，金据西方为白德，而代王氏，得到正序。又自己说手纹有奇，得以建元龙兴之瑞。

几次将这些东西移书中国，希望以此惑动众心。这些信号，完全像今天那些玩法轮功的一样，到处张贴传单，妖言惑众。在那个年代，这样的信息，无疑是有一定的影响力的。

光武忧虑，就写信给公孙述说："图谶上讲的'公孙'，就是宣帝。代汉的是当涂高，你难道是当涂高吗？你以掌纹为瑞，王莽有什么可以效法的呢！你不是我的乱臣贼子，仓促时人人都想当上皇帝，不足责备。你日月已逝，妻子儿女弱小，应当早为定计，可以无忧。天子的帝位，是不可力争的，应当三思。"署名"公孙皇帝"。

公孙述看了光武的信，不作答复。他心虚，没的回答嘛。

明年，隗嚣向公孙述称臣。公孙述的骑都尉平陵人荆邯看到东方将平，汉兵将向西征讨，就对公孙述说："兵，是帝王的重要武器，古今都不能废除的。以前秦失其守，豪杰并起。汉高帝起于布衣，没有前人的业迹，没有立锥之地，起兵于行伍之中，亲自奋击，队伍被打败，自身多次遭到围困。然而军败后又复合，创伤愈合后又投入战斗。这样看来，在死境中奋斗倒能成功，在空隙中爬行倒靠近灭亡了。隗嚣遇到了绝好的机会，割据了雍州，兵强士附，威加山东。遇更始政乱，又失去了天下，百姓引颈而望，四方趋于瓦解。隗嚣不在这时乘胜奋起，以争天命，而是退身想为西伯的事业，尊郑兴等为章句之师，与方望等处士结为宾友，偃武事息干戈，以自卑之辞事汉，喟然自以为是文王再世。这样就使汉帝消除了关陇之忧，得以专门精心策划东伐事宜，四分天下而有其三；使西州的豪杰们都存心于山东，派来歙、马援等为使者，说服王遵、郑兴、杜林、牛邯等相次归顺了光武，那么天下五分而汉有其四了；如果在天水举兵反汉，必遭溃败，天水既定，则天下九分而汉有其八了。陛下以梁州之地，内部要奉万乘之尊，外部要给三军以给养，担子压在百姓身上，百姓愁困，不堪承受上面的命令，将有像王莽一样从内部崩溃的危险。我的愚计，以为应当趁天下还没有完全绝望，豪杰还可以招诱的时机，发国内精兵，命令田戎据江陵，临江南人、物会集之地，倚仗巫山的牢固，筑垒坚守，传檄文到吴、楚，长沙以南必随风而披靡。命令延岑出汉中，定三辅，天水、陇西拱手自服。这样，海内震摇，对我们大为有利。"

公孙述问群臣。

博士吴柱说："以前周武王伐殷，先在孟津检阅部队，八百诸侯异口同声拥护，而武王认为时机还不成熟，还是还师以等待天命。没有听到过无左右之助，而要出师千里之外，以扩大地盘的。"荆邯说："现在的汉帝原来并无尺土的权柄，驱乌合之众，跨马杀敌，所向披靡。不赶快趁现时与他争夺天下，而座谈什么武王的说教，这是仿效隗嚣想为西伯罢了。"公孙述同意荆邯意见，准备将北军屯士及山东客兵都发动起来，使延岑、田戎分兵两道，与汉中各将领把兵马势力合并起来。

蜀人和他弟弟公孙况以为不应当空国千里之外，决成败于一举，坚决争持，公孙述于是停止。延岑、田戎也多次请兵出战立功，公孙述始终疑虑不听。公孙述喜苛求细枝末节，斤斤计较小事。敢诛杀而不识大体，喜欢更改郡县的官名。

然而年轻时做过郎，学着汉家制度，出入仿效汉天子法驾，銮旗旄骑，陈置陛戟，然后车驾才出房闼。又立他的二子为王，食犍为、广汉各数县。

群臣多规谏，以为成败还不可知，军队暴露在外，又急于封儿子为王，表现得没有大志，会挫伤战士的心。公孙述不听。只有他公孙一家一姓的能够当官掌权，由此大臣们都埋怨不迭。

八年，光武帝刘秀使诸将进攻隗嚣，公孙述派遣李育率领万余人救隗嚣。隗嚣失败，李育也全军覆没。蜀地听到消息无不惊恐。公孙述害怕，想安定众心。

成都郭外有秦时旧仓，述改名为白帝仓，自王莽以来常常空着。公孙述便使人诈称白帝仓出谷如山陵一般，百姓倾城空市前往观看。公孙述于是大会群臣，问道："白帝仓出谷了吗？"群臣都说："没有。"述道："讹言不可信，传言隗嚣已破灭也是一样。"这不是自欺欺人吗？不久嚣将王元降蜀，述以王元为将军。

明年，使王元与领军环安拒守河池，又遣田戎及大司徒任满、南郡太守程汛率军下江关，攻破汉威虏将军冯骏等，攻占巫及夷陵、夷道，因而据守荆门。十一年，征南大将军岑彭发起进攻，任满等大败，述将王政斩任满首级向岑彭投降。田戎走保江州。各城邑都开门向岑彭投降，岑彭就长驱到达武阳。

光武帝写信给公孙述，陈述祸福，以表明君无戏言。

公孙述看信省悟叹息，给亲信太常常少、光禄勋张隆看。大家都跟公孙述说，情况很明了，最好的出路，就是降了光武吧，不要再死撑着了。

公孙述说："兴与废都是命运。哪里有投降的天子呢！"嗨，死要面子活受罪！这个公孙述，可以伸，但是不可以屈啊。他这样悲怆而决绝，左右的人就不敢再讲话了。

汉中郎将来歙急攻王元、环安，环安派刺客杀了来歙；公孙述又命令刺杀岑彭。狗急跳墙，使用阴招取得了一些小的胜利。公孙述又以为看到了曙光。可是，十二年，公孙述的弟弟公孙恢和子婿史兴都被大司马吴汉、辅威将军臧宫打败，战死。这可是沉重的一击啊！

从此将帅恐惧，日夜离叛。公孙述一看，好啊，要你们跑，跑了的，我杀你们全家！虽然杀其全家，但还是不能禁止部将叛离。由此可见，公孙述气数已尽了。

光武帝一心想要公孙述投降，就下诏书晓谕公孙述道："往年诏书频下，开导并示以恩信，不要以来歙、岑彭受害而自疑。现在只要如期归降，就可保证家族完全；假使迷惑不悟，那等于把肉送进虎口，可痛又有什么办法呢！你的将帅疲倦，吏士们都想回家，不愿意继续屯守下去，诏书手记，不可数得，我是不食言的。"话都说到这个份儿上了，可是公孙述终无降意。

九月，吴汉又破斩其大司徒谢丰、执金吾袁吉，汉兵进驻成都。

公孙述对延岑说："现在怎么办呢？"

延岑说："男儿应当在死中求生，怎能坐着等死呢！财物是容易聚敛的，不应当吝惜。"嗨！又一个愣头青！公孙述就将金帛全数拿出来，募得敢死队五千多人，在市桥以配合延岑，假装建立旗帜，鸣鼓挑战，暗地里却派遣奇兵绕到吴汉军后面，袭击攻破吴汉军。

吴汉坠落水中，抓着马尾巴得以出水。公孙述苟延残喘，又取得了一个小小的胜利，得以喘息一阵。

十一月，臧宫军到咸门。公孙述看到占卦上说"虏死城下"，大喜，认为吴汉等当死城下。于是亲自率领数万人攻吴汉，使延岑拒臧宫。大战，延岑三合三胜。从清晨到日中，军士吃不到粮食，都很疲乏，吴汉命令壮士突击，公孙述兵士大乱，公孙述胸部中枪坠落马下。左右以车将公孙述救入城内。公孙述把兵交给延岑，晚上就死了。

次日晨，延岑向吴汉投降。

吴汉杀了公孙述妻子，把公孙氏全都杀尽，并把延岑全族都杀了。又纵兵大掠，焚烧公孙述宫室。嗨！这个吴汉，干吗呢？是为了找回自己的面子吗？当初被人打败落水，抓着马尾巴逃出的那个镜头，大概让吴汉很没有面子。但是，也不能这样残忍不是？

果然，光武听到发怒，谴责吴汉，骂他，看你干的什么事儿啊！又责让吴汉副将刘尚说："城降三日，吏人都服从，孩儿老母，有万数人口，一旦纵兵放火，听了都叫人酸鼻！你刘尚的宗室子孙，也曾经历过吏职，怎么忍心做这种事？仰视天，俯视地，看看秦西巴放麑归其母与乐羊啜子之羹，哪一个更仁呢？很是失去斩将而吊其民的道义了。"

初，常少、张隆劝公孙述降汉，述不从，常少与张隆都忧郁而死。光武下诏书追赠常少为太常，张隆为少禄勋，以太常和光禄勋的仪礼改葬他俩。凡是忠节志义的人士，都受到了表彰和显扬。程乌、李育因有才干，都提拔使用。于是西土都感到高兴，没有不归心的。

纵观公孙述的一生，不得不感慨。人啊，都是为了一个面子而在世面上行走。人是好面子的。你可以要了他的钱财，但不可以要了他的面子。在国人的心中，面子是顶重要的事情。公孙述的一生，主要是在维护自己那个自封的"皇帝"的面子。他维护这个面子，只有两个方法，一个是用谶语蛊惑人心，自欺欺人；另一个是用迂腐的勇猛负隅顽抗，誓不低头。结果怎样呢？落了个家破人亡，什么也没有得到。由此可见，这个面子啊，是可以害人的。我们再来看看那个吴汉，吴汉挺好的一个人啊，可是由于在一次战斗中，被公孙述打入水中，抓着马尾巴逃跑，很是丢了面子，后来重新杀回来后，大获全胜，按理说，已经很有面子了，可他不那么认为，而是杀了公孙述全家，凡是姓公孙的都给拾掇了，并把延岑全族都杀了。都是一个面子惹的祸啊！

卷十四　齐武王缜传

大丈夫当能屈亦能伸也

【原文】

　　诸将会议立刘氏以从人望，豪杰咸归于伯升，而新市、平林将帅乐放纵，惮怕升威明而贪圣公懦弱，先共定策立之，然后使骑召伯升，示其议。伯升曰："诸将军幸欲尊立宗室，其德甚厚，然愚鄙之见，窃有未同。今赤眉起青、徐，众数十万，闻南阳立宗室，恐赤眉复有所立，如此，必将内争。今王莽未灭，而宗室相攻，是疑天下而自损权，非所以破莽也。且首兵唱号，鲜有能遂，陈胜、项籍，即其事也。春陵去宛三百里耳，未足为功。遽自尊立，为天下准的，使后人得承吾敝，非计之善者也。今且称王以号令。若赤眉所立者贤，相率而往从之；若无所立，破莽降赤眉，然后举尊号，亦未晚也。愿各详思之。"诸将多曰"善"。将军张卬拔剑击地曰："疑事无功。今日之议，不得有二。"众皆从之。

　　圣公既即位，拜伯升为大司徒，封汉信侯。由是豪杰失望，多不服。

【译文】

　　诸将开会讨论立刘氏以顺从众人期望，豪杰们都归心于伯升。

　　而新市、平林的将帅们乐于放纵，害怕伯升威严明智而喜爱圣公懦弱，就事先共同策划立圣公，然后派人召集伯升，宣告其讨论结果。

　　伯升说："各位将军想立刘氏宗室，其德是很深厚的，然而依鄙人的愚见，私下还有不同的地方。现在赤眉在青州、徐州起兵，拥有数十万人，听说南阳立了宗室，恐怕赤眉也会拥立一个，这样一来，必将发生内部争斗。现在王莽还没有灭掉，而宗室内部互相攻击，是使天下人怀疑而使自己的权力受到损害，这不是攻破王莽的好办法。而且首先起义的倡号称帝，少有成功的，陈胜、项籍就是事实。春陵离宛只有三百里，不足为功。仓促之间自行尊立，就成了天下之准的，使后人得乘我们的疲敝，这不是好计。现在暂且称王以发号施令。如果赤眉所立的是个明君，我们可以相率而前往相从；如果没有立，攻破王莽迫降赤眉后，再举行尊号，也不为晚哩。愿各位详细考虑。”

诸将多表示同意说：“好。”这时将军张卬拔剑击地说：“行事多疑无以为功。今天的决定，不得有反对。”众人都只得服从。

圣公既已即位，拜伯升为大司徒，封汉信侯。

豪杰们感到失望，多不服。

【评点】

性格决定命运。细细想来，这句话不无它的道理。其实，齐武王算是一个叱咤风云、响当当的伟大人物。但是，他却不能称为一个传统意义上的大丈夫。为什么呢？中国人的心目中，大丈夫当能屈能伸也，可齐武王能伸却不能屈。这是他的致命弱点。他的悲剧，恰恰是由于他的性格造成的。这就是历史选择的结果，也是应了那句话，性格决定命运。

齐武王缜字伯升，是汉光武帝刘秀的长兄。伯升这个人，虽然和刘秀是兄弟，成长环境也基本差不多，可是，他们俩的性格却迥然相异。他锋芒外露，《后汉书》中记载他“性刚毅，慷慨有大节。自王莽篡汉，常愤愤，怀复社稷之虑，不事家人居业，倾身破产，交结天下雄俊”。

他聚集宾客七八千人，在春陵举起了反莽的大旗，自称天都部，即自喻为擎天之柱。刘缜在春陵，刘秀与李通等在宛城，邓晨在新野，同时举义以后，面临的军事形势十分严峻。因为，虽然此时绿林军民发展壮大，新市、平林两支人马已发展到南阳，但是，南阳郡的大部分还掌握在王莽官军手中，新市、平林的势力只在南阳的南部边缘活动，刘缜明白，行动稍有不慎，就有被消灭的危险。仅靠自己这支队伍单枪匹马地发展，显然是不行的，必须投到绿林军中去，走共同发展的道路，才有自己这支队伍的前途。这里就体现出了他的战略思想了。

于是他派遣随同自己起事的族兄刘嘉前往新市、平林军中联络。他们都表示了联合对敌的愿望。于是，他们联军作战。

王莽南阳的最高军政长官前队大夫甄阜、属正梁丘赐见义军威胁自己的老巢，率军全力迎战，双方激战于小长安（今河南邓县）。这一天，大雾弥漫，官军凭借有利的地形和对环境熟悉的有利条件，猛力反击，使起义军遭受重大失败。刘氏数十个同宗兄弟都死于这场激烈的混战中。起义军调整部署，退守棘阳。甄阜、梁丘赐获此大胜，决心乘胜追击，全歼义军。他们率十万精兵南渡黄淳水，前锋达沘水，在两河之间安营扎寨，同时拆掉架在黄淳水上的桥梁，示无还心，摆出要同义军决一死战的架势。

新市、平林两军新败之后，已经对官军产生了很重的畏惧情绪。今见官军穷追不舍，且其军力、装备又远胜义军，因而对能否战胜敌人信心不足，打算迅速南逃。刘缜与刘秀计议，联络王常，使其追随刘氏兄弟共创大业。数支义军决心与刘氏兄弟统率的南阳义军团结战斗，共同反击。刘缜、刘秀对此十分高兴，他们同绿林军领袖们"大飨军士，设盟约"。休息三天，同时制订了周密的作战计划。更始元年（23）正月甲子，刘缜将全军分为六部，借助黑夜的掩护，分进合击，一举夺取官军的后勤基地，"尽获其辎重"。

第二天早晨，刘缜兄弟率兵自西南方向攻击甄阜军，下江兵自东南方向攻击梁丘赐军，双方拼死搏斗，激战早饭时，梁丘赐阵脚先乱，士卒溃逃。

这一胜利是刘氏兄弟与绿林军联合作战取得的一次重大胜利，不仅消灭了王莽在南阳的精锐之师，而且夺得了大批军器粮秣，更令绿林军上下认识了刘缜兄弟的卓越的军事谋略与指挥才能。这个过程中，伯升的才能表现得淋漓尽致。

绿林军乘战胜之威，挥师北进，兵锋直指宛城。伯升"陈兵誓众，焚积聚，破釜甑，鼓行而前"，以必死的决心、必胜的勇气，伴着隆隆的战鼓，督率全军冲锋。在淯阳（今河南南阳南）城下，与官军展开激战。起义军以一当十越战越勇，斩首三千具。义军乘胜追击，将宛城团团包围。刘缜经此战之后，自称柱天大将军，从此威名远扬。正是这场战役，让伯升威名大振。

王莽知道刘缜的名字与事迹后，立即公开悬赏：凡杀死刘缜者，奖励食邑五万户，黄金十万斤，并赐上公的官位。同时还下令长安的官署及天下乡亭的门侧堂上，一律画上刘缜的图像，每天令士卒射之，以发泄他的仇恨。后来，王莽还命人随便抓个百姓，就说是刘缜，游街示众后杀掉，以稳军心，也聊以自慰。这件事情恰恰说明刘缜已是一个让王莽寝食不安的人物了。也由此说明，伯升是一个十分难得的伟大将领，他的军事才能威震遐迩。

地皇四年（23）正月，绿林军连续取得对官军的胜利后，队伍发展到了十多万人。多数起义军领袖们认为，为了便于对整个义军的统一领导，增强对广大百姓的号召力，在更大规模上推进对王莽政权的斗争，应该拥立刘氏宗室一人为皇帝。当时在起义军中的汉宗室基本上都是春陵侯的后代，其中以刘缜与刘玄为代表。

那么，立谁为皇帝呢？这是一个很有分歧的问题。南阳豪杰与王常等希望拥立刘縯，因为在几次对官军的战斗中刘縯已经展示了超强的谋略和卓越的指挥才能。但有的人觉得刘玄更合适。为什么啊？因为他们对刘縯的威名有点害怕，担心刘一旦被立为皇帝，就没有轻松的好日子过了。而在他们看来，刘玄性格怯弱，立他为皇帝较易控制。俗话说，软柿子好捏嘛。

王匡、王凤、张卬等人计议已定，决定立刘玄为帝，然后将刘縯从前线召回，要他在刘玄为帝的问题上表态。刘縯明白，这些人是生米做成熟饭，只是要他揭开锅盖而已，目的就是让他主动放弃做皇帝的权利。

当时的伯升怎么想啊？他当然是不甘心啊，可是，大家的意见不能不听，他便没有明确反对，他只说，以后再说吧。现在立帝，实际上时机还不成熟呢。大家看得出，这个伯升提出这个意见来，是有私心的。可是，张卬看到这个局势十分恼怒，他猛然拔剑击地，声色俱厉地说，今天的事，就这么定了！众人看到如此情形，也不敢提出异议了，立刘玄为帝之事就这样定了。

地皇四年二月一日，在淯水之畔刘玄称帝，刘縯升为大司徒，封汉信侯。

刘玄登基仪式举行完毕，刘縯就一声不响地率领部队奔赴前线了。他的无声，也表达了心中的不甘。

这时，他们的部队正在攻占新野。可是，新野这个城不好攻啊，迟迟拿不下。守城的新野宰潘临站在城头上大声喊："得司徒刘公一信，愿先下。"什么意思啊？就是说，要是伯升给我写一封信，和我打个招呼的话，我就归顺投降。不久之后，刘縯率军就赶到城下，潘临立即开城投降了。由此可见伯升之威名啊。

五月，刘縯又攻克南阳的政治中心宛城。之后，刘玄就将这里作为汉政权的临时都城。

六月，刘秀又在昆阳城下大破王莽精兵四十余万，是为昆阳大捷。刘氏兄弟无论在起义军中还是在敌人那里，都赢得了超出其他任何人的威名。

人怕出名猪怕壮。树大招风。随着刘縯威名远扬，刘玄一伙觉得刘对自己的威胁越来越大了，不除掉他实在是寝食难安。

刘玄一伙儿决定，借召开诸将大会的时机，以刘玄举起玉佩为信号，兵士一起趁其不备，一举把伯升给杀了。

于是，昆阳之战结束不久，刘玄下诏命诸将到宛城开会。刘秀这个人，很细心，他的警惕性比较高，他琢磨了琢磨，觉得这个会议有可能对他们兄弟不利，就告诫伯升，要他小心。

刘縯一笑置之，说那是例行会议，还有什么阴谋不成？于是，就去开会了。开会的这一天，刘玄故意对刘縯表示亲近，还把伯升的佩剑拿来把玩。那意思很明确啊，就是先缴械呗。之后，有人献上玉佩来了。按照原来的计划，只要刘玄把玉佩朝空中一举，藏在周围的武士就会冲过来把伯升给杀了。可是，不知道是什么原因，刘玄没有把玉佩举起来。也就是说，刘玄最后没有在大会上杀伯升。到底是什么原因呢？窃以为，当时杀伯升，实在没有理由啊。

刘縯的舅父樊宏可不是等闲之辈，他从当时的局势看出了杀机，很为刘縯捏一把汗。会后对他说，这怎么越看越像是鸿门宴啊，伯升你可要多加小心了啊。刘縯又是一笑不置可否，那意思是没事儿！多大点事儿啊！

后来，刘秀提醒他，当年一起起兵的李轶，已暗中倒向刘玄，劝他不要相信此人。刘縯不信，仍然对李轶深信不疑，没有听从刘秀的劝告。伯升就是这么一个人，太过于自信了。自信过了，就是自负啊。

不久刘縯部下的一个叫刘稷的人，是一个"数陷陈溃围，勇冠三军"的战将，他在外面战场上的时候，听说刘玄被立皇帝，非常生气，直言不讳地说："本起兵图大事者，伯升兄弟也，今更始何为者邪？"意思是说，当时起事共谋大业的，是伯升兄弟，如今立刘玄做皇帝，这叫什么事啊！刘稷的表现传到刘玄那里，他们当然不能容忍。为了要检验刘稷的态度，刘玄先是任命他为抗威将军，刘稷果然拒绝接受。接着刘玄就以抗命为由，率诸将和数千士卒来到驻地，将刘稷给抓了，下令斩首。刘縯看到爱将要遭此毒手，上前据理力争。没有想到，当年伯升最为信任的李轶以及朱鲔建议刘玄，乘此时机逮捕刘縯，一并诛杀。于是刘縯与刘稷同日遇难。

由此可见，刘玄也是一个有些头脑的人啊。他宛城大会上没有按照计划杀伯升，是有他的考虑的，他肯定是在等待一个机会，这不，到了这个时候与那个刘稷一块杀，岂不名正言顺？如此看来，这个伯升是一个有勇无谋，过于自信的人，只可伸，不可屈，不肯听人劝告，这样的性格，铸就这样的悲剧，也就在情理之中了。

卷十五　李王邓来列传

第一节　李　通

刘氏复兴，李氏为辅

【原文】

　　更始立，以通为柱国大将军、辅汉侯。从至长安，更拜为大将军，封西平王；轶为舞阴王；通从弟松为丞相。更始使通持节还镇荆州，通因娶光武女弟伯姬，是为宁平公主。光武即位，征通为卫尉。建武二年，封固始侯，拜大司农。帝每征讨四方，常令通居守京师，镇抚百姓，修宫室，起学官。五年春，代王梁为前将军。六年夏，领破奸将军侯进、捕虏将军王霸等十营击汉中贼。公孙述遣兵赴救，通等与战于西城，破之，还屯田顺阳。

　　时天下略定，通思欲避荣宠，以病上书乞身。诏下公卿群臣议。大司徒侯霸等曰："王莽篡汉，倾乱天下。通怀伊、吕、萧、曹之谋，建造大策，扶助神灵，辅成圣德。破家为国。忘身奉主，有扶危存亡之义。功德最高，海内所闻。通以天下平定，谦让辞位。夫安不忘危，宜令通居职疗疾。欲就诸侯，不可听。"于是诏通勉致医药，以时视事。其夏，引拜为大司空。

　　通布衣唱义，助成大业，重以宁平公主故，特见亲重。然性谦恭，常欲避权执。素有消疾，自为宰相，谢病不视事，连年乞骸骨，帝每优宠之。令以公位归第养疾，通复固辞。积二岁，乃听上大司空印绶，以特进奉朝请。有司奏请封诸皇子，帝感通首创大谋，即日封通少子雄为召陵侯。每幸南阳，常遣使者以太牢祠通父冢。十八年卒，谥曰恭侯。帝及皇后亲临吊，送葬。

【译文】

更始立，以李通为柱国大将军、辅汉侯。

从更始到长安，更拜为大将军，封西平王；李轶为舞阴王；李通堂弟李松为丞相。

更始使李通持节回去镇守荆州，李通因此娶光武妹妹伯姬为妻，就是宁平公主。

光武即位，征李通为卫尉。

建武二年（26），封固始侯，拜大司农。

光武帝每次出征讨伐四方，常令李通留守京师，镇抚百姓，修宫室，建学校。

五年春，代王梁为前将军。

六年夏，率领破奸将军侯进、捕虏将军王霸等十营击汉中贼。

公孙述派遣军队赴救，李通等与他们战于西城，破贼兵，回师在顺阳屯田。

这时天下大体平定，李通想避开荣誉宠信，以生病为由上书请求辞官回家。

光武下诏命公卿群臣讨论，大司徒侯霸等说："王莽篡汉，把天下搞乱了。李通身怀伊尹、吕尚、萧何、曹参的谋略，建立宏图大策，扶助神灵，辅佐以成圣德。破家为国，忘身奉主，有扶危存亡的大义。功德最高，海内都有所闻知。李通以天下平定，谦让辞位。安定不能忘记危险，应令李通带职疗疾。想返回诸侯国，不可听从。"于是诏李通治疗疾病，按时工作。

这年夏天，拜李通为大司空。

李通以平民倡导起事，帮助成就帝业，又以宁平公主的缘故，特被亲重。

然而李通生性谦恭，常想避开权势。

素有消渴症，自从当了宰相，就请病假不理政事，连年告病回乡，光武帝每每优待宠爱他。

令他以公位回家疗养，李通再次固辞。

过了两年，就听从他呈上大司空印绶，特赐他以特进参与朝会。

有关部门奏请封诸皇子，光武帝感激李通首倡大谋，即日封李通少子李雄为召陵侯。

光武帝每到南阳，常遣使者以太牢的礼仪来祭祀李守的墓冢。

李通建武十八年（42）去世。

谥号为恭侯。

帝与皇后亲自前临吊唁，送葬。

孔子曾经说过，富与贵，是人们所想要得到的。但是，如果不是以正当的方法得来的，这种富贵不要也罢。那么，李通想要得到的是什么呢？他协助刘秀起兵，自己的父亲被杀了，家族里的人也被诛灭。他到底是为了得到什么？

其实，这一切的催生，要源于一个卦。

李通字次元，是南阳郡宛县人。他的祖上以经商最为出名，是有名的财主。他的老爸叫李守，身长九尺，相貌与别人特别不同。这个人还有一个特点，为人很严肃，把家里整得跟在官府一样严肃。李守有一个嗜好，那就是喜欢天文历数和预言吉凶的图谶之学。什么是图谶之学啊？说白了就是算卦占卜之类的事情。王莽末年，百姓怨声载道，李通都看在了眼里，并且，他父亲李守曾经占卜过这么一卦，说"刘氏复兴，李氏为辅"。这样一句话，就深深印在了李通的脑海里。

意想不到的是，正是这句话，改写了李通的命运。李通家很富有，富到什么程度呢？他连在政府的工作都辞掉了，相当于放着好好的公务员不做，回家去了。为什么呢？就因为家里有钱。他完全可以过着无忧无虑的富家生活的，可是，就是因为父亲的那句话，让他做出了惊人的决定。

后来，王常和王匡的兵兴起，南阳为之骚动，李通的堂弟李轶，也就是后来向刘玄建议杀死伯升的那位，他向来也很好事，就和李通商议说："现在四方扰乱，王莽政权眼看就要垮台，汉朝当兴起。南阳的刘氏宗室，只有刘伯升兄弟能泛爱并容纳群众，可以与他们共谋灭王莽兴汉朝的大事。"李通笑着说："我的意见也是这样。"等到光武避难在宛，李通听说了，就派李轶去迎接光武。

等到见了面，两人谈了很久，极为欢畅。

李通就讲了全部谶文的事，也就是李守算卦算出的那句话："刘氏复兴，李氏为辅。"说要辅助光武起兵。光武开始大出意外，说那怎么行啊？何况，你的父亲还在王莽的长安城里，到时候，他该怎么办呢？

李通说我已经有计划了，我都安排好了，因此向光武详细陈述了他的计划。

于是，就商定了举事的日子。之后，送光武并与李轶回到春陵，举兵相应。同时，李通派堂兄的儿子李季去长安，把计划告诉李守。意思是告诉老爸他要起义了，要他想办法提前离开长安。问题是，报信的李季在路上病死了。李守知道这个秘密的时候就有些晚了。

李通起兵的状况通报给王莽之后，王莽大怒，就把李守连同李守家在长安的人全部杀掉了。南阳方面也杀了李通的兄弟、宗族六十四人，都焚尸于宛市。

更始立为帝之后，封李通为柱国大将军、辅汉侯。更始到长安之后，又封李通为大将军，封西平王，并且要他回去镇守荆州。这时候，李通娶了光武的妹妹伯姬为妻，就是宁平公主。

后来，光武即位，征李通为卫尉。建武二年（26），封固始侯，拜大司农。光武帝每次出征讨伐四方，常令李通留守京师，镇抚百姓，修宫室，建学校。李通是光武帝最亲近也是最器重的一个人啊。

后来他还征战南北，立下不少功劳。如此看来，李通一路杀来，该得到的功勋得到了，该获得的荣誉获得了。这些，就是他当年举事的目标吗？他就是为了这些功名利禄，而让自己的家人纷纷命丧黄泉的吗？

当然不是了。

待到天下大体平定的时候，李通想避开荣誉宠信，以生病为由上书光武帝，说：天下太平了，另外，我身体有病，就辞官回家养老去了。

这是一件大事啊，光武下诏命公卿群臣讨论，让大家说说，这件事情怎么处理好啊。大司徒侯霸等说："王莽篡汉，把天下搞乱了。李通身怀伊尹、吕尚、萧何、曹参的谋略，建立宏图大策，扶助神灵，辅佐以成圣德。破家为国，忘身奉主，有扶危存亡的大义。功德最高，海内都有所闻知。李通以天下平定，谦让辞位。安定不能忘记危险，应令李通带职疗疾。想返回诸侯国，不可听从。"意思是说，这么有才华的人，不能走啊，虽然天下太平了，可是，我们要居安思危啊，既然居安思危，就离不开李通这样的人才啊。不是病了吗？那就治病吧，病治好了，还要来上班才是。

于是，光武帝没有允许他内退，而是要他继续留在工作岗位上，并且又拜李通为大司空。

李通以平民倡导起事，帮助成就帝业，又以宁平公主的缘故，特被亲重。然而李通生性谦恭，常想避开权势。他一次次地找领导，要求内退。如此看来，他果真是心怀大义，并非只为功名。

李通的赫赫功勋，还有谦恭品格，总是被后人津津乐道。

第二节 王 常

识大体顾大局

【原文】

　　王常字颜卿，颍川舞阳人也。王莽末，为弟报仇，亡命江夏。久之，与王凤、王匡等起兵云杜绿林中，聚众数万人，以常为偏裨，攻傍县。后与成丹、张卬别入南郡蓝口，号下江兵。王莽遣严尤、陈茂击破之。常与丹、卬收散卒入蒌溪，劫略钟、龙间，众复振。引军与荆州牧战于上唐，大破之，遂北至宜秋。

　　是时，汉兵与新市、平林众俱败于小长安，各欲解去。伯升闻下江军在宜秋，即与光武及李通俱造常壁，曰："愿见下江一贤将，议大事。"成丹、张卬共推遣常。伯升见常，说以合从之利。常大悟，曰："王莽篡弑，残虐天下，百姓思汉，故豪杰并起。今刘氏复兴，即真主也。诚思出身为用，辅成大功。"伯升曰："如事成，岂敢独飨之哉！"遂与常深相结而去。常还，具为丹、卬言之。丹、卬负其从，皆曰："大丈夫既起，当各自为主，何故受人制乎？"常心独归汉，乃稍晓说其将帅曰："往者成、哀衰微无嗣，故王莽得承间篡位。既有天下，而政令苛酷，积失百姓之心。民之讴吟思汉，非一日也，故使吾属因此得起。夫民所怨者，天所去也；民所思者，天所与也。举大事必当下顺民心，上合天意，功乃可成。若负强恃勇，触情恣欲，虽得天下，必复失之。以秦、项之执，尚至夷覆，况今布衣相聚草泽？以此行之，灭亡之道也。今南阳诸刘举宗起兵，观其来议事者，皆有深计大虑，王公之才，与之并合，必成大功，此天所以祐吾属也。"下江诸将虽屈强少识，然素敬常，乃皆谢曰："无王将军，吾属几陷于不义。愿敬受教。"即引兵与汉军及新市、平林合。

【译文】

　　王常字颜卿，颍川郡舞阳人。

　　王莽末年，为弟报仇，隐其名籍逃亡江夏。

后来，与王凤、王匡等起兵于云杜绿林中，聚众数万人，以王常为偏裨将佐，攻邻县。

后与成丹、张卬另入南郡兰口聚集，号称下江兵。

王莽派遣严尤、陈茂将他们击破。

王常与成丹、张卬收集散卒入蒌溪，劫掠于安州的石龙山与随州的三钟山一带，部众复兴。

引军与荆州牧战于上唐乡，大破荆州牧，于是北达南阳的宜秋聚。

这时，汉兵与新市、平林的部队都在小长安被打败，各部都想解散而去。

伯升听说下江兵在宜秋，就与光武及李通都到王常军营，说："愿见下江一位贤将，商议大事。"成丹、张卬共推派遣王常。

伯升见到王常，说明联合的好处。

王常大悟，说："王莽篡汉弑君，凶残暴虐天下，百姓思汉，所以豪杰并起。现在刘氏复兴，就是真主。我真想献身为用，辅助以成大功。"伯升说："如果事成，我岂敢独享胜利成果哩！"于是与王常深相结识而去。

王常回来，把情况告知成丹、张卬。

成丹、张卬以其兵多，都说："大丈夫既起，当各自为主，为什么要受别人制约呢？"王常的心独归顺于汉，就慢慢晓说其将帅说："以前成帝、哀帝衰微没有后嗣，所以王莽得以趁机篡位。既有了天下，而政令苛刻残酷，日久而失去了百姓之心。百姓的讴吟思汉，不止一日了，这样才使我们因此而起。那种老百姓怨恨的，天就会去掉它；老百姓思念的，天就会给予。举大事必当下顺民心，上合天意，才能够成功。如果依仗强力勇敢，恣肆于情欲，虽得了天下，必定还要失掉。以秦皇、项羽之势，还至于倾覆夷灭，何况今天是平民相聚于草泽之中呢？这样下去，无异于自取灭亡。现在南阳刘姓举族起兵，看他们来议事的，都有深谋大虑，是王公之才，与他们合并，必成大功，这是上天保佑我们哩！"

下江诸将虽然倔强缺少知识，然而素来尊敬王常，于是都感谢说："没有王将军，我们这班人差点陷于不义。愿恭敬受教。"就引兵与汉军及新市、平林兵合在一起。

【评点】

在那个乱世，各地揭竿而起。随着势力的逐渐强大，那些首领们往往会迷失在乱局之中。为什么啊？由于深陷其中，不能站在高处看清大局。正所谓当局者迷也。

无论做什么事情，当有两种思想才行。哪两种啊？一种就是宏观思维。能够审时度势，清醒地看到外面的发展趋势是什么，这样才能够做到有大方向，当局不乱。另外，还要有微观思想。什么叫微观思想啊？就是说，要把着眼点放在自己身上，要求自己具体地做事情，脚踏实地。

只有宏观方向，没有具体行动，就只是空谈而已。只有具体行动，而没有宏观方向，有时候会是徒劳。常言说，要低头拉车，还要抬头看路。说的就是这个道理。

而王常，便是这话的践行者。

王常年轻的时候，为了给弟弟报仇，犯了事。当局要抓他，绳之以法，结果他就逃到外面去了。后来，王凤和王匡等起兵，拉起了数万兄弟，王常就友情加盟，结果被提拔重用。在历次征战中，他屡立战功。再后来，他们另起炉灶，号称下江兵。

结果，在一次战斗中被王莽的军队打了个稀巴烂。当然，他们并没有就此散去。王常重新将散兵游勇拉拢起来，东山再起。这也看出王常是一个不怕输的人。

此时，各路豪杰在与王莽的抗争中，纷纷溃败。包括伯升、刘秀和李通他们的那些部队，也是被打得七零八落。形势不容乐观啊。于是，当时的情形是，那些义军军威大减，有的还嚷着要回家去，甩手不干了。

这时候，伯升就与光武和李通来到王常的军营，说："我们想见一位下江兵的贤将，有大事商量。"那意思是说，派个代表吧，咱们商量个大事儿。结果，下江兵里的成丹、张印等首领就共同推举王常为代表。

于是，王常就代表下江兵和伯升见了个面。

这次会晤，王常和伯升达成共识，那就是现在局势不利，需要结成同盟军共同收拾那个王莽。这样一来，好处很多。并且，伯升还说了，一起打败王莽那个狗贼之后，功劳，我肯定不会独吞的。那意思是说，事成之后，大家都会得到好处的，一起打的天下嘛。

王常一听，觉得很有道理，于是，就答应了下来。

王常只是个代表啊，他把会议精神带回军营之后，大家都不乐意。有人就说了：咱们拉起兄弟来打天下，就是为了不受王莽那个老贼的奴役和迫害，是要独立自主啊，可是，为什么还要听伯升他们的，成为他们的手下，听他们吆五喝六的？兄弟们心里堵啊！

王常就给他们讲了，举大事必当下顺民心，上合天意，才能够成功。光凭着勇敢和武力，随意做事，有可能得到天下，可肯定还是要失去的。咱们得看清形势啊。我们不能走错了路，路错了，走得越快越猛，就会越走越错。

下江诸将虽然一个比一个倔强，一个比一个缺少知识，没文化，没学历，然他们素来尊敬王常，就慢慢明白了其中的道理，决心和伯升的部队兵合一处，将打一家。

后来，更始立帝，就给王常封了个官做，以王常为廷尉、大将军，封知命侯。王常也尽职尽责。后来更始败了，而刘秀立帝，王常就跑到刘秀那里光着膀子负荆请罪，刘秀就给他封官重用。刘秀召集公卿将军以下大会，特为群臣介绍说："王常与众人兴义兵，明于知天命，所以更始封他为知命侯。与我相遇在军中，尤相厚爱亲善。"特加赏赐，拜为左曹，封为山桑侯。

结果，王常南征北战，屡立战功，向来不辱使命。

第三节　邓　晨

不管你信不信，反正我信了

【原文】

邓晨字伟卿，南阳新野人也。世吏二千石。父宏，预章都尉。晨初娶光武姊元。王莽末，光武尝与兄伯升及晨俱之宛，与穰人蔡少公等宴语。少公颇学图谶，言刘秀当为天子。或曰："是国师公刘秀乎？"光武戏曰："何用知非仆邪？"坐者皆大笑，晨心独喜。及光武与家属避吏新野，舍晨庐，甚相亲爱。晨因谓光武曰："王莽悖暴，盛夏斩人，此天亡之时也。往时会宛，独当应邪？"光武笑不答。

及汉兵起，晨将宾客会棘阳。汉兵败小长安，诸将多亡家属，光武单马遁走，遇女弟伯姬，与共骑而奔。前行复见元，超令上马。元以手挥曰："行矣，不能相救，无为两没也。"会追兵至，元及三女皆遇害。汉兵退保棘阳，而新野宰乃汙晨宅，焚其冢墓。宗族皆恚怒，曰："家自富足，何故随妇家人入汤镬中？"晨终无恨色。

更始立，以晨为偏将军。与光武略地颖川，俱夜出昆阳城，击破王寻、王邑。又别徇阳翟以东，至京、密，皆下之。更始北都洛阳，以晨为常山太守。会王郎反，光武自蓟走信都，晨亦间行会于钜鹿下，自请从击邯郸。光武曰："伟卿以一身从我，不如以一郡为我北道主人。"乃遣晨归郡。光武追铜马、高胡群贼于冀州，晨发积射士千人，又遣委输给军不绝。光武即位，封晨房子侯。帝又感悼姊没于乱兵，追封谥元为新野节义长公主，立庙于县西。封晨长子汜为吴房侯，以奉公主之祀。

建武三年，征晨还京师，数宴见，说故旧平生为欢。晨从容谓帝曰："仆竟办之。"帝大笑。

邓晨字伟卿，南阳郡新野县人。

曾祖父、祖父均任刺史，食邑二千石。

父邓宏，是豫章都尉。

邓晨起初娶光武姊刘元为妻。

王莽末，光武曾经与兄伯升及邓晨都到宛城，与穰人蔡少公等共语。

少公颇学图谶，说刘秀当为天子。

有的人说："是国师公刘秀吗？"光武戏答道："怎么知道不是我呢？"在座的都大笑，邓晨心里独喜。

等到光武与家属避官于新野，住在邓晨家里，甚相亲爱。

邓晨因而对光武说："王莽悖逆横暴，盛夏杀人，这是天亡王莽的时候了。以前会于宛城，当是应验这件事情吗？"光武笑而不答。

等到汉兵兴起，邓晨率宾客相会于棘阳。

汉兵败于小长安，诸将多亡失了家属，光武单骑逃走，遇见妹妹伯姬，与她共骑而奔。

往前再见姐姐刘元，叫她赶快上马。

刘元以手指道："你们快走，不要救我了，不要与我同死。"刚好追兵赶到，刘元和她的三个女儿都遇害。

汉兵退保棘阳，而新野县宰就污秽邓晨的住宅，焚烧了邓晨先祖的冢墓。

邓氏宗族都愤怒，说："家里本来富足，为什么要随妇家人进入汤镬中去呢？"邓晨终无恨色。

更始即位后，以邓晨为偏将军。

与光武略地颍川，一起夜出昆阳城，击破王寻、王邑。

又另攻阳翟以东，到京县、密县，都攻下了。

更始北都洛阳，以邓晨为常山太守。

恰遇王郎反叛，光武自蓟到信都，邓晨也抄小道会合于钜鹿下，邓晨自请从击邯郸。

光武说："你以一身跟随我，不如以一郡为我做北道主人。"于是遣邓晨回郡。

光武追铜马、高胡群贼于冀州，邓晨派出弓箭手千人，又派遣运输队为军队运粮不绝。

光武即位，封邓晨为房子侯。

帝又感悼姐姐刘元死于乱兵，追谥刘元为新野节义长公主，立庙于县西。

封邓晨长子邓汎为吴房侯，以奉公主祭祀。

建武三年（27），征召邓晨回京，多次宴会，以谈论故旧平生为欢乐。

邓晨从容对帝说："我竟然说对了。"帝大笑。

【评点】

邓晨字伟卿，南阳郡新野县人。他娶了刘秀的姐姐刘元。这么说，刘秀得管邓晨叫姐夫。

王莽末年，光武曾经与他的大哥伯升及姐夫邓晨都到宛城去，与穰人蔡少公等一起交谈。那个蔡少公懂得图谶学，也就是说，他是一个能够占卜算卦的人。于是，他就给光武算了一卦。卦是这么说的：刘秀应该成为天子。

在场的很多人都问：你说的能当天子的刘秀，是当朝国师公刘秀吗？那时候，王莽的朝中也有一个人叫刘秀，他是当朝国师。

蔡少公一说能当天子的人叫刘秀，大家自然而然会想到权高位重的当朝国师刘秀。这时候，刘秀开玩笑说：咦？你们怎么一下就想到了那个刘秀呢？能当天子的，为什么不是我这个刘秀呢？

在座的人听了都笑了起来。哈哈，你？你也能当皇帝啊？这其中，只有邓晨心里觉得高兴，因为他认定，自己的这个妻弟能够当皇帝。

后来，刘秀避难跑到新野，就是住在邓晨的家里。邓晨对他们可是亲近有加啊，好吃好喝地伺候着，相亲相爱，和睦祥和。

有一天，邓晨就对刘秀说，现在这个王莽无恶不作，恶贯满盈，看来，他也该彻底完蛋了。依我看啊，是不是要应了那时候我们在宛城的那句话了啊？

什么话啊？

当然是在宛城的时候，蔡少公给算的那个卦，说刘秀当成为天子。当时，也许刘秀只是一个玩笑话，没有任何人当真，也没有任何人相信，可是，不管怎么样，不管别人信不信，反正邓晨是信了。所以，他就一直记得那句话。

刘秀听了，只是笑而不答。

刘秀这个人就是这样，不事张扬，很低调。其实，他的心里指不定也在惦记着那句话呢。可是，外面根本不表现出来。

等到汉兵兴起，邓晨率宾客相会于棘阳。后来，汉兵败于小长安，吃了败仗了，诸将多亡失了家属，光武骑着一匹马，遇见妹妹伯姬，与她共骑而奔。跑出去不远，就遇到了姐姐刘元，也就是邓晨的妻子。刘秀要她一同上马逃跑。可是，刘元一看，已经来不及了，为什么啊？追兵来了，那一匹马已经驮了两人，再驮上她那还能跑得动吗？于是就说："你们快走吧，不要管我了，不然，我们谁也跑不了了。"就这样，追兵刚好追来，就杀死了刘元和她的三个女儿。

邓晨一下失去了自己的妻儿。

汉兵退保棘阳，而新野县宰就污秽邓晨的住宅，焚烧了邓晨先祖的冢墓。邓家的人都愤怒了，纷纷抱怨道：本来家里挺富有的，小日子过得也挺舒服的，这倒好，娶了刘家的媳妇，结果祖屋给烧了，祖坟给毁了，这可真是娶个媳妇掉进了火坑啊。一大家子愤愤不平，纷纷抱怨。可是，只有邓晨始终不悔不恨。

即便又悔又恨，那又有什么意义呢？事情就这样了，无法改变，更无法从头再来。

更始即位后，以邓晨为偏将军。

随后，邓晨南征北战，所向披靡，屡立战功。光武即位之后，封他的这个姐夫为房子侯。

刘秀追谥刘元为新野节义长公主，立庙于县西。封邓晨长子邓汎为吴房侯，以奉公主祭祀。

建武三年（27），征召邓晨回京，经常在一起吃饭、聊天。他们在一起，经常谈论以前的点点滴滴，从中忆往昔，以此为欢乐。

有一回，邓晨从容地对光武帝说：怎么样，这事让我给说对了吧？

什么事啊？就是当年在宛城"刘秀当为天子"那句话。历经那么多年，历经那么多坎坷，不管别人信不信，反正邓晨是信了。最后怎样呢？还真的就实现了。

邓晨后来乐于郡守职事，由此又拜他为中山郡太守，为官清廉，做事认真，把辖区内治理得井井有条，经济发展，社会繁荣，官吏百姓都称赞他。于是，历史上就留下了他的芳名，为后人所称颂。

第四节　来　歙

天下信士

【原文】

十一年，歙与盖延、马成进攻公孙述将王元、环安于河池、下辨，陷之，乘胜遂进。蜀人大惧，使刺客刺歙，未殊，驰召盖延。延见歙，因伏悲哀，不能仰视。歆叱延曰：“虎牙何敢然！今使者中刺客，无以报国，故呼巨卿，欲相属以军事，而反效儿女子涕泣乎！刃虽在身，不能勒兵斩公邪！”延收泪强起，受所诫。

歆自书表曰：“臣夜人定后，为何人所贼伤，中臣要害。臣不敢自惜，诚恨奉职不称，以为朝廷羞。夫理国以得贤为本，太中大夫段襄，骨鲠可任，愿陛下裁察。又臣兄弟不肖，终恐被罪，陛下哀怜，数赐教督。”投笔抽刃而绝。

帝闻大惊，省书擥涕，乃赐策曰：“中郎将来歆，攻战连年，平定羌、陇，忧国忘家，忠孝彰著。遭命遇害，呜呼哀哉！”使太中大夫赠歆中郎将、征羌侯印绶，谥曰节侯，谒者护丧事。丧还洛阳，乘舆缟素临吊送葬。以歆有平羌、陇之功，故改汝南之当乡县为征羌国焉。

【译文】

建武十一年（35），来歆与盖延、马成进攻公孙述将领王元、环安于河池、下辨，攻陷了。

乘胜前进。

蜀人大惧，派遣刺客刺杀来歆，未死，驰召盖延。

盖延见到来歆，俯伏悲哀，不能仰视。

来歆叱责盖延说：“虎牙大将军怎敢这样！现在我被刺客刺杀，不能再报效国家，所以叫你来，想嘱以军事，你反而仿效儿女痛哭涕泣吗？我虽刺刀在身，难道不能举刀杀你吗？”盖延收泪强行起身，接受来歆告诫。

来歆自书写表章说：“臣在夜深人静后，不知为何人所刺伤，刺中臣的要害。臣不敢自惜己身，只恨奉职没有完成，以为朝廷羞耻。治理国家以得贤人为根本，太中大夫段襄，正直可以任用，愿陛下裁定省察。又臣的兄弟不贤明，最终恐怕会犯罪，请陛下哀怜，多赐教示督察。”写完后丢下笔抽出扎在身上的刀就死了。

光武闻讯大惊，看了表章揩干眼泪，就赐策书说：“中郎将来歆，攻战连年，平定羌、陇，忧国忘家，忠孝显著，遇刺身亡，呜呼哀哉！”派太中大夫赠来歆中郎将、征羌侯印绶，谥封为节侯，派谒者护理丧事。

灵柩回到洛阳，帝身着白色丧服临吊送葬。

以来歆有平羌、陇之功，所以改汝南郡的当乡县为征羌国。

【评点】

来歆是举世闻名的信士。什么是信士啊？信士的解释，就是值得信任的人，诚实可信的人。如今这个时代，有人说是一个诚信缺失的年代。其实，既然有人这么呼吁，恰恰说明诚信是可贵的，是难得的一种优秀品质。而东汉时期的这位来歙，就是一位不折不扣的信士。在那样的年代里，诚信，同样是难能可贵而受人尊崇的品质。

伯升和光武起兵反抗王莽，和王莽成了不共戴天的大仇人。所以，王莽就仇恨与刘氏有任何牵连的人。而来歙和刘秀是亲戚，所以，王莽就把他给抓了。幸好，来歙的朋友宾客想办法，把他给抢救了出来。怎么说多个朋友多条路呢，这就是。当然，这些朋友之所以冒着死罪救他出来，其实是因为他们都觉得此人可交，实诚，值得信任。

这时候，更始即位，来歙在他手下任职，并追随入关。后来，在工作中，来歙屡次建言献策，可是，那个更始从来对他的建议不感冒，无动于衷，根本不采纳。那还有什么意思啊？所以，来歙就谎称自己病重，无法再辅佐他，辞职不干了。不在更始跟前干了，来歙跳槽去了哪呢？他的妹夫汉中王刘嘉广招人才，就把他请到汉中。后来，更始帝事败，破产了，来歙就劝自己的妹夫刘嘉，说，归附光武帝刘秀吧。

于是，两人一起到了洛阳。刘秀见到来歙，大喜，当即解下自己的衣服给他穿，任命他为太中大夫。当时，隗嚣占据陇地，公孙述占据蜀地，朝廷深以为忧。一天，光武帝对来歙说："今西州未附，子阳称帝，道里阻远，诸将方务关东，思西州方略，未知所任，其谋若何？"来歙乘机请行。

建武三年（27），来歙第一次出使陇地，他去劝服隗嚣。经过多方做工作，来歙说服了隗嚣，要他派自己的儿子恂随来歙到汉朝做人质，以示诚意。

这时，山东已经平定，光武帝腾出手来了，有时间和精力去搞西部了。于是，他就想征集隗嚣部下一起伐蜀，去拾掇那个公孙述。

于是，又派来歙去向隗嚣说明意图。他又当起了使者。可是，这次不怎么顺利。隗嚣自己拿不定主意，部将王元也劝阻他，因此，犹豫不决，徘徊观望。来歙的性格也是很刚毅的，他看见隗嚣不能当机立断，心里还打着自己的小九九，大有想脚踩两只船的意思，他便当面指责隗嚣说："国家以君知臧否，晓废兴，故以手书畅意。足下推忠诚，遣伯春委质，是臣主之交信也。今反欲用佞惑之言，为族灭之计，叛主负子，违背忠信乎？吉凶之决，在于今日。"

说到愤激处，来歙竟然赶到跟前，要抽刀刺杀隗嚣。隗嚣起身闪避，退入后堂。当下部署将士，要杀来歙。来歙毫不畏惧，他手持汉节，徐行上车，缓缓离去。隗嚣见状，越发气恼，王元乘机劝他速作决断。隗嚣一咬牙，派兵包围了来歙。当时的情形十分危急啊。这时，隗嚣部将王遵出面劝阻。

还要说人家来歙啊，他素来为人有信义，言行一致，从无假饰。他往来双方之间，威望很高，在西州这地方的人，都信任他、尊重他。所以如今，来歙遇到了危险，隗嚣要杀他，好多人也马上站出来替他说话。

隗嚣其实也是一个聪明人，他衡量了各种利害关系，终于没敢杀害来歙。

建武八年（32）春，来歙和征虏将军祭遵一道进袭隗嚣。祭遵半路生病，留下一部分精兵由来歙指挥，自己则返回驻地。来歙合兵两千余人，伐山开道，从介于关中平原和陇西平原之间的番须、回中直抵略阳（今甘肃省庄浪县西南），不久，攻破城池，杀死守将金梁，占据了略阳这一战略要地。隗嚣闻变，大惊道："何其神也！"

略阳是隗嚣的心腹之地，占领了它，其余地方就易于控制了。为了挽回局面，隗嚣亲率数万主力，包围了略阳。公孙述也派李育、田弇率军赶来援助。隗嚣在略阳城外劈山筑堤，激水灌城，来歙则督率将士拼死拒守。打到后来，弹尽粮绝，他们就拆房砍树，补充兵器。光武帝调集关东兵马，亲自率领，大举出征。隗嚣部众见大军到来，溃败奔逃，略阳城围顿解。

建武十一年（35），来歙大破蜀将王元等，占领了河池（今徽县西北）和下辨（今成县西北），准备入蜀。蜀人大惊，派刺客刺杀来歙。那刺客一刀刺中来歙胸部，命中要害，鲜血汩汩流出，刀是不敢拔了，生命垂危。这时候，他派人急召盖延。盖延跑来一看那情况，吓了个不轻，立即趴到地上悲哀痛哭，哭得就起不来了。来歙一看，很生气，大声喊道：你哭个什么劲儿啊！再哭我杀了你！这时候，你哭有什么用？

盖延收泪强起，来歙为他紧急安排工作，分析当前形势，对下一步怎么走，都一一做了部署。盖延小心谨慎地听着。来歙强打精神，亲手写了一篇表文："臣夜入定后，为何人所贼伤，中臣要害。臣不敢自惜，诚恨奉职不称，以为朝廷羞。夫理国以得贤为本，太中大夫段襄，骨鲠可任，愿陛下裁察。又臣兄弟不肖，终恐被罪，陛下哀怜，数赐教督。"写完之后，把笔扔掉，悲壮地将胸口的刀拔了出来。拔出来，他的鲜血崩流，人也就死了。

光武帝得知来歙死讯，大惊，痛苦不堪。

来歙灵柩回洛阳，光武帝乘舆缟素临吊送葬。因为来歙有平定羌陇之功，所以，光武帝特命把汝南当乡改为征羌国。

历史上对来歙的评价是很高的，说他单车往来两国之间，言行不违，很多人都很敬重他；又出兵平定羌、陇，屡立战功，人以为神；还有临危不乱，胸口带着刀子临死还为国家着想，更显磊落英气。这位东汉名将、战略家，被世人尊称为天下之信士。

卷十六　邓寇列传

第一节　邓　禹

一、一见钟情英雄相惜

【原文】

　　邓禹字仲华，南阳新野人也。年十三，能诵诗，受业长安。时光武亦游学京师，禹年虽幼，而见光武知非常人，遂相亲附。数年归家。

　　及汉兵起，更始立，豪杰多荐举禹，禹不肯从。及闻光武安集河北，即杖策北渡，追及于邺。光武见之甚欢，谓曰："我得专封拜，生远来，宁欲仕乎？"禹曰："不愿也。"光武曰："即如是，何欲为？"禹曰："但愿明公威德加于四海，禹得效其尺寸，垂功名于竹帛耳。"光武笑，因留宿闲语。禹进说曰："更始虽都关西，今山东未安，赤眉、青犊之属，动以万数，三辅假号，往往群聚。更始既未有所挫，而不自听断，诸将皆庸人屈起，志在财币，争用威力，朝夕自快而已，非有忠良明智，深虑远图，欲尊主安民者也。四方分崩离析，形势可见。明公虽建藩辅之功，犹恐无所成立。于今之计，莫如延揽英雄，务悦民心，立高祖之业，救万民之命。以公而虑天下，不足定也。"光武大悦，因令左右号禹曰邓将军。常宿止于中，与定计议。

　　及王郎起兵，光武自蓟至信都，使禹发奔命，得数千人，令自将之，别攻拔乐阳。从至广阿，光武舍城楼上，披舆地图，指示禹曰："天下郡国如是，今始乃得其一。子前言以吾虑天下不足定，何也？"禹曰："方今海内淆乱，人思明君，犹赤子之慕慈母。古之兴者，在德薄厚，不以大小。"光武悦。时任使诸将，多访于禹，禹每有所举者，皆当其才，光武以为知人。

邓禹字仲华，南阳郡新野县人。

十三岁时，就能朗诵诗篇，在长安从师学习。当时光武也游学京师，邓禹虽年幼，但见到光武后就知道他不是一位普通人，就与他亲近交往。

数年后回家。

等到汉兵起，更始即位，豪杰们多荐举邓禹，邓禹不肯相从。

后来听说光武安定河北，邓禹就驱马北渡黄河，追光武到邺县。

光武见到邓禹很欢喜，对邓禹说："我有封拜官吏的特权，你远道而来，难道是想做官吗？"邓禹说："不愿做官。"光武说："既是这样，想干什么呢？"邓禹说："但愿明公威德加于四海，我得为明公效尺寸之力，垂功名于史册哩。"光武大笑，就留他睡觉闲聊。

邓禹进言说："更始虽然定都关西，但现在山东没有安定，赤眉、青犊之流，动辄以万数，三辅一带，往往群聚假借名号。更始既没有挫败过他们，而他们也不听指挥裁决，各将领都是些庸人崛起，志在发财，争用威力，早晚图快乐罢了，并没有忠良明智，深谋远虑，真想尊重主上安抚百姓的。四方分崩离析，形势清楚可见。明公虽然建立了辅佐王室的功劳，恐怕也难成大业。为今之计，不如延揽四方英雄，务必取悦民心，建立高祖的伟业，拯救百姓万民的生命。以公的德才平定天下，是足可以平定的。"光武帝大悦，因此令左右的人称邓禹为邓将军。

让他住宿在帐中，共同商定策略计划。

等到王郎起兵，光武从蓟到信都，派邓禹征发各郡国的"快速部队"，得数千人，令他亲自率领，另去攻拔乐阳县。又跟光武到广阿，光武住在城楼上，打开地图，指示邓禹说："天下的郡国这样多，如今仅得了一个，你以前说以我的德才是足可以平定天下的，为什么呢？"邓禹说："现在海内混乱，人们思念明君，就像婴儿思慕慈母一样。古代兴大业得天下的，在于德的厚薄，而不是土地的大小。"光武很高兴。

当时任用将领，多访问于邓禹，邓禹所荐举的人才，都能才职相称，光武认为邓禹知人。

邓禹少时敏慧，十三岁便能诵诗。后来，他到长安去上学。那时候，刘秀也在那里上学，结果，两个人就于长安相遇。没有想到，长安一遇，两个人竟然结下了一世情谊。

在长安的时候，邓禹虽然要比刘秀小，可是，他聪慧过人，从第一眼看到刘秀，就觉得他不是一个普通的人，于是，就一直跟随着他。好几年之后，才回家去了。

公元23年，刘玄称帝，年号更始。乡里豪杰纷纷对邓禹说，你也起事吧，跟着更始干也挺好的。可是，邓禹摇了摇头，不肯从。

后来更始帝拜刘秀为破虏大将军，封武信侯，不久命刘秀往定河北镇抚州郡。邓禹听到了这个消息之后，立即跑去和刘秀相见。刘秀也很高兴，两人晚上睡在一起，彻夜长谈。

邓禹对刘秀说，眼下，到处起兵，不过，多数都是平庸之人，不是为了一时之财，就是为了一时之名，我看透了这些人，大都没有出息，成不了什么气候。就连这个更始，庸碌无能，估计也不成大器。目前的这个形势下，您最好是招揽各方贤士豪杰，恢复汉高祖的伟业，拯救黎民于水深火热之中。您一定行的。

刘秀听了，非常高兴，觉得他说得非常深刻也很有建设性，就更加敬重他。之后，吩咐左右称呼邓禹为邓将军，每当遇到什么大事、难事，刘秀总是要和邓禹商议，听取他的意见。

不久之后，河北割据势力王郎起兵反叛，邓禹随刘秀被迫逃离，从今北京城西南角跑到了今河北省邢台西南，得军数千人，令邓禹率领，攻拔广阿，广阿在今河北省隆尧东。刘秀指着地图，对邓禹说："天下郡国如是，今始乃得其一。子前言以吾虑天下足定，何也？"意思是说天下那么多郡国，现在我们才得到一个小地方，你还说我能成大事，得天下，那是从何说起啊？

邓禹说："方今海内淆乱，人思明君，犹赤子之慕慈母。古之兴者，在德薄厚，不以大小。"意思是说能成大事的人，不在于得到的地盘有多大，而是在于他的品德有多高多厚。而您德高望重，指定能行的。

刘秀闻后非常高兴，他觉得这个邓禹啊，眼光独特，有前瞻性。这期间，刘秀选任将领，多先征询邓禹意见，而邓禹举荐的人，一个比一个要棒。邓禹的聪明才智，让他看人准、看事准，从而，深得刘秀爱戴。

二、德高而望者众

建武元年（25）正月，邓禹率军越太行山，出箕关进取河东（山西省南部地区）。河东都尉闭关拒守，经战十日，大破守军，夺获大批军资粮秣。继而又率军围安邑（今山西省夏县西北），但数月未能攻下。更始大将军樊参率数万人，渡大阳欲攻邓禹，邓禹派诸将在解南迎战，大破敌军。更始一看，这还了得啊，于是就让王匡、成丹、刘均等合军十余万，一起来对付邓禹。

开始的时候，邓禹失利，樊崇战死。天黑后双方停战，军师韩歆和诸将见自己的部队气势受挫，都纷纷说，赶紧趁着夜色，撤退吧，不然，可就错失良机了。俗话说好汉不吃眼前亏啊，咱们现在打不过他，就赶紧撤吧。

可是，邓禹不从。为什么呀？邓禹的眼光是独特的，他客观分析了一通，认为王匡之军虽多，但势不强。第二天利用王匡停止进攻之机，邓禹重新组织了队伍，调整了部署。第三天清晨，王匡尽出其军攻打邓禹，邓禹令军中不得妄动，严阵以待，坚守不出。等到王匡的部队来到营前的时候，猝然击鼓，全师猛扑，来了个出其不意、攻其不备，结果大破王匡军。王匡军落荒而逃，邓禹率轻骑急追，大获全胜，于是，就平定了河东。

就在这个月，刘秀在鄗邑（今河北省柏乡县北）即帝位，派使者持节拜邓禹为大司徒。

那一年，邓禹刚刚二十四岁。

河东平定了之后，邓禹又率得胜之师于汾阴（今山西省宝鼎）渡河，入夏阳（今陕西省韩城东南）。更始十万兵力对抗邓禹，结果大败。这时候，赤眉军已进入长安。赤眉军军纪不好，烧杀抢掠，就是一帮子土匪，百姓不知所归。但是，老百姓听说邓禹的部队纪律严明，不拿群众一针一线，不扰民，不坑民，于是，就纷纷投奔到他这里来。正所谓品德如磁石，品德越高，磁力越大，归附的人越多，敬仰的人也越多，真乃德高而望者众也。

三、有一种态度叫淡定

这时候邓禹手下纷纷劝他入关，直接进攻长安，把长安给搞定。可是，邓禹却很谨慎，他想了想，说不行啊，现在，我们虽然人多将广，可是，说实在的，能打仗的人不多，粮食也紧缺。赤眉军刚进长安，抢了不少东西，军资充沛，加上一个个正在兴奋劲儿上，还不能打啊。现在，我们最好是休兵，养精蓄锐，并且瞅瞅他们的死穴在哪里，这样才有胜算。

邓禹从大局考虑，就没有急于进攻长安。

可是，这时候光武帝因关中未定，而邓禹又久不进兵，遂下诏催促邓禹进兵长安。可是，邓禹还是坚持自己的意见，不出兵攻打长安。他留将军冯愔、宗歆守枸邑，自己带着主力部队平定北地（今甘肃庆阳和宁夏吴忠一带）。但冯愔、宗歆二人争权相攻，来了一个窝里斗，冯愔把宗歆给杀了，并且开始反击邓禹。邓禹那个气啊，于是，赶紧遣使问计于光武帝。一个月后，冯愔被收拾了。建武二年（26）春，光武帝遣使者更封邓禹为梁侯，食四县。

后来，赤眉内乱，西走扶风（今陕西兴平东南）。邓禹探得长安空虚，觉得时机成熟了，开始进攻长安，结果自己大败。

建武三年（27）春，奉刘秀之命进击赤眉的邓禹，因"惭于受任无功"（《资治通鉴》卷四十一），率部至湖县（今陕西潼关东），邀冯异共同迎战赤眉军。冯异认为赤眉军势力很强，打算先放他们过去，然后东西夹击，杀他个片甲不留。本来，这是一个很好的计谋，也是邓禹找回面子的良机。可是，邓禹手下有一个邓弘，这个人是个急性子，邀功心切，急于迎战。结果，赤眉军假装失败了，军械粮草什么的丢得到处都是，逃跑了。这边一看，胜利了，就赶紧去缴获战利品，纷纷抢着吃车上的豆子，结果发现，那车上哪里有多少豆子啊，上面装的全是泥土，只有表面覆盖了一层豆子。种种迹象表明，中计了！可是明白过来的时候，为时已晚，人家绿林军杀了个回马枪，杀得邓弘军大败。邓禹、冯异合兵跑来搭救，赤眉军又逃跑了。邓禹复战，结果又是大败，死伤三千余人，只带二十四骑逃归宜阳。邓禹因此战失利，引咎交上大司徒、梁侯印绶。数月后，拜右将军。

建武十三年（37），天下平定，光武帝加封功臣，封邓禹为高密侯，食邑高密、昌安、夷安、淳于四县。光武帝因邓禹功高，又封其弟邓宽为明亲侯。

中元元年（56），邓禹再行司徒事，即行宰相之职，这在东汉功臣中是罕见的破例之举。汉明帝即位后，以邓禹为先帝元勋，拜为太傅，当年病逝，终年五十七岁，谥元侯。

邓禹早年虽与光武为布衣之交，但在中兴功臣中，他既非首事之臣，也不如后来吴汉、贾复等人功绩显赫，其之所以居中兴功臣之首，盖以运筹帷幄之功居多。回顾他的一生来看，他曾协助光武，初定取河北以成帝业之谋。后来以知人荐贤名世，并在一系列决策性问题上发挥了重大作用。

其实，在邓禹众多的性格元素中，其淡定的态度，还是很值得肯定的。怎么说呢？邓禹功勋卓著时，是淡定的，式微降职后，也是淡定的，重新高就时还是淡定的。邓禹有十三个孩子，他对他们的家庭教育也是成功的，让他们在功名利禄面前，学会淡定，不谋私利，让其各守一艺，也就是一个人学一样自食其力的本领，也就是今天的职业技能。他的这种教育理念，也是很值得肯定的。

第二节 寇 恂

一、攻守兼宜

【原文】

　　茂兵自投河死者数千，生获万余人。恂与冯异过河而还。自是洛阳震恐，城门昼闭。时光武传闻朱鲔破河内，有顷恂檄至，大喜曰："吾知寇子翼可任也！"诸将军贺，因上尊号，于是即位。

　　时军食急乏，恂以辇车骊驾转输，前后不绝，尚书升斗以禀百官。帝数策书劳问恂，同门生茂陵董崇说恂曰："上新即位，四方未定，而郡侯以此时据大郡，内得人心，外破苏茂，威震邻敌，功名发闻，此谗人侧目怨祸之时也。昔萧何守关中，悟鲍生之言而高祖悦。今君所将，皆宗族昆弟也，无乃当以前人为镜戒。"恂然其言，称疾不视事。帝将攻洛阳，先至河内，恂求从军。帝曰："河内未可离也。"数固请，不听，乃遣兄子寇张、姊子谷崇将突骑愿为军锋。帝善之，皆以为偏将军。

【译文】

　　苏茂兵士自己投黄河而死的达数千，活捉万余人。

　　寇恂与冯异过黄河而回。

　　自此洛阳震动恐惧，白天都紧闭城门。

　　这时光武传闻朱鲔破了河内，没多久寇恂的檄书到了，光武大喜说："我知道寇子翼是可以胜任的哩！"诸将军庆贺，因而为光武呈上尊号，光武于是即帝位。

　　当时军粮急缺，寇恂以人力车马车转运军粮，前后不绝，尚书仅以升斗之粮以禀百官。

　　光武帝几次以简策书牍慰劳寇恂，同门生茂陵人董崇对寇恂说："皇上新即位，四方尚未平定，而君侯在这个时候占据着大郡，内得人心，外破苏茂，威震邻敌，功名显赫，这是奸谗之徒侧目窥视产生怨祸的时候哩！以前萧何守关中，明悟采纳了鲍生的建议而高祖大喜。现在你率领的，都是刘氏宗族昆弟，只怕是要以前人为鉴戒哩！"寇恂以为然，假称有病不视事。

帝将攻洛阳，先到河内，寇恂请求从军。

帝说："河内不可离开你哩！"几次坚决要求，帝不听，于是派遣兄的儿子寇张、姐姐的儿子谷崇率领突击队愿为军先锋。

帝称赞，都以为偏将军。

【评点】

寇恂字子翼，河北人氏。

开始的时候，刘秀并未太注意寇恂，也就是说，他还没有走进光武帝的视野范围。千里马终遇好伯乐。后来善于识人的邓禹发现寇恂有过人之才，多次与他谈论天下大事，并和他结为好友。

刘秀平王郎、破铜马、收复河内，与更始决裂后，此时河北初定。

但北方还有十几支地方农民军未平，刘秀要去征讨，考虑到黄河对面的洛阳有更始皇帝的大司马朱鲔虎视眈眈，驻守河内的任务可谓艰巨。

刘秀于是找邓禹商量留守河内的人选，邓禹说："昔高祖任萧何于关中，无复西顾之忧，所以得专精山东，终成大业。今河内带河为固，户口殷实，北通上党，南迫洛阳。寇恂文武备足，有牧人御众之才，非此子莫可使也。"（《后汉书·寇恂列传》）

于是，刘秀便任命寇恂为河内太守，行大将军事。

这个职位可谓至关重要。刘秀和邓禹都把寇恂守河内与当年萧何镇关中相提并论。

寇恂在这个工作岗位上，有很多事情要做，既要供给，又要拒敌，既攻，也守。

寇恂也确实不负众望，他一边防备洛阳的同时，一边将军需物资源源不断地运送到前线，既巩固后方，又支援前线。刘秀北伐时，寇恂统领属县，讲兵习射，砍掉淇园的竹林，造箭百万支，养马两千匹，收租四百万斛，把这些及时转运前线，以供给军资。

寇恂虽然没亲自参加北伐，却仍是功莫大焉。打仗嘛，其实就是打的后援。前面再勇猛无敌，后方支援跟不上，一切都白搭。寇恂成为开国功臣中举足轻重的一员，很大程度上依赖于他镇守河内时的功劳。

寇恂独当一面的威风和临敌不惧的勇气，也是很值得圈点的。

在刘秀北伐的同时，洛阳的那位更始皇帝的大司马朱鲔乘虚而入，派大将苏茂、贾彊率兵三万，渡越巩河，进击温县。

警报传来，寇恂毫不畏惧，立即整军而出，并通令下属各县发兵，到温县集合，迎击敌人。他手下的将士们都劝他说："洛阳兵多，等我们人马凑齐了再发兵吧。"寇恂说："温县是河内郡的屏障，温县一丢，则河内就无法守住了。"

于是下令部队直扑温县迎敌。正好冯异派来的援兵和各县兵马也已赶到。汉军人马四集，旌旗蔽日。寇恂派士兵登上城墙，擂鼓呐喊，大造声势，大家一齐喊："刘公兵到了。"

敌军大乱。寇恂纵兵奔击，大败敌军，乘胜追杀到洛阳城下，斩杀贾彊，同时俘获苏茂军士上万人，洛阳军投河溺死者无数。

刘秀大喜，说："吾知寇子翼可任也！"（《后汉书·寇恂列传》）此战坚定了刘秀称帝的决心，寇恂可谓有"定鼎之功"。不久刘秀称帝。

二、刚柔相济

寇恂能文能武，刚柔相济，忠君爱民，克己奉公，既有治理一方之文才，又有独当一面之武略，时人赞之为"赛萧何"，实在是当时不可多得的人才。

所以范晔称赞寇恂：诛文屈贾，有刚有折。怎么就刚柔相济，有刚有折呢？

寇恂在颍川做太守的时候，执金吾贾复的部将在颍川杀了人，寇恂把那将领逮捕并关押起来。该抓吗？该抓。该关吗？该关。可是，在当时，国家尚在草创阶段，法令不健全，一切都还不怎么规范。军队中的人犯了法，都是怎么处理的呢？当时往往是互相包容，搪塞了事。那是当时普遍存在的情况。可太守寇恂是怎么做的呢？他竟然把这个人明正典刑，斩首示众。下手挺狠的啊！

贾复知道了这件事情之后，心里那个气啊，心说好啊你个寇恂，不看僧面看佛面，你小子居然连我的面子也不给，抓我的人，抓就抓了，过后通融一下给我放了，大家面子上都会过得去。你倒好，居然三下五除二来了个斩首示众。这哪里是斩首示众啊，这分明就是把我的老脸抽上两巴掌然后示众，是羞辱我啊！于是，他就心怀怨恨，对手下人说有朝一日一定亲手刺杀寇恂。

寇恂听说之后，就故意躲着贾复。惹不起，咱躲得起。当然，他并不是害怕那个贾复，虽然他名望和官衔都比自己大一些，可也不至于害怕。真要是害怕他的话，寇恂肯定不会杀他的人。那是什么呢？那叫智慧。刚柔相济嘛。

寇恂的躲闪战术，没有让两个人的矛盾进一步激化，到了最后，光武帝从中调和，两个人冰释前嫌，反而成了好朋友。寇恂的名声、地位、功劳都不在贾复之下，却甘愿委屈自己，以柔克刚，以德服人，其胸怀度量，令人钦佩。这就是以柔克刚的神奇功效。

那么，寇恂的刚又表现在哪里呢？

建武十年，寇恂随光武帝入关，进至汧县，派寇恂劝降隗嚣的旧将高峻。

寇恂带着用皇帝印玺封记的文书来到高平，高峻军师皇甫文出来迎接，言辞礼节，倨傲不屈。那小子鼻孔眼朝天，很是恼人。

寇恂大怒，非要杀了皇甫文不可。诸将都劝说："高峻有精兵数万人，据守陇道连年不下。他都快投降了，你却要杀他的使者，恐怕不妥。"

寇恂心知高峻此人反复无常，曾经降汉又叛汉，要杀杀他的锐气，于是不听劝告，当场杀了皇甫文，并让他的副使回去转告高峻："你的军师无礼，被我杀了，你要投降就快降，不投降你就死守。"高峻果然被镇住了，当日就开门出降。《中华百将图》中的寇恂"高平斩使"用的就是这一典故。

三、经典语录

之一：愿从陛下复借寇君一年

寇恂为地方官时，爱民如子，他在颍川时把地方治理得井井有条，之后寇恂出任贾复曾担任的执金吾时，已经位列九卿。

他离开颍川后第二年，颍川便盗贼纷起。寇恂跟随光武直至颍川，盗贼见寇恂到来，全部投降，根本不用任寇恂为太守。

光武所经之处，百姓们纷纷遮道请求，说："愿从陛下复借寇君一年。"

光武帝只好命寇恂暂驻长社县，镇抚吏民，受纳余降，同时仍保留寇恂执金吾的官职。

之二：其可独享之乎

寇恂常说："吾因士大夫以致此，其可独享之乎。"受人之恩当涌泉相报。寇恂明习经术，德行高尚，朝廷倚重，遐迩闻名。他一生戎马，奋其智勇，所得俸禄，却往往厚施亲友故旧和从征将士。这不是一种施舍，而是一种发自内心的博爱，一种骨子里的慈善。正是这种博爱，才铸就了他的高尚德行，也成就了他一世的英名。

反观当今"诈捐门"等事件，那些伪慈善行为当为之脸红。乐善好施是中国人的传统美德，有人说过，当财富多到一定的数目，就不属于自己的了。为什么？是有人强迫你要把巨额财富充公吗？不是，而是来自内心的一股力量、一种责任，在促使着你那样做，让它们回馈社会、反哺社会。正如寇恂的经典语录所说，其可独享之乎？

卷十七　冯岑贾列传

第一节　冯　异

"大树将军"冯异

【原文】

　　异自以久在外，不自安，上书思慕阙廷，愿亲帷幄，帝不许。后人有章言异专制关中，斩长安令，威权至重，百姓归心，号为"咸阳王"。帝使以章示异。异惶惧，上书谢曰："臣本诸生，遭遇受命之会，充备行伍，过蒙恩私，位大将，爵通侯，受任方面，以立微功，皆自国家谋虑，愚臣无所能及。臣伏自思惟：以诏敕战攻，每辄如意；时以私心断决，未尝不有悔。国家独见之明，久而益远，乃知'性与天道，不可得而闻也'。当兵革始起，扰攘之时，豪杰竞逐，迷惑千数。臣以遭遇，托身圣明，在倾危溷殽之中，尚不敢过差，而况天下平定，上尊下卑，而臣爵位所蒙，巍巍不测乎？诚冀以谨敕，遂自终始。见所示臣章，战栗怖惧。伏念明主知臣愚性，固敢因缘自陈。"诏报曰："将军之于国家，义为君臣，恩犹父子。何嫌何疑，而有惧意？"

　　六年春，异朝京师。引见，帝谓公卿曰："是我起兵时主簿也。为吾披荆棘，定关中。"既罢，使中黄门赐以珍宝、衣服、钱帛。诏曰："仓卒无蒌亭豆粥，滹沱河麦饭，厚意久不报。"异稽首谢曰："臣闻管仲谓桓公曰：'愿君无忘射钩，臣无忘槛车。'齐国赖之。臣今亦愿国家无忘河北之难，小臣不敢忘巾车之恩。"后数引宴见，定议图蜀，留十余日，令异妻子随异还西。

冯异自己以久率兵在外，心不自安，上书说思慕朝廷，愿意相亲于宫室，帝不许。

后来有人上奏章说冯异在关中独断专行，杀了长安县令，威望权力很重，百姓心中归服，称他为"咸阳王。"帝派人把奏章给冯异观看。

冯异惶恐害怕，上书谢罪说："臣本来是个儒生，在战乱中获得受命的机会，充备于行伍之间，过分地蒙受恩私，被拜为大将，封爵为通侯，受任专委西方，以期建立微功，都是从国家利益着想，不计一己之私。我俯伏自思：以诏命征讨，常获得如意结果；有时以私心来决断，未尝不有所悔。皇上独见的明智，久而更加远大，就知道'性与天道，是不可得而闻的了'。当兵革开始兴起，扰攘混乱的时候，豪杰群起竞逐，迷惑的人很多，我在遭遇之中，得以托身在你的麾下，在以前那样危险混乱的形势下，我尚且不敢有过失差错，何况现在天下平定，上尊下卑，而我在受爵恩宠的情况下，还能做出高深莫测的事情吗？我是诚心希望谨慎勤勉，以做到始终如一。看了圣上转示给我的奏章，战战兢兢恐怖害怕。我想明主知我的愚性，所以才敢于自陈心迹。"光武以诏书回答说："将军之于国家，义为君臣，恩如父子。有什么嫌疑，而感到害怕呢？"建武六年（30）春天，冯异到京朝帝。

帝引见，对公卿们说："他是我起兵时的主簿。为我披荆斩棘，平定关中。"朝罢，使中黄门赐以珍宝、衣服、钱帛。

诏书说："仓促时无蒌亭送我的豆粥，虖沱河送我的麦饭，深情厚谊很久没有报答。"冯异叩头谢道："我听说管仲曾对齐桓公说过：'愿君王不要忘了射钩的事，我也不要忘了槛车的事。'齐国赖此而强。我今也愿皇上莫忘了河北的灾难，我也不会忘了你赦我于巾车的恩德。"后来几次赐宴引见，商议讨伐公孙述问题，留了十多天，就令冯异的妻室儿女跟随冯异回到西边去。

在历史上，冯异这个人有一个名号，叫"大树将军"。这个名号听起来很有意思。为什么就叫"大树将军"呢？

冯异为人处世谦虚退让，从来不自夸。这样的品性，其实很受人爱戴的。平时，他出行与别的将军相遇，就把马车驶开避让。不管是官比他大的，还是官比他小的，他都这么做。曾经有一篇文章，说两只山羊从不同的方向来，要经过一架独木桥，它们在桥上相遇了，谁也不肯退让，一个个趾高气扬的，觉得退一步的话，自己就小了，就卑微了。结果两只高傲的山羊就顶起来了，最后都落入河中。道理很浅显。冯异肯定是明白这个道理，所以，他懂得谦虚退让。不但他谦虚退让，就连他的军队，也懂得谦虚退让。他的军队前进停止都有不同的旗帜，见旗帜而行动。于是，他的军队在各部队中号称最有纪律的军队。每到一个地方停下宿营，其他将军坐在一起讨论功劳时，冯异经常独自退避到树下，为什么啊？他不掺和。这就是谦虚谨慎的表现。由于他有这样的一个习惯，所以军队中称他为"大树将军"。

后来，等到攻破邯郸，要重新安排各将领任务，分配隶属，进行优化组合竞争上岗的时候，士兵们都说愿意跟随"大树将军"。光武帝因为这个而赞扬他、器重他。俗话说，退一步，海阔天空，这其中的道理，在这个"大树将军"的身上体现得淋漓尽致。

冯异，字公孙，颍川郡父城县人。从小，他就非常喜爱读书，通晓《左氏春秋》《孙子兵法》。汉兵兴起的时候，冯异以郡掾身份监五县，与父城县长苗萌共同守城，为王莽拒汉兵。也就是说，那时候，冯异还在为王莽王朝效力。

光武略地颍川，攻父城不下，屯兵巾东乡。冯异被汉军俘虏了。当时，冯异的一个堂兄冯孝还有几个老乡都跟着光武干，于是，他们就共同向光武举荐冯异。于是，光武就召见冯异。

冯异说，叫我归顺加盟，可以的。其实，我一个人的作用是微不足道的。我的家人还在那边，你让我回去呗，回去之后，我把所有的人马都给拉拢来归顺，回去占据五城，以效功报德。那样，作用就大了。

光武说："好。"冯异就回去了。回去之后，冯异对苗萌说："现在各将领都是壮士崛起，多半暴虐专横，只有刘将军所到之处不掳掠。看他的言语举止，不是庸碌之人，可以向他归顺。"苗萌说："我与你死生同命，恭敬地听从你的意见。"

光武南归，回到宛城去了。这期间，更始诸将前后有十多人率部攻打父城，冯异都坚守不下。可是，后来等到光武做了司隶校尉，路经父城时，冯异等立即开门奉献牛酒迎接。于是，光武就令冯异暂时先做主籍，苗萌为从事。

从此之后，冯异归奔刘秀并立下汗马功劳。他作战勇敢，常为先驱，善用谋略，料敌决胜，治军严明，关心民生，东汉创业，其功甚伟。尤其是冯异平赤眉、定关中之功，深得汉光武帝刘秀的信任。冯异平定关中之后，曾有人造谣生事，说冯异有为"关中王"之心，就如同现在的人一样，见不得别人强于自己，忽然动了歪心思，在网上发个帖子，无中生有，恶意中伤一番。即便是这样，冯异本人也颇不自安，为什么？他一直谦虚谨慎啊。怎么办呢？忠贞不贰的冯异提出要留妻子于洛阳。什么意思啊？就是说，你们要是不信任我，可以，那就把我的妻子留那里当人质吧。但光武帝则对此流言毫不在意，命冯异带家眷一同回关中，表示了对冯异的极大信任。还有说光武帝，心胸宽广，有自己的主见，面对举报冯异的帖子，淡然一笑，就两个字，不信！他还把那奏折给冯异看。留什么人质啊，大哥是了解你的！有名的"大树将军"嘛！你值得信赖，值得拥有！

公元34年夏天，"大树将军"冯异病发，在军营中去世，倒在了工作岗位上，谥节侯。从此，"大树将军"巍然立于历史人物长廊里，经久不衰。

第二节　岑　彭

厚德也是一种战斗力

【原文】

会光武徇河内，歆议欲城守，彭止不听。既而光武至怀，歆迫急迎降。光武知其谋，大怒，收歆置鼓下，将斩之。召见彭，彭因进说曰："今赤眉入关，更始危殆，权臣放纵，矫称诏制，道路阻塞，四方蜂起，群雄竞逐，百姓无所归命。窃闻大王平河北，开王业，此诚皇天佑汉，士人之福也。彭幸蒙司徒公所见全济，未有报德，旋被祸难，永恨于心。今复遭遇，愿出身自效。"光武深接纳之。彭因言韩歆南阳大人，可以为用。乃贳歆，以为邓禹军师。

更始大将军吕植将兵屯淇园，彭说降之，于是拜彭为刺奸大将军，使督察众营，授以常所持节，从平河北。光武即位，拜彭廷尉，归德侯如故，行大将军事。与大司马吴汉，大司空王梁，建义大将军朱祐，右将军万修，执金吾贾复，骁骑将军刘植，扬化将军坚镡，积射将军侯进，偏将军冯异、祭遵、王霸等，围洛阳数月。朱鲔等坚守不肯下。帝以彭尝为鲔校尉，令往说之。鲔在城上，彭在城下，相劳苦欢语如平生。彭因曰："彭往者得执鞭侍从，蒙荐举拔擢，常思有以报恩。今赤眉已得长安，更始为三王所反，皇帝受命，平定燕、赵，尽有幽、冀之地，百姓归心，贤俊云集，亲率大兵，来攻洛阳。天下之事，逝其去矣。公虽婴城固守，将何待乎？"鲔曰："大司徒被害时，鲔与其谋，又谏更始无遣萧王北伐，诚自知罪深。"彭还，具言于帝。帝曰："夫建大事者，不忌小怨。鲔今若降，官爵可保，况诛罚乎？河水在此，吾不食言。"彭复往告鲔，鲔从城上下索曰："必信，可乘此上。"彭趣索欲上。鲔见其诚，即许降。后五日，鲔将轻骑诣彭。顾敕诸部将曰："坚守待我。我若不还，诸君径将大兵上辕辕，归郾王。"乃面缚，与彭俱诣河阳。

帝即解其缚，召见之，复令彭夜送鲔归城。明旦，悉其众出降，拜鲔为平狄将军，封扶沟侯。

【译文】

刚好光武讨伐河内，韩歆想守城，岑彭劝止不听。

后来光武到怀县，韩歆在紧迫无奈的形势下投降。

光武知道他守城的谋划，大怒，把韩歆置于旗鼓下面，准备把他杀掉。

召见岑彭，岑彭因此进一步说道："今赤眉进了关中，更始岌岌可危，权臣放纵，假传圣旨，道路阻塞，四方蜂起，群雄竞相逐鹿，百姓无所归命。听说大王平定河北，开创帝王之业，这真是皇天保佑汉朝，百姓的幸福哩！岑彭幸蒙司徒公伯升解救，没有报德，后来又遭祸难，永远遗憾在心。现在再次遭遇大王，愿舍身效命。"光武愿意接纳岑彭。

彭因而说韩歆是南阳的大家豪右，可以为大王所用。

光武就赦免韩歆，让他为邓禹做军师。

更始大将军吕植率领军队驻扎淇园，岑彭说服他投降了光武，于是拜岑彭为刺奸大将军，派他督察各营，授予平时所持的符节，跟随平定河北。

光武即位，拜岑彭为廷尉，归德侯像过去一样，行使大将军职事。

与大司马吴汉，大司空王梁，建义大将军朱祐，右将军万修，执金吾贾复，骁骑将军刘植，扬化将军坚镡，积射将军侯进，偏将军冯异、祭遵、王霸等，围洛阳数月。

朱鲔等坚守不肯降。

光武以岑彭曾经做过朱鲔校尉，令他去说服朱鲔。

朱鲔在城上，岑彭在城下，互相慰问欢谈一如过去。

岑彭因而说："我岑彭过去得以追随侍从大司马，多蒙大司马荐举为都尉，常想有以报恩。今赤眉已得长安，更始被三王所反叛而败亡，光武受命，平定了燕、赵，幽、冀之地已尽归其所有，百姓归心，贤俊之士云集，亲率大兵，来攻洛阳。天下的大事，过去的已经过去了。公虽然绕城固守，还将等待什么呢？"朱鲔说："大司徒伯升被害时，我也参与了谋害，又向更始建议不要派遣光武北伐，我知道我的罪很深哩。"岑彭回来，把这个情况报告光武。

光武说："建大事业的，不忌讳小的怨恨。朱鲔现在如果归降，官爵可以保住，哪里还会杀他呢？黄河水在这里可以做证，我不自食此言。"岑彭再往告朱鲔，朱鲔从城楼上放下一根绳索说："必信，可乘这绳上来。"岑彭靠近绳索准备上。

朱鲔见他心诚，即刻许诺投降。

五天后，朱鲔率领轻装的骑兵去会见岑彭。

回头命令各部将说："坚守此城以等待我。我如果不回来，诸位可直接率领大兵到镮辕去归于酆王。"就自缚，与岑彭同到河阳。

光武即刻解其缚，召见朱鲔，再令岑彭送朱鲔回城。

第二天一早，率领全部部众出城投降，光武拜朱鲔为平狄将军，封扶沟侯。

【评点】

王莽末年，岑彭曾是棘阳县的县长。刘縯、刘秀兄弟起兵，攻克了岑彭把守的棘阳，岑彭无奈，只好带着家属投奔前队大夫甄阜。甄阜一看，很生气，怪他不能固守城邑，连家也看不住，就拘禁了他的母亲和妻子，意思是把你的老妈和妻子押在这里当个筹码，你去打仗立功吧，算是将功赎罪。如果立下战功呢，那什么都好说，皆大欢喜；如果你再做不出什么名堂，那后果很严重哦！

英雄气短啊，岑彭只好率领宾客努力作战。可是后来，在一次战斗中，甄阜死了，岑彭也受了伤，他便逃到宛城，与前队贰严说共同守城。

汉兵又来攻城了，一连围了好几个月，宛城中的粮食很快就吃干净了。没有粮食的后果很可怕，城里的人饿急了眼，就干脆人吃人，惨不忍睹。岑彭跟贰严说献城投降。结果就投降了。汉军中很多大将觉得，这个来投降的岑彭，守城的时候那么固执，一点机会也不给汉军，现在来投降，是何居心啊？杀了算了。

大司徒刘縯说："彭，郡之大吏，执心坚守，是其节也。今举大事，当表义士，不如封之，以劝其后。"（《后汉书·岑彭列传》）更始帝一听有理，就封岑彭为归德侯，并让他隶属于刘縯。刘縯被更始帝杀害后，岑彭做了大司马朱鲔的校尉，跟随他进击王莽的扬州牧李圣，杀李圣，平定淮阳城，朱鲔推荐岑彭为淮阳都尉。此时，春陵人刘茂起兵，攻占颍川。岑彭不能到宫上任，只好带领麾下数百人依附河内太守韩歆。正值刘秀巡行河内，韩歆要守城抵拒，岑彭劝阻，韩歆不听。不久，刘秀到怀，韩歆见形势危迫，不得已投降。刘秀得知他曾想抗拒，大怒，把他放在鼓旁，准备杀了他。刘秀又召见岑彭，岑彭分析当前形势，说得很合刘秀的意，头头是道，颇有道理。于是，刘秀大喜，跟他交流得很深。岑彭借机进言，说韩歆是南阳地区的正直君子，可以收为己用。刘秀赦免了韩歆，让他当了邓禹的军师。

更始帝的大将军吕植屯驻淇园。在岑彭劝说下，吕植投降了刘秀。于是，刘秀任命岑彭为刺奸大将军，派他督察各营，随军平定河北。

刘秀即位后，任命岑彭为廷尉，仍拜归德侯，行大将军事。汉军重兵围攻洛阳，朱鲔死死坚守，攻城数月不下。

光武帝知道岑彭曾任朱鲔的校尉，便说你去说说看吧，看看能不能起作用。于是，朱鲔在城上，岑彭在城下，两人见了一面。老搭档了，一见面就相互问候、谈笑，像平常一样。由此可见，两人感情还是很深厚的。岑彭知道两个人的感情基础，觉得劝说还是有可能的。于是，他就乘机劝说：我以前是一个鞍前马后拿鞭子的小侍从，承蒙您的厚爱举荐提拔，让我有了机会发展。我一直记得您的恩德，老想报答您的知遇之恩。现在的天下，是个什么情况呢？您是非常清楚的。天下之事，逝其去矣。您固守这里，在等待什么呢？不如到这边来吧，来这里共谋大事。如此这般地劝说了一通，说得是言辞恳切，句句在理。

朱鲔听了，深思良久，说：这样好是好。可是，你是知道的。伯升当年被害的时候，我是参与的啊，还有其他一些事情，做得都不怎么地道啊。可以说是自知罪深。这样过去可怎么混啊？

于是，岑彭回去，对光武帝把劝说的经过直接说了。光武帝说："夫建大事者，不忌小怨。鲔今若降，官爵可保，况诛罚乎？河水在此，吾不食言。"（《后汉书·岑彭列传》）意思很明确，那就是如果归降，所有的事情，既往不咎，并且还会保他有官做。黄河水可以做证！

岑彭又见朱鲔。朱鲔从城上垂下绳索，说："必信，可乘此上。"（《后汉书·岑彭列传》）意思是说，如果是真的，那你从这里爬上来让我看看。没有想到，岑彭毫不犹豫，拉过绳索就向上攀。朱鲔见他诚信，就先口头应允投降。五天后，朱鲔带轻骑兵去见岑彭，对部将说，你们守在这里等着我，我去试探一下，如果我还能回来，那么说明他们是诚信的。如果我有去无回，你们就别去上当了，你们就去投奔郾王吧。

说完，他把自己反绑起来，和岑彭一起到了河阳，去见光武帝。光武帝见了，赶紧给他解开绳子，好言抚慰，并让岑彭把他连夜送回洛阳。第二天，朱鲔率全城出降。光武帝任命他为平狄将军，封扶沟侯。朱鲔后为少府，传封累代。

岑彭将伐蜀汉，但夹川谷少，水险难以漕运。于是，他命威虏将军冯骏驻军江州，都尉田鸿驻军夷陵，领军李玄驻军夷道，自己则率兵还驻津乡，据守荆州冲要之地。他派人喻告尚未归附的地方，声明，倘能主动投降，可以奏封其君长。岑彭原与交趾州牧邓让是好朋友，于是，他一面写信给邓让，陈说刘秀的威德，劝其归降，一面派偏将军屈充移檄江南，颁行诏命。不久，邓让和江夏太守侯登、武陵太守王堂、长沙相韩福、桂阳太守张隆、零陵太守田翕、苍梧太守杜穆、交趾太守锡光等相继派遣使者，贡献方物礼品。岑彭奏明皇帝，将其均封为列侯。于是诸将或遣其子，或派其兵助岑彭征伐。

后来，岑彭攻打公孙述的时候，有一次所驻扎的地方叫彭亡。岑彭听此地名，心中不悦，我勒个去，这叫什么地名啊？于是就打算把营帐驻扎到别的地方去，可是天黑未果。公孙述派一刺客，谎称是逃亡之人，前来投降，乘夜间刺杀岑彭。在灭蜀之战中，来歙是第一个被刺杀的著名将领，岑彭算是第二个。

"彭首破荆门，长驱武阳，持军整齐，秋毫无犯。邛谷王任贵闻彭威信，数千里遣使迎降。"（《后汉书·岑彭列传》）使者到达的时候，岑彭已经遇刺身亡了。光武帝把任贵贡献给朝廷的礼物都赐给了岑彭的家属，谥壮侯，其子岑遵继承了他的爵位。蜀人怜惜他，就给他在武阳立了一个庙，每年都会有很多人前往祭祀。

《后汉书·岑彭列传》中有这样一句话："中兴将帅立功名者众矣，惟岑彭、冯异建方面之号，自函谷以西（冯）、方城以南（岑）两将之功，实为大焉。"

由此可见他的功勋。

的确，岑彭在东汉王朝建立和巩固过程中，参加过统一战争中的所有作战：平定河北，攻关东、洛阳，统一关中，战隗嚣，直至灭蜀，是当时极少数能独当一面的将领。他不但作战勇敢，奇计迭出，而且信义素著，以德怀人。他的戎马一生，以德感召而招降了很多敌人。如此看来，人生在世，德是多么的宝贵啊。德，也是一种战斗力。古语有云，厚德载物。人，在纷繁的世界中，注重德行的修养，才是立足而大展宏图的基础。个人如此，国家也是如此。

第三节　贾　复

【原文】

更始立，乃将其众归汉中王刘嘉，以为校尉。复见更始政乱，诸将放纵，乃说嘉曰："臣闻图尧、舜之事而不能至者，汤、武是也；图汤、武之事而不能至者，桓、文是也；图桓、文之事而不能至者，六国是也；定六国之规，欲安守之而不能至者，亡六国是也。今汉室中兴，大王以亲戚为藩辅，天下未定而安守所保，所保得无不可保乎？"嘉曰："卿言大，非吾任也。大司马刘公在河北，必能相施，第持我书往。"复遂辞嘉，受书北度河，及光武于柏人，因邓禹得召见。光武奇之，禹亦称有将帅节，于是署复破虏将军督盗贼。复马羸，光武解左骖以赐之。官属以复后来而好陵折等辈，调补鄗尉，光武曰："贾督有折冲千里之威，方任以职，勿得擅除。"

光武至信都，以复为偏将军。及拔邯郸，迁都护将军。从击青犊于射犬，大战至日中，贼陈坚不却。光武传召复曰："吏士皆饥，可且朝饭。"复曰："先破之，然后食耳。"于是被羽先登，所向皆靡，贼乃败走。诸将咸服其勇。又北与五校战于真定，大破之。复伤创甚。光武大惊曰："我所以不令贾复别将者，为其轻敌也。果然，失吾名将。闻其妇有孕，生女邪，我子娶之，生男邪，我女嫁之，不令其忧妻子也。"复病寻愈，追及光武于蓟，相见甚欢，大飨士卒，令复居前，击邺贼，破之。

光武即位，拜为执金吾，封冠军侯。

【译文】

更始立，就率领其部众归附于汉中王刘嘉，刘嘉以他为校尉。

贾复看到更始政治混乱，诸将放肆纵虐，就对刘嘉说："我听说谋求尧舜的事业而不能达到的，是商汤周武王；谋求商汤周武王的事业而不能达到的，是齐桓晋文；谋求齐桓晋文的事业而不能达到的，是六国；确定六国的法度，想各自安守而不能达到的，是六国的灭亡。现在汉室中兴，大王以刘氏宗亲而为藩屏辅佐，天下未定而安守所保，所保难道不是有不可保的吗？"

刘嘉说："你说的事太大，不是我担任得起的。大司马刘秀在河北，他必定能用，只要持我的手书前往。"贾复于是辞别刘嘉，接受刘嘉书信北渡黄河，追及光武于柏人，由邓禹引见光武。

光武惊奇，邓禹也称赞贾复有将帅的气节，于是暂以贾复为破虏将军督盗贼。

贾复马羸弱，光武解车驾左边的马赏赐给贾复。

官属们因贾复是后来的而且喜欢欺侮挫折同辈，拟调他辅鄙尉，光武说："贾督有击退敌军于千里之外的威风，刚刚任以要职，不得随意撤除。"光武到信都，以贾复为偏将军。

攻拔邯郸后，迁都护将军。

从光武攻击青犊于射犬，大战到日中，贼阵势坚固不退却。

光武传召贾复说："官吏士兵们都饿了，可暂吃了饭再说。"贾复说："先破贼，再吃饭好了。"于是背负鸟羽作为旌旗率先赴敌，所到之处敌都披靡，贼于是败走。

诸将都信服他的神勇。

又在北面与五校贼战于真定，大破贼军。

贾复受了重伤。

光武大惊说："我之所以不让贾复担任与主力部队配合作战的将领，是因为他轻敌。果然，失去了一位名将。听说他妻子怀了孕，如果生的是女儿，我儿子要娶她，如果生的是男儿，我女儿要嫁给他，不让他为妻子儿女担心哩！"贾复伤病不久痊愈了，追及光武于蓟，相见后非常欢喜，大宴士卒，令贾复处在前面，攻击邺贼，胜了。

光武即位，拜为执金吾，封为冠军侯。

【评点】

一、大抱负

贾复字君文，南阳郡冠军县人。他是云台二十八将之一，排名第三位。贾复的名望非常大。后世姓贾的人都说祖先是东汉贾复，连《红楼梦》中的贾雨村都说："自东汉贾复以来，支派繁盛，各省皆有。"

贾复小时候很热爱学习，对《尚书》学得很透彻。他师从舞阴李生的时候，李生觉得非常惊奇，就对弟子们说："贾君的容貌志气是这样好，又勤于学习，是将相的器才啊。"王莽末年，贾复做了一个小县掾。有一次，他们到河东去接盐，恰好遇上盗贼，与他情况相同的有十多个人，他们一看那情形，都吓得屁滚尿流，干脆都把盐抛弃或散掉了，唯有贾复完完整整地把盐运回到县里，县里的人都认为他办事可靠。贾复开始初露锋芒。

当时下江、新市兵起，贾复也聚众数百人于羽山，自号为将军。

后来，更始立为帝，他就率领其部众归附于汉中王刘嘉，刘嘉让他当了一个校尉。刘嘉是谁呢？刘嘉就是更始帝刘玄的堂兄。做了校尉之后，贾复对更始王朝有了深入的了解。贾复是个聪明人啊，一些事情，一看其表便知其根本。他看到更始政治混乱，将士们一个个放肆纵虐，简直是很不像话，就对刘嘉说："我听说谋求尧舜的事业而不能达到的，是商汤周武王；谋求商汤周武王的事业而不能达到的，是齐桓晋文；谋求齐桓晋文的事业而不能达到的，是六国；确定六国的法度，想各自安守而不能达到的，是六国的灭亡。现在汉室中兴，大王以刘氏宗亲而为藩屏辅佐，天下未定而安守所保，所保难道不是有不可保的吗？"这一通大论一说，刘嘉听得一愣一愣的，大脑险些死了机。贾复要他审时度势，另立锅灶。刘嘉说："你说的事太大，不是我担任得起的。大司马刘秀在河北，他必定能用，只要持我的手书前往。"还要说这个刘嘉，也是一个有气度的人，按理说，贾复的这种思想，是会危及自己的弟弟刘玄，也就是更始皇帝的，一般人会把这个贾复给收拾了。可是，他没有。也许，他是真觉得贾复是一个怀有大志向的人物，从而敬慕他。他不但没有拾掇贾复，还亲笔写了一封书信，要贾复揣在怀里，北渡黄河去找刘秀。过了黄河，由邓禹引见，贾复终于和光武得见。

光武惊奇，邓禹也称赞贾复有将帅的气节，于是暂以贾复为破虏将军督盗贼。

光武对贾复敬爱有加。他看到贾复的马很瘦弱，就把自己的一匹马赏赐给了他。还有，官属们欺生，打算将他调任一个"弼马温"之类的小官，结果，让光武帝批评了一通。光武说："贾督有击退敌军于千里之外的威风，刚刚任以要职，不得随意撤除。"光武到信都，以贾复为偏将军。偏将军的职务，大概相当于现在的一个师长。由此可见，人没有大的抱负，是不行的。可是，徒有大抱负也是不行的，还要有人赏识才行啊。

结果，刘秀的知遇之恩，使得千里马和伯乐从此快乐地生活在了一起。千里马和伯乐在一起形成的合力，大于其他一切可能。

二、大气概

贾复深感刘秀知遇之恩，于是，他在工作中就很给力、很卖命。他在攻取河北的历次战役中发挥了重要的作用，以勇猛著称，并且从来没有败绩。

在一次战斗中，敌人久攻不破。光武传召贾复，说官兵们都饿了，先吃饭吧，吃饭后再战。贾复却说，吃什么饭啊，先搞定他们再说。先干活儿，后吃饭！

于是他自己背负鸟羽作为旌旗，身先士卒，率先杀往敌营，所到之处，敌人胆战心惊，鸡飞狗跳，纷纷溃逃。从此，军中将士对他击退敌军于千里之外的威风颇感信服。

后来在所有他参加的战斗中，贾复都是一个勇士，肯玩儿命啊！何以见得？他身上的二十多处重伤可以为证。最厉害的一次，据说是肠子都被钩了出来，可他拖着肠子继续战斗。这样的英勇，谁人能及？

有一次，贾复受了重伤，被从战场上抬下来的时候，气如游丝，奄奄一息。光武大惊说："我之所以不让贾复担任与主力部队配合作战的将领，是因为他轻敌。杀着杀着，就深入敌营内部，真敢玩命啊！你看看吧，这不，我果然就失去了一位名将。听说他妻子怀了孕，如果生的是女儿，我儿子要娶她，如果生的是男儿，我女儿要嫁给他，不让他为妻子儿女担心哩！"可是，贾复命大，他伤病不久痊愈了，捡回一条命来。伤好之后，他追及光武于蓟，相见后非常欢喜，大宴士卒，令贾复处在前面，攻击邺贼，果然又胜了。至于刘秀说的要和他结为亲家的誓言，最终并没有兑现，正史中没有他们两家结亲的记载。

光武即位后，任贾复为统管禁军的执金吾，封冠军侯。刘秀当年就羡慕执金吾这个官职。"仕宦当做执金吾，娶妻当得阴丽华"嘛。如此看来，他对贾复是多么地器重。

光武帝先令贾复渡河围攻洛阳，击败更始大将陈侨部。不久洛阳守将朱鲔投降。但当时更始郾王尹尊及诸大将在南方未降者尚多，以尹尊所部最强。贾复再次自愿充当先锋，遂使其攻郾，连战皆捷，尹尊投降。又乘胜挥戈东向，进攻更始淮阳太守暴泛，暴泛亦降。接着陆续攻克洛阳东南的郾城、召凌、淮阳、新息等地。建武三年（27），晋升为左将军，率军屯驻新安（今河南渑池县东）、渑池（今河南渑池县西）间，狙击赤眉军。后南下与光武会师宜阳（今河南宜阳西），最后迫降赤眉军。建武十三年（37），光武统一全国。

三、大胸怀

贾复跟从征伐，从来没有丧师失败过，多次与诸将在溃围中解救危急。贾复是少有的能够独当一面的功臣。但是，这个人居功不傲，为人谦恭。那些将领们每每论功自夸的时候，贾复从来没有说过自己，这一点他跟"大树将军"有的一拼。

他的大胸怀还表现在一件小事上。执金吾贾复的部将在颍川杀了人，颍川太守寇恂把那将领明正典刑，斩首示众。

贾复知道了这件事情之后，心里那个气啊，觉得脸面上很过不去，他就心怀怨恨，对手下人说有朝一日一定亲手刺杀寇恂。

结果，他并没有真的刺杀寇恂，最后还是以大局为重，与寇恂成了无话不谈的好朋友。大丈夫心胸宽广，能容天下，唯有如此胸襟，才可以在江湖上混嘛。贾复就是如此。

故此，贾复不但功高，其德也高。光武帝常说："贾君的功劳，我自己知道。"建武十三年（37），定封胶东侯，食邑郁秩、壮武、下密、即墨、梃、观阳，共六县，在封侯诸将中为最多。他得知光武在统一后，"欲偃干戈，修文德，不欲功臣拥众京师"，遂解除军职，与高密侯邓禹率先倡导儒学，"阖门养威重，受《易经》，知大义"。当时，功臣朱佑等推荐贾复宜为宰相，光武虽严格执行"功臣并不用"的政策未加许可，但仍允贾复、邓禹和李通三人得预国家大政，在功臣中恩宠最深。

大胸怀，能容天下，天下亦容之。心胸狭窄，不容天下，天下不容之。此中道理，在贾复身上体现得淋漓尽致。

卷十八　吴盖臧列传

第一节　吴　汉

一、明辨是非投明主

【原文】

吴汉字子颜，南阳宛人也。家贫，给事县为亭长。王莽末，以宾客犯法，乃亡命至渔阳。资用乏，以贩马自业，往来燕、蓟间，所至皆交结豪杰。更始立，使使者韩鸿徇河北。或谓鸿曰："吴子颜，奇士也，可与计事。"鸿召见汉，其悦之，遂承制拜为安乐令。

【译文】

吴汉字子颜，南阳郡宛县人。

家贫，供职为县的亭长。

王莽末年，因宾客犯法，就脱其名籍逃亡到渔阳。

因资用缺乏，以贩马为业，往来于燕、蓟之间，所到之处都交结豪杰。

更始即位，派遣使者韩鸿去河北招降。

有人对韩鸿说："吴子颜，是位奇士，可以与他计事。"韩鸿召见吴汉，很高兴，就以帝命拜他为安乐县县令。

【评点】

吴汉字子颜，南阳郡宛县人，是刘秀的老乡。吴汉的家里很穷，长大后，做了县吏的亭长。王莽末年，吴汉的宾客犯了法。作为亭长，也不能脱了干系啊。没有办法，吴汉逃亡渔阳避难。你想啊，在外逃难的日子，不好受啊。加之家贫，票夹子没有钱，吴汉就以贩卖马匹为业。贩马这个行业，定然是满世界跑，会遇到各种各样的人。吴汉便往来于燕、蓟之间，所到之处都结交豪杰，朋友遍天下。

这时候，更始即位。即位之后，他就派了一个使者，叫韩鸿去河北招降，也就是去拉拢人马跟他干。韩鸿到了目的地之后，听到有人对他说，有个吴子颜，是一位优秀的人才，你去找他呗。于是，韩鸿就召见了马贩子吴汉，用帝命拜他为安乐县的县令，让他从此吃上了公家饭。

正巧，这时候那个王郎起来了，北州一代都感到困惑。为什么啊？王郎说自己是刘家后人，是天子，立位称帝。百姓们不明就里，也说不清这个世道到底是怎么回事。

吴汉走南闯北的，听说光武是一个德才兼备之人，于是就打算去跟他干。他就跟太守彭宠说："渔阳、上谷突击敌军的骑兵，是天下闻名的。你为什么不集合二郡的精锐，归附刘公攻击邯郸呢，这是难得的功劳哩。"攻击邯郸，就是去攻打那个假皇帝王郎。

彭宠一想，觉得挺对，可是，他手下的那些人有不同的意见，他们多数都想着去归顺王郎。大家的意见，不好违背啊。所以，彭太守也没有办法。

吴汉一看这个阵势，于是就辞职不干了，自己出来了。吴汉走到半道儿，停下了，心说，这样一走了之，也太没有意思了。何不想个办法去讹诈一下那些人？说不定还会有转机。可是，用什么办法呢？吴汉挠头半晌，也没有想出个办法来。

这时候，吴汉看到路上有一个儒生模样的人，他便使人把他召来，请他吃了个饭，问他听到了些什么。那个儒生因此说刘公所过之处，郡县都归心于他；邯郸那个妄自举尊号的，确实不是刘氏宗室，是个假冒伪劣产品。

吴汉大喜，从而触发了他的灵感。你王郎不是可以诈称皇帝吗？今天我也诈称一回。于是，他就诈为光武亲笔书信，移檄到渔阳，使儒生带着，去交给彭宠。还嘱咐那个儒生说，你把所听到的话去跟彭宠彭太守说说，让他们知道真实的情况。儒生吃了人家的请，自然很卖力，于是照办。随后，吴汉也跟着回到渔阳。

彭宠和吴汉再次相见的时候，二话没说，就决心归附刘秀了。于是，彭太守就派遣吴汉率兵与上谷诸将会师南进，所到之处击斩王郎将帅。

追及光武于广阿，拜吴汉为偏将军，相当于师长。待到攻拔邯郸以后，赐号建策侯。由此可见，这个吴汉，能够明辨是非，并且很有自己的主见。聪明才智也为人称道。

二、沉稳有力

【原文】

明年春，率建威大将军耿弇、虎牙大将军盖延，击青犊于轵西，大破降之。又率骠骑大将军杜茂、强弩将军陈俊等，围苏茂于广乐。刘永将周建别招聚收集得十余万人，救广乐。汉将轻骑迎与之战，不利，堕马伤膝，还营，建等遂连兵入城。诸将谓汉曰："大敌在前而公伤卧，众心惧矣。"汉乃勃然裹创而起，椎牛飨士，令军中曰："贼众虽多，皆劫掠群盗，'胜不相让，败不相救'，非有仗节死义者也。今日封侯之秋，诸君勉之！"于是军士激怒，人倍其气。旦日，建、茂出兵围汉。汉选四部精兵黄头吴河等，及乌桓突骑三千余人，齐鼓而进。建军大溃，反还奔城。汉长驱追击，争门并入，大破之，茂、建突走。汉留杜茂、陈俊等守广乐，自将兵助盖延围刘永于睢阳。永既死，二城皆降。

明年，又率陈俊及前将军王梁，击破五校贼于临平，追至东郡箕山，大破之。北击清河长直及平原五里贼，皆平之。时鬲县五姓共逐守长，据城而反。诸将争欲攻之，汉不听，曰："使鬲反者，皆守长罪也。敢轻冒进兵者斩。"乃移檄告郡，使收守长，而使人谢城中。五姓大喜，即相率归降。诸将乃服，曰："不战而下城，非众所及也。"

【译文】

第二年春，吴汉率建威大将军耿弇、虎牙大将军盖延，击青犊于轵西，大破并迫其投降。

又率骠骑大将军杜茂、强弩将军陈俊等，围苏茂于广乐。

刘永将周建另招聚收集得十余万人，救援广乐。

吴汉将轻骑迎与之战，不利，从马上坠落下来伤了膝部，回营，周建等于是连兵进城。

诸将对吴汉说："大敌在前而公因伤而卧，众心害怕了。"吴汉乃发怒变色裹好膝部创伤而起，杀牛饱飨士卒，传令军中说："贼众虽多，都是些劫掠的群盗，胜了各不相让，败了各不相救，并非有仗忠节愿为义而死的。今天是建功封侯的良机，诸君多加勉励。"于是军士激怒，士气倍增。

一早，周建、苏茂出兵围吴汉。

吴汉挑选四部精兵黄头吴河等，以及乌桓突骑三千多人，一齐鼓噪而进。

周建军大溃，反身奔回城中。

吴汉长驱追击，争门并力而入，大破建、茂军，苏茂、周建突围而走。

吴汉留杜茂、陈俊等守广乐，自己率兵助盖延围刘永于睢阳。

刘永死后，二城都投降了。

第三年，又率领陈俊及前将军王梁，击破五校贼于临平，追到东郡的箕山，大破贼军。

又北击清河长直及平原五里贼，都平定了。

当时鬲县五姓共同驱逐守长，占据县城而反。

诸将争着要进攻，吴汉不听，说："使鬲谋反的，都是守长的罪过。敢轻率冒险进兵的当斩。"就移檄告郡，让他们逮捕守长，而使人对城中表示感谢。

五姓大喜，就相继率众归降。

诸将于是心服，说："不战而使全城归降，不是他人所能做到的。"

【评点】

吴汉这个人，为人敦厚朴实，不是那种善于言语的人。加上他刚到刘秀麾下，人生地不熟的，有时候说起话来结结巴巴的，连自己的思想也不能很畅快地表达出来。结果是，很多人就没有把他当回事。邓禹他们知道这个情况，经过数次举荐，才使他得以和刘秀见面。可是，一旦和刘秀见上了面，他就立即引起了刘秀的赏识和信任。刘秀觉得这个人也是那种值得信赖、值得拥有的人，便常立在自己左右。刘秀不睡觉，他肯定不睡，尽职尽责。

那时候，刘秀和那个更始皇帝可以说已经面和心不和了。

刘秀想调发幽州兵马，连夜召见邓禹，问他谁能担当此任。邓禹说吴汉这个人勇鸷有智谋，诸将鲜能及。于是，光武帝便任命吴汉为大将军，命他持节到北方去征调十郡突骑，也就是精锐骑兵。

更始皇帝任命的幽州牧苗曾听到吴汉要来发兵，便暗中约束部队，下令各郡不得响应征召，意思是说你们甭听他的。吴汉率领二十骑人马一路疾驰而来，苗曾以为吴汉对他没有防备，就到路上去迎接。那意思是面儿上要做得好看一点，别丢了份儿啊。可是，令他没想到的是吴汉一见面，居然来了个先发制人，立即指挥部下擒住苗曾，咔嚓砍了头，直接把他的军权给夺了过来。

这一下可了不得了，整个幽州大为震骇，所有城邑都望风归附。吴汉便顺顺当当地调发十郡之兵南下，和刘秀在清阳（今河南南阳市南）会师。

更始帝派尚书令谢躬率六将进攻王郎，屡攻不下。刘秀率军到来，才共同平定了邯郸。谢躬手下将士，军纪散漫，常有侵扰掳掠之事，刘秀深以为忌，于是，两军都在邯郸，却分城而处。后来，刘秀设计将谢躬支走，趁谢躬不在，命吴汉和岑彭进袭邺城。吴汉派舌辩之士进城对陈康讲了一番道理："盖闻上智不处危以侥幸，中智能因危以为功，下愚安于危以自亡。危亡之至，在人所由，不可不察。今京师败乱，四方云扰，公所闻也。萧王兵强士附，河北归命，公所见也。谢躬内背萧王，外失众心，公所知也。公今据孤危之城，待灭亡之祸，义无所立，节无所成。不若开门内军，转祸为福，免下愚之败，收中智之功，此计之至者也。"陈康认为吴汉说得有理，便收捕刘庆和谢躬全家，放吴汉入城。谢躬在外面吃了败仗，返回邺城时，并不知道陈康已经反叛，他刚率领数百骑进入城门，就被吴汉埋伏的人马给擒获，吴汉亲手把他给杀了，收编了他的部队。

刘秀北征，吴汉常率五千精锐骑兵为先锋，屡次率先登城，攻破敌阵。河北平定之后，吴汉和诸将一起拥立刘秀即皇帝位，光武帝刘秀封吴汉为大司马，更封舞阳侯。

建武二年（26）春，吴汉率大司空王梁，建义大将军朱祐，大将军杜茂，执金吾贾复，扬化将军坚镡，偏将军王霸，骑都尉刘隆、马武、阴识等将领在邺东漳水大破檀乡农民军，收降十余万人，光武帝派使者定封他为广平侯，食广平、斥漳、曲周、广年四县。

建武三年（27）春，吴汉率建威大将军耿弇、虎牙大将军盖延在轵西进攻青犊军，青犊军兵败归降。不久，又率骠骑大将军杜茂、强弩将军陈俊等人在广乐（今河南虞城县西）包围了苏茂。苏茂原为绿林军将领，随朱鲔投降刘秀，后杀死淮阳太守潘蹇，占据广东，投降刘永，刘永封他为大司马淮阳王。时刘永部将周建招聚十万人马，赴救广乐。吴汉率领骑兵迎战，在这次战斗中，吴汉失利，不慎从马上摔下来，把膝盖给摔伤了，被手下抢回军营疗伤。

大将受伤，营中将士颇受影响。他们对吴汉说："大敌在前而公伤卧，众心惧矣。"（《后汉书·吴汉列传》）意思是，大敌当前，你这大当家的受伤起不来了，我们都很害怕啊，心里没有底，这个仗还怎么打啊！

吴汉听了这话，霍地挺身而起，把伤口包了包就出了营帐进行巡视，杀牛酾酒，犒劳士兵，对将士说："贼众虽多，皆劫掠群盗，'胜不相让，败不相救'，非有仗节死义者也。今日封侯之秋，诸君勉之！"（《后汉书·吴汉列传》）

意思是说他们那些贼人虽然很多，可是都是些乌合之众，怕了他们不成！吴汉豪气凌云，将士们也深受感染，士气倍增。

第二天，苏茂、周建出兵包围吴汉。吴汉挑选四部精兵和乌桓突骑三千多人，擂鼓呐喊，同时进击。周建大败。吴汉便留下杜茂、陈俊驻守广乐，自己则带着膝伤率兵到睢阳帮助盖延包围刘永。双方相持百余日，刘永粮尽突围，被盖延斩杀，睢阳归降。

建武四年（28），吴汉率陈俊及前将军王梁，在临平击破五校农民军。然后又北击清河长直及平原的农民军。同年冬，吴汉率建威大将军耿弇、汉忠将军王常等，在平原击败富平、获索的农民军。

建武五年（29）春，农民军率五万余人夜攻吴汉军营，军中惊乱，吴汉却坚卧不动，一会儿营中便安静下来。吴汉即夜发精兵出营突击，大破其军。然后追讨余党，直至无盐，进击勃海，皆平之。接着，又征董宪，围朐城。建武六年（30）春，攻克朐城，斩董宪。至此，东方平定，吴汉引兵还京。同年夏，隗嚣叛乱，朝廷又命吴汉屯兵长安。

在历次战斗中，吴汉都是以拼命三郎的气概，成为领军人物，不管遇到怎样的险情，他都会毫不畏惧，并且很懂得身先士卒，鼓舞士气。不少将领一见战阵失利就垂头丧气，惶悚不安，平日的风度威严全失。吴汉却不然，每到这时，他整厉战械，激扬士卒，不但毫不气馁，反而愈加意气风发。一次危难之际，光武帝派人去看吴汉，想了解他在干什么。回报说，大司马（吴汉）正在修制攻战之具。光武帝深有感慨，说："吴公差强人意，隐若一敌国矣！"（《后汉书·吴汉列传》）由于他处变不惊，沉稳有力，所以往往能转败为胜，转危为安。围攻广乐，他裹伤勉士，失利成都，他闭营砺兵，都是很好的化险为夷的战例。每次出兵，吴汉早上接受命令，晚上就可上路，根本不用整顿准备的时间；在朝廷任职，朴讷谨慎，形于体貌。他出征时，妻子在后方买了一些田产，待他归来，却都送给了故旧亲友。他说："军师在外，吏士不足，何多买田宅乎！"（《后汉书·吴汉列传》）吴汉在建武年间，居于高位，常受倚重，与他沉稳不惊、强力谨质的个性很有关系。

三、并非高大全

【原文】

二十年，汉病笃。车驾亲临，问所欲言。对曰："臣愚无所知识，唯愿陛下慎无赦而已。"及薨，有诏悼愍，赐谥曰忠侯。发北军五校、轻车、介士送葬，如大将军霍光故事。

【译文】

建武二十年（44），吴汉病危。

光武亲临看望，问吴汉有什么话交代。

吴汉说："臣愚昧无知，只愿陛下慎重不要轻易赦免我从前犯下的过错而已。"等到去世，有诏书悼悯，赐谥号忠侯。

发北军五校、兵车、甲士为其送葬，如大将军霍光以前的丧礼一样。

【评点】

在征战的过程中，吴汉最突出的个性是拼命三郎般的英勇。可是，这种个性虽然很好，可往往会流于鲁莽的极端。

这么说，不是没有根据的。攻陇兵败，便是一个最好的例证。

建武八年（32），吴汉随光武帝攻陇，于西城围困了隗嚣。光武帝对吴汉说："诸郡甲卒但坐费粮食，若有逃亡，则沮败众心，宜悉罢之。"（《后汉书·吴汉列传》）意思是说，有些兵士没有什么战斗力，是打不了仗的，在这里唯一的作用就是充个人数，浪费军粮，还是及早遣散了吧。

可是，刘秀的这个主意，吴汉没有听。为什么不听啊？吴汉有些贪功心切，觉得人多力量大啊，这么雄厚的势力，此战将会速战速决，于是，并没有精兵简政，而是全留下来实行全力进攻。可是，问题就接踵而来了，到了后来粮食日渐减少，将士打仗累，又吃不饱，便惧怕打仗，有很多就当逃兵，逃跑了。结果，等到公孙述派兵来救隗嚣的时候，汉军就吃了败仗。

建武十一年（35）春，征讨公孙述时，光武帝下诏告诫吴汉："成都十余万众，不可轻也。但坚据广都，待其来攻，勿与争锋。若不敢来，公转营迫之，须其力疲，乃可击也。"（《后汉书·吴汉列传》）当时，吴汉接连获胜，士气正旺，并未听从光武帝的告诫，竟乘胜自率步骑兵二万余人进逼成都。当进至距成都十余里处，于江水北岸扎营，并于江上架设浮桥，派副将刘尚率兵万余人屯驻于江水南岸，南北两营地相距二十余里。光武帝得知吴汉如此部署兵力，吓坏了，紧急下诏书责备："比敕公千条万端，何意临事勃乱！既轻敌深入，又与尚别营，事有缓急，不复相及。贼若出兵缀公，以大众攻尚，尚破，公即败矣。幸无它者，急引兵还广都。"（《后汉书·吴汉列传》）然诏书未到，公孙述已派其将谢丰、袁吉率兵十余万人，分为二十多营进攻吴汉。又派将率兵万余人袭劫刘尚营寨，企图使汉军不得相救。吴汉率军与敌大战一天，兵败而退回营垒，谢丰乘势包围了吴汉军。

俗话说，听人劝，吃饱饭。吴汉这是第二次因鲁莽而吃大亏了。勇猛过了，谓之鲁莽也。

不过，要说吴汉这个人，还的确是一个将才。他见形势危急，召集众将激励他们说："吾共诸君逾越险阻，转战千里，所在斩获，遂深入敌地，至其城下。而今与刘尚二处受围，势既不接，其祸难量。欲潜师就尚于江南，并兵御之。若能同心一力，人自为战，大功可立；如其不然，败必无余。成败之机，在此一举。"（《后汉书·吴汉列传》）众将应诺。于是，吴汉飨士秣马，闭营三日不出，并在营内遍插旌旗，使烟火不绝，以迷惑蜀军。第三天夜里，率军潜出城围衔枚疾走，过江与刘尚部会合。谢丰等人竟然没有发觉。第二天，谢丰仍分兵一部抵御江北汉军，自率主力进攻江南汉军。吴汉亲自指挥全军力战，从早到晚，终于大败敌军，斩杀敌将谢丰、袁吉。于是，吴汉乘胜率军还守广都，留下刘尚所部继续抵御公孙述，并把有关战况写成奏状上报光武帝，深切痛责自己的过失。

光武帝阅后批复道："公还广都，甚得其宜，述必不敢略尚而击公也。若先攻尚，公从广都五十里悉步骑赴之，适当值其危困，破之必矣。"（《后汉书·吴汉列传》）此后，吴汉率军同公孙述军交战于广都至成都之间，前后八战八捷，并进驻于成都外城。公孙述请计于延岑，延岑说："男儿当死中求生，可坐穷乎！财物易聚耳，不宜有爱。"（《后汉书·公孙述列传》）公孙述乃听从延岑之计，拿出国库中全部财货珍奇，招募了五千名敢死之士，交给延岑率领。延岑在成都市桥假设旗帜，鸣鼓挑战，暗地里却派遣奇兵，绕到背后，袭击汉军。仓促中，吴汉堕入水中，侥幸拽住马尾，好不容易才爬上水来。此役吴汉受挫严重，且军中粮草不支，想暂时撤除成都之围。蜀郡太守张堪料定公孙述必败，劝他不要撤兵，吴汉从之。果然是记住了教训。吴汉终于肯听人劝诫。

最后，吴汉派护军高午、唐邯率领数万精锐部队迎击公孙述。公孙述兵败逃走，高午奋勇追击，冲进敌阵挥枪猛刺，刺穿公孙述胸部，公孙述坠马，手下人将其抬回城去。他将兵权交给延岑执掌，当夜死去。第二天，延岑见大势已去，举城投降，吴汉斩公孙述首级传送洛阳，蜀地遂平。

建武十二年（36）正月，吴汉率军浮江而下围攻成都，诛其首领二百余人，迁其众与数百家到南郡、长沙，然后率军回京。

勇猛之人，体内多少都会存在着鸷狠残忍的一面。吴汉经常放纵部下劫掠乡里，邓奉叛汉，就是因为他的故乡新野被吴汉部众劫掠骚扰。公孙述死，延岑出降，吴汉居然杀死公孙述的妻子儿女，灭尽他的家族，把延岑也灭了族。并且，任凭士卒大肆掠房，焚烧宫室，摧残人民。史载，光武帝听到消息，勃然大怒，严厉地谴责了他。光武帝还下诏切责吴汉的副将刘尚，诏书说："城降之日，吏人从服，孩儿老母，口以万数，一旦放兵纵火，闻之可为酸鼻！（刘）尚宗室子孙，尝更吏职，何忍行此？仰视天，俯视地，观放麑啜羹，二者孰为仁？良失斩将吊人之义也！"

建武二十年（44），吴汉病重，光武帝亲临探视，问他有什么话要说。吴汉回答："臣愚无所知，唯愿陛下慎无赦而已。"（《后汉书·吴汉列传》）人之将死，其言也善。临终的人，多会回顾一生，吴汉之所以这么说，还是比较客观的。由此可以看出，临终前，人的总结往往都是比较客观的，也是比较深刻的。弘一法师临终前，写下了四个字，即"悲欣交集"。

再完美的玉石，也有瑕疵。吴汉固然有种种缺陷，可瑕不掩瑜，总体说来，此人还是可圈可点、令人敬佩的。尤其在临终前说出那话来，让世人明白，此人是真实的，不是虚伪的。做人就当如此。能够真心自责的人，就是真实的，就是可爱的。

第二节　盖　延

华丽的转身

【原文】

复追败周建、苏茂于彭城，茂、建亡奔董宪，董宪将贲休举兰陵城降。宪闻之，自郯围休。时延及庞萌在楚，请往救之。帝敕曰："可直往捣郯，则兰陵必自解。"延等以贲休城危，遂先赴之。宪逆战而阳败，延等逐退，因拔围入城。明日，宪大出兵合围，延等惧，遽出突走，因往攻郯。帝让之曰："间欲先赴郯者，以其不意故耳。今既奔走，贼计已立，围岂可解乎！"延等至郯，果不能克，而董宪遂拔兰陵，杀贲休。延等往来要击宪别将于彭城、郯、邳之间，战或日数合，颇有克获。帝以延轻敌深入，数以书诫之。

【译文】

再追击击败周建、苏茂于彭城，苏茂、周建逃奔董宪，董宪部将贲休举兰陵城投降。

董宪听到，自郯围贲休。

当时盖延及庞萌在楚，请求前往援救。

帝命令说："可直往捣郯，兰陵之围必解。"盖延等以贲休城危，于是先赴。

董宪迎战而诈败，盖延等将其逐退，因而破围入城。

第二天，董宪大出军合围，盖延军畏惧，急忙出城突围而走，因往攻郯。

帝责备说："原来令你先赴攻郯，是出敌不意。现在既已奔走，贼军的计谋已立定了，兰陵之围岂可解吗？"盖延等到郯，果然攻不下，而董宪就攻拔了兰陵，杀了贲休。

盖延等往来邀击董宪别将于彭城、郯、邳之间，或者每天战上数合，略有些收获。

帝以盖延轻敌深入，几次以诏书训诫。

【评点】

盖延字巨卿，渔阳郡要阳县人。这个人身高八尺，并且，他的力气出奇地大，是出名的大力士。三百斤重的弓，他能拉满。当时，那边的风俗是崇尚勇力，而这个盖延，就以勇气而闻名遐迩。

后来，他做了郡列掾和州从事，并且，在每一个工作岗位上都兢兢业业，办事尽职尽责，总是受到领导的肯定和同事的好评。

彭宠为太守，召盖延署职营尉，代理护军。

王郎那个假冒的皇帝兴起的时候，吴汉不是设法弄了一张刘秀的假诏书吗？他让盖延和属下都心悦诚服地归顺了光武。当时，盖延也有份儿。那事，他也参与了。

及至后来，盖延到广阿，拜为偏将军，号为建功侯，跟着光武平定河北，一路征战。

光武即位，就提拔盖延为虎牙将军。

建武二年（26），更封为安平侯。

派他南击敖仓，转攻酸枣县、封丘县，分配给的工作任务，他也都尽职尽责地完成了，那几个城市都给攻拔了。

他是一名虎将，在刘秀征战山东时功劳卓越，先后讨伐刘永、董宪、苏茂、周建、庞萌等人。后来在平定陇西战争中，接连攻取街泉、略阳、清水诸屯聚，攻无不克。建武十一年（35），与中郎将来歙攻河池，结果未能取胜，反而病重。刘秀诏回以后，拜为左冯翊。建武十五年（39），病死。

然而，这个人物可圈点的，并不是他卓越的功劳。要说功劳，在云台二十八将中，还轮不到他。他的亮点在哪里呢？

一个人的闪光点，不完全在于他天生具有的优秀品质，有时候，也在于他性格的转变。这个转折，有时候可以看作是他最大的闪光点。

盖延最大的闪光点，就在于他性格的变化。

盖延是一员勇猛无比的虎将，在历次战斗中总是冲劲十足，杀伤力惊人，常常所向披靡。这种强劲的势头，往往会滋生骄傲自满，甚至是自负的情绪。

所以，盖延好几次轻敌，深入险境。这样是非常冒险的。所以，光武觉察到了这个苗头之后，就劝告他好几次，给他指出不足，让他引以为戒。

他的好处是，经过光武几次训诫，他还真听取了意见，转变了自己的那些坏习惯，这样一来，在以后的战斗中，就稳扎稳打，取得了更加优秀的成绩。

俗话说，知错就改，就是好孩子。盖延知错就改，就是好将军。

盖延的这次华丽转身，要比吴汉强。吴汉也是屡次冒进，光武帝也是多次训诫，可收效甚微，直到他临终前，皇帝问他还有什么话要说的时候，才说出了一句悔恨的话来。虽然也是好的，但是，那个转身若是来得早一些，岂不更好？

第三节　臧　宫

一、有勇有谋

【原文】

十一年，将兵至中卢，屯骆越。是时公孙述将田戎、任满与征南大将军岑彭相拒于荆门，彭等战数不利，越人谋畔从蜀。宫兵少，力不能制。会属县送委输车数百乘至，宫夜使锯断城门限，令车声回转出入至旦。越人候伺者闻车声不绝，而门限断，相告以汉兵大至。其渠帅乃奉牛酒以劳军营。宫陈兵大会，击牛酾酒，飨赐慰纳之，越人由是遂安。

宫与岑彭等破荆门，别至垂鹊山，通道出秭归，至江州。岑彭下巴郡，使宫将降卒五万，从涪水上平曲。公孙述将延岑盛兵于沈水，时宫众多食少，转输不至，而降者皆欲散畔，郡邑复更保聚，观望成败。宫欲引还，恐为所反，会帝遣谒者将兵诣岑彭，有马七百匹，宫矫制取以自益，晨夜进兵，多张旗帜，登山鼓噪，右步左骑，挟船而引，呼声动山谷。岑不意汉军卒至，登山望之，大震恐。宫因从击，大破之。斩首溺死者万余人，水为之浊流。延岑奔成都，其众悉降，尽获其兵马珍宝。自是乘胜追北，降者以十万数。

军至平阳乡，蜀将王元举众降。进拔绵竹，破涪城，斩公孙述弟恢，复攻拔繁、郫。前后收得节五，印绶千八百。是时大司马吴汉亦乘胜进营逼成都。宫连屠大城，兵马旌旗甚盛，乃乘兵入小雒郭门，历成都城下，至吴汉营，饮酒高会。汉见之甚欢，谓宫曰："将军向者经房城下，震扬威灵，风行电照。然穷寇难量，还营愿从它道矣。"宫不从，复路而归，贼亦不敢近之。

【译文】

建武十一年（35），率兵到中卢县，屯兵骆越。

这时公孙述部将田戎、任满与征南大将军岑彭相拒于荆州，岑彭等数战不利，越人准备谋反归蜀。

臧宫兵少，力不能制。

恰好各属县送转运车辆数百乘到，臧宫乘夜派人锯断城门门槛，推车出入，令车声响到清晨。

越人侦察者听到车声不断，而城门门槛也断了，互相通报说汉兵大队伍到了。

其大帅乃奉献牛酒以慰劳军营。

臧宫陈兵大会，杀牛酾酒，飨赐慰劳接纳，越人由此逐步安定下来。

臧宫与岑彭等破荆门，另到垂鹊山，通道出秭归，到江州。

岑彭攻下巴郡，使臧宫率领投降士卒五万，从涪水上平曲。

公孙述部将延岑以大军陈于沈水，这时臧宫兵多粮少，运输不到，五万降卒都想散伙反叛，各郡邑都只想自保，以观望成败。

臧宫想引兵回去，恐为降卒所反。

恰逢这时帝派谒者率兵到岑彭部下，有马七百匹，臧宫假托帝旨取来武装自己，乘夜进兵，多张旗帜，登山击鼓呼号，右是步兵左是骑兵，挟着船只而进，呼号之声震动山谷。

延岑不意汉兵骤到，登山观望，极为震恐。

臧宫因而纵兵进击，大破蜀兵，斩首及溺死者万余人，水都染红了。

延岑奔回成都，其部众全部投降，全部俘获了蜀的兵马珍宝。

自此乘胜追击，蜀兵投降的达十万人。

进军到平阳乡，蜀将王元举众投降。

进军攻拔绵竹，破涪城，斩公孙述弟公孙恢，再攻拔繁县、郫县。

前后收得符节五，印绶一千八百。

这时大司马吴汉也乘胜进兵直逼成都。

臧宫连克大城，兵马旌旗都很强盛，就纵兵入小雒郭门，经巡成都城下，到吴汉营，饮酒大宴会。

吴汉见他很欢喜，对臧宫说："将军来时经贼兵城下，震扬了威力，行走如风，照耀如电。然而穷寇难以估量，回去时希望你改行他道。"臧宫不听，仍从原路而归。

贼兵也不敢接近。

【评点】

臧宫是一个勇敢的大将。他年轻的时候在县里做亭长、游徼，后来，率领自己的那帮子宾客加入下江兵，当了一个校尉。从此，他就跟着光武征战南北，出生入死。路遥知马力，日久见人心。经过一次次的战斗，军中上下都一致认为这个人英勇善战，颇受好评。于是，他的威名大振。

光武考察他，了解到这个人很勤快，也勇敢，能够脚踏实地地拼命工作，并且，话不多，不张扬。于是，就很亲切地接见他，从而留下了非常好的印象。等到了河北以后，光武就封他为偏将军。勇敢的臧宫果然不辱使命，在历次战斗中均表现不俗，多次身先士卒，冲锋陷阵，击退敌军，屡立战功。等到光武即位的时候，就以他为侍中、骑都尉。

臧宫的有勇有谋，在历次战斗中，均表现得淋漓尽致。

建武十一年（35），公孙述部将田戎、任满与征南大将军岑彭相拒于荆州，岑彭等数战不利，越人准备谋反归蜀。这时的情形是非常危急的。当时，臧宫兵少，起不到多么大的决定性作用。巧的是，各属县送转运车辆数百辆，到了这里，臧宫心生一计，立即连夜派人把城门的门槛给锯断了，然后命人将那几百辆车推着进来，又推车出去，如此往返不止，并且故意把推车的声音弄得很响，一直到了清晨。

越人当然派侦察兵刺探消息啊。那刺探者听到车声不断，并且连城门门槛也轧断了，就觉得吃惊。那是什么阵势啊！那得多少车辆、多少人马啊？于是，越人当中就互相通报说汉兵的大部队到了。

越人就赶紧奉献牛肉和美酒，从此逐步安定下来，不再想着谋反而投奔公孙述了。

后来，岑彭攻下巴郡，使臧宫率领投降士卒五万，从涪水上平曲。

公孙述的部将延岑派大军陈于沈水，重兵把守。这时候的臧宫兵多粮少，并且后援跟不上，吃的喝的都成了问题，那归降来的五万降卒一看这个形势，就都想散伙反叛，各郡邑也都只想着自己保自己，来个坐山观虎斗，以观望成败，然后再做决定。于是，所有的目光，就聚集到臧宫这里了。如果带着兵回去呢，那些降卒肯定要谋反。形势不容乐观啊。怎么办呢？

恰逢这时光武帝派谒者率兵到岑彭部下，有马七百匹。这可是一个好机会。臧宫一想，就来了一个假托帝旨，跟那个吴汉假托圣旨一样，将那七百匹马取来武装自己，趁着夜色进兵，弄了很多大旗，并让人在山上使劲击鼓呼号，大造声势，同时，还要步兵、骑兵左右开工，挟着船只而进，呼号之声震动山谷。那阵势，好家伙，简直是地动山摇、惊心动魄啊。

那个延岑意想不到，汉兵怎么忽然来了这么多啊！他登山观望，极为震恐。

臧宫因而纵兵进击，大破蜀兵，斩首及溺死者万余人，水都染红了。兵家说，兵不厌诈。这是兵法。由此可见，臧宫是很有军事头脑的，他的勇敢和谋略，让他在战争中威名大振。吴汉很是欣赏他，光武帝也很欣赏他。

二、当怀大仁之心

【原文】

后匈奴饥疫，自相分争，帝以问宫，宫曰："愿得五千骑以立功。"帝笑曰："常胜之家，难与虑敌，吾方自思之。"二十七年，宫乃与杨虚侯马武上书曰："匈奴贪利，无有礼信，穷则稽首，安则侵盗，缘边被其毒痛，中国忧其抵突。虏今人畜疫死，旱蝗赤地，疫困之力，不当中国一郡。万里死命，县在陛下。福不再来，时或易失，岂宜固守文德而堕武事乎？今命将临塞，厚县购赏，喻告高句骊、乌桓、鲜卑攻其左，发河西四郡、天水、陇西羌胡击其右。如此，北虏之灭，不过数年。臣恐陛下仁恩不忍，谋臣狐疑，令万世刻石之功不立于圣世。"诏报曰:"《黄石公记》曰，'柔能制刚，弱能制强'。柔者德也，刚者贼也，弱者仁之助也，强者怨之归也。故曰有德之君，以所乐乐人；无德之君，以所乐乐身。乐人者其乐长，乐身者不久而亡。舍近谋远者，劳而无功；舍远谋近者，逸而有终。逸政多忠臣，劳政多乱人。故曰务广地者荒，务广德者强。有其有者安，贪人有者残。残灭之政，虽成必败。今国无善政，灾变不息，百姓惊惶，人不自保，而复欲远事边外乎？孔子曰:'吾恐季孙之忧，不在颛臾。'且北狄尚强，而屯田警备传闻之事，恒多失实。诚能举天下之半以灭大寇，岂非至愿；苟非其时，不如息人。"自是诸将莫敢复言兵事者。

宫永平元年卒，谥曰愍侯。

194

后来匈奴发生饥荒病疫，内部自相纷争，帝以此问臧宫，臧宫说："愿率五千骑以立功。"帝笑着说："常胜之家，难与谋划敌国之事，我正自己考虑哩。"建武二十七年（51），臧宫与杨虚侯马武上书奏说："匈奴贪利，没有礼信，穷则以头叩地称臣，安定则向外侵盗，边境被其荼毒创痛，中国忧其顶撞唐突。现在匈奴人畜疫死，旱蝗将地上之物食尽，病疫困顿，其力量抵不住中国的一个郡。万里垂死的生命，悬诸陛下之手。时机易失，福不再来，怎么能固守文德而废弃武事呢？现在派遣大将到塞北，重金悬赏，喻告高句丽、乌桓、鲜卑发兵攻其左，发河西四郡兵马并天水、陇西羌胡攻其右。这样，北虏之灭，不过数年即可成功。臣恐陛下仁恩不忍，谋臣疑惑，以至万世刻石树碑之功不立于当代圣世。"

诏书回答说："《黄石公记》上说：'柔能制刚，弱能制强。'柔就是德，刚就是贼，弱者有仁为之帮助，强者是怨恨的归宿。所以说有德之君，以其所乐者乐人；无德之君，以其所乐而独乐其身。能乐人者其乐必长久，独乐其身者不久而亡。舍近谋远的，往往劳而无功；舍远谋近的，往往安逸而有终局。政治安逸就多忠臣，政事劳苦就多乱人。所以说力求扩大地盘的反而荒芜，力求推行德政的就会强盛。以自己所有为满足的得到安宁，贪人家之所有的导致毁灭。残暴之政，虽成于一时最终必败。现在国家没有良好的政治，灾变不停息，百姓惊震惶恐，人民不能自保，还想远征边外吗？孔子说：'我恐怕季孙的忧患，不在颛臾。'且北狄还很强大，从屯田警备传闻得来的情报，常片面而失真实。果然能举天下之一半而灭大寇，难道不是最大的愿望吗？但如果不得其时，那就不如让人们休养生息。"自此以后诸将没有哪个敢再谈兵事的了。

臧宫于永平元年（58）去世，谥为愍侯。

【评点】

作为一名将军，臧宫可以说是合格的，也是受人敬仰的。因为，作为一名大将，就是应该将战胜敌人作为己任。于是，当他得知那时候匈奴遭遇了瘟疫，人和牲畜大量死亡，旱灾和蝗虫灾害蔓延，让整个匈奴国力下降，粮食殆尽，其力量抵不住中国的一个郡，他很兴奋。也就是说，他们的生死，就在一线间。他们的命运就决定在大汉皇帝的手上。现在，要是去征讨，必胜无疑。甚至，只费吹灰之力，就可以把匈奴给灭了。机不可失，时不再来啊。在这样千载难逢的机会面前，我们怎么能固守文德而废弃武事呢？怎么可以放弃武装征讨扩大地盘的机会呢？现在派遣大将到塞北，用重金悬赏收买高句丽、乌桓、鲜卑发兵攻其左侧，发河西四郡兵马连同天水、陇西羌胡一起攻匈奴的右翼。这样，匈奴的灭亡，就是不过数年之间的事情。

但是，臧宫看到，在这样的机会面前，由于光武皇帝仁义不忍心，大有错失良机的趋势。于是，他很着急，给光武皇帝提醒说这样的千秋功勋，应该立在您的身上啊。

如此看来，臧宫是将处于灾难中的匈奴，看成是征讨的最佳时机。当然，他作为一名东汉大将，有这样的思想，当然也是无可厚非的。因为，这是一个大将的天职。可是，有时候，一个人的天职，会和更高层面的道德有所违背。这样的情况是经常存在的。这是一个矛盾。

光武帝跟他说的话，就充分证明了这一点。不管是什么样的天职，在人类大爱面前，应该有所通融，有所变通。也就是说，大爱之心，要高于一切。

光武帝在诏书上说，《黄石公记》上有这样的话："柔能制刚，弱能制强。"柔就是德，刚就是贼，弱者有仁为之帮助，强者是怨恨的归宿。所以说有德之君，以其所乐者乐人；无德之君，以其所乐而独乐其身。乐人者其乐必长久，独乐其身者不久而亡。想尽办法扩大自己的地盘，不择手段，最后当然是连自己原来的地盘也走向荒芜，而想尽一切办法推行德政的就会强盛。所以，人要学会知足，以自己所拥有的为满足，就会得到安宁，而吃着碗里的看着锅里的，贪图人家的东西，动私心，起贪欲，再不择手段地去掠夺、争取，最后迟早会走向失败，奔向灭亡的。

其实，想一想，那些贪官污吏就是因为拥有这样不满足的心，最后走向灭亡的。

光武的训诫，很有道理，自此以后诸将没有哪个敢再谈兵事了。当然，臧宫也是没有再提了。他从光武帝的训诫中，领悟到了思想精髓。也就是说，他的思想境界得到了升华。乐人者其乐必长久，独乐其身者不久而亡。常怀大爱之心，这比什么功勋都要伟大。

卷十九　耿弇传

第一节　心中有盏照明灯

【原文】

　　更始见光武威声日盛，君臣疑虑，乃遣使立光武为萧王，令罢兵与诸将有功者还长安；遣苗曾为幽州牧，韦顺为上谷太守，蔡充为渔阳太守，并北之部。时光武居邯郸宫，昼卧温明殿。弇入造床下请间，因说曰："今更始失政，君臣淫乱，诸将擅命于畿内，贵戚纵横于都内。天子之命，不出城门，所在牧守，辄自迁易，百姓不知所从，士人莫敢自安。掳掠财物，劫掠妇女，怀金玉者，至不生归。元元叩心，更思莽朝。又铜马、赤眉之属数十辈，辈数十百万，圣公不能办也。其败不久。公首事南阳，破百万之军；今定河北，据天府之地。以义征伐，发号响应，天下可传檄而定。天下至重，不可令它姓得之。闻使者从西方来，欲罢兵，不可从也。今吏士死亡者多，弇愿归幽州，益发精兵，以集大计。"光武大说，乃拜弇为大将军，与吴汉北发幽州十郡兵。弇到上谷，收韦顺、蔡充斩之；汉亦诛苗曾。于是悉发幽州兵，引而南，从光武击破铜马、高湖、赤眉、青犊，又追尤来、大枪、五幡于元氏，弇常将精骑为军锋，辄破走之。光武乘胜战顺水上，虏危急，殊死战。时军士疲弊，遂大败奔还，壁范阳，数日乃振，贼亦退去，从追至容城、小广阳、安次，连战破之。光武还蓟，复遣弇与吴汉、景丹、盖延、朱祐、邳肜、耿纯、刘植、岑彭、祭遵、坚镡、王霸、陈俊、马武十三将军，追贼至潞东，及平谷，再战，斩首万三千余级，遂穷追于右北平无终、土垠之间，至俊靡而还。贼散入辽西、辽东，或为乌桓、貊人所钞击，略尽。

　　光武即位，拜弇为建威大将军。

更始见光武声威日盛，君臣产生疑虑，于是遣使者立光武为萧王，令他罢兵与诸将中有功劳的一起回长安；派遣苗曾为幽州牧，韦顺为上谷太守，蔡充为渔阳太守，兼并北方。

这时光武住邯郸宫，白天卧在温明殿。

耿弇进入卧室，到床前乘光武有暇时，说："今更始政治混乱，君臣淫乱，诸将在京畿之内擅自作威作福，王公贵戚们在京都纵横暴虐。天子之命，出不了城门，下面的州牧郡守，动不动就被迁徙更换，百姓不知所从，士民莫敢自安。掳掠财物，劫掠妇女，怀有金玉的大富显贵，没有能生还的。平民百姓捶胸顿足，反而更思王莽朝。又铜马、赤眉之属数十辈，每辈拥众数十百万，更始不能有成。更始的失败为期不远。公首举义旗于南阳，破百万之军；今平定河北，据有天府之地。以大义讨伐，发出号令，群起响应，天下只要传示檄文就可以平定。天下是最为重要的，不可让他姓得到。听说有使者从西方来，要你罢兵，千万莫听。今官吏士卒死亡的多，我愿回幽州去，增发精兵，以成大计。"光武大悦，就拜耿弇为大将军，与吴汉北发幽州十郡的兵马。

耿弇到上谷，收拾更始派出的太守韦顺、蔡充并把他们杀了；吴汉也杀了更始派出的幽州牧守苗曾。

于是尽发幽州兵，引而南向，跟从光武击破铜马、高湖、赤眉、青犊，又追尤来、大枪、五幡于元氏，耿弇常常率领精骑为先锋部队，将贼兵攻破驱走。

光武乘胜战顺水上，贼危急，作拼死战。

这时军士疲惫，于是大败奔回，筑壁垒坚守于范阳，几天后才振作起来，贼兵也退走了，跟踪追到容城、小广阳、安次，连战都胜。

光武回蓟，再派遣耿弇与吴汉、景丹、盖延、朱祐、邳彤、耿纯、刘植、岑彭、祭遵、坚镡、王霸、陈俊、马武十三将军，追贼到潞东，到平谷，再战，斩首一万三千余级，于是穷追于右北平无终、土垠之间，到俊靡而还。

贼散入辽西、辽东，或被乌桓、貊人所抄击，大多完蛋。

光武即位，拜耿弇为建威大将军。

【评点】

耿弇是东汉开国名将，字伯昭。扶风茂陵（今陕西兴平东北）人。少而好学，尤爱兵事。耿弇久经战阵，用兵重谋，战功显著，共收取四十六郡、三百余城。在东汉中兴功臣——云台二十八将中，耿弇排名第四。他勇猛善战，用兵灵活，指挥果断，富于创造，是中国战争史上卓越的军事天才。

耿弇的父亲叫耿况，字侠游，以明经为郎，与王莽堂弟王伋一起从安丘先生学习《老子》，后任上谷太守。耿弇年少好学，熟习父业。因为常看到郡尉考选骑士时建旗设鼓、肄习驰射的场面，由此喜好将帅之事。公元23年，王莽政权灭亡，更始帝刘玄即位，派诸将攻略四方。将领们大都握有重权，擅作威福，动不动就撤换原来的郡守、县令。耿弇的父亲耿况就是王莽任命的，因而心存疑惧，觉得心里不踏实。当时耿弇仅二十一岁，他看见父亲为难，便自告奋勇，代父亲进京上书，去的时候，他带了一部分方物进贡。方物是什么啊？方物就是土特产。为什么呢？就为了以求自固。

耿弇行到宋子县（今河北省赵县东北），适逢王郎假冒汉成帝的儿子刘子舆在邯郸起兵。跟耿弇一起来的郡吏孙仓、卫包在半路上一看这个情形，就在途中商议，要就近投靠王郎算了。耿弇手按宝剑，凛然说道："子舆（王郎）弊贼，卒为降虏耳。我至长安，与国家陈渔阳、上谷兵马之用，还出太原、代郡，反复数十日，归发突骑以轥乌合之众，如摧枯折腐耳。观公等不识去就，族灭不久也！"

那意思是说你们真不知道个好歹，他王郎是自取灭亡，你们跟他混，没有好果子吃。孙仓、卫包鼠目寸光，当然不听他的话，归顺了王郎。在世界上混，人是要站队的。不站队，会孤立无援。站错了队，往往后果不容乐观。耿弇在这个关键时刻，头脑一直是清醒的，坚决不站错队，心中有杆秤，方向感很强。

当时，刘秀为更始帝的大司马，正在巡行河北郡县。耿弇听说刘秀在卢奴（今河北定县），便昼夜兼行，前去拜见。刘秀任命他为门下吏。耿弇去见护军朱祐，提出要回上谷发兵，帮助国家平定王郎。刘秀听到后笑着说："小儿曹乃有大意哉！"意思是说你这个小伙子居然有这么大的志向啊？耿弇的建议没有被采纳，只得随刘秀继续巡行。

一行人到达冀县，这时王郎的追兵已经迫近蓟县，刘秀召集手下将领商量方略，准备南归。耿弇又勇敢地站了出来，再次提出建议："如今敌兵从南方来，我们不可以南行。渔阳太守彭宠，是您的同乡；上谷太守，是我的父亲。征发这两郡弓箭骑兵一万人，王郎就不难对付了。"但是，刘秀的心腹官员是南方人，不同意北行，都说："即便死了，头还要向着南方，为什么要北进入人囊中呢？"刘秀指着耿弇，以信任的口吻说："这是我北方路上的主人！"不巧的是，这时蓟县有人作乱，响应王郎，刘秀率兵仓促南行，手下官属失散。耿弇只身逃回昌平。他说服父亲耿况派寇恂到渔阳与彭宠定约，各发突骑二千，步兵千人。而后，耿弇和景丹、寇恂以及渔阳郡将士合兵南下，沿途击杀王郎大将、九卿、校尉以下官吏四百多人，平定二十二个县，接着在广阿见到了刘秀。当时，刘秀正在进击王郎，谣传上谷、渔阳二郡兵马为救王郎而来，部众都很担心。等到耿弇等人到刘秀营中拜见，人们才放下心来。刘秀大喜过望，说："当与渔阳、上谷士大夫共此大功！"当即任命耿弇等人为偏将军，加封耿况为大将军、兴义侯，允许他自置偏裨。从此，耿弇铁了心追随刘秀，栉风沐雨，东征西讨，直到打出一个东汉王朝。

迷局中不偏离方向，混沌中心有明灯，唯有如此，才能成就大事。耿弇无疑做到了。他的这种坚定意志，很值得如今处在价值观多元化，诱惑多多的环境中的我们来借鉴学习。随着社会经济的进一步发展，现在的人们，总是时不时地遇到种种机遇、种种诱惑，本来的理想和目标，常常被半路杀出来的诱惑和机遇所迷惑，从而偏离了方向，抓了芝麻，丢了西瓜，最后不禁后悔不迭。

所以，现在的人啊，要如耿弇一样，抱定坚定的信心，持之以恒，才能成功。

平定王郎之后，刘秀声威日盛，引起了更始帝刘玄的猜疑。更始派使者宣诏，封刘秀为萧王，让他罢兵，率领有功将领回长安；同时派苗曾为幽州牧，韦顺为上谷太守，蔡充为渔阳太守，一起北行上任。更始此举显然是想明升暗降，瓜分刘秀的地盘。此时的刘秀内心非常矛盾，他既不想交出兵权，任人宰割，又不敢公开背叛更始帝。这种情况下，内心那个纠结啊！此时最需要有人跟他推心置腹地聊一聊。

一天，刘秀在邯郸宫温明殿昼寝，耿弇看见他有空，就来到刘秀床前，说出一番石破天惊的话来："今更始失政，君臣淫乱，诸将擅命于畿内，贵戚纵横于都内。天子之命，不出城门，所在牧守，辄自迁易，百姓不知所从，士人莫敢自安。掳掠财物，劫掠妇女，怀金玉者，至不生归。元元叩心，更思莽朝。又铜马、赤眉之属数十辈，辈数十百万，圣公不能办也。其败不久。公首事南阳，破百万之军；今定河北，据天府之地。以义征伐，发号响应，天下可传檄而定。天下至重，不可令他姓得之。闻使者从西方来，欲罢兵，不可从也。今吏士死亡者多，弇愿归幽州，益发精兵，以集大计。"

从后来的实际情况来看，耿弇的这一建议，确实把天下形势分析得非常透彻，可以说是体现了非凡的战略眼光，完全可以同当年韩信的"汉中对"及后来诸葛亮的"隆中对"相媲美。刘秀一边听耿弇分析，一边点头，他的眉头渐渐舒展开来，萦绕心中多日的疑云一扫而光，当即下定决心与更始决裂。做出这个天大的决定，是需要勇气的，这个勇气，耿弇确实起到了很大的作用。

于是，刘秀借口河北还没有平定，不接受更始帝的征召，同时任命耿弇为大将军，和吴汉一起到幽州去调发所属十郡的兵力。耿弇到上谷，收斩韦顺、蔡充，吴汉也杀掉苗曾，把更始的人一个个都给拾掇了。彻底决裂了嘛。

之后，耿弇调发幽州兵马，引军南下，跟随刘秀击破铜马、高湖、赤眉、青犊等农民军，又追击尤来、大枪、五幡等部，直抵元氏（常山郡治所，今河北元氏西北）。刘秀回驻蓟县，又派耿弇与吴汉、岑彭、祭遵等十三名将领赶赴潞县东部追击敌军。耿弇指挥作战极其勇猛，他经常亲率精锐骑兵打前锋，敌军当者避易，望风披靡。

公元 25 年，刘秀称帝，耿弇被任命为建威大将军，时年二十二岁，成为刘秀手下最年轻的一位大将军。

年纪轻轻，耿弇就能够有坚定的意志和独到的眼光，说明他的心中是有一盏明灯的。他就认定了一个明主，坚决跟随。另外，他也彻底点燃了刘秀心中的明灯。刘秀的性格，向来是谨慎又谨慎的，当更始要搞定他的时候，他还在犹豫，是耿弇的话，彻底让他下定决心，和更始决裂，然后自己一统天下的。

坚定不移的信念，是成事之根本。意志不坚定，左右摇摆，见风使舵，是永远也成不了大事的。

第二节　有志者事竟成

【原文】

遂攻临淄，半日拔之，入据其城。张蓝闻之大惧，遂将其众亡归剧。

弇乃令军中无得妄掠剧下，须张步至乃取之，以激怒步。步闻大笑曰："以尤来、大肜十余万众，吾皆即其营而破之。今大耿兵少于彼，又皆疲劳，何足惧乎！"乃与三弟蓝、弘、寿及故大肜渠帅重异等兵号二十万，至临淄大城东，将攻弇。弇先出淄水上，与重异遇，突骑欲纵，弇恐挫其锋，令步不敢进，故示弱以盛其气，乃引归小城，陈兵于内。步气盛，直攻弇营，与刘歆等合战，弇升王宫坏台望之，视歆等锋交，乃自引精兵以横突步陈于东城下，大破之。飞矢中弇股，以佩刀截之，左右无知者。至暮罢。弇明旦复勒兵出。是时帝在鲁，闻弇为步所攻，自往救之，未至。陈俊谓弇曰："剧虏兵盛，可且闭营休士，以须上来。"弇曰："乘舆且到，臣子当击牛酾酒以待百官，反欲以贼虏遗君父邪？"乃出兵大战，自旦及昏，复大破之，杀伤无数，城中沟堑皆满。弇知步困将退，豫置左右翼为伏以待之。人定时，步果引去，伏兵起纵击，追至钜昧水上，八九十里僵尸相属，收得辎重二千余两。步还剧，兄弟各分兵散去。

后数日，车驾至临淄自劳军，群臣大会。帝谓弇曰："昔韩信破历下以开基，今将军攻祝阿以发迹，此皆齐之西界，功足相方。而韩信袭击已降，将军独拔勍敌，其功乃难于信也。又田横亨郦生，及田横降，高帝诏卫尉不听为仇。张步前亦杀伏隆，若步来归命，吾当诏大司徒释其怨，又事尤相类也。将军前在南阳建此大策，常以为落落难合，有志者事竟成也！"

【译文】

于是攻临淄，半天就攻拔了，进据城内。张蓝听到后大惧，就率部逃到剧去了。

耿弇就命令军中不得妄自侵掠，到剧城下，必须等到张步到了才发起进攻，以激怒张步。

张步听到后大笑说："以尤来、大彤十多万众，我都就其营而打败他。今天耿弇兵比他们少，又都疲劳，有什么可怕呢！"于是与三弟张蓝、张弘、张寿及过去大彤大帅重异等兵号称二十万，到临淄大城东，将攻耿弇。耿弇先出兵淄水上，与重异相遇，突击骑兵想出击，耿弇恐怕挫败了张步他们的锋芒，使其不敢进攻，就故意示弱以盛其气焰，就回兵小城，陈兵于城内。

张步气盛，直攻耿弇营，与刘歆等合战。耿弇登上王宫的坏台观看，看到歆等交锋，就自率精兵从侧面突击张步阵于东城下，大破张步。

飞矢射中耿弇股部，耿弇第二天清晨又勒兵出战。

这时帝在鲁，听说耿弇被张步所攻击，亲自前往援救，还没有到。

陈俊对耿弇说："剧贼兵强盛，可暂时闭营休养士卒，以等待帝到来。"

耿弇说："天子将到，臣子应杀牛洒酒以等待百官的到来，反而还要以贼虏来麻烦君上吗？"于是出兵大战，自清晨至黄昏，再次大破张步军，杀伤无数，城中沟壑都填满了尸体。

耿弇知道张步兵困将退，预先设置左右两翼伏兵以待。

到深夜，张步果然引兵退去，两翼伏兵奋起纵击，追到钜昧水上，八九十里死尸相连，收得辎重两千多辆。

张步回剧，兄弟各自分兵散去。

几天后，光武亲自到临淄劳军，群臣大会。

帝对耿弇说："以前韩信破齐兵于历下以开基，今将军攻祝阿以发迹，这都是齐的西界，功劳足以相当。而韩信袭击已降，将军独胜劲敌，其功劳比韩信更难能可贵了。又田横烹杀郦食其，后田横归降，高祖诏令郦食其的弟弟郦商不得报复。张步以前杀过伏隆，假使张步来归命，我也当诏令伏隆的父亲大司徒伏湛释其仇怨，这事就更相似了。将军前在南阳提出讨伐张步的战略决策，以为疏阔难以实现，现在是有志者事竟成啊！"

【评点】

回顾耿弇一生的戎马生涯，南征北战总共平定的郡达到四十六个，攻下的城市达到三百座，并且难能可贵的是，他从来没有遭到过失败和挫折。耿弇用他的神妙指挥，写就了战争神话，成为名副其实的"韩信第二""常胜将军"，正如光武所言："有志者事竟成也！"

"有志者事竟成"这个词，就是从耿弇说起的。

有一天，刘秀派耿弇去攻打张步。在当时，张步的军队实力相当雄厚，兵多将广，非常难对付。张步听说耿弇要带兵来打他，就在几处重要关口布下了层层的兵力，准备痛击。可是耿弇所带领的军队才花了不到一个上午的时间，就把张步的部队打得落花流水。张步一看大事不妙，亲自率领了大批精兵来战耿弇。就在两军交战的时候，耿弇的右腿被敌箭射伤，血流如注，疼痛难忍。耿弇的部下劝耿弇说："张步现在兵力很强，我们不如先退守后方疗伤，等主上的援兵来后，再一起出击。"这时候光武已经亲自来营救，大部队已经在半路上了。

可是，耿弇摇着头说："那怎么行！圣上要来，我们应该是要准备酒菜迎接主上，怎么能把没有歼灭的敌人留给主上来伤脑筋呢！"于是，耿弇又率领军队攻打张步，终于把张步打得落败而逃。

刘秀来时发现耿弇已经打败了张步，便非常高兴地对耿弇说："你真是'有志者事竟成'啊！"后来，大家把刘秀说的"有志者事竟成"引申为"有志竟成"这个成语，形容一个人做任何事情，只要能够抱着百折不挠、坚定不移的意志去做，就一定能成功，获得最后的胜利！

耿弇就是这样一个有志青年。他在光武帝刘秀的手下成为大将军的时候，才刚刚二十二岁，是军中最年轻的将军。他超强的军事指挥才能和谋略，还有不达目的誓不罢休的志向，奠定了他云台二十八将第四的地位。

天下大局已定，君王当然会加强内部管理，削弱将帅兵权。这也是常规。

西汉初年，刘邦在天下初定的时候，酿成了大杀功臣的悲剧。刘秀也不例外地要采取措施，他一方面厚待功臣，另一方面及时地解除功臣们的兵权。对于号称"韩信第二"的耿弇，刘秀曾说过："朕终不使耿弇为淮阴也！"建武十三年（37），光武帝增耿弇封邑，令其交回大将军印绶，以列侯奉朝请。

驰骋疆场的耿弇最后也是乖乖交出兵权，但是当国有疑难，光武帝仍然召耿弇入朝咨询方略，遇到大事情的时候，还是要他来参与意见，由此可见，他在光武帝的心目中是有分量的。

永平元年（58），一代名将耿弇逝世，享年五十六岁，谥曰愍侯。

耿氏父子忠勤王室，功勋显赫，受到了皇帝的优厚待遇。建武十二年，耿况病重，刘秀亲自去探病。耿弇的弟弟耿国做了驸马都尉，耿国的弟弟耿广、耿举都做了中郎将。史称："弇兄弟六人皆垂青紫，省侍医药，当代以为荣。"耿氏家族除耿弇外，他的父亲耿况，弟弟耿舒，侄子耿秉、耿夔、耿恭等人皆为当世名将。一家三世用兵，仍立功勋，打破了古人所谓"三代为将必败"的谶言。从东汉开国到建安末，耿氏家族共出大将军二人，将军九人，卿十三人，娶公主三人，列侯十九人，中郎将、护羌校尉及刺史、二千石数十百人，成为东汉一朝之巨族。

卷二十　铫期王霸祭遵列传

第一节　铫　期

敢字当头

【原文】

　　铫期字次况，颍川郏人也。长八尺二寸，容貌绝异，矜严有威。父猛，为桂阳太守，卒，期服丧三年，乡里称之。光武略地颍川，闻期志义，召署贼曹掾，从徇蓟。时王郎檄书到蓟，蓟中起兵应郎。光武趋驾出，百姓聚观，喧呼满道，遮路不得行，期骑马奋戟，瞋目大呼左右曰"趣"，众皆披靡。及至城门，门已闭，攻之得出。行至信都，以期为裨将，与傅宽、吕晏俱属邓禹。徇傍县，又发房子兵。禹以期为能，独拜偏将军，授兵二千人，宽、晏各数百人。还言其状，光武甚善之。使期别徇真定宋子，攻拔乐阳、槁、肥累。

　　从击王郎将倪宏、刘奉于钜鹿下，期先登陷陈，手杀五十余人，被创中额，摄帻复战，遂大破之。王郎灭，拜期虎牙大将军。乃因间说光武曰："河北之地，界接边塞，人习兵战，号为精勇。今更始失政，大统危殆，海内无所归往。明公据河山之固，拥精锐之众，以顺万人思汉之心，则天下谁敢不从？"光武笑曰："卿欲遂前趣邪？"

【译文】

　　铫期字次况，颍川郡郏县人。
　　身长八尺二寸，容貌非常奇异，庄重严肃有威风。

父铫猛，是桂阳太守，死后，铫期为其服丧三年，乡里都称赞他。

光武略地颍川，听说铫期颇有志义，召来任署贼曹掾，跟从攻蓟。

当时王郎檄书到蓟，蓟中起兵响应王郎。

光武车驾趋出，百姓聚集围观，喧呼挤满了道途，车驾不能通行。铫期骑马奋举手中戟，瞋目大叫左右"趣"，观众纷纷退避。

到城门时，门已关闭，攻破城门而出。

行到信都，以铫期为裨将，与傅宽、吕晏都属邓禹。

攻傍县，又发房子兵，邓禹以铫期有能力，独拜偏将军，授给兵卒两千人，傅宽、吕晏各数百人。

回后向光武报告情况，光武很称赞。

使铫期另攻真定宋子，攻下了乐阳、槁、肥累各县地。

跟从邓禹击王郎将兒宏、刘奉于钜鹿下，铫期先登攻陷敌阵，手杀五十多人，额部被创，用头巾裹伤再战，于是大破敌军。

王郎灭后，拜铫期为虎牙大将军。

于是乘机对光武说："河北之地，与边塞接界，人们习兵战，号称精锐勇敢。现在更始失败，汉的大统处于危急之中，海内无所归往。明公据河北山河之固，拥精锐之众，以顺万人思汉之心，那么天下谁敢不从？"光武笑着说："你想像以前一样大呼趣吗？"

【评点】

在今天的河南省焦作市的孟州市有一座被称为"东汉大将军铫期、铫刚父子墓"的古迹。并且，还有一个京剧叫《铫期》，写的就是铫期奉旨回朝，惊闻其子铫刚御街殴杀奸臣郭荣，遂绑子上殿，并自缚请罪。适逢牛邈犯境，马武闯宫搬兵，危急之下救下铫期父子，光武帝刘秀令其戴罪出征。说到铫刚还有一种说法，史无铫刚其人，亦无击毙郭荣之事，情节纯属虚构，旨在讴歌忠臣良将，张扬人间正气。而铫期是确确实实存在的一员高大威猛、武艺超凡的大将，他和三国时期的张飞、典韦和"虎痴"许褚等应该是一个类型。在民间，铫期的传说有很多，有关他的故事、戏曲可能是二十八将中最多的。

由此可见，铫期在百姓的心目中，就是一个忠臣良将的高大形象，是深得民心的。那么，铫期到底是怎样的一个人呢？

铫期（？—34），字次况，颍川郏县人（今河南平顶山郏县），东汉开国功臣，中兴名将之一，云台二十八将之一。起初，铫期跟随刘秀在河北击破王郎，任虎牙大将军，并镇压铜马、青犊等起义军。刘秀即位后，被封为安成侯，任卫尉。

铫期的父亲铫猛在西汉末年任职桂阳（今湖南省郴州市）太守，也就是说他出身于仕宦之家。铫期自幼受儒家正统思想的熏陶，以忠君孝亲为立身之本。所以，他的父亲去世的时候，他按儒家礼制千里迢迢迎护父亲灵柩回到郏县安葬，并守墓三年，受到乡里父老的普遍称赞。这个人长相奇特，身高八尺二寸，容貌威严异常。

铫期与颍川郡父城冯异关系极为友善。后来，刘秀攻打颍川，王莽的属下冯异开城迎接刘秀并推荐了铫期。刘秀听说铫期志向宏远，召他任贼曹掾。这个官，主要是掌管盗贼之事。

更始二年（24），刘秀持节北征河北，铫期从征到蓟县（今北京市）。王郎聚众起事，称帝于邯郸。赵国以北，辽东以西，望风响应。此时，王郎已移檄至蓟，悬赏缉拿刘秀。蓟中有人起兵响应王郎。刘秀欲出蓟县，百姓拥来围观，喧呼指点，阻塞道路，人马拥挤不动，根本就出不去啊。这可怎么办呢？就在这危急时刻，铫期纵马奋戟，瞋目扬声，喝令左右道："趣！"

"趣"是什么啊？这个"趣"，在过去，并非每个人都能喊的。只有皇帝的车驾到来时才准喊。据《汉仪注》载："皇帝辇动，左右侍帷幄者称警，出殿则传趣，止人清道也。"相当于警笛开道，警笛也是一般人所不能用的东西。虽然不相同，可意思是大体相同的。

在这样的情况下，他大喊"趣"，这个铫期真敢啊，亲！要知道，那时候刘秀还只是更始的臣将，并没有称帝啊。

当时，那"趣"字一出，那些围观的老百姓，熙熙攘攘，拥挤不通，忽然看见面容严肃、貌相奇特的铫期纵马挥戟而来，都吓得朝后退缩，接着猛然听到惊雷一样的一声怒喊"趣"，一个个赶紧朝回退缩，让出一条道来。铫期就这么保护着刘秀，来到了城门。可是城门已经关闭，铫期等人挥兵攻之，又费了一通周折，方才出了城门。

铫期随光武离开蓟县之后，到了信都，被光武封为裨将，在邓禹麾下工作。铫期征兵有功，邓禹认为他很能干，思想上也有一定高度，是个可塑之才，就自己封他为偏将军，授兵两千人。邓禹向刘秀说明了这个决定，进行请示，刘秀很满意，于是就给签批提拔了。

更始二年（24），铫期随军出击王郎的部将，在钜鹿（今河北邢台巨鹿县）城下大战。铫期奋起神威，冲入敌阵，亲手杀死敌兵五十多人。战斗中，他伤了额头，可斗志不减，用头巾草草包扎伤口，又投入战斗。将士们受到激励，无不以一当十。一时杀声震天，敌军大溃。

平息王郎后，刘秀任命铫期为虎牙大将军。铫期乘机劝刘秀进位称帝，他说："河北之地，界接边塞，人习兵战，号为精勇。今更始失政，大统危殆，海内无所归往。明公据河山之固，拥精锐之众，以顺万人思汉之心，则天下谁敢不从？"（《后汉书·铫期传》）大意是：河北之地，与边塞毗连，人们习于兵战，素称精勇。如今更始不修政治，国势危殆。海内纷纷，无所归依。你据有山河之固，拥有精锐之众，而且顺应万众思汉之心，倘称帝号，谁敢不从？刘秀听了，笑道："你想像以前一样大呼趣吗？"

看见了吗？这个铫期是真敢！

更始三年（25）六月，刘秀正式即皇帝位，铫期被封为安成侯（安成，县名，今河南驻马店汝南县东南），食邑五千户。

铫期为人，重于信义，为将以来，攻克、收降城邑很多，但从不抢掠烧杀。后来进身朝廷，则忧患国事，爱护君王，如果遇到他认为不对的事情，一定犯颜直谏。光武帝曾想和铫期微服出行，铫期挡在车前顿首劝阻，说："臣闻古今之戒，变生不意，诚不愿陛下微行数出！"光武帝听了，觉得有理，回车不出。

光武帝建武十年（34），铫期去世。光武帝刘秀亲临其丧，赠以卫尉、安成侯印绶，赐谥号忠侯。

回顾铫期的一生，他的身上有很多值得今人效法和学习的地方。

铫期因地制宜，区别对待的治郡原则，是很值得从政者和企业管理人员借鉴的。他在任魏郡太守时，对于欲相率反邺城的更始将卓京，对于进入繁阳、内黄的檀乡、五楼"贼"，他采取的是率兵进击、加以剿灭的办法；对于魏郡大姓、督盗贼李熊和欲谋反开城迎檀乡"贼"的李陆兄弟，采取分化瓦解、恩威并举的办法，使李陆愧感自杀，以礼葬之。从而，使郡县清平，郡中服其威信。

作为军事将领，他重信义，严明军纪，不准掳掠，这点也很值得治军者借鉴。另外，他常思国恩，忧国爱主，敢于犯颜谏诤的精神和品格，值得今人借鉴。在这个世界上，并不是所有的人都是执政者，并不是所有的人都是最高的管理者，更多的是普通工作人员。作为普通工作人员，作为草根人物，在工作中敢于提出合理化建议，敢于说真话，这是一种非常难能可贵的品格。范晔称铫期道："重于信义，自为将，有所降下，未尝掳掠。乃在朝廷，忧国爱主。其有不得于心，必犯颜谏诤。"这是很高的评价。

第二节　王　霸

疾风知劲草

【原文】

　　王霸字元伯，颍川颍阳人也。世好文法，父为郡决曹掾，霸亦少为狱吏。常慷慨不乐吏职，其父奇之，遣西学长安。汉兵起，光武过颍阳，霸率宾客上谒，曰："将军兴义兵，窃不自知量，贪慕威德，愿充行伍。"光武曰："梦想贤士，共成功业，岂有二哉！"遂从击破王寻、王邑于昆阳，还休乡里。

　　及光武为司隶校尉，道过颍阳，霸请其父，愿从。父曰："吾老矣，不任军旅，汝往，勉之！"霸从至洛阳。及光武为大司马，以霸为功曹令史，从度河北。宾客从霸者数十人，稍稍引去。光武谓霸曰："颍川从我者皆逝，而子独留。努力！疾风知劲草。"

　　及王郎起，光武在蓟，郎移檄购光武。光武令霸至市中募人，将以击郎。市人皆大笑，举手邪揄之，霸惭愧而还。光武即南驰至下曲阳。传闻王郎兵在后，从者皆恐。及至滹沱河，候吏还白河水流澌，无船，不可济。官属大惧。光武令霸往视之。霸恐惊众，欲且前，阻水，还即跪曰："冰坚可度。"官属皆喜。光武笑曰："候吏果妄语也。"遂前。比至河，河冰亦合，乃令霸护度，未毕数骑而冰解。光武谓霸曰："安吾众得济免者，卿之力也。"霸谢曰："此明公至德，神灵之祐，虽武王白鱼之应，无以加此。"光武谓官属曰："王霸权以济事，殆天瑞也。"以为军正，爵关内侯。既至信都，发兵攻拔邯郸。霸追斩王郎，得其玺绶。封王乡侯。

　　从平河北，常与臧宫、傅俊共营，霸独善抚士卒，死者脱衣以敛之，伤者躬亲以养之。光武即位，以霸晓兵爱士，可独任，拜为偏将军，并将臧宫、傅俊兵，而以宫、俊为骑都尉。

【译文】

　　王霸字元伯，颍川颍阳人。
　　世代爱好法制，父亲为郡决曹掾，霸自己年轻时也为狱吏。

时常感慨不乐于吏职，其父感到奇怪，派遣他西到长安学习。

汉兵兴起，光武过颍阳，王霸率领宾客去谒见，说："将军兴义兵，我不知自量，贪慕将军威德，愿参加行伍。"光武说："我梦想贤士，以共成功业，岂有两样！"于是从光武击破王寻、王邑于昆阳，后在乡里休息。

等到光武为司隶校尉，道过颍阳，王霸请示其父，希望跟从光武。

其父说："我老了，不能胜任军旅，你去，好好干吧！"王霸跟光武到洛阳。

等到光武为大司马，就以王霸为功曹令史，从渡河北。

跟从王霸的数十位宾客，逐渐离去。

光武对王霸说："颍川跟从我的人都已离去，而你独留。努力！疾风知劲草哩。"

王郎起兵时，光武在蓟，王郎移檄书悬赏捉拿光武。

光武令王霸到市中招募人员，准备攻击王郎。

市人都大笑，举手揶揄嘲弄，王霸惭愧怯懦而回。

光武立即南驰到下曲阳。

传闻王郎兵在后，跟从的人都害怕。

等到了滹沱河，侦察的官吏回来报告河水流动着冰块，无船只，不能渡过。

官属听到大惧。

光武令王霸去看看。

王霸恐怕惊吓了众人，想渡河，被阻于水，回来即诈称说："冰坚可渡。"官属都欢喜。

光武笑着说："侦察的官吏果然是瞎说呢。"于是往前。

等到了河边，河冰也合拢了，就令王霸保护渡河，还剩数骑没过完河而河冰解冻了。

光武对王霸说："安定部众使大军得以安全渡河的，是你的功劳啊。"王霸答谢说："这是明公的至德，神灵的庇佑，虽是武王白鱼的感应，也比不上呢。"光武对官属们说："王霸因权诈以济事，真是天降之瑞啊。"以王霸为军正，爵关内侯。

既到信都，发兵攻拔邯郸。

王霸追斩王郎，得王郎印绶，封为王乡侯。

跟从平定河北，常与臧宫、傅俊共营，王霸独善于抚慰士卒，士卒死了脱自己的衣以安殓，伤了亲为他们疗伤。

光武即位，以王霸懂军事爱护士兵，可独任，就拜他为偏将军，并率领臧宫、傅俊的兵马，而以臧宫、傅俊为骑都尉。

【评点】

王霸是东汉名将，颍川颍阳人（今许昌市襄城县颍阳镇人），云台二十八将之一。

王霸家族世好文法，就是喜欢法律方面的知识，也从事法律方面的工作。他的父亲曾任郡决曹掾，王霸年轻时也做过狱吏。但是，王霸这个人怀有大志向，他不愿意当这无所作为的小官小吏。在平时说话做事的时候，就表现出来他的大志向，他激情满怀，豪情激扬。他的父亲自然是见过大世面，觉得自己的这个孩子，还真奇特，应该有更大的发展空间和发展机遇。于是，他的老爸就出资送他去大学深造。当时的最高学府，非长安太学莫属。那基本相当于现在的北京大学或者清华大学。由此可见，他父亲，也是一个比较开明和有头脑的家长。

到了后来，刘秀等起兵，一路征战就经过了王霸的家乡颍阳。王霸听到了消息，就带领宾客去见刘秀，表示愿意追随他，跟着他干。他说："将军兴义兵，窃不自知量，贪慕威德，愿充行伍。"刘秀见王霸慷慨，不同常人，也特予礼待，说："梦想贤士，共成功业，岂有二哉！"（《后汉书·王霸列传》）意思是，我也很想拥有贤士高人一起创业啊，那就一起奋斗吧。于是，王霸就跟随刘秀南征北战，在昆阳击破了王寻和王邑。然后，王霸就还居乡里。

等到刘秀被更始帝任命为司隶校尉，再次路经颍阳的时候，王霸又着急了，他立即请示父亲，表达了自己想再去从军的强烈愿望。前面说过，他的父亲是一个很开明和很有眼光的人，果然，他对儿子说："吾老矣，不任军旅，汝往，勉之！"（《后汉书·王霸列传》）意思是说我老了，不能从军了，你去吧，去好好工作。还有诸如好好听领导的话，和同事搞好关系之类的话嘱咐了一通。然后，就让王霸又跟随刘秀到了洛阳。

后来，刘秀任大司马，便任命王霸为功曹令史，带他巡行河北。由于形势并不乐观，刘秀的仗打得很艰苦，有时候被打得丢盔卸甲，朝不保夕。于是，当初跟王霸一起投靠刘秀的几十个宾客后来渐渐离去。不跟你干了！看不到光明嘛！而只有王霸一个人矢志不移，不离不弃。只要有一分的希望，就会投入百分之百的努力。于是，刘秀对他说："颍川从我者皆逝，而子独留。努力！疾风知劲草。"（《后汉书·王霸列传》）你看，当初跟随我的那些颍川宾客，现在是跳槽的跳槽，转行的转行，各奔前程去了，而只有你一个人，始终跟随着我。好好努力，一起奋斗吧！疾风知劲草嘛！

从这里我们可以看出，王霸这个人，是一个认准目标不放松，坚持不懈，不达目的誓不罢休的战将。

说话间，王郎就在邯郸称帝起兵了，刘秀北巡至蓟，王郎就立即传檄到蓟中，

211

悬赏捉拿刘秀，广贴告示，说谁能抓住刘秀，重重有赏。

刘秀那时候势力尚微，形势不容乐观，于是他就派王霸到市中招募兵士，以解决燃眉之急。王霸到市上一说，市人认为这太过荒唐，放声大笑，举手揶揄。那意思是说，简直是太可笑了，难道是知了猴爬狗尾巴——没树（数）了吗？王霸臊了个大红脸，便惭愤而回。刘秀于是就率部南驰到下曲阳。

此时，传闻说王郎的部众像甩不掉的尾巴一样紧追其后，气势汹汹地追杀而来。将士们当然都很害怕。接近滹沱河（今河北省境）时，前方侦察的军官回来报告，说河面上流浮着薄冰，没有船只，无法渡河。

后有追兵，前有大河过不去，广大官兵一个个吓得面无血色，叫苦连天。刘秀又命王霸前去察看军情。王霸一想，在这样的情况下，最害怕的就是再惊扰部队，带来更大的混乱，心想，干脆前进，被阻住再说。车到山前必有路嘛！

于是，王霸向刘秀报告说："冰坚可渡。"那冰啊，很坚固，过去很容易的。官属皆喜，刘秀也笑了，说："看来，那些侦察兵是睁着眼睛说瞎话嘛。"说完，催军前进。真是上天神助也！部队行进到河边的时候，那河冰早已经完全冻合，光武帝命王霸护军过河。大队人马秩序井然地过河而去。几乎全部走完了，还剩寥寥几人几马的时候，那冰才被踏破。

光武对王霸说："安定部众使大军得以安全渡河，这是你的功劳啊。"后来，王霸追斩王郎，得王郎印绶，封为王乡侯。跟从平定河北，常与臧宫、傅俊共营，王霸独善于抚慰士卒，士卒死了，他会脱下自己的衣服去安殓他，士兵伤了，他会亲自为他们疗伤。等到光武即位，刘秀觉得王霸懂军事管理，又非常爱护士兵，可以独当一面，担任一个要职了，于是，就拜他为偏将军，并率领臧宫、傅俊的兵马，而以臧宫、傅俊为骑都尉。

除了拥有坚韧不拔、不达目的不肯罢休的精神之外，王霸还是很有一些军事指挥才干的。

建武二年（26），光武帝改封王霸为富波侯。建武四年（28）秋，光武帝派遣王霸和马武去讨伐梁王的部将周建。

梁王也不是等闲之辈啊，他派另一骁将苏茂带领四千人马赶来救援，并且先派精锐骑兵去拦截马武的粮草。马武前往解救，周建便从城内冲出，与苏茂夹击马武。

马武也是一个吊儿郎当的家伙，他倚仗着有王霸的援助，作战的时候就没有尽心尽力，有些游戏心理。可是，当兵打仗，枪矢是不长眼的啊。他这一大意不要紧，结果是被苏茂、周建来了一个中式麦当劳——肉夹馍，给打败了。马武就率军逃啊，他们经过王霸营垒的时候，大声呼救。

王霸说："贼兵盛，出必两败，努力而已。"随后紧闭营门，坚守壁垒，不肯出援。王霸来了个不管不顾。王霸的这一举动，是令人费解的。按照常理，他和那个马武，是光武帝一起派来协同作战的，可是，马武遇到敌兵猛追，被打得落花流水，逃经他的阵营了，他却不肯出手相救，这事怎么也说不过去啊。

不光是马武方面，就是王霸自己手下的将士们也不满意王霸的这种做法，就纷纷跟他争执。

王霸解释说："茂兵精锐，其辎又多，吾吏士心恐，而捕虏与吾相恃，两军不一，此败道也。今闭营固守，示不相援，贼必乘胜轻进；捕虏无救，其战自倍。如此，茂辎疲劳，吾承其弊，乃可克也。"见王霸不出兵搭救，苏茂、周建果然倾巢出动进攻马武。马武与之激战了好长时间。这时，王霸营中路润等数十将士心急如焚，群情激愤，断发请战。王霸见部下锐气已盛，便率领精锐骑兵冲出营垒，猛袭敌军后阵。周建、苏茂前后受敌，惊乱败走，吃了一个好亏。

王霸、马武各自归营。不久之后，敌人重新聚集兵力，到营前挑战。王霸又来了一个坚守不出。并且，他还在营中设宴，犒赏将士，饮酒作乐。

苏茂命部下向营中射箭，箭密如雨，把王霸面前的酒杯都射中了，那美酒洒了一桌子。可是，王霸依然安坐不动。部下军吏们都说，日前咱们杀了他们个鸡飞狗跳，继续出战吧，一鼓作气杀他们个片甲不留，自然不在话下。

可是，王霸却不这样看，他又提出了不同于常人的看法。他说苏茂、周建远道而来，粮食少，急于作战取胜，咱们偏偏大口喝酒，大口吃肉，养精蓄锐，等到合适机会猛攻之，必胜！不久，王霸果然取胜。

建武十三年（37），光武帝改封王霸为向侯。当时，卢芳和匈奴、乌桓联手，不断滋事，寇盗连连。边境大为所苦。王霸屡屡与匈奴、乌桓作战，比较了解边疆事务。他曾数次上书，提出应与匈奴和亲交好，还曾提出可以从温水漕运，以节省陆地转输之劳。这些都被朝廷采纳实行。后来南单于、乌桓归降汉朝，北部边疆无事。王霸镇守上谷二十多年。

王霸的智谋，在后期都体现得淋漓尽致。

建武三十年（54），朝廷定封王霸为淮陵侯。永平二年（59），因病免去职务，几月后去世。

王霸咬定目标不放松、锲而不舍的精神，以及作战中的谋略种种，都给后人留下了深刻的印象，有着很好的借鉴意义。

第三节　祭　遵

光武帝念念不忘的大臣

【原文】

祭遵字弟孙，颍川颍阳人也。少好经书。家富给，而遵恭俭，恶衣服。丧母，负土起坟。尝为部吏所侵，结客杀之。初，县中以其柔也，既而皆惮焉。

及光武破王寻等，还过颍阳，遵以县吏数进见，光武爱其容仪，署为门下史。

【译文】

祭遵字弟孙，是颍川颍阳人。

年轻时喜爱经书。

家里富裕，而祭遵恭谨俭朴，不爱穿华丽衣服。

母死后，背土起坟。

曾被衙吏欺凌，祭遵结交宾客杀了衙吏。

起初，县中以为他柔弱，以后都害怕他了。

光武破了王寻等，回往颍阳，祭遵以县吏身份几次进见，光武喜爱他的容貌仪表，令他暂为门下吏。

【评点】

祭遵这个人，年轻的时候，家里很有钱，生活无忧，生活质量也没的说。按理说，在这样的家庭里，吃得好一点，穿得好一点，甚至用得高档一点，也是可以的，无可厚非。可是，祭遵不那样。他很崇尚勤俭节约，自己不爱穿华丽的衣服。

后来他当了大官，吃上了国家俸禄，可是，依然艰苦朴素。他的身上从来没有穿过珍贵的衣服，名牌服装更是没有，他的夫人的穿着也是很朴素，没有花哨的装饰。他勤俭节约到了什么程度呢？临死前还遗嘱叮诚用牛车载灵柩，薄葬洛阳，不要铺张浪费搞什么厚葬，那是很费钱的啊。

他就这样疼惜钱财。可是，到他死去，他的家中也没有什么私人财产。

按理说，这么勤俭节约，又做着那么大的官，家中应该有很多积攒才对啊？为什么就没有什么私人财产呢？原来，他把得来的那些赏赐，那些奖金什么的，都尽数分给手下了。有钱一起花嘛。于是，祭遵清名传播于海内，廉洁清白著名于当世。

祭遵虽有妻子，可是一直没有生养孩子。也就是说，祭遵没有后人。他的同母弟祭午觉得没有孩子，是不行的，就为他娶了一个小妾送给他，意思是说，再娶一个女人，给你生养一个孩子吧。人嘛，就是要留个后的。可是，祭遵拒绝了这件事情，愣是不接受。你看，有人送美女来他还不接受呢！什么理由啊？他说自己身任国事，不敢贪图生活考虑继嗣的私事。你听听，多么高尚的思想品格啊。先天下之忧而忧，后天下之乐而乐。

祭遵的心中总是装着国家的事，而忽略自己的事。最后，在他临终之前，人们问他的家事，他只遗嘱说要薄葬自己，而不要厚葬。除此之外，他始终无所言。没有什么别的要求和嘱托。人做到这个份儿上，实属难能可贵了。

等到安葬的时候，光武帝再次亲临，赠以将军、侯的印绶，用漆红了轮子的车子装着，让武士们排成军阵送葬，谥封为成侯。安葬完毕后，光武又亲自来到他的坟前祭拜，并妥善安置了他的夫人家室。

后来上朝开例会的时候，光武帝经常叹息，说："怎能得到忧国奉公的像祭遵那样的大臣呢？"

祭遵不但以节俭奉公著称，他的不媚世俗和权贵的性格也给人留下了深刻的印象。

年轻的时候，祭遵很喜欢读书学习，很本分很老实，也很孝顺。他的母亲去世时，他亲自背土，为母亲筑坟。孝顺，本分，柔弱，几乎是当时县里的人所公认的，可是，这并不代表着软弱，也并不代表着窝囊。

怎么说呢？

有个例子可以证明这一点。

那时候，大家都知道他是一个很老实很柔弱的人，因此，有次他被衙吏欺凌了。

我老实，是我的事。可你欺负我，那可不行！于是，祭遵就结交宾客把那个欺负他的衙吏给杀了。于是，县里的人就不敢小看和欺负他了。后来，他就跟随了刘秀，从征河北，为军市令。有一次，舍中儿犯了法，祭遵把他给咔嚓了。光武很生气，心说，你可真够大胆啊！于是，就让人把他给抓起来。

这时主簿陈副劝谏说："明公常想要众军整齐，现在祭遵奉行法令不避权势，正是教化法令所需要的哩。"光武就赦免了他，令他为刺奸将军。

刘秀对诸将说，你们以后啊，可要对祭遵多加小心！我舍中儿犯法他照样杀了，对你们是绝不会徇私的。

蔡遵就是这样一个不徇私情的人。严肃，认真，又勇敢。有一次战斗中，祭遵中了弩箭，伤口流血，众人看到祭遵受伤，就逐渐引退撤兵，祭遵急了，他破口大骂不止，那些士兵只好又重振威风，加倍苦战，于是大破贼兵。还有一次战斗失利，别的部队都撤了，他还独自在那里拼杀，坚决不撤兵，结果，硬是将敌兵给打败了。

卷二十一　任李邳万刘耿传

第一节　任　光

走自己的路让别人说去吧

【原文】

光等孤城独守，恐不能全，闻世祖至，大喜，吏民皆称万岁，即时开门，与李忠、万修率官属迎谒。世祖入传舍，谓光曰："伯卿，今执力虚弱，欲俱入城头子路、力子都兵中，何如邪？"光曰："不可。"世祖曰："卿兵少，如何？"光曰："可募发奔命，出攻傍县，若不降者，恣听掠之。人贪财物，则兵可招而致也。"世祖从之。拜光为左大将军，封武成侯，留南阳宗广领信都太守事，使光将兵从。

【译文】

任光等独守孤城，恐不能保全，听说世祖到了，大喜，官吏民众都称万岁，即时开门，与李忠、万修率领官属欢迎晋谒。

世祖到住所，对任光说："伯卿，今势单力薄，想与你一起到城头子路、力子都兵中去，你看怎样呢？"任光说："不可。"

世祖说："你兵少，怎么办呢？"

任光说："可招募快速部队，出攻旁县，如不投降的，就任其掠夺。人贪财物，这样兵就可以招到了。"

世祖听从了。

拜任光为左大将军，封武成侯，留南阳宗广领信都太守职务，使任光带兵跟从自己。

【评点】

任光字伯卿，是南阳郡宛县人。他年轻的时候，是一个忠厚老实的青年，乡里人都很喜欢他。后来，他做了一个乡啬夫，再后来，职务升迁了一点，做了一个郡县吏。

既然当了一个郡县的官，那么，他的家庭收入就有了很好的改观，总之，是比普通老百姓要光鲜一些，穿得要上档次些，吃得也自然比平时好。可正是由于自己的这些富有的标志，险些要了他的命。

怎么回事啊？

原来，汉兵浩浩荡荡地杀到了宛地。大家都知道，那些汉兵都是些什么人啊？都是些宾客、穷苦百姓，他们新组装起来，尚未正规化，七长八短的身量，七长八短的思想，自然就有人抱着抢东西发财的想法。于是，有人看见任光冠服鲜明，像是一个有钱人，有那个派嘛。于是，就命令他说：赶紧把你的衣服给我脱下来！

脱衣服干吗啊？

那些汉兵看重了他的衣服。虽然不是什么国际名牌，可是，和别人相比，那可是有着很大差别的。那些汉兵的意思是，把他的好衣服夺过来，然后把他给杀了。

就在这个危急时刻，刚好光禄勋刘赐到了。刘赐看了看这个任光，见他容貌像个长者模样，不是一个普通人，就把他给救了。

任光非常感激啊，救命之恩嘛，于是，任光就率领党徒跟从了救命恩人刘赐，为安集掾，拜为偏将军，与世祖破王寻、王邑。

更始到洛阳之后，以任光为信都太守。

这时候，那个身份造假学历造假的王郎兴起，立自己为皇帝。郡国都投降了王郎，可是，只有这个任光不肯。为什么不肯啊？想必有两个原因。一是觉得刘赐对自己有恩，还没有回报呢，投靠了别人，以后在江湖上不好混啊，有人要说闲话的。二是，他大概也看清楚了那个王郎，什么皇帝啊，弄个假身份证，弄个假学历，从一个算命的摇身一变成了皇帝？真是可笑啊。所以，他就与都尉李忠、万修、功曹阮况、五官掾郭唐等同心固守城池。

廷掾拿着王郎的檄文到任光家去说服任光，告诉他说：你就从了吧！识时务者为俊杰。跟了我们，好处大大的，保你人民币花不完，还给你个大官做，另外，美女也不成问题啊。

结果，任光把那个廷掾拉到大街上给杀了。杀了那个人是什么目的啊？任光的目的就是宣示于百姓，让他们看到自己的立场。同时，他发精兵四千人加强城守。

更始二年（24）春，世祖自蓟回来，狼狈得不知往何处去，听说信都独为汉拒王郎，就奔赴信都。

其实，任光也非常清楚，他们独守孤城，恐怕不能保全，因为王郎的势力非常强大啊。那一帮乌合之众，也是有很强的军事能力的。现在，他听说世祖到了，大喜，官吏民众都称万岁，即时开门，与李忠、万修率领官属欢迎晋谒。

世祖到住所，对任光说："伯卿，今势单力薄，想与你一起到城头子路、力子都兵中去，你看怎样呢？"

任光说："不可。"

世祖说："你兵少，怎么办呢？"

任光说："可招募快速部队，出攻旁县，如不投降的，就任其掠夺。人贪财物，这样兵就可以招到了。"世祖听从了。于是，就拜任光为左大将军，封武成侯，留南阳宗广领信都太守职务，使任光带兵跟从自己。

任光很聪明，他就多做檄文，也就是像现在的传单或者广告，到处张贴，广告天下，打了一个心理战术，说："大司马刘公率领城头子路、力子都兵百万之众从东方到来，征讨各部反贼。"遣骑奔驰到钜鹿界中。

这里当官的当兵的以及普通老百姓得到了檄文，就互相传告。

可是，光一个传单、一个广告，还不足以信服啊。现在人也是一样，光在电视上和网络上看到某个商品的广告，说得天花乱坠，那是不足信的，必须见到实物才可信服。

世祖于是与任光等到天黑的时候，进入堂阳界，命令骑兵都一人举一个大火炬，使火光弥漫于泽中，火光照耀天地。在晚上一看，天啊！那火把比天上的星星还要多，可不是百万大军吗？于是，举城莫不震惊恐怖，当夜就投降了。

果然，很快他们的兵力大盛，因而转攻城邑，攻克邯郸，于是遣任光回郡。

回想一下，一个人，一生中总会遇到很多转折点或者人生的际遇。

任光遇到的第一个人生转折点，是遇到了救命恩人刘赐。没有刘赐，任光就被汉军给扒光衣服杀了。

任光遇到的第二个人生转折点，是王郎兴起，大家纷纷投奔他的时候，任光坚持不从。如果没有跟随明主的坚定信念，他就会走了弯路，偏离了阳光大道。

任光的第三个人生际遇，是他孤军守城时，世祖狼狈奔来，任光发挥自己的聪明才智，让狼狈的世祖重新雄起。终于，任光就这样成就了一世的伟业，从此载

第二节 李 忠

人如其名忠心耿耿

【原文】

六年，迁丹阳太守。是时海内新定，南方海滨江淮，多拥兵据土。忠到郡，招怀降附，其不服者悉诛之，旬月皆平。忠以丹阳越俗不好学，嫁娶礼仪，衰于中国，乃为起学校，习礼容，春秋乡饮，选用明经，郡中向慕之。垦田增多，三岁间流民占著者五万余口。十四年，三公奏课为天下第一，迁豫章太守。

【译文】

建武六年（30），迁丹阳太守。

这时海内刚刚平定，南方海滨江淮一带，很多人拥兵割据。

李忠到郡，招使归附，其不服从的全部诛灭，旬日之内都平定了。

李忠以丹阳越俗不喜学习，嫁娶仪礼不如中原隆重，就为之起学校，习礼仪，春秋举行礼会，选用通晓经术、在郡中为人向慕的人主持。

由此垦田增多，三年之中流民成为当地土著者达五万余口。

建武十四年（38），三公考核评定为天下第一，迁豫章太守。

【评点】

李忠字仲都，是东莱郡黄县人。他的父亲为高密都尉。这么说来，李忠算是一个官二代、公子哥。可是，李忠平帝时以父任为郎，署中数十人，而李忠独以好礼修饰整齐著称。懂礼仪，重礼仪，穿戴也朴素整洁，不搞怪，不炫富。这些都给人留下了很好的印象。

不光其外表如此，其为人处世也都是表里如一，受人爱戴。王莽时他做了新博属长，郡中的人都尊敬他、信任他。后来，更始即位，派遣使者巡行郡国，即拜李忠为都尉官。于是，李忠就与任光成了同事，一个战壕里的战友，共同奉世祖，李忠就成了右大将军，被封为武固侯。

他们打了一个胜仗之后，世祖问那些将士，都得到了些什么东西啊？当时的汉军，抢掠是很自然的事情。问了一圈儿，这个说得到了什么什么，那个说抢到了什么什么，都满脸的自豪，喜不自禁。可是，只有我们的李忠同志没有抢，也没有偷。

在世祖看来，这才是好同志嘛，于是就说："我想特别赏赐李忠，你们不会有什么怨恨吧？"就以他自己所乘的大马丽马及绣被衣物赐给李忠。这样的好品性，当然要受到鼓励和奖赏。李忠得到这样的奖赏，受之无愧啊。

更令人感动的，是李忠的忠诚。不知道李忠的这个名字，是一开始就叫李忠的还是后来皇帝给赐的？为什么这么问呢？因为李忠的忠诚是最为人所称道和敬佩的。假如李忠的名字是自打出生的时候，他的老爸就给取的，那就算是冥冥中注定了的。假若是后来改的，那也是恰如其分的。

后来，他们去围攻钜鹿，但是没有攻下来。王郎遣将来攻信都，信都大姓马宠等开门将其放入，将太守宗广及李忠的母亲妻子劫持起来，当了人质，并且派个李忠的亲属去招呼李忠。要他看着办吧，反正你的母亲和妻子都在我们手上！

当时马宠的弟弟跟从李忠为校尉，李忠即时召见，斥责马宠等背恩反城，破口大骂，因而要把马宠的弟弟给杀了。

诸将都很惊恐，这可使不得啊，为什么？大家都说："你母亲和妻子还在人家手中，杀了他的弟弟，不是过分了吗？"大家说得都很有道理啊，道理很明显，你老妈和老婆在人家手上当人质呢，你不但不赶紧筹钱赎人或者想别的办法前去解救，反而还把马宠的弟弟给杀了，激怒了他们，那可了不得啊，他们不把你的老妈和老婆给杀了才怪呢。

可是，我们的李忠说了："如反贼不诛，那就是二心了。"

世祖听到后赞美李忠说："现在我的兵已成了，将军可以回去救你的老母妻子，招募吏民中如能救得家属的，赏赐千万，到我这里来领取。"

李忠说："蒙明公大恩，我只想到为公效命，实在不敢顾及自己家属。"听到了吗？这就是忠诚。这忠诚感人肺腑啊。

世祖就使任光率兵救信都。路上，任光是百感交集啊，并且是志在必得。自己的亲人在那里呢。怀着复杂而沉重的心情，任光率兵向信都进发。

可气的是，任光的兵在路上就呼啦分散了。为什么分散啦？他们跑去投降王郎了。你说这个泄气啊！这个郁闷啊！这叫什么事儿！任光无功而返。

恰逢更始派遣将领攻破了信都，李忠家属才得到安全。

世祖因而使李忠回信都，做太守。一上任，李忠怀着旧愁新恨，就把郡中那些投降了王郎的大姓——诛杀，共计数百人。那种人，活该杀！

建武六年（30），迁丹阳太守。这时海内刚刚平定，南方海滨江淮一带，很多人拥兵割据。李忠都想方设法在最短的时间内给平定了。

其实，历史往往就是这样的，大到一个国家，小到一个郡县，都概莫能外。先是军事夺得天下，再是发展经济以达繁荣，经济繁荣了势必要大力发展文化。

李忠到了丹阳以后，觉得那里的人们不喜学习，嫁娶仪礼不如中原隆重，就为之办起学校，大习礼仪，春秋举行礼会，选用通晓经术、在郡中为人向慕的人主持。由此垦田增多，三年之中流民成为当地土著者达五万余口。经济繁荣，文化繁荣，政治稳定，以至于在建武十四年（38），三公考核评定的时候，李忠的丹阳被考核评定为天下第一。

李忠也迁升为豫章太守。后来因病免官，征召到京师。建武十九年（43）去世。

第三节　邳　彤

一语千金

【原文】

信都复反为王郎，郎所置信都王捕系彤父弟及妻子，使为手书呼彤曰："降者封爵，不降族灭。"彤涕泣报曰："事君者不得顾家。彤亲属所以至今得安于信都者，刘公之恩也。公方争国事，彤不得复念私也。"会更始所遣将攻拔信都，郎兵败走，彤家属得免。

及拔邯郸，封武义侯。建武元年，更封灵寿侯，行大司空事。帝入洛阳，拜彤太常，月余日转少府，是年免。复为左曹侍中，常从征伐。六年，就国。

彤卒，子汤嗣，九年，徙封乐陵侯。十九年，汤卒，子某嗣；无子，国除。元初元年，邓太后绍封彤孙音为平亭侯。

【译文】

信都复造反归顺王郎，王郎所设置的信都王拘捕囚缚邳彤的叔父及妻子儿女，使他们以手书呼唤邳彤说："投降就封爵，不投降就灭族。"

邳彤流泪哭泣回报说："事君王的不得顾家。邳彤亲属所以至今得以安身于信都，是刘公的恩德。刘公现在正忙于国事，我邳彤不得以私事为念。"恰好更始派去的将领攻下了信都，王郎兵败走，因此邳彤家属得免于难。

攻拔邯郸后，封邳彤为武义侯。

建武元年（25），更封灵寿侯，代理大司空事。

帝入洛阳，拜邳彤为太常，月余之间日转少府，这年免太常职事。

再为左曹侍中，常从征伐。

建武六年（30）回到封国。

邳彤去世，子邳汤嗣位，建武九年（33），徙封为乐陵侯。

建武十九年（43），邳汤去世，子邳某嗣位，无子，封国被废。

元初元年（114），邓太后续封邳彤孙邳音为平亭侯。

【评点】

邳彤字伟君，信都人。他的父亲邳吉，是辽西太守。最早的时候，邳彤是王莽的和成卒正，也为王莽效力。

世祖攻取河北，到下曲阳的时候，邳彤看得很清楚，知道以后的路应该怎么走，就举城投降了。世祖便以邳彤为太守，并且在他那里住了好些日子。

后来，王郎兵起，开始到处攻略土地，所到之县莫不奉迎，可就是和成与信都坚守不下。

邳彤听说世祖从蓟回来，失了军队，丢盔卸甲很是狼狈，准备到信都来，就赶紧先派五官掾张万、督邮尹绥选精骑二千余匹，杀将出去沿路迎接世祖的残兵败将。不久，他们就相会于信都。

失利的世祖虽然得到了和成与信都二郡的帮助，但兵众没有集合，势力还不强大，不足以和王郎对抗啊。于是，大家就议论纷纷，他的部下很多将士都说，可用信都兵送他西归长安。说这算是上策啊。现在，这里势单力孤，还是杀回大本营再说吧。

在这样的局势下，世祖也没有个准主意。加之那些出谋划策的属下们，也都盲从，附和着说西归长安是稳妥的做法。于是，世祖就决定离开这里，回长安去。

可是，此时邳彤提出了不同的意见。

邳彤当即回答说："错！你们都错了！"

大家为之一愣。怎么就错了呢？世祖就问他，你是什么意思啊？快说说看。

于是，邳彤说，黎民百姓歌颂思念汉朝已经很久了，所以更始即位天下群起响应，三辅清宫扫榻除道以表欢迎。一个人举戟大呼，则千里之将无不献城而逃遁，贼虏匍匐请降。自从上古以来，也没有感物动民达到这种程度的。这说明了什么呢？顺民意！顺民意者昌嘛。

而那个王郎只是一个在大街上算卦的，运用学历和身份造假，假借刘氏宗室之名乘天下混乱之势，弄了一帮子乌合之众闹事，也就是闹闹而已。他们烧杀抢掠，无恶不作。这说明了什么呢？假顺民意！假顺民意者，迟早露馅儿，迟早灭亡。

现在明公您奋起二郡之兵，宣扬响应之威，要攻则何城不可克，要战则何军不可降！现在弃此而归，不但空失河北，而且更惊动三辅，使威风重名一旦坠损，这就不是有利的良计。假若明公没有再次征伐的意图，那么虽有信都之兵也难以相会哩。为什么呢？明公既已西归长安了，那么邯郸的城民是不肯捐弃父母，背弃城主，而千里送公西归的，他们的离散逃亡是必然的了。

邳彤的一番大论，说得头头是道，很有道理。世祖听了，深思良久，就以其言为善，而停止西归。不走了！即日，他便拜邳彤为后大将军，和成太守一如过去。从此，他们常跟着世祖南征北战。

当时，在那个危急的时刻，邳彤的话，真的是有先见之明啊！

《论语》上面说"一句话可以使国家兴隆"，邳彤的话，很接近这个效果了。

后来，信都又造反，归顺了假皇帝王郎。王郎所设置的信都王就把邳彤的叔父及妻子儿女一块儿给抓了起来，并强迫他们写下亲笔书信，呼唤邳彤说："投降就封爵，不投降就灭族。"

接到信之后，邳彤流泪哭泣，那是肝肠寸断啊！可是，他立即回报说："事君王的不得顾家。邳彤亲属所以至今得以安身于信都，是刘公的恩德。刘公现在正忙于国事，我邳彤不得以私事为念。"在这一点上，他和李忠如出一辙，都是忠心耿耿的人，感天动地。

恰好更始派去的将领攻下了信都，王郎兵败走，因此邳彤家属得免于难。攻拔邯郸后，封邳彤为武义侯。

诗歌，会有一个诗眼；文章，会有一个点睛之笔。这恰如人生。人的一生会说不计其数的话，而其中总会有一句最有意义的话。邳彤就是因为一句劝世祖不要西归长安的话，令世祖醍醐灌顶，确立了正确的作战方针，扭转了颓败局势。这句话的功劳，是无可限量的。

第四节　耿　纯

烧掉祖宅的耿纯

【原文】

居东郡四岁，时发干长有罪，纯案奏，围守之，奏未下，长自杀。纯坐免，以列侯奉朝请。从击董宪，道过东郡，百姓老小数千随东驾涕泣，云"愿复得耿君"。帝谓公卿曰："纯年少被甲胄为军吏耳，治郡乃能见思若是乎？"

六年，定封为东光侯。纯辞就国，帝曰："文帝谓周勃'丞相吾所重，君为我率诸侯就国'，今亦然也。"纯受诏而去。至邺，赐谷万斛。到国，吊死问病，民爱敬之。八年，东郡、济阴盗贼群起，遣大司空李通、横野大将军王常击之。帝以纯威信著于卫地，遣使拜太中大夫，使与大兵会东郡。东郡闻纯入界，盗贼九千余人皆诣纯降，大兵不战而还。玺书复以为东郡太守，吏民悦服。十三年，卒官，谥曰成侯。

【译文】

居东郡四年，这时发干县长有罪，耿纯案奏，将县长围守，奏没有下来，发干县长自杀了。

耿纯被牵连免职，以列侯奉朝请。

跟从攻击董宪，路过东郡，百姓老小数千人跟着世祖车驾流泪哭泣，说"愿再得耿君"。帝对公卿们说："耿纯从小身披甲胄为军吏罢了，作为东郡太守竟然能这样为百姓所思念吗？"建武六年（30），定封为东光侯。

耿纯告辞就国，帝说："文帝对周勃说过'丞相是我所敬重的，你现在为我率诸侯到封国去'，现在也是这样啊。"耿纯接受诏命而去。

到了邺，赐谷万斛。

到了封国，耿纯吊唁死者慰问病人，民众很敬爱他。

建武八年（32），东郡、济阴盗贼群起，帝派遣大司空李通、横野大将军王常去讨伐。

帝以耿纯在卫地有很高的威信，遣使拜耿纯为太中大夫，让他与大军会于东郡。

东郡听说耿纯到了，盗贼九千余人都到耿纯处投降，大军不战而回。

玺书再以耿纯为东郡太守，官吏百姓都心悦诚服。

建武十三年（37），卒于官，谥封为成侯。

【评点】

耿纯字伯山，是钜鹿宋子人。他的父亲耿艾，是王莽的济平尹。耿纯年轻时在长安读书，毕业后就被授官为纳言士。

王莽被推翻了，更始即位。更始就派舞阳王李轶向各郡国招降，耿纯的父亲耿艾就投降了。投降之后，他就回去任了济南太守。

当时舞阳王李轶兄弟掌权，独断专行于一方，很是了不得。大家传说和议论的都很多。

耿纯连续多次请求见他，可是没有人进去通报给他，一腔热情就被晾在外面。过了很久，终于才得见。

耿纯很生气，也很焦虑。于是，他就大胆地对李轶说："大王以龙虎之雄姿，逢风云之际会，迅速拔地而起，一月之间兄弟称王，但士民们并不知道你有什么德行，你也没有对百姓宣扬有什么功劳，恩宠与官位暴兴，这是聪明人所忌讳的。兢兢业业警惕自持，还恐怕没有好下场，何况是骤然暴发而自足，难道可以成功吗？"

李轶很惊讶。这是个什么人物啊？底气这么足！口气这么硬！一了解，哦，原来这个耿纯是钜鹿的大姓，不是一般的碌碌之辈。于是，就以帝旨拜耿纯为骑都尉，授以符节，令他安集赵、魏。

恰逢世祖渡河到了邯郸，耿纯就去找他。结果，世祖很高兴地接待了他。

耿纯出来之后，看到官属们统率军队的法度与别的将领不同。耿纯从这里感触到的信息，让他很震惊，也很欣喜。这才叫个正规，叫个军威嘛！于是，就要求自行结交采纳，贡献马匹及缣帛数百匹。意思是心悦诚服地打算跟着世祖干。

由此可见，一个单位甚至是个人的形象是多么重要啊。前面，耿纯看到李轶兄弟的做派，就直言不讳地提出了批评建议。而看到世祖带领的部队，就被严明的军纪和良好的形象所折服。

后来，世祖北上到中山，就留耿纯在邯郸。

恰逢那个造假者王郎造反，世祖自蓟向东南奔驰，耿纯率领宗族宾客二千余人，老者病者都载棺木相随，迎世祖于育县。邯郸地不能待了啊！

世祖就拜耿纯为前将军。

这时很多郡国都向邯郸投降，也就是向那个冒牌的皇帝投降。耿纯一看这个阵势，觉得不妙啊。为什么呢？他唯恐宗室心怀二心，就使派自己的弟弟们回去把宗室的老宅子一把火给烧了个干干净净。

世祖问耿纯，这是为什么呢？

耿纯说："我看到明公单车来到河北，并无府藏之积蓄，可为重赏之甘饵，可以聚集众人的，只不过以恩德为怀，是以士众乐于归附。现在邯郸自立尊号，北州疑惑，我虽举族归命于明公，老弱同行，还害怕宗人宾客不同心的人，所以烧其庐舍，以绝其反顾的希望。"这举动，很悲壮，也可歌可泣啊。于是，世祖叹息。

耿纯的一把火，烧出来的是坚定的信念。有这样一个故事，说一个人要翻过一道墙去，可是，左看右看，那墙太高了，就犹豫不决，可是，只有跳到墙的另一面去，才会有希望，才会有更好的生活。于是，他就一咬牙，把自己的背包扔过了高墙。那就爬吧。犹豫不决，徘徊不前，对不起，你就连自己的背包也没有了。所以，背水一战，就此一举了。那人就果断地跳了过去。

耿纯的那一把火，也是这样的功效。

之后，耿纯就跟从世祖南征北战，平定邯郸，又破铜马，经历了很多次战斗。每次，他都能够身先士卒，屡立战功。

世祖即位，封耿纯为高阳侯。

在一次战斗中，耿纯跟从攻击王郎，坠马，把肩膀给折伤了，之后经常发作，疼痛不止，于是他就回到怀宫。

光武帝问："你兄弟谁可以使？"耿纯推举从弟耿植，于是使耿植率耿纯军马，耿纯还是以前将军职务相从。

建武二年（26）春，光武派遣骑都尉陈副、游击将军邓隆征召刘扬，刘扬关闭城门，不让陈副等进城。那怎么办呢？光武想了想，于是就再派遣耿纯持符节，颁行赦令于幽州、冀州，所过之处并使其慰劳王侯。

临行之前，光武帝秘密命令耿纯说："刘扬如果见你，你就把他收捕起来。"耿纯带领吏士百余骑与陈副、邓隆相会于元氏，同到真定，在旅舍住下。

由于耿纯是真定宗室姊妹之子，刘扬就派遣使者送书信给耿纯，准备与他相见。说，你来吧，我要见你。

耿纯回报说，我是奉命来见王侯牧守的，怎么可以先去见你？与你见的哪门子面啊？如果你真想见，就亲自来呗，来我住的地方见面好了。

这时刘扬的弟弟临邑侯刘让和他的从兄刘细各拥兵万余人，兵多将广，势力庞大，刘扬是有恃无恐啊。因为耿纯只带了百十个人来的嘛。刘扬就带着官属大摇大摆地去见耿纯，而让他的兄弟各带轻兵在门外等着。

刘扬进去见到耿纯，耿纯以礼相敬，很客气啊。于是，又请在外面的刘让、刘细都进屋来。刘让和刘细看了看，心说，进就进呗，这有什么大不了的嘛！于是，兄弟几个人就都进了耿纯的住处。

这一进来不要紧，耿纯刚才的那些礼节与客套，立即不见了，他果断地下令关门，三下五除二就把刘扬兄弟全部给杀了。

真定震惊恐怖，没有一个人敢做出反动的动作来。

耿纯回到京师，因而请求说："臣本是官吏家子孙，有幸逢大汉复兴，圣主即位，我备位列将，被爵为通侯。现在天下略已平定，臣无处施展才志，愿意试治一个郡，尽力报效。"帝笑着说："你既治武事，又想修文治吗？"就拜耿纯为东郡太守。

耿纯到任后，几个月时间，就把东郡盗贼都治理了。

耿纯居东郡四年，这时发干县长有罪，耿纯案奏，将县长围守，奏没有下来，发干县长自杀了。耿纯被牵连免职，以列侯奉朝请。后来，耿纯跟从攻击董宪，路过了待了四年的东郡，东郡的百姓老小数千人跟着世祖车驾流泪哭泣，说"愿再得耿君"。

帝对公卿们说："耿纯从小身披甲胄为军吏罢了，作为东郡太守竟然能这样为百姓所思念吗？"建武六年（30），定封为东光侯。

耿纯告辞就国，帝说："文帝对周勃说过'丞相是我所敬重的，你现在为我率诸侯到封国去'，现在也是这样啊。"耿纯接受诏命而去。

到了封国，耿纯吊唁死者慰问病人，民众很敬爱他。建武八年（32），东郡、济阴盗贼群起，帝派遣大司空李通、横野大将军王常去讨伐。光武帝认为耿纯在卫地有很高的威信，就遣使拜耿纯为太中大夫，让他与大军会于东郡。光武帝就是利用耿纯在东郡的威望，去发挥积极的作用。

东郡的人听说耿纯到了，盗贼九千余人都到耿纯处投降，大军不战而回。这是什么效果啊？威望就是战斗力嘛。不费一兵一卒，东郡就收复了。

至此，光武帝是真的心悦诚服了。他深刻地理解了之前东郡的百姓追着他喊"愿再得耿君"的含义了。

于是，光武帝就顺应民意，再下诏书，让耿纯再去东郡当太守，官吏百姓都心悦诚服。

建武十三年（37），耿纯卒于官，谥封为成侯。

这个烧掉祖宅耿直勇猛的耿纯，深得光武帝的敬重，也深得百姓的爱戴。人若如此，也足可称其为大者了。

卷二十二　朱祐景丹王梁列传

第一节　朱　祐

被俘虏过的大将朱祐

【原文】

延岑自败于穰，遂与秦丰将张成合，祐率征虏将军祭遵与战于东阳，大破之，临阵斩成，延岑败走归丰。祐收得印绶九十七。进击黄邮，降之，赐祐黄金三十斤。四年，率破奸将军侯进、辅威将军耿植代征南大将军岑彭围秦丰于黎丘，破其将张康于蔡阳，斩之。帝自至黎丘，使御史中丞李由持玺书招丰，丰出恶言，不肯降。车驾引还，敕祐方略，祐尽力攻之。明年夏，城中穷困，丰乃将其母妻子九人肉袒降。祐槛车传丰送洛阳，斩之。大司马吴汉劾奏祐废诏受降，违将帅之任，帝不加罪。

【译文】

延岑自从败于穰，就与秦丰部将张成会合，朱祐率领征虏将军祭遵与延岑战于东阳，大破延岑，临阵斩了张成，延岑败走归秦丰。

朱祐收得印绶九十七件。

进击黄邮，黄邮降，赏赐朱祐黄金三十斤。

建武四年（28），率领破奸将军侯进、辅威将军耿植代征南大将军岑彭围攻秦丰于黎丘，破其将张康于蔡阳，斩张康。

帝亲到黎丘，派御史中丞李由持玺书招降秦丰，秦丰口出恶言，不肯降。

帝引还，授朱祐以方略，朱祐尽力围攻。

第二年（29）夏，城中穷困，秦丰就领他的母亲妻子九人肉袒投降。

朱祐以囚车载秦丰送到洛阳，把他斩了。

大司马吴汉弹劾朱祐废诏接受投降，违反了将帅的使命，帝不加罪。

【评点】

朱祐字仲先，是南阳郡宛县人。很小的时候，就失去了父亲。于是，他就回到外祖父母刘氏家中生活，经常往来舂陵，打小就和世祖刘秀还有伯升很熟悉，彼此感情都很好。

后来，伯升当了大司徒之后，就以朱祐为护军。世祖当了大司马，讨伐河北时，又以朱祐为护军，经常和他见面聊天，也经常一起住，一起吃饭。有一回，朱祐陪着刘秀吃饭，从容而认真地对刘秀说，长安政治混乱，您有帝王之相，这是天降之命啊。世祖跟他很实在，就呵斥他说，再瞎说，我就召唤刺奸来收捕你这个护军！朱祐于是就一吐舌头，不敢再说了。

以后跟从征讨河北，朱祐时常力战破阵，立了不少战功，于是，就以朱祐为偏将军，封安阳侯。

世祖果真即位当了皇帝，就拜朱祐为建义大将军。

建武二年（26），更封堵阳侯。可是，这一年，朱祐点儿有些背，结果就出了点事。那是那一年的冬天了，他和其他将士一起去攻打邓奉，结果兵败，朱祐被那个邓奉给俘虏了。这可是很丢人的一件事情啊。俗话说，士可杀不可辱嘛。

好在到了第二年，也就是公元27年，那个邓奉被光武帝给拾掇了，兵败之后，邓奉和朱祐一起光着膀子向光武帝投降了。

这样，朱祐又回到了光武帝这边。

光武帝和朱祐打小就有交情啊，现在他从敌军那里死里逃生又回来了，光武帝就恢复了朱祐原来的职务，并且还厚加慰劳赏赐。一切都像没有被俘虏过一样。

可是，就是这次当俘虏的经历，给朱祐留下了非常深刻的影响，影响到他以后的价值观。怎么这么说呢？

到了后来，朱祐又多次出征打仗，率领兵众，多次接受敌军投降，以能安定城邑为根本，不追求滥斩首级的功劳。这就是他后来的价值观。人活着，比什么都好啊。只要你诚心投降了，并不一定非要把你杀了嘛。

公元28年，光武帝派人攻打秦丰，秦丰誓死抵抗，光武帝派人招降，结果那小子出言不逊，坚决不降，弄得光武心里很不爽，众将士也义愤填膺。

结果这年夏天，城中穷困，弹尽粮绝，秦丰居然又领着他的母亲妻子九人肉祖投降。按照诏令,是不接受他们投降的,而是要杀掉他们。你不是扬言誓死不降吗?现在怎么还降了呢?所以,众将士也不肯接受他降。

可是,朱祐却接受了他们的投降,没有亲手杀掉秦丰,而是以囚车载着秦丰送到洛阳,结果他还是被杀了。就因为这件事情,大司马吴汉弹劾朱祐,说他居然废诏接受投降,违反了将帅的使命。但是光武帝并没有治罪于他,也就是默认了他的所作所为。

朱祐对自己的部下要求很严格,严禁士卒掳掠百姓,不拿群众一针一线,可是,那时候的士兵往往喜欢放纵,由于朱祐管得太严,所以很多人都对他抱有埋怨。

朴素耿直的朱祐,很喜欢儒学,他给光武帝提了不少的好建议。他奏请说,古代人臣受封赏,不加王爵,建议改诸王为公。光武帝立即采纳施行。也就是说,把当时的"王"改称为"公"。后来,又奏请说应令三公都去掉"大"的冠号,以效法过去经典。光武帝也采纳了他的建议。

朱祐起初就学长安,光武帝那时候和他是同学,光武帝前往问候他的时候,朱祐不时相劳苦,而先升讲舍。

后来光武帝到朱祐的府第,因而笑道:"主人该不会离开我去讲课吧?"他们一起谈论那时候上学的事情,哦,那青葱岁月啊!也谈论年轻时候的事情,哦,那裙裾飘飘的年代!他们关系融洽,亲切无比。

因有很好的交情,朱祐多次承蒙赏赐,无论是公干还是私交,朱祐和光武帝都一直很亲密,直到建武二十四年(48),朱祐去世。

当然,纵观朱祐的一生,并不是全仰仗着和光武的私交,他是有学识和才干,也立下了汗马功劳的。如果他是一个扶不起来的阿斗,纵使私交再深,光武也不会如此对他,比如被俘又回来、比如违抗圣旨招降秦丰等时候。

第二节　景　丹

最好说话的景丹

【原文】

王郎起,丹与况共谋拒之。况使丹与子郃及寇恂等将兵南归世祖,世祖引见丹等,笑曰:"邯郸将帅数言我发渔阳、上谷兵,吾卿应言然,何意二郡良为吾来!

方与士大夫共此功名耳。"拜丹为偏将军，号奉义侯。从击王郎将儿宏等于南辯，郎兵迎战，汉军退却，丹等纵突骑击，大破之，追奔十余里，死伤者从横。丹还，世祖谓曰："吾闻突骑天下精兵，今乃见其战，乐可言邪？"遂从征河北。

【译文】

王郎起来后，景丹与耿况共同谋议抗拒王郎。

耿况派景丹与儿子耿弇及寇恂等率兵南归世祖，世祖引见景丹等，笑着说："邯郸将帅几次扬言要发渔阳、上谷兵，我只是聊且应付而已，没想到二郡却为我而来！当与二郡的士大夫共享此功名哩。"拜景丹为偏将军，号奉义侯。

跟从攻击王郎部将儿宏等于南栾，郎兵迎战，汉军退却，景丹纵突击骑兵攻击，大破王郎军，追奔十余里，死伤纵横在道。

景丹回，世祖对他说："我听说突击骑兵是天下的精兵，现在看到突骑参战，其喜悦岂可用言语表达呢？"于是跟从征伐河北。

【评点】

在光武帝刘秀的部将当中，景丹大概是最好说话的一个人了。

景丹字孙卿，是冯翊栎阳人。年轻的时候，在长安上过大学，深造过，很有学问。王莽时举四科，景丹以言语科被举为固德侯相，被誉为有干事才能。

更始即位，派遣使者到上谷宣示，景丹与连率、耿况投降了更始，再为上谷长史。

冒牌货王郎起来后，景丹与耿况共同谋议抗拒王郎。

耿况派景丹与儿子耿弇及寇恂等率兵南归世祖，世祖引见景丹等，笑着说："邯郸将帅几次扬言要发渔阳、上谷兵，我只是聊且应付而已，没想到二郡却为我而来！当与二郡的士大夫共享此功名哩。"意思是说，听说王郎把你们当他的人看待，可以对你们发号施令，那样我们可就是敌人了。没有想到，你们是来我这里和我一伙儿啊。于是，就拜景丹为偏将军，号奉义侯。

后来，景丹跟从攻击王郎部将儿宏等，王郎大兵迎战，结果汉军退却，只有景丹率领他的突击骑兵攻击，大破王郎的军队，一路追杀了十余里地，敌人死伤纵横遍野，景丹旗开得胜。回去之后，世祖非常高兴，对他说："我听说突击骑兵是天下的精兵，现在看到突骑参战，其喜悦岂可用言语表达呢！"刘秀对景丹的突击骑兵非常满意，大加赞赏。于是，景丹就跟从刘秀征伐河北。

当刘秀即位的时候，他以谶文，也就是相当于算卦的方式来确定用平狄将军孙咸代理大司马。这样做，是草率的，那些手下的人一看，觉得简直是开玩笑，于是，就都不高兴。什么嘛！这么重要的职位，不经过民主推荐和多方考察，就这么抓阄儿一样给定一个，太不负责任也太不服众了！

刘秀一看，觉得这样不行啊，那怎么办呢？于是，刘秀就下诏书求群臣推举谁可为大司马，当然，可以记名，也可以无记名投票，最后，群臣推举的只有吴汉和景丹两个人。

先民主后集中，光武帝看了看最后的候选人，说："景将军呢，是北州大将，他的突击骑兵天下闻名，战功显赫，这个大司马的职务呢，他是可以做的。可是，大家都知道哈，吴将军呢，他有建立大策的功勋，又诛了苗会、谢躬，他的功劳更大一些嘛。当然了，按旧制骠骑将军官衔与大司马可以兼任。也就是说，这个大司马的职务，和骠骑将军的职务是一样大的。要不，就这样吧，让功劳稍微大一点的吴汉当大司马，让景丹当骠骑将军吧。"

其实，按理说，还是那个大司马的官儿要大，而骠骑将军的官儿要小。当时吴汉和景丹都是最后的候选人，应该是公开竞争才对，可是，景丹什么话也没有说。无所谓嘛！咱景丹就是好说话。

建武二年（26），定封景丹为栎阳侯。

光武帝对景丹说："现在关东原有的王国，虽有好几个县，只有栎阳是万户邑。俗话说'富贵不归故乡，像穿了锦绣的衣服在黑夜中走路'，所以封你为栎阳侯哩。"景丹以头叩地表示感谢。

秋，与吴汉、建威大将军耿弇、建义大将军朱祐、执金吾贾复、偏将军冯异、强弩将军陈俊、左曹王常、骑都尉臧宫等跟从击破五校，投降的达五万人。恰逢陕贼苏况攻破了弘农，把弘农的郡守给活捉了。

当时景丹患了病，光武帝因他是归将，想让他勉强担任弘农郡守，于是在夜间召他入见，对他说："贼迫近京师，只要依仗将军威信，睡在床上镇守就够了。"景丹不敢推辞，于是勉强支撑病体接受任命，率营兵西到弘农郡。你看看，人都病成那样了，可皇帝一句话，就从了。难道满朝文武，离了他就不能运转了吗？可是，景丹二话没说，就走马上任了，当然是带重病上任的。可悲的是，上任十多天后，景丹就病逝了。

其实，服从命令、服从大局固然重要，在命令和大局面前，好说话，是一件好事，可是，也要分情况来嘛。景丹在大司马的选举过程中当了个差额，他没有说什么，这点是可以被人肯定的，好说话，无可厚非。可是，到了后来人都病得不行了，还要他走马上任去做重要而艰难的工作，他居然一声不吭，默默服从。这次的好说话，让景丹丢了性命。

第三节　王　梁

"就差一点儿"的王梁

【原文】

王梁字君严，渔阳要阳人也。为郡吏，太守彭宠以梁守狐奴令，与盖延、吴汉俱将兵南及世祖于广阿，拜偏将军。既拔邯郸，赐爵关内侯。从平河北，拜野王令，与河内太守寇恂南拒洛阳，北守天井关，朱鲔等不敢出兵，世祖以为梁功。及即位，议选大司空，而《赤伏符》曰"王梁主卫作玄武"，帝以野王卫之所徙，玄武水神之名，司空水土之官也，于是擢拜梁为大司空，封武强侯。

【译文】

王梁字君严，渔阳郡要阳县人。

为郡吏，太守彭宠以王梁掌管狐奴县令，与盖延、吴汉都率兵南下追及世祖于广阿，拜为偏将军。

攻拔邯郸后，赐爵关内侯。

跟从平定河北，拜野王令，与河内太守寇恂南拒洛阳，北守天井关，朱鲔等不敢出兵，世祖以为是王梁的功劳。

等到即位，议选大司空，而《赤伏符》说"王梁主卫作玄武"，帝以野王是卫元君所徙，玄武是水神之名，司空是水土之官，于是擢拜王梁为大司空，封武强侯。

【评点】

有这么一个故事，说有一个人陷入矿井中了。在生死关头，那个人求生的欲望支撑着他，在黑暗里挥动镐头朝外挖洞。他坚持挖了三天，最后体力不支，意志力也崩溃了，便丢掉镐头歪在地上，放弃了所有的希望，很快他就死了。救援的人赶来相救，找到他的时候，一个个都非常惋惜。为什么啊？人们发现，假如那个人再朝前挖一镐头，那洞壁就被挖破，他就可以死里逃生了。可惜的是，在最后的一镐头之前，他放弃了。

唉，就差一点儿啊！

东汉的这个王梁，研究起来，也是很有意思的。他就是一个"就差一点儿"的人。我们不妨称他为"差一点先生"好了。

王梁字君严，是渔阳郡要阳县人。先为王莽郡吏，后来投奔世祖，拜为偏将军。攻拔邯郸后，赐爵为关内侯。跟从平定了河北，拜野王令，与河内太守寇恂南拒洛阳，北守天井关，朱鲔等不敢出兵，世祖以为是王梁的功劳。

等到刘秀即位，议选王梁为大司空，封武强侯。

建武二年（26），王梁与大司马吴汉等共击檀乡，诏令军事一律归属大司马，而王梁擅自发动野王兵，光武帝以其不遵诏令，令他在所在县中停止行动，而王梁又擅自进军。你说这个王梁，就是不按照领导的意图行事，这不是诚心找不痛快吗？并且，他还反反复复不听话。于是，光武帝很生气。他一生气，自然是后果很严重。怎么严重了？光武帝以王梁前前后后都违抗命令为由，就派遣尚书宗广带着斩立决的文书，到军中去把王梁给枪毙了。

可是，尚书宗广不忍心啊！但是，不忍心怎么办呢？不听皇帝的话，王梁才落得这个下场的，如今来执行命令的宗广再不听话，那也太有讽刺意味了，更是自找不利索啊。于是，聪明的尚书就用囚车将王梁载回京师。这也算是折中的一个做法吧。

王梁被押到京城之后，光武帝竟然又赦免了他。好险啊！这可真是"就差一点儿"呢！假如尚书在军中真的来一个斩立决，那可就没有任何机会了！好险好险！王梁的命就这么大！

王梁不但被赦免了死罪，过了一个来月，光武帝又以他为中郎将，兼执金吾事。后来，他北守箕关，击赤眉别校，别校投降。

三年（27）春，转击五校，追到信都、赵国，大破之，所有屯聚都平定了。

这年冬天，光武帝又让王梁当了前将军。

建武四年（28）春，进击肥城、文阳，都攻下了。

建武五年（29），跟从救桃城，破庞萌等，王梁战斗尤其有力，那是真玩命啊！于是，光武帝就拜他为山阳太守，镇守抚慰新归附者，将兵一如过去。

几个月后征召入京，代欧阳歙为河南尹。就是在任职河南尹期间，我们的王梁又玩了一次"就差一点儿"的悬事。什么事啊？王梁开渠引谷水注入洛阳城下，向东泻入巩川，这是一个大胆而可行的设想啊。可是，出了工，花了钱，费了事，结果是等到那水渠开成了，那水不淌。你说郁闷不郁闷啊！

建武七年（31），有人就向光武帝弹劾奏明了这件事情，王梁也感觉到害怕啊，于是，就上书请求退职。

光武帝下诏书说，王梁以前率兵征伐，众人称他为贤，所以擢升到京师。建议开渠，为人兴利，众力已过，而功不成。"就差一点儿"！可是，"就差一点儿"也不行啊，因为老百姓埋怨诽谤，言谈者喧哗吵嚷。群众呼声很大啊。另外，他本人也提出辞职申请来了，俗话说的好啊，"君子成人之美"，那就特以王梁为济南太守吧。

建武十三年（37），增加封邑，定封为阜成侯。

建武十四年（38）去世。

卷二十三　窦融列传

再伟大也莫忽视子女教育

【原文】

　　窦融字周公，扶风平陵人也。七世祖广国，孝文皇后之弟，封章武侯。融高祖父，宣帝时以吏二千石自常山徙焉。融早孤。王莽居摄中，为强弩将军司马，东击翟义，还攻槐里，以军功封建武男。女弟为大司空王邑小妻。家长安中，出入贵戚，连结闾里豪杰，以任侠为名；然事母兄，养弱弟，内修行义。王莽末，青、徐贼起，太师王匡请融为助军，与共东征。

　　及汉兵起，融复从王邑败于昆阳下，归长安。汉兵长驱入关，王邑荐融，拜为波水将军。赐黄金千斤，引兵至新丰。莽败，融以军降更始大司马赵萌，萌以为校尉，甚重之，荐融为钜鹿太守。

　　融见更始新立，东方尚扰，不欲出关，而高祖父尝为张掖太守，从祖父为护羌校尉，从弟亦为武威太守，累世在河西，知其土俗，独谓兄弟曰："天下安危未可知，河西殷富，带河为固，张掖属国精兵万骑，一旦缓急，杜绝河津，足以自守，此遗种处也。"兄弟皆然之。融于是日往守萌，辞让钜鹿，图出河西。萌为言更始，乃得为张掖属国都尉。融大喜，即将家属而西。既到，抚结雄杰，怀辑羌虏，甚得其欢心，河西翕然归之。

　　是时酒泉太守梁统、金城太守厍钧、张掖都尉史苞、酒泉都尉竺曾、敦煌都尉辛肜，并州郡英俊，融皆与为厚善。及更始败，融与梁统等计议曰："今天下扰乱，未知所归。河西斗绝在羌湖中，不同心戮力则不能自守；权钧力齐，复无以相率。当推一人为大将军，共全五郡，观时变动。"议既定，而各谦让，咸以融世任

237

河西为吏，人所敬向，乃推融行河西五郡大将军事。是时武威太守马期、张掖太守任仲并孤立无党，乃共移书告示之，二人即解印绶去。于是以梁统为武威太守，史苞为张掖太守，竺曾为酒泉太守，辛肜为敦煌太守，厍钧为金城太守。融居属国，领都尉职如故，置从事监察五郡。

【译文】

窦融字周公，扶风郡平陵县人。

七世祖窦广国，是孝文皇后的弟弟，封为章武侯。

他的高祖父，宣帝时以吏二千石从常山迁来。

窦融从小就是个孤儿。

王莽居摄年间，为强弩将军王俊的司马。

东击翟义，还攻槐里，以军功被封为建武男。

妹妹为大司空王邑的小妻。

家住长安中，出入贵戚，交结乡里豪杰，以任侠行义驰名；服侍母亲兄长，抚养弱小的弟弟，修仁行义。

王莽末年，青州、徐州一带贼起，太师王匡请窦融为助军，一起东征。

等到汉兵起，窦融又从王邑败于昆阳下，归长安。

汉兵长驱入关，王邑举荐窦融，拜为波水将军，赏黄金千斤，引兵到新丰。

王莽败，窦融率军降更始大司马赵萌，赵萌以窦融为校尉，很器重他，举荐窦融为钜鹿太守。

窦融见更始新立，东方还在扰乱，不想出关，想到高祖父曾为张掖太守，从祖父为护羌校尉，从弟也为武威太守，几代人都在河西，知道当地的风俗习惯，就独对兄弟们说："现在天下的安危还不可知，河西富饶，以黄河为带很是牢固，张掖属国有精兵万骑，一旦发生紧急事变，杜绝黄河渡口，就足以自守，这是我们遗留给子孙后代的好地方啊。"兄弟们都同意。

窦融就在当天求见赵萌，辞去钜鹿太守，要求到河西去。

赵萌向更始说了，于是得为张掖属国都尉。

窦融大喜，即带着家属到西北去了。

到了张掖，安抚结交当地豪杰，与少数民族和睦相处，很得四方民众的欢心，河西很快归附于他。

这时酒泉太守梁统、金城太守厍钧、张掖都尉史苞、酒泉都尉竺曾、敦煌都尉辛肜和所有州郡豪杰，窦融都与他们厚交善待。

等到更始败，窦融与梁统等计议说："今天下扰乱，不知结局如何。河西险要处在羌胡中间，不同心协力就不能自守。权力都是一般大，又没有一个统帅。应当推举一人为大将军，共保五郡安全，以观察时局的变化。"商议已定，对大将军人选互相谦让，都以窦融世代任河西官吏，受大家敬重向往，于是就共推窦融代理河西五郡大将军职务。

这时武威太守马期、张掖太守任仲都是孤立无所党属，就共同以书信告示他们，二人即解下印绶辞去。

于是以梁统为武威太守，史苞为张掖太守，竺曾为酒泉太守，辛肜为敦煌太守，库钧为金城太守。

窦融仍居属国，兼任都尉职务不变，配备从事监察五郡。

【评点】

窦融（前16—62年），字周公，是扶风平陵（今陕西咸阳西北）人。东汉名将，云台二十八将之一。他是一个几近完美的人，受到光武帝以及后人的崇高爱戴。

窦融很小就失去了父亲，但是他志向很远大。王莽居摄年间，任强弩将军司马，参加了攻翟义、平槐里的战斗，因军功被封为建武男。

这个窦融，是很有涵养的。他内修孝义，外接豪杰。由于父亲早逝，他敢于担当，悉心侍奉母亲兄长，关心培育弱弟，有名于时；而他居住长安，出入权贵，连接闾里豪杰，尚气慕侠，也见重于世。王莽末年，青徐兵起，王莽太师王匡请窦融任助军，出兵东征。

后来，汉兵起，窦融随王邑军在昆阳大败，撤归长安。汉兵长驱入关。在王邑推荐下，窦融被任命为波水将军，赐黄金千斤，引兵进驻新丰。王莽失败，窦融率军投降更始大司马赵萌，也就是更始的老丈人，任校尉。赵萌十分看重他，推荐窦融为钜鹿太守。

窦融见更始帝新立，东方尚在乱离之中，加上窦家累世在河西，习知当地风俗，因而不想出关。他对兄弟们说："天下安危未可知，河西殷富，带河为固，张掖属国精兵万骑，一旦缓急，杜绝河津，足以自守，此遗种处也。"（《后汉书·窦融列传》）兄弟们都认为他言之有理。

于是，窦融就去找赵萌谈自己的思想工作，说自己不想到钜鹿郡，而想出守河西。赵萌替他奏明更始帝，更始帝觉得可以，于是就任命窦融为张掖属国都尉（武帝时置属国都尉，以主蛮夷降者），窦融大喜，立即带领家人西行。到任后，他安抚百姓，交结豪俊，对羌人示以恩信。于是吏民拥戴，河西归心。

那期间，酒泉太守梁统、金城太守厍钧、张掖都尉史苞、酒泉都尉竺曾、敦煌都尉辛肜以及州郡中英彦之士，都和窦融关系很好。这么看来，窦融是很有社交能力的，能够搞好与周边的关系。年轻在家时就与社会上的各色人等关系融洽嘛。到了更始政权败亡后，窦融召集梁统等人商量，说咱们兄弟几个在这里，不安全啊，你看看哈，现在局势这么混乱，咱们不抱起团来形成强有力的拳头，说不定就被人家给蚕食了。与其那样，还不如推举出一个首领来，统一指挥，统一行动。这样，就谁也不怕了。

大家都很赞成，于是，窦融就成了那里的头领，其优秀的组织才干得到了充分展现。

河西这块地区，民俗质朴，而窦融等为政又比较宽和，于是，上下相亲，安定祥和。平时，军民一起习练兵马骑射和烽燧之警。一有外兵侵犯，窦融就自己率兵与诸郡兵士前去救助平定。后来，匈奴和羌人都震服亲附。安定、北地、上郡百姓为避灾荒兵火逃到这里来的，也越来越多。

窦融除了具有较好的社交能力和优秀的组织才能，更有高瞻远瞩的眼光。他时刻注意时局的变化。后来，窦融就听说了光武帝刘秀即位，他前后一思考，觉得归附刘秀应该是最好的出路啊，于是，便决心归附。可是，从西到东，路途太遥远了，正巧当时隗嚣先归附汉室，称建武年号，窦融一想，既然这样，我等便依从隗嚣，受汉朝管理，不也一样吗？

于是，窦融就率领河西人归附了隗嚣。

可是，人心隔肚皮啊。隗嚣表面上虽顺应官民将士的心愿归附光武，内心却存有异志，有他自己的小九九。很快，他派了一个口才很好的舌辩之人张玄游说河西。那个能说会道的张玄对窦融说："更始帝刘玄事业已成，却转眼败亡，这已清楚地表明刘姓不可能再复兴了。再说了，我们一旦受制于人，自失权柄，后果不堪设想啊，到时候我们将会悔之莫及！如今天下豪杰争锐竞胜，雌雄未决，我们应该各自占据土地，与陇蜀势力结合，胜利了，可为六国；就算失败了，至少也能如尉佗一般割据称雄。"

这可是大事啊。窦融赶紧召集豪杰和太守们商量此事，有智之人都说："刘秀天命所归，而且，在目前天下称帝的人当中，他的土地最广阔，甲兵最强盛，号令最严明，别人远远比不上。"诸郡太守的宾客们，意见略有分歧。窦融经过慎重考虑之后，决定东归光武帝刘秀，建武五年（29）夏，派遣长史刘钧向光武帝通诚献马。

起初，光武帝闻河西完富，地接陇、蜀，常欲招之以逼迫隗嚣和公孙述，也派使者来给窦融送信，正好使者在路上遇到了刘钧，于是便跟他一起回到洛阳。

光武帝接见刘钧，心中异常高兴，他盛情款待刘钧之后，便命他带着自己亲加玺印的书信回河西，信中非常坦诚直率地向窦融分析了形势，劝他拿定主意，早做决断："制诏行河西五郡大将军事、属国都尉：劳镇守边五郡，兵马精强，仓库有蓄，民庶殷富，外则折挫羌胡，内则百姓蒙福。威德流闻，虚心相望，道路隔塞，邑邑何已！长史所奉书献马悉至，深知厚意。今益州有公孙子阳，天水有隗将军，方蜀汉相攻，权在将军，举足左右，便有轻重。以此言之，欲相厚岂有量哉！诸事具长史所见，将军所知。王者迭兴，千载一会。欲遂立桓、文，辅微国，当勉卒功业；欲三分鼎足，连衡合从，亦宜以时定。天下未并，吾与尔绝域，非相吞之国。今之议者，必有任嚣效尉佗制七郡之计。王者有分土，无分民，自适己事而已。今以黄金二百斤赐将军，便宜辄言。"(《后汉书·窦融列传》)并任命他为凉州牧。

光武帝玺书一到，河西震惊，全体官员将士都佩服光武帝明察万里之外，洞见徘徊之情。窦融又派刘钧上书光武帝，表明自己决意附汉，并无徘徊观望之心。窦融还派弟弟窦友去回信，可是，窦友到了高平，隗嚣反叛，道路隔绝，只好转回，于是再派司马席封偷渡至汉，终于把信给送到了。汉武帝又命席封带信给窦融、窦友，真诚地给予安抚慰问。假如当时有手机或者电报，那该多好啊！这一番辛苦周折也就省却了。当然，这样的辛苦周折，反而更加彰显出窦融的诚心诚意，也可以看见他的高瞻远瞩，明辨是非曲直。

窦融的睿智，还表现在写信给隗嚣责备他不该叛汉上。意思是说，男子汉大丈夫办事哪有这么办的呢？出尔反尔，这样做实在不好。你还是从长计议，弃暗投明吧。

可是，孤注一掷的隗嚣不听窦融的意见。窦融便和五郡太守一起厉兵秣马，上书光武帝，请示日期，准备出兵进击隗嚣，为汉廷效命。好言相劝，你不听，那没有办法，我既然归附了大汉，你是反叛，那我就请命收拾你！

光武帝见窦融如此忠诚，深为嘉美，专门派人给他送去外属图及太史公《五宗》《外戚世家》《魏其侯列传》。并下诏给他，诏书中先表彰窦氏与自己的亲戚关系以及窦氏祖上对汉王朝的贡献，然后说，有人从天水来，把窦融写给隗嚣的信抄来了，读后令人痛入骨髓，"畔（叛）臣见之，当股栗惭愧，忠臣则酸鼻流涕，义士则旷若发蒙。非忠孝志诚，孰能如此；岂其德薄者所能克堪"(《后汉书·窦融列传》)。诏书中还指出，隗嚣见窦融不肯帮助自己，肯定会造作离间之言，而朝廷中也可能有人因为不了解本意，传言乖实，令人失望，请窦融有思想准备。最后，诏书中表示，关东已经平定，大军即将西征，请窦融整顿士马，准备配合大军，一起建功立业。

更始年间，先零羌封何等部曾杀死金城太守，占有其郡，因而隗嚣派来使者，贿赂封何，与之结盟，想调发封何兵众，以拒汉兵。窦融等乘部队便利，击破封何，斩首千余级，得牛马羊万头，谷数万斛，因并河扬威武，等待光武帝亲征。

光武帝见窦融恪守信用，大加赏赐。命右扶风官长修理窦融父亲的坟茔，用太守之礼祭祀，并几次派人，赏赐窦融四海珍奇之物。这就是诚意啊。双方都是真诚的。两口人一起过日子，也需要一个磨合期，何况是这么大的事情呢？所以，在有诚意的基础上，要把细节做好。空有诚意，还显虚空，要有实际的行动。如此看来，窦融方面开始主动出击，做好攻打隗嚣的准备了，而光武帝这边，修理窦融父亲坟茔，用太守之礼祭祀，也足可感人肺腑啊。这里，给我们的启示是，无论和什么人相处，首先要以诚相待，诚心诚意地为对方着想，诚心实意地为对方去做力所能及的事情，哪怕是细枝末节的小事情。细节，最能够体现出真情来。

这年秋天，隗嚣侵扰安定郡，光武帝准备亲自率兵西征，先通知窦融，令他做好接应的准备。窦融得到命令，立即出兵到姑臧。但不巧，天降大雨，道路断绝，而且隗嚣也已退兵，因而汉军未发。窦融回驻原地。

窦融担心此后汉朝不再出兵，上书给光武帝，说明利害：不能就这么算了啊。这样会让他们觉得东方有变故，他们就有文章可做，会生变故的。要打，就真的打他个人仰马翻，打他个片甲不留，打他个永世不得翻身。

光武帝觉得很有理，于是，建武八年（32）夏，光武帝亲自西征，窦融闻讯，率步骑数万、辎重车五千多辆策应，在高平第一城会师。在拜见光武帝之前，窦融先派手下人去请教会见礼仪。当时，戎马倥偬，兵战连年，诸将三公交错于路，因而礼仪疏简。光武帝得知窦融先问礼仪，十分高兴，于是宣告百僚，置酒高会，用特别优厚的礼节接待窦融等人。任命窦融的弟弟窦友为奉车都尉，堂弟窦士为太中大夫。接着，光武帝与窦融一起进军，隗嚣大败，城邑都归降了汉朝。光武帝为回报窦融所建的大功，封他为安丰侯，封窦友为显亲侯。

陇、蜀平定之后，朝廷下诏，命窦融率五郡太守一起到洛阳奏陈事务。于是，窦融等奉诏东行。几个月后，任命他为冀州牧，又过十几天，升任他为万司空，赏赐优厚，恩宠无加，倾动京师。

窦融因为自己本非光武帝旧臣，而位在功臣之上，所以每次觐见，容貌都非常卑恭，言辞也特别谦逊。光武帝见他能识进退，对他愈加亲厚。窦融为人一向谨慎小心，如今久居高位，心中不安，屡次辞让爵位。他先通过侍中转达，然后自己上奏，说年事已高，儿子又不争气，因此不愿再位列诸侯，也不愿把侯爵传给儿子。不久，他又请求觐见皇帝，面陈此事此情，皇帝猜测出他的心思，没有召见他。那意思是，老窦啊，何必呢？呵呵，不碍事的，好好做你的官就是了。

一天，朝会完毕，诸臣退出，窦融逡巡滞留，光武帝知道他又要辞让，就命手下人请他出去休息，不让他上言。后来，皇帝召他议事，预先对他说："日者知公欲让职还土，故命公暑热且自便。今相见，宜论它事，勿得复言。"（《后汉书·窦融列传》）于是，窦融就不敢再请求了。这可真是有意思啊。当然，也给了我们很好的启示。

明帝即位之初，窦家同时在朝的，就有一名三公，两名侯爵，三名娶公主为妻的，四位二千石等级的官员。在京师，祖孙官府相望，甲第连云。当时外戚、功臣无人能比。

明帝永平二年（59），窦融的堂侄护羌校尉窦林犯罪被杀，明帝下诏书切责窦融。窦融惶恐不已，上书请求离职。明帝命他归家养病。第二年，窦融交上卫尉印绶。

窦融在宿卫任上十多年，年纪老迈，子孙放纵妄诞，多行不法。长子窦穆交结轻薄之徒，嘱托郡县，甚至矫称太后诏命，贴乱政事。明帝大怒，把窦穆等官职全部免除，命携家属归其故郡，只把窦融留在京师。窦穆等西行，到达函谷关，皇帝又下令命他们回京。正好，窦融去世，享年七十八岁，谥戴侯。其弟之子窦固、曾孙窦宪皆为名将。

纵观窦融的一生，史家评论说，窦融善于把握机遇，他"始以豪侠为名，拔起风尘之中，以投天隙，遂蝉蜕王侯之尊，终膺卿相之位"（《后汉书·窦融列传》）。窦融善于自处，明哲保身。他任职朝廷、位高爵显之后，虽乏经国之术，但却明于进退之礼，谦逊谨慎，放远权宠，小心翼翼，如履薄冰，表现出过人的谋身之智，因而特蒙光武优渥礼遇。只可惜子孙骄纵，终致衰微，良足叹惋！

卷二十四　马援传

第一节　思想的升华

【原文】

马援字文渊，扶风茂陵人也。其先赵奢为赵将，号曰马服君，子孙因为氏。武帝时，以吏二千石自邯郸徙焉。曾祖父通，以功封重合侯，坐兄何罗反，被诛，故援再世不显。援三兄况、余、员，并有才能，王莽时皆为二千石。

援年十二而孤，少有大志，诸兄奇之。尝受《齐诗》，意不能守章句，乃辞况，欲就边郡田牧。况曰："汝大才，当晚成。良工不示人以朴，且从所好。"会况卒，援行服期年，不离墓所；敬事寡嫂，不冠不入庐。后为郡督邮，送囚至司命府，因有重罪，援哀而纵之，遂亡命北地。遇赦，因留牧畜，宾客多归附者，遂役属数百家。转游陇汉间，常谓宾客曰："丈夫为志，穷当益坚，老当益壮。"因处田牧，至有牛马羊数千头，谷数万斛。既而叹曰："凡殖货财产，贵其能施赈也，否则守钱虏耳。"乃尽散以班昆弟故旧，身衣羊裘皮裤。

【译文】

马援字文渊，扶风茂陵人。

他的先祖赵奢为赵将，爵号马服君，子孙因以为氏。

武帝时，以吏二千石自邯郸迁到茂陵。

曾祖父马通，以功封为重合侯，因兄长何罗谋反遭连累被杀，所以马援的祖父及父辈不得为显官。

马援的三个哥哥马况、马余、马员都有才能，王莽时都为二千石。

马援十二岁时就成了孤儿，年少而有大志，几个哥哥感到奇怪。

曾教他学《齐诗》，但马援心志不能拘守于章句之间，就辞别兄长马况，想到边郡去耕作放牧。

马况说："你有大才，当晚些时才能成。好的工匠不把未加工好的东西给人看，暂且随你的爱好去做。"适逢马况去世，马援身着丧服一周年，不离开墓所；敬侍寡嫂，不结好发戴好帽就不进庐舍。

后来做了郡的督邮，解送囚犯到司命府，囚犯有重罪，马援可怜他将他放了，就逃亡北地。

赦免后，就留下牧畜，宾客们多归附于他，于是拥役属数百家。

转游陇汉间，常对宾客们说："大丈夫的志气，应当在穷困时更加坚定，年老时更加壮烈。"因从事耕作放牧致有牛马羊数千头，谷数万斛。

既而又叹道："凡是从农牧商业中所获得的财产，贵在能施救济于人，否则就不过是守财奴罢了！"于是将财产尽分散给了哥哥和故旧，身上穿着羊裘皮裤过日子。

【评点】

孙中山先生在给蔡锷的挽联中写了这样一句话："平生慷慨班都护，万里间关马伏波。"其中的马伏波，指的就是马援。马援是东汉开国功臣之一，功劳非常大，官至伏波将军。

马援字文渊，是扶风茂陵人。他的先祖赵奢为赵将，爵号马服君，他的子孙就都以马为姓氏。到汉武帝的时候，以吏二千石自邯郸迁到茂陵。

曾祖父叫马通，功劳很大，被封为重合侯，但是因兄长何罗谋反遭连累，结果被杀了，所以马援的祖父及父辈都没有做成大官。不过，马援的三个哥哥马况、马余、马员都有才能，王莽时都为二千石。尤其是马援，他在十二岁时就成了孤儿，但他年少而有大志，几个哥哥感到很奇怪。

家里人曾教他学《齐诗》，但马援心志不能拘守于章句之间，就辞别兄长马况，想到边郡去耕作放牧。

他的大哥马况说："你有大才，当晚些时才能成。好的工匠不会将未加工好的东西示人，暂且随你的爱好去做。"但是，他的大哥马况忽然去世，马援去放牧没有去成，他身着丧服一周年，不离开墓所，非常敬重自己的寡妇嫂子。怎么个敬重法呢？马援在外面不结好发不戴好帽，不收拾得周周整整，就不进嫂子的庐舍。

后来，马援做了郡的督邮。根据职责，他解送囚犯到司命府，那个罪犯犯有重罪，但是马援听了他的身世之后，非常可怜他，结果自作主张把他给放了。这可是一件了不得的大事啊！你把罪犯给放了，那么，你就犯了法，就成了罪犯了啊。没有办法，马援就朝北地逃跑了。

后来，他私自放跑罪犯的罪过给赦免了，就留他去牧畜。这下可好了，终于实现了自己的一个小理想，放牧。放牧期间，宾客们多归附于他，于是拥役属数百家。

转游陇汉间，常对宾客们说："大丈夫的志气，应当在穷困时更加坚定，年老时更加壮烈。"因从事耕作放牧致有牛马羊数千头，谷数万斛。也许，年轻时候他的梦想，就是达到这样一个富有的境界。但是，很快，他的价值观又发生了很大的改变，或者说是思想得到了进一步的升华。于是，既而他又叹道："凡是从农牧商业中所获得的财产，贵在能施救济于人，否则就不过是守财奴罢了！"于是将财产尽分散给了哥哥和故旧。

王莽末年，四方兵起，王莽从弟卫将军王林广招英雄豪杰，就征马援及同县原涉为掾吏，推荐给了王莽。王莽以原涉为镇戎大尹，以马援为新成大尹。

后来，等到王莽失败之后，马援的哥哥马员与马援都离开郡，又逃避到凉州。

世祖即位，马员先到洛阳投奔。光武帝就派遣马员回去仍为增山连率，他直到死都一直在这个官位上。

马援因而留在西州在隗嚣的帐下，隗嚣很敬重他，以他为绥德将军，与他共同筹划决策。

过了很多年之后，光武帝封马援为新息侯，食邑三千户。马援就杀牛斟酒，慰劳军士，从容地对官属们说："我的从弟少游常哀我慷慨多大志，说'士生一世，只要有吃有穿，能乘坐在沼泽中行走的短毂车，驾御着行动缓慢的马，做一个郡的掾史，守住祖先的坟墓，乡里人都称赞说是个好人，这样就可以了。至于追求更多的东西，那就是自找苦吃了'。当我在浪泊、西里之间，贼未灭之时，下面是水上面是雾，毒气熏蒸，仰望天上巨鹰坠落水中，回想少游平生对我说的话，真不知怎样才能得到呢！如今幸赖大家的共同努力，被蒙大恩，侥幸在诸君之先封侯晋爵，我真是既高兴又惭愧啊！"

马援年轻的时候，就想着去放牧，放牧收入颇丰，实现了理想。但是，他的思想又升华了，觉得，拥有财富还是不行的，要回报社会，于是，就把财富分给别人。他的思想，随着生活阅历的增加，在一步步地发生变化、升华。

第二节　考察皇帝

【原文】

　　是时公孙述称帝于蜀，嚣使援往观之。援素与述同里闬，相善，以为既至当握手欢如平生，而述盛陈陛卫，以延援入，交拜礼毕，使出就馆，更为援制都布单衣、交让冠，会百官于宗庙中，立旧交之位。述鸾旗旄骑，警跸就车，磬折而入，礼飨官属甚盛，欲授援以封侯大将军位。宾客皆乐留，援晓之曰："天下雄雌未定，公孙不吐哺走迎国士，与图成败，反修饰边幅，如偶人形。此子何足久稽天下士乎？"因辞归，谓嚣曰："子阳井底蛙耳，而妄自尊大，不如专意东方。"

【译文】

　　这时公孙述称帝于蜀，隗嚣派马援去蜀观察。

　　马援与公孙述是同乡，素来相好，以为他去后公孙述会与他握手像过去一样高兴，而这次公孙述却盛陈御林军，引马援相见，交拜完毕，把马援引至馆舍，再为马援制都布衣，给他帽子，会见百官在宗庙中，立上旧交的座位。

　　公孙述拥着皇帝用的鸾旗和旄骑，在众人肃敬回避后才上车，在众人弯腰鞠躬后入内，掌管仪礼和宴会的官员都很多，想授予马援以封侯大将军爵位。

　　宾客们都乐于留下，马援晓示众人说："天下胜负未定，公孙述不殷勤礼让以迎国中有才能之士，以共商成败，反修饰边幅，像木偶一样，此子何足以久留天下的人才呢？"因而辞归。

　　告隗嚣说："公孙述只不过是个井底之蛙，而他却妄自尊大，您不如专意经营东方。"

【评点】

　　这时公孙述称帝于蜀，隗嚣派马援去蜀地观察，看看那里到底是个什么情况啊。如果合适，那就跟他干。

　　马援与那个公孙述是同乡，素来相好。去之前，马援就想了，我和公孙述的关系那么铁，去了之后，他还不得和我握手畅谈，像过去一样高兴啊！

可是，实际上是怎样的呢？让马援想不到的是，这次公孙述却让御林军陈列两侧，引马援相见，交拜完毕，把马援引至馆舍，再为马援制都布衣，给他帽子，在宗庙中会见百官，立上旧交的座位。

公孙述拥着皇帝用的銮旗和旄骑，在众人肃敬回避后才上车，在众人弯腰鞠躬后才入内，掌管仪礼和宴会的官员都很多。气派！场面！

并且，公孙述想授予马援以封侯大将军的爵位。跟随而来的那些宾客们都乐于留下，高官厚禄，荣华富贵，谁不喜欢啊？大家就急切地问马援，到底从不从啊？从了，就是荣华富贵，信手拈来的事，有理由拒绝吗？

然而，马援晓示众人说："天下胜负未定，公孙述不殷勤礼让以迎国中有才能之士，以共商成败，反修饰边幅，像木偶一样，此子何足以久留天下的人才呢？"因而辞归。马援考察了一通之后，很看不起这个八字还没有一撇，就大摆帝王谱儿的公孙述。回去之后，他就弄了个考察报告报给隗嚣，说："公孙述只不过是个井底之蛙，而他却妄自尊大，您不如专意经营东方。"

马援考察的这个皇帝，令他很不满意。

建武四年（28）冬，隗嚣使马援奉书到洛阳。马援又去考察光武帝刘秀了。

马援到了洛阳，光武帝在宣德殿接见他。

世祖出迎，笑着对马援说："你奔走周旋于二帝之间，现在见到你，使人大感惭愧。"马援叩头辞谢。

马援因而说："现在的世界，不独君主选择臣子，臣子也选择君主呢。我与公孙述同县，是老乡，年少时关系很铁，感情也很好，我前次去他那里，也就是蜀地，公孙述令近臣持戟卫于两侧而后召我进见，很令人寒心啊。可是，今天，我从远方来到这里，你怎么知道我不是刺客奸人，也不找个人护驾，如此粗心？"

光武帝又笑道："你不是刺客，不过是个说客罢了。"

马援说："天下反反复复，窃取名字的人多如牛毛，今见陛下，宽宏大量，与高祖一样，就知道帝王自然有真的了。"光武帝对他说的话很赞许。

马援跟从光武帝到黎丘，又转到东海。

回来后，让他暂时待命，派太中大夫来歙持节送马援西归陇右。这礼节，也真够可以了。

回到隗嚣那里之后，隗嚣与马援同卧同起，问他在东方听到的消息及京师方面的得失。

马援对隗嚣说："前次到朝廷，帝十多次接见我，每次与帝宴间谈话，从夜谈到清晨，帝的才能勇略，不是别人所能匹敌的，且坦白诚恳，无所隐瞒。胸怀阔达而有大节，大抵与高帝相同，而其经学之渊博，处理政事和文章辞辩，在前世无人可比。"

隗嚣说："你说，他比高祖怎么样？"

马援说："不如。高祖上天入地无所不能为；而光武喜爱政事，处理政务恰如其分，又不喜欢饮酒。"

隗嚣不高兴，说："像你这样说，光武倒胜过高祖啦？"然而他极为信任马援，因而派遣长子隗恂到京师作为人质。这意思很明确了，那就是通过马援的考察，从两个皇帝中间选择了光武帝。让自己的儿子去当人质了嘛。

马援因此携家属随隗恂同归洛阳。

第三节　能"言"善"辨"

【原文】

春卿无恙。前别冀南，寂无音驿。援间还长安。因留上林。窃见四海已定，兆民同情，而季孟闭拒背畔，为天下表的。常惧海内切齿，思相屠裂，故遗书恋恋，以致恻隐之计。乃闻季孟归罪于援，而纳王游翁诡邪之说，自谓函谷以西，举足可定，以今而观，竟何如邪？援间至河内，过存伯春，见其奴吉从西方还，说伯春小弟仲舒望见吉，欲问伯春无它否，竟不能言，晓夕号泣，婉转尘中。又说其家悲愁之状，不可言也。夫怨雠可刺不可毁，援闻之，不自知泣下也。援素知季孟孝爱，曾、闵不过。夫孝于其亲，岂不慈于其子？可有子抱三木，而跳梁妄作，自同分羹之事乎？季孟平生自言所以拥兵众者，欲以保全父母之国而完坟墓也，又言苟厚士大夫而已。而今所欲全者将破亡之，所欲完者将毁伤之，所欲厚者将反薄之。季孟尝折愧子阳而不受其爵，今更共陆陆，欲往附之，将难为颜乎？若复责以重质，当安从得子主给是哉！往时子阳独欲以王相待，而春卿拒之；今者归老，更欲低头与小儿曹共槽枥而食，并肩侧身于怨家之朝乎？男儿溺死何伤而拘游哉！今国家待春卿意深，宜使牛孺卿与诸耆老大人共说季孟，若计画不从，真可引领去矣。前披舆地图，见天下郡国百有六所，奈何欲以区区二邦以当诸夏百有四乎？春卿事季孟，外有君臣之义，内有朋友之道。言君臣邪，固当谏争；语朋友邪，应有切磋。岂有知其无成，而但萎腇咋舌，叉手从族乎？及今成计，殊尚善也；过是，欲少味矣。且来君叔天下信士，朝廷重之，其意依依，常独为西州言。援商朝廷，尤欲立信于此，必不负约，援不得久留，愿急赐报。

【译文】

春卿无恙。前在冀南分别，一直未通音信。马援乘间回到长安，因此留在上林。我见四海已定，兆民同心，而隗嚣闭拒背叛，为天下所指。时常害怕海内对他恨之切齿，恨不得要将他杀了分尸，所以写信给他。恋恋之情，以致恻隐之计。听说隗嚣归罪于我，而接受王元奸邪之说，自以为函谷关以西，举足可定，以现在的形势来看，究竟怎样呢？马援曾到河内，看望伯春，见到其奴吉从西方回来，说伯春小弟仲舒望见吉，想问伯春有没有意外，竟不能讲话，早晚号泣，婉转风尘之中。又说他家悲愁的情况，不可言说。怨与仇可刺而不可毁，马援听了，不知不觉也泣下了。马援素知隗嚣孝爱，虽曾参、闵子骞也不会超过他。对亲孝顺的人岂能不对儿子慈爱呢？哪有忍心让儿子身戴刑柳，而为父亲的还在强横妄作，像乐羊一样忍心吃用儿子的肉做成的羹汤？隗嚣平生自己说他之所以拥兵众，只是想保全父母之国而使先人坟墓完整，又说苟且厚待士大夫罢了。而现在想保全的将要破亡了，想完整的也将毁掉了，想厚待的反而薄待了。隗嚣曾经挫辱过公孙述而不接受公孙述的封赐，现在则与公孙述同流合污，还想归附于他，不感到难为情吗？假若公孙述要隗嚣送儿子到洛阳当人质，他从何处得儿子呢？以前公孙述想封你为王，你拒不接受，现在老了，倒还想低着头与小儿辈们共槽而食，并肩侧身于怨家的朝廷吗？男儿淹死为什么拘束于游泳呢？现在国家对你有深意，你应当使牛孺卿与各位耆老大人共同说服隗嚣，如计划不被接受，就可以引领而去了。前展阅地图，见天下郡国共一百零六所，奈何想以区区的两个邦以抵挡天下的一百零四个邦呢？你事隗嚣，外有君臣之义，内有朋友之道。以君臣而言，应当面谏争议；以朋友而言，应当商量切磋。岂有明知其不能成功，而软弱不敢开口，又手跟着他刑及父母兄子呢？如现在计划成功，待遇还是优厚的；失了这个机会，就很可惜了。且来君叔是天下的信士，朝廷敬重他，他时常为西州说话，有依依不舍之情。我猜想朝廷，尤其想立信于此事，必不至于负约。马援不会久留，愿你快点回信。

【评点】

后来，隗嚣又反叛大汉。光武帝于是召马援议事，马援为之出谋划策。因此使马援率领突击骑兵五千，往来游说隗嚣将领高峻、任禹之属，下及羌中的英杰，为他们剖析形势说明祸福，以离间隗嚣的党羽。

马援又写信给隗嚣的一个大将，那个大将叫杨广。写信干吗啊？意思是要杨广去劝导隗嚣。他的信是怎么说的呢？上面我们的选文，就是那封信的内容。

其实，这是一篇很好的议论文，也是一篇很好的演说。其情切切，说得好极了。可是，杨广竟然不答复。这封书信，虽然没有取得招降的成效，可是，字里行间早已展现出马援的拳拳赤子之心，还有能言能语的才能。关于他能言的才能，在以后，他在朝廷为官的时候还有更加具体的体现。马援不但注意修饰须发，眉目容貌如画，还非常善于与人对答，特别善于讲述前世故事。每每讲故事的时候，上到三辅长者，下至乡里少年，都听得津津有味。自皇太子、诸王到那些侍从们听到了，一个个莫不竖耳爱听而忘倦。一句话，他讲故事，抓人啊。如果搁在现在，他应该是一个相声大师，为振兴中国的传统相声艺术贡献出自己的力量。

此为马援之能言也。

八年（32），光武帝亲自西征隗嚣，到达漆县，各将领都认为王师重要，不宜深入险阻，光武犹豫不决。

光武帝就召马援来。夜里，马援来了。光武帝大喜，让他赶紧进来，就告以大家议论的意见，并征求他的决策。说，你看看这个事儿，怎么处理好呢？

马援因此说隗嚣将帅有土崩瓦解之势，进兵就有必破之状。

并在光武帝的面前，聚米以为山谷模型，指画形势，指出众军应从哪条山道进去又从哪条山道出来，分析曲折，明明白白。

光武帝说："敌虏已在我眼中了。"第二天早晨，就按照马援的建议排兵布阵，果断出击，隗嚣的兵果然大败，四散而逃。

马援的分析，深刻、独到、精准，这也说明了他运筹帷幄，志存高远，又能辨别时局，抢抓机遇，很善于用兵方策，光武帝曾说："伏波论兵，与我意见相合。"每有出谋划策，没有不被采纳的。这无不因为他善于辨别真伪，洞察时局。

马援兄的子婿叫王盘，字子石，是王莽从兄阿侯王仁的儿子。

王莽失败了以后，这个王子石拥有财产住在故居，为人讲气节爱惜人才，还喜欢施舍，在江淮间很有名气。

后来游京师与卫尉阴兴、大司空朱浮、齐王章共相友善，是关系挺好的朋友。

马援对姐姐的儿子曹训说："王氏，现在是垮了台的家族，子石当隐居自守，现在他反而与京师权贵交游，用气自行其是，多有凌人之举，以后必败。"果然，一年多后，那个王磐果然因与司隶校尉苏邺、丁鸿的事相连累，获罪死于洛阳狱中。

王磐的儿子王肃再次出入北宫及王侯邸第。

马援对司马吕种说："建武之元，名为天下重开。自今以后，国内将日趋安定。可忧的是国家的诸侯王子都长大了，而诸侯王子不许私交宾客的规矩没有确立，如多通宾客，就要犯下大罪，你们要警戒慎重啊。"

等到郭后死了，有人就上书，认为王肃等是受诛的家室，宾客们因事生乱，恐怕将导致贯高、任章那种暗杀陛下的祸事发生。

皇帝大怒，下令郡县收捕王姓宾客，彼此连累，死者成百上千。

吕种也连累致祸，临死前叹息说："马将军真是神人啊！"

此为马援的善"辨"也。

第四节　管理才能

【原文】

援务开恩信，宽以待下，任吏以职，但总大体而已。宾客故人，日满其门。诸曹时白外事，援辄曰："此丞、掾之任，何足相烦。颇哀老子，使得遨游。若大姓侵小民，黠羌欲旅距，此乃太守事耳。"

【译文】

马援注重广开恩信，宽以待下，按职务任吏，而他自己则只抓大事而已。

宾客故人，日渐集中到他的门下。

属官们有时谈到外面的事，马援总是说："这是长史、掾史们的任务，不用告诉我。哀怜老子，使得清闲游乐。如果是大姓欺侮小民，狡黠的羌民不服从，那是太守的事罢了。"

【评点】

光武九年（33），拜马援为太中大夫，助来歙监诸将平定凉州。当时的时局是这样的，自王莽末年，西羌侵犯边境，就移居塞内，金城属县多被羌人占有。

来歙也是一个很有高见的人，他分析了一通之后，跟皇帝说，陇西被侵扰的那些残地啊，要想收复平定，除了马援谁也办不了。到了十一年夏，光武帝下玺书拜马援为陇西太守。

马援升任陇西太守之后，才充分展现出了他的管理才能。

马援太守非常注重广开恩信，宽以待下，按职务任吏，而他自己则只抓大事。什么意思啊？他的管理方法就是一层抓一层、一级抓一级，每一层每一级，都有明确的职责范围。这样的管理，清晰、条理、明确。这种管理理念，是先进的，也是有效的。所以，很多宾客故人，日渐集中到他的门下。

属官们有时谈到外面的事，马援总是说："这是长史、掾史们的任务，不用告诉我。你们要是敬重我呢，就让我清闲点，别什么事都跟我唠叨个没完没了。当然，如果是大姓欺侮小民，狡黠的羌民不服从，那是太守的事罢了。"

邻县曾有报仇的，吏民们惊慌失措说是羌民造反了，百姓奔入城郭。狄道长登门，请求闭城门发兵讨伐，样子十分慌张，如临大敌。这时马援正与宾客饮酒，大笑说："羌民怎敢再来进犯我。瞎胡闹！晓谕狄道长回去守舍，胆小怕死的，可躲到床下去。"后来风波很快就平静了，郡中人对马援的胆识都口服心服。沉着稳重，遇事不乱，心中自有分寸，这就是马援。

他在陇西视事六年，后来被征召回去，拜为虎贲中郎将。

第五节　马不停蹄的人生

【原文】

　　初，援军还，将至，故人多迎劳之。平陵人孟冀，名有计谋，于坐贺援。援谓之曰："吾望子有善言，反同众人邪？昔伏波将军路博德开置七郡，裁封数百户；今我微劳，猥飨大县，功薄赏厚，何以能长久乎？先生奚用相济？"冀曰："愚不及。"援曰："方今匈奴、乌桓尚扰北边，欲自请击之。男儿要当死于边野，以马革裹尸还葬耳，何能卧床上在儿女子手中邪？"冀曰："谅为烈士，当如此矣。"

　　还月余，会匈奴、乌桓寇扶风，援以三辅侵扰，园陵危逼，因请行，许之。

【译文】

　　起初，马援军回来，将到，朋友故旧多欢迎慰劳。平陵人孟冀，以有计谋著名，在座贺马援。

　　马援对他说："我希望你有善言勉励我，你反而同众人一样吗？过去伏波将军路博德开置七郡，才封了数百户；现在我只有微小功劳，却食邑三千户，功劳小赏赐厚，何以能长久呢？先生有什么能帮助我呢？”孟冀说：“我没有想到。”马援说：“现在匈奴、乌桓还在北部侵扰，我想请求去讨伐，男儿应当死于边野，以马革裹着尸体回来安葬，哪能睡在床上守着妻子儿女呢？”孟冀说：“真正的烈士，应当是这样的。”

回来后一个多月，恰逢匈奴、乌桓侵犯扶风，马援以三辅侵骚，园陵危逼，请求出兵，被准许。

【评点】

马援喜爱骑马，善于识别名马，他对马有着很深的研究。有一次，他得到了骆越铜鼓，就以之铸造马的模型，回后献给了皇帝。

并上表章说：“在天上走莫如龙，在地上走莫如马。马是兵甲战争的根本，国家的大用。国家太平时可用以识别尊卑顺序，国家有变乱时可以克服远近的患难。过去有麒麟，一日可行千里，伯乐见了，明白不疑。近代有西河子舆，也明相法。子舆传给了西河仪长孺，长孺传给了茂陵丁君都，君都传给了成纪杨子阿，我曾经拜子阿为师，接受了相马骨法。在事实上考验，时见功效。我以为传闻不如亲见，视影不如察形。今想以活马为形，然骨法难备于一马之身，又不可传于后世。孝武皇帝时，善相马者东门京，铸作铜马法献上，皇帝下诏把此马立于鲁班门外，并把鲁班门改名为金马门。我现在严谨地依据仪氏的马络头，中帛氏的口齿，谢氏的嘴唇马鬣，丁氏的身中，把这数家骨相集中在一个模型上以为法度。”

马援铸造的那一匹马高三尺五寸，宽四尺五寸。

光武帝很喜欢这一匹马，就下诏立此马模型于宣德殿下，以作为名马的标准模式。

其实，马援的一生，也是马不停蹄的一生。他的志向，也许就像马一样，永远奋蹄驰骋。说话间，就到了建武二十四年（48），武威将军刘尚去攻打武陵五溪蛮夷，结果军队遭到覆灭。马援一听说这个消息，很生气，又一次激起了这员老将的斗志，他迫不及待地找到光武帝请求出兵。小蛮夷，嚣张什么！我来也！

可是，当时的马援已经六十二岁了，他已经不再年轻了啊。光武帝怜他年老，不同意，说那怎么行啊，都这么大年纪了，还披挂上阵，让人怎么放心啊？

马援急了，自请说：“臣还能披甲上马。”

光武帝说，那你就试试呗。

于是，马援噌的一下就蹿到了马背上。到马背上之后，马援摁着马鞍左顾右盼，样子十分俏皮可爱，用以表明他手脚利索着哩，实属可用啊。

光武帝看了他那个模样，笑着说:这个老头儿好健康啊！看来，身体倍儿棒嘛！

于是，光武帝就派遣马援率领中郎将马武、耿舒、刘匡、孙永等，带着从十二个郡招募来的士兵及解除枷锁的刑徒四万多人征五溪。

马援夜间与送行的人诀别。他能言的本领，又一次有所展现了。他告诉友人谒者杜谙说:"我受厚恩，年龄紧迫，余日已经不多，时常以不能死于国事而恐惧，现在获得出征机会，死了也心甘情愿，害怕的是一些长者家儿或在左右，或参与后事，特别难以调遣，我独为此耿耿于怀啊！"

第二年（49）春，军到临乡，遇贼攻县城，马援往迎击，破贼，斩获二千余人，贼都分散走入到竹林中去了。六十多岁的老将啊，实属难得。

第六节　不公待遇

【原文】

臣闻王德圣政，不忘人之功，采其一美，不求备于众。故高祖赦蒯通而以王礼葬田横，大臣旷然，咸不自疑。夫大将在外，谗言在内，微过辄记，大功不计，诚为国之所慎也。故章邯畏口而奔楚，燕将据聊而不下。岂其甘心末规哉，悼巧言之伤类也。

窃见故伏波将军新息侯马援，拔自西州，钦慕圣义，间关险难，触冒万死，孤立群贵之间，傍无一言之佐，驰深渊，入虎口，岂顾计哉！宁自知当要七郡之使，微封侯之福邪？八年，车驾西讨隗嚣，国计狐疑，众营未集，援建宜进之策，卒破西州。及吴汉下陇，冀路断隔，唯独狄道为国坚守，士民饥困，寄命漏刻。援奉诏西使，镇慰边众，乃招集豪杰，晓诱羌戎，谋如涌泉，势如转规，遂救倒县之急，存几亡之城，兵全师进，因粮敌人，陇、冀略平，而独守空郡，兵动有功，师进辄克。铢锄先零，缘入山谷，猛怒力战，飞矢贯胫。又出征交阯，土多瘴气，援与妻子生诀，无悔吝之心，遂斩灭徵侧，克平一州。间复南讨，立陷临乡，师已有业，未竟而死，吏士虽疫，援不独存。夫战或以久而立功，或以速而致败，深入未必为得，不进未必为非。人情岂乐久屯绝地，不生归哉！惟援得事朝廷二十二年，北出塞漠，南度江海，触冒害气，僵死军事，名灭爵绝，国土不传。海内不知其过，众庶未闻其毁，卒遇三夫之言，横被诬罔之谗，家属杜门，葬不归墓，怨隙并兴，宗亲怖栗。死者不能自列，生者莫为之讼，臣窃伤之。

夫明主酂于用赏，约于用刑。高祖尝与陈平金四万斤以间楚军，不问出入所为，岂复疑以钱谷间哉？夫操孔父之忠而不能自免于谗，此邹阳之所悲也。《诗》云："取彼谗人，投畀豺虎。豺虎不食，投畀有北。有北不受，投畀有昊。"此言欲令上天而平其恶。惟陛下留思竖儒之言，无使功臣怀恨黄泉。臣闻《春秋》之义，罪以功除；圣王之祀，臣有五义。若援，所谓以死勤事者也。愿下公卿平援功罪，宜绝宜续，以厌海内之望。

【译文】

我听说王者之德，圣人之政，不忘人的功劳，取人之一美，并不求全责备。所以高祖赦免蒯通而用王礼安葬田横，大臣们心中旷然，都不自感疑惑。大将在外，谗言在内，专门挑剔人家小过，而不计人家的大功劳，这是国家所应慎重的。所以章邯害怕谗言而降了项羽，燕将攻下聊城后因害怕谗言而不敢回去。难道他们是甘心出此下策吗？可恨的是巧言伤害善人啊！

我看到已故伏波将军新息侯马援，是从西州选拔出来，钦慕圣贤忠义，崎岖险难，冒着万死，孤立在群贵之间，得不到一句帮助他的话，奔驰在深渊，进入虎口，他顾忌什么呢？难道他知道要当七郡的使臣，得到封侯的福荫吗？八年，帝西讨隗嚣，大家都拿不定主意，众营也没有集结，马援提出进军路线并建议速进，很快就攻破了西州。

后来吴汉攻下陇西，冀路隔绝，只有狄道为国坚守，士民又饥又困，生死存亡悬于顷刻之间。马援奉诏西使，镇慰边塞群众，于是招集豪杰，晓谕诱导羌戎，谋略像涌泉一样涌现出来，形势像转圆石于万仞之山，这才解了倒悬之急，保存了几将失去的城邑，兵全师进，就地取得粮食，使陇冀都平定了，而马援独守空郡，出兵有功，进军就克敌制胜。在击破先零羌的战斗中，马援潜行山谷之中，愤怒猛战，小腿被箭射穿。出征交阯时，瘴气丛生，马援与妻儿生离死别，但并无后悔之心，成功斩灭徵侧，克平一州。再次南征时，陷于临乡，大业未成身先死，将士多得病，马援不独活。有些战事因持久而立功，有些因急速而致败，深入未必会得到预想的结果，不进也未必算过错。人之常情谁愿久住绝地，不生还故里呢！马援在朝廷二十二年，北去边塞沙漠，南渡江海，触冒疫气，死于职事，名灭爵绝，国中不传。海内不知他有何过错，百姓没有听说他有毁伤，却遭到小人诬罔，横遭谗害，家属闭门，葬不归墓，怨隙并兴，宗亲战栗。死者不能陈述是非的实际情况，生者又没有人敢为他申冤，臣实感到悲哀。明智的君主厚于用赏，薄于用刑。高祖曾与陈平四万斤金来贿赂离间楚军，不问这些金怎样使用，难道是疑惑这些钱谷闲着没有用处吗？孔子那样忠诚也不能免于季孙之谗，这是邹阳感到悲痛的。《诗》说："把那个诽谤者抓来，丢去喂豺狼虎豹。豺狼虎豹不吃，就丢到北国不毛之地。北国不要，说把他交给上天惩罚。"这是要让上天平息其恶。诸陛下留心小子之言，不要使功臣怀恨在黄泉之下。我闻《春秋》之义，犯了罪可以将功抵罪；圣王的祭祀，臣子有五种是应祀的。像马援，就是五祀中以死勤事的一种。愿陛下让公卿们评价马援的功和罪，看是应该绝嗣呢，还是应该续嗣，以满足海内人的愿望。

【评点】

在最后的一次出征中，马援病逝。

梁松因以前看望马援疾病时，马援不搭理他而怀恨在心，于是借机陷害马援。光武帝听了之后，大怒，追收马援的新息侯印绶。

其实，马援是一个非常谨慎的人，他明哲保身，远离纷争，对子女后人也严格要求。主要表现在哪里呢？

起初，马援兄之子马严、马敦都喜欢讥议时事，喜欢对一些事情评头论足，乱说话，乱发表意见，并且与侠客们轻相交往，多结交一些三教九流。马援出征在外的时候，就曾经写信回家训诫道："我想你们听到人家过失，要像听父母之名一样，耳可以听到，口不可说啊。喜欢议论人的长短，乱讥刺时政，这是我最厌恶的，我是宁肯死也不愿听到子孙们有这种行为的。"

即便是这么小心谨慎的人，死前还是遭到小人诬陷，死后更是有人无中生有。马援死后，有人立即上书诬告，说马援以前从南方载回明珠彩犀一类珍宝，据为己有。

光武帝听了举报之后，非常生气。马援的妻子和儿子们惶恐畏惧，不敢把马援灵柩运回旧坟地安葬，只买了城西的几亩地草草埋葬了事。宾客们也不敢去吊唁。

马严与马援妻子草索相连，自己绑了自己，到朝廷请罪。光武帝拿出梁松的诬告书让他们看，结果，这么一对质，才知是挟怨诬告。马援的家里人就上书诉冤，前后六次，辞意哀切，然后才得以安葬。

然而，真正给马援说话的人，是一个微不足道的小人物。那是马援以前的一个朋友。谁啊？朱勃。一个只做到县令的同郡好友。他见有人那么诬陷马援，气不过，就向皇帝上书，说了什么呢？说了上面的选文。

朱勃的话，实际上是总结了马援光辉的一生，细数了他的种种功勋，也列数了他所遭受的诽谤和不公。

当然，马援所遭遇的不公，还不止这些。

显宗将光武时期的名臣列将绘成图像，列于云台。永平初年，马援的女儿被立为皇后。因皇后的缘故，图像中独缺马援。

东平王刘苍看了看那些图，觉得很奇怪，就对光武帝说："为什么不画伏波将军的像呢？"伏波将军的功劳，那还用说吗？在朝内百官中，那可是可圈可点、无不交口称赞的啊。为什么有别人，而独没有他？

光武帝笑而不言。马援是光武帝刘秀的老丈人，是外戚，劳苦功高是不错，可是，这个光环呢，就不给他了吧，免得人家说闲话哩。

到永平十七年（74），马援夫人去世，就更为其聚土为坟，植树为标记，建筑祠堂。

建初二年（77），肃宗派五官中郎将持节追加册封，谥封马援为忠成侯。

史官评论道：马援腾声名于三辅，周旋于二帝，至定计立谋，以辅佐天子，怀着为国效劳的愿望累立战功，这是千载一时的机遇啊。然马援戒人之祸，是很明智的。但他却不能自免于谗隙。

在这篇洋洋万言的《后汉书·马援传》中，作者对马援的描写是极其详尽的。人物性格饱满，细节生动翔实。《后汉书》中如此工笔细描的人物为数不多，由此可以看出作者对马援这个人物的敬重。马援一生的际遇，是古时候重臣的范本，包括他的出身、奋斗、成功以及遭遇等，无不具有代表性。马援，是《后汉书》中具有鲜明而饱满的性格的人物，饱受后人崇敬，也许，这也与他最后遭受到了不公平的待遇有关。

纪连海评点后汉书

（修订版）（下）

纪连海　著

中国出版集团　　现代出版社

卷二十五　卓鲁刘列传

第一节　卓　茂

一、淡定的态度受人敬

【原文】

卓茂字子康，南阳宛人也。父祖皆至郡守。茂，元帝时学于长安，事博士江生，习《诗》《礼》及历算。究极师法，称为通儒。性宽仁恭爱。乡党故旧，虽行能与茂不同，而皆爱慕欣欣焉。

【译文】

卓茂字子康，南阳宛城人也。

父亲祖父都官至郡守。

卓茂，元帝时学于长安，师事博士江翁，学习《诗》《礼》及历算，穷尽老师学术，被称为通儒。

性宽仁恭爱。

乡党故旧，虽行为才能与卓茂不同，对他都爱慕欣与交往。

【评点】

淡定是一种宝贵的品格，也是一种难得的人生境界，是需要学识与修养铸就的。东汉时期的卓茂，无疑就是一个淡定的人。他的淡定，令人钦佩。

卓茂字子康，是东汉时期南阳郡宛城人。他的父亲祖父都官至郡守。家庭出身较为显贵。在元帝的时候，卓茂到长安去上学，师从博士江翁，主要学习了《诗》《礼》及历算，结果，他这一学不要紧，穷尽老师之学术，被称为通儒。什么意思呢？就是说，他把老师的毕生所学都给学来了。老师很惊异，同学们也都很惊奇和羡慕。如果搁在现在，那就是神童啊，北大清华的苗子啊！

其实，博学者，多数的性格是宽仁恭爱的。卓茂就是这样的一个人。

他的乡党故旧，当然是属于三教九流，什么文化层次的都有，什么职业的也都有，他们都与卓茂不相同，可是那些人对他都爱慕钦佩，都很愿意和他深入交往，于是，卓茂有很多好朋友，人缘不错，人脉挺旺。

毕业之后，卓茂被征召为丞相府吏，跟着孔光干。路遥知马力，日久见人心啊，经过不长时间的共事，孔光一看，这个卓茂，真的与众不同。他的学识修养样样高人一筹，于是，他就尊称卓茂为长者。那个时代，长者并非我们现在所说的年长的人，而是说他的品德高尚、学识渊博，是一位值得尊敬的大德大才之人，是人之表率、之典范的意思，相当于现在大师级的人物。

说起卓茂的淡定态度来，还有一个故事。

有一次，卓茂乘坐马车出行。那时候，他已经在丞相府里面工作了。

可是，在半路上，有一人忽然拦住了他，说你的这匹马，是我丢失的那一匹，你还给我吧。

卓茂看了看那个人，问道："你的马丢了多久？"

那人答道："丢了一个多月了。"

其实，卓茂的这匹马跟着他已有很多年了。很显然，那个丢马的人，明明是认错了马。按理说，跟他说明白不就行了吗？如果那人不信，可以跟他据理力争，实在不行，就告他个诬陷好人、诽谤罪什么的。可是，卓茂没有那么做，他坦然地解下马给对方，自己乘车而去。走了几步之后，卓茂回过头去，对那个人说道："如果此马不是你丢的马，希望你把它送到丞相府还给我。"

果然，不久后，马主寻到了自己丢失的马，于是把卓茂的马送到丞相府归还他，叩头道歉。这事被传为佳话。

卓茂的与人无争就是这样的。与世无争，与人无争，就是一种淡定。

二、谁说当官不能收礼

【原文】

后以儒术举为侍郎，给事黄门，迁密令。劳心谆谆，视人如子，举善而教，口无恶言，吏人亲爱而不忍欺之。

【译文】

后来以儒术被推举为侍郎，供职黄门，迁密县县令。

劳心尽职、谆谆恳切，视民如子，举善政以教人，口无恶言，官吏民众亲爱而不忍心欺他。

【评点】

后来，博学大德的卓茂，就以儒术被推举为侍郎，供职黄门，迁密县县令。

劳心尽职，谆谆恳切，视民如子，举善政以教人，口无恶言，官吏民众亲爱而不忍心欺他。这就是卓茂在密县当县令时候的样子。

其实，卓茂的淡定，就是建立在基本原则基础上的。为什么这么说呢？卓茂为人处世抱以淡定态度，但是，他也有他坚守的原则，这个原则是不可逾越的。君子之交淡如水，凡事不拘小节。可是，当有人诬陷说卓茂的手下贪污受贿，卓茂就不答应了。怎么回事呢？

有一次，有一个人说卓茂手下的亭长曾接受他的米与肉的赠送。人家给那亭长送礼了，结果，那亭长就真的收下了。现在，那个人就站出来说了：贪污受贿！

按照常规，有人实名举报他的下属贪污受贿，这是一件大事，不容忽视啊，他卓茂理应立案调查啊。

卓茂县令是怎么做的呢？

卓茂避开手下人，问那个举报者，说："亭长是遵从你的要求，还是因为你有事嘱咐于他而接受的呢？或者是你自己感到他对你有恩而送他的？"

那人理直气壮，说："是我自己送他的。"

卓茂说："你送他他接受，为什么又说出来呢？"

那人说："我听说贤明之君能使人不害怕官吏，官吏也不取人财物。我现在害怕官吏，才送他东西，亭长既已接受，我所以来说呢。"

卓茂说："你是一个不懂事理的人啊。人之所以贵于禽兽，是因为有仁爱，知道互相尊敬往来。现在邻里长老尚且赠送食物，这是人道之所以相亲，何况是官吏与民众呢？官吏只是不应当以自己的威力向百姓强行索取罢了。人生在世，群居杂处，所以有经纪礼义以互相交接往来。你独不想修好人际关系，难道还能远走高飞，不在人间生活吗？亭长向来是个好官，过年送点东西，合礼。"卓茂的意见是，当官也是可以收礼的，只要是正常的人际交往，该收就收嘛，该送就送嘛。当官的也是人啊。

那个举报者又说了："既这样，法律上为什么要禁止呢？"

卓茂笑道："法律设置的是大法，礼顺的是人情。现在我以礼来教你，你必无怨恶，如以法律来惩治你，你也会措手顿足啊！一门之内，小的可以讨论，大的可得杀头啊。你回去想想吧。"

卓茂的这个原则，让他替官吏说了句公道话，说得入情入理。所以，百姓接受他的教诲，官吏们缅怀他的恩德。

三、择君而臣

【原文】

初，茂与同县孔休、陈留蔡勋、安众刘宣、楚国龚胜、上党鲍宣六人同志，不仕王莽时，并名重当时。休字子泉，哀帝初，守新都令。后王莽秉权，休去官归家。及莽篡位，遣使赍玄𫄸、束帛，请为国师，遂呕血托病，杜门自绝。光武即位，求休、勋子孙，赐谷以旌显之。刘宣字子高，安众侯崇之从弟，知王莽当篡，乃变名姓，抱经书隐避林薮。建武初乃出，光武以宣袭封安众侯。擢龚胜子赐为上谷太守。

【译文】

起初，卓茂与同县孔休、陈留人蔡勋、安众人刘宣、楚国人龚胜、上党人鲍宣六人同志，不仕王莽时，并名盛当时。

孔休字子泉，哀帝初，守新都县令。

后来王莽秉权，孔休去官归家。

等到王莽篡位，遣使带着玄𫄸、束帛，请他为国师，孔休呕血托病，杜门自绝。

光武即位，求孔休、蔡勋子孙，赐谷以旌显。

刘宣字子高，安众侯刘崇的堂弟，知王莽必将篡位，就改名换姓，抱着经书隐避在深山中。

建武初才出山，光武以刘宣袭封安侯。

擢拔龚胜子龚赐为上谷太守。

【评点】

马援曾经在公孙述和刘秀之间进行君王选择，看谁好就跟谁。卓茂也是这样。他也在君王间进行了选择，择其善者而从之，其不善者而躲之。

起初，卓茂到了密县当县令，对政令有所废置，官吏们笑话他，邻城听到的都鄙视他无能。意思是说，他这样的也能为官吗？简直不可思议啊！

于是，河南郡为此设置了一位守令，卓茂不嫌此事，仍与过去一样处理政务。

几年后，教化大行，路不拾遗。平帝时，天下发生大蝗灾，河南二十多县都遭了蝗灾，唯独不进入密县县界。督邮上报，太守不信，亲自到县考察，看到真实情况才服。

这时王莽秉政，设置大司农六部丞，劝导考核农桑，迁卓茂为京部丞，密县的百姓不论老少都哭泣相送。百姓都舍不得他走啊！从开始的没有人看得起，到现在百姓哭泣相送，可见人家卓茂的确是深得人心。到王莽居摄时，以病免归郡，常为门下掾祭酒，不肯做职吏。为什么啊？很明显，他看透了王莽这个所谓的皇帝是个不着调的皇帝。跟着他，有辱声名啊。于是，弃官不做。

后来，更始立。更始帝以卓茂为侍中祭酒，跟至长安。卓茂看了看这个刘玄，也不着调，成不了大气候，因为更始政乱，不堪入目，于是，卓茂就以年老为由，请求辞职回家。不跟你干了！

就这样，卓茂炒了两个皇帝的鱿鱼。

等到光武初即位，就先去访求卓茂，卓茂到河阳谒见。

光武下诏书说："前密县令卓茂，约束修养自身，执节敦厚稳固，能做别人做不到的事情。名冠天下的人，理应受到天下重赏，所以武王诛商纣，封比干之墓，命毕公旌显商容的闾里。现在封卓茂为太傅，封褒德侯，食邑二千户，赏赐几杖车马，衣一套，絮五百斤。"又以卓茂长子卓戎为太中大夫，次子卓崇为中郎，供职黄门。

建武四年（28）去世，赐给棺椁墓地，光武穿着素服亲临送葬。

史官评论道：建武之初，群雄方在扰攘，啸呼者连响，据城自保者相望，这正是日促事多不暇给足之时。

卓茂一名七十多岁的小小县令，并无其他奇能，却能首加聘命，接受优词重礼，这与周武王封比干表商容和燕昭王为郭隗筑宫而师事的事有什么区别呢？从此那些蕴藏义愤希望归于正道的宾客们，越关山险阻，捐弃宗族，来敲皇城大门的就多了。厚性宽中近于仁，犯而不报近于恕，能做到这点，还会有人怨恨嘛！

第二节　鲁　恭

鲁恭，德之广者

【原文】

　　和帝初立，议遣车骑将军窦宪与征西将军耿秉击匈奴，恭上书谏曰：

　　陛下亲劳圣思，日昃不食，忧在军役，诚欲以安定北垂，为人除患，定万世之计也。臣伏独思之，未见其便。社稷之计，万人之命，在于一举。数年以来，秋稼不熟，人食不足，仓库空虚，国无畜积。会新遭大忧，人怀恐惧。陛下躬大圣之德，履至孝之行，尽谅阴三年，听于冢宰。百姓阙然，三时不闻警跸之音，莫不怀思皇皇，若有求而不得。今乃以盛春之月，兴发军役，扰动天下，以事戎夷，诚非所以垂恩中国，改元正时，由内及外也。

　　万民者，天之所生。天爱其所生，犹父母爱其子。一物有不得其所者，则天气为之舛错，况于人乎？故爱人者必有天报。昔太王重人命而去邠，故获上天之祐。夫戎狄者，四方之异气也。蹲夷踞肆，与鸟兽无别。若杂居中国，则错乱天气，污辱善人，是以圣王之制，羁縻不绝而已。

　　今边境无事，宜当修仁行义，尚于无为，令家给人足，安业乐产。夫人道义于下，则阴阳和于上，祥风时雨，覆被远方，夷狄重译而至矣。《易》曰："有孚盈缶，终来有它吉。"言甘雨满我之缶，诚来有我而吉已。夫以德胜人者昌，以力胜人者亡。今匈奴为鲜卑所杀，远臧于史侯河西，去塞数千里，而欲乘其虚耗，利其微弱，是非义之所出也。前太仆祭肜远出塞外，卒不见一胡而兵已困矣。白山之难，不绝如缒，都护陷没，士卒死者如积，迄今被其辜毒。孤寡哀思之心未弭，仁者念之，以为累息，奈何复欲袭其迹，不顾患难乎？今始征发，而大司农调度不足，使者在道，分部督趣，上下相迫，民间之急亦已甚矣。三辅、并、凉少雨，麦根枯焦，牛死日甚，此其不合天心之效也。群僚百姓，咸曰不可，陛下独奈何以一人之计，弃万人之命，不恤其言乎？上观天心，下察人志，足以知事之得失。臣恐中国不为中国，岂徒匈奴而已哉！惟陛下留圣恩，休罢士卒，以顺天心。

书奏，不从。

【译文】

和帝初立，准备派遣车骑将军窦宪与征西将军耿秉进击匈奴，鲁恭上书谏道：陛下亲劳圣体，日昃不食，忧于军役，是想安定北部边陲，为人民除患，定万世之计。而臣暗自思忖，认为未见其便。社稷之计，万人之命，在于一举。数年以来，秋稼歉收，人食不足，仓库空虚，国无蓄积。恰逢章帝驾崩，人怀恐惧。陛下躬行大圣之德，履至孝之行，应尽三年居丧之礼，听于冢宰。百姓忧伤，三时听不到警跸之音，莫不怀思惶惶，像有求而不得。今就以盛春之月，兴发军役，扰乱天下，与夷狄相持，这不是垂恩中国，改元正时，由内及外的举措。万民，是天之所生。天爱其所生，就像父母爱自己的儿子一样。有一物不得其所，天气还为之舛错，何况是人呢？所以爱人者必有天报。以前太王古公因爱惜人命而去邠，所以获得上天的保佑。夷狄，是四方的异气。平坐倨傲放肆无礼，与鸟兽没有分别。如杂居中国，则错乱天气，侮辱好人，所以圣王之制，对他们只是羁縻不绝而已。

今边境无事，应当修仁行义，崇尚无为，令家给人足，安业乐产。人道安定于下，则阴阳和顺于上，祥风时雨，覆被远方，那么夷狄就会通过重重翻译来进贡。《易经》上说："有了孚信再加积累，就如雨水充满了瓦缶，其结果还有其他吉庆。"是说甘雨充满了我的瓦缶，有诚信，则有人来归附，因而吉利。以德胜人者昌盛，以力胜人者灭亡。今匈奴为鲜卑所败，远藏于史侯河西，离边塞数千里，而想乘其虚耗、微弱攻打它，这不是出于道义。前太仆祭肜远出塞外，最终见不到一个胡兵而自己已困顿了。白山的灾难，不绝如缕，都护陈睦陷没，士卒死者如积，至今还受其辜毒。孤寡哀思之心没有消失，仁者念之，以为屏息，怎么又想承袭其迹，不顾患难呢？现在开始征发，而大司农调度不足，使者在道，分部督促，上下相迫，百姓的窘急也很严重了。三辅、并州、凉州少雨，麦根枯焦，牛死日甚一日，这是不合天心之效验哩。群僚百姓，都说不能这样，陛下怎么独以一人之计，弃万人之命，不体恤百姓的声音呢？上观天心，下察人志，足以知事之得失。臣恐这样下去中国不成为中国了，岂只有匈奴不成为匈奴嘛！请陛下留圣恩，休罢士卒，以顺天心。

书奏上去，帝不从。

【评点】

东汉时期的鲁恭，在后世颇有盛名。他的品德操守，每每被人忆及，无不视其为楷模。他的德行久被传颂。

鲁恭字仲康，是东汉时期的扶风平陵人。他的先祖出于鲁顷公，被楚所灭，迁于下邑，因而以鲁作为宗族姓氏。世代为二千石，哀平年间，自鲁而迁徙。祖父鲁匡，王莽时，为掌管四时的官吏，有权数，号称"智囊"。

他的老爸鲁某，建武初，为武陵太守，为官时鞠躬尽瘁，死于工作岗位上。父亲去世的时候，鲁恭才十二岁，其弟鲁丕才七岁，兄弟日夜号哭不绝于声，郡中赠送的丧仪财物都不接受，回家服丧，礼节比成人还要周到，乡里深感奇异。他们的家风就是这样，宁可授人，不肯轻易受于人。到了后来，太尉每年逢年过节的时候，都会派儿子去鲁恭家里问问，缺酒吗？缺粮食吗？可是，鲁恭一家从来不接受他们的馈赠。

十五岁的时候，鲁恭与母亲及弟鲁丕都居太学，学习《鲁诗》，闭门讲诵，不理外面的事，兄弟都为诸儒所称赞，学士争着归附他们。

鲁恭的高尚品德，不仅表现在对父亲的孝道上，也不仅表现在不肯轻易接受别人的馈赠上，还表现在对弟弟鲁丕的关爱和照顾上。鲁恭因可怜鲁丕年纪小，想让他先成就其名，自己以长兄的身份照顾饮食起居，就假说自己有病不出仕。也就是不肯先其弟出去当官做事。郡里几次以礼相请，鲁恭都谢不肯应。后来，他的母亲强迫遣他外出，鲁恭不得已向西而去，因留在新丰任教授。

建初初年（76），他的弟弟鲁丕举为方正，鲁恭才开始担任郡吏。这份兄弟情谊，实在是溢于言表、感人肺腑啊。

太傅赵熹听到消息把他召出来任职。肃宗集合许多儒者在白虎观，鲁恭特以明经奉召，参与讨论。赵熹又举荐鲁恭直言，待诏于公车，拜中牟令。

于是，鲁恭在新的起点上，广施德化。鲁恭专门以德化为理，不推崇刑罚。也就是喜欢以理服人，以情感人，而不爱动不动就动用刑罚进行惩戒。

诉讼人许伯等争田产，历任守令都不能裁决。于是，鲁恭为他们评论理之曲直，晓之以理，动之以情，结果双方都被感化了，分别退而自责，辍耕以田相让。你看，这就是方法问题。以前的官员都处理不了的事情，如今叫鲁恭用以德服人的方法给搞定了。

当然，并不是说鲁恭的德化就是一帆风顺的。这个世界上人有三六九等，不同的学历，不同的教养，不同的性格，就会产生各种各样的复杂关系。结果，就出来了这么一位不更事的。

亭长借了别人的牛不肯归还，牛主人不愿意了啊，就讼于鲁恭，请求他给裁断。

鲁恭召见亭长，令他把牛还给主人，再三催促，亭长还是不肯还牛。这个亭长，也不知道是跟那牛主人过不去，还是故意跟鲁恭过不去，反正就是一句话：不还！

鲁恭于是就叹道："这是教化行不通啊。"既然我的德化行不通，那咱就不化了吧。于是，他就准备辞职而去。

鲁恭这一甩手，可了不得了。掾史们哭泣共相挽留，不舍得让他走。这样一来呢，那个不讲理的亭长也深感愧悔，结果就把牛给还了，还亲到监狱受罪，鲁恭宽贷不问，那意思是算了算了，知错能改就是好孩子嘛，受罚也就算了。

于是，官吏和百姓都很信服于鲁恭。

说话间，就到了建初七年（82），郡国螟虫为灾，伤害庄稼，可是，奇怪的是在鲁恭的县界里，那些螟虫少见，侵扰很少。

河南尹袁安听说了，心说这怎么可能呢？难道这虫子也受到鲁恭的德化啦？他怀疑这个不是事实，派仁恕掾肥亲前往察看。

鲁恭跟随前来查看的肥亲在田间小路之间行走，到处察看了一通之后，就坐在桑树下休息。就在这个时候，有野鸡飞过，停在旁边，刚好旁边有个小孩儿。按理说，小孩子嘛，见了野鸡飞过来，还不跑过去捉住它？但是，那个小孩儿看了看那只野鸡，并没有去捉它的意思。肥亲觉得很奇怪，就对小童说："你为什么不捉住野鸡？"童儿说："这只野鸡正在孵小野鸡哩，我怎么能捉它呢？"肥亲大受震撼，惊动而起，赶紧与鲁恭作别道："我到这里来，本是考察你的政迹。今螟虫不犯中牟，这是一奇；德化及于鸟兽，这是二奇；连小孩儿都有仁心，这是三奇。我久留在此，只能打扰贤者。"回到府里，肥亲就向府尹袁安如实做了报告。那府尹才真的相信了那是真实的事实。当然，这里面的描述，应当是有艺术加工的成分，但是，由此足以反映出鲁恭的德之广也。

鲁恭在那里工作了三年，州举尤为优异，恰逢母丧辞官，回家葬母守孝去了，所有的官吏和百姓都很思念他。

后来，鲁恭又被提拔为侍御史。

鲁恭在朝中有着很高的威望，德高望重。君臣在一起每次讨论政事只要有益于人，鲁恭总是直言其便，无所隐讳。其后拜为《鲁诗》博士，从此家法学者日盛。

其后，又迁为侍中，数次召宴会见，问以得失，赏赐和恩礼宠爱异于常人。

后又迁千乘王刘宠的相。

这时东州多盗贼，结辈攻劫，诸郡都以此为患。

鲁恭到后，以重金收买赏赐，广布恩信，其时大帅张汉等率领着他那一大帮子兄弟前来投降，鲁恭以他为汉补博昌尉，其余于是自相捕击，全部平定，州郡得以安宁。

永元十五年（103），从帝巡狩南阳，任其子鲁抚为郎中，赐副马从驾。这时弟鲁丕也做了侍中。兄弟父子并列朝廷。

后来以老病策书罢归。到八十一岁的时候，在家去世。

总体说来，鲁恭性谦让，奏议依据经典，虽自己有所补益，然而始终不显示自己，所以不以刚直著称。常言说，厚德载物。鲁恭德厚而广，颇受后人爱戴与效法。

第三节　刘　宽

不会生气的刘宽

【原文】

典历三郡，温仁多恕，虽在仓卒，未尝疾言遽色。常以为"齐之以刑，民免而无耻。"吏人有过，但用蒲鞭罚之，示辱而已，终不加苦。事有功善，推之自下。灾异或见，引躬克责。每行县止息亭传，辄引学官祭酒及处士诸生执经对讲。见父老慰以农里之言，少年勉以孝悌之训。人感德兴行，日有所化。

灵帝初，征拜太中大夫，传讲华光殿。迁侍中，赐衣一袭。转屯骑校尉，迁宗正，转光禄勋。熹平五年，代许训为太尉。灵帝颇好学艺，每引见宽，常令讲经。宽尝于坐被酒睡伏。帝问："太尉醉邪？"宽仰对曰："臣不敢醉，但任重责大，忧心如醉。"帝重其言。

宽简略嗜酒，不好盥浴，京师以为谚。尝坐客，遣苍头市酒，迂久，大醉而还。客不堪之，骂曰："畜产。"宽须臾遣人视奴，疑必自杀。顾左右曰："此人也，骂言畜产，辱孰甚焉！故吾惧其死也。"

【译文】

掌管三郡，温仁多恕，虽在仓促急迫时，也未尝疾言厉色。
常以为"以刑罚治理百姓，百姓虽不犯刑罚但难免有无耻的行为"。

官吏百姓有过，只用草鞭打几下，以示侮辱而已，不使皮肉受苦。

事有功绩，归之于下面。

灾异出现，自己引身担当责任。

每到县中亭传旅舍，一停下来，就招引学官祭酒及处士诸生手执经书对讲。

看到父老慰以农里之言，见到少年就勉以孝悌之训。

人们感于德就兴于行，教化日见普及。

灵帝初，征拜为太中大夫，侍讲华光殿。

迁侍中，赐衣一套。

转为屯骑校尉，迁宗正，转光禄勋。

熹平五年（176），代许训为太尉。

灵帝很喜爱学艺，每引见刘宽，常令他讲经。

刘宽曾在座位上被酒所加而睡伏。

帝问道：“太尉醉了吗？”刘宽仰头回答说：“臣不敢醉，但任务重、责任大，忧心如醉了。”帝重视他的话。

刘宽简略喜喝酒，不喜爱洗手洗澡，京师成了谚语。

曾与客同坐，派老仆上市购酒，很久，老仆大醉而回。

客人不堪，骂道：“畜生。”刘宽很快派人去看望老仆，怀疑他必将自杀。

对左右说：“这个人，骂他是畜生，侮辱还有比这更甚的吗？所以我怕他自杀哩。”

【评点】

人生在世，喜怒哀乐，爱恨情仇，应该是基本的情感，也是时刻变化无常的事情。可是，当一个人的修养达到了一定的高度，就会自若地控制自己的感情，不会大喜大悲、大怒大乐，而是以几近恒等的态度来对待人生种种。

东汉时期的刘宽，就是一个不会生气的人。无论遇到什么样的事情，他都不会生气，真如他的名字一样，心宽似海。那么，刘宽到底是怎样的一个人呢？

刘宽字文饶，是弘农华阴人。他的父亲叫刘崎，在顺帝时为司徒。

有一次，刘宽乘坐牛车外出，有人失了牛，结果就在刘宽的车中找了一头牛说是他的。为什么啊？其实，刘宽知道，那个人是认错了牛。刘宽是怎么做的呢？

刘宽不做辩解，下车步行回家。你说是你的牛，那你牵走就是了。

不久，认牛的人找到了自己失去的牛而送还刘宽的牛，叩头谢罪说：“愧对长者，愿接受你对我的处罚。”原来，是那个人认错了牛。

269

刘宽说："物有类似，事情容许有失误，麻烦你送回来了，拿什么来感谢你呢？"州里的人心服他宽宏大量不与人计较的精神。

这样高尚有品德的人，当然是应该升迁的。果然，他多次被领导提拔重用，换了很多重要的工作岗位。桓帝时，大将军梁冀征他，五次迁为司徒长史。后来，出京为东海王刘臻之相。延熹八年（165），征拜为尚书令，迁南阳太守。掌管三郡，他温仁多恕，虽在仓促急迫时，也未尝疾言厉色。一句话，沉着稳重，不急不躁。他常以为"以刑罚治理百姓，百姓虽不犯刑罚但难免有无耻的行为"。

官吏百姓有过，只用草鞭打几下，以示侮辱而已，不使皮肉受苦。这样的惩戒，想必是比较宽容的。并且事有功绩，归之于下面。每当碰到好事，遇到赏赐和表扬，总是把功劳记在属下的头上，从不邀功：都是同志们的功劳啊，没有同志们的共同努力，哪里会有这样好的成绩呢？想一想看，这样的领导，真的很好啊。如果你在单位做领导，那么，就做刘宽这样的领导吧，同志们会喜欢。

刘宽不仅如此，还一有空就招引学官祭酒及处士诸生手执经书对讲。见了农家老乡，就慰以农里之言，见到未成年的就勉以孝悌之训。人们感于德就兴于行，教化日见普及。刘宽时时处处传播传统思想，进行思想道德教育，提高人们的思想道德水平。

灵帝初，征拜为太中大夫，侍讲华光殿。后来又迁侍中，赐衣一套。继而又转为屯骑校尉，迁宗正，转光禄勋。熹平五年（176），代许训为太尉。灵帝这个人呢，平时很喜爱学艺，每次引见刘宽，就叫他给讲讲课什么的，授之以道。

当然刘宽也并不是没有缺点，不是什么高大全的样板戏似的人物。那么，他有什么缺点呢？其实，很有趣。刘宽偶尔喜欢喝点小酒。有一回，做了太尉的刘宽在座位上被酒所加而睡伏。喝醉了。帝问道："太尉醉了吗？"刘宽仰头回答说："臣不敢醉，但任务重、责任大，忧心如醉了。"

"刘宽简略喜喝酒，不爱洗澡和洗手"，这成了京师的一句谚语。什么意思啊？这么大一个人物，居然有这么一个小毛病——不讲卫生啊。当然，这个都可作为别人的戏谑之言，估计不会是真的。见他宽厚仁慈，别人就经常开他的玩笑。有一回，就有人想方设法试一下他，不是说你是个不会生气的人吗？那就让你生个气给大家看看呗。他们密谋了一通之后，就对刘宽下手了。对他下手的人，不是别人，正是他的夫人。有一天举行朝会，那得赶紧着朝服上朝啊，等他装束完毕，准备上朝开会去了，夫人就安排了一个小丫鬟端着肉羹装着不小心，一个趔趄，来了个假摔，结果就摔了刘宽一身。好嘛！那朝服被弄了个大花脸。这可是一件大事啊。如果脏着朝服去上朝，那可不是小罪过啊。可是，如果换干净朝服，迟到了也不好。总之，这是一件很恼人的事情。

夫人就等着刘宽发怒让大家看看，可是，刘宽不但没有生气，反而还急切地拉起丫鬟关切地问：哎呀呀，烫着手了没有啊？怎么这么不小心呢？

你说夫人那个泄气！嘿！这个刘宽，天生就不会生气啊！

海内都称他为长者。这个称呼，也真不为过啊。刘宽就是有长者之风范。

然而，刘宽并不是一直升迁，他的官路也是几经波折。也是因故被罢免了好几次，又升迁了好几次。最后，又拜永乐少府，迁光禄勋，以预知黄巾逆谋，以此事上奏的原因，封逮乡侯六百户。

中平二年（185）去世，时年六十六岁。谥昭烈侯。

刘宽给我们的印象，就是心宽，德高，有极高的修养，是一个不会生气的人。

卷二十六　伏湛传

师仪天下的伏湛

【原文】

　　其冬，车驾征张步，留湛居守。时蒸祭高庙，而河南尹、司隶校尉于庙中争论，湛不举奏，坐策免。六年，徙封不其侯，邑三千六百户，遣就国。后南阳太守杜诗上书荐湛曰："臣闻唐、虞以股肱康，文王以多士宁，是故《诗》称'济济'，《书》曰'良哉'。臣诗窃见故大司徒阳都侯伏湛，自行束修，讫无毁玷，笃信好学，守死善道，经为人师，行为仪表。前在河内朝歌及居平原，吏人畏爱，则而像之。遭时反复，不离兵凶，秉节持重，有不可夺之志。陛下深知其能，显以宰相之重，众贤百姓，仰望德义。微过斥退，久不复用，有识所惜，儒士痛心，臣窃伤之。湛容貌堂堂，国之光辉；智略谋虑，朝之渊薮。鬐发厉志，白首不衰。实足以先后王室，名足以光示远人。古者选擢诸侯以为公卿，是故四方回首，仰望京师。柱石之臣，宜居辅弼，出入禁门，补缺拾遗。臣诗愚戆，不足以知宰相之才，窃怀区区，敢不自竭。臣前为侍御史，上封事，言湛公廉爱下，好恶分明，累世儒学，素持名信，经明行修，通达国政，尤宜近侍，纳言左右，旧制九州五尚书，令一郡二人，可以湛代。颇为执事所非。但臣诗蒙恩深渥，所言诚有益于国，虽死无恨，故复越职触冒以闻。"

【译文】

　　这年冬，光武征讨张步，留伏湛居守。

　　当时在高庙举行冬祭，而河南尹、司隶校尉在庙中争论，伏湛没有举奏，被

272

策书免职。

六年，迁封不其侯，食邑三千六百户，遣就国。

后南阳太守杜诗上书荐举伏湛说："臣听说唐尧、虞舜亲如股肱，因此社稷康盛，周文王以人才鼎盛而得安宁，所以《诗》称'济济多士'，《书》曰'股肱良哉'。臣杜诗见故大司徒阳都侯伏湛，自十五岁而志于学，未尝有所毁缺，笃信好学，守死善道，论经学堪为人师，论行为堪为仪表。前在河内朝歌及居平原，官吏百姓畏爱，以他为楷模而仿效他。遇到时局反覆，兵凶连年，而伏湛能秉节义持操守，有不可夺的志气。陛下深知其能，授以宰相重任，众贤百姓，仰望德义。后以微小过失免退，久不复用，有识之士感到痛惜，儒生士子感到伤心，臣私下为之惋惜。伏湛容貌堂堂，智略谋虑，朝廷的集大成者。从童子立志，至白首而矢志不衰。行动足以向导王室，名气足以光示远人。古时选拔诸侯以为公卿，所以四方回首，仰望京师。柱石之臣，应居辅弼之位，出入宫廷以补救缺漏、纠正过失。臣杜诗愚戆，不足以知宰相之才，我只怀有区区小才，敢不尽忠竭力。臣前为侍御史，呈上密封奏章，讲伏湛公正廉明，爱护部下，好恶分明，世代儒学，素持声名信誉，能晓经术，修养德行，通达国家大政，尤其应该作为近臣，纳言于左右，按旧制九州共选五人以任尚书，令则一郡有二人，可以伏湛代一人。颇引来执事们的非议。但臣杜诗蒙恩深厚，所言只要有利于国，虽死无恨，所以再次越职触冒上奏。"

【评点】

伏湛字惠公，是琅玡东武人。他这个人，是一个品德高尚、师仪天下的人。

追溯一下历史的话，伏湛的九世祖叫伏胜，字子贱，就是所谓的济南伏生，在历史上是很有名望的一个人物。伏湛的祖父伏孺，在武帝的时候，在东武为客座教授，于是，就在东武定居，繁衍后代，家族都以东武为家了。

伏湛的爹叫伏理，为当世名儒，以《诗》教授成帝，为高密太傅，别成一家自成名学。他的学问很高深。你想，有这样的父亲，能教得了皇帝和众人，那还不更加倾心地教导自己家的孩子吗？伏湛耳濡目染就学到了很多学问，有着很高的修养。

伏湛平时就非常孝敬父母、友爱兄弟，大家都很喜欢他。并且，伏湛从小传授父业，教授数百人，也是一个传播知识、教化于人的师者。

成帝时，因为父亲任要职，加之他自己品学兼优，能力很强，就被任命为博士弟子。后来，他五次迁官，到王莽的时候，官就做到了绣衣执法，使督察大奸，后来又任后队属正。可谓仕途通达啊。说话间，就到了更始立为帝的时候了。更始让伏湛担任平原太守的职务。

那个时候，到处乱糟糟的，风起云涌，战事不断，天下很不太平。可是，我们的伏湛却很安静，用现在的话说，就是非常淡定。怎么个淡定法呢？他仍然教授不废。什么意思？就是你们打你们的仗，折腾你们的，我自教我的书就是了。不为所动，也不为惊扰。这可是一种难得的思想境界和内心修养啊。

更难能可贵的是，伏湛还对他的妻子儿女们说："年谷不登，国君应撤席；今百姓都挨饿，怎么能独饱呢？"于是共吃粗粮，把俸禄所得拿来赈济乡里，来客达百多家。由此可见，伏湛的品德不仅仅是在思想上，更多地还是体现在行动上。

那时候，他手下的门下督素有气力，做事情也很彪悍，看到当时形势大乱，就谋欲为伏湛起兵，伏湛恶其惑众生事，非常讨厌，于是立即将他收斩，悬首城郭，以示百姓，从此官吏百姓信服向往，郡内以此安定。

平原一郡，是伏湛所保全的。如果伏湛不站在更高的高度上来处理复杂的关系，那么，这个城市早就起兵作乱、百姓遭殃了。

光武即位后，知道伏湛是名儒旧臣，想令其主持内职，征拜尚书，由他审定旧的典章制度。

当时大司徒邓禹西征关中，帝以伏湛任宰相，拜为司直，行使大司徒职事。光武每出征伐，常留他镇守京师，总摄群司。建武三年（27），代邓禹为大司徒，封为阳都侯。

当时彭宠谋反于渔阳，光武想亲自出征去收拾他。伏湛却持有不同的意见，他上书劝谏光武帝，说："臣听说文王受命而征伐五国，必先征询同姓的意见，然后谋于群臣，再占蓍龟，以定行事，所以谋则成，卜则吉，战则胜。其《诗》说：'上帝对文王说：要取得友邦的支持，要团结兄弟友国，要准备攻城云梯，要准备临车和冲车，以讨伐凶恶的崇国。'崇国城守坚固，三旬不下，退而修政复伐，所以重人性命，俟时而动，所以能三分天下有其二。陛下承大乱至极，受命为帝，复兴光大祖宗，出入四年，灭檀乡，制五校，降铜马，破赤眉，诛邓奉之属，不为无功。今京师空匮，资用不足，未能服近而先征边外；且渔阳之地，逼近北狄，彭宠困迫，必求其助。

"又今所过县邑，尤为困乏。种麦的人家，多在城郭，听说官兵将到，必事先将麦收割回去了。大军远涉两千多里，士马困倦，粮食转运艰阻。今兖州、豫州、青州、冀州，都是中国版图城邑，但盗贼纵横，还没有归化。渔阳以东，本属边塞，地接外房，贡税微薄。在和平时期，尚且还要内郡资助，何况现在荒耗，难道值得先讨伐吗？陛下舍近务远，弃易求难，四方怀疑惊怪，百姓恐惧不安，这是臣非常疑惑的。希望你远览文王的重视兵力、博采众谋，近思征伐前后的各种事宜，顾问有司，使他们极尽愚诚，采其所长，以圣虑而选择之，以中土为忧念。"

帝览其奏，就决定不亲征了。无论是什么样的战争，其危害性都是非常巨大的。遭殃受害的，首先就是黎民百姓。而伏湛不主张光武帝亲兵征伐，一则是为光武帝着想，二则是为黎民百姓着想。他的心里，常常怀着慈悲。慈悲为怀的人，才能够兼怀天下，才能够为人师表，师仪天下。

当时，伏湛的师仪早已经传播千里，很多地方的人都信仰和向往他这个人。那时贼徐异卿等万余人占据富平，官兵连攻不下，人家人多，装备也好，军需充足，光武帝的将士攻打的时候，遭到了坚决抵抗，久攻不下。攻城的人很着急。光武帝也很着急。不过，那些贼人只说："愿向司徒伏公投降。"光武帝知道伏湛为青州、徐州所信仰向往，就派他到平原去。伏湛一到，徐异卿等当天就归降，并亲自护送伏湛到洛阳。这是一种什么力量？这是一种连千军万马的军威都无法比拟的无形无影的师仪德威。人家投降的，不是强大的军队，投降的是伏湛强大的人格魅力。

伏湛的思想观点是什么呢？他认为，虽在仓促紧迫时，也要本于文德，认为礼乐是政化之首，虽跌倒倾覆也不可有违。他于是就奏请举行乡饮酒礼，得到光武帝的批准后开始实施。

大体是什么意思呢？就是说，伏湛崇尚的是恩德教化、礼仪修养，用这样的思想道德教育的方式，来提高官吏和百姓的综合素质，从而推动各项事业的发展，而不主张动不动就动武力，打打杀杀。即使到了迫不得已要打仗了，也要尽可能地打文明仗，不要为打仗而打仗，使黎民百姓遭殃受罪。

可是，就这样一个德高望重的重臣，在后来却因为一件小事情，一个小疏忽，被罢免官职！这可真是可惜可怜加可悲了啊。俗话说，瑕不掩瑜，即使再好的玉也会含有一线瑕疵的，何况是人？

师仪天下的伏湛被光武帝因为芝麻粒大的一点小事给炒了鱿鱼，引起了很多人的不满。一时间大家议论纷纷，很多人为他感到惋惜。

前面选取的那一段文字，就是一个叫杜诗的上书荐举伏湛，为他鸣不平。

皇帝听到大家的声音之后，也在反思，觉得自己的这个决定太过草率了。前后想一想，这个伏湛呢，的确很优秀，很难得，这样罢官去职，实在是不妥当啊。于是，在建武十三年（37）的夏天，光武帝又应大家之呼声，应时局之需要，征召伏湛还朝，让他回来上岗，令尚书选择日期以封拜官职，可是正在皇帝召见赐宴的过程中，伏湛竟然中暑了，很快病逝，造成了千古遗憾。

光武帝也深感遗憾和懊悔啊。你说当时不那么让他下课，而是宽容一点让他继续工作在那个岗位的话，哪里有这样的遗憾事发生呢？于是，光武帝就赐棺材给伏湛，并且亲自前往吊唁，派遣使者送丧修筑墓室。

　　然而，这千古遗憾，早已经铸就，是无法再弥补的了。

卷二十七　王丹传

一代名儒王丹

【原文】

丹子有同门生丧家，家在中山，白丹欲往奔慰。结侣将行，丹怒而挞之，令寄缣以祠焉。或问其故，丹曰："交道之难，未易言也。世称管、鲍，次则王、贡。张、陈凶其终，萧、朱隙其末，故知全之者鲜矣。"时人服其言。

【译文】

王丹儿子有位同学丧亲，家在中山，王丹儿子告诉王丹想去奔丧慰问，结伴而行，王丹怒而鞭挞其子，令他寄帛二匹以祠。

有人问其故。

王丹说："交道之难，不容易说。世上称管仲与鲍叔，次则王吉与贡禹。张耳、陈余以张杀陈而告终，萧育与朱博后来有隙不终，所以交友能善始又善终者是很少的。"

时人信服其言论。

【评点】

王丹字仲回，是东汉时期有名的一代名儒。他在哀帝、平帝的时候，在州郡里工作，一直是兢兢业业，恪尽职守。王莽篡位后，连续多次来让他去做官，帮他做事，可是，王丹死活不同意。为什么啊？志不同不相为谋嘛。人家王丹是干吗的？他一眼就看出这个王莽，为人不怎么地道。他的江山，可谓是兔子的尾巴长不了啊。干脆，就不理会他。多次给王莽的使者来个闭门羹尝尝。

那么，王莽征召他不从，他干什么呢？其实，人家王丹家大业大，家里有钱啊。用现在的话来说，是属于百万富翁级别的。他呢，就来了个隐居以养志。家里有钱，难为不着，并且，他还喜欢周济贫困。

每年到了农忙时节，王丹常常带着好酒好菜来到田间，看看谁勤劳，谁卖力做事，就去慰劳人家。那些干活儿卖力的人，就可以吃到好菜好酒，那种感觉实在是美妙啊。而那些懒惰的人，不在被慰劳的行列，他们不能到王丹这里来喝酒吃肉。因此那些吃到酒肉的勤劳者，跟懒惰的人形成一种鲜明的对比，让他们觉得很羞耻。同样是人啊，人家由于勤劳而得到慰劳，而自己懒惰不喜欢做事，结果，就被人家给闪在一边，那种滋味，亲，知道吗？不好受啊！试想，咱们办公室六个人，其中五个人由于工作勤奋，成绩突出，拿到了年终奖金，鼓鼓的红包很扎眼呢，而只有你一个人两手空空，什么红包也没有，那种滋味可真不好受啊。不单单是红包没有的问题，更关键的是那种失落感，那种对比后产生的心理落差，就够喝一壶的。

于是，那些懒惰者就开始思考和转变了，他们都加功以自励，以至于乡邑聚相勉励，整体勤劳起来，整体富裕起来。

对那些不学无术、游手好闲，但是不能有清醒认识，不能自觉意识到差距的乡里人，王丹常晓谕其父兄，让他们责备和教育。和他们的父母长兄一道儿，给他上课，令其改变学好。

王丹不但在以德感化上做了很多事情，还在具体资助贫困上也做了很多的工作。乡里死了人，他则送与赙金，并且亲自护理。有遭丧而无力处理后事的，常常等着王丹为他操办，乡邻习以为常。王丹的这些做法，实行了十多年，其教化大为融洽，风俗笃实。方圆百姓的整体素质得到了很大提高。

另外，王丹非常讨厌那些豪强，那些有俩钱就烧包不知道天高地厚的主儿。当时河南太守同郡陈遵，是关西的大侠。这个大侠，估计是很强梁的意思，用强迫的手段得到不义之财，而又为人豪爽。他们拥有着正反两极的双重性格。

这个陈遵有一个朋友，丧了亲。陈遵豪爽啊，为朋友肯两肋插刀，于是，他就去护丧，并且还送给他很多钱。

王丹就携缣一匹，陈列在主人之前，说："如王丹此缣，是自己制出来的。"

什么意思啊？那意思就是说，我送的这点东西啊，是我凭自己的辛勤劳动得来的，不是靠歪门邪道搞来的。言外之意是说陈遵的钱来路不明，还拿来那么豪爽赠人，实在很让人无语啊。陈遵听了面有惭色，脸上很挂不住啊。想一想，也是啊，他陈太守账户上的那些存款，能一笔一笔都说清楚来历吗？不能。于是，陈太守就觉得很惭愧。

自此，这个陈太守就知道了王丹这个人，很想与他结交，可是，王丹拒不同意。道不同不相为谋啊。就像他拒绝王莽一样，拒绝得很干脆。

这时候前将军邓禹西征关中，军粮缺乏，王丹率宗族献上麦二千斛。这又是多么的豪爽与大方！一斛麦，约等于现在的二十一斤，二千斛的话，就是四万多斤啊。这可不是一个小数目。并且，这些粮食，也都是王丹"自己制出来的"。

邓禹表荐王丹领左冯翊，王丹称疾不视事，免职回。王丹不想做的事情，就坚决不做，很决绝。到后来被征召为太子少傅时，大司徒侯霸想与王丹交友，就派遣儿子侯昱在路上等候。侯昱迎拜车下，王丹下车答谢。侯昱说："家父想与君交，何为见拜？"王丹说："令尊有此言，丹没有答应呢。"

另外，王丹对朋友之间应该怎么相处的见解，也是很值得玩味的。

王丹的儿子有位同学丧亲，他的家在中山，王丹儿子告诉王丹，说他想赶过去奔丧慰问，结伴而行，王丹怒而鞭挞其子，令他寄帛二匹以祠。

其实，这是多么好的友谊啊。可是王丹却用鞭子揍他，不同意他去。人们不解，就有人问他，这是为什么呢？

王丹说："交道之难，不容易说。世上称管仲与鲍叔，次则王吉与贡禹。张耳、陈余以张杀陈而告终，萧育与朱博后来有隙不终，所以交友能善始又善终者是很少的。"时人信服其言论。信服什么呢？信服的是王丹这种君子之交淡如水的交友理念。其实，朋友间，不要走得太近，也不要走得太远，一切顺其自然就好了，不必刻意地太过亲密或者疏远，只有用这样的态度来面对友谊，友谊才可以善始善终。

客初有荐举士子于王丹的，因选举之，后来所举士子陷于罪，王丹被牵连免职。客惭愧害怕而自绝于王丹，刻意地疏远了王丹。什么目的啊？就是怕给王丹造成不良影响呗。可是，人家王丹无所芥蒂，根本就没有当回事。

后来王丹被再征为太子太傅，于是呼叫客对他说："你的自绝，是把我王丹的气量估计得太薄了吧？"还把人家训斥了一通，什么嘛！你也太小看了你哥我了！哥有那么小肚鸡肠吗？你因为那么丁点小事，就和我断绝来往，什么意思嘛！于是，他把人家招呼来了，却不管饭，以示惩罚，以后的相处相待却都和开始的时候一样，一成不变。君子之交，理应如此吧。

后来，王丹让位，最后在家中逝世。一代名儒，给人留下了很多念想。

卷二十八　桓谭冯衍列传

第一节　桓　谭

方嘴和尚 VS 歪嘴和尚

【原文】

　　后大司空宋弘荐谭，拜议郎给事中，因上书陈时政所宜，曰：臣闻国之废兴，在于政事；政事得失，由乎辅佐。辅佐贤明，则俊士充朝，而理合世务；辅佐不明，则论失时宜，而举多过事。夫有国之君，俱欲兴化建善，然而政道未理者，其所谓贤者异也。昔楚庄王问孙叔敖曰："寡人未得所以为国是也。"叔敖曰："国之有是，众所恶也，恐王不能定也。"王曰："不定独在君，亦在臣乎？"对曰："居骄士，曰士非我无从富贵；士骄君，曰君非士无从安存。人君或至失国而不悟，士或至饥寒而不进。君臣不合，则国是无从定矣。"庄王曰："善。愿相国与诸大夫共定国是也。"盖善政者，视俗而施教，察失而立防，威德更兴，文武选用，然后政调于时，而躁人可定。昔董仲舒言"理国譬若琴瑟，其不调者则解而更张"。夫更张难行，而拂众者亡，是故贾谊以才逐，而晁错以智死。世虽有殊能而终莫敢谈者，惧于前事也。

　　且设法禁者，非能尽塞天下之奸，皆合众人之所欲也，大抵取便国利事多者，则可矣。夫张官置吏，以理万人，县赏设罚，以别善恶，恶人诛伤，则善人蒙福矣。今人相杀伤，虽已伏法，而私结怨雠，子孙相报，后忿深前，至于灭户殄业，而俗称豪健，故虽有怯弱，犹勉而行之，此为听人自理而无复法禁者也。今宜申明旧令，若已伏官诛而私相伤杀者，虽一身逃亡，皆徙家属于边，其相伤者，加常二等，不得雇山赎罪。如此，则仇怨自解，盗贼息矣。

夫理国之道，举本业而抑末利，是以先帝禁人二业，锢商贾不得宦为吏，此所以抑并兼长廉耻也。今富商大贾，多放钱贷，中家子弟，为之保役，趋走与臣仆等勤，收税与封君比入，是以众人慕效，不耕而食，至乃多通侈靡，以淫耳目。今可令诸商贾自相纠告，若非身力所得，皆以赃畀告者。如此，则专役一己，不敢以货与人，事寡力弱，必归功田亩。田亩修，则谷入多而地力尽矣。

又见法令决事，轻重不齐，或一事殊法，同罪异论，奸吏得因缘为市，所欲活则出生议，所欲陷则与死比，是为刑开二门也。今可令通义理明习法律者，校定科比，一其法度，班下郡国，蠲除故条。如此，天下知方，而狱无怨滥矣。

书奏，不省。

【译文】

后来大司空宋弘推荐桓谭，拜议郎、给事中，上书陈述当时政事应注意事宜，说：我听说国家的废兴，在于政事；而政事的得失，决定于辅佐是否得人。辅佐贤明，贤俊之士充满朝廷，而治理能与世务相吻合；辅佐不明，议论的事不合时宜，举措就多失误。作为国家的君主，都想兴教化建善政，然而政事不能治理好，是由于贤者意见不一。

从前楚庄王问孙叔敖说："我不懂得如何搞好国事哩。"叔敖说："国家有事不能定，是大家厌恶的，恐怕大王不能定吧。"楚王说："不能定是由于君主呢，还是在于臣子呢？"叔敖说："君主对臣子骄傲，说臣子离了我就无从富贵；臣子对君主骄傲，说君主离了臣子就无从安身。君主有的到了失国的地步还不醒悟，臣子有的到了无衣无食的境地还不能进身朝廷。君臣不合，国家大事就无从定了。"

庄王说："好。愿相国与诸大夫共定国家大事。"那些善于处理政事的人，根据风俗施教，发现哪里有失误就设法防止，威德兼施，文武交错使用，政事调节得切合时宜，这样那些焦躁不定的人就可使之定了。

以前董仲舒说："治理国家好比琴瑟一样，如调节不过来就应改弦更张。"改弦更张难行，违反众人要求就必亡，所以贾谊因才高而被逐，晁错因智多而死。世上有特殊才能的人之所以不敢讲话，就是怕蹈前人的覆辙。且设立法禁，并不能完全堵塞天下的奸人，也不可能都合于众人的心意，大体采取便于国，利于事的就可以。设置官吏，以治理众人，悬赏设罚，以区别善恶，恶人受到诛灭挫伤，好人就得到了幸福。

现在人们互相杀伤，虽然已经伏法，但私下里却结了仇怨，子孙还要报仇，后来的仇恨比以前更深，以致全家被杀、家产被灭，但风俗上还称他为豪侠健士，所以有些人虽然怯弱，仍勉强去复仇，这是听任自理没有法禁的缘故。

现在应当申明旧令，如果已被官府处决而私相杀伤的，虽然自己已经逃跑了，还应将他的家属迁到边境地方去，相伤的，加常二等，不准许雇人上山伐木赎罪。

这样，仇怨就自解了，盗贼也自息了。

治理国家的道理，是加强本业而抑制末业，所以先帝禁人从事二业，禁锢商贾不准做官，这就是抑制末业养廉耻的方法。

现在富商大贾，大多放高利贷，中等之家的子弟，为他们做保信的劳役，像臣仆一样勤劳，而他们收的利钱与封邑的贵族一样多，所以众人互相羡慕效仿，弃农经商，不耕而食，以至于奢侈浪费，尽情享受。

现在可令诸商贾互相检举揭发，如果不是自己劳动所得，都没收用来奖励揭发有功的人。

这样，就会只靠自己的劳力，而不敢雇请别人，一个人事少，力量单薄，就必定要弃商归农。

田亩得到修治，粮食就会增收而地力就可充分利用了。

又看到现在用法令来决定事情，轻重各不相同，或一件事几种法，罪相同而论处各异，这就给奸吏们以可乘之机，想让人活就搬出活命的法律，想致人死就以死刑论比，这样就为刑法开了两扇门。

今可集中一批通义理熟习法律的人，对法律条文逐条进行分析比较，统一法度，颁发到州、郡，把旧条文统统废除。这样，天下人都知朝廷的政策，刑狱就无滥施怨恨了。

书奏了上去，没有见纳。

【评点】

桓谭是东汉哲学家、经学家，字君山，沛国相（今安徽濉溪县西北）人。爱好音律，善鼓琴，博学多通，遍习五经，喜非毁俗儒。哀帝、平帝间，位不过郎。王莽时任掌乐大夫。刘玄即位，诏拜太中大夫。

桓谭的老爸在成帝时为太乐令。桓谭"以父任为郎"；或说桓谭入任，是由于宋弘的推荐。桓谭是一个多才多艺的人，他擅长音乐，善于弹琴。宫廷举行宴会，皇帝往往命他弹琴助兴。并且，他博学通达，遍习《五经》，堪称通儒。他还很会写文章，尤其喜欢古学，多次同刘歆、扬雄辨析疑异，还喜欢歌舞杂戏。穿着简易，不修威仪。另外，他还有一个显著的性格特点，那就是对俗儒轻视讥笑，也很喜欢有个性、能谈出自己见解的人，因此多受排挤。人们就是这样，好听的话，谁都爱听，就算那好听的话没有什么意思甚至有害。不好听的话谁也不喜欢听，哪怕那话字字珠玑，是善意的提醒和忠告。

西汉末年，桓谭官位不高，不过当个郎官而已。他与傅晏的关系挺好的。傅晏是什么人呢？这个傅晏就是傅皇后的爹，起先颇为得势，可是稍后董昭仪受皇帝宠幸，其兄董贤因裙带关系而拥权，傅皇后日益被疏远，傅晏因失势而闷闷不乐。

桓谭告诫他要防宫廷之变，注意董贤的动向，要收敛、谦退，以避祸殃。

桓谭非常有洞察力，他对傅晏说："过去武帝想立卫子夫，暗中搜集陈皇后的过错，陈皇后终于被废，卫子夫被立。今董贤受宠而且他妹妹尤为受宠幸，可能又有'卫子夫'之变，可不忧虑吗？"傅晏惊动，说："是的，怎么办呢？"

桓谭说："刑罚不能加在无罪的人身上，邪气枉道不能胜正人。士以才智侍君，女以媚人的方法求主。皇后年少，还没经历过多少艰难困苦，有人在内驱使巫医，在外求方技，邪门歪道，这些，不可不加防备。又君侯因是皇后的父亲受尊重而通宾客，宾客必然要借此增强自己的威势，这样就会招来人们的讥议。不如谢宾客遣散门徒，一定要谦恭谨慎，这是修己正家避祸的方法啊。"傅晏说："好。"于是如桓谭所讲的那样罢遣宾客，到宫中去告诉皇后。

后来董贤果然暗示太医令真钦，搜集傅氏的罪过，逮捕了傅皇后的弟弟侍中傅喜，审讯中没有抓到罪证，案子得到消除，傅氏在哀帝时期得以保全。

之后，董贤当上了大司马，闻桓谭之名，要与他结交。桓谭是正派人物，先奏书劝告他"以辅国保身之术"，未被接受，就不与他往来。

王莽掌握大权时，天下之士大多数对王莽吹牛拍马，阿谀奉承，以求升迁。桓谭则不然，"独自守，默然无言"，故他这时仅为掌乐大夫。农民大起义时，桓谭参与了活动，被更始政权召任为太中大夫。

刘秀当上了皇帝（称光武帝），桓谭被征召待诏，上书言事"失旨"，即不符合光武帝的要求，未被任用。后来大司空宋弘推荐了他，任为议郎、给事中。他呈上《陈时政疏》，论说时政，主要内容是：

首先是任用贤人。他说皇帝的辅佐，乃治国之本；国家用了大才，犹如长了翅膀，就可以腾飞。他认为贤才有"五品"，最高级的是"才高卓绝于众，多筹大略，能图世建功者，天下之士也"。就是说，大贤的主要特点是能为国家出谋筹略，建功立业。他指出，自古以来在用人问题上有一些正反两方面的经验教训。在发现和使用人才方面存在三难：一是贤才少，而庸才多，"少不胜众"，贤才被凡庸所淹；二是贤才特异非凡，往往不被人所认识，"乃世俗所不能见"；三是贤才往往被谗、被疑，还往往受害。故他强调："是故非君臣致密坚固，割心相信，动无间疑，若伊（尹）、吕（望）之见用，傅说通梦，管（仲）、鲍（叔）之信任，则难以遂功竟意矣。""（君）如不听纳，施行其策，虽广知得，亦终无益也。"意思是，君主招贤，能否使用并发挥其作用，关键在于勿疑且信任，采纳并施行其策。

另外，在他的思想体系里，还有重农抑商的思想。他说："理国之道，举本业（农业），而抑末利（商贾）。"打击兼并之徒和高利贷者，不让商人入仕做官，令诸商贾"自相纠告"，即互相揭发奸利之事，除了劳动所得，把一切非法所得都赏给告发者。这样，就可以抑制富商大贾盘剥百姓，劝导百姓务农，多生产粮食而尽地力。

他还认为，应该统一法度。法度不统一，就会有活动的余地。比如，有人托关系，走后门，想让某个罪犯生，结果就拿出最轻的处罚依据来，而想要哪个罪犯死，就拿出处死的法律依据。这样的不统一，就会滋生腐败，形成冤屈。

更重要的是，他还是一个讲求科学、实事求是的人，这表现在他对谶纬强烈的批判上。

当时光武帝刘秀正迷信谶记，多以它来决定疑难。所谓谶记，就是预言未来事象的文字图录。刘秀起兵夺权和巩固统治，就以它来笼络人心，作为思想统治工具。桓谭针对这件事情，上《抑谶重赏疏》，劝谏光武帝。他说：儒家的传统，"咸以仁义正道为本，非有奇怪虚诞之事"。孔子难言天道性命，子贡等人不得而闻，后世俗儒岂能通之！他指出，谶纬的预言"虽有时合"，然如同占卜一样只是一种偶然性，不足为信。他希望光武帝听取意见，"屏群小之曲说，述《五经》之正义"。他深信自己的观点正确，有益于正道，"合人心而得事理"。同时，桓谭还向光武帝建议，在进行统一战争时，应当重赏将士，使其尽心效力，不可听任他们勒索百姓，"虏掠夺其财物"，使兵民各生狐疑，而不得早日安平。基于上述观点，桓谭还反对灾异迷信。他说："灾异变怪者，天下所常有，无世而不然。"对于怪异现象，只要明君、贤臣等能够修德、善政"以应之"，就可以逢凶化吉，"咎殃消亡而祸转为福"。尽管他还保留了天人感应思想的因素，但在当时仍具有进步意义。后来的无神论就受到过他的影响。

还有他的形神明论也对后世产生了很大影响。桓谭于《新论形神》篇，专论形神关系，对战国以来社会上流行的神仙方术迷信思想进行了严肃批判。

他以蜡烛与烛火的关系，作为形体与精神关系的比喻，论道："精神居形体，犹火之然（燃）烛矣，……烛无，火亦不能独行于虚空。"就是说，蜡烛点燃而有烛火，蜡烛烧尽，烛火就熄灭，不可能凭空燃火。人老至死，就不可能再存在精神，"气索而死，为火烛之俱尽矣"。桓谭的形神论是唯物主义的，批判了精神可以脱离形体单独存在的唯心主义观点，其反对方士的长生说带有反对一般宗教迷信的意义，对稍后的王充有很大的影响。尽管其论有一定的局限性，但不可否认其在中国思想史上的重大贡献。

然而，说真话，坚持独特的个人见解，有时候是有风险的。

桓谭上书指出皇帝听纳谶记是错误的，光武帝看了很不高兴。心说你这个人怎么这么不识抬举呢？当年我起兵的时候，就是有谶语说我要当皇帝，结果我就当了皇帝。现在我用这个方法来管理天下，决断大事，肯定错不了的！简直是不懂事！

中元元年（56），东汉皇朝"初起"灵台。当时的灵台，是观察天象的地方。光武帝迷信天命，对于建筑灵台十分重视，事先诏令群臣开会讨论灵台建造在什么地方，并对桓谭说："吾欲以谶决之，何如？"桓谭沉默了一会儿，说："臣不读谶。"意思是，我对谶不感兴趣。光武帝追问他什么缘故。桓谭又极言谶之"非经"，不是正道而是迷信把戏。光武帝大怒，指责桓谭"非圣无法"，当即下令将桓谭迁出为六安郡丞。桓谭受此打击，内心"忽忽不乐"，忧郁成疾，在赴任的路上逝世，大约死于初起灵台的中元元年，终年七十余岁。

俗话说，歪嘴和尚会念经。有些时候，我们身边的一些歪嘴和尚念的歪经大受欢迎。比如王莽时期，那些说奉承话、说假话的歪嘴和尚们，一个个活得光鲜快活，步步高升，而不肯念歪经的桓谭就是得不到提拔重用。

到了后来，他在刘秀那里也坚持念真经，说真话，说有深刻而有见解的话，但是屡屡碰壁。人家刘秀不喜欢听所谓的真经。真经不好听啊，人家喜欢听歪经。所以，就造就了桓谭最后的悲剧下场。然而，正是他的这种坚持，造就了他一世的威名。

第二节　冯　衍

改变不了环境就先融入

【原文】

更始二年，遣尚书仆射鲍永行大将军事，安集北方。衍因以计说永曰：衍闻明君不恶切悫之言，以测幽冥之论；忠臣不顾争引之患，以达万机之变。是故君臣两兴，功名兼立，铭勒金石，令问不忘。今衍幸逢宽明之日，将值危言之时，岂敢拱默避罪，而不竭其诚哉！

伏念天下离王莽之害久矣。始自东郡之师，继以西海之役，巴、蜀没于南夷，缘边破于北狄，远征万里，暴兵累年，祸拏未解，兵连不息，刑法弥深，赋敛愈重。众强之党，横击于外，百僚之臣，贪残于内，元元无聊，饥寒并臻，父子流亡，夫妇离散，庐落丘墟，田畴芜秽，疾疫大兴，灾异蜂起。于是江湖之上，海岱之滨，风腾波涌，更相骀藉，四垂之人，肝脑涂地，死亡之数，不啻大半，殃咎之毒，痛入骨髓，匹夫僮妇，咸怀怨怒。皇帝以圣德灵威，龙兴凤举，率宛、叶之众，将散乱之兵，啮血昆阳，长驱武关，破百万之陈，摧九虎之军，雷震四海，席卷天下，攘除祸乱，诛灭无道，一期之间，海内大定。继高祖之休烈，修文武之绝业，社稷复存，炎精更辉，德冠往初，功无与二。天下自以去亡新，就圣汉，当蒙其福而赖其愿。树恩布德，易以周洽，其犹顺惊风而飞鸿毛也。然而诸将虏掠，逆伦绝理，杀人父子，妻人妇女，燔其室屋，略其财产，饥者毛食，寒者裸跣，冤结失望，无所归命。今大将军以明淑之德，秉大使之权，统三军之政，存抚并州之人，惠爱之诚，加乎百姓，高世之声，闻乎群士，故其延颈企踵而望者，非特一人也。且大将军之事，岂得珪璧其行，束修其心而已哉？将定国家之大业，成天地之元功也。昔周宣中兴之主，齐桓霸强之君耳，犹有申伯、召虎、夷吾、吉甫攘其蟊贼，安其疆宇。况乎万里之汉，明帝复兴，而大将军为之梁栋，此诚不可以忽也。

且衍闻之，兵久则力屈，人愁则变生。今邯郸之贼未灭，真定之际复扰，而大将军所部不过百里，守城不休，战军不息，兵革云翔，百姓震骇，奈何自怠，不为深忧？夫并州之地，东带名关，北逼强胡，年谷独孰，人庶多资，斯四战之地，攻守之场也。如其不虞，何以待之？故曰“德不素积，人不为用。备不豫具，难以应卒”。今生人之命，县于将军，将军所杖，必须良才，宜改易非任，更选贤能。夫十室之邑，必有忠信。审得其人，以承大将军之明，虽则山泽之人，无不感德，思乐为用矣。然后简精锐之卒，发屯守之士，三军既整，甲兵已具，相其土地之饶，观其水泉之利，制屯田之术，习战射之教，则威风远扬，人安其业矣。若镇太原，抚上党，收百姓之欢心，树名贤之良佐，天下无变，则足以显声誉，一朝有事，则可以建大功。惟大将军开日月之明发深渊之虑，监《六经》之论，观孙、吴之策，省群议之是非，详众士之白黑，以超《周南》之迹，垂《甘棠》之风，令夫功烈施于千载，富贵传于无穷。伊、望之策，何以加兹！

【译文】

更始二年（24），派遣尚书仆射鲍永代理大将军事，安集北方，冯衍就向鲍永献计说：

我听说明君不讨厌切实的言辞，以推测深远的言论；忠臣不顾争辩的后患，以达纷繁政务的变化。所以君臣两方都得以兴盛，功名都得以建立，镌刻在金石上，好名声留于后世。现在我冯衍有幸遇到宽明的时日，正是直言进谏的时候，岂敢沉默避罪，而不竭尽诚心呢！我考虑天下遭王莽所造成的灾害已很久了。开始有翟义起兵于东郡，接着又有西海的战役，在巴、蜀有西南夷攻益州杀大尹的战乱，在西北边疆有北狄攻入云中杀人掠夺的事件，王莽派兵远征万里，暴露兵卒连年累月，祸乱相连，战争不息，刑法更加残酷，赋敛愈益加重。许多强暴的党徒，在外面横行霸道，百官臣子，在内贪残无厌，平民百姓无所依赖，饥寒交迫，父子流亡，夫妇离散，村落成了丘墟，田畴荒芜，疾疫大兴，灾异蜂起。于是江湖之上，海岱之滨，风腾波涌，更相骚扰，四方之人，肝脑涂地，死亡之数，不止大半，灾祸的毒害，痛入骨髓，匹夫匹妇，无不怨恨在心。皇帝以至圣之德、神灵之威，龙兴凤举，率领宛、叶的部队，统率散乱的兵卒，踏血进入昆阳，又长驱直入武关，破百万之敌，摧毁了王莽九虎之军，威震四海，席卷天下，扫除祸乱，诛灭无道，一年之间，海内大定。继承了高祖的伟大事业，修复了汉文汉武中断了的帝业，社稷复存，汉朝更加辉耀，恩德冠于往昔，功劳无以复加。天下自从去了王莽，跟从了圣汉，就应当蒙受其福而依赖其心愿。树立恩爱，布施德政，使这种恩德深入人心，那就像顺着大风飞鸿毛一样容易了。然而现在诸将掳掠，逆绝伦理，杀人父子，抢人妇女为妻，焚烧别人房屋，掠夺人家财产，使饥者无食，寒者裸足，冤仇相结不得化解，失望无所归命。今大将军以贤明善良的德行，秉受大使的权力，统帅三军的政事，救恤并州的民众，惠爱的诚心，加于百姓，高尚的名声，百姓们如雷贯耳，所以抻长脖子、踮起脚盼望的，不止是一人哩。而且大将军的事业，岂可像珪璧一样自洁其行，只图约束修身而已呢？将定国家之大业，成为天地之元勋哩。以前周宣王只是一位中兴之主，齐桓公只是一个霸强之君，但他们还有申伯、召虎、管仲、吉甫这些功臣为他们外拒盗贼、内安疆宇呢。更何况是万里的汉朝，明帝复兴，大将军担任国家栋梁的重任，这的确是不可以忽视的啊！

　　而且我听说，兵用久了力量就穷尽了，人犯了愁变故就会发生。现在邯郸的贼没有消灭，真定边境又生扰乱，而大将军所统部队管辖不过百里，守城不休，战争不息，兵连祸结，百姓惊扰，为什么自己懈怠，不做深远的考虑呢？并州这个地方，东面靠近要塞名关，北面逼近强胡，粮食年年丰收，百姓富饶多资，这是四面战争之地、攻守的场所。如果发生问题，如何对待呢？所以说"恩德不从平时积累，人民不为其所用。不在平时做好准备，难以应付突然事故"。现在百姓的生命，悬于将军，将军所倚仗的，必须是良才，应对那些不称职的人加以更换，选择贤能。

　　十室的都邑，必有忠信之士。考察得到这样的人，以接受大将军的明用，这样虽是山野之人，也没有不感德，乐为将军效力的了。然后选择精锐的兵卒，奋发屯守的士兵，三军既已整饬，甲兵也已具备，再看哪里土地富饶，哪里水泉便利，就在哪里制屯田之术，习战射之训练，这样便可威风远扬、人安其业了。假如镇守太原，抚定上党，收百姓之欢心，树名贤之良佐，天下无事，则可以显露声誉，一旦有事，亦可以建立大功。希望大将军开日月之明，发深远之虑，鉴《六经》之论，观孙武、吴起之策，省察众论的是非，详分众士的黑白，以超过《周南》的遗迹，流传《甘棠》的遗风，让功烈施于千载，富贵传于无穷。伊尹、吕望的良策，哪有比这更好的呢！

【评点】

冯衍字敬通，京兆杜陵人。先祖冯野王，元帝时为大鸿胪。冯衍幼年时有奇才，年九岁，能够诵《诗》，到二十岁时就博通群书了。不过，这个冯衍为人清高。其实，清高也是一种姿态，更是一种境界。一个人，清高于世，不怎么可取，可能够清高一辈子，就难能可贵了。

王莽篡权夺位之后，许多人荐举冯衍去做官，冯衍都推辞不肯去。

这时天下兵起，王莽派遣更始将军廉丹讨伐山东。廉丹招冯衍授为掾吏，与他一起到定陶。这时候，王莽以诏书追令廉丹说："仓廪的粮食已尽了，府库的钱财已空了，可以怒了，可以战了。将军受国家的重任，不捐弃生命于荒野，就不能报恩塞责。"

廉丹惶恐得不得了，连夜就召冯衍来，拿出王莽的诏书给他看。

冯衍看了那个诏书，就对廉丹说："我听说顺者而成的，这是道之最大的；于正道虽违逆但能成功的，这是权衡时应重视的。所以期望有所成功，就不要问缘由；在道理上合乎大体，就不必拘于小节。以前逢丑父使齐侯扮为御者到华泉取饮而使齐侯免难，被诸侯称颂；郑国的祭仲屈从宋人出忽立突的威逼，而使太子忽终于复位，在《春秋》上得到赞美。这种以死易生，以存易亡，是君子之道呢。在众意难违时出以诡秘，以求国家安宁，保全自身，是贤者明智的考虑。所以《易经》上说，穷则求变，变了就通，通了就长久，是以得自上天保佑，吉，没有不利的。如果是知其不可行而硬要去做，军队破了，部众残了，对主上无所补益，自己身死之日，也负义于当时，这是智者不为、勇者不行的。而且我听说，得了机会不要懈怠。张良以五世为韩相，秦灭韩张良雇死士以椎击秦始皇于博浪沙中，这种勇气超过了孟贲、夏育，名气高于泰山。将军的先祖，是汉的信臣。王莽所建的新国，英雄俊杰不愿归附。现在海内溃乱，人们怀念汉的恩德，比诗人思念召公还要深，以前召伯憩息于甘棠树下，后人爱其甘棠，何况你是汉臣的子孙呢？人之所欲，天必从之。现在为将军计议，最好是屯兵据守大郡，镇抚吏士，磨炼他们的节气，在百里范围内，每天赏赐牛酒，以结纳英雄豪杰之士，咨询忠智的谋略，约束他们将来的心愿，等待形势的变化，振兴社稷的利益，铲除万人的祸害，那么福禄就会流传于无穷，丰功伟绩著于不灭。这样做与军队覆灭于中原，自家血肉做野草的肥料，功败名裂，耻辱及于先祖究竟怎样呢？圣人把祸转化成福，智士把失败转化为成功，希望明公深入考虑而不要同于流俗。"

洋洋洒洒说了这么一通长篇大论，入情入理，可是，令人泄气的是廉丹居然不听从。

进到睢阳，冯衍又对廉丹说："听说明白的人能见事情未有形成之先，聪明的人能考虑问题未萌发之前，何况是明明白白摆着的事情呢？凡祸患都是从忽视中产生，灾难发生在细微隐蔽的地方，失败了就悔之已晚，时机不可丢失。公孙鞅说：'行为高于常人的，总是背着不是的名声；有独到见解的人，总被旁人疑惑厌恶。'所以轻信庸庸碌碌的议论，就破坏了坚定的策略，沿袭当代的操守，就失去了高明的德行。决策是智慧的主宰，怀疑是很不值得的事情。机不可失，时不再来，你不要再迟疑不决了。"

廉丹还是不听，于是进军无盐，与赤眉大战，最后死在战场上。现在让我们来看，他的死，没有人可怜。人家冯衍该说的都说了，该劝的都劝了，他不听，自己去送死，自己去效忠，那自己去好了。忠言逆耳嘛。

廉丹死了，冯衍就逃往河东。

后来，冯衍又跟着更始干了。这回，他跟从的，是更始的鲍永。当然，按照冯衍的习惯，他又开始向鲍永进言，讲自己的独特见解，提出深刻而可行的建议。上面摘录的那段文字，就是冯衍的见解，也是一篇深入浅出、入情入理的议论文，读来令人茅塞顿开，受益匪浅。

鲍永素来重视冯衍，他可以自置偏将，就以冯衍为立汉将军，领狼孟县长，屯兵太原，与上党太守田邑等修整盔甲，保养士卒，以捍卫并州土地。

世祖即位后，派遣宗室刘延攻天井关，与田邑连战十余合，刘延不能进。其实，这也说明了人家冯衍也是有本事的，在他的建议下，把守的地方被治理得势力雄厚，不可冒犯，连世祖的大军也奈何不了他们。

后来，田邑迎接母弟妻子，结果被刘延给抓住了。

田邑被俘虏了之后，听说更始失败，就派遣使者到洛阳呈献珠宝马匹，即被拜为上党太守。以前效力的更始死了，还效忠个什么劲儿啊？

因而派遣使者招降鲍永、冯衍，鲍永、冯衍怀疑不肯降，而且愤怒田邑背弃前约。于是，冯衍气不过就写书信给田邑说：

大丈夫动则思礼，行则思义，没有违背这个而身名能保全的呢。为你伯玉深入设计，最好是与鲍尚书同心戮力，显忠贞的节气，立超世的功劳。如果以尊亲被囚禁的原因，能弃官投命，归附于尚书，大义既全，敌人也可以缓怨，上不损剖符之责，下足救老幼之命，伸眉高谈，无愧天下。如果是为了贪图上党太守的权力，爱惜全邦的财物，我恐怕伯玉会重蹈赵王因小失大的覆辙，上党将再有从前的灾难。以前晏平仲接受吴国的公子札的建议通过陈桓子交还了延陵的政权和封邑，因而免于栾氏、高氏发动的祸乱；而耿林父违反了叔孙穆子的劝诫，陷于终身之恶。我想伯玉听到这些至理名言，必然深入于心，自然不是环城而坚守，就是策马而不顾了。圣人转祸而为福，智士因败以成胜，愿你自强于时人，不要苟同于流俗。

冯衍将田邑骂了一个狗血喷头。

田邑回信说：仆虽驽钝怯弱，也是想做人的哩，难道是苟且贪生怕死的人嘛！曲戟在颈，不变其心，这正是我的志气哩。以前，老母诸弟被执于军，而我安然不顾，这难道不是重节气吗？假使一个人居于天地之间，把寿命看得贵如金石，想要长生，那避免陷于死地就可以了。现在百岁寿龄，没有人能达到，老年壮年之间，距离有多大呢？如果更始政权还在，忠义可以建立，虽老母受戮，妻儿身首横分，也是田邑愿意的。近来，上党狡贼，大众围城，义兵两辈，入据井陉。我田邑亲自击溃敌围，抗击宗正刘延，自己估计从智力能力看，并不是不能抵御。然而我知道更始已死于兵乱，新帝司徒邓禹已平定了三辅，陇西、北地从风响应。事实非常清楚，即使是日月之经天，河海之带地，也不足以相比。死生有命，富贵在天。天下的存亡，真可说是命中注定。我田邑即使死，能改变这种命运吗？从人道的根本来讲，有恩有义，义有所宜，恩有所施。君臣是大义，母子是至恩。现在故主更始已死，还为谁去尽义呢？老母被拘执，从报恩来讲应当留下。而你却严厉指斥我是贪权，引诱我策马反正，以为只要抑制利己之心，就将策马而不顾，这是多么的愚蠢呢！我田邑年已三十，做过卿士，从性情上讲少有嗜好欲望，讨厌多事妄为。何况现在位高身危，财多命险，我自己深知，还要别人来疑惑干什么呢？鲍永与你冯衍，拥着符节印绶，自相署立为官，以前仲由使门人为臣，孔子讥笑其诈为欺天。鲍永据位两州，外加一郡，更始败，河东诸国叛，鲍永不加征讨，黠贼围攻上党，不见鲍永发兵相救，刘延临境，鲍永亦莫能援。兵威受了屈辱，国家权威日损，三王背叛，赤眉危害更始，未见鲍永有倍道兼行的勤王之举，像墨翟那样手足磨出厚茧也要救宋，申包胥含辛茹苦也要存楚，卫女许穆公夫人思归吊其兄的志节一样。更始已亡一年，还莫知定所，空想妄言，苟安鄙塞。没能侍生，怎能侍死？不知为臣，怎知为主？难道是臣子当厌了，想当君父嘛！想摇撼泰山而荡过北海，事情不会成功，身体陷于危困，希望你细细想想我的话。

冯衍不从。

为什么不从啊？一个原因是，他并不知道更始已经死了。更始的人造谣说更始随赤眉在北面，鲍永、冯衍相信了，所以在界休地方屯兵，正要移书上党，说皇帝在雍，以惑乱百姓。

鲍永派遣其弟鲍升及子婿张舒诱降杀回涅城县，张舒家在上党，田邑将他全家囚系。又写信劝鲍永投降，鲍永不答，自此鲍永与田邑结了怨。但是，到了后来，当鲍永、冯衍确知更始是真的死了，才共同罢兵，不加冠帻向河内投降。其实，冯衍对更始的忠诚，还是可以理解的。人说到底就是应该有这样的气节。只是，这样的气节，还要看清形势，看清天下大势所趋才好。不然，那就是愚忠了。好在，他们知道更始死了，就投降了。

但是，光武帝埋怨冯衍迟迟不肯投降，鲍永以立功得以赎罪，于是被任用了，而冯衍独免职。你不是固执己见吗？你不是痛骂人家田邑不仁不义投降吗？好啊，就是不给你官做！

鲍永对冯衍说："以前高祖赦季布之罪，而将有功于他的丁固杀了。现在遇到了明主，还有什么忧虑呢！"

冯衍说："我记得《战国策》上讲，有一个人挑逗邻人的妻子，挑逗其大老婆，大老婆咒骂他，挑逗他小老婆，小老婆答应了。后来邻人死了，他就娶了他的大老婆。有人问他：'大老婆不是骂过你吗？'其人说：'在别人家时我希望她答应我的调情，在我家时却希望她痛骂挑逗引诱她的人哩。'天命难知，人道易守，守道之臣，还怕死亡吗？"不久，帝以冯衍为曲阳令，诛杀了大贼郭胜等人，降其众五千余人，论功劳当封官晋爵，因遭到谗言毁谤，封赏没有施行。

建武六年（30）发生日蚀，冯衍上书呈请八事：一是显文德，二是褒武烈，三是修旧功，四是招俊杰，五是明好恶，六是简法令，七是差秩禄，八是抚边境。

书奏上去之后，光武帝看了，觉得很好，的确很有见解，就准备召见他。召见他干吗啊？召见他就是为了采用他的意见，重用他。

起初，冯衍为狼孟县长时，曾经以大姓令狐略有罪而加以惩罚，这时令狐略做了司空长史，就向尚书令王护、尚书周生丰说："冯衍所以求于上，是想毁谤你们哩。"王护等害怕，就联合起来排斥冯衍，冯衍因此不能得到光武帝接见。

冯衍的处境稍有一些起色，就会遭到别人的诋毁和排斥。什么原因啊？其实说白了，就是因为他的清高所致。在朝廷里，冯衍没有几个可交的人。

后来卫尉阴兴、新阳侯阴就以外戚而得以富贵尊显，对冯衍深为敬重，冯衍就与他们交结，而为诸王所聘请，不久就成为司隶从事。

后来光武帝对西京的外戚宾客进行惩处，大都绳之以法，重者抵死迁徙，其余加以贬黜。几乎所有有干系的人都被拾掇了。冯衍也由此得罪，曾自到监狱请罪，有诏书赦免不问。但是，冯衍还是西归故郡，闭门以求自保，不敢再与亲属故旧相交往。

建武末年（43），冯衍上书自诉说：臣思高祖的雄才大略及陈平的智谋，如果听取毁谤，则陈平就会被疏远，听取赞誉，陈平就为高祖所亲近。以文帝之英明和魏尚之忠诚，绳之以法就成了罪犯，施之以德则成为功臣。到了晚世，董仲舒讲求道德，被公孙弘嫉妒；李广奋节以抗匈奴，却被卫青排斥，这都是忠臣时常为之痛哭流涕的悲剧哩。我冯衍自思不过是微贱之臣，上面没有魏无知的推荐，下面没有冯唐的劝说，缺乏董仲舒的才学，又没有李广的声势，还想免于谗口，逃过怨嫌，这难道不困难嘛！臣冯衍的先祖冯参，因忠贞不屈，竟酿成私门之祸。而臣冯衍又逢扰攘之时，值兵革之际，不敢苟求时会之利，侍君没有倾邪之私谋，将帅没有掳掠之心计。卫尉阴兴，敬慎周密，对内能自加修养整饬，对外能远避嫌疑，所以我才敢与他交往。阴兴知道我贫苦，几次想遗财为我立基本生业。臣自思自己无"益者三友"之才，不敢处于"损者三友"之地，坚决辞而不受。以前在更始时期，屯兵太原执有货财的权柄，居仓促之间，据位食禄二十余年，而财产一年比一年减少，日子一天比一天贫困，家中无布帛之积蓄，出门无舆马之装饰。现在遇到清明的时期，整饬自身力行善道之秋，而怨仇丛兴，讥议横流人世，真是富贵容易为善，贫贱难以为工啊。疏远陇亩之臣，无望奉职阙庭之下，只是惶恐自陈，以求解救我的罪过。

书奏上后，还是因以前的过失而不被使用。

冯衍不得志，退而作赋聊以自慰。

显宗即位，又有许多人说冯衍文过其实，于是废于家中，再也没有起来。冯衍的事业就这样完结了。因为自己的博学孤傲而得不到出人头地的机会，此为事业上的不顺心。另外，他在家中有位悍妻，过得也不称心。

冯衍娶北地任氏女为妻，强悍妒忌，不准冯衍养小老婆，儿女常汲水舂米操持家务，老了竟将其驱逐，于是坎坷穷困于一时。然而冯衍心有大志，不忧愁于贫贱。

在家曾慷慨叹道："我从小经明贤教导，经历过显要位置，掌过印绶，高举符节奉使，不求苟得，常有飞越云霄的志向。三公的显贵，千金的巨富，不合于我的志愿，我是不屑于获得的。贫而不衰，贱而不恨，年龄虽已衰弱委顿，也还要保持名贤的作风。修养道德于临死之前，以完成自己的身名，为后世所效法。"

冯衍居住在贫困的家中一直到老年，最后在家中去世。

毕生所著《赋》《铭》《说》《问交》《德诰》《慎情》《书记说》《自序》《官录说》《策》等五十篇，肃宗很重视这些文章。可是，那于冯衍又有什么意义呢？

博学有才之人，若清高和寡不融入当世，那么，当世就会排挤他，令他的学识在当时没有发挥作用的机会，当然，也许对后世有很大的影响。但是，博学有才的人，不那么曲高和寡而是能够融入时代的需要，就可以发挥极大的作用。纵观冯衍的一生，不禁令人感慨，他深刻的见解、渊博的知识，是那么令人钦佩和羡慕，可是，他总是以一个局外人的模样隔膜于当世，无法融入那个世界，最后就导致悲剧的发生。

卷二十九　申屠刚传

申屠刚，终究没能像箭一样直

【原文】

平帝时，王莽专政，朝多猜忌，遂隔绝帝外家冯、卫二族，不得交宦，刚常疾之。及举贤良方正，因对策曰：

臣闻王事失则神祇怨怒，奸邪乱正，故阴阳谬错，此天所以谴告王者，欲令失道之君，旷然觉悟，怀邪之臣，惧然自刻者也。今朝廷不考功校德，而虚纳毁誉，数下诏书，张设重法，抑断诽谤，禁割论议，罪之重者，乃至腰斩。伤忠臣之情，挫直士之锐，殆乖建进善之旌，县敢谏之鼓，辟四门之路，明四目之义也。

臣闻成王幼少，周公摄政，听言不贤，均权布宠，无旧无新，唯仁是亲，动顺天地，举措不失。然近则召公不悦，远则四国流言。夫子母之性，天道至亲。今圣主幼少，始免繦緥，即位以来，至亲分离，外戚杜隔，恩不得通。且汉家之制，虽任英贤，犹援姻戚。亲疏相错，杜塞间隙，诚所以安宗庙，重社稷也。今冯、卫无罪，久废不录，或处穷僻，不若民庶，诚非慈爱忠孝承上之意。夫为人后者，自有正义，至尊至卑，其势不嫌，是以人无贤愚，莫不为怨，奸臣贼子，以之为便，不讳之变，诚难其虑。今之保傅，非古之周公。周公至圣，犹尚有累，何况事失其衷，不合天心者哉！

昔周公先遣伯禽守封于鲁，以义寒恩，宠不加后，故配天郊祀，三十余世。霍光秉政，辅翼少主，修善进士，名为忠直，而尊崇其宗党，摧抑外戚，结贵据权，至坚至固，终没之后，受祸灭门。方今师傅皆以伊、周之位，据贤保之任，以此思化，则功何不至？不思其危，则祸何不到？损益之际，孔父攸叹，持满之戒，老氏所慎。盖功冠天下者不安，威震人主者不全。今承衰乱之后，继重敝之世，公

294

家屈竭，赋敛重数，苛吏夺其时，贪夫侵其财，百姓困乏，疾疫夭命。盗贼群辈，且以万数，军行众止，窃号自立，攻犯京师，燔烧县邑，至乃讹言积弩入官，宿卫惊惧。自汉兴以来，诚未有也。国家微弱，奸谋不禁，六极之效，危于累卵。王者承天顺地，典爵主刑，不敢以天官私其宗，不敢以天罚轻其亲。陛下宜遂圣明之德，昭然觉悟，远述帝王之迹，近遵孝文之业，差五品之属，纳至亲之序，亟遣使者徵中山太后，置之别官，令时朝见。又召冯、卫二族，裁与冗职，使得执戟，亲奉宿卫，以防未然之符，以抑患祸之端，上安社稷，下全保傅，内和亲戚，外绝邪谋。

书奏，莽令元后下诏曰："刚听言僻经妄说，违背大义。其罢归田里。"

【译文】

平帝时，王莽专政，朝廷多有猜忌，王莽就将平帝祖母冯族与母卫族隔绝，不得到京交往做官，申屠刚常记恨在心。等到后来被举为贤良方正，因而上书对策说：

臣听说朝政有失则天地之神就会怨怒，奸诈邪恶就会捣乱，所以阴阳乖错。这是老天所以谴责告诫帝王，想教失道之君主豁然觉悟过来，使那些心怀奸邪之臣子畏惧而自责改正。现在朝廷不考查功绩，不比较德行，而是接受那些虚伪的诽谤或赞誉，几次下达诏书，张设严酷法令，以抑制诽谤，禁锢议论，罪之重者，乃至腰斩。这挫伤了忠臣的情义，挫伤了忠直之士的锐气，与建立进献善言之旌幡，悬挂敢于进谏之钟鼓，开辟四方进言之渠道、明察四方使下情上达的旨意是背道而驰的。

我听说成王年幼，周公摄政，听纳群言，礼贤下士，均分权益，广布恩宠，不分新旧，一律待之以仁爱亲近，行动顺乎天地，举措不失常规。然而近则有召公不高兴，远则有管、蔡、商、奄四国的流言蜚语。那母子的关系，在天道上属于至亲。今圣上年幼，只有九岁，即位以来，至亲分离，外戚杜隔，恩泽不及舅家。而且汉朝制度，虽任用了英雄贤俊，还是要援用姻戚，这样亲疏相交错，就可杜塞间隙，这是用来安宗庙、重社稷的方法哩。现在冯、卫两族无罪，被久废而不录用，或者远处穷乡僻壤，还不如老百姓，这不是慈爱忠孝侍奉皇上的意向。那为人之后的，自然有正义，无论是至尊或至卑，其势不相嫌弃，所以人没有贤愚，莫不为之怨恨，奸臣贼子，行动就很方便了，不隐讳的变故，是很难预料的。现今辅导天子诸侯子弟的保傅，不是古代的周公。周公是至圣，尚且还有牵累，何况有的事失其本宗，不合乎天心呢？

以前周公先派遣伯禽到鲁国守封，以离断父子亲情，以忠义割断恩宠，使自己的尊宠不加于后代，所以鲁以周公是大圣之后代，郊祀配天，一如天子之礼，达三十多世。霍光秉理朝政，辅助年少的昭帝，修缮政进人才，表面上看很忠直，然

295

而重用其宗党，摧残抑制外戚，结交权贵，垄断朝政，做得非常牢固，霍光死后，其子谋反霍家被灭门。现在的师傅都以伊尹、周公的权位，据有贤良保国之大任，以此而思教化，那么功劳有什么不能达到？如果不思虑其危险，那么祸患有什么不能到达？损失与利益的关系，孔子也喟然长叹，保持得太多就将倾覆，这是老子非常慎重和警诫的。因为功劳冠于天下的人是心中不安的，威望惊震了皇上的人是不安全的。现在是承接于衰乱之后，继重大破坏之世，国家财力穷竭，而赋税繁重，虐吏干扰夺其农时，贪夫侵夺其财产，百姓穷困贫乏，疾病流行，人命夭折。盗贼成群，动辄拥众逾万，兴军而行，拥众而止，自建番号，攻犯京师，焚烧县邑，甚至讹传弩箭射进了皇宫，宫中宿卫惊惧。自从汉朝建立以来，都没有过。国家微弱，而奸谋不能禁止，尚书上指出的六极的效用，危于累卵。王者顺从天地，掌管官爵，主持刑法，不敢以高官私授其宗亲，不敢以天罚来减轻其亲人。陛下应顺从圣君之明德，昭然觉悟，远则遵循帝王之轨迹，近则遵守孝文帝之帝业，布施五常之教，接纳至亲，立即派遣使者迎回中山太后，置之别宫，定时去朝见。又召回冯、卫二族，授予散职，使他们能执戟，亲自充当宿卫，以防患于未然。上安社稷，下全保傅，内和亲戚，外绝邪谋。

书奏上去后，王莽令元后下诏书说："申屠刚所言都是离经妄说，违背大义，应罢官回家。"

【评点】

申屠刚可以说是史上最郁闷的评论家。他饱读诗书，有一肚子学问，也有很多深刻独到的见解，可是，没有人听他的。他曾经多次跟显要人物说自己的独到见解，可是，几乎从来没有人对他感冒，可以毫不夸张地说，这个申屠刚的一生，实在是郁闷至极。

申屠刚字巨卿，是扶风郡茂陵人。他的七世祖申屠嘉，是文帝时的丞相。申屠刚是个怎样的人呢？性正直，常羡慕史鱼酋、汲黯的为人。

史鱼酋是什么人啊？怎么让申屠刚羡慕和学习呢？

史鱼酋是春秋时被史称"直躬如矢"的名臣，他是卫国（今河南淇县境内）大夫，字子鱼，又称史鱼。卫灵公在位时，重用小人，史鱼酋多次进谏未被接纳，史鱼酋临死前对儿子说："我活着的时候没能让国君走正道，死了不能按礼来安排，你就把我放在窗户下吧。"卫灵公前往吊唁时感到很奇怪，史鱼酋的儿子就把史鱼酋的话告诉了卫灵公，卫灵公很感动，之后开始重用贤臣。其一贯正直，临终时还不忘劝卫灵公进贤去佞，时谓"尸谏"。孔子对此感叹不已，说史鱼酋在政治清明时像箭一样直，政治黑暗时同样像箭一样直。

这就是史鱼酋。那么，申屠刚羡慕的另一位汲黯是个什么样的人呢？

汲黯是西汉名臣。字长孺，濮阳（今河南濮阳）人。景帝时以父任为太子洗马。武帝初为谒者，出为东海太守，有治绩。召为主爵都尉，列于九卿。好直谏廷诤，武帝称为"社稷之臣"。主张与匈奴和亲。以事免官，居田园数年，召拜淮阳太守，最后死在工作岗位上。汲黯不畏权贵，耿直敢言，与人相处很傲慢，不讲究礼数，当面顶撞人，容不得别人的过错。与自己心性相投的，他就亲近友善；与自己合不来的，就不耐烦相见，士人也因此不愿依附他。但是汲黯好学，又好仗义行侠，很注重志气节操。他平日居家，品行美好纯正；入朝，喜欢直言劝谏，屡次触犯皇上的面子，时常仰慕傅柏和袁盎的为人。他与灌夫、郑当时和宗正刘弃交好。他们也因为多次直谏而不得久居其官位。

看见了吗？物以类聚，人以群分。申屠刚所钦慕的人，就是那种耿直敢言的人，可往往这样的人都"不得久居其官位"。也就是说，很少有人喜欢这样的直肠子驴。这样的性格特点，就注定了他的命运走向。

现在，我们来看看申屠刚的人生脉络。

平帝时，王莽专政，朝廷多有猜忌，王莽就将平帝祖母冯族与母卫族隔绝，不得到京交往做官，申屠刚常记恨在心。等到后来被举为贤良方正，因而上书对策。说了些什么呢？就是前面我们摘录的那一段文字。说得怎么样啊？真好。人家听了吗？没有。不但没有听，还把王莽给彻底得罪了。得罪了王莽，能有好果子吃吗？那是和尚头顶的虱子，明摆着的事情，没好处。后来王莽篡位，申屠刚就躲避到河西，转到巴蜀，往来二十多年。没有办法啊，就因为直肠子驴的脾气，耿直敢言，落得个如此下场。

这还不算。到了后来，等到隗嚣占据了陇右，想背汉而归附于公孙述的时候，申屠刚又开始进言了，他向隗嚣说：

"我听说人所归者天所予，人所叛者天所去。我想本朝光武帝躬行圣德，兴举义兵，恭行天罚，所到之处无坚不摧，这真是天之福佑，不是人力能做到的。将军本来没有尺土，孤立一隅，应当推诚相见奉顺而行，与朝廷同心并力，以上应天心，下酬人望，为国立功，可以永年。嫌疑的事，圣人是不为的。以将军之威望，远在千里，动作举措，能不慎重吗？现在玺书几次下达，委以国是昭示信用，想与将军共同吉凶。老百姓共事，还有至死不违反诺言的信用，何况是万乘的君主呢！现在你到底怕什么想什么，这样久疑不决呢？一旦有非常之变，上负忠孝，下愧当世。预言没有到达时，当然是虚语，但一旦到达，又来不及了，所以忠言至谏，希望得到接纳。愿你反复思考我的诤言。"

这一通说，又怎样呢？隗嚣不纳，听不进去啊，最后就真的叛汉而从公孙述了。

说话间，就到了建武七年（31），光武帝下诏书征申屠刚，挖隗嚣的墙脚啊。

申屠刚看了看，觉得这事可以啊，就打算投靠光武了。于是，他又写信给隗嚣说："我听说一意专行的人很孤立，拒绝纳谏的人容易阻塞，孤立阻塞的政治，是亡国的先兆。虽有明圣的资质，还委屈自己服从众议，所以才能考虑周到没有遗策，举动适当而无错事。圣人不以自己的独见为高明，而以万物为心。顺人者昌盛，逆人者灭亡，这是古今共同的道理。将军以百姓身份为乡里所推荐，起兵之初，并无预定之计，兴兵动众之后，又没有深谋远略。现在东方政教日益亲睦，百姓平安，而西州发兵，人人怀有忧虑，骚动恐惧，不敢正言，群众疑惑，人怀顾望。非但没有精锐进取之心，且其祸患无所不至。物穷就将产生变故，事急则计易形成，是形势造成的啊。背离道德，违反人情，而能有国有家者，古今是没有的。将军素来以忠孝闻名，是以士大夫不远千里而来，为了仰慕共享德义。现在如果决意侥幸行事，那忠孝德义还有什么呢？天保佑者昌顺，众人都帮助的人成功。如没有天佑人助，让小民百姓遭受涂炭之祸，毁坏终生之德义，败乱君臣之节，污伤父子之恩，众贤破胆，不可不谨慎啊！"

隗嚣那个拧种又不接受。这可真是驴脾气对了牛脾气，不管驴脾气怎么说，牛脾气就是不肯听。不听就不听罢，我申屠刚不跟你啰唆了，我要去奔光武帝去了。申屠刚到洛阳，拜为侍御史，又迁为尚书令。按理说，前面的那些"诤言"，从来没有人听，那么申屠刚也该考虑考虑是什么原因了，或者说应该考虑考虑是不是该换种方式说话了，可是，他还是没有改变，一如既往。这不，他又开始向光武帝进"诤言"了。要做仰慕已久的史鱼酋和汲黯嘛！

有一次，光武想出去旅旅游，散散心吧，国家大事挺多挺费神的。可是，申屠刚站出来了，他说陇蜀尚未平定，不宜宴安逸乐。当然，他的这个意见未被接受。申屠刚不死心啊，他就以头顶住车轮，那意思是说：亲，您要想去旅游观光考察项目什么的，就必须从我头上碾过去哈！没有办法，光武于是停止游览。你说光武心里痛快吗？不痛快。在他看来，国家大事固然重要，但是偶尔出去旅旅游，散散心，不是劳逸结合，更能提高工作效率吗？你说你个申屠刚弄个脑袋顶在我的车轮胎上，什么意思啊！扫兴！幸亏我这轮胎不在锦湖轮胎的问题批次里，不然轮胎爆了不打紧，你脑袋可就报销了。

当时内外许多官吏，多半是皇帝自己选举出来的，加以法理严察，职事过苦，尚书近臣，甚至也被鞭捶仆地牵拽于前，群臣莫敢正言。办公室暴力啊。那就是当时的环境使然。可是，他申屠刚就敢言。不但敢言，还敢拿脑袋顶住光武大帝的车轮胎！这种精神实在可嘉啊。可是，问题是有效果吗？

申屠刚每每极力劝谏，又多次说皇太子应当进入东宫，选任贤保，以成其德，光武都不接纳。因他多次切谏有违旨意，几年后，外放为平阴令。降职了！这就应了前面的话了，"直谏而不得久居其官位"啊。

后来，光武帝又征召他回朝，拜为太中大夫，可是，申屠刚失望喽！什么嘛！我说的话，从来就没有人认真听。我提的建议，从来就没有人采纳。那我还坚持什么劲儿？都是无用功，干脆就不做了。于是，他就以病辞去官职，最后在家去世。

究其一生，他做成了心目中"直躬如矢"的史鱼䲡了吗？没有。人家史鱼䲡临死还来了个尸谏呢，可申屠刚没有做到善始善终，最后还是向现实投降了。史鱼䲡在政治清明时像箭一样直，政治黑暗时同样像箭一样直。申屠刚在开始的时候也是像箭一样直，可是在最后把那箭给放下了。于是，他在历史上的名望，就要逊色于史鱼䲡。

卷三十　杨厚襄楷列传

第一节　杨　厚

他果真能预见未来

【原文】

永建二年，顺帝特征，诏告郡县督促发遣。厚不得已，行到长安，以病自上，因陈汉三百五十年之厄，宜蠲法改宪之道，及消伏灾异，凡五事。制书褒述，有诏太医致药，太官赐羊酒。及至，拜议郎，三迁为侍中，特蒙引见，访以时政。四年，厚上言"今夏必盛寒，当有疾疫蝗虫之害"。是岁，果六州大蝗，疫气流行。后又连上"西北二方有兵气，宜备边寇"。车驾临当西巡，感厚言而止。至阳嘉三年，西羌寇陇右，明年，乌桓围度辽将军耿晔。永和元年，复上"京师应有水患，又当火灾，三公有免者，蛮夷当反畔"。是夏，洛阳暴水，杀千余人；至冬，承福殿灾，太尉庞参免；荆、交二州蛮夷贼杀长吏，寇城郭。又言"阴臣、近戚、妃党当受祸"。明年，宋阿母与宦者襄信侯李元等遘奸废退；后二年，中常侍张逵等复坐诬罔大将军梁商专恣，悉伏诛。每有灾异，厚辄上消救之法，而阉宦专政，言不得信。

【译文】

永建二年（127），顺帝特征，诏令郡县督促发遣。

杨厚不得已，行到长安，以有病自陈，因陈说汉三百五十年的厄运，应修明改良法律法令的道理，及消除灾异，共五事。

制书褒述，有诏令太医致药看病，令太官赏赐羊酒。

等他到后，即拜议郎，三迁为侍中，特蒙引见，访问以时政。

四年，杨厚上言："今夏必有大寒，当有疾疫蝗虫之灾害。"

这年，果然六州蝗害大作，疫气流行。

后又连上"西北二方有兵气，宜备战边寇"。

车驾原准备西巡，感杨厚之言而止。

至阳嘉三年（134），西羌侵犯陇右，明年，乌桓围困辽将军耿晔。

永和元年（136），杨厚又上"京师应有水患，又当有火灾，三公有免职的，蛮夷当反叛"。

当年夏，洛阳暴水，死千余人；到冬天，承福殿失火，太尉宠参免；荆州、交州蛮夷贼杀死长吏，侵犯城郭。

又言"阴臣、近戚、妃党当受灾"。

明年，宋阿母与宦者褒信侯李元等通奸被废退；后二年，中常侍张逵等又因诬罔大将军梁商专政罪被伏诛。

每有灾，杨厚动辄呈上消救的办法，而阉宦专政，所言不能得到信任。

【评点】

杨厚字仲桓，广汉郡新都人。他是一个可以预见未来的人。

他的祖父杨春卿，就是一个善于图谶学的能人，他是公孙述的部将。后来，汉兵平定了蜀，把公孙述给搞定了，杨春卿就选择了自杀，临终前他对儿子杨统，也就是杨厚他爹，说："我有先祖所传的秘籍，为汉家用，你当好好学习。"杨统感激先父遗言，服丧满三年后，潜心学习先人之法，又从同郡人郑伯山受《河洛书》及天文推步之术。

建初中为彭城县令，一州遭大旱，杨统推行阴阳消伏之术，县界里就下了甘露了。太守宗湛让杨统为郡求雨，结果，他一求，也降了甘霖。真是神奇得很。自此以后朝廷凡有灾异，多访求于他。结果是有求必应，神乎奇乎，不亦乐乎。

杨统写了《家法章名》及《内谶》二卷解说，官至光禄大夫，为国三老。这老头儿活到九十岁才去世。

杨统呢，以前有一个老婆，还生了一个儿子叫杨博，后来他又娶了一个老婆，也就是杨厚的生身母亲。杨厚的母亲和杨博关系不好，经常吵闹打骂，弄得四邻不安，家庭不睦。这样可不行啊，杨厚就打算帮两个人和解，一家人和和睦睦地过小日子，多好啊。可是，怎么办呢？那时候杨厚才九岁。不过他已经很有头脑了。他就想出了一个办法。什么办法呢？他就借口有病不说话，也不进食，把饭给戒了，把话也给戒了。他的母亲知道他的用意，就改变原来的态度，对前妻儿子恩养加深。你看看，小小的年纪，就有这样的策略，也有这样的心意，实在是难能可贵啊。怪不得他后来官至光禄大夫，和他老爸一样呢。

杨厚从小对杨统的学业就很感兴趣，潜心研究，他是下了苦功夫了。

安帝永初三年（109），太白入北斗，洛阳大水。当时杨统为侍中，杨厚跟随在京师。朝廷以此问杨厚的老爸杨统，杨统推托说自己年纪大了，耳目不明，书不出个一二三了，而自己的儿子杨厚通晓图书，可知其意，不妨，就叫这小子说说吧。

于是，邓太后使中常侍秉承后意问杨厚，说那就给你一个机会，你说说看吧。

杨厚也不客气，直接回答说："诸王子多在京师，可能发生异变，应赶快发遣他们各归本国。"太后听从了，太白星不久就不见了。紧接着，洛阳大水也自退出，都如杨厚所言。杨厚回答正确！他老爸杨统心里自然高兴极了。

杨厚初出茅庐，旗开得胜。他的才华第一次得到了展现。

于是，就以杨厚为中郎。其实，这也是他老爸的一片苦心。最终，杨厚就出道了，当了官。

太后很喜欢，就特别引见杨厚，问他一些图谶的事。可是，杨厚所对不合太后意旨，于是，就免职回家。伴君如伴虎啊，那个老太后，可是难伺候的主儿。她尽弄些虚妄的问题，其实就是为了满足自己的期望，聊以自慰，可是入世不深而又善良耿直的杨厚，不会媚言，不会奉承，结果就令老太后不满意，最后就卷铺盖，回家吧。刚当官不久，就被炒了鱿鱼。这个，大概是杨厚没能预见的。

杨厚下岗回家之后，就继续学习，并且更加用功。后来，上面又来征召，要做县官不从，市级干部也不做，部级领导也不就。是真伤了感情了。

等到了永建二年（127），顺帝特征，诏令郡县督促发遣。那意思是，无论如何，你地方官要想办法给我弄来，押也要给我押来！杨厚不得已，就来到了长安，以有病自陈，因陈说汉三百五十年的厄运，应修明改良法律法令的道理，及消除灾异，共五事。顺帝呢，就特别下发红头文件对他的谏言进行了表扬，并且还找太医给他治病，又赏赐美酒和羊肉，真可谓是宠爱有加啊。

杨厚一看，唉，那就去呗。人家顺帝都这样有诚意了，再不去，也太不像话，于是，就去做官了。等他到后，即拜议郎，三迁为侍中，特蒙引见，访问以时政。从此，他的能预见未来的特异功能得到了很好的发挥。

四年，杨厚上言："今夏必有大寒，当有疾疫蝗虫之灾害。"

果然，这年六州蝗害大作，疫气流行。

后又连上"西北二方有兵气，宜备战边寇"。

当时，皇帝打算驱车往西巡视的，听了杨厚的话之后，就取消行动。果然，不久，西羌侵犯陇右，紧接着，乌桓围困辽将军耿晔。西北二方果然就起了战争了。

永和元年（136），杨厚又上"京师应有水患，又当有火灾，三公有免职的，蛮夷当反叛"。当年夏，洛阳暴水，死千余人；到冬天，承福殿失火，太尉宠参免；荆州、交州蛮夷贼杀死长史，侵犯城郭。

又言"阴臣、近戚、妃党当受灾"。第二年，宋阿母与宦者褒信侯李元等通奸被废退；后二年，中常侍张逵等又因诬罔大将军梁商专政罪被伏诛。

每有灾，杨厚都可以提早预见。这可真是神了啊。当然，这些预见，也并非无中生有，因为都一一应验了。什么原因啊？他真的有特异功能可以预见未来吗？当然不是。那是什么原因啊？一回准，两回准，总不能每次都准吧？但就是这么准。怎么解释呢？其实，那些推断，是建立在杨厚驳杂的学识和敏锐的洞察力的基础上。他能够进行综合分析和深入思考，所以，才能够比较准确地预见未来。也正是因为这个基础，他还动辄呈上消救的办法。这就更加难能可贵了。

可是，阉宦专政，杨厚所言不能得到信任。也就是说，杨厚屡屡言中，屡屡在领导面前露脸，也引起了别人的忌妒，有人开始排挤他了。

当然，此时的杨厚，已经不是刚开始做中郎的时候了。那时候因为一个老太后问图谶的事，自己马失前蹄，没有预见好而丢了官。现在周围的环境变化，早已经引起杨厚的注意。于是，他预见自己是山雨欲来风满楼了，知道有危险临近。

果然，当时威权倾朝的大将军梁冀，派他的弟弟给杨厚送来了车马、珍珠玩物，打算与他建交，并想与他相见。杨厚不答，坚决称有病求退。为什么？危险啊！梁冀是什么人啊？只可敬而远之，而不可近而亲之。

好在顺帝准许了杨厚的请求，就赏赐他车马钱帛，让他回家了。

二次下岗回家之后的杨厚，就开始修黄老之术，教授门生，他教了多少弟子啊？上名录者三千多人，真可以说是和孔子有的一拼啊。

后来，太尉李固几次推荐他，想让他重出江湖，再去为官，发挥余热。本初元年（146），梁太后又下诏书备厚礼以聘请杨厚，杨厚称病，坚决辞不就。建和三年（149），太后又下诏征聘，可他坚决不从。杨厚能够预见未来的本领，告诉他只有离开那个是非之地，才可以安得其所，过几天安静日子。

最后，杨厚在家去世，享年八十二岁。皇帝以策书吊祭。乡人赠谥号叫文父。而他的那些学生为他立庙，郡文学掾史春秋飨射常祭祀他。

第二节 襄 楷

价值总在一别经年后

【原文】

臣伏见太白北入数日，复出东方，其占当有大兵，中国弱，四夷强。臣又推步，荧惑今当出而潜，必有阴谋。皆由狱多冤结，忠臣被戮。德星所以久守执法，亦为此也。陛下宜承天意，理察冤狱，为刘瓆、成瑨亏除罪辟，追录李云、杜众等子孙。

夫天子事天不孝，则日食星斗。比年日食于正朔，三光不明，五纬错戾。前者宫崇所献神书，专以奉天地顺五行为本，亦有兴国广嗣之术。其文易晓，参同经典，而顺帝不行，故国胤不兴，孝冲、孝质频世短祚。

臣又闻之，得主所好，自非正道，神为生虐。故周衰，诸侯以力征相尚，于是夏育、申休、宋万、彭生、任鄙之徒生于其时。殷纣好色，妲己是出。叶公好龙，真龙游廷。今黄门常侍，天刑之人，陛下爱待，兼倍常宠，系嗣未兆，岂不为此？天官宦者星不在紫宫而在天市，明当给使主市里也。今乃反处常伯之位，实非天意。

又闻宫中立黄老、浮屠之祠。此道清虚，贵尚无为，好生恶杀，省欲去奢。今陛下嗜欲不去，杀罚过理，既乖其道，岂获其祚哉！或言老子入夷狄为浮屠。浮屠不三宿桑下，不欲久生恩爱，精之至也。天神遗以好女，浮屠曰："此但革囊盛血。"遂不眄之。其守一如此，乃能成道。今陛下淫女艳妇，极天下之丽，甘肥饮美，单天下之味，奈何欲如黄老乎？

【译文】

"臣下伏见太白金星北入数日，又出于东方，按占卜当有大兵出现，中国弱，四夷强。臣又推步，荧惑星今当出现而潜伏不出，必有阴谋。都由于狱中多冤结之案，忠臣被杀害。德星久守执法的原因，也是这个。陛下应承天意，理察冤狱，为刘瓆，成瑨亏除罪辟，追录李云、杜众等人的子孙。

"天子侍天不孝，则出现日食星斗的现象。近年日食于正朔，日、月、星三光不明，五纬错戾。前些时宫崇所献神书，专以奉天地顺五行为根本，也有兴国广嗣的方法。它的文字明白易晓，参同经典，而顺帝不行，所以国胤不兴，孝冲、孝质两帝连续短命。

"臣又听说，得主所好，自非正道，神明为之生虐。所以周朝衰亡，诸侯以武力征伐为时尚，于是夏育、申休、宋万、彭生、任鄙这班人生在那个时代。殷纣王好色，妲己就出来了。叶公好龙，真龙游于庭院。今黄门常侍，受过天刑之人，陛下爱待他们，加倍宠信，嗣续不出生，难道不是这个缘故？天官宦者星不在紫宫而在天市，明言应当给使主市里。现在竟反处常伯之位置，实非天意所在。

"又听说宫中立了黄老、浮屠的祠。这道主张清虚，贵尚虚无，好生恶杀，省私欲，去奢侈。今陛下嗜欲不除，杀罚过理，既乖其道，岂能得福？有人说老子入夷狄，始为浮屠之化。浮屠不三宿于桑下，不想久生恩爱之心，精之极点。天神派好女来，浮屠说：'这只是皮袋子装着血罢了。'连看也不看。他之守一如此，才能成道。今陛下嫔女艳妇，极尽天下之华丽，甘肥饮美，尽天下之美味，怎么想成为黄老呢？"

【评点】

领略了上面襄楷的文采之后，我们来看看，这个襄楷到底是怎样的一个人啊？

襄楷是东汉时期著名方士。方士是什么啊？就是有方术的道士。不过，东汉以后，方士这个叫法不太常用了，而是多叫作道士。襄楷这个人好学博古，擅长天文阴阳之术，为人正直。

他和咱们上面提到的申屠刚有的一拼。所不同的是，那个申屠刚进言，多是直言不讳，大胆说话，很正面，而这个襄楷则有所不同。襄楷是怎么进言呢？他进言，不是那么直截了当，而是采用了依附于阴阳学说之类的事体。其实，在那个年代，那种玄妙的学说，是很有市场的，大家对不懂而神秘的东西，都是抱有敬畏之心的。尤其是帝王，对那些玄妙的东西，是深信不疑。之前的秦始皇，后期潜心于长生不老药的寻找，他就屡屡听从方士的话，说得越玄越有吸引力，但最后还是受骗上当。光武帝刘秀起兵，也是由一句谶语开始，并且一直深信不疑，同时广泛利用那个谶语，招兵买马，鼓动人心，起到了非常好的效果。到了后期，刘秀也是深深陷入谶学之中，以至于不听那些直白的进谏而是相信和依附于谶学，做什么事都喜欢算一算，占卜占卜。由此可见，谶学之类玄妙的东西，是帝王将相都喜欢的。如果以这种虚空的事体为载体，来承载自己独到的见解，向帝王进言，应该是屡试屡爽的。

可是，我们的这位襄楷同志却没那么幸运，他的进言，很少被采纳。有时帝王信他的那些诡异的说辞，但不采纳他的建议，有时因为他的进言涉及宦官的根本利益，遭到打压和排斥。

襄楷，字公矩，打小就好学，博通古书，会天文阴阳之术。

桓帝时，宦官专揽朝政，政刑残暴泛滥，又连续死去皇子，灾异尤其多见。

延熹九年（166），襄楷离家到朝廷。他出道了。来到朝廷之后，他就上书道：

"臣听说皇天不讲话，用天文象形设教。尧、舜虽是圣人，一定观察历象日月星辰，观察五纬所在位置，所以能享百年之寿命，成为万世之榜样。臣私下看到去年五月，荧惑星侵入太微星，犯帝座，出端门，不照常道运行。闰月庚辰，太白星侵入房星，犯心小星，震动中耀。中耀是天王；旁边的小星，是天王之子。太微天廷，五帝之座，而金星、火星罚星扬光在里面，按占卜，天子主凶；又都进入房星、心星，法无继嗣。今年岁星久守太微，逆行西至掖门，还迫近执法。岁为木星，好生恶杀，可停留不去，过错在于仁德不修，诛罚太残酷。前七年十二月，荧惑星与岁星都进入轩辕，逆行四十多天，而邓皇后被杀。那年冬天大寒，杀鸟兽，害鱼鳖，城边竹柏的叶子有伤枯的。我听得师父说：'柏伤竹枯，不出三年，天子当之。'今洛阳城中人晚上无故喊叫，说有火光转行，人们互相惊噪，在占卜时也与竹柏枯叶相同。自春夏以来，连续有霜雹和大雨雷电，可能是臣子作威作福，刑罚急刻之所感应哩。

"太原太守刘瑓，南阳太守成瑨，立志除去奸邪之徒，他们所杀之人，都符合大家的愿望，可陛下听信阉竖的谗言，竟远加考逮。三公上书请求原谅刘瑓等人，不见采察，而严被谴责。忧国之忠臣，将被杜塞嘴巴，不说话了。

"臣听说杀了无罪之人，杀了贤良之士，灾祸延及三代。自陛下即位以来，连续杀人，梁冀、寇荣、孙寿、邓万世等，都被灭族，那些牵连犯罪的，又不知多少。

"李云上书，明主所不当讳，杜众乞死，谅以感悟圣朝，竟没有赦宥，而都被杀戮，天下的人，都知道他们冤枉。汉朝兴起以来，没有拒谏诛贤，用刑太甚像现在的。

"永平年间旧典，对那些重犯都要冬狱，先请示后用刑，为的是重视人命。近几十年来，州郡玩忽职守，又想避免对疑案须请示廷尉的麻烦，常托疾病，多死在牢狱。长吏掌握生杀大权，死者多非其罪，魂神含冤，无处申诉，淫厉疾疫，从此而起。古时周文王一个妻子，生了十个儿子，现在宫女数千人，没听说有生育儿女的。应该修德省刑，来求多子多孙之福。

"又延熹七年（164）六月十三日，河内野王山上有条龙死了，长约数十丈。扶风有星陨落为石，声音听到三郡。龙的形状不一，小大没一定，所以《周易》比

306

作大人，帝王以为符瑞。有人听见河内龙死，讳以为蛇。龙是能变化的，蛇也有神，都不当死。从前秦将衰亡，华山神拿块玉石授给郑客，说道：'今年祖龙将死。'始皇逃避它，死在沙丘。王莽天凤二年（15），讹言黄山宫有死龙的怪事，后来汉朝杀了王莽，光武帝复兴。虚言还是这样，况实言呢？星辰附丽在天，好像万国之附于王一样。下边将反叛上级，所以星象也叛于天。石者安类，坠落的失势。春秋时期有五块石头落在宋国，后来宋襄公被楚国抓住。秦国的灭亡，石落在东郡。现在陨石落在扶风，与先帝园陵相近，不有大丧，必有叛逆。

"按春秋以来以及古代帝王，没有黄河水清和学门自坏的事。臣认为黄河象征诸侯之位，清的属阳，浊的属阴。河当浊而反清，就是阴想成阳，诸侯想称帝。太学，是天子教化之宫，它的门无故自坏，说明文德将丧，教化废弛。京房《易传》说：'河水清，天下平。'现在天垂异象，地吐妖气，人遭厉疫，三项同时出现而加上黄河水清，等于春秋时麒麟不当出现而出现一样，孔子写在史书认为是灾异哩。

"臣以前上书说琅邪宫崇受干吉神书，不合明主所听。臣听说布谷鸟在孟夏叫，蟋蟀在初秋叫，物虽微小而不失信，人有卑贱而言忠。臣虽然极微贱，诚心愿赐清闲时间，极尽所言。"

书奏上去不被皇上省察。皇上没有点他。可是，襄楷并不气馁，过了十多天，再次上书。内容即我们上面引述的原文。

书奏上，皇上立即召尚书来问情况。

襄楷说："臣听说古代本来没有宦臣，武帝末年，年岁已高，数次游后宫，才开始设立宦官。后来慢慢见任，到了顺帝，更加多起来。今陛下用爵位给他们，比以前增加十倍。到现在没有皇子接班，难道不是爱好他们而这样吗？"

尚书把他的话奏上去，诏书下交有司处正。尚书接旨奏道："那些宦者的官位，不是近代所设置。汉朝初年张泽做大谒者，帮助绛侯杀诸吕；孝文帝使赵谈参乘，而子孙昌盛。襄楷不正辞理，指陈国家要务，而析言破律，违背经艺，假借星宿，伪托神灵，造合私意，诬蔑圣上，误了国事，请交给司隶，正楷的罪法，关进洛阳狱。"皇帝认为襄楷言辞虽然激切，然而都是天文恒象之数，所以不杀他，还交司寇论刑。

你看看，襄楷用这样有别于申屠刚的方式进言，也没有落得好下场。如此看来，伴君真的如同伴虎啊。

到了后来，襄楷的学说见解，逐渐得到认可。尤其是到了灵帝即位时，认为襄楷的书是对的，是有价值的。到现在，襄楷的见解才得到了官方认同，于是，太傅陈蕃举他做方正，可是，襄楷辞而不就。去干吗呢？如此看来，神马都是浮云了，去与不去，还有什么区别呢？之后，每逢地方太守到任，常用礼节请他。到了中平年间，与荀爽、郑玄都以博士征召，可是他还是没有去，最后死在了自己家中。

卷三十一　杜诗传

公正廉明的杜诗

【原文】

　　陛下亮成天工，克济大业，偃兵修文，群帅反旅，海内合和，万世蒙福，天下幸甚。唯匈奴未謦圣德，威侮三垂，陵虐中国，边民虚耗，不能自守，臣恐武猛之将虽勤，亦未得解甲櫜弓也。夫勤而不息亦怨，劳而不休亦怨，怨恨之师，难复责功。臣伏睹将帅之情，功臣之望，冀一休足于内郡，然后即戎出命，不敢有恨。世愚以为"师克在和不在众"，陛下虽垂念北边，亦当颇泄用之。昔汤、武善御众，故无忿鸷之师。陛下起兵十有三年，将帅和睦，士卒凫藻。今若使公卿郡守出于军垒，则将帅自厉；士卒之复，比于宿卫，则戎士自百。何者？天下已安，各重性命，大臣以下，咸怀乐土，不雠其功而厉其用，无以劝也。陛下诚宜虚黵数郡，以俟振旅之臣，重复厚赏，加于久役之士。如此，缘边屯戍之师，竞而忘死，乘城拒塞之吏，不辞其劳，则烽火精明，守战坚固。圣王之政，必因人心。今猥用愚薄，塞功臣之望，诚非其宜。

　　臣诗伏自惟忖，本以史吏一介之才，遭陛下创制大业，贤俊在外，空乏之间，超受大恩，牧养不称，奉职无效，久窃禄位，令功臣怀慍，诚惶诚恐。八年，上书乞避功德，陛下殊恩，未许放退。臣诗蒙恩尤深，义不敢苟冒虚请，诚不胜至愿，愿退大郡，受小职。及臣齿壮，力能经营剧事，如使臣诗必有补益，复受大位，虽析珪授爵，所不辞也。惟陛下哀矜！

【译文】

　　陛下成就天功，得以完成兴汉大业，偃兵息武，修明文治，将帅们都班师回朝，海内和睦，万世蒙受福泽，天下幸运。唯有匈奴不晓圣德，还在西北边疆为患，凌虐中国，边民虚耗，不能保卫自己，我担心勇猛的武将们虽然竭力保卫边境，仍不能休战罢兵。大凡军队勤于作战而得不到休整，士兵也会怨恨，劳苦困顿而没有休整也会怨恨，怨恨之师，是难以再次责他们建立新功的。我眼见将帅们的心情，功臣们的愿望，是想回到郡内休息一下，然后接受命令出征，就不会有怨恨了。我认为"师胜在于和睦而不在于人多"，陛下虽垂念北部边境，也应当交替采用攻战和休整两手。过去商汤周武王善于驾驭大众，所以没有残忍凶狠之师。陛下起兵十三年了，将帅和睦，士卒欢悦。现在假如使公卿郡守出身于军旅，那么将帅们就会自相勉励；如果士卒的待遇能像中央的禁卫部队一样，那士卒们就会产生百倍的勇气。为什么呢？因为天下已经安定了，人们都把性命看得重了，大臣以下，都怀念安乐的地方，如果不按他们的功劳行赏任用，就没有办法鼓励他们了。陛下确实应当把几个郡守的位置空缺起来，以等待有功的将领回来，多次厚赏长期服役的兵士。这样一来，屯戍在边防的部队，都能争相舍生忘死，登城守塞的官吏，也会不辞劳苦，这样边塞的警报系统将非常精确无误，防御作战坚不可摧。圣王之政，必定在顺乎人心。您现在用了我这个愚昧浅陋的无能的人，阻挠了功臣尽忠进谏的渴望，这是很不适宜的。

我杜诗暗自思忖，我本来是一个史吏的微小之才，恰逢陛下创建大业的机会，俊杰们都奔走在外，朝中人才空乏，超受大恩，我担任太守很不称职，治理民众效果很差，长期占据官位，使功臣们心怀不满，我实在是诚惶诚恐。建武八年，我曾经上书请求避功德，陛下深恩，没有准我退位。我杜诗蒙恩特别丰厚，按义理我不敢苟冒虚请，无法抑制迫切的心愿，愿从大郡的位置上退下来，接受低级的职务。等我年龄更大些，能承当繁重任务，对朝廷一定有所补益时，再授高官位，虽然是封侯授爵，我也是不敢推辞的，请陛下哀怜我的苦衷吧！

【评点】

杜诗字君公，河内郡汲县人。年轻时就有才能。他担任郡功曹的时候，有公正廉明的美称。更始时，征召到大司马府。建武元年（25），一年三次迁升为侍御史，负责安置召回洛阳的百姓。

这时将军萧广放纵士兵，在民间横行暴虐，百姓们惊惶不安，杜诗命令晓谕无效，就把萧广杀了，回去后据实向刘秀做了报告。刘秀召见杜诗，赠他一套棨戟仪仗。

再派他到河东，诛杀降服逆贼杨异等。

杜诗到大阳，听说贼杨异等人准备伺机北渡黄河，就与长史迅速烧掉了杨异的船只，率领骑兵突击队袭击叛军，斩杨异等。叛军全被消灭。拜为成皋县令，任职三年，政绩优等。

再迁为沛郡都尉，又调任汝南都尉，所到之处都治理得很好。

建武七年（31），杜诗迁升为南阳太守。

杜诗生性节约俭朴，为政清平，因诛戮强暴在百姓中建立了威望，善于出谋划策，节惜爱护民众劳役。制作用水力推引活塞鼓风的机具，用以炼铁铸为农业机械，使用劳力少，功效大，百姓都认为很方便。

又修治坡地池塘，扩大耕地面积，南阳郡内家家户户富裕殷实。

当时的人把他与前太守召信臣相比拟，南阳有人称颂说："前有召父，后有杜母。"杜诗自以为没有什么功劳，久居大郡感到不安，请求降为小郡以避功臣，就上书说，我杜诗蒙恩特别丰厚，按义理我不敢苟冒虚请，无法抑制迫切的心愿，愿从大郡的位置上退下来，接受低级的职务。等我年龄更大些，能承当繁重任务，对朝廷一定有所补益时，再授高官位，虽然是封侯授爵，我也是不敢推辞的，请陛下哀怜我的苦衷吧！具体内容，详见上面的选文。

帝爱惜他的才能，没有允许。

杜诗平时喜爱推荐贤才，几次推荐知名人士清河刘统及鲁阳县长董崇等人。

起先，禁令还比较简单，但凭盖了印章的玺书发兵，没有虎符作为信物。

杜诗上书说："我听说兵是国家的凶器，圣人是很慎重的。按旧的制度，发兵都要使用虎符，至于一般的征调，使用竹简就行了。符符吻合，才能取得对方的完全信任，方可显明国家命令，掌握朝廷的权威。近来调遣军队，只用玺书或者诏令，如果有奸人伪造，就无法察觉出来。我认为现在战争还在进行，内贼外虏尚未消灭，向州郡封国征兵，应当特别慎重，可立虎符作为发兵凭证，以杜绝奸伪。以前魏公子信陵君无忌，威倾邻国，还假魏王兵符，以解秦对赵国之围，假如不是如姬为了报杀父之仇而窃得兵符交给了无忌，则信陵君救赵之功就无由建立了。有的事情虽然麻烦却是不能省的，所谓费而不得已，大概说的就是这类发兵制度的事情吧。"书奏上，帝采纳了他的建议。

杜诗虽在地方上做官，但尽心于朝廷，刚直不阿的言论和良好的计谋策略，遇事献纳。任职七年，政务教化在郡内风行。建武十四年（38），由于派宾客为弟报仇案，被征召。恰好这时杜诗因病逝世，司隶校尉鲍永上书说杜诗贫困没有田地住宅，死了还无地安葬。帝下诏书令在郡邸治理丧事，赐绢千匹作为治丧费用。

但从最后这一点，我们就不由得对杜诗报以热烈的掌声。这样的大臣，活着连一套房产也没有，死了连一块墓地也不见。难道是因为房价和墓地价格交相上升，我们的老杜买不起吗？

杜诗一生贫困，却拥有富足的精神财富。

卷三十二　樊宏传

注重家教的樊宏

【原文】

宏少有志行。王莽末，义兵起，刘伯升与族兄赐俱将兵攻湖阳，城守不下。赐女弟为宏妻，湖阳由是收系宏妻子，令出譬伯升，宏因留不反。湖阳军帅欲杀其妻子，长吏以下共相谓曰："樊重子父，礼义恩德行于乡里，虽有罪，且当在后。"会汉兵日盛，湖阳惶急，未敢杀之，遂得免脱。更始立，欲以宏为将，宏叩头辞曰："书生不习兵事。"竟得免归。与宗家亲属作营堑自守，老弱归之者千余家。时赤眉贼掠唐子乡，多所残杀，欲前攻宏营，宏遣人持牛酒米谷，劳遗赤眉，赤眉长老先闻宏仁厚，皆称曰："樊君素善，且今见待如此，何心攻之。"引兵而去，遂免寇难。

【译文】

樊宏少有志行。

王莽末年，义兵兴起，刘伯升与族兄刘赐都率兵攻湖阳，没有攻下。

刘赐的妹妹是樊宏的妻子，湖阳军因此逮捕樊宏妻子，令她晓谕伯升，樊宏因留不返。

湖阳军帅欲杀其妻子，长吏以下都说："樊重父子，礼义恩德行于乡里，虽有罪，且待以后再说。"恰好汉兵日盛，湖阳军惶恐着急，不敢杀樊妻，于是得以脱离危险。

更始立，想以樊宏为将，樊宏叩头推辞说："书生不懂兵事。"竟得免归，与宗家亲戚做营垒自守，老弱跟随者千余家。

当时赤眉贼掠唐子乡，残杀百姓甚多，还想前去攻打樊宏营，樊宏遣人带着牛酒米谷，送给赤眉。

赤眉长老先听说樊宏仁厚，都说："樊君素来和善，而且现在这样优待我们，何必攻他呢。"于是引兵而去，樊宏得免于难。

【评点】

樊宏是刘秀的舅舅。伯升也管他叫舅舅。更始帝对伯升的威名感到害怕的时候，就设下鸿门宴，准备以举玉为号，杀掉伯升，而那时候看出端倪，提醒伯升要小心谨慎的那个人，就是樊宏，也就是他的舅舅。

樊宏字靡卿，是南阳郡湖阳人。他的先祖周仲山甫，封于樊，因以为氏，为乡里显姓，也就是大姓人家。他的父亲是樊重，字君云，比较会种庄稼，也喜欢做生意，让钱生钱，有一点经济头脑。在人们的印象中，有经济头脑，能做买卖的人，往往会有些狡猾，有些唯利是图，可是人家樊宏的老爸樊重可不是那样的人。相反，他性温厚，很有法度。他们三世共同生活，子孙朝夕礼敬。

樊重经营产业，没有用不上的东西，能够让很多人受益，而非独自得好处。所以，就能上下同心戮力，财利每年倍增，于是开广田土三百余顷，樊家就成了大地主，有钱啊。于是，他们家所盖的那些房子，都有重堂高阁，塘渠灌注，气势恢宏。他们家还养鱼养虾，也放牧大量牲畜。可以这么说吧，他们家的产业结构是相当合理的，有经济头脑嘛。这样一来，不赚钱都难。樊家呢，又乐善好施，周围群众有求必应。

这个有经济头脑的樊重，曾想做器物，于是他就先种梓漆，可是，当时很少有人鼓捣这个啊，于是就有很多人讥笑他，然而几年之后，他超前的眼光得到了印证，被人们不看好的、嘲笑的，反而成了香饽饽，过去讥笑他的人都向他租借。有经济头脑，有远见，于是，樊家就资至巨万，但他们并不是可怜的守财奴。他们赈济赡养宗族，恩加乡间，在周围有很好的名望。举个例子来看吧。

樊重的外孙何氏兄弟打起来了，打得不可开交。为什么打啊？争夺财产。樊重听说了这件事，感到羞耻，心里就气啊：瞧瞧你们那点出息！因为鸡毛蒜皮的那么一点财产，就闹得不可开交，还诉诸法律，丢人啊！于是，老樊就拿出自己的地二顷，说给你们吧，别给我出去丢丑败坏，赶紧给我撤诉！

这件事情，受到县中广大干部群众的一致赞美，之后，他被推为三老。

由此，我们可以看出，樊家是非常注重家庭教育的。在樊家，从上到下，都重礼节，从内到外，都重亲善。这样的家庭氛围，实在是需要我们当今的人效仿和学习的。家庭教育，就是要从上到下营造一种良好的氛围。而樊家，做到了。

樊重还做过一件令后人津津乐道的事情，也是事关家教，那件事给他的孩子们也上了很好的教育课。什么事啊？老樊家不是有钱吗，而他又乐善好施，平时向他打欠条借款的人很多，算一算的话，借出去的钱累计有数百万。这可是一个不小的数字啊。可是，当樊重临终的时候，立下了遗嘱，烧掉那些文契，也就是现在我们所说的借条。那么，樊重为什么在临终的时候烧掉那些借条呢？这就是思想品德的高尚与可贵了。大家都不容易啊，有的家庭很困难，情非得已才借几块钱应急，而自己家不缺那俩钱，全算没有这回事，我没有借给你，你也没有来借，烧掉欠条，两不相欠，一了百了吧。

那些借债的人家听说了，都感到很惭愧，于是，就都争着向他家还债。樊重的孩子们谨遵父命，坚决不肯接收。没有欠条嘛！你们就不用还了！此举不但教育了自家子女，也给周围的人以很深的触动。其教化作用由此可见一斑。

樊宏就是在这样的家庭氛围里长大的。这个樊宏少有志行。

王莽末年，义兵兴起，刘伯升与族兄刘赐都率兵攻湖阳，没有攻下。

湖阳军因此逮捕了樊宏的妻子。为什么要逮捕他的妻子呢？因为刘赐的妹妹是樊宏的妻子。湖阳军帅说，那行，我把你刘赐的妹妹也就是樊宏的老婆给杀了算了，谁让你们起兵打我呢。这时候，大家纷纷说："樊重父子，礼义恩德行于乡里，虽有罪，且待以后再说。"恰好汉兵日盛，湖阳军惶恐着急，不敢杀樊妻，于是得以脱离危险。这说明了什么呢？恰好说明良好的家风，是可以免除杀身大祸的。因为，群众的心里有一杆秤嘛。

更始立，想以樊宏为将，更始也知道樊宏的名望啊。可是，樊宏叩头推辞说：书生不懂兵事。我做不了啊。于是，更始就没有勉强。樊宏擦了擦额头的冷汗，就赶紧回去与宗家亲戚做营垒自守，由于家族的声望，老弱跟随者达到了千余家。

当时赤眉贼到处烧杀抢掠，残杀百姓，并且，他们还想前去攻打樊宏的营，樊宏遣人带着牛酒米谷，送给赤眉，进行公关。赤眉长老之前就听说樊宏仁厚，都说："樊君素来和善，而且现在这样优待我们，何必攻他呢。"于是引兵而去，樊宏得免于难。又是因为其德望，拯救了千余家人的性命。

世祖即位，拜樊宏为光禄大夫，位特进，仅次三公。

建武五年（29），封为长罗侯。十三年（37），封其弟樊丹为射阳侯，兄子寻为玄乡侯，族兄樊忠为更父侯。十五年（39），定封樊宏为寿张侯。

十八年（42），光武帝刘秀南巡路过湖阳，就前去祭祀樊重的墓，追谥樊重为寿张敬侯，立庙于湖阳。此后，光武帝每次南巡，一定会去祭祀一回，并且还举行赏赐大会。其实，刘秀去祭祀的，不仅仅是樊重这个人，更多的，还是对一种高尚品德的敬重。樊重的儿子，当然也继承了他的优良传统，具有很高的操守与品德。樊宏为人谦柔，小心谨慎，不求侥幸。他像他的父亲一样，也非常重视家庭教育，注重对自己子女的言传身教。樊宏经常诫其子说：

"富贵过了头，没有能得到善终的。我不是不喜荣耀和权势，但天道厌恶盈满而好谦，前世贵戚的下场都是明诫哩。保身全己，岂不快乐吗？"樊宏的谦柔谨慎，还表现在每当朝会的时候，他总是先到，俯伏在宫殿静待，到了时间才起来。刘秀听说了这件事情，很有感慨，那是他舅舅啊，于是，就经常告诉驾车的，别那么早拉他来，那样不合适嘛。另外，他的谦虚谨慎还表现在给皇帝写奏章上。对国家有利应办的奏章及讨论利害得失的发言，他经常亲手书写，打草稿，最后誊抄，还把草稿销毁。

他的言传身教，为宗族立下了榜样，其宗族受其教化，没有做出违法乱纪行为的。光武帝很敬重他。樊宏得了病，光武帝亲自前去看视，并且还留宿在那里。光武帝刘秀问他的这个舅舅，说您还有何话要说啊？

樊宏顿首自说："我无功享食大国，诚恐子孙不能保全厚恩，使我的魂神惭愧于九泉之下，愿还寿张，食小乡亭。"帝悲其言，而不准所请。

樊宏于建武二十七年（51）去世。他留下遗命，说一定要薄葬，一无所用，只用棺柩埋葬，不宜厚殓，如有腐败，伤孝子之心，使与夫人同坟异藏。

帝赞美其遗嘱，以书示百官，说："今如果不顺寿张侯意，无以表彰其德行。而且我死以后，也要以此为模式。"

这就是重视家教的结果。

光武帝刘秀作为樊宏的外甥，也是受其教化影响的。由此我们可以看出，家庭环境的优与劣，是影响孩子发展的。俗话说，上梁不正下梁歪，说的是家教失败的结果。有其父必有其子，说的也是家庭教育对孩子的影响。所以，我们现代人也一定要重视家庭教育。其实，家庭教育，并不是家长对孩子单方面的灌输思想，还要做到以身作则，言传身教。如樊重烧掉借条对子女的教化，如樊宏要辞去高官以避免子女富贵过了头。

与前面的几位名臣自己功高劳苦，可后代犯法触律相比，樊宏是成功的。他不但自己名望很高，也很好地教育了子女。这就是东汉时期著名的樊宏，一位注重家教的名士。

卷三十三　朱浮传

急性子朱浮

【原文】

宠既积怨，闻之，遂大怒，而举兵攻浮。浮以书质责之曰：

盖闻知者顺时而谋，愚者逆理而动，常窃悲京城太叔以不知足而无贤辅，卒自弃于郑也。

伯通以名字典郡，有佐命之功，临人亲职，爱惜仓库，而浮秉征伐之任，欲权时救急，二者皆为国耳。即疑浮相谮，何不诣阙自陈，而为族灭之计乎？朝廷之于伯通，恩亦厚矣，委以大郡，任以威武，事有柱石之寄，情同子孙之亲。匹夫媵母尚能致命一餐，岂有身带三绶，职典大邦，而不顾恩义，生心外畔者乎！伯通与吏人语，何以为颜？行步拜起，何以为容？坐卧念之，何以为心？引镜窥影，何施眉目？举措建功，何以为人？惜乎弃休令之嘉名，造枭鸱之逆谋，捐传世之庆祚，招破败之重灾，高论尧、舜之道，不忍桀、纣之性，生为世笑，死为愚鬼，不亦哀乎！

伯通与耿侠游俱起佐命，同被国恩。侠游廉让，屡有降挹之言；而伯通自伐，以为功高天下。往时辽东有豕，生子白头，异而献之，行至河东，见群豕皆白，怀惭而还。若以子之功论于朝廷，则为辽东豕也。今乃愚妄，自比六国。六国之时，其势各盛，廓土数千里，胜兵将百万，故能据国相持，多历年世。今天下几里，列郡几城，奈何以区区渔阳而结怨天子？此犹河滨之人捧土以塞孟津，多见其不知量也！

方今天下适定，海内愿安，士无贤不肖，皆乐立名于世。而伯通独中风狂走，自捐盛时，内听骄妇之失计，外信谗邪之诔言，长为群后恶法，永为功臣鉴戒，岂不误哉！定海内者无私雠，勿以前事自误，愿留意顾老母幼弟。凡举事无为亲厚者所痛，而为见雠者所快。

彭宠既积怨在心，闻之大怒，举兵攻朱浮。

朱浮以书信责备他说：

我听说智者顺时而谋，愚者逆理而动，常私下悲京城太叔以不知足而无贤人辅佐，结果是自弃于郑。伯通以名字显著而主持郡政，有佐命之功，临人亲职，爱惜仓库，而我秉征伐之任，想审时救急，二者都是为国家哩。既怀疑我诬告了你，何不到京师自陈，而为此族灭之计呢？朝廷对你伯通，恩德也是很厚的了，委你以大郡，赐号大将军，事有柱石之寄，情同子孙之亲。匹夫滕妾尚能舍己以报一餐之恩，岂有身带三绶，职典大邦，而不顾恩义，生心外叛的呢？伯通与官吏们讲话，有何面目呢？行步拜起，何以自容呢？坐卧想想，何以为心呢？拿镜子自己照照，置眉目于何处呢？举措建功，何以为人呢？可惜你弃美令的嘉名，造鸱枭食母之逆谋，抛弃传给后代的福祚，招来破败的重灾，高谈尧舜之道，不弃桀纣之性，生为世笑，死为愚鬼，不是很悲哀嘛！伯通与耿况都起来佐命汉室，同受国恩。耿况谦让，屡有降损之言；而伯通自夸其能，以为功高天下。以前辽东有猪，生了一头白猪，猪主人异而献之，行到河东，见到所有的猪都是白的，就惭愧而还。若把你的功劳拿到朝廷去讨论，那么只是辽东猪了。今却愚妄，自比六国。六国之时，其势各盛，国土数千里，雄兵百万，所以能据国相持，经历许多年世。今天下有多大，列郡有多少城？你怎么能以区区渔阳而结怨天子？这正如河滨之人捧土以塞孟津，是多么不自量力啊！方今天下刚定，海内希望安宁，士无论贤或不肖，都乐意立名于世。而伯通独中风狂走，自弃盛世，内听骄妇之失计，外信谗邪之谀言，长为群后恶法，永为功臣鉴戒，岂不是错误？定天下者不计私仇，希勿以前事自误，愿留意照顾老母幼弟，凡举事不要为亲者所痛，而为仇者所快。

从上面的选文，我们看到朱浮这个人，是很有文采的。他骂人都不带个脏字的。怎么说呢？我们来看一看。朱浮骂彭宠，不直接骂，而是引用一个例子，引申开去，最后就相当于说彭宠是一头猪。他是这么比喻的，说以前辽东有猪，生了一头白猪，猪主人觉得很奇怪，很稀罕啊，因而献之，行到河东的时候，见到那里所有的猪都是白的，就觉得很惭愧，也很泄气，于是弄了个大红脸回去了。若把你彭宠的功劳拿到朝廷去讨论，那么只是辽东猪了。你看看，这样的比喻，是不是非常的恰如其分啊？还有，他骂人时用的那排比句，也是气势恢宏，来势汹汹——伯通与官吏们讲话，有何面目呢？行步拜起，何以自容呢？坐卧想想，何以为心呢？拿镜子自己照照，置眉目于何处呢？举措建功，何以为人呢？这么有文采的朱浮，为什么要骂彭宠啊？当时，朱浮和渔阳太守彭宠素有积怨，后来进一步激化。朱浮这个人呢，性情矜持急躁，自视甚高，他对彭宠很为不满。他曾经以严厉的文字诋毁彭宠；彭宠也很要强，兼负其功，各不相让，结果两个人的关系就紧张起来，嫌怨越积越深。后来，朱浮密奏彭宠遣吏迎妻而不迎其母，又接受贿赂，杀害友人，多聚兵谷，其心叵测。这个密奏，说得彭宠体无完肤。本来那个彭宠就跟他结了梁子，积怨在心，听说朱浮跟皇上说了自己那么多的坏话，大怒，所以就举兵攻打朱浮，给他点颜色看看。就在这样的情况下，朱浮给攻城的彭宠写了上面的那封信，结果，那彭宠更加愤怒，加大力度猛烈攻击。

那么，这个朱浮到底是一个怎样的人啊？

朱浮字叔元，沛国萧（今安徽萧县）人。约自汉哀帝建平初年，至后汉明帝永平中年间在世。初从世祖为大司马主簿，迁偏将军。从破邯郸后，乃为大将军幽州牧守苏城，后为大司空。

他是一员武将，同时又兼有文才。他写文章，下笔如行云流水，文采斐然，论理立意，引经据典，警语时出。他的《为幽州牧致彭宠书》，也就是上面引用的那段文字，言辞犀利，脍炙人口。其中"凡举事无为亲厚者所痛，而为见仇者所快"一句，颇为后人传诵。朱浮重视人才。在做幽州牧时，广揽州中名流，就是在王莽政权中做过官的，也在延揽之列，并从各县调集粮食，供养他们的妻子儿女。

总体看来，他别的地方都好，就是有一条，性情矜持急躁，自视甚高，结果就和彭宠干起来了。后来，那个涿郡太守张丰也举兵反叛。当时，朱浮心想，现在二郡叛逆，北州忧惧，天子必自率兵征讨。可是，朝廷只派了游击将军邓隆暗中帮助朱浮。这样一来，朱浮害怕了。他就赶紧上书光武帝。那信写得也是极具文采啊，他说："今彭宠反叛，张丰逆节，以为陛下必弃捐他事，及时讨灭他们。然隔了这么久，寂寞无音。纵敌人围城而不救，放逆虏而不讨，我实在困惑不解。昔高祖圣武，天下既定，还亲自征伐，没有宁息安居。陛下虽兴大业，海内未集，而独逸豫，不顾北陲，百姓遑遑，无所系心，三河、冀州，怎可传于后世呢！今秋稼已熟，又被渔阳所掠。张丰狂悖，奸党日增，连年拒守，吏士疲劳，甲胄生了虮虱，弓弩不能放下，上下焦心，相望救护，仰希陛下救生之恩。"

光武帝怎么说的呢，他下诏："往年赤眉暴虐长安，我料他无谷必东向，后果东来归降。今料此反虏，势不能久全，贼内部必有人斩贼首。今军资未充，所以要等到麦收以后。"那意思是不来救他。朱浮可就吃了苦头喽，城中粮食吃完后，发生过人吃人的事情。好不容易到了最后，朱浮才脱身。刘秀为什么不发兵救他呢？其实，事情很明显，事情是朱浮引起的，那是他和彭宠个人之间的恩怨，在朝廷看来，那是属于内部矛盾，你们自己解决去吧。而尚书令侯霸上奏说朱浮败乱幽州，才构成彭宠之罪，军师徒劳，不能死节，罪当伏诛。意思是彭宠举兵反叛都是因为朱浮引起的，按理说，应该把朱浮给杀了才对。可是，刘秀不忍心啊，就没有杀他，降为执金吾，掌管京师治安。

朱浮年少时就很有才能，很想振奋风化之迹。果然在后来，朱浮给光武帝提过很多很有见地的合理化建议。

有一段时间，光武帝看着一些官员不能胜任，就以一些很微小的过错为由，免掉他们的官职，进行频繁的人事任免和调动。由于变换频繁，百姓也得不到安宁。朱浮就打算给光武帝改改这个毛病。他也挺聪明的，没有直说，而是在建武六年（30）以出现了日蚀之异为噱头，引申开来，对皇帝进行了"说教"。他说：

"臣闻日是众阳之所宗，君上之位。凡居官治民，据郡典县，都为阳为上，为尊为长。如果阳上不明，尊长不足，则干犯日月星辰，以垂示王者。五典记国家之政，《鸿范》别灾异之文，都是宣明天道，以征验后来的。陛下哀悯海内新遭祸毒，保育生人，使得休养生息。而今牧人之吏，多未称职，少违理实，动遭斥罢，岂不是粲然黑白分明吗？然而以尧舜的盛世，还加三考，大汉之兴，也累积功效，官吏积久，养老于官，以至子孙相因，以官名为氏姓。当时吏职，何能悉理？议论之徒，岂不喧哗？我以为天地之功不可仓促而就，艰难之业当累日才能有成。而近来守宰数见换易，迎新相代，疲劳奔波于道路。由于视事经验不足，未足昭著其职，既加严格切责，人不能自保，各相顾望，不可自安。有司或因睚眦小怨以报私恨，苟求其短，求媚上意。二千石及长吏迫于举劾，惧于讥刺，所以争着弄虚作假，以求取虚名。这都是群阳骚动，日月失行的应验。物暴长者必夭折，功猝成者必疽坏，如摧长久之业，而造速成之功，这不是陛下的福哩。天下不是一时之用，海内不是一旦之功。愿陛下注意长远之计，望化于一代之后。天下幸甚。"

光武帝看了之后，就将其奏章交到下面讨论，群臣多同意朱浮的意见，自此牧守的调动就减少了。

按旧制，州牧奏二千石长吏不任其位者，都应先下给三公，由三公派遣掾史加以案验，然后降职或罢退。帝当时为便于明察，不复委任三府，而权归州牧之吏。朱浮复上书道："我见陛下恨以前上威不行，下专国命，即位以来，不用旧典，信任州牧之官，废除三公之职，以致只要有人弹劾二千石之大吏，就加以免退，覆案不由三府，罪谴不经澄察。陛下以使者为腹心，而使者以从事为耳目，这本是尚书平决之责任，却决于百石之吏，所以群下苛刻，各自为能。加以私情容长，憎爱各由在职者所左右，都竞张空虚，以谋一时之利，所以有罪者心不折服，而无罪者反被空文所牵累，这种做法不可以经盛衰，贻于后世。"

建武七年（31），已经转为太仆的朱浮以国学既兴宜广开博士之选，谏止刘秀在洛阳一地选博士的做法。那时候，刘秀设定了博士招考的范围，只要京城的，相当于现在北京有的单位招聘高级人才，结果只要北京户口的。你想，这样的小范围框定，能找到多少优秀人才？这个范围之外的优秀人才就被框定在外了，不能出力，不能发挥作用，实在是可惜了。朱浮说："我听说诏书上说只招考五个人，而只取现在洛阳城里的人。求才的范围过小，人才包罗未尽，而四方的学者，也没有奔头了。"刘秀采纳了他的意见，又把招考范围放宽到了全国，无论学历高低，不管户籍所在，甚至像今天一样，连农民工也可以报考了。这都是朱浮的功劳啊。

建武二十年（44），朱浮代窦融为大司空。两年后，以卖弄国恩被免职。又三年后，徙封新息侯。光武帝以朱浮常欺蔑同列官员，每恨他，但爱惜其功劳才能，不忍加罪。但是，聪明的朱浮还不知道危险的存在啊。到了永平年间，有人没有证据地告朱浮，显宗大怒，赐朱浮死罪。其实，朱浮的结局，是一个必然，这个必然，从他的人生轨迹中就可以看得出来。但是，朱浮死得可惜啊。这么有才情的一个人，对国家来说，是需要的。长水校尉樊砳向帝说："唐尧大圣，天下人都得其所，还优柔四凶之狱，厌服海内之心，使天下人知道，然后施以极刑。朱浮事虽昭明，而人们并不知道，宜由廷尉，彰著其事。"皇上也觉得很后悔。可是，后悔也没有用了，朱浮已然故去。好在，朱浮死后入乡贤祠受百代敬仰，其后人世代在萧县繁衍，他的儿子朱永为下邳太守，第六世孙朱尚为后汉吏部尚书，其后人朱敬则是唐中宗的宰相，到了南宋，部分朱氏家族移居婺源，出生在那里的明代理学家朱熹，便是朱浮的后裔。

卷三十四　梁统传

皇帝的顾问

【原文】

统复上言曰："有司以臣今所言，不可施行。寻臣之所奏，非曰严刑。窃谓高帝以后，至乎孝宣，其所施行，多合经传，宜比方今事，验之往古，聿遵前典，事无难改，不胜至愿。愿得召见，若对尚书近臣，口陈其要。"

帝令尚书问状，统对曰：

闻圣帝明王，制立刑罚，故虽尧、舜之盛，犹诛四凶。经曰："天讨有罪，五刑五庸哉。"又曰："爰制百姓于刑之衷。"孔子曰："刑罚不衷，则人无所厝手足。"衷之为言，不轻不重之谓也。《春秋》之诛，不避亲戚，所以防患救乱，全安众庶，岂无仁爱之恩？贵绝残贼之路也？

自高祖之兴，至于孝宣，君明臣忠，谟谋深博，犹因循旧章，不轻改革，海内称理，断狱益少。至初元、建平，所减刑罚百有余条，而盗贼浸多，岁以万数。间者三辅从横，群辈并起，至燔烧茂陵，火见未央。其后陇西、北地、西河之贼，越州度郡，万里交结，攻取库兵，劫略吏人，诏书讨捕，连年不获。是时以天下无难，百姓安平，而狂狡之势，犹至于此，皆刑罚不衷，愚人易犯之所致也。

由此观之，则刑轻之作，反生大患；惠加奸轨，而害及良善也。故臣统愿陛下采择贤臣孔光、师丹等议。

【译文】

梁统又上书道："官吏们认为我所说的，不可实行。回想臣之所奏，不能叫作严刑。我是说汉高帝以后，到孝宣帝，他们所施行的，多合经传。今天应针对实际，参验过去，遵照旧典，改也不难。这是我最大的愿望。希望得到召见，如果面对尚书近臣，口述要点也行。"

皇帝命令尚书问明情况，梁统答道："听说圣帝明王，制立刑罚，所以即使尧舜的盛世，也杀了四凶。《尚书》上说：'上天讨伐有罪之人，五种刑罚有五种用处。'又说：'士制百姓于刑之中。'孔子说：'刑罚不恰当，那么老百姓手足不知放在何处。'其中的意思，就是不轻不重。《春秋》提倡大义灭亲，不回避亲戚，为的是防患救乱，安定百姓，难道没有仁爱之恩吗？主要是杜绝残贼的道路哩！自从高祖兴起，到达孝宣帝，君明臣忠，谋略深广，还遵守旧章，不随便改革，海内称为治理，断案更少。到了初元、建平年代，所减刑罚百多条，而盗贼反而增多，每年以万数计。近来京都附近，群盗并起，甚至烧毁茂陵，未央宫也见火了。后来陇西、北地、西河的盗贼，越过州郡，万里勾结，攻占仓库，劫掠官吏百姓，诏书下令讨捕，连年收获不大。天下太平，百姓安定之时盗贼竟猖狂如此，都是刑罚不恰当，愚人随意犯法造成的。这样看来，减轻刑罚，反生大患；坏人得到好处，善良的人遭殃，所以臣下希望陛下采择贤臣孔光、师丹等人的意见。"

【评点】

梁统字仲宁，安定乌氏人。他的祖先是晋国大夫梁益耳。梁统的祖父叫子都，从河东迁居北地，子都的儿子梁桥，也就是梁统的老爸，凭着千万家产迁居茂陵，到哀帝、平帝末年，回到安定。这么看来，梁统出身名门，并且家里很有钱。

梁统这个人，最大的性格特点是什么呢？就是刚毅，并且还很喜好法律。到了后期，他被封为太中大夫，也就是皇帝的顾问。他为皇上提过很多很好的建议。顾问嘛，就是需要有好的点子，好的建议。

咱们先来梳理一下梁统这个人的人生轨迹。

王莽篡权时，也就是在公元 8 年至 23 年，梁统任地方小官，并无名气，也就相当于一个乡镇干部吧。淮阳王刘玄打倒新莽政权，恢复汉室，在长安也就是今天陕西的西安即了位。梁统就去归顺他。

后来，赤眉农民军攻打长安，就把更始政权给砸了个稀巴烂，更始政权也就是刘玄的王朝。局势很混乱，梁统从刘玄那里可就下了岗了，并且还担着很大的风险。为什么啊？他归顺了刘玄，就算是刘玄的人啊，人家赤眉农民军收拾刘玄，他作为刘玄的人也脱不了干系。那可怎么办？梁统就与一批山西地方有实权的太守共同举兵宣布"保境"。保境是什么意思呢？实际上就是割据一方，大家团结起来保一方平安，像是一个联盟。既然联盟，那么，就需要选出一个老大来啊。于是，大家公推梁统做大将军，梁统坚决不干。梁统很谦虚啊。他推辞道："从前陈婴不肯做王，因为老母在世。现在我内有尊亲，又德薄能少，的确不能胜任。"

于是，大家只能推选窦融做河西大将军，也就是联盟的老大，而让梁统做武威太守，算是一个二把金交椅吧。

刘秀的东汉政权建立以后，河西各郡地方长官看了看局势，觉得得向刘秀靠拢啊，这叫识时务者为俊杰嘛。于是，他们就推派最富影响力的代表——梁统，去京城洛阳上贡，表示拥护光武帝。从这里，我们也可以看出来，梁统在西部地区混得不错啊，挺有人缘，人脉很旺。一是有才能，二是谦恭，德高望重，所以，才被推派嘛。

梁统见到光武之后，事情挺顺利的。刘秀对河西地方官的归顺进行了表彰，梁统被加封为宣德将军。不久，在西北的各地叛乱中，梁统除灭叛乱，为汉室立了大功，被封为成义侯，之后，他仍然回任河西官员。建武十二年（36），梁统被调到京城，凭列侯身份到朝廷，改封高山侯，任太中大夫，相当于皇帝的顾问，参与朝廷最高决策层的工作，梁统成为刘秀政权中的重要一员。梁家此时的实力也已经是今非昔比。

梁统在朝廷，多次上奏对国家有利的事。

他认为法令太轻，坏人就会增多，应该加重刑罚，遵照旧典办事。

于是上书道："臣下见过元、哀二帝轻判特殊的刑罚，处理一百二十三件事，亲手杀人的减死刑一等，从此以后，立下了标准，所以人们轻易犯法，官吏随便杀人。臣下听说立君的道理，以仁义为主，仁者才能爱护人民，义者政治才能得到治理，爱人民就应除去残暴，整理政治就应除去叛乱。刑罚在于适中，不能太轻，因此五帝有流、殛、放、杀等办法，三王有大辟、刻肌肤等做法。孔子说：'仁者必有勇。'又说，'理财正辞，禁民为非曰义。'汉高帝受天命诛暴秦，平定天下，约法三章，的确十分恰当。汉文帝主张宽惠，以柔克刚，处在太平之世，除省肉刑、相坐之法，别的都依旧章办事。汉武帝时正是中国强盛之时，财力有余，征伐远方，调兵多次，一些豪杰违犯禁令，奸吏钻法律的空子，所以对首犯及窝藏犯极其重视，对胁从者也应法办，用来破除朋党，惩罚隐匿不报之人。汉宣帝聪明正直，统治天下，臣下按法办事，没有错误，照先典办事，天下得到治理。到了哀帝、平帝继位，时间不长，办案不多，丞相王嘉随便改动先帝的旧法，几年之内，出了百多件事，有的不近情理，有的不能满足民心。现在我把一些对政体有害的地方陈述在左边。臣想到陛下品德高尚，权宜时势，拨乱反正，功劳超过文王武王，品德与高皇帝相通，不应按照末代衰微的轨迹行事，应该明察利害，考量得失，责成官吏，择善而从，定出不变的典章，作为后代的法则，那么天下就太幸运了。"

梁统的建议提报上去之后，皇帝就召开会议进行研究讨论，结果到了三公、廷尉那里，大家认为严酷的刑罚不好，以前的旧法施行了那么多年了，你说改就能改？这可不是一个早晨改得好的。你梁大顾问的建议，涉及很多深刻的层面，不好推行啊。所以，专题会议研究的结果就是，梁统所提，不宜采纳。

梁统一看，不死心，就又上书。前面我们摘录的那段文字，就是梁统再次上书的内容。他旁征博引，引经据典，分析得很深刻，很好很强大，可是，结果是什么呢？奏议送上去之后，又被压下未报。刘秀王朝的办公室工作人员就是牛啊。如果是现在，那么发达的通信设备，梁统能够直接和刘秀皇帝连线的话，他将是一个更加称职的皇帝顾问。

当然，即便是这样，我们也不难看出，梁统已经是一个称职的顾问了。顾问嘛，就是要提建议，出点子。虽然受到重重阻力，可是人家梁顾问还是兢兢业业、尽职尽责的。我们想一下咱们自己，如果跟领导提出一个什么合理化建议，结果遭到别人非议，受到排挤和否定，那么，咱们会不会一而再再而三地提？我想不会。很多人都会有这样的想法：我的主意，就说一遍，你爱听不听。反正我提了。我可不傻，再坚持己见，是会为自己树敌的。于是，就浅尝辄止地结束。其实，这样的态度是一种不敢担当、不肯尽责的表现。人家梁统在顾问的工作岗位上的担当精神，负责任的态度，是值得我们学习的。后来梁统又出任九江太守，定封为陵乡侯。我们约略可以感觉到，这个梁顾问，还是因为太"顾问"了，结果被降职了。这是他在顾问岗位上坚持尽职尽责的代价。

另外，他在西部地区以谦恭谨慎而树立起极高的威望，积聚了超强人脉，也给了我们很多启发。

梁统在郡上也有治理的功绩，官吏百姓都畏爱他。直到去世，他都兢兢业业地坚持在自己的工作岗位上。

卷三十五　张纯传

有种品德叫敦厚

【原文】

　　纯以宗庙未定，昭穆失序，十九年，用与太仆朱浮共奏言："陛下兴于匹庶，荡涤天下，诛钮暴乱，兴继祖宗。窃以经义所纪，人事众心，虽实同创革，而名为中兴，宜奉先帝，恭承祭祀者也。元帝以来，宗庙奉祠高皇帝为受命祖，孝文皇帝为太宗，孝武皇帝为世宗，皆如旧制。又立亲庙四世，推南顿君以上尽于春陵节侯。礼，为人后者则为之子，既事大宗，则降其私亲。今禘祫高庙，陈序昭穆，而春陵四世，君臣并列，以卑厕尊，不合礼意，设不遭王莽，而国嗣无寄，推求宗室，以陛下继统者，安得复顾私亲，违礼制乎？昔高帝以自受命，不由太上，宣帝以孙后祖，不敢私亲，故为父立庙，独群臣侍祠。臣愚谓宜除今亲庙，以则二帝旧典，愿下有司博采其议。"诏下公卿，大司徒戴涉、大司空窦融议："宜以宣、元、成、哀、平五帝四世今亲庙，宣、元皇帝尊为祖、父，可亲奉祠，成帝以下，有司行事，别为南顿君立皇考庙。其祭上至春陵节侯，群臣奉祠，以明尊尊之敬，亲亲之恩。"帝从之。是时宗庙未备，自元帝以上，祭于洛阳高庙，成帝以下，祠于长安高庙，其南顿四世，随所在而祭焉。

【译文】

　　张纯认为宗庙未定，昭穆的次序紊乱，建武十九年（43），便与太仆朱浮一同上奏道："陛下从百姓中兴起，平定天下，扫除暴乱，兴继祖宗的基业，臣下认为经义所载，人事众心，虽然实际等于创造革新，而名义上叫中兴，应该奉祀先帝，恭承祭祀大典。元帝以来，宗庙奉祀高皇帝为受命之祖，孝文皇帝为太宗，孝武皇帝为世宗，都照旧制办事。又立亲庙四世，推南顿君（光武之父）以上到舂陵节侯为止。按《礼记》所载，为人后者就算是他的儿子，既然侍奉元帝为大宗，就应降其私亲。现在禘袷祭行于高庙，陈列左昭右穆，而舂陵四世，君臣并列，卑位混在尊位，不合礼仪。如果不遭王莽篡位，而国家嗣续无所寄托，推求宗室，用陛下继承先统，怎能又照顾私亲，违背礼制呢？从前高皇帝认为自己受命于天，不由太上，宣帝以孙立在祖后，不敢私亲，所以替父立庙，独群臣侍祠。臣的愚见认为该废除现在的亲庙，模仿二帝的旧典，希望下诏有司广泛听取意见。"

诏书下到公卿，大司徒戴涉、大司空窦融奏议道："应以宣帝、元帝、成帝、哀帝、平帝五帝四世代替今之宗庙，宣帝、元帝尊为祖、父，可亲奉祠，成帝以下，有司行事，另为南顿君立皇考庙。它的祭祀上至舂陵节侯，群臣奉祠，以表明尊其所尊的敬意，亲其所亲的恩德。"皇帝听从了。

这时宗庙不完备，从元帝以上，祭于洛阳高庙，成帝以下，祠于长安高庙，南顿君四世，随所在之处而祭祀。

【评点】

在无以计数的历史人物形象中，东汉时期的张纯以敦厚谨慎著称。

张纯字伯仁，是京兆杜陵人。高祖父张安世在宣帝时做大司马卫将军，封为富平侯。而他的老爸张放，做过成帝的侍中。张纯少时承袭父亲的爵位，哀帝、平帝时做侍中，王莽时做到列卿。其实，王莽篡权夺位之后，那些汉朝的大臣，多数失去了原来的官职和爵位，更朝换代嘛，就是要换得彻底一点，这样才干净利索，以绝后患。这也是历代王朝更换时都喜欢做的事情。可是，只有张纯没有被王莽给赶走，还得以保全以前的封号。这是为什么呢？就是因为张纯这个人是有了名的敦厚谨慎，遵守法制。

张纯是个老实人，任劳任怨，遵纪守法，诚实可信。这样的人，走到哪个单位都是大受欢迎的。由此可见，人敦厚谨慎了，还是有好处的。

张纯不但因为自己的敦厚品性保住了在王莽集团的地位，就是在后来的刘秀集团里，也因为自己的敦厚品性和遵纪守法而大为受益。

什么事啊？

建武初年（25），先到朝廷，所以得致复国。五年（29），拜为太中大夫。朝廷派他统率颍川突骑安集荆州、徐州、杨部，督促转运，监督诸将营。后来，张纯又带兵屯田在南阳，升为五官中郎将。这时候，事情就来了。

有官吏上奏皇上，说列侯不是刘姓宗室不应复国。那人的思想，其实就是想要刘秀搞家族企业。外姓人，怎么可以重用并给予那么高的待遇呢?

光武帝说:"张纯提任宿卫十多年，不能废止，改封为武始侯，俸禄取富平县的一半。"一是因为光武知道张纯的为人，敦厚嘛。二是光武帝也知道，张纯在朝时间久，对旧事很熟悉。王莽这个不安定分子搞掉了西汉王朝，把大汉王朝给断了代，建武初年，西汉的那些旧章程有很多残缺，一些事情续不上了。于是，每有疑义，他就去问张纯。郊庙祭祀、婚、冠、丧礼等仪节，多由张纯正定。说白了，张纯就是一个前朝旧制的延续者。所以，刘秀皇帝就格外重视张纯，用张纯兼任虎贲中郎将。张纯多次被引见，就像现在集团的董事长，有事要咨询了，拿起电话，说，亲，你来一趟。结果，张纯就赶紧去他办公室。最多的时候，刘秀要请张纯去四次。由此可见，张纯在刘秀的心目中是怎样的地位。

张纯还有一个特点，就是谦恭谨慎，沉着稳重，不争功，不冒进。

张纯认为当时宗庙未定，昭穆的次序紊乱，十九年(43)，便与太仆朱浮一同上奏道:"依臣的愚见，该废除现在的亲庙，模仿二帝的旧典，希望下诏有司广泛听取意见。"

诏书下到公卿那里，要大家传阅讨论，大司徒戴涉、大司空窦融奏议道:"应以宣帝、元帝、成帝、哀帝、平帝五帝四世代替今之宗庙，宣帝、元帝尊为祖、父，可亲奉祠，成帝以下，有司行事，另为南顿君立皇考庙。它的祭祀上至春陵节侯，群臣奉祠，以表明尊其所尊的敬意，亲其所亲的恩德。"皇帝听从了。这时宗庙不完备，元帝以上，祭于洛阳高庙，成帝以下，祠于长安高庙，南顿君四世，随所在之处而祭祀。

第二年，张纯代替朱浮做太仆。二十三年(47)代替杜林做大司空。

张纯在位时，羡慕曹参继承萧何任宰相的事迹，对旧法无所变更。这是怎么回事啊?

曹参是汉朝的开国功臣，汉朝第一任宰相萧何死后，曹参对手下的人说:"赶快准备行装，我要上任当宰相!"没多久，朝廷使者果然来催曹参赴任。萧何和曹参是同乡，在还没有发迹时，萧曹的关系很好，亲如兄弟，但成为汉朝的将相后，两人之间产生了矛盾，平时甚少来往。不过萧何并没有因此而排挤曹参，反而在临死前向汉惠帝推荐曹参接替自己为宰相。

曹参上任后，"举事无所变更，一遵何约束。择郡国吏木讷于文辞、重厚长者，即召除为丞相史;吏之言文刻深、欲务声名者，辄斥去之。"汉朝的律令是汉高祖命令萧何主持制定的，曹参深知萧何制定的这些律令已经非常完善，对恢复经济、稳定社会有非常重要的作用，不容变更，所以在施政方面完全按照萧何制定的政策措施办事。如有人前来讨论政治，曹参"辄饮以醇酒，间欲有所言，复饮之，醉而后去，终莫得开说，以为常。见人有细过，专掩匿覆盖之，府中无事"。在用人方面，曹参专门选用那些言语不多、性格稳重、有长者风范的人担任丞相府官吏，对那些能言善辩之徒、舞文弄墨之辈加以排斥。曹参任宰相虽然只有短短三年，但成效显著，国家安宁稳定，人民安居乐业。

这就是张纯所羡慕的事迹。所以，张纯在位选拔掾史，都是知名的大儒。这也是他思想的本源。

到了公元49年，张纯主持把阳渠打通，引洛水为漕运，百姓得到了很多好处，交通便利了，经济繁荣了。

后来，张纯认为圣王之所以建学校，为的是提倡礼义，在富民的基础上进行教育。经济繁荣了，生活水平提高了，就要加大力度搞好教育。于是，他就按照七经谶、明堂图、河间《古辟雍记》、孝武太山明堂制度，和平帝有时商议，并想具体启奏。他的奏折还没有正式上奏的时候，恰逢博士桓荣上书建议立辟雍、明堂，奏章下达到三公、太常，而张纯的意见正与桓荣相同，皇帝就同意了。如果搁在现在，在这样的情况下，你会不会抢在头里，把那好的建议向领导进谏，去抢头功呢？张纯没有。这次没有，上一次提交关于废除现在的亲庙的议案时，他也是与太仆朱浮一同上奏的。不争功，不出风头，谦恭谨慎，加之敦厚，张纯给光武帝刘秀和众大臣留下了良好的印象。

卷三十六　郑兴传

不投其所好的郑兴

【原文】

更始立，以司直李松行丞相事，先入长安，松以兴为长史，令还奉迎迁都。更始诸将皆山东人，咸劝留洛阳。兴说更始曰："陛下起自荆楚，权政未施，一朝建号，而山西雄桀争诛王莽，开关郊迎者，何也？此天下同苦王氏虐政，而思高祖之旧德也。今久不抚之，臣恐百姓离心，盗贼复起矣。《春秋》书'齐小白入齐'，不称侯，未朝庙故也。今议者欲先定赤眉而后入关，是不识其本而争其末，恐国家之守转在函谷，虽卧洛阳，庸得安枕乎？"更始曰："朕西决矣。"拜兴为谏议大夫，使安集关西及朔方、凉、益三州，还拜凉州刺史。会天水有反者，攻杀郡守，兴坐免。

【译文】

更始即位，用司直李松代理丞相，先入长安，李松用郑兴做长史，派他回去接皇帝迁都。

更始的一些将领都是山东人，都劝驾留洛阳。

郑兴劝皇帝道："陛下从荆楚起兵，权政尚未施行，一朝建立国号，而山西雄桀争着杀王莽，打开关门在郊外迎接陛下，为的是什么呢？这是天下百姓被王莽的虐政害苦了，而思念汉高祖的旧德哩。现在久不安抚百姓，臣下恐怕百姓离心，盗贼又会兴起。《春秋》上写齐桓公即位为'齐小白入齐'，而不称齐侯，因为尚未朝庙祭祖的缘故。现在议论的人想先平定赤眉而后入关，是不知根本而争其末梢，恐怕国家的守卫转移在函谷关，即使睡在洛阳，难道安于枕席吗？"

更始帝说："我向西已下决心了。"

拜郑兴为谏议大夫，派他安集关西和朔方、凉州、益州，回来后拜为凉州刺史。

恰逢天水有反叛的，攻杀郡守。

郑兴因而免职。

【评点】

郑兴字少赣，是河南开封人。郑兴好古学，他年少的时候，就学习《公羊春秋》，晚年学《左氏传》，积累知识，深入思考，通达书中要旨，同学辈都以郑为师。尤其对《左氏》《周官》有研究，长于历算，从杜林、桓谭、卫宏等人，都斟酌取其旨意。世上谈《左氏》的多半以郑兴为祖。

天凤年间，从刘歆讲《左氏传》大义，刘歆赞美郑兴的才华，他觉得这个孩子特别聪慧，属于有天赋可以保送的那种类型。于是，就让郑兴撰写条例、章句、传诂，写了之后拿来一看，果然都挺好。刘歆因此让他校正自己撰写的《三统历》。

更始即位，用司直李松代理丞相，先入长安，李松用郑兴做长史，派他回去接皇帝迁都。更始的一些将领都是山东人，都劝驾留住洛阳。

郑兴劝更始皇帝，说："陛下从荆楚起兵，权政尚未施行，一朝建立国号，而山西雄桀争着杀王莽，打开关门在郊外迎接陛下，为的是什么呢？这是天下百姓被王莽的虐政害苦了，而思念汉高祖的旧德哩。现在久不安抚百姓，臣下恐怕百姓离心，盗贼又会兴起。《春秋》上写齐桓公即位为'齐小白入齐'，而不称齐侯，因为尚未朝庙祭祖的缘故。现在议论的人想先平定赤眉而后入关，是不知根本而争其末梢，恐怕国家的守卫转移在函谷关，即使睡在洛阳，难道安于枕席吗？"

更始帝说："我向西已下决心了。"拜郑兴为谏议大夫，派他安集关西和朔方、凉州、益州，回来后拜为凉州刺史。可是，好景不长，没过多久，恰逢天水有反叛的，攻杀郡守，郑兴因而免职。

当时赤眉入关，东边道路不通，郑兴就向西归附隗嚣。到了那里之后，郑兴发现那个隗嚣兄啊，很爱夸耀自己，常用周文王自比，还想与诸将商议自立为王。

郑兴听说了，就劝阻隗嚣，说："《春秋》传说：'口里不说忠信的话叫嚣，耳朵不听五声之和叫聋。'近来诸将集会，莫不是不说忠信的话吗，大将军听从了，莫不是缺乏详细的考察吗？从前周文王继承祖宗道德的余绪，加之本人的聪明才

330

智，三分天下有其二，尚且能服侍殷商，等到武王即位，八百诸侯不谋而会于孟津，都说'商纣可以讨伐了'。周武王认为天命尚不可知，于是还是等待天时。汉高祖征伐多年，还用沛公的名义行军。现在你的令德虽然鲜明，但没有周朝那样的福泽，威略虽很振兴，但没有汉高祖的功勋，而想举办不可办的事业，将加速引祸，恐怕不可以吧！希望将军仔细考虑一下。"隗嚣终于没有称王。

后来又想广泛设置官吏职位，用来提高自己的威望。

郑兴又阻止隗嚣，隗嚣感到为难也就停止了。

后来，光武帝刘秀见隗嚣三心二意地做观望状，就开始怀疑隗嚣归附大汉的诚心，打算弄个人质放在自己的身边。隗嚣就叫儿子隗恂入侍，将出发时，郑兴托隗恂请求回家安葬父母，隗嚣不听从而迁徙郑兴的房舍，增加其官秩与礼仪。

不让走啊。为什么？隗嚣怕郑兴趁机不回来了。

郑兴进见隗嚣，说，现在因为父母尚未埋葬，请求告老还乡，如果增加官秩搬迁房舍，中间又拖延不少时间，这是用父母做钓饵，太无礼了。将军怎么能这样？那意思是说，你这个同志，太不像话嘛！

隗嚣说："我就不配挽留老朋友吗？"

郑兴说："将军占有七郡的土地，拥有羌胡的百姓，来拥戴本朝，德没有再厚的，威没有再重的。在驻地就是专命的大使，进朝廷就是鼎立的大臣。我已替父母请求，不可这样中止，愿把妻子留下来，我独自归葬，将军又何必猜疑呢？"隗嚣说："这太好了。"于是催他赶办行装，叫他和妻子一道向东而去。

这是建武六年（30）的事。

侍御史杜林向刘秀推荐郑兴，说，我看到河南郑兴，坚守正义，喜好诗书，知识渊博，思想坚定，有公孙侨、观射父的德行，应该留在皇上的身边，掌握国家的机密。于是郑兴被刘秀征为太中大夫。

上岗之后，郑兴提了不少合理化建议。他曾经对光武帝刘秀说：古时尧帝知道鲧不可用而用了他，这是屈己之明，因人之心。齐桓公不计旧仇而用管仲，是不计私仇，择人处位的意思。希望陛下上以唐虞为师，下看齐、晋的做法，来成就屈己从众的美德，促成群臣让善的功劳。

书奏上之后，很多都被采纳。

可是，有一回，帝问郑兴郊祀的事，说："我想用谶言断定，怎么样？"郑兴答道："臣下不懂得谶。"皇上怒道："卿不为谶，你能说谶不对吗？"郑兴惶恐地说："臣对于谶书没有学过，而不是认为不对哩。"皇上的意思才缓解下来。

郑兴多次言政事，依经守义，文章温和儒雅，但因为他不会用谶所以不得重用。你看，郑兴就是因为不会讨好皇帝，不知道看风使舵，而是坚持自己，结果后来的许多建议，都没被采纳，也不再受到光武帝刘秀的重视。

后来，侍御史奏郑兴奉使私买奴婢，于是降职做莲勺令。郑兴离开莲勺以后，就不再做官。三公几次请他都不肯出来，最后就死在家中。

假设，郑兴懂得谶学，正合了光武帝刘秀的意，那该是另外一种人生。可是，如果是这样，那么这个郑兴，就不是历史上那个郑兴了。人贵于一直保持自己的本色。

卷三十七　桓荣传

大师在此

【原文】

二十八年，大会百官，诏问谁可傅太子者，群臣承望上意，皆言太子舅执金吾原鹿侯阴识可。博士张佚正色曰："今陛下立太子，为阴氏乎？为天下乎？即为阴氏，则阴侯可；为天下，则固宜用天下之贤才。"帝称善，曰："欲置傅者，以辅太子也。今博士不难正朕，况太子乎？"即拜佚为太子太傅，而以荣为少傅，赐以辎车、乘马。荣大会诸生，陈其车马、印绶，曰："今日所蒙，稽古之力也，可不勉哉！"荣以太子经学成毕，上书谢曰："臣幸得侍帷幄，执经连年，而智学浅短，无以补益万分。今皇太子以聪睿之姿，通明经义，观览古今，储君副主莫能专精博学若此者也。斯诚国家福佑，天下幸甚。臣师道已尽，皆在太子，谨使掾臣汜再拜归道。"太子报书曰："庄以童蒙，学道九载，而典训不明，无所晓识。夫《五经》广大，圣言幽远，非天下之至精，岂能与于此！况以不才，敢承诲命。昔之先师谢弟子者有矣，上则通达经旨，分明章句，下则去家慕乡，求谢师门。今蒙下列，不敢有辞，愿君慎疾加餐，重爱玉体。"

三十年，拜为太常。

【译文】

二十八年（52），朝中大会百官，皇上诏问谁可做太子的师傅？群臣体察上意，都说太子的舅父执金吾原鹿侯阴识可以。

博士张佚正色道："今陛下立太子，是为阴氏呢，还是为天下？如果为阴氏，那么阴侯可以；如为天下，就应用天下之贤才。"帝认为讲得好，说道："想设太傅，是为了辅佐太子。现在博士不以纠正我的失误为难事，何况对太子呢？"于是拜张佚为太子太傅，而以桓荣为少傅，赐以辎车、乘马。

桓荣大会诸生，陈列出车马、印绶道："今日蒙皇上所赐，这是稽考古书的好处，可不勉励吗？"桓荣认为太子经学已经完成，上书谢道："臣下有幸得在帷幄，讲经几年，可智学浅短，无以补益万分。现在皇太子凭着聪明的资质，通明经义，观览古今，没有哪位太子能像这样专精博学的。这真是国家的福佑，天下的幸运。臣师道已尽，其他皆在太子。谨使掾臣汜再拜回家。"太子复信道："庄以童蒙，学道九年，无所晓识。《五经》这么广大，圣言幽道，不是天下最聪明的人，岂能精通得了！何况不才如我，敢承教诲面命。从前先师辞去弟子的情况也有，上则通达经旨，弄明章句，下则去家慕乡，求谢师门。现在蒙受下列，不敢有辞，愿您养病加餐，重爱玉体。"

三十年（54）桓荣拜为太常。

【评点】

桓荣勤学不倦的故事，可以说家喻户晓。他是典型的庄户孩子，打小过着贫困的苦日子，是通过学习改变自身命运的典型代表。

桓荣少年时在长安，学习《欧阳尚书》，以九江朱普为师，家中贫困，常靠佣工养活自己，精力不倦，十五年没有回家探视，到王莽篡位时才回去。

当初桓荣遭遇非常事变，与同族的叫桓元卿的同处于饥渴困顿之中，但桓荣勤学不辍，元卿讥笑桓荣说："你只不过是白费气力罢了，什么时候能再用上啊！"桓荣笑着不回应他。等到他做了太常，元卿道："我就像农家人一样目光短浅，哪里料想到学习能有这样的好处啊！"这就是桓荣勤学不倦的故事，他每每被老师和家长提及，作为我们教育的范本和学习的榜样。从他的身上，我们首先学到的是他吃苦耐劳、勤于学习的优秀品德，也能学到他咬定青山不放松，对理想的追求不气馁不泄气的精神。因此，我们不得不深入了解一下这个被视为我们学习榜样的人。

桓荣（？—约59）字春卿。生于西汉成帝阳朔鸿嘉年间（约前24—前17）。谯国龙亢（今安徽省怀远县西龙亢镇北）人。东汉经学大师。

年轻的时候，他在长安勤工俭学，十五年不回家完成了学业。之后，恰逢老师朱普去世，桓荣就到九江去奔丧，自己负土替老师筑坟。随后，便留下来教学，徒众达到几百人。接着，王莽失败，天下大乱，桓荣抱着经书与学生一道逃入山谷之中，虽常饥饿但讲经论卷不止，后来又在江淮一带教学。

建武十九年（43），桓荣六十多岁了，才被授职大司徒府，真可谓大器晚成啊。

当时显宗刚被立为太子，选求明经，于是提升桓荣的学生豫章何汤做虎贲中郎将，用《尚书》教太子，可以说是太子的专职教师。这个何汤一讲课，汉武帝觉得不错，就问何汤，你的老师是谁呀？何汤答道："沛国桓荣。"皇帝一想，学生都这么厉害，那个桓荣岂不更加博学多才？于是，他就立即召桓荣，命令他讲解《尚书》。桓荣一讲，果然觉得很好。于是，便拜桓荣为议郎，赐钱十万，让他入宫教太子。光武帝还常叫桓荣在朝会上在公卿面前讲解经书。

皇帝称赞道："得到先生太晚了啊！"恰逢欧阳博士出缺，光武帝想任用桓荣当博士。桓荣一听，赶紧叩头辞让道："臣经术浅薄，不及同门生郎中彭闳、扬州从事皋弘。"帝说："去吧，你能胜任。"于是拜桓荣为博士，引荐彭闳、皋弘做议郎。

有一次，皇上驾车来到大学里，正好看到诸博士在那里讨论问题，桓荣穿着儒生衣服，温良恭敬，宽博有余，辩明经义，每以礼让服人，不用言辞胜人，不起高声争辩，不脸红脖子粗，众儒生谁也不及他，于是，皇上特加赏赐于他。

后来有一次，桓荣入会庭中，皇上诏赐给他们一些珍奇的水果，拿到珍奇水果的人都赶紧装入怀中，只有桓荣举手捧着果物，向皇帝拜谢。光武帝笑着指着他说："这人真正是儒生啊！"从此更受敬重，常叫他住宿在太子宫中。

桓荣年过八十，自以衰老，几次上书请求退休，实在不行，内退也行啊。可是都没有得到恩准，而是每次都多加赏赐，说：岗位上离不开啊，还望继续发挥光和热。

皇上曾经坐车到太常府，叫桓荣坐东面，设几杖，集合百官骠骑将军东平王苍以下和桓荣的学生数百人，天子亲自执业，每开口就说："大师在这里。"礼毕，把太官供具全部赐给太常家。其恩礼就是这样。

桓荣每次生病，皇上就派使者慰问，太官、太医络绎不绝。后来病重，桓荣上书谢恩，让还爵土。之后，皇上亲自到他家问安，入街下车，捧着经书上前，抚摸着桓荣，流着眼泪，赐以订床茵、帷帐、刀剑、衣被，好久才走开。皇上都如此敬重他，从此诸侯将军大夫问疾的，不敢再乘车到门口，而是都拜倒在其床下。

桓荣死后，帝亲自变服，临丧送葬，赐冢茔在首阳山之南。龙亢镇现存"桓傅故里"坊，高5米，宽4米，上镶有砖刻阳文"桓傅故里"四字，每字一尺见方，明万历四年（1576）重建，清道光二十九年（1849）重修。

时过境迁，留在人们脑海里的历史人物桓荣不仅勤奋好学，还很有自己的真知灼见，他敢于对权威说不，他曾经将"浮辞繁长，多过其实"的40万字的《尚书》删减为23万字，用来教育太子，深受宫廷及儒家推崇。桓荣，乃真正的大师也。

卷三十八　张宗传

猛士张宗

【原文】

及还到长安，宗夜将锐士入城袭赤眉，中矛贯胛，又转攻诸营保，为流矢所激，皆几至于死。

及邓禹征还，光武以宗为京辅都尉，将突骑与征西大将军冯异共击关中诸营保，破之，迁河南都尉。建武六年，都尉官省，拜太中大夫。八年，颍川桑中盗贼群起，宗将兵击定之。后青、冀盗贼屯聚山泽，宗以谒者督诸郡兵讨平之。十六年，琅邪、北海盗贼复起，宗督二郡兵讨之，乃设方略，明购赏，皆悉破散，于是沛、楚、东海、临淮群贼惧其威武，相捕斩者数千人，青、徐震栗。后迁琅邪相，其政好严猛，敢杀伐。永平二年，卒于官。

【译文】

等到回到长安，张宗夜晚率领锐士入城袭击赤眉，被敌人射中两膊之间，又转攻诸营保，被流矢所击，差点死去。

等到邓禹被召回京，光武用张宗做京辅都尉，率领突骑与征西大将军冯异共击关中诸营保，攻破了，升为河南都尉。

建武六年（30），都尉官省，拜为太中大夫。

八年（32），颍川桑中盗贼群起，张宗带兵将其击败平定了。

后来，青州、冀州盗贼屯聚在山泽之中，张宗以谒者（官名）督促诸郡兵讨平了。

十六年（40），琅邪、北海盗贼又起，张宗督两郡兵讨伐之，于是定出方略，明确奖励投降者，敌人都破散了，于是沛、楚、东海、临淮群贼害怕他的威武、互相捕斩者几千人，青州、徐州之敌怕得厉害。

后来张宗升为琅邪相，他的政策喜欢严猛，敢于杀伐。

永平二年（59），死在官位上。

【评点】

张宗字诸君，是南阳鲁阳人。在王莽篡位掌权建立新朝的时候，张宗做本县阳泉乡佐，相当于一个基层的乡镇脱产干部。后来，王莽失败，义兵四起，张宗便率领阳泉百姓三四百人起兵略地，一路杀将出去，西至长安，就投奔更始帝了。更始帝用张宗做偏将军。不过，张宗在更始帝刘玄那里做了个师长，没有多久，就从里面看出了门道儿，什么门道儿啊？张宗看到更始政治紊乱，根本不是那么回事嘛！这样的秩序，这样的制度，简直注定了这个皇帝是兔子的尾巴，肯定长不了的。于是，张宗就留了一手，他将家属客居安邑，也就是安置在别的地方，不带在身边。因为，这里是一个金碧辉煌的冰屋子啊，别看外表诱人，可是，说不定哪一天太阳出来那么一照，那一派虚华美好，就要化为乌有了。这就是张宗的聪明之处。

后来，刘秀的大司徒邓禹西征，安定了河东。邓禹听说张宗素多权谋，于是上表光武帝，推荐他做偏将军。

邓禹军到了枸邑，赤眉大军将至，邓禹认为枸邑不足守，他的战略是留些人在这里守着，算是做后卫，掩护大部队开拔。可是，众人害怕贼人追赶，谁当后卫，岂不危险？敌人很多很强大，跟饿狼一样啊。那怎么办呢？老大邓禹便把诸将的名字写在竹简上面，写明前后次序，乱装在篓中，叫各人抽签。不是都不肯当后卫吗？那就用抓阄儿的办法来吧，这样最公平了。于是，大家就纷纷去抓阄儿。

然而，只有张宗独不肯抽，他对大家的行动可谓嗤之以鼻，喊！什么事嘛！死生有命，我张宗难道是辞难就逸的人吗？难道我怕死让人耻笑吗？

邓禹感慨道："将军有老亲弱子在营里，怎么不考虑？"意思是说，你的老婆孩子都在里面啊，你不为他们着想？张宗说："我听说一个兵卒尽力，百人不能挡住；万夫舍得死，可以横行天下。张宗今拥兵数千，承受大军的威力，何必马上料其必败呢！"于是留为后拒，充当断后的敢死队。随后，大部队就开拔撤离了。张宗便督促军士，坚筑营垒，死守不退。老子跟你们好好玩玩，跟你们拼了！

邓禹到了前边的郡县后，就听到有人议论道："凭张将军的人力，挡百万之师，等于是把小雪投进沸汤，即使想尽力，也办不到啊。"邓禹觉得过意不去，是啊，哪有这么干事的啊？这不正是古代版的《集结号》吗？于是，邓禹就又派步兵骑兵两千人回来迎接张宗。

这时候的张宗已经带兵出发，主动出击，和仓促到来尚未站稳脚跟的赤眉军开战了，结果，居然以少胜多将他们给打退了，于是诸将服其勇敢，佩服得五体投地啊。

这就是东汉名将，猛士张宗。

卷三十九 刘平传

义士刘平的传奇人生

【原文】

后举孝廉，拜济阴郡丞，太守刘育甚重之，任以郡职，上书荐平。会平遭父丧去官。服阕，拜全椒长。政有恩惠，百姓怀感，人或增赀就赋，或减年从役。刺使、太守行部，狱无系囚，人自以得所，不知所问，唯班诏书而去。后以病免。

显宗初，尚书仆射钟离意上书荐平及琅邪王望、东莱王扶曰：“臣窃见琅邪王望、楚国刘旷、东莱王扶，皆年七十，执性恬淡，所居之处，邑里化之，修身行义，应在朝次。臣诚不足知人，窃慕推士进贤之义。”书奏，有诏征平等，特赐办装钱。至皆拜议郎，并数引见。平再迁侍中，永平三年，拜宗正，数荐达名士承宫、郇恁等。在位八年，以老病上书乞骸骨，卒于家。

【译文】

后来刘平被举为孝廉，拜为济阴郡丞，太守刘育十分重视他，任以郡职，并上书推荐他。

正赶上刘平遭父丧而弃官。丧服既满，授予全椒长。

政治有恩惠，百姓很感激，有的增加工资或赋税，有的减少年龄提前从役。

刺史、太守来巡视，狱中没有囚犯，各人都得其所，不知问什么好。

只是颁发诏书就走了。

后来因病免职。

显宗初年，尚书仆射钟离意上书推荐刘平和琅邪王望、东莱王扶道：“臣私下见琅邪王望、楚国刘旷、东莱王扶，都年已七十，秉性恬淡，所居的地方，邑里都得到感化，修身行义，应该在朝供职。臣不够了解他们的为人，只是羡慕推士进贤的意思。"书奏上，有诏书征召刘平等人，特赐办装钱。

到了朝廷后都拜为议郎，并多次引见。

刘平再升为侍中，永平三年（60）拜为宗正，几次推荐名士承宫、郇恁等。

在位八年，因年老多病上书请求退职回家，死在家中。

【评点】

东汉刘平是一个义士，他的人生充满了传奇色彩，读来不禁让人感慨万千，不由自主地感叹，哦，人，原来可以这样活！继而又会认识到，人，就应该这样活！

刘平字公子，是东汉时期的楚郡彭城人。他本来名旷，显宗后改为平。王莽时他做了郡吏，相当于现在的一个市级干部。后来，所辖范围内的属县有盗贼作乱的时候，就派刘平去守卫，他所到之处都得到治理，整个郡里都称赞他的能耐。所以，他很有一些名气。而更让他留名的事情，还在后面。

更始年间，天下很乱，刘平的弟弟刘仲被贼所杀。可后来贼人又忽然到来，意思是要把刘家人给杀光，以免后患。至于那些贼人为什么要对刘家下黑手，是不是因为刘平一直对付盗贼，得罪了贼人，不可而知，也无从考证。反正那个时候，天下就是这样打打杀杀，有仇报仇，有怨报怨。没有办法，刘平只好扶持老母，奔走逃难。他的弟弟刘仲的遗腹女才一岁，情急之中，刘平抱着他的那个小侄女就跑了，而抛弃了亲生儿子。刘平的母亲想回去取他的儿，刘平不听，说道："我的能力不能养活两个小孩儿，老二不能没有后代。"于是离去不顾，与母亲都躲进野泽之中。你看看，为了已故弟弟的后代，他宁可抛弃自己的亲生儿子，此中大义，怎能不让人唏嘘不已呢？这也让人立即联想起热播的国产电影《赵氏孤儿》，那个电影讲述的也是一个类似的故事。

刘平带着老的和小的，就逃了。他们躲在荒野里，躲避贼人追捕。可是，人需要吃东西啊。于是刘平早上外出找吃的东西，不料碰上饿贼了，他们也都饿得眼睛发绿，决心捉住刘平，把他蒸着吃了。刘平赶紧叩头，说道："今早为老母找点野菜充饥，老母正等着我活命，愿能让我先回去，等母亲吃饭完毕，我一定回来让你们杀死。"说完流泪不止，哭得呼天抢地。

贼人看他很诚恳，同情他，就让他回家。

刘平就回去了，好生伺候母亲吃完饭，之后，就对母亲说："刚才与贼人有约，不能欺骗别人。"于是，我们的刘平同志就又主动回到贼人那里。按理说，能够脱身就是万幸了，怎么还主动回去呢？一句话：信义！说好的事情嘛，要坚决执行。大丈夫说话，一言九鼎，驷马难追啊。

结果，等刘平又出现在那些饿贼跟前的时候，那一帮子饿贼都大吃一惊，他们彼此交谈道："常听说有烈士，今天真正见到了。你走吧，我们不忍心吃你。"面对如此义士，谁人敢食？于是刘平的性命得以保全。刘平的义举，和同时代的赵孝有的一拼。那个时候，天下大乱，人吃人。赵孝之弟赵礼被饿贼得到，赵孝听说之后，赶紧绑着自己到贼人那里，说道："赵礼久饿很瘦弱，不如我肥胖。"贼人大惊，便都释放了，对他们兄弟说："你们可以暂时回家，拿点粮食来。"赵孝找粮食未找到，又回去告诉贼人，愿意让他们烹食。众人觉得奇怪，便不加害于他。

建武初年（25），平狄将军庞萌在彭城造反，打败了郡守孙萌。

刘平当时又在做郡吏，他伏在孙萌身上护着他，任凭白刃刀子在他身上乱砍乱刺。结果，他的身上遭了七处刀伤，困顿极了不知如何是好，便号哭请求道："我愿用身子代替府君。"贼人便收拾兵器停止杀戮，并且说："这人是位义士，莫杀他。"于是解散走开。

郡守孙萌的伤势太重，气若游丝，一会儿又缓过来了，口渴，急着找水喝。去哪里找水啊？情况危急，什么也来不及了。这时候，刘平从自己伤口取血给他喝。过了几天，孙萌还是死了，没有办法了，刘平于是包扎刀伤，扶送孙萌的棺木，送回本县。这段传奇，足以感天动地、震撼人心啊！

在今日的我们，能否也像刘平一样，那么富有深情大义、那么血性地活在天地间？义士刘平已逝去，可他的大义永存，成为后人永生永世的道德标杆和精神高峰。

卷四十　班彪列传

第一节　班　彪

敢于创新的班彪

【原文】

其略论曰：

唐、虞三代，《诗》《书》所及，世有史官，以司典籍，暨于诸侯，国自有史，故《孟子》曰："楚之《梼杌》，晋之《乘》，鲁之《春秋》，其事一也。"定、哀之间，鲁君子左丘明论集其文，作《左氏传》三十篇，又撰异同，号曰《国语》，二十一篇，由是《乘》《梼杌》之事遂暗，而《左氏》《国语》独章。又有记录黄帝以来至春秋时帝王公侯卿大夫，号曰《世本》，一十五篇。春秋之后，七国并争，秦并诸侯，则有《战国策》三十三篇。汉兴定天下，太中大夫陆贾记录时功，作《楚汉春秋》九篇。孝武之世，太史令司马迁采《左氏》《国语》，删《世本》《战国策》，据楚、汉列国时事，上自黄帝，下讫获麟，作本纪、世家、列传、书、表凡百三十篇，而十篇缺焉。迁之所记，从汉元至武以绝，则其功也。至于采经摭传，分散百家之事，甚多疏略，不如其本，务欲以多闻广载为功，论议浅而不笃。其论术学，则崇黄老而薄《五经》；序货殖，则轻仁义而羞贫穷；道游侠，则贱守节而贵俗功：此其大敝伤道，所以遇极刑之咎也。然善述序事理，辩而不华，质而不野，文质相称，盖良史之才也。诚令迁依《五经》之法言，同圣人之是非，意亦庶几矣。

夫百家之书，犹可法也。若《左氏》《国语》《世本》《战国策》《楚汉春秋》《太史公书》，今之所以知古，后之所由观前，圣人之耳目也。司马迁序帝王则曰本纪，公侯传国则曰世家，卿士特起则曰列传。又进项羽、陈涉而黜淮南、衡山，细意委曲，条例不经。若迁之著作，采获古今，贯穿经传，至广博也。一人之精，文重思烦，故其书刊落不尽，尚有盈辞，多不齐一。若序司马相如，举郡县，著其字，至萧、曹、陈平之属，及董仲舒并时之人，不记其字，或县而不郡者，盖不暇也。今此后篇，慎核其事，整齐其文，不为世家，唯纪、传而已。传曰："杀史见极，平易正直，《春秋》之义也。"

【译文】

其略论写道："唐虞三代，据《诗经》《尚书》记载，每代均有史官，管理经典著作，到了诸侯各国，每国均有历史，所以《孟子》上说'楚国的历史叫《梼杌》，晋国的历史叫《乘》，鲁国的历史叫《春秋》，他们记载历史都是一回事'。鲁定公、哀公的年代，鲁国君子左丘明收集当时的历史，作《左氏传》三十篇，又根据各种不同的材料，写成《国语》二十一篇，从此《乘》和《梼杌》的事就不行于时，而《左氏》《国语》得到人们的重视传习。又有记录黄帝以来至春秋时代帝王公侯卿大夫事迹的书，叫作《世本》，共一十五篇。春秋之后，七国纷争，秦国吞并诸侯，就有《战国策》三十三篇问世。汉朝兴起，平定天下，太中大夫陆贾记录当时情况，作《楚汉春秋》九篇。孝武皇帝的年代，太史令司马迁采集《左氏》《国语》，删削《世本》《战国策》，根据楚、汉列国时事，上自黄帝起，下至太始二年获麟为止，作本纪、世家、列传、书、表共一百三十篇，而有十篇缺了，司马迁所记，从汉朝开国至武帝时绝笔，这是他的功绩。至于采取经传，搜罗分散于百家的材料，很多粗疏简略之处，不如原来的真实详细，它是以多闻广载见长，论议肤浅而不厚实。论学术，就推崇黄帝、老子而轻视《五经》；写货殖传，就轻仁义而以贫穷为耻；写游侠之士，就轻视那些节烈的人而推崇世俗建功之士。这就是大毛病，有伤正道，所以遭到腐刑。但是他善于叙述事理，文笔畅达而不华丽，质朴而不粗野，文质相称，不愧为良史之才。如果让他遵照《五经》的礼法之言，符合圣人的是非标准，那就差不多了。

"那些百家的历史书籍，都有可取之处。如《左氏》《国语》《世本》《战国策》《楚汉春秋》《太史公书》，读了之后，今天的人能够知道历史，后世的人可以知道前代的事，实在是圣人的耳目呀。司马迁替帝王作传就称为本纪，写公侯传国就称为世家，写卿士特起就称为列传。他把项羽、陈涉列入本纪和世家，而淮南王、衡山王降为列传，写得细致委婉，很有条理。司马迁的著作，采自古今的逸闻，贯穿经传的史料，实在广博得很。凭一个人的精力，内容复杂而繁重，所以他的收删削繁之处还不太够，有些多余的语言，不够整齐划一。例如，写司马相如，举出郡县，写他的表字，写到萧何、曹参、陈平等人，以及董仲舒同时的人，则没有记载他们的表字，有些只写了县而不写郡，可能是没有顾及吧。今后写历史，必须严格核对事实，修饰文字，统一体例，写世家，只要纪、传就够了。古书上说：'杀史见极，平易正直，是《春秋》的本义。'"

【评点】

班彪（3—54），是东汉著名的史学家、文学家。字叔皮，扶风安陵（今陕西咸阳）人。他是《汉书》作者班固的老爸。他的一大家子都是读书人，号称家世儒学，造诣颇深。由于出身于汉代显贵和儒学之家，受家学影响很大。班彪幼年从兄班嗣一同游学，结交很广。

西汉末年，群雄并起，隗嚣在天水拥兵割据，成了那里的老大，于是，班彪就跟着他混了。

有一次，隗嚣问班彪："从前周朝灭亡，战国纷争，天下四分五裂，经过好几代才得安定。是合纵连横的事又将出现呢，还是某一人承受了天命呢？望先生谈谈看法。"其实，从这话中不难看出隗嚣这家伙是有野心的，他是一个狂妄之徒。

班彪是很敢说啊。他看了看隗嚣，说："周朝的废兴，与汉朝不同。从前周朝分爵为公、侯、伯、子、男五等，诸侯掌握自己的领地各自为政，正像一棵大树，本根很弱小，枝叶很茂盛，所以到了后来，出现合纵连横的事，是形势使然。汉朝继承秦朝的制度，改封建制为郡县制，国君有专制的权威，臣下无百年的大柄。到了成帝，假借外戚的势力，哀帝、平帝在位时间很短，三帝无子，所以王莽篡位，窃取国位年号。危险来自上边，伤害不及下面，因此，王莽真正篡位之后，天下人没有不抻着脖子在叹息的。十多年间，中外发生骚扰，远近都在行动，各自打着刘氏的旗号，会合响应，众口一词，不谋而合。现在英雄豪杰统治各州县的，都没有像七国传统的资本，可百姓却异口同声，想念汉朝的恩德，发展趋势已经可想而知了。"

隗嚣道："先生分析周朝与汉朝的形势是对的；至于只看到愚蠢的百姓习惯刘氏姓号，而说汉家一定复兴，这就不见得了。从前秦朝失去天下，好比一只鹿逃走了，刘邦追鹿到了手，当时又有谁知汉朝呢？"那意思再明显不过了，谁说刘家一定就能再得天下？难道我不行吗？

班彪当然听得出来他的话外之意，也深知他的勃勃野心。

班彪一方面痛恨隗嚣的狂言，一方面又感叹时局艰难，于是就回避写就了一篇《王命论》的文章，认为汉德是继承唐尧，有灵验的王符做证，王者登上宝座，不是凭欺诈就能成功的，想用这来感动隗嚣，可是隗嚣始终不觉悟。隗嚣这个人其实本事是不小的，可是他有个缺点就是不听人劝啊，尤其不听好人劝。有多少人跟他说明利害，指明方向，可是，他都不理睬，甚至还仇视对他良言相劝的人。班彪看出那个狂妄的家伙不可交，也就赶紧避走河西，不跟他玩儿了。

班彪到了河西之后，河西大将军窦融就用他做从事，十分恭敬地待他，用师友之道接待，还是窦融识货啊。人就怕敬，这一敬啊，就会肝胆相照，掏心掏肺。这不，班彪到了窦融这里之后，就实心实意地替窦融出谋划策，敬事汉朝，总领河西一带来抗拒隗嚣，那是真肯出力啊。

后来，窦融奉诏回京师了。他到了京师之后，光武帝刘秀就问道："你所上的奏章，是谁给你参谋的？"刘秀了解窦融啊，看他近来所上的那些奏章，不是原来的风格，比原来的更深刻了，更有见地了，就猜想，肯定有什么高人在窦融那里帮他出主意。还真的让刘秀给猜对了。

窦融也不隐瞒，实话实说道："都是我的从事班彪做的。"

光武帝刘秀一向听说班彪很有才干，又听到这段时间的奏章都是他给出的主意，于是，就立即召见班彪，举他做司隶茂才，叫他做徐州令。可是，当时班彪得了一场病，没有就位。后来几次应三公的命令，才去上岗工作。

班彪既有高才又好写作，这下好了，有了合适的工作岗位，有了潜心做学问的条件，他就专心在史籍方面下功夫。

武帝时，司马迁著了一本《史记》，从传说中的黄帝写到当代汉武帝，之后的事就没有了。后来褚少孙、刘向、刘歆、冯商、扬雄等十多位学者都曾缀集时事，或补或续之，把当时的事迹连缀起来，给续上了，可是，在班彪看来，"然多鄙俗，不足以踵继其书"。意思是说后来那些人写得很不像样，文笔鄙俗，不配为《史记》的后续之作。由此可见，这个班彪是有自己的独特见解的，也是有敢于向权威开炮的精神的。当然，没有那个金刚钻，人家班彪也不敢揽那个瓷器活不是？班彪博学多才，对于《史记》及续写《史记》的情况做了细心的考察，据《后汉书·班彪传》载，他一方面赞扬司马迁"善述序事理，辩而不华，质而不野，文质相称，盖良史之才也"，另一方面又批评司马迁不与孔子同是非，背离了"《五经》之法言"，"大敝伤道"。正是从这一认识出发，班彪乃"继采前史遗事，傍贯异闻，作后传数十篇"。意思是继续采集前朝历史遗事，还从旁贯穿一些异闻，写下后传数十篇，参照前面的历史而评论得失。这就是后来班固撰写《汉书》的基础。班彪的历史思想和史学思想，对班固和《汉书》有直接而深刻的影响。另外，《后汉书》中写道，班彪"所著赋、论、书、记、奏事合九篇"。今存《北征赋》《览海赋》《冀州赋》等，《文选》《艺文类聚》有收录。其中《北征赋》写他在西汉末年避难凉州、从长安行至安定沿途的见闻和感慨，对当时人民生活的困苦和动荡的社会面貌有所反映。

这篇赋采用楚辞的形式，重在抒情，与铺张扬厉的西汉大赋风格迥异，开了东汉末年抒情小赋的先声。他另有《王命论》一篇，系劝隗嚣兴复汉室之意，也就是前面我们提到的那一篇。后来，班彪又调升到司徒玉况府。

当时太子的东宫刚建立，诸王国同时开辟，而官吏没有配齐，师保齐缺。班彪又上言道："孔子说：'人们的天性是差不多的，而习俗的影响就差得很远。'贾谊认为：'经常与善人打交道，不能不做好事，犹如生长在齐国，不能不说齐国话。经常与恶人接触，不能不做坏事，犹如生长在楚国，不能不说楚国话。'因此圣人严格选择邻居，特别注意环境的影响。从前周成王做孺子时出外就由周公、邵公、太史佚等人辅佐他；在朝内则有大颠、闳夭、南宫适、散宜生等人辅佐，他的左右前后，没有违背礼节之义，所以成王一登上王位，天下空前地太平。因此《春秋》提出：'爱儿子应该教育他走正路，不走邪门歪道。骄傲奢侈、淫逸懒惰是邪门歪道的根源。'《诗经》上说：'留给孙子的好主意，就是安敬之道。'就是指周武王留给成王的宝贵遗产。汉朝兴起后，太宗派晁错用法术教育太子，贾谊用《诗经》《书经》教育梁王，到了中宗，也使刘向、王褒、萧望之、周堪等人用文章儒学教育东宫以下的人员，都是选择合适的人，以促成他们的品德和才具。现在皇太子诸王子，虽然年轻时就在学习，修习了礼乐，但是做太傅的尚未遇到贤才，官属很少熟悉旧典。应该广泛挑选有威望、懂政事的名儒，用他们做太子太傅，东宫和诸王国，官属应该配齐。按旧规定，太子有十县做汤沐邑，设保卫人员，五天一朝见，坐在车厢，检查膳食，不是朝见的日子，使仆、中允每天问安罢了，表明举动不随便，处处讲究恭敬哩。"从这里我们也可以看出，班彪是一个敢于说话的人，他居然说当时的太傅，没有一个中用的。当然，这并不是狂妄之言，而是他的真心话，也是实情而已。

书奏上后，皇帝采纳了。

后来选司徒廉做望都长，得到官吏百姓的爱戴。

建武三十年（54），班彪年五十二，死在官位上。

对于班彪这个人，给我们印象最深的是，他敢于说"不"。面对权威和经典，他能够站出来勇敢地说出自己的不同见解，甚至提出自己的批评，这是很难得的。其实看一看，很多人会在权威、经典面前唯唯诺诺，只能生活在经典和权威的阴影下。这样的话，怎么可以突破窠臼，创造出新的东西呢？

国人常说的一句话叫"班门弄斧"，言外之意是对在鲁班门前耍斧头之人鄙夷之至。鲁班是什么人？那是权威的象征，是无法超越的高度，而尔等算得老几？居然不知深浅地提一柄斧头在他老人家面前逞能？国人还有一句老话叫"关公面前耍大刀"，与此有异曲同工之妙。总之，在国人的思维里，根深蒂固地存在着敬畏经典、膜拜权威的意识。虽说这样的意识很符合国人的涵养，但在笔者看来，恰恰是这样的心态在某种意义上阻碍了创新，限制了超越。

三百多年前有一个人想改写《西厢记》，另一个人则想续写《水浒传》，两人都去征求李渔先生的意见。那位李笠翁劝他们放弃这个念头："《西厢记》非不可改，《水浒传》非不可续，然无奈二书已传，万口交赞，其高踞词坛之座位，业如泰山之稳，磐石之固，欲遽叱之使起而让席于予，此万不可得之数也。无论所改之《西厢记》，所续之《水浒传》，未必可继后尘，即使高出前人数倍，吾知举世之人不约而同，皆以'续貂蛇足'四字，为新作之定评矣。"这二人闻听此言，"唯唯而去"，超越经典的一腔热情就这么慢慢熄灭了。由此，我们可以看出两件事情来，一是有意在班门弄斧的痴心人不少，古时候有，现代有，将来也会有；二是这样的痴心人多数难逃上述宿命，要么将雄心壮志浇灭，唯唯而去，要么咬着牙非要在关公面前耍一耍大刀，却出力不讨好。

班彪当时对《史记》以及别人续的《史记》提出了异议，并且着手进行修订改写时，是不是遇到各种各样的非议？现在想来，应该是肯定的。但是，班彪不惧怕，也不在乎，而是按照自己的思想采取行动。这是一种非常可贵的创新精神。

第二节　班　固

只看历史不管未来的班固

【原文】

固又撰功臣、平林、新市、公孙述事，作列传、载记二十八篇，奏之。帝乃复使终成前所著书。

固以为汉绍尧运，以建帝业，至于六世，史臣乃追述功德，私作本纪，编于百王之末，厕于秦、项之列，太初以后，阙而不录，故探撰前记，缀集所闻，以为《汉书》。起元高祖，终于孝平王莽之诛，十有二世，二百三十年，综其行事，傍贯《五经》，上下洽通，为《春秋》考纪、表、志、传凡百篇。固自永平中始受诏，潜精积思二十余年，至建初中乃成。当世甚重其书，学者莫不讽诵焉。

固后以母丧去官。永元初，大将军窦宪出征匈奴，以固为中护军，与参议。北单于闻汉军出，遣使款居延塞，欲修呼韩邪故事，朝见天子，请大使。宪上遣固行中郎将事，将数百骑与虏使俱出居延塞迎之。会南匈奴掩破北庭，固至私渠海，闻虏中乱，引还。及窦宪败，固先坐免官。

固不教学诸子，诸子多不遵法度，吏人苦之。初，洛阳令种兢尝行，固奴干其车骑，吏椎呼之，奴醉骂，兢大怒，畏宪不敢发，心衔之。及窦氏宾客皆逮考，兢因此捕系固，遂死狱中。时年六十一。诏以谴责兢，抵主者吏罪。

固所著《典引》《宾戏》《应讥》、诗、赋、铭、诔、颂、书、文、记、论、议、六言，在者凡四十一篇。

【译文】

班固又撰写功臣、平林、新市、公孙述等人的事迹，作列传、载记二十八篇，奏给皇上。皇上又使他完成以前所著的史书。

班固认为汉朝继承唐尧的天运，以建帝业，至于六代，史臣才追述功德，私作本纪，编于百王之末，册于秦汉之列，太初以后，缺而不录，所以探撰前面记载，缀集耳之所闻，写成《汉书》。

从高祖开始，到孝平王莽被杀，十有二代，共二百三十年，综合他们的行事，傍贯《五经》，上下洽通，写成《春秋》考纪、表、志、传共百篇。

班固从永平中年开始受诏，绞尽脑汁，深思二十多年，至建初年间才写成。

当代很重视其书，学者没有不诵读的。

班固后因母丧离开官职。

永元初年，大将军窦宪出征匈奴，用班固做中护军，与参议。

北单于听说汉军出来，派使者到居延塞，想继续来一次呼韩邪故事，朝见天子，请派大使。

窦宪上书派班固行中郎将事，率领数百骑兵与虏使者从居延塞出来迎接。

正逢南匈奴掩破北庭，班固到了私渠海，听说虏中乱，就带兵回来。

等到窦宪失败，班固先被免官。

班固不曾教育自己的儿子，儿子们多半不遵守法度，吏人很伤脑筋。

起初，洛阳令种兢出来巡视，班固的家奴干扰他的车骑，官吏椎呼之，家奴醉后骂人，种兢大怒，害怕窦宪不敢发泄，内心记恨。

等到窦氏的宾客都被捕考查，种兢因此捕系班固，于是死在狱中。

时年六十一岁。

朝廷下诏谴责种兢，抵主者吏罪。

班固所著《典引》《宾戏》《应讥》、诗、赋、铭、诔、颂、书、文、记、论、议、六言，存在的共四十一篇。

【评点】

我们首先知道班固，是因为我们知道班固是《汉书》的作者。他是班彪的儿子，字孟坚。上面咱们提到过，他们家啊，都很有学问，都是舞文弄墨的人，所以，在那样的家庭环境熏陶之下，加之他的天赋，小班固在九岁的时候就能连句作文，诵读诗赋，长大后，就广泛通晓典籍，九流百家的言论，没有不深入探讨的。可是，让我们感到惊奇的是，班固根本就没有固定的老师，并且，他也不在章句上下功夫，只是掌握大义罢了。比如一首诗，他感兴趣的不是字句的形式，而是文章的意境、内涵，那是需要心灵相通的。打一个不十分恰当的比喻，我们读诗，字字推敲研究章句章法，算是在做表面浅显的文章的话，那么人家班固就是在领会其精髓。这是两个层面的问题。所以说，班固小时候就表现出了与常人的不同之处。

班固这个人是什么样的性格特点呢？他性格宽厚和蔼，和众人相容，不因自己有才就觉得高人一等。这一点是很难得的。想一想看，其实我们身边不乏这样的人，什么人啊？那种觉得自己有两把刷子，肚子里有半瓶子墨水，就高人一头，很有举世皆浊我独清，尔等都是没有脱离低级趣味的人，不是一个纯粹的人，唯有他才是人上人，凌驾于这个俗世之上的智者。可人家班固不。真正有学问的人，反而会谦虚谨慎。越大的官，其实越平易近人。因此当时的一些儒生很愿意和班固结交。

永平初年，东平王苍用了至戚替骠骑将军辅政，打开东阁，接纳英雄，这时班固才二十岁，写了报告给苍说："将军凭着周公、召公的美德，立足于本朝，秉承修明的政策，建立威灵的尊号。从前的周公，现在的将军，《诗》《书》所记载，没有你们三人这样的了。古书说：'必有非常之人，然后有非常之事；有非常之事，然后有非常之功。'班固幸而生在清明之世，参与视听之末，凭着蝼虫之小，私观国政之大，的确赞美将军拥有千载之重任，步先圣之后尘，体弘美之资质，据高明之地位，广采众事，遵循六经，若白黑之别于目，求善永无止境，采择狂夫的言语，不逆负薪的议论。我私下见到幕府新开，广延英俊，四方之士，踊跃上前，不顾衣裳颠倒。将军应该详考唐、商的举措，体察伊尹、皋陶之荐贤，使远近没有偏私，每个角落的人才都能知晓，目的在于总揽贤才，收集明智之士，替国家找到能人，使本朝得到安宁。那么将军才会养志和神，优游于庙堂之上，光名宣扬于当代，遗烈永垂于无穷的后世。我见到故司空掾桓梁，早有宿儒的大名，品德冠于州里，七十岁从心所欲，行为不越规矩，是清庙的光辉、当代的英才。京兆祭酒晋冯，年少时即修身，白了头还不违初志，好古乐道，玄默自守，古人的美好品德，当代人没有能赶上的。扶风掾李育，明经书，行为好，教授百人，客居杜陵，茅屋土阶。京兆、扶风两郡都去邀请，因为家贫，几次因病辞去。温故知新，论议通明，廉清修洁，行能纯备，虽前世名儒，国家之所器重，韦、平、孔、翟（韦贤、平当、孔光、翟方进），没有再好的了。应叫人考核实绩，来参与万事。京兆督邮郭基，孝行州里闻名，经学被师门称赞，政务的功绩，有特别的功效。如果碰上明时，在下僚做事，进能像鸿鸟高飞，退能像杞梁那样以身殉国。凉州从事王雍，亲身有卞严的节操，加上术艺文章，凉州的头面人物，没有在王雍之前的了。古时周公举一方之才则其他三方埋怨，说'怎么把我放在后边呢'。应该及时打开府门，使远方之人得到安慰。弘农功曹使殷肃，学问通达，见闻很广，才能超人，诵《诗》三百篇，能接待外宾。这六个人，都有特殊品行才干，品德高于当世，如蒙接纳，以辅佐高明，这正是山梁之秋，孔夫子所叹息的呀！从前卞和献宝，被截断脚趾，屈原进献忠言，终于沉于汨罗，可是和氏之璧，千载留下光彩，屈子的遗著，万世称赞。希将军明察秋毫，广伸视听，少降身份，多听下问，使尘埃之中，永远没有荆山、汨罗的遗恨。"

这是一个二十岁的青年人所说的话啊。其所说所讲深刻而独到，不能不令人佩服。就是从这个建议开始，班固开始了自己光辉的一生。

东平王苍采纳了班固的意见。

可后来，班固的父亲班彪死了，班固就回到了乡里。

令人欣喜的是，小小的班固认为他的老爸班彪所续写的前史不够详细，于是，他就深入钻研，想完成父亲的遗业，青出于蓝而胜于蓝嘛。假如班彪在天有灵，看到自己的儿子秉承了自己的创新精神，也会笑得合不拢嘴的。

可是，班固的作为，并不是所有的人都会高兴的。这个世界，三教九流什么人都有，各种各样的观点就会经常发生碰撞。这不，不久就有人上书显宗，告班固私自改动国史！哪里来的毛头小子啊，居然敢改动国史？有领导的授权吗？

果然，朝廷有诏书就飞马传到班固所在的郡，郡里就按照旨意将初出茅庐小牛犊一样的班固关进了监狱，并且抄走了他家的全部书籍。

先有扶风人苏朗伪言图谶之事，被下狱而死，情况很危急啊。班固的家人都急得跟热锅上的蚂蚁一样。班固的弟弟班超害怕他哥被郡里"刑讯逼供"，不能自己辩明是非，于是到朝廷上书，他要找最高领导上访。结果，他就被皇上召见了。班超赶紧一五一十地全部讲述了班固著述的本意，而郡里也将班固的书呈上去给皇帝看。显宗翻看了一通，立即感到很奇异，人才啊！班固就是一个奇才啊，这样的奇才，怎么能关进监狱呢？

于是，显宗赶紧召班固做校书郎，授职兰台令史，与前睢阳令陈宗、长陵令尹敏、司隶从事孟异共写成《世祖本纪》。后来，班固又升为郎，典校秘书。班固又撰写功臣、平林、新市、公孙述等人的事迹，作列传、载记二十八篇，奏给皇上。皇上看了，很满意，就让他完成以前所著的史书。

班固认为汉朝继承唐尧的天运，以建帝业，至于六代，史臣才追述功德，私作本纪，编于百王之末，册于秦汉之列，太初以后，缺而不录，所以探撰前面记载，缀集耳之所闻，写成《汉书》。从高祖开始，到孝平王莽被杀，十有二代，共二百三十年，综合他们的行事，傍贯《五经》，上下洽通，写成《春秋》考纪、表、志、传共百篇。

班固从永平中年开始受诏，绞尽脑汁，深思二十多年，至建初年间才写成。那是一部鸿篇巨制啊，当代很重视那一本书，学者没有不诵读的。其发行量大得惊人，在当年畅销书排行榜上久居不下，一直畅销到了现在。

班固后因母丧离开官职。永元初年，大将军窦宪出征匈奴，用班固做中护军，与参议。后来，因为窦宪失败，班固先被免官。

班固的功绩世人皆知。但是，班固却有一个极大的失误。什么失误啊？他自己的建树不小，可是只看历史，不看未来，他竟然不曾教育自己的儿子，致使他的儿子们多半不遵守法度，动不动就做出些违法乱纪的事情，让吏人很伤脑筋。

起初，洛阳令种兢出来巡视，班固的家奴干扰他的车骑，官吏椎呼之，你猜怎么着？班固的家奴醉后骂人，指着种兢破口大骂，洛阳令大怒，但是又害怕窦宪而不敢发泄，内心却记了仇了。心说，好啊，你给老子等着！有朝一日，我非扒了你们的皮、抽了你们的筋不可！

果然，等到窦氏的宾客都被捕考查，洛阳令种兢一看，机会来了，就因此把什么也不是了的班固给抓起来投进监狱里，班固就这样死在狱中了，享年六十一岁。今人看来，班固啊，是一头扎进了历史里，再也没有回来。假若他能够在写《汉书》的同时，转身展望一下未来，对自己的后人倾点心思多些关爱，结局就不是这样了。

卷四十一　光武十王列传

　　光武皇帝有十一个儿子，他们分别是：郭皇后生的东海恭王刘彊、沛献王刘辅、济南安王刘康、阜陵质王刘延、中山简王刘焉，许美人生的楚王刘英，光烈皇后生的显宗、东平宪王刘苍、广陵思王刘荆、临淮怀公刘衡、琅邪孝王刘京。

　　既然是十一个儿子，为什么这一章是《光武十王列传》呢？怎么少一个？其中有一个被立为太子，最后当了皇帝啊。所以，只有十个儿子被封为王。老子英雄儿好汉，皇帝的儿子，会过着怎样的生活？有着怎样的人生壮举呢？下面我们就来看一看光武帝刘秀的这几个儿子。

第一节　东海恭王刘彊

最谦恭的皇子

【原文】

　　永平元年，彊病，显宗遣中常侍钩盾令将太医乘驿视疾，诏沛王辅、济南王康、淮阳王延诣鲁。及薨，临命上书谢曰：

　　臣蒙恩得备蕃辅，特受二国，宫室礼乐，事事殊异，巍巍无量，讫无报称。而自修不谨，连年被疾，为朝廷忧念。皇太后、陛下哀怜臣彊，感动发中，数遣使者太医令丞方伎道术，络绎不绝。臣伏惟厚恩，不知所言。臣内自省视，气力赢劣，日夜浸困，终不复望见阙庭，奉承帷幄，孤负重恩，衔恨黄泉。身既夭命孤弱，复为皇太后、陛下忧虑，诚悲诚惭。息政，小人也，猥当袭臣后，必非所以全

352

利之也。诚愿还东海郡。天恩愍哀，以臣无男之故，处臣三女小国侯，此臣宿昔常计。今天下新罹大忧，惟陛下加供养皇太后，数进御餐。臣彊困劣，言不能尽意。愿并谢诸王，不意永不复相见也。

天子览书悲恸，从太后出幸津门亭发哀。使司空持节护丧事，大鸿胪副，宗正、将作大匠视丧事，赠以殊礼，升龙、旄头、銮辂、龙旂、虎贲百人。诏楚王英、赵王栩、北海王兴、馆陶公主、比阳公主及京师亲戚四姓夫人、小侯皆会葬。

【译文】

永平元年（58），刘彊生病，显宗派中常侍钩盾令将太医乘驿车去看病，诏沛王刘辅、济南王刘康、淮阳王刘延等到鲁。

刘彊临终上书谢道："臣蒙天恩得备蕃辅，特受二国，宫室礼乐，事事与众不同，大德崇高无量，一直没有报答。而自己修身不谨，连年生病，被朝廷忧念。皇太后、陛下可怜我，内心感动，几次派使者太医令丞方伎道术，络绎不绝。臣每想到厚恩，不知该说什么好。臣内自检查，气力赢弱，日夜渐困，最终不再望见朝廷宫阙，奉承帷幄，辜负皇上的重恩，只得衔恨于九泉之下。臣身既然短命孤弱，又使皇太后、陛下忧虑，的确悲恸惭愧。儿子刘政，本是小人，猥当袭臣之后，一定不是全利之法。内心愿送还东海郡。天恩同情臣下，以为臣没有多的男儿，安排臣的三个女儿为小国侯，这是臣私计天恩，不敢忘记。今天下正逢光武帝驾崩的大忧，只愿陛下加意供养皇太后，数进御餐。臣强困劣，言不能尽意。希望感谢诸王，没想到承不复相见了。"

天子看了书非常难过，从太后出幸津门亭发哀。派大司空持节护丧事，大鸿胪副，宗正、将作大匠视丧事，赠以特殊礼节，升龙、旄头、銮辂、龙旂、虎贲百人。

诏楚王刘英、赵王刘栩、北海王刘兴、馆陶公主、比阳公主及京师亲戚四姓夫人、小侯都来会葬。

【评点】

其实，刘彊本来是被立为太子的。也就是，按理说，刘秀打下来的江山，是准备给他继承的。建武二年（26），光武帝立郭氏做皇后，立刘彊做皇太子。可是，到建武十七年时，郭皇后被刘秀给废了。这可是大事不妙啊，是一个危险的信号。

刘彊是一个聪明人，在皇宫里，母以子贵，而儿子也需要母亲做靠山。如果刘彊以后即位，有他的母后郭太后撑腰，那工作还好干，不然的话，各方面的压力会一起加来的。更何况，母后是被废黜的。在古代，皇后是很少被废黜的。这样的情况，让刘彊忧愁不安。于是，他就多次通过左右及诸王陈述他的心愿，愿意备藩国。这个皇太子，咱不做了！因为，不能做啊！

光武帝于心不忍，迟迟没有答应他。但是，两年后他还是同意了。在建武十九年（43），刘彊被封为东海王。但是，他一直在皇宫里生活。直到建武二十八年（52），他才到了封地。

光武帝刘秀对自己的这个儿子，是心存愧疚的。你想啊，刘彊的母亲，也就是刘秀的第二任妻子郭皇后，因为和刘秀没有爱情，结果就被刘秀给废黜了，这是一愧。如今，被立为皇太子的刘彊又取下了皇太子的金冠，而且他本身并无过失，这让当老爸的刘秀于心不忍啊。所以就来了个优待大封，兼食邑鲁郡，共有二十九县。刘秀也只有如此才觉得安心吧。并且，也只有如此了。光武帝赐给刘彊虎贲、旄头，宫殿中设有钟鼓之悬，还有乘舆。

让人敬佩的是，刘彊到了封地之后，几次上书，说要让还东海。意思是说给我这么大的地盘，消受不起，还是归还国家吧。但是，他亲爱的老爸光武帝不许可。刘秀对这个懂事而谦让的儿子更多的是深深的嘉许，他把刘彊的奏章宣示给公卿过目。让大家看看，这样的儿子，多棒啊！大家能从他身上学到点什么吗？

永元元年（89）入朝，跟从皇上封禅泰山，随后留在京师。第二年春，皇帝死了。冬天，刘彊就又回到了自己的封地。

其实，刘彊的一生，没有做什么大事。可是，他是令人钦佩和爱戴的。一是因为他的谦恭，二是因为他的节俭。他一直是很节俭的。到了他去世的时候，皇帝想到刘彊深执谦俭，不想厚葬来违背他的意思，于是特诏中常侍杜岑及东海傅相道："王恭谦好礼，以德自终，遣送之物，务从约省，衣服能够敛形，茅车瓦器，物减于制，以表彰王的特立独行之志。将作大匠留起陵庙。"刘彊立十八年，年纪三十四岁。

东海恭王刘彊一生体弱多病，并且英年早逝，可是，他的思想品格是健康的，是积极向上的。他的谦恭和节俭的品性，给后人以教化和启迪。

第二节　沛献王刘辅

被拘留过的皇子

【原文】

二十八年，就国。中元二年，封辅子宝为沛侯。永平元年，封宝弟嘉为僮侯。

辅矜严有法度，好经书，善说《京氏易》《孝经》《论语》传及图谶，作《五经论》，时号之曰《沛王通论》。在国谨节，终始如一，称为贤王。显宗敬重，数加赏赐。

立四十六年薨，子釐王定嗣。

【译文】

建武二十八年（52），到了封地。

中元二年（57），封刘辅之子刘宝为沛侯。

永平元年（58），封刘宝之弟刘嘉为僮侯。

刘辅矜严有法度，喜好经书，善于讲《京氏易》《孝经》《论语》传及图谶，写有《五经论》，当时叫《沛王通论》。

在封地谨慎有节，始终如一，称为贤王。

显宗敬重他，几次加赏赐。

刘辅立四十六年而死，儿子釐王刘定为嗣。

【评点】

刘辅是光武帝刘秀和郭圣通所生的第二个儿子。开始的时候，也就是在建武十五年（39）刘辅被封为右翊公。可是十七年（41），郭后被废为中山太后，所以刘辅也就徙为中山王，并食常山郡。二十年（44），又徙封为沛王。

那时候，那些王都没有到自己的封地，而都留在京师，在那里干吗啊？争修名誉，积攒人脉。怎么争修名誉和积攒人脉呢？他们的主要做法就是争着礼遇四方宾客，和三教九流的人多接触，多交好。跟现在美国选举到处演讲、拉拢选票的性质差不多。就在这样的情况下，寿光侯刘鲤，也就是更始帝的儿子，得到了刘辅的宠幸，他们走到一块儿去了。

这个刘鲤，埋怨刘盆子害死了他的父亲，于是，就借着刘辅结交的宾客，把刘盆子的大哥故式侯刘恭给杀了。虽然不是皇子刘辅杀的，可是冤有头债有主，你是那些宾客的领头人啊，所以也脱不了干系。于是，刘辅就被拘留了，在看守所里待了三天才出来。这可是很丢份儿的事啊，堂堂一个皇子，被拘留了，脸面上过不去啊。这都是因为交友不慎所致，怨不得别人。

自此以后，诸王宾客多受刑罚，各依法度办事。

建武二十八年（52），刘辅就到了封地了。在京城还待什么啊？没有意思了嘛！

不过，刘辅被拘留的事，也不算是他个人人生履历上的什么污点。他这个人，可圈可点的地方还是有的。

刘辅矜严有法度，喜好经书，善于讲《京氏易》《孝经》《论语》传及图谶，写有《五经论》，当时叫《沛王通论》。另外，他在封地做事也很谨慎，有节制，能够说话算话，始终如一，他也因此被称为贤王。能称为贤王，也算是刘辅最大的人生亮点了。

第三节　楚王刘英

最空虚的皇子

【原文】

立三十三年，国除。诏遣光禄大夫持节吊祠，赠赗如法，加赐列侯印绶，以诸侯礼葬于泾。遣中黄门占护其妻子。悉出楚官属无辞语者。制诏许太后曰："国家始闻楚事，幸其不然。既知审实，怀用悼灼，庶欲宥全王身，令保卒天年，而王不念顾太后，竟不自免。此天命也，无可奈何！太后其保养幼弱，勉强饮食。诸许愿王富贵，人情也。已诏有司，出其有谋者，令安田宅。"于是封燕广为折奸侯。楚狱遂至累年，其辞语相连，自京师亲戚诸侯州郡豪桀及考案吏，阿附相陷，坐死徒者以千数。

十五年，帝幸彭城，见许太后及英妻子于内殿，悲泣，感动左右。建初二年，肃宗封英子种楚侯，五弟皆为列侯，并不得置相臣吏人。元和三年，许太后薨，复遣光禄大夫持节吊祠，因留护丧事，赗钱五百万。又遣谒者备王官属迎英丧，改葬彭城，加王赤绶羽盖华藻，如嗣王仪，追爵，谥曰楚厉侯。章和元年，帝幸彭城，见英夫人及六子，厚加赠赐。

种后徙封六侯。卒，子度嗣。度卒，子拘嗣，传国于后。

【译文】

立国三十三年，国除。

皇帝下诏派光禄大夫持节到祠堂吊唁，赠赗依法办事，加赐列侯印绶，按诸侯之礼葬于泾。

派中黄门守护他的妻子。

全部迁出楚官属无辞语者。

制诏给许太后说："国家听说楚王的事，希望他不是这样。已经查明真相，内心感到焦灼不安，本想原谅他保全其身体，使他活到年老，可是王不念顾太后，竟不自免而死去。这是天命如此，无可奈何！太后还是保护培养幼弱，勉强增进饮食。诸许愿王富贵，这是人之常情，已经下诏有司，赶出那些参与谋反者，令安田宅。"于是封燕广为折奸侯。

楚王一案拖了几年，那些辞语有牵连的，从京师亲戚诸侯州郡豪杰及考案官吏，阿附相诏，犯死罪和充军的达千数人。

永平十五年（72），皇上巡幸彭城，见许太后及刘英妻子于内殿，悲哀哭泣，感动左右。

建初二年（77），肃宗封刘英之子刘种为楚侯，五弟为列侯，并不得设相臣吏人。

元和三年（86），许太后去世，皇上又派光禄大夫持节吊祠，于是留护丧事。赗钱五百万。

又派谒者备王官属近刘英丧，改葬于彭城，加王赤绶羽盖华藻，如嗣王的礼仪，追爵，谥叫楚厉侯。

章和元年（87），皇帝巡幸彭城，见刘英之夫人和她的六个儿子，厚加赐赠。

刘种后来迁徙封为六侯。死后，他的儿子刘度继位。刘度死后，儿子刘拘继位，将封国一直传了下去。

【评点】

刘英是许美人所生。他于建武十五年（39）被封为楚公，十七年（41）晋爵为王，二十八年（52）到了封地。可是，由于他的母亲许氏没有得过宠，所以刘英之国最贫最小。谁厚谁薄由此可见一斑啊。好在到了三十年（54），皇上把临淮之取虑、须昌二县加进楚国。这样，刘英的楚国还像个模样了。

显宗做太子的时候，刘英跟他关系很好。等到显宗即位，他就多次赏赐刘英。比如，在永平元年（58）特封刘英的小舅子许昌为龙舒侯。

我们再来看刘英这个人。刘英少年时好游侠，与宾客交往，晚年更是喜欢黄帝、老子，学佛教斋戒祭祀。刘英开始朝佛门靠拢了。

永平八年（65），诏令天下的死罪之人都可用缣赎罪。刘英挺有意思的，他派郎中令奉黄缣白纨三十匹到国相那里说："我身在藩国，过恶很多，欢喜大恩，奉送缣帛，以赎愆罪。"他大概是从佛学中参悟到作为尘世的他，有着许多的罪恶。可是，那些罪恶是他思想里自己对自己的审判，在实际生活中，他并没有什么真正的罪恶啊。于是，国相就立即向上汇报。

诏书批示道："楚王诵黄帝老子之微言，喜好佛教的仁祠，潔斋三月，与神为誓，何嫌何疑，当有悔吝？将所交的缣帛退还，来帮助沙门近住之僧侣做一次盛馔。"于是班示给诸国中傅。就是嘛，你明明没有罪，赎什么罪啊？由此可见，我们可爱的刘英是有些浸入佛学之中了。果然，到了后来，刘英就大肆交结方士，制作金龟玉鹤，刻文字以为符瑞。

永平十三年（70），男子燕广控告刘英与渔阳王平、颜忠等造作图书，有谋反之意。

有司奏称刘英招聚奸猾之徒，造作图谶，擅相官秩，设诸侯王公将军二千石，大逆不道，请求杀了他。

皇帝因爱护亲族不忍，于是就废了刘英，迁徙到丹阳泾县，赐汤沐邑五百户。

第二年，刘英到了丹阳，选择自杀结束了自己的生命。

其实，纵观刘英的一生，他一直是在虚妄中度过的。生前，他学佛教斋戒祭祀，生活在一种虚空的世界，实际上是对现实的一种逃避。之所以逃避，我们不知道具体的原因，现在我们推测，大概是因为他在十几个皇子中是最不受重视的，感觉低人一等，而又无力改变现实，所以，就逃避到虚妄的世界里去聊以自慰。后来遇事被废之后，又选择了自杀。自杀，是对现实最终极的逃避，也是不负责任的一种表现。

第四节　济南安王刘康传

耍大腕儿的皇子

【原文】

永元初，国傅何敞上书谏康曰：

盖闻诸侯之义，制节谨度，然后能保其社稷，和其民人。大王以骨肉之亲，享食茅土，当施张政令，明其典法，出入进止，宜有期度，舆马台隶，应为科品。而今奴婢厩马皆有千余，增无用之口，以自蚕食。宫婢闭隔，失其天性，惑乱和气。又多起内第，触犯防禁，费以巨万，而功犹未半。夫文繁者质荒，木胜者人亡，皆非所以奉礼承上，传福无穷者也。故楚作章华以凶，吴兴姑苏而灭，景公千驷，民无称焉。今数游诸第，晨夜无节，又非所以远防未然，临深履薄之法也。愿大王修恭俭，遵古制，省奴婢之口，减乘马之数，斥私田之富，节游观之宴，以礼起居，则敞乃敢安心自保。惟大王深虑愚言。

康素敬重敞，虽无所嫌忤，然终不能改。

【译文】

永元初年，国傅何敞上书谏刘康道："听说诸侯的本义，制节谨度，然后能保其国土，和睦其百姓。大王以骨肉之亲，享食茅土，应当施张政令，明其典法，出入进止，应有期度，舆马台隶，应有规定。可现在奴婢厩马都有千多，增添无用的丁口，以自蚕食。宫婢关在里面，失去其天性，惑乱和气。又多起内宅，触犯防禁，费用巨万，而工程还不到一半。文繁杂就实质荒，土木建筑太多就使人亡，都不是奉礼承上、传福无穷的办法。所以楚国做章华宫而遭凶，吴王筑姑苏台而国灭，齐景公养千匹马，百姓不称赞。现在数游诸第，早晚无节制，又不是远防未然、临深履薄的做法。愿大王修恭俭之德，遵守古制，减少奴婢之口，省去乘马之数，排除私田之富，节游观之宴，按礼起居，那么我才敢安心自保。希大王深虑愚言。"

刘康素来敬重何敞，虽然没有抵触情绪，但始终不能改过。

【评点】

刘康，也是郭皇后和建武帝刘秀所生的皇子。建武十五年（39），刘康被封为济南公，十七年（41）进爵为王，二十八年（52）到封地。

三十年（54），朝廷又把平原的祝阿、安德、朝阳、平昌、隰阴、重丘六县加进济南国。中元二年（57），封刘康之子刘德为东武城侯。

按理说，刘康的小日子也够好的了。可是，这个刘康居然在封地不遵守法度，结交了许多三教九流的人，其中当然不乏不三不四之徒。和那些人接触交往，能有什么好呢？

果然，后来，有人就上书告刘康招来州郡奸猾之徒渔阳颜忠、刘子产等，又送很多缣帛，案图书，谋议不轨。这可是要命的罪行啊。很快，案情下达考核，有司举奏之，显宗看了看，心里很生气，但是因为是亲属的缘故，不忍心寻根究底，只削除祝阿等五县，轻轻表示了一下而已。要说这个显宗啊，心肠也太软了点，其实，亲情是亲情、事儿是事儿嘛，不应该混淆行事的。可是，建初八年（83），肃宗又发还所削之地，也就是说，把没收的那几个县又还给了刘康。

刘康一看，咦，没事嘛！皇帝也拿我没有招儿啊。于是，他就多殖财货，大修宫室，养奴婢居然达到了一千四百人，厩中养马一千二百匹，私田八百顷，奢侈恣欲，游观也无节制，简直是无法无天、挥霍无度了。

这样是非常危险的啊。难道就没有人给他忠告提醒一下吗？当然有啊，上面我们选摘的那段文字，就是永元初年，国傅何敞对刘康说的话。

何敞告诉他，诸侯的本义就是制节谨度，然后能保其国土，和睦其百姓。作为你刘康，应该有数才好，可现在早晚无节制，是临深履薄的做法，实在是危险啊！怎么办呢？何敞也给出了具体的建议，那就是要刘康修恭俭之德，遵守古制，减少奴婢之口，省去乘马之数，排除私田之富，节游观之宴，按礼起居。

何敞真可谓是苦口婆心啊。

虽然刘康素来敬重何敞，没有抵触情绪，可始终不能改过，就像没有听到一样。刘康的一生，就是骄奢淫逸的一生，是要大腕儿的一生，也是胡折腾的一生。

贵为皇子，却取如此生活态度，享受了当时，却没有想到，如今他的种种行为为我们所唾弃，在天有灵的话，不知他会作何感想。

第五节　东平宪王刘苍

最可敬的皇子

【原文】

四年春，车驾近出，观览城第，寻闻当遂校猎河内，苍即上书谏曰："臣闻时令，盛春农事，不聚众兴功。传曰：'田猎不宿，食饮不享，出入不节，则木不曲直。'此失春令者也。臣知车驾今出，事从约省，所过吏人讽诵《甘棠》之德。虽然，动不以礼，非所以示四方也。惟陛下因行田野，循视稼穑，消摇仿佯，弭节而旋。至秋冬，乃振威灵，整法驾，备周卫，设羽旄。《诗》云：'抑抑威仪，惟德之隅。'臣不胜愤懑，伏自手书，乞诣行在所，极陈至诚。"帝览奏，即还宫。

【译文】

永平四年（61）春，皇上车驾近出，观览城市房屋，不久听说将到河内狩猎，刘苍上书劝阻道："臣听说时令，盛春农事很忙，不可聚众兴功。古书说：'田猎不宿，食饮不享，出入不节，则木不曲直。'这是失春令的做法。臣知车驾今出，事从约省，所过之处吏人讽诵《甘棠》之德。即使这样，行动不依礼节，不是能以此向四方示范的。希陛下巡行田野，看看庄稼，逍遥仿佯，按节而回。到了秋冬，才振威灵，整法驾，备周卫，设羽旄。《诗经》上说：'抑抑威仪，惟德之隅。'（大意：人有威仪，如宫室之制。）臣不禁内心忧虑，伏自手书，求在陛下到达之处，表达一片至诚。"

帝看了后，立即回宫。

【评点】

刘苍是阴丽华和光武帝刘秀生的皇子。在建武十五年（39）的时候，他被封为东平公，十七年（41）晋爵为王。

刘苍少年时很好读经书，颇有智慧，学习成绩一直很优秀，并且，长得一脸好胡须，腰围粗壮，是条硬铮铮的帅气硬汉，显宗十分爱重他。等到显宗即位，封苍为骠骑将军，设长史掾史员四十人，位在三公之上。

永平元年（58），封苍之子二人为悬侯。二年（59）将东郡之寿张、须昌，山阳之南平阳、囊、湖陵五县加进东平国。

这时中兴三十多年，四方没有忧患，刘苍认为天下太平，应修礼乐，便与公卿共同议定南北郊冠冕车服制度，及光武庙登歌八佾舞数，语在《礼乐》《舆服志》。

刘苍在朝数年，做了许多有益之事，可自己觉得以至于亲辅政，声望一天天高，内心有些不安。是啊，这样一来，会有人做文章、说闲话的。于是，他便上书请求归职道："臣苍疲驽之才，特被陛下慈恩庇护，在家受了许多教导，升朝蒙爵命之旨，制书奖励，颁之四海，举小人之才，升君子之器。一个匹夫，还不忘一篮饭的恩惠，况臣居宰相的位子，有手足之情。应当死在野外，做百官的表率，可是愚顽之质，加以有病在身，的确羞于负乘，辱污辅将之位，将受到诗人'三百赤绂'（指无德而居高位）的讽刺。现在方域平安，边远没有警讯，正是遵守上德无为而治之时，文官还可并省，武职更不应增建。古时象被舜封于有鼻，不任政事，由于君王之爱至深，不忍扬其过恶。前事之不忘记，正是后事之师表。从汉兴以来，宗室子弟没有在公卿高位的。希陛下审览虞舜优养母弟的做法，遵守旧典，终卒厚恩。求送上骠骑将军大印，退到自己的封地，希得到爱怜。"

帝优诏不听。皇帝不舍得啊。这样的至亲可谓左膀右臂啊。此后，刘苍又多次跟皇上说这件事情，每次辞语都十分恳切。终于在永平五年（62）才准许还国，但不接上将军印绶。以轻骑长史为东平太傅，掾为中大夫，令史为王家郎。加赐钱五千万，布十万匹。

第二年冬天，皇帝巡幸鲁国，召刘苍跟着回京师。

第二年，皇太后死了。葬了皇太后之后，刘苍才回到了自己的封地，皇上特赐奴婢五百人，布二十五万匹，和珍宝服饰器物。

永平十一年（68）刘苍与诸王朝京师。过了一个来月，又回国了，光武帝临送回宫，凄然怀念，于是派使者持手诏绘国中傅道："辞别之后，独坐不乐，于是就乘车回来，伏在车前横木上吟诗：瞻望永怀，实劳我心，诵及《采菽》，以增叹息。前些时候问东平王在家何等快乐，王说做好事最快乐，其言甚大，说到内心深处了。今送列侯印十九枚，诸王子年五岁以上能够趋拜的，都叫他们带上。"永平十五年（72）春，皇帝行幸东平，赐刘苍钱一千五百万，布四万匹。

皇上把所作《光武本纪》给刘苍看，刘苍于是上一篇《光武受命中兴颂》。皇上认为很好，文章很典雅，特令校书郎贾逵做注解。

肃宗即位，对刘苍的尊重恩礼超过前代，诸王没有谁能和他相比。

建初元年（76），地震，刘苍上书谈到几件事，其事留在禁中。

皇上回信道："丙寅所上书谈到的几件事，我反复看了几遍，心开目明，似乎明白了许多。平时吏人奏事，也有这话，但是明智浅短，有的说倘若这样，又考虑是错误的。为什么呢？灾异的降临，因政治而出现。现在改元之后，年岁饥荒，百姓流散，这是我的德薄造成的。又冬春两季干旱太甚，面积很广，即使内用克责，而不知所定。得到王的深策，快然意解。《诗经》不是说过：'未见君子，忧心忡忡；既见君子，我心则降。'想到你的一些好主意，决定依次照办，希望得到好的报应。为了表彰你的美德，特赐王钱五百万。"

后来皇帝想替原陵、显节陵修县邑，刘苍听说了，连忙上书道："听说您将替二陵起立郭邑，臣以前以为是道听途说，不大实在，近来派从官古霸探视涅阳公主的病，使者回来，才知道诏书已经下来。臣见过光武皇帝亲自履行俭约的品德，深睹始终之分，勤勤恳恳，用葬制来说，所以营建陵地，都是按古典办事，诏书说过：'毋为山陵，陂池栽令流水而已。'孝明皇帝大孝不违背教训，认真执行。至于自己所营创，尤其俭省，谦德之美，达到了极点。臣下愚笨之见，以为园邑的兴建，从强秦开始。古时墓而不坟，不想让它显眼，何况筑城郭、建都郭呢！上违先帝的圣心，下造无益的工程，虚费国家财用，动摇百姓之心，不是致和气、求丰年的办法。又按吉凶俗数来说，也不想无故修缮丘墓，有所兴起，考之古法就不合，查之现在也违背人心，求之吉凶也不见有福。陛下履行舜帝的至性，追祖祢之深思，然而怕左右议论，以累及圣心。臣苍的确伤二帝纯德之美，不畅于无穷。只想得到您的观览。"皇上听从了，停止了作为。

从此朝廷有可疑的政事，就派快马去征询意见。刘苍全心对答，都被采纳应用。其实，刘苍所扮演的角色，是皇帝的顾问。在历代王朝中，作为皇子，能够全心全意跟兄弟皇帝一起治理国家的，不是很多。在这里，我们不但可以看到刘苍的博学多识，也足见其忠心耿耿，还可以看到其淡定的心态。按理说，都是兄弟，都是皇子，你为什么就当皇帝，而我不是呢？所以，天下的皇子们往往会各怀心思。因此，刘苍的这种淡定心态，还是很值得我们学习的。凡事想开一点，凡事看开一点，于己于人，都有裨益。

建初三年（78），皇上在南宫享卫士，刘苍从皇后走遍了掖庭池阁，皇上看到阴太后旧时用过的器物，脸上表现出难过的样子，于是命留五时衣各一袭，和平日所穿衣服共五十箧，其余全部分给诸王公主及在京师的子孙。

特赐给刘苍及琅邪王刘京的书道："中大夫奉使，亲听到动静，嘉奖不止。岁月过得很快，山陵渐渐远隔，孤心凄怆，如何如何，日前享卫士于南宫，看到旧时衣物，听到老师说过：'其物存，其人亡，不言哀而哀自至。'的确如此。想到王孝友之德，难道不这样嘛！今送来光烈皇后假纻帛巾各一件，和衣一箧，可以时时看看，以慰《凯风》寒泉之思，又想使后生子孙能见到先后衣服之制。今鲁国孔氏，尚有仲尼车舆冠服，说明德盛之人光灵远垂后世。光武皇帝的器服，中元二年（57）已赋诸国，所以不再送了。并遣宛马一匹，血从前膊上小孔中流出。常听说汉武帝歌颂天马，沾赤汗，现在亲眼看到了。目前反虏之兵尚屯，将帅在外，忧念不止，没有闲宁之日。愿王宝贵精神，加意供养。苦言至戒，望之如渴。"

永平六年（63）冬，刘苍上书求朝。第二年正月，皇上同意了。

皇上特赐装钱一千二百万，其余诸王各一千万。另外，皇帝以为苍冒涉寒露，派谒者赐貂裘，及太官食物珍果，使大鸿胪窦固执节在郊外迎接。这还不算，皇帝还亲自循行邸第，预设帷床，钱帛器物无不充足齐备。

下诏书道："《礼记》说'伯父归宁乃国'，《诗经》说'叔父建尔元子'，这是恭敬至极了。"刘苍到了之后，升殿便拜，天子亲自答礼。

以后诸王进宫，都用车子迎接，到省阁才下车。

刘苍一看，觉得严重了啊，这样的礼遇恩情，实在是不敢当。他觉得很不安。于是，就赶紧上书辞谢道："臣听说贵有常尊，贱有等威，卑高列序，上下以理。陛下至德广施，慈爱骨肉，既赐奉朝请，咫尺得见天仪，而亲自屈至尊，降礼于下臣，每次宴享接见，常常兴席改容，中宫亲拜，事过典故。臣非常害怕，的确内心不安，每会见，谦让得手足不知放在哪里为好。这不是给群下做榜样，安抚臣子的办法。"

皇上看了奏折十分叹息，更加褒贵起来。

按照以前的制度，那些王的女儿，都会被封为乡主，可是，只独封刘苍五女为县公主。

三月，大鸿胪奏遣诸王回国，事毕之后，皇上又特意留下了刘苍，赐给秘书、列仙图、道术秘方。到八月饮酎毕，有司又奏遣苍回国，才同意让刘苍回去。皇上又写手诏给刘苍道："骨肉天性，的确不因远近为亲疏，然而几次看见颜色，情重昔时。念王久劳于外，想得到回朝休息，想署大鸿胪奏，不忍心下笔，愿授小黄门，中心恋恋，恻然说不出话来。"于是用车驾送行，流着眼泪而别。君臣之间的感情，由此可见一斑，实在是令人唏嘘不已啊。

刘苍回国之后，得了疾病，皇帝用快马送御医，小黄门招扶，使者来往不断在路上。并且，还设驿马千里，传问刘苍的起居。其情切切，感人肺腑。行文至此，真想穿越到东汉王朝，送刘苍一部手机，让他跟皇上通话，报个平安。

第二年正月刘苍死了，诏告中傅，封上刘苍自建武以来章奏及所作书、记、赋、颂、七言、别字、歌诗，并集览。意思是将刘苍的文稿结集出版，以资存念。

派大鸿胪持节，五官中郎将为副监丧，及将作使者共六人。令四姓小侯诸国王主都集合到东平奔丧，前后赐钱共一亿，布九万匹。等到葬时，策写道："惟建初八年三月己卯，皇帝说，咨王丕显，勤劳王室，亲受策命，昭于前世。出作藩辅，克慎明德，率礼不越，傅闻在下。老天爷不长眼睛，不报上仁，让我一个人，早晚茕茕孑立，没有终极。今诏有司加赐鸾辂乘马，龙旗九旒，虎贲百人，奉送王行。不是我的宪王，谁能蒙此恩德！魂如有灵，保此宠荣。呜呼哀哉！"

刘苍立四十五年，子怀王刘忠嗣。

手足情如此者，足矣！正如本书中评论的一样：孔子称"贫而无谄，富而无骄，未若贫而乐，富而好礼者也"。若东平宪王，可谓好礼者也。

第六节　阜陵质王刘延

最没数儿的皇子

【原文】

延性骄奢而遇下严烈。永平中，有上书告延与姬兄谢弇及姊馆陶主婿驸马都尉韩光招奸猾，作图谶，祠祭祝诅。事下案验，光、弇被杀，辞所连及，死徙者甚众。有司奏请诛延，显宗以延罪薄于楚王英，故特加恩，徙为阜陵王，食二县。

【译文】

刘延生性骄奢而对待部下严厉。

永平年间，有人上书告刘延与姬兄谢弇及姊馆陶公主之婿驸马都尉韩光招募奸猾之徒，作图谶，祠祭祝诅。

案情交下检查，韩光、谢弇被杀，供词连累所牵连，死罪及迁徙的很多。

有司上奏请求杀掉刘延，显宗认为刘延之罪比楚王刘英要轻，所以特地加恩，改授为阜陵王，食二县之禄。

【评点】

阜陵质王刘延是郭皇后和光武帝所生。建武十五年（39）封淮阳公，十七年（41）晋爵为王，二十八年（52）到封地去。三十年（54）朝廷把汝南之长平、西华、新阳、扶乐四县划归淮阳国。

刘延生性骄奢，而对待部下严厉。永平年间，有人上书告刘延招募奸猾之徒，作图谶，祠祭祝诅。案情交下检查，韩光等几个人被杀，供词连累所牵连，死罪及迁徙的很多。有司上奏请求杀掉刘延，显宗认为刘延之罪比楚王刘英要轻，所以特地加恩，改授为阜陵王，食二县之禄。

刘延已经徙封，几次怀恨在心。他心里暗含忧愤。

建初年间，又有人告刘延与子刘鲂造逆谋乱，有司奏请用槛车召刘延到廷尉坐牢。你说这刘延也太不像话了，一而再再而三，你想干吗啊？

肃宗下诏道："王前次犯大逆不道之罪，情节重大，和周朝的管叔、蔡叔，汉朝的淮南相等。经有正义，律有明刑。先帝不忍亲亲之恩，枉屈大法，替王受过，群下没有不疑惑的。现在王没有悔悟之意，悖乱之心不改，逆谋从内部攻破，从儿子鲂开始，的确不是本朝之所乐闻。朕恻隐伤心，不忍给王处分，今贬爵为阜陵侯，食一县之禄。这种罪过，是他自取的，呜呼哀哉！"赦免刘鲂等人之罪，不予查究，派谒者一人监护刘延之国，不许与吏人交往。你看看，自找的吧？原先多好的封国啊，犯事之后，减为二县，还怀恨在心，又犯事儿，这回好了，还剩一个县。

章和元年（87），皇上行幸九江，赐刘延一封信和车驾相会于寿春。

皇上看刘延和他的老婆孩子，如今，已经不是当初了。皇上的内心十分难过，于是下诏道："从前周朝之爵封千又八百，而姓姬的占半数，就是为了巩固王室。朕此次南巡，向淮、海一带，意在阜陵，于是与侯相见。看到侯志意衰落，形体大不如前，十分伤心。今恢复侯为阜陵王，增封四个县，连以前共五个县。"

皇上不忍心看到自己的手足到了如此境地，可怜他，又增加四个县给他，如今，刘延共有五个县了。

人贵有自知之明啊。这个刘延不仁，可皇帝并无不义。所牵念的，还是一个情字。人都是感情动物。亲情、友情和爱情，贯穿人的一生。所以，感情啊，一定要去珍惜，去维护。想必，后来的刘延一定也感知到了这一点，而有所醒悟。到了第二年，他又入朝了。

第七节　广陵思王刘荆

最疯狂的皇子

【原文】

光武崩，大行在前殿，荆哭不哀，而作飞书，封以方底，令苍头诈称东海王彊舅大鸿胪郭况书与彊曰：

君王无罪，猥被斥废，而兄弟至有束缚入牢狱者。太后失职，别守北宫，及至年老，远斥居边，海内深痛，观者鼻酸。及太后尸柩在堂，洛阳吏以次捕斩宾客，至有一家三尸伏堂者，痛甚矣！今天下有丧，弓弩张设甚备。间梁松敕虎贲史曰："吏以便宜见非，勿有所拘封侯难再得也。"郎官窃悲之，为王寒心累息。今天下争欲思刻贼王以求功，宁有量邪！若归并二国之众，可聚百万，君王为之主，鼓行无前，功易于太山破鸡子，轻于四马载鸿毛，此汤、武兵也。今年轩辕星有白气，星家及喜事者，皆云白气者丧，轩辕女主之位。又太白前出西方，至午兵当起。又太子星色黑，至辰日辄变赤。夫黑为病，赤为兵，王努力卒事。高祖起亭长，陛下兴白水，何况于王陛下长子，故副主哉！上以求天下事必举，下以雪除沈没之耻，报死母之仇。精诚所加，金石为开。当为秋霜，无为槛羊。虽欲为槛羊，又可得乎！窃见诸相工言王贵，天子法也。人主崩亡，间阎之伍尚为盗贼，欲有所望，何况王邪！夫受命之君，天之所立，不可谋也。今新帝人之所置，彊者为右。愿君王为高祖、陛下所志，无为扶苏、将闾叫呼天地。

彊得书惶怖，即执其使，封书上之。

【译文】

帝死后，灵枢在前殿，刘荆哭而不哀，而写一封飞书，封以方底，派苍头诈称东海王刘彊舅大鸿胪郭况给刘彊写道："君王无罪，多次被斥废，而兄弟有被束缚入牢狱的。太后失职，别守北宫，等到年老，远斥居边，海内深为痛惜，观者鼻子发酸。后来太后尸柩在堂，洛阳吏以次捕斩宾客，至有一家三尸伏堂的，痛心极了！现在天下有丧，弓弩张设甚完备，日前梁松敕虎贲史说：'吏因便宜之事而有非者，当即行之，勿拘常制，因为封侯难再得哩！'郎官私下悲痛，替王寒心累息。今天下人争想克贼王以求功，难道有限量嘛！如果归并二国之众，可聚集百万人，君王做主帅，鼓行无前，功劳就比太山压鸡蛋还容易，比四马载鸿毛还轻，这是汤、武之兵呀！今年轩辕星有白气，星相家和好事的，都说白气者丧，轩辕女主之位。又太白星前出西方，至午兵当起。又太子星色黑，至辰日辄变红。黑为病，赤为兵，王努力卒事。高祖起于亭长，陛下兴于白水，何况王是陛下的长子，故副主呢？上以求天下事必举，下以雪除沉没之耻，报死母之仇。精诚所加，金石为开。应做秋霜肃杀之气，莫做槛羊受制于人，到了那时，即使想做槛羊，又可得嘛！我见到诸相工讲王贵相，天子之法。人主崩亡，闾阎之伍尚为盗贼，想有所希望，何况王呢！受命之君，天之所立，不可人谋而得。今新帝人所安排，强者为右。愿君王做高祖、陛下所志，不要像扶苏、将闾叫呼天呀！"

刘彊收到信后非常害怕，即抓住来使，把书信封住呈上去。

【评点】

刘荆是光武帝和阴丽华所生，建武十五年（39）封为山阳公，十七年（41）晋爵为王。

刘荆这个人，个性刻急、阴险、害人，但是有才能还喜文法。

光武帝死后，灵柩在前殿，刘荆哭而不哀，而是以刘彊他舅的口吻写了一封飞书，栽赃陷害。信的内容就是我们在前面摘录的章句。你说哪里有这么干的啊？都是兄弟，何必这样鼓捣？

刘彊收到信后非常害怕，赶紧抓住来使，把书信封住呈上去。显宗看了之后，认为刘荆是自己的同母弟，不忍心怎么他，于是就隐瞒其事，不做声张，悄悄地遣刘荆出去住在河南宫。

这时西羌谋反，刘荆不得志，希望天下因羌祸惊动发生变故，私自找看相的商议。这个刘荆，心里有自己的小九九啊，说白了他是想借这个机会，弄个皇帝什么的当当。

皇上听说了之后，很无语，也很生气，但是也考虑到亲情关系，于是就改封刘荆为广陵王，遣他回封地去。

后来刘荆又呼相工并且说："我面貌像先帝。先帝三十岁得天下，我现在也三十了，可以起兵否？"刘荆啊刘荆，莫非你疯了吗？这样的狂妄之言，你老兄也敢说啊？当年他老子刘秀曾经说过"谁说那个要当皇帝的刘秀一定不是我呢"，当时众人都笑，那是玩笑话，可是现在他的儿子刘荆又继承了他的秉性，说出这样的话来，只是，此时已经不是彼时，这时候说出这个话来，是要杀头的！相工到官吏处告发，刘荆害怕，自己绑着自己进了牢狱。

帝又加恩，不追究其事，下诏不许刘荆臣属吏人，只是食租还照旧，派相、中尉谨宿保卫他。可是，你猜怎么着？我们的刘荆仍然不改！

后来他又使巫祭祀祝诅，有司举报，请求杀了他。刘荆一想，这次完了，凡事再一再二不能再三再四啊，这次肯定躲不过了。于是，他就选择了自杀，成为刘秀的儿子中第二个自杀的人。

刘荆立二十九年死。皇上同情可怜他，赐谥叫思王。

唉！这个皇子啊，可真够疯狂的。疯狂者不成功，便自毙。

第八节　临淮怀公刘衡

最没福分的皇子

【原文】

临淮怀公衡，建武十五年立，未及晋爵为王而薨，无子，国除。

【译文】

刘衡建武十五年（40）立，未及晋爵为王而死，无子，国除去。

【评点】

刘衡也是阴丽华和刘秀所生的一个皇子，建武十五年（39）立，可是，还没有来得及晋爵为王就早早地死去了。他身后没有子嗣，于是，他的封国也就被取消了。

他可是一个没有福分的皇子啊。皇帝的那些皇子，一般情况下都会给一个封国让他去当王，吃所辖区域内的税赋，皇上那里还经常赏赐钱物，那日子可谓幸福快乐得很啊。皇上还要日理万机，处理国家大事，担着风险呢，而这些王呢，就不用那么辛苦了。就一句话，作为皇二代，不交接班当皇帝的，就当王去享福。但是，我们的这个刘衡，却是一个没有福分的人，可惜了。

第九节 中山简王刘焉

最明事理的皇子

【原文】

永平二年冬，诸王来会辟雍，事毕归藩，诏焉与俱就国，从以虎贲官骑。焉上书辞让，显宗报曰："凡诸侯出境，必备左右，故夹谷之会，司马以从。今五国各官骑百人，称娖前行，皆北军胡骑，便兵善射，弓不空发，中必决眦。夫有文事必有武备，所以重藩职也。王其勿辞。"

【译文】

永平二年（59）冬，诸王来会辟雍，事毕归藩，诏刘焉与他们一起回到封地，由虎贲官骑跟从。

刘焉上书辞让，显宗回报说："凡诸侯出境，必备左右，所以夹谷之会，司马以从。今五国各有官骑百人，整齐前行，都是北军胡骑，便兵善射，弓不空发，中必决眦。有文事的一定要有武备，这是重藩职的意思，王不必推辞吧！"

【评点】

刘焉，建武十五年（39）封左冯翊公，十七年（41）晋爵为王，焉是郭太后最小的儿子，就把他单独留在京师。过了十几年之后，于三十年（54）徙封为中山王。

永平二年（59）的冬天，诸王来会辟雍，事毕归藩，皇帝下诏让刘焉与他们一起回到封地，由虎贲官骑跟从。别看刘焉小，可是懂事啊。刘焉上书辞让，很客气，那意思说不用这么排场，俺自己回去就行了。皇上一听，嗯，真是一个明事理的贤王啊。此外因为刘焉被郭太后偏爱，皇帝便对他特加恩宠，允许他独得往来于京师的权利，这算是特殊关爱了。

永平十五年（72），刘焉之姬韩序有过失，犯事儿了，刘焉就直接缢杀了她，国相举奏给皇上，皇上得处理这件事情啊，于是，就削安险县。减了一个管辖的县。不过，过了不久，到了元和年间，肃宗又把安险县还给了中山。那意思就是，以前的事呢，就这么过去，表示表示也就算了，是你的，就再给你吧。

刘焉立五十二年，永元二年（90）死去。

子夷王刘宪嗣。

刘焉的一生，也没有做过什么大事。可圈可点的，无非就这么一个谦让。但即便是这样，在几个兄弟当中，也还不算坏，相比较其他那几个皇子，算是很不错的了。

第十节　琅邪孝王刘京

最会卖乖的皇子

【原文】

光烈皇后崩，帝悉以太后遗金宝财物赐京。京都莒，好修宫室，穷极伎巧，殿馆壁带皆饰以金银。数上诗赋颂德，帝嘉美，下之史官。京国中有城阳景王祠，吏人奉祠。神数下言宫中多不便利，京上书愿徙宫开阳，以华、盖、南武阳、厚丘、赣榆五县易东海之开阳、临沂，肃宗许之。立三十一年薨，葬东海即丘广平亭，有诏割亭属开阳。

子夷王宇嗣。

【译文】

光烈皇后死了，皇上把太后全部遗金宝财物赐给刘京。

刘京建都在莒，好修宫室，穷极伎巧，殿馆壁带都用金银装饰起来。

多次上诗赋歌颂功德，皇上嘉美他，下之于史官。

刘京国中有城阳景王祠，吏人奉祀。

神几次下言宫中多不便利，刘京上书愿徙宫于开阳，把华、盖、南武阳、厚丘、赣榆五县换东海之开阳、临沂，肃宗同意了。

刘焉立三十一年死去，葬于东海即丘广平亭，有诏割亭开阳。

子夷王刘宇嗣。

【评点】

刘京是阴丽华和刘秀生的最小的一个皇子了。在建武十五年（39）的时候被封为琅邪公，十七年（41）晋爵为王。

刘京性恭谨孝顺，爱好经学，显宗特别爱幸他，赏赐恩宠特别不同，谁也比不上。永平二年（59）把太山之盖、南武阳、华，东莱之昌阳、卢乡、东牟六县增加给琅邪王。永平五年（62）才到封地去。

光烈皇后死了，全部遗金宝财都赐给了刘京。刘京的封国，建都在莒，好修宫室，穷极伎巧，殿馆壁带都用金银装饰起来。他极其讲究啊，肯花大钱，肯下大功夫。多次上诗赋歌颂功德，皇上嘉美他，下之于史官。刘京国中有城阳景王祠，吏人奉祀。神几次下言宫中多不便利，刘京上书愿徙宫于开阳，把华、盖、南武阳、厚丘、赣榆五县换东海之开阳、临沂，肃宗同意了。你看看，花了那么多钱建了宫殿，因为一个卜卦，说多有不便，就迁都。迁都之后还不又得重新花钱装修啊？真是浪费至极。可是，我们的刘京就是有本事，他一一都能办到。为什么？本书的作者评论说了：光武十子，祚土分王。沛献尊节，楚英流放。延既怨诅，荆亦觖望。济南阴谋，琅邪骄宕。中山、临淮，无闻夭丧。东平好善，辞中委相。谦谦恭王，实惟三让。这个刘京啊，就是一个骄宕也，但是他有张会说话会办事的嘴啊。还有，刘京又恭谨孝顺，爱好经学，所以显宗特别爱幸他，他什么事情都能够迎刃而解，而且所得到的赏赐恩宠特别不同，谁也比不上。这也是一种本事啊。

刘焉立三十一年死去，葬于东海即丘广平亭，有诏割亭开阳。子夷王刘宇嗣。

其实，分析一下这个琅邪王刘京的话，他最大的特点是会讨好。年龄最小嘛，再加上嘴巴甜，是很容易得到好处的。因为他小，就久被留在京师，之后去了封地，大肆装饰挥霍，本来这是一件不怎么好的事情，可是，他会说啊，经常赞美皇上，皇上一高兴，结果可想而知。于是，他就要风得风，要雨得雨。

卷四十二 朱晖传

义烈之士朱晖

【原文】

是时谷贵，县官经用不足，朝廷忧之。尚书张林上言："谷所以贵，由钱贱故也。可尽封钱，一取布帛为租，以通天下之用。又盐，食之急者，虽贵，人不得不须，官可自鬻。又宜因交阯、益州上计吏往来，市珍宝，收采其利，武帝时所谓均输者也。"于是诏诸尚书通议。晖奏据林言不可施行，事遂寝。后陈事者复重述林前议，以为于国诚便，帝然之，有诏施行。晖复独奏曰："王制，天子不言有无，诸侯不言多少，禄食之家不与百姓争利。今均输之法与贾贩无异，盐利归官，则下人穷怨，布帛为租，则吏多奸盗，诚非明主所当宜行。"帝卒以林等言为然，得晖重议，因发怒，切责诸尚书。晖等皆自系狱。三日，诏敕出之。曰："国家乐闻驳议，黄发无愆，诏书过耳，何故自系？"晖因称病笃，不肯复署议。尚书令以下惶怖，谓晖曰："今临得谴让，奈何称病，其祸不细！"晖曰："行年八十，蒙恩得在机密，当以死报。若心知不可而顺旨雷同，负臣子之义。今耳目无所闻见，伏待死命。"遂闭口不复言。诸尚书不知所为，乃共劾奏晖。帝意解，寝其事。后数日，诏使直事郎问晖起居，太医视疾，太官赐食。晖乃起谢，复赐钱十万，布百匹，衣十领。

【译文】

这时谷价昂贵，县官经费不足，朝廷十分着急。

尚书张林上书道："谷贵是由于钱贱的缘故。可尽量封钱，一律取布帛做租，让天下通用。又盐，食物中急需之物，虽贵，人不能不要，可由官出卖。又应通过交阯、益州上计吏往来之便，买珍宝，收采其利，武帝时所谓均输的办法。"

于是下诏给尚书们通议。朱晖上奏认为张林之计不可行，事情就罢了。后来陈事者又有重复张林之议的，认为对国有利，帝同意了，有诏施行。

朱晖又独奏道："王制，天子不讲有无，诸侯不讲多少，做官的人不与百姓争利。今均输之法与贾贩没有区别，盐利归官，则下民穷急，布帛为租，则吏多从中捣鬼，的确不是明主所应当实行的办法。"

皇帝最后认为张林等的话是对的，得到朱晖重议，便发怒，责备诸尚书。

朱晖等都自请坐牢。

三天后，诏赦免了他们。

诏说："国家愿意听取不同意见，老臣们没有过失，诏书错了，为什么自请坐牢？"朱晖于是称病太重，不肯再参加议政了。

尚书令以下都很恐惧，对朱晖说："现在面临责备，为什么称病不出，其祸不小！"

朱晖说："年纪已八十了，蒙皇恩能在机密，应当以死相报。如果心知不可而顺着旨意附和，有负臣子之义。今耳目无所闻见，等待死命好了。"于是闭口不再说话。

诸尚书不知所为，便一起弹劾朱晖。

皇帝明白了大家的意思，也就不予追究。

过后几日，诏使直事郎问候朱晖的起居，派太医看病，太官赐食。

朱晖于是起身谢恩，又赐钱十万，布百匹，衣十套。

【评点】

朱晖字文季，是南阳宛人。家中世代衣冠。在他还很小的时候，父亲就死去了。朱晖很有志气。他十三岁的那一年，刚好是王莽失败，天下大乱的时候。朱晖与他外婆家的人从田间一路逃亡直奔宛城而去。

路上，忽然就遇一群贼人，七长八短那么一棒子匪徒，他们都拿着大刀匕首，既劫持妇女，也掠夺衣服和财物，反正是见什么抢什么。这就是那个动荡的岁月里时有发生的事情。

当时那一帮子人呼啦朝上一围，阵势也是相当吓人啊。果然，和朱晖一起逃奔的那些人，一个个吓得趴到地上，连动也不敢动了。

就在这危急时刻，我们的小朱晖居然猛然拔出剑来，逼上几步大声说道："财物都可拿走，诸母衣不许动。今日是我朱晖死的日子了！"嘿！十三岁的一个小毛孩子啊，搁在现在，也就才上六年级的小学生，那可真叫一个酷啊！

那帮子贼人看他年纪这么小，也就有那么一把剑的高度，可志气不小，勇气不小，气场不小啊。于是，他们都笑了。他们笑着说道："小屁孩儿，快把刀收起来吧！"说完，他们就舍弃朱晖他们一大家子人，去抢劫别人去了。

当年，光武帝刘秀与朱晖的老爸朱岑都在长安学习，是大学同学，之间有旧交。等到刘秀即位后，就去找朱岑，这时朱岑已死，于是召朱晖做郎。

朱晖不久因病离职，卒业于太学。朱晖这个人啊，其性情矜持严厉，进止必守礼节，诸儒生称赞他品德很高。

永平初年，显宗的舅父新阳侯阴就仰慕朱晖的贤能，亲自去问候，朱晖避而不见。阴就又派家丞送礼，朱晖闭门不受。那家丞回来说：那姓朱的太不识抬举了！阴就却不这么认为，他听了之后叹息道："真是有志之士呀，不要夺其气节。"

后来朱晖做了郡吏，太守阮况曾经想买朱晖家的婢女，朱晖不答应。

等到阮况死了，朱晖便送厚礼至其家。这可真是让人不理解的举动啊。果然就有人讥讽他，说，朱晖啊，你这是干的什么事啊？当初的事你不答应，现在人家死了，你却又送厚礼给他，你玩的哪一出嘛！朱晖说："从前阮府君有求于我，我不敢闻命，的确是怕以财货污辱了他。现在相送，表明我不是有爱惜之意。"朱晖的意思是我是为他好啊！

骠骑将军东平王刘苍听了这件事情之后，觉得朱晖这个人真不错啊，于是，在后来就提拔他，并且很有礼貌地待他。正月初一天明，刘苍应当入贺。按照旧例，少府给玉石。这时阴就为府卿，贵而骄，官吏傲而不守法。

刘苍坐朝堂之上，更漏将尽。更漏是什么啊？就是用来算时间的器具。那时候没有表啊，也就是说天已经亮了，时候不早了，即将上朝了。而刘苍要玉石却找不到，很着急，他就回头对掾属说："怎么回事？"朱晖望见少府主簿手中拿着一块玉石，他灵机一动，就走过去，欺骗他道："我多次听说有璧玉而不曾见过，请给我看看。"主簿把璧给朱晖，那神情很是自得：傻了眼了吧？一看就是一个土老帽儿，没有见过世面。今天就叫你开开眼！可是，他正在那里扬扬自得呢，人家朱晖一回头，召令史奉之于刘苍。呵呵，他给骗来送给刘苍了，用以解燃眉之急。

主簿一看，大吃一惊，心说，干吗呢？给了你们，我们这边怎么办？于是他就气咻咻急吼吼地去报告给阴就。阴就也就是前面提到的那个显宗的舅父，新阳侯。

新阳侯阴知道朱晖的为人，就说："朱掾是义士，不要再求他了。"更以另一玉石朝见。那块玉石就送他吧，咱还有的是，重新拿一块来就是了。

刘苍行礼已毕，对朱晖说："属者掾自认为与蔺相如哪个强些？"那意思是对朱晖的随机应变和忠心耿耿报以极大的欣喜和赞许。后来皇上听说了这件事情，也夸赞朱晖真勇敢。难道不勇敢吗？他竟然连皇帝的大舅都不理睬，你不理睬就不理睬吧，竟然还敢抢人家的玉石！强啊！

后来皇上打算严格调整长安的宿卫，想了想，觉得谁合适呢？嗯，有数了。谁？朱晖啊！于是，皇帝就让朱晖做了卫士令。朱晖上岗之后，大刀阔斧地干了一通，干得很不错，于是，就再升为临淮太守。

朱晖好讲节操，有所拔用，都严厉执行。一些报怨之人，以义犯事，朱晖都替他们求其理，多得到生济。那些不义之因，立即倒下。吏人对朱晖也十分畏爱，作歌道："强直自遂，南阳朱季。吏畏其威，人怀其惠。"

可是，几年后，朱晖因违法被免去官职。咦？违了什么法啊？其实啊，因为朱晖做官很刚直，所以呢，就被上司所忌，多次被弹劾。人们常说功高盖主，也不是一件好事。他的顶头上司还要笼罩在朱晖的光环之下，那可了不得啊。人就这样，领导比自己强，那行；可是要是自己的手下甚至和自己平级的人超过了自己，让自己成了陪衬，那怎么行？于是，在这样的心理促使下，就会想办法打压你，诽谤你，让你好看！朱晖大概就是吃了这样的亏，最后把官给做丢了。

官没有了，他就去了临淮。去之后，他屏居野泽，布衣蔬食，不与邑里交往，那些趋炎附势的势利眼乡党们，一个个指手画脚地讥讽他另类。朱晖全然不理会。说你们的吧，爱说什么说什么，洒家懒得理你！

建初年间，通货膨胀了！南阳大饥荒，米每石值钱千余。朱晖将全部家资分给宗里故旧中的贫弱之人，于是，乡族都归附他。

起初，朱晖同县人张堪素有名望，曾经在太学里看见朱晖，很器重他，与他交朋友，并握着他手臂说，想把妻子托付给朱晖。朱晖认为张堪是先辈，举手不敢答话，从此以后再没有见面。张堪死后，朱晖听说其妻子贫困，于是亲自去看视，并热情大方地接济和照顾他们。

朱晖的少子朱颉觉得奇怪而问道："父亲不与张堪交朋友，平生未曾听说过，子孙感到奇怪。"朱晖说："张堪曾经有知己之言，我早记在心上了。"朱晖又与同郡陈揖交情很好，陈揖死得较早，有遗腹子陈友，朱晖很同情他。等到司徒桓虞做了南阳太守，召朱晖之子朱骈为吏，朱晖辞掉朱骈而推荐陈友。你看看，有机会，他首先想到的是朋友，是别人。桓虞十分叹息，好人啊！于是，就真的召了陈友去。朱晖之义烈就是这样。

元和年间，肃宗外出巡狩，告诉南阳太守问候朱晖的起居情况，召拜朱晖为尚书仆射。岁中迁为太山太守。朱晖上书请求留中，诏书同意了。随后上书谈政治，陈密事，深深受到嘉奖和采纳。诏报上说："弥补公家的缺漏，不累清白之素质，这是美善之士。俗吏苟且投合，曲意面从，进无謇难之志，却无退思之念，担心很久。只有今所言，适合朕的心愿。先生勉励吧！"

这时谷价昂贵，县官经费不足，朝廷十分着急。

尚书张林上书建议用武帝时所谓均输的办法，实际上就是采用官方垄断经营的方法，给国家谋利。朱晖上奏认为张林之计不可行，事情就罢了。可是后来那帮子人又有重复张林之议的，认为对国有利，帝同意了，有诏施行。相当于垄断嘛，国家当然有利可图。可是，朱晖又赶紧上奏反对。皇帝已发诏书，得到朱晖重议，便发怒，责备诸尚书。

朱晖等都自请坐牢。三天后，皇上下诏书赦免了他们。

诏书上说："国家愿意听取不同意见，老臣们没有过失，诏书错了，为什么自请坐牢？"朱晖于是称病太重，不肯再参加议政了。伤自尊了！伤感情了！

尚书令以下都很恐惧，一个个吓得不得了啊，于是就对朱晖说："现在面临责备，为什么称病不出，其祸不小！"朱晖说："年纪已八十了，蒙皇恩能在机密，应当以死相报。如果心知不可而顺着旨意附和，有负臣子之义。今耳目无所闻见，等待死命好了。"于是闭口不再说话。反正老夫说了你不听，还要惹火烧身，何苦呢？朱晖三缄其口，闭口不言。

诸尚书不知所为，便一起弹劾朱晖。皇帝明白了大家的意思，想了想，最后也就不予追究。过后几日，皇上又诏使直事郎问候朱晖的起居，派太医看病，太官赐食。朱晖于是起身谢恩，又赐钱十万，布百匹，衣十套。

后来朱晖升为尚书令，以老病请求退休，拜为骑都尉，赐钱二十万。

和帝即位，窦宪北征匈奴，朱晖又上书进谏。可是，不久之后，他就病死了。

朱晖的一生，充满了传奇，从十三岁时就敢抽刀冷对众贼寇开始，到后来敢于得罪显宗的舅父——新阳侯，再到后来直言反对国家垄断经营，等等，无不可以用"义烈"二字来形容。他的一生，不卑不亢，个性鲜明，是条真正的汉子。

卷四十三　张禹传

为百姓好宁肯得罪人

【原文】

永元六年，入为大司农，拜太尉，和帝甚礼之。十五年，南巡祠园庙，禹以太尉兼卫尉留守。闻车驾当进幸江陵，以为不宜冒险远，驿马上谏。诏报曰："祠谒既讫，当南礼大江，会得君奏，临汉回舆而旋。"及行还，禹持蒙赏赐。

延平元年，迁为太傅，录尚书事。邓太后以殇帝初育，欲令重臣居禁内，乃诏禹舍宫中。给帷帐床褥，太官朝夕进食，五日一归府。每朝见，特赞，与三公绝席。禹上言："方谅暗密静之时，不宜依常有事于苑囿。其广成、上林空地，宜且以假贫民。"太后从之。及安帝即位，数上疾乞身。诏遣小黄门问疾，赐牛一头，酒十斛，劝令就第。其钱布、刀剑、衣物，前后累至。

永初元年，以定策功封安乡侯，食邑千二百户，与太尉徐防、司空尹勤同日俱封。其秋，以寇贼水雨策免防、勤，而禹不自安，上书乞骸骨，更拜太尉。四年，新野君病，皇太后车驾幸其第。禹与司徒夏勤、司空张敏俱上表言："新野君不安，车驾连日宿止，臣等诚窃惶惧。臣闻王者动设先置，止则交戟，清道而后行，清室而后御，离宫不宿，所以重宿卫也。陛下体烝烝之至孝，亲省方药，恩情发中，久处单外，百官露止，议者所不安。宜且还宫，上为宗庙社稷，下为万国子民。"比三上，固争，乃还宫。

【译文】

永元六年（94），进朝廷做大司马，拜为太尉，和帝很有礼地对待他。永元

378

十五年（103），皇上南巡祠园庙，张禹以太尉兼卫尉在朝留守。

听说车驾将进幸江陵，张禹认为不应冒险远行，驿马上谏。诏报说："祠谒已完，应南边祭大江，得到君奏，到汉水回舆而归。"等到回朝之后，张禹特受赏赐。

延平元年（106），张禹升为太傅，录尚书事。

邓太后因殇帝初生，想叫重臣居在禁内，于是下诏叫禹住在宫中，给帷帐床褥，太官早晚进食，五天回一次府。每次朝见，特赞，与三公绝席。张禹上言道："当凶庐密静之时，不宜照常有事于苑囿。像广成、上林等空地，应暂且分给贫民。"太后听从了。

等到安帝即位，张禹几次上奏请求退职，诏书派小黄门问疾，赐牛一头，酒十斛，劝令就第休养。还前后送了钱布、刀剑、衣物，次数不少。

永初元年（107），张禹因定策功封为安乡侯，食邑千二百户，与太尉徐防、司空尹勤同日受封。

这年秋天，因寇贼水雨灾害策免去徐防、尹勤之职，张禹内心不安，上书请求退职，更拜为太尉。

永初四年（110），邓太后之母阴氏（新野君）病了，皇太后车驾到达她的住处。

张禹与司徒夏勤、司空张敏都上表说："新野君不安，车驾连日到她那里住宿，臣等十分害怕。臣听说王者出动必先做安排，停留则用交戟之士做保卫，清道而后行走，清室而后住下，离宫不宿，为了注重保卫。陛下一片孝心，亲省方药，恩情发自内心，久处在外，百官露止，议者感到不安。应暂时回宫，上为宗庙社稷，下为万国子民设想。"连续三次上奏，经过力争，才回宫。

【评点】

张禹字伯达，赵国襄国人。他的祖父张况之族姊为皇祖考夫人，多次往来于南顿，见过光武帝。这么论起来的话，刘秀应该管张况叫大舅。后来，光武当大司马，过邯郸，张况做郡吏，谒见光武。光武大喜道："现在找到我大舅了！"爷儿俩见面之后，高兴得不得了。于是，他们一起向北，到高邑，光武就用他大舅张况做元氏令。后来，张况又升为涿郡太守。接着，又做了常山关长。再后来，正逢赤眉军攻打关城，在一场艰苦的战斗中，张况壮烈牺牲。

张禹的老爸叫张歆，当初也是一个不安定分子，因为报仇犯了点事儿，因而逃亡在外，后来做了淮阳相，死在汲县令官位上。这就是张禹的上两代人的人生履历。祖辈的人生际遇，往往会影响下一辈的成长。下一辈的人，因而也或多或少地带着一点祖辈的烙印。

因此，我们的张禹性情笃厚，就不足为奇了。都是性情中人嘛。另外，张禹最大的一个特点是节俭。他的老爸死后，汲县吏人赙送前后达数百万钱财，可是，张禹全部没有收受。由此可见其气节不凡啊。不但不肯要别人的东西，还把田宅推让给伯父，身自寄止。结果，到了永平八年（65），张禹被举为孝廉，大概是在官职上升了一格半格，到了建初年间，又被拜为扬州刺史。

当他过江巡视的时候，中土百姓都以为江中有子胥之神，难于过江。当张禹就要开始渡江时，官吏坚决请求，说使不得啊使不得！这个江绝对不能过！可是，张禹不听，并且还厉声说道："子胥如有灵，知道我的目的在于理察冤假错案，难道还害我吗？"于是划着桨过去了。由此可见，这个张禹，是一个不相信鬼神的无神论者。这思想在当时，是具有先进性的。

张禹过了江之后，经过郡邑，偏僻之地没有不全部走到的，他亲自审录囚徒，很多冤情得以大白，并得到了妥善处理。像他这样一头扎进基层，走村过户地详细盘查实情，给群众解决实际困难，纠正冤屈的官员，是多么难得啊。当时的吏民很少见过使者，尤其是像张禹这样的使者。以前哪里有这样的啊？于是，百姓们心怀喜悦，大家都爱戴和拥护他。百姓们有好事坏事，都愿意主动说给他听。张禹和广大人民群众打成一片。

元和二年（85），张禹又转为兖州刺史。在任期间，他做了一些实实在在的工作，留下了清平的美称。元和三年（86），升为下邳相。

徐县北界有蒲阳坡，旁边多良田，荒废没人耕种。张禹就替他们打开水门，通引灌溉，于是成了熟田数百顷。他还劝导并带领吏民，借给种子，亲自勉励劳动，于是大获丰收。邻郡贫困户归附千余户，房屋相连，下面成了集市。后来每年开垦千余顷，百姓得到温饱自给。他对百姓是那么温和而亲近，可是，对官吏又非常严格。

功曹史戴闰，旧太尉掾吏，权柄倾动郡内，当时不可一世，很是了不得。后来，张禹抓住他一个把柄，叫他自到徐狱投案，然后正其法。自长史以下，没有不震惊起敬的。在他们的眼中，张禹是难得的清官啊，清正廉洁，刚正不阿，黑白分明，奖惩有度。

永元六年（94），他进朝廷做大司马，拜为太尉，成了中央的部级干部。和帝很有礼地对待他。永元十五年（103），皇上南巡祠园庙，张禹以太尉兼卫尉在朝留守。

听说车驾将进幸江陵，张禹认为不应冒险远行，驿马上谏。也就是快马加鞭上书，搁在前些年，叫拍个紧急电报。他想劝阻皇上，不要走那么远。诏报说："巡视祠园庙已经完成，准备到南方祭祀长江，恰好得到你的奏章，临近汉水马上回来了。"等到和帝回来以后，张禹得到了皇上特别的赏赐。

延平元年，张禹升为太傅，总领尚书事务。邓太后因为殇帝年幼，想让担任重要职位的大臣居住在皇宫中，于是下诏让张禹住在宫中。赐给帷帐和被褥，让太官每天早晚送饭，五天回一次家。每次朝见，太后都特别赞赏张禹，让他独坐一席。

张禹上言道："当凶庐密静之时，不宜照常有事于苑囿。像广成、上林等空地，应暂且分给贫民。"太后听从了。等到安帝即位，张禹几次上奏请求退职，诏书派小黄门问疾，赐牛一头，酒十斛，劝令就第休养。还前后多次送了钱布、刀剑、衣物。永初元年（107），张禹因定策功封为安乡侯，食邑一千二百户，与太尉徐防、司空尹勤同日受封。

这年秋天，因寇贼水雨灾害策免去徐防、尹勤之职，张禹内心不安，上书请求退职，更拜为太尉。永初四年（110），邓太后之母阴氏（新野君）病了，皇太后车驾到达她的住处。张禹与司徒夏勤、司空张敏都上表说："新野君不安，车驾连日到她那里住宿，臣等十分害怕。臣听说王者出动必先做安排，停留则用交戟之士做保卫，清道而后行走，清室而后住下，离宫不宿，为了注重保卫。陛下一片孝心，亲省方药，恩情发自内心，久处在外，百官露止，议者感到不安。应暂时回宫，上为宗庙社稷，下为万国子民设想。"连续三次上奏，经过力争，才回宫。

后来连年灾荒，府藏空虚，张禹上书请求征求三年租税，以助郡国粮食和借贷，皇帝就下诏许可了。

永初五年（111），因君臣不和，皇上用策书免去了他安乡侯的爵位。永初七年（113），张禹死在家中。

张禹这个人，是很有能力和品德的。他的一生，做过许多事情，留下了很多美名。比如，在地方治理方面，鼓励农业生产，让所管辖的地方以及相邻的地方连成了片，发展得很好；在断案方面，能够下到基层去，犄角旮旯里都能够走访到，不留死角，秉公处理，百姓非常爱戴；还有在上书皇帝提出理政建议方面，也很有建树。总体说来，在职务和功勋上他是一个重臣，从个人关系上来说，他应该管光武帝叫表舅，因为他的爷爷是刘秀的大舅嘛。可是，到了最后，居然给免职了，什么罪名啊？很简单一句话：阴阳不和。也就是君臣不和。这就堪可玩味了。可是，这个宁肯得罪人，也要为百姓好的好官张禹，最后是不后悔的。只是，后人却为其鸣不平。

卷四十四　袁安传

不畏强暴的袁安

【原文】

袁安字邵公，汝南汝阳人也。祖父良，习《孟氏易》，平帝时举明经，为太子舍人；建武初，至成武令。

安少传良学。为人严重有威，见敬于州里。初为县功曹，奉檄诣从事，从事因安致书于令。安曰："公事自有邮驿，私请则非功曹所持。"辞不肯受，从事惧然而止。后举孝廉，除阴平长、任城令，所在吏人畏而爱之。

【译文】

袁安字邵公，汝南郡汝阳县人。

祖父袁良，学习《孟氏易》（孟喜著），汉平帝时，因明经而被举荐，做了太子舍人。

建武初年做了成武县令。

袁安年轻时继承祖父袁良的学问。

为人很庄重，有威信，被州里人敬重。

开始做县功曹，有一次，捧着檄文到州从事那里办事，从事托袁安捎封信给县令，袁安说："你是为公事，自有邮驿替你传送；如果是私事，就不应找我功曹。"辞谢不肯接信，办事人有些害怕，就不托他了。

后来，被举荐为孝廉，先后做了阴平县长和任城县令，人皆敬之爱之。

【评点】

袁安这个人，为人很庄重，很有威信，年轻的时候就被州里人所敬重。

开始，他做县功曹，有一次，捧着檄文到州从事那里办事，从事托袁安捎封信给县令，袁安说："你是为公事，自有邮驿替你传送；如果是私事，就不应找我功曹。"辞谢不肯接信，办事人有些害怕，就不托他了。这理由，实在是有趣啊。其实，捎信这个活儿，是不好干的。为什么呢？有一句俗话，叫作"钱捎少，话捎多"。意思是说，你给别人捎钱，没有短他的，却往往会令人疑心你动了那钱，而捎话儿，往往会叫人觉得有出入。总之，就是出力不讨好。当然，除了这一个层面的原因，估计袁安还考虑到自己的庄重和威信，总不至于那么随便给人家跑腿打杂吧，那样，是看低了自己。也就是说，这个人，很有姿态，很有派啊。

后来，袁安被举荐为孝廉，先后做了阴平县长和任城县令。他所任职的地方，官吏百姓都很畏敬和爱戴他。永平十二年（69），楚王刘英阴谋反叛朝廷，案情交郡核实。这可是一个棘手的案子啊。人家刘英，是皇子，是楚王，那是什么级别的人物啊？一时间弄不清楚个里表来。到了第二年，三府推荐袁安办案，认为他能处理复杂的案件，皇帝命他为楚郡太守。

这时受楚王刘英的供词牵连关押的有几千人，显宗大发脾气，办案人急于定案，严刑威逼让人招供，判死罪的很多。袁安到郡后，先不进衙门，而到监狱去，审理那些无明显证据的，逐一上报，让他们出狱。府丞掾史都向袁安叩头力争，认为凡附和楚王刘英的，按法与刘英同罪，袁安不同意。袁安说："如有不合律例，我负完全责任，不连累你们。"于是分别一一上报。皇帝感动觉悟，当即同意，被释放出狱的有四百余家。这可是积阴德的大好事啊！

一年以后，袁安被征为河南尹。在任时，他政令非常严明，但从来没有因贿赂罪来审讯人。他常常说："凡做官的人，高则望当宰相，下则希冀当州牧太守，在圣明之世禁锢人才，这是我不忍心去做的事。"听到这话的人，都很感动，并勉励自己要廉洁奉公。

袁安在职十年，京师的政纪很整饬，他的名声深得朝廷看重。建初八年（83）升为太仆。元和二年（85），武威太守孟云上书道："北匈奴已经和亲了，可是南匈奴又去抢劫，北单于说汉朝欺骗他们，想进犯边疆。应该将俘虏发还，以安慰他们。"皇帝下诏召集百官到朝廷商议，公卿都认为夷狄狡诈，贪心不足，得到俘虏以后，还会妄自夸大，不能开这个先例。

袁安却说："北匈奴派使者进贡请求和亲，还把被掳去的人归还汉朝，这说明他们害怕大汉声威，不是先违背条约。孟云以大臣的身份守卫边疆，不应对夷狄不讲信用。让俘虏回去，足以表明中国对他们的宽大，还可使边境百姓得到安宁，真是太好了。"司徒桓虞改变主意听从了袁安的建议。

然而，太尉郑弘、司空第五伦等都恨袁安。郑弘还大声激怒桓虞说："凡是主张释放俘虏的，都是对皇上不忠。"桓虞当场叱责他。第五伦和大鸿胪韦彪都恼怒得脸上变了颜色，司隶校尉把全部情况奏明皇上，袁安等都把印绶交给皇帝请罪。

肃宗下诏书道："议政时间很长，说明各人看法不同。朝廷大事应该多听议论，计策靠大家商定。说话时态度中正和悦，符合礼节，固然很好；但遇事不敢吱声，绝不是朝廷的福气，你们有何过错值得引咎自责的呢？还是把帽子戴上，鞋子穿上吧！"最后皇帝还是听从了袁安的建议。

第二年（86），袁安代替第五伦做了司空。

章和元年（87），他又代替桓虞做了司徒。

和帝即位，因年幼，窦太后临朝听政，太后的哥哥车骑将军窦宪向北攻打匈奴，袁安与太尉宋由、司空任隗和九卿一起到朝廷上书劝阻，认为匈奴没有进犯边塞，无故出兵远征，耗费国家钱财，邀功于万里之外，这不是应有的国策。

连上几封书都被扣住没有上报。

宋由有些害怕，不敢联名上书了，那些卿相也渐渐不吱声了。

只有袁安与任隗仍坚持正道，毫不退让，甚至摘掉帽子到朝廷力争达十次以上。

太后还是不听。大家都替袁安捏了一把汗，但袁安还是镇定自若。

窦宪已经出兵打仗，他的弟弟卫尉窦笃、执金吾窦景各仗自己的权势，公然在京师放纵其爪牙拦路抢劫财物。

窦景又擅自派人乘驿马散发檄文到边境各郡，调集骑兵突击队和有本领的射手，命令渔阳、雁门、上谷三郡各派官吏将他们送到窦景住地。

有关官员害怕，没敢说半个不字。

袁安就弹劾窦景擅自调集边防军，惊扰官吏百姓，府尹不待符信而听从窦景安排，应该杀头示众。

又上奏司隶校尉、河南尹讨好依附贵戚，没有坚持正义，请求罢免官职，依法治罪。

这些奏折都被扣住没有上报。

窦宪、窦景因此更加专横，在各名都大邑布置他们的亲信，向官吏百姓征收赋税，收取贿赂，其余州郡也都望风仿效。

袁安与任隗一道检举那些二千石府尹，与之牵连降级罢官的有四十多人，窦氏一帮怀恨在心。

但袁安、任隗一向品行高尚，也没有办法加害他们。

当时窦宪又出兵驻武威。

第二年，北单于被耿夔攻破，逃到乌桓去了，塞北空无人管，匈奴余部不知归谁管属。

窦宪每天夸耀自己的功绩，想用恩惠与北匈奴余部搞好关系，于是上书立投降的左鹿蠡王阿佟做北单于，设中郎将领护，像过去立南单于那样。

皇上把这事交给公卿讨论，太尉宋由、太常丁鸿、光禄勋耿秉等十人认为可以这么办。

袁安与任隗上奏，认为"光武帝招守南匈奴，并不是让他永远安居内地，而是一个权宜之计，是出于想让他们去抵抗北匈奴的缘故。现在北方已经安定，应该让南单于回到北边去，一起领导投降的群众，不必再立阿佟来增加国家的负担。"宗正刘方、大司农尹睦赞同袁安的意见。

事情报上去了，没有及时决定下来。

袁安害怕窦宪一意孤行，于是单独上密封奏章道："我听说功业有些难求，因为不可预见；有些事容易判断，因为道理明摆着不必怀疑。我想光武帝立南单于的本意，无非是想使南北单于得到安定，恩德很齐备，所以匈奴分成两块，边境平安无事。孝明皇帝继承先帝遗愿，不敢失掉传统，于是派遣大将，出兵攻打塞北。到了章帝、和帝初年，降汉的有十多万人，当时有人建议将他们安置海滨，东到辽东，太尉宋由、光禄勋耿秉都认为这样做将使南单于失望，不能同意，先帝听从了。陛下继承大业，大开疆土，大将军远征讨伐，把北匈奴全部消灭，这真是宣明祖宗的宏愿，建立大功啊。但宜于审慎处理，完成祖先最初的设想。我想到南单于屯即屠何的父亲带领众人投降汉朝，蒙受国恩已经四十多年。经过三代，传到陛下应该遵照先帝遗志，成就其大业。何况屯首先提出意见，让北虏全部归顺，现不让他出来领导，另立新降的阿佟，用一时的主意，违背三代的遗规，对培养的屯失信，而树立无功的阿佟。宋由、耿秉本来知道原来的打算，却想背弃先王的恩德。大凡一言一行，都是君子立身的关键，有赏有罚，本是治国的根本。《论语》上说过：'言语讲求忠信，品行力求笃实虔敬，即使走到野蛮的外国也行得通啊！'现在如失信于一个南单于，那么其他的异族都不敢保证实践自己的誓言了。又乌桓、鲜卑刚杀掉北单于，一般人的常情，都害怕人家报复，现在立了他们的弟弟，那么南、北二虏就怀恨在心。古人认为，武器和食物有时可以不顾，唯有信用不可丢掉。况且遵照汉朝的旧例，供给南单于费用每年一亿九十余万，供给西域每年七千四百八十万。现在北匈奴很远，费用必须加倍，这是让国库空虚，而不是处理国家大计的好办法。"

皇帝下诏让大家讨论。袁安又与窦宪展开针锋相对的辩论。

窦宪很阴险地仗恃自己的权势，言辞骄傲，揭人之短，甚至恶言骂袁安，并提出光武帝杀韩歆、戴涉的例子来威逼袁安，袁安始终寸步不让。

最后窦宪还是立了匈奴降将右鹿蠡王於除建做了单于，不久他就反叛了，正像袁安预计的那样。袁安认为天子幼弱，外戚当权，每次上朝，和公卿谈到国家大事，没有不痛哭流涕的。从天子到大臣都倚仗他。

永元四年（92）春，袁安死了，朝廷官员们非常痛惜。

过了几个月，窦氏垮台了，皇帝开始亲自执政，回想以前议论国事的正反两派的情况，封袁安的儿子袁赏为郎。

卷四十五　陈宠传

第一节　陈宠的真我风采

【原文】

三迁，肃宗初，为尚书。是时承永平故事，吏政尚严切，尚书决事率近于重，宠以帝新即位，宜改前世苛俗。乃上书曰：

"臣闻先王之政，赏不僭，刑不滥，与其不得已，宁僭不滥。故唐尧著典，'眚灾肆赦'；周公作戒，'勿误庶狱'；伯夷之典，'惟敬五刑，以成三德'。由此言之，圣贤之政，以刑罚为首。往者断狱严明，所以威惩奸慝，奸慝既平，必宜济之以宽，陛下即位，率由此义，数诏群僚，弘崇晏晏。而有司执事，未悉奉承，典刑用法，犹尚深刻。断狱者急于箠格酷烈之痛，执宪者烦于诋欺放滥之文，或因公行私，逞纵威福。夫为政犹张琴瑟，大弦急者小弦绝。故子贡非臧孙之猛法，而美郑乔之仁政。《诗》云：'不刚不柔，布政优优。'方今圣德充塞，假于上下，宜隆先王之道，荡涤烦苛之法。轻薄箠楚，以济群生；全广至德，以奉天心。"

帝敬纳宠言，每事务于宽厚。其后遂诏有司，绝钻钻诸惨酷之科，解妖恶之禁，除文致之请谳五十余事，定著于令。是后人俗和平，屡有嘉瑞。

汉旧事断狱报重，常尽三冬之月，是时帝始改用冬初十月而已。

【译文】

三次升迁，肃宗初年，做了尚书。

这时继承永平年间的旧例，吏政提倡严厉，尚书处理案件一般偏于重判，陈宠认为皇上刚即位，应改变前代的苛刻政治。

于是上书道："臣下听说先王之政，赏不僭越，刑不滥用，与其不得已，宁可僭而不滥。所以唐尧著有《尧典》，主张'眚灾肆赦'（译：过误有害，应带缓赦）。周公作戒，'勿误庶狱'（译：不可错判众狱，应以正道理方）。伯夷之典，'惟敬五刑，以成三德'。这样看来，圣贤之政，以刑罚为首。过去断狱严明，所以从严处置坏人，坏人既平，必须以宽大为好。陛下即位，大都照此办理，多次号召群僚，大肆弘扬温和之政。而有司办事，没有全部照办，典刑用法，还提倡苛刻。审理案件急于严刑拷打，执法的烦于诋毁欺诈放滥之文字，有的还假公济私，作威作福。为政等于弹琴，大弦急了小弦就会断绝。所以子贡否定臧孙的猛法，而赞美郑乔的仁政。《诗经》上说：'不刚不柔，布政优优。'（译：不刚不柔，政治温和。）当今圣德充塞天地，应遵照先王之道，清除烦苛之法。轻用刑罚，以济百姓，推广至德，以奉天心。"

皇上恭敬采纳宠的话，每事提倡宽厚。后来号召有司，杜绝惨酷之刑罚，解除妖恶之禁令，革除前人无罪，文饰致于法中的五十多件事，定著在法令之上。

从此以后，民俗和平，屡有好兆出现。汉朝惯例断案处死刑，常在三冬之月，这时皇帝才改用冬初十月而已。

【评点】

陈宠字昭公，沛国洨县人。他的曾祖父陈咸在成帝、哀帝时代以律令做尚书。平帝时，王莽辅政，多改动汉朝制度，陈咸心里不满。心说，贼臣乱子，你要干吗啊！他就忧心忡忡，为国担忧了。等到王莽因吕宽事杀掉不听从自己的何武、鲍宣等人时，陈咸就叹息了，说君子看到细微的苗头就要行动，不要等待一整天。当机立断，别犹豫啊。于是，他就立即请求离职而去。等到王莽篡位，召陈咸以为掌寇大夫，陈以病为由不肯就职。

这时三个儿子参、丰、钦都在官位，陈咸叫他们全部解除官职，父子一道回到乡里，闭门不出入，还是用汉家的习俗在腊月举行祭礼。后来王莽又召陈咸，他就称病重，收敛家中的律令书文，都藏在墙壁里面。陈老爷子就是铁了心了，你王莽算个什么东西啊，乱臣贼子之辈，我怎么可以与你同流合污呢？不但我，就连我的儿子们，也不会上你的贼船！他到最后也没有答应。

陈咸性格仁恕，常告诫子孙道："替人议法，当依于轻，即使有百金的好处，切莫与人重比。"建武初年，陈钦子陈躬做廷尉左监，早死。

陈躬生了陈宠，明习家业，宠年轻时做过州郡吏，被召到司徒鲍昱府。

这时三府掾属专好交游，以不肯干事为高尚。这是某些机关里的人的通病！不爱干工作，就爱报纸一张茶一杯，轻轻松松挣工资。

然而，陈宠却不以为然，不受那些歪风邪气的影响。他独自勤心事务，几次对鲍昱陈述当代政治。鲍昱肯定宠的能耐，转为辞曹，掌天下的官司。

陈宠不负众望，他的判决都很公平，没有不满足大家的心愿的。断案的事，只要一碗水端平了，那么就不会有冤屈。陈宠可以做得到。

当时司徒处理官司，久的拖延几十年，乱象丛生，实在很不像话。

陈宠替鲍昱撰写《辞讼比》七卷，处理案情的科条，都用事类相从。鲍昱奏上这个，后来公府奉之以为榜样。

从陈宠的祖辈，就有这么一种骨气，那就是敢说敢干，敢于活出个自我来。祖上对王莽看着不顺眼，就坚决不跟他玩儿，那是需要多么大的勇气啊。到了陈宠这里，上班之后，同事们都得过且过，会实干的，不如啥也不干的，啥也不干的不如背后捣蛋的，那样的机关作风之下，他却能够不为所扰，敢于定下心来，按照自己的方式去工作，去奋斗。结果，他走向了成功。

第二节　刚正不阿的陈宠

【原文】

元和二年，旱，长水校尉贾宗等上言，以为断狱不尽三冬，故阴气微弱，阳气发泄，招致灾旱，事在于此。帝以其言下公卿议，宠奏曰：

夫冬至之节，阳气始萌，故十一月有兰、射干、芸、荔之应。《时令》曰："诸生荡，安形体。"天以为正，周以为春。十二月阳气上通，雉雊鸡乳，地以为正，殷以为春。十三月阳气已至，天地已交，万物皆出，蛰虫始振，人以为正，夏以为春。三微成著，以通三统。周以天元，殷以地元，夏以人元。若以此时行刑，则殷、周岁首皆当流血，不合人心，不稽天意。《月令》曰："孟冬之月，趣狱刑，无留罪。"明大刑毕在立冬也。又："仲冬之月，身欲宁，事欲静。"若以降威怒，不可谓宁；若以行大刑，不可谓静。议者咸曰："旱之所由，咎在改律。"臣以为殷、周断狱不以三微，而化致康平，无有灾害。自元和以前，皆用三冬，而水旱之异，往往为患。由此言之，灾害自为它应，不以改律。秦为虐政，四时行刑，圣汉初兴，改从简易。萧何草律，季秋论囚，俱避立春之月，而不计天地之正，二王之春，实颇有违。陛下探幽析微，允执其中，革百载之失，建永年之功，上有迎承之敬，下有奉微之惠，稽《春秋》之文，当《月令》之意，圣功美业，不宜中疑。

书奏，帝纳之，遂不复改。

【译文】

元和二年（85），旱灾，长水校尉贾宗等上言，认为断狱不尽三冬，所以阴气微弱，阳气发泄，招致旱灾，事情的根源在此。

皇上把他的话交给公卿议论，陈宠奏道："冬至这个节气，阳气才萌芽，所以十一月有兰花、射干（即乌扇）、芸、荔等物发生。《时令》说：'诸生荡，安形体。'（译：各种生物动荡，君子宜斋戒以安形体。）天以为正，而周朝用为岁首。十二月阳气上通，家鸡野鸡孵化，地以为正，商代把它作为岁首。十三月阳气已至，天地已交，万物都出，蛰虫开始振动，人以为正，夏朝把它作为岁首。三微成著，以通三统。（注：夏、商、周三代采用正朔，统一岁事。）周以天之始，商以地之始，夏以人之始。如果在这时行刑，那么商、周岁首都该流血，不合人心，不合天意。《月令》说：'孟冬之月，趣狱刑，无留罪。'说明大刑完毕应在立冬哩。《月令》又说：'仲冬之月，身欲宁，事欲静。'如果以降威怒，不能说是宁；如果行大刑，不能说是静。议论的人都说：'旱灾的由来，归咎于改律。'臣以为商、周断狱不以三微，而化成康平之世，没有灾害。自元和年间以前，都用三冬，而水旱的灾异，往往为患。由此说来，灾害自为它应，不是因为改动律法。秦朝为虐政，四季都行刑，汉朝刚兴起，改从简易。萧何草创刑律，定在季秋论囚，都是避免立春之月，而不考虑天地之正，及殷、周二王之春，实在有些违背正道。陛下探幽析微，信执中正之道，革除百年的错失，建立永年之大功，上有迎承之教，下有奉承三微之惠，查《春秋》之文字，合《月令》的意思，圣功美业，不应怀疑。"书奏上，帝采纳了，便不再改动了。

【评点】

陈宠性周密，常说人臣的意义，苦不畏慎。自从在枢密机关后，谢遣门人，拒绝知心朋友，只在公家罢了。为什么啊？不和别人接触，是为了保密。他的这种敬业精神，是很值得敬佩的。所以，当时朝廷十分器重他。

皇后的弟弟侍中窦宪，推荐真定令张林做尚书，皇帝拿这事问陈宠，你意下如何啊？陈宠答道："张林虽有才能，但平日行为有贪污。"窦宪因这深恨陈宠。就这一句话，可就埋下了祸根喽！

因为，张林最终还是被用了，而以藏污抵罪。

皇帝死后，窦宪等掌权，常常对陈宠衔恨在心。他们是怎么打击报复的呢？

他们报告太后，叫宠去主管丧事，那是非常烦琐而严谨的程式啊，稍有不慎，就会出现纰漏。他们这帮子人就专门瞅人家陈宠的脚后跟，打算从中找过失，用来中伤他，收拾他。

黄门侍郎鲍德素来敬重陈宠，劝说窦宪之弟夏阳侯窦瑰道："陈宠侍奉先帝时，很被信任，所以久留在台阁，赏赐有些特殊。今不受忠能的赏赐，而计较他细微的错失，的确伤害辅政容贷之德。"窦瑰也是好士之人，觉得他说得很对，所以陈宠得到出为太山太守的机会。由此可见，走到哪里，还是好人居多啊。那些居心叵测的小人，毕竟是为数不多不成气候的一小撮。当然，这是我们的一个热望而已，毕竟，小人这种生物的生命力还是非常顽强的，据说近期内他们是不会灭绝、不会从地球上消失的。

这不，陈宠转为广汉太守之后，就发现，西州豪绅搞并兼，官吏多奸邪贪污，诉讼案每天数百件。那里是个小人窝啊！

陈宠到任，用了良吏王涣、镡显等作为心腹，打官司的日渐减少，郡中清静严肃。听说雒（洛）县城南，每逢阴雨天气，常在府中听到哭声，已经几十年了。陈宠认为其必有缘故，派官吏查案情。吏回来报告说："世道衰乱之时，这下面多有死亡之人，而骸骨无法埋葬，可能原因就在这里吧？"陈宠凄怆地叹惜，命令县府将这些骸骨全部收殓埋葬起来，从此哭声就没有了。这个细节也许并无科学道理，可是，也从中体现出了陈宠的品性来。

后来窦宪做大将军征匈奴，公卿以下及郡国没有人不派官吏子弟馈赠财物的，而陈宠与中山相汝南张郴、东平相应顺守正道不阿谀。今年过节，就是不送礼！

后来和帝听说了，提升陈宠做大司农，张郴做太仆，应顺做左冯翊。永元六年（94），陈宠代郭躬做廷尉。

第三节　陈宠的仁慈之心

【原文】

宠又钩校律令条法，溢于《甫刑》者除之。曰：

臣闻礼经三百，威仪三千，故《甫刑》大辟二百，五刑之属三千。礼之所去，刑之所取，失礼则入刑，相为表里者也。今律令死刑六百一十，耐罪千六百九十八，赎罪以下二千六百八十一，溢于《甫刑》者千九百八十九，其四百一十大辟，千五百耐罪，七十九赎罪。《春秋保乾图》曰：'王者三百年一蠲法。'汉兴以来，三百二年，宪令稍增，科条无限。又律有三家，其说各异。宜令三公、廷尉平定律令，应经合义者，可使大辟二百，而耐罪、赎罪二千八百，并为三千，悉删除其余令，与礼相应，以易万人视听，以致刑措之美，传之无穷。

【译文】

陈宠又清理律令条法，出于《甫刑》的除掉。

并且说："臣听说礼经三百，威仪三千，所以《甫刑》杀头的大辟罪二百，五刑之类三千。礼之所去，刑之所取，失礼就入刑，相互为表里。今律令死刑六百一十，耐罪千六百九十八，赎罪以下二千六百八十一，出于《甫刑》的千九百八十九，其中四百一十大辟，千五百耐罪，七十九赎罪。《春秋保乾图》说：'王者三百年一蠲法。'汉兴以来，三百二年，宪令稍增，科条无限。又律有三家，其说各不相同。应该令三公、廷尉平定律令，应经合义的，可使大辟二百，而耐罪、赎罪二千八百，并为三千，全部删除其余令，与礼相应，来改变万人的视听，以至于得到刑措不用之美誉，传之无穷的后代。"

【评点】

陈宠这个人还很仁慈而矜持。

他后来做了审判官，多次议论疑案，常亲自上奏，每附经典，务从宽恕，皇帝常听从他，救活的犯人很多。那些深文刻敝的案件，这时才减少许多。

陈宠又清理律令条法，出于《甫刑》的除掉。因为有一些过于残酷的刑罚，实在令人发指，陈宠主张废而不用，并上书给皇上。上面摘录的就是他上书的内容。可是，他的建议还来不及施行，就碰上诏狱吏与囚犯交往抵罪。

朝廷下诏免刑，拜为尚书。后来，升为大鸿胪。

陈宠经历二郡三卿，所在都有事迹被称于当时。也就是说，宽厚仁慈而有法度的陈宠，无论在什么样的工作岗位上，都会兢兢业业、任劳任怨地工作，每每都能取得好的成绩，受到领导的表扬，得到群众的赞美。他给我们的启示是，无论是领导，还是同事，乃至百姓，都喜欢真抓实干的人，喜欢宽厚仁慈的人，喜欢正直率真的人。

到了永元十六年（104），陈宠就代徐防做司空。

陈宠不仅专法律，而且兼通经书，奏议温粹，号为任职相。在位三年死去。

卷四十六　班超传

第一节　立志当立鸿鹄之志

【原文】

久劳苦，尝辍业投笔叹曰："大丈夫无它志略，犹当效傅介子、张骞立功异域，以取封侯，安能久事笔研间乎？"左右皆笑之。超曰："小子安知壮士志哉！"其后行诣相者，曰："祭酒，布衣诸生耳，而当封侯万里之外。"超问其状。相者指曰："生燕颔虎颈，飞而食肉，此万里侯相也。"

【译文】

班超长时间工作劳苦，曾放下工作投笔叹道："大丈夫没有其他壮志大略，还应该效法傅介子、张骞，立功于异域来取得封侯，怎么能长久从事笔砚的工作呢？"同事们都取笑他。

班超说："小子们怎么知道壮士的志气呢？"后来，他到看相的那里去看相，看相的说："先生，您不过是布衣之士罢了，可是将来必定封侯于万里之外。"班超询问他的形状，看相的说："你额头如燕，颈脖如虎，飞翔食肉，这是万里侯的相貌啊！"

【评点】

班超字仲升，是扶风平陵县人。他是徐县县令班彪的小儿子，也就是班固的弟弟。他为人有大志，不拘小节。而且他孝顺恭谨，居家操持勤苦，不以劳苦受辱为耻。此外，他还广阅书传，很有口才。

永平五年（62），他的哥哥班固被征召任校书郎，班超和他的母亲一同到洛阳。当时，他家里很贫困，常为官家雇用抄书，相当于现在的大学生勤工俭学，以其所得来供养母亲。因此长时间工作劳苦，他曾放下工作投笔叹道："大丈夫没有其他壮志大略，还应该效法傅介子、张骞，立功于异域来取得封侯，怎么能长久从事笔砚的工作呢？"同事们都取笑他。

班超说："小子们怎么知道壮士的志气呢？"燕雀安知鸿鹄之志哉！后来，他到看相的那里去看相，看相的说："先生，您不过是布衣之士罢了，可是将来必定封侯于万里之外。"班超询问他的形状，看相的说："你额头如燕，颈脖如虎，飞翔食肉，这是万里侯的相貌啊。"过了很久，显宗问班固："你的弟弟在哪儿？"班固对显宗说："他在给官府抄书，得点钱来供养老母。"显宗就任命班超为兰台令史。

由此可见，人从小就应该立下远大的志向啊。

志向，是一个人发展的方向。有了方向，再脚踏实地地去为之奋斗，那么，成果就会指日可待了。

当初，笑话班超的那帮小子们，看到班超做了兰台令史，以及后来所取得的伟大成就，真不知道他们会有什么样的感想。

所以，在平时的生活和工作中，我们遇到有人谈论自己的志向，尤其是谈论一些我们一时间无法理解的志向时，切不可盲目地笑话人家。人往往就有大志向、大作为。当然，志向是基础，脚踏实地的奋斗更是根本。

第二节　足智多谋，英勇善战

【原文】

十八年，帝崩。焉耆以中国大丧，遂攻没都护陈睦。超孤立无援，而龟兹、姑墨数发兵攻疏勒。超守盘橐城，与忠为首尾，士吏单少，拒守岁余。肃宗初即位，以陈睦新没，恐超单危不能自立，下诏征超。超发还，疏勒举国忧恐。其都尉黎弇曰："汉使弃我，我必复为龟兹所灭耳。诚不忍见汉使去。"因以刀自刭。超还至于阗，王侯以下皆号泣曰："依汉使如父母，诚不可去。"互抱超马脚，不得行。超恐于阗终不听其东，又欲遂本志，乃更还疏勒。疏勒两城自超去后，复降龟兹，而与尉头连兵。超捕斩反者，击破尉头，杀六百余人，疏勒复安。

【译文】

永平十八年（75），汉明帝死了，焉耆因中国有大丧事，就进攻杀死了都护陈睦。

班超孤立没有外援，而龟兹、姑墨等国多次发兵攻打疏勒。

班超镇守盘橐城，跟疏勒王忠构成首尾之势，以极少的兵力，坚守了一年多。

肃宗初登帝位，因陈睦刚被杀害，恐怕班超兵力单薄，不能保全自己，便下令召班超还朝。

班超准备起程回国，疏勒全国忧愁恐惧。

都尉黎弇说："汉朝使者抛弃了我们，我们一定会再次被龟兹所灭，我真不忍心看到汉使离去。"于是拔刀自杀了。

班超回到于寘，于寘国自王侯以下都号哭着说："我们依靠汉使就像依靠父母一样，真不能离开啊！"于是相互抱着班超的马脚，使班超不能行走。

班超恐于寘始终不会让他东归，又想实现他原来的志愿，便返回疏勒。

疏勒有两个城市，自从班超离开后，又降了龟兹，而同尉头国连兵一处。

班超捕杀了谋反的人，打败了尉头，杀死六百多人，疏勒又安定了。

【评点】

永平十六年（73），奉东都尉窦固出击匈奴，起用班超做假司马，让他率领一支军队攻击伊吾，在蒲类海作战，斩了敌人很多首级回来。

窦固认为班超很有才能，派遣他跟从郭恂一道出使西域。

班超到了鄯善国，鄯善国王广恭敬而有礼貌地接待了他，后来忽然变得冷淡了。这是为什么呢？

班超对他的部属说："你们可曾感觉到鄯善国王广对我们的敬意减低了吗？这一定是有匈奴使者来，鄯善国王心怀犹豫不知所以的缘故。明智的人能够看出还没有露出苗头的事物，何况是明摆着的事实呢？"于是叫来侍候的胡人，吓诈他说："匈奴使者来了好几天了，现在在哪儿？"侍者吓不过，就吐露了全部情况。

班超便把侍者关起来，把他的部属三十六人都召集起来一同喝酒。

喝得高兴的时候，班超便用语言激怒他们说："你们和我都处在极偏远的地方，想立大功以求富贵。现在匈奴使者来了才几天，鄯善王广便取消礼敬，如果他把我们抓起来送给匈奴，那我们的骸骨就会永远喂豺狼了。你们看怎么办呢？"

部属都说："现在处在危急存亡的地方，死活都听从司马的吩咐。"

班超说："不到老虎洞里，就抓不到小老虎。现在的上策，只有趁夜晚天黑，用火攻击匈奴人，他们不知道我们有多少人，一定会大为惊恐，我们便可全部消灭他们。消灭了匈奴人，鄯善王会因此吓破了胆，我们便大功告成。"

部属们说："应当跟从事商量一下。"

班超怒曰："是吉是凶，决定在于今日。从事是庸俗的文官，听了我们的计划必定会因害怕而泄露机密。死了不为人所称道，不是一个豪壮而勇敢的人。"

大家说："好！"

初更时分，班超便率领部属奔向匈奴使者营地。这时，正刮着大风。

班超叫十个人拿着鼓躲在匈奴使者驻地后边，约定说："你们看到火攻起来了，就都击鼓大声呐喊。"

其余的人都拿着弓箭武器，埋伏在匈奴使者驻地的门前两边。班超顺风放火，前后击鼓喧哗，匈奴人吓得乱作一团。班超亲手杀死三个人，部属杀死了匈奴使者，还杀死了匈奴使者的随从三十多人，全都砍下了他们的脑袋。其余的一百多人全被烧死。

第二天，就回去把情况告知郭恂。郭恂开始大吃一惊，一会儿脸色变了。

班超知道他的意思是想要分功，便举着手对郭恂说："您虽然没有一同去破敌，我怎么会存心独占这份功劳呢？"郭恂这才高兴起来。

班超便叫来鄯善王广，把匈奴使者的首级给他看。鄯善国举国震惊。

班超便把这个事公开，并加以抚慰。于是鄯善王便把自己的儿子送到汉朝做人质。班超回来把这件事禀报窦固，窦固大喜，详细地把班超的功劳奏明皇帝，并要求另外选派使者出使西域。

汉明帝赞许班超的气节，下令给窦固说："为什么不选像班超这样的官吏，而要另选他人呢？现在任命班超为军司马，让他去完成未完成的功业。"班超再次受命出使西域。

窦固想要多给些士兵给班超，班超说："我只愿把原来的三十多人给我就足够了。如果有什么不测，人多了更是累赘。"

英雄都是这样的，不用太多的兵马，不用兴师动众，最喜欢孤胆深入敌人腹部，如入无人之境。这需要的是胆识，需要的是谋略。在这一点上，班超真可谓是足智多谋、英勇善战啊。如今，他远离故国，在大西北驰骋沙场，实现了当年的鸿鹄高飞的志向。

第三节　遭遇绯闻

【原文】

超欲因此巨平诸国，乃上书请兵。曰：

"臣窃见先帝欲开西城，故北击匈奴，西使外国，鄯善、于寘即时向化。今拘弥、莎车、疏勒、月氏、乌孙、康居复愿归附，欲共并力破灭龟兹，平通汉道。若得龟兹，则西域未服者百分之一耳。臣伏自惟念，卒伍小吏，实愿从谷吉效命绝域，庶几张骞弃身旷野。昔魏绛列国大夫，尚能和辑诸戎，况臣奉大汉之威，而无铅刀一割之用乎？前世议者皆曰取三十六国，号为断匈奴右臂。今西域诸国，自日之所入，莫不向化，大小欣欣，贡奉不绝，唯焉耆、龟兹独未服从。臣前与官属三十六人奉使绝域，备遭艰厄。自孤守疏勒，于今五载，胡夷情数，臣颇识之。问其城郭大小，皆言'倚汉与依天等'。以是效之，则葱领可通，葱领通则龟兹可伐。今宜拜龟兹侍子白霸为其国王，以步骑数百送之，与诸国连兵，岁月之间，龟兹可禽。以夷狄攻夷狄，计之善者也。臣见莎车、疏勒田地肥广，草牧饶衍，不比敦煌、鄯善间也，兵可不费中国而粮食自足。且姑墨、温宿二王，特为龟兹所置，既非其种，更相厌苦，其势必有降反。若二国来降，则龟兹自破。愿下臣章，参考行事。诚有万分，死复何恨。臣超区区，特蒙神灵，窃冀未便僵仆，目见西域平定，陛下举万年之觞，荐勋祖庙，布大喜于天下。"

【译文】

班超想乘胜平定诸国，于是上书给皇帝请求增兵，说：

"我私自以为先帝想要开辟西域，所以北边派兵进击匈奴，西边派使者出使外国，鄯善、于寘很快归服我朝。现在，拘弥、莎车、疏勒、月氏、乌孙、康居等国又都愿意归附，和我们同心协力，击破龟兹，打通汉道。如果征服了龟兹，那么西域未归服的不过百分之一罢了。我常想，我是个小小士吏，着实愿意像谷吉那样效命于绝域，像张骞那样委身于旷野之间。古时，晋国的魏绛，官不过一大夫，尚且能够使夷狄和好。何况我仰仗大汉的神威，而能像铅刀那样连一割的用处也没有吗？古代论者都把夺取三十六国，称为割断匈奴的右臂。

现在西域各国，从日之所入的广大地区，莫有不归顺我们的。大小国家，都高高兴兴地不断向我朝进贡，唯独焉耆、龟兹没有服从。我自从跟所属三十六人出使绝域，历尽了艰难险阻。从孤军困守疏勒，到现在已经五年了。胡人的情况，我都非常熟悉，问他们城郭的大小，都说：'依靠汉朝就像依靠天一样。'以此推测，则葱岭一带可以畅通。葱岭畅通，那么讨伐龟兹便没有什么问题了。现在，应该扶植龟兹侍子白霸做龟兹的国王，以骑兵步兵数百送他，跟其他国家连兵，一年或几个月时间，龟兹王便可擒获。用夷狄来攻打夷狄，这是上好的策略。我看到莎车、疏勒土地广阔肥沃，牧草丰茂，不像敦煌、鄯善那样贫瘠。这样，不需劳师远征，粮食可自足。况且姑墨、温宿二王，是龟兹扶植的，既不是同种，更互相厌恶恼恨，想必谋反而归降我们。如果姑墨、温宿两国来降，那么龟兹便会不攻自破。望批下我的奏章，交主管部门参考行事。即使有万分危险，我为国而死，又有什么可遗憾的呢？我班超区区小吏，特蒙受皇上神灵，私心希望我不即死，能亲眼看到西域平定，陛下高举万年之杯，荐功勋于祖庙，向天下宣告大喜的盛况。"

【评点】

建初三年（78），班超率领疏勒、康居、于寘、拘弥的军队一万人，进攻姑墨石城，攻破了城池，斩首七百颗。

班超想乘胜平定诸国，于是上书给皇帝请求增兵，他在奏章中汇报了五年来开疆扩土所取得的成绩，列举了存在的不足，分析了形势，提出了下一步工作的措施，也表了态。

奏章送上去后，皇帝知道可以成功，商议想要给班超兵马。平陵人徐幹向来与班超是志同道合的好友，上书给皇帝愿意竭力帮助班超。建初五年（80），朝廷就任命徐幹为假司马，拨发减刑的罪人及志愿人员一千人给班超。

以前，莎车以为汉朝不出兵，须向龟兹投降，而疏勒都尉番辰，又反叛汉朝。

正好徐幹领兵来了，班超便和徐幹合兵攻击番辰，把番辰打得大败，斩首一千余颗，抓了很多俘虏。班超已击败番辰，便想进兵攻龟兹。因为乌孙兵强，就想借助他的力量，于是上书给皇帝说："乌孙是个大国，有使用弓箭的兵十万，所以武帝把江都王违之女细君公主，嫁给乌孙王。到孝宣皇帝时，终于得到了它的帮助，大破匈奴。现在可派遣使者安抚乌孙，与之并力合作。"

皇帝采纳了班超的意见。建初八年（83），任命班超为将兵长史，借用鼓吹幢麾等旌旗乐器，任命徐干为军司马。另外派遣卫侯李邑护送乌孙使者，大小昆弥以下官吏，都赐以锦帛。李邑刚到于阗，正碰上龟兹进攻疏勒，他害怕不敢前进。

于是上书给皇帝，陈述平定西域不可能成功，又极力毁谤班超，说班超拥抱爱妻，怀抱幼子，在国外享受安乐，没有心思考虑国内的事情。

班超听到了，叹息道："我非曾参而有三至之谗，恐怕现在会有人怀疑我了。"于是离开了妻子。

皇帝知道班超忠心，便狠狠地责备李邑说："即使班超拥抱爱妻，怀抱幼子，那思念家乡的士卒一千多人，怎么能够都跟班超同心同德呢？"便命令李邑到班超那里接受他的指挥，还说："如果李邑在国外任职，那就留他在你那里做从事。"班超却派遣李邑带领乌孙侍子回京师。

徐幹对班超说："李邑以前毁谤你，企图使你平定西域的功业失败，现在何不遵循皇帝的旨意把他留下来，另派官吏护送侍子呢？"班超说："你怎么这样没见识呢？正因为李邑毁谤我，所以我才派遣他回国。我处心无愧，还怕别人讲什么呢？因泄私愤图快意把他留下来，不称是忠臣。"

第四节　威震西域

【原文】

后三年，忠说康居王借兵，还据损中，密与龟兹谋，遣使诈降于超。超内知其奸而外伪许之。忠大喜，即从轻骑诣超。超密勒兵待之，为供张设乐。酒行，乃叱吏缚忠斩之。因击破其众，杀七百余人，南道于是遂通。

【译文】

其后三年，疏勒王忠游说康居王，向他借兵，回据损中，又暗地里与龟兹密谋，派遣使者向班超诈降。

班超知道了他们的阴谋，表面上佯装接受投降。

疏勒王忠大喜，随即率领轻骑兵到班超那里去诈降。

班超暗地埋伏士兵，并设帐安排酒宴乐队，等待疏勒王忠的到来。

疏勒王忠来了，饮酒间，班超令士兵捆了疏勒王忠，把他杀了。

于是乘胜攻击他的军队，杀了七百多人，南道就这样打通了。

【评点】

第二年，朝廷又派遣假司马和恭等四人率领军队八百人到班超驻地，班超便发动疏勒、于寘的军队攻击莎车。莎车暗地派人到疏勒王忠那里用重利贿赂他。

疏勒王忠便反叛班超，听从莎车的指使，西保乌即城。

班超就另立疏勒的府丞成大为疏勒王，调动全部没有反叛的军队来攻击疏勒王忠。过了半年，康居派遣精兵援救疏勒王忠，班超攻打不下。

这时候，月氏刚与康居通婚，互相亲善。班超便派遣使者多带锦帛送给月氏王，教化晓示康居王，康居王便罢兵，逮捕了疏勒王忠，把他送回疏勒。乌即城便向班超投降了。其后三年，疏勒王忠游说康居王，向他借兵，回据损中，又暗地里与龟兹密谋，派遣使者向班超诈降。

班超知道了他们的阴谋，表面上佯装接受投降。

疏勒王忠大喜，随即率领轻骑兵到班超那里去诈降。

班超暗地埋伏士兵，并设帐安排酒宴乐队，等待疏勒王忠的到来。

疏勒王忠来了，饮酒间，班超令士兵捆了疏勒王忠，把他杀了。

于是乘胜攻击他的军队，杀了七百多人，南道就这样打通了。

第二年班超带领于寘各国的军队二万五千人，再次进攻莎车，而龟兹王派遣左将军带领温宿、姑墨、尉头等国的军队合计五万人援救莎车。

班超召集将校和于寘王商议说："现在兵少不能克敌，最好的计策是各自散去。于寘从这里往东走，长史也从此西归。等听到夜里的鼓声便可出发。"暗地放松对俘虏的监禁。

龟兹王听到这个消息非常欢喜，自己率领一万骑兵赴西边阻挡班超；温宿王率领八千骑兵往东边拦截于寘王。

班超知道两路敌军已经出发，暗地号令各部率领军队于鸡鸣时奔赴莎车军营。敌人大惊，慌忙逃窜。班超军队追击敌人，杀死敌军五千余人，缴获大批财物、马匹。莎车便投降了。龟兹等国亦各自败退走散。从此班超威震西域。

第五节　翘首以望，我的中国

【原文】

　　而超妹同郡曹寿妻昭亦上书请超曰：

　　妾同产兄西域都护定远侯超，幸得以微功特蒙重赏，爵列通侯，位二千石。天恩殊绝，诚非小臣所当被蒙。超之始出，志捐躯命，冀立微功，以自陈效。会陈睦之变，道路隔绝，超以一身转侧绝域，晓譬诸国，因其兵众，每有攻战，辄为先登，身被金夷，不避死亡。赖蒙陛下神灵，且得延命沙漠，至今积三十年。骨肉生离，不复相识。所与相随时人士众，皆已物故。超年最长，今且七十。衰老被病，头发无黑，两手不仁，耳目不聪明，扶杖乃能行。虽欲竭尽其力，以报塞天恩，迫于岁暮，犬马齿索。蛮夷之性，悖逆侮老，而超旦暮入地，久不见代，恐开奸宄之源，生逆乱之心。而卿大夫咸怀一切，莫肯远虑。如有卒暴，超之气力不能从心，便为上损国家累世之功，下弃忠臣竭力之用，诚可痛也。故超万里归诚，自陈苦急，延颈逾望，三年于今，未蒙省录。

　　妾窃闻古者十五受兵，六十还之，亦有休息不任职也。缘陛下以至孝理天下，得万国之欢心，不遗小国之臣，况超得备侯伯之位，故敢触死为超求哀，匄超余年。一得生还，复见阙庭，使国永无劳远之虑，西域无仓卒之忧，超得长蒙文王葬骨之恩，子方哀老之惠。《诗》云："民亦劳止，汔可小康，惠此中国，以绥四方。"超有书与妾生诀，恐不复相见。妾诚伤超以壮年竭忠孝于沙漠，疲老则便捐死于旷野，诚可哀怜。如不蒙救护，超后有一旦之变，冀幸超家得蒙赵母、卫姬先请之贷。妾愚戆不知大义，触犯忌讳。

　　书奏，帝感其言，乃征超还。

【译文】

　　班超的妹妹、同郡曹寿的妻子班昭也上书朝廷，请求把班超召回国，说："我的同父母的兄长西域都护定远侯班超，侥幸因微小的功勋，特蒙皇帝重赏，爵位列居通侯，官同二千石。天恩特殊超绝，真非小臣所应当蒙赏的。班超当初出使西

401

域，立志牺牲自己的身家性命，希望能建立微小的功勋，以图报效。不意碰上陈睦事变，道路阻塞，班超孤身转侧挣扎于艰险的异地，以言辞晓谕西域各国，凭借各国的兵力，每有攻野战，总是奋勇向前，就算身受重伤，也不逃避死亡的危险。幸蒙陛下的神灵，得以延续生命于沙漠之地，到现在已经三十年了。兄妹骨肉之亲，长久离别，相见也许会不认识了。所有同他一道出使的人，都已经不在人世了。班超年纪最大，现在将近七十岁了。身体衰老患病，头发也全白了，两手麻木而不灵活，耳不聪，目不明，要拄着拐杖才能走路。他虽然想要竭尽他的力量来报答皇上天恩，但迫于年岁迟暮，犬马之齿将尽。蛮夷的本性，违反正道，欺侮老人，而班超早晚即将死去，长久不见有人来代替他，恐怕坏人伺机而动，萌生犯上之心，而卿大夫咸怀一切，不肯做深远的考虑。如突然发生暴乱，班超力不从心，不能平息，那么上会毁灭国家累世的功勋，下会废弃忠臣所做的一切努力。那真是可悲痛的啊！所以班超于万里之外，怀归国之诚，自己陈述痛苦焦急之心，伸颈企望，到现在已经三年了。仍未蒙皇上省察。

我听说古代十五岁服役，六十岁免役，也有休息而不任职的。因陛下以至孝来治理天下，博得万国之欢心，不遗忘小国的臣子。何况班超获得侯伯的爵位，所以我敢于冒死为班超哀求，乞让班超回国能安度余年。如果班超能活着回来，再见宫立阙，让国家永远没有劳师远征的忧虑，西域也没有猝然暴发动乱的忧愁，班超得以长久蒙受皇上像文王那样赐予归葬骸骨的恩德，像田子方那样哀怜衰老的惠爱。《诗经·大雅》说：'老百姓通过劳动，可以得到小康。先施恩惠于中国，然后乃安定四方。'班超有书信和我做生前的诀别，恐怕真不会见到他了。我确实伤感于班超在壮年时候竭尽忠孝于沙漠之中，衰老的时候则被遗弃而死于荒凉空旷的原野。这真够悲伤可怜啊！如果不蒙皇上的救援爱护，班超以后一旦有变，希望班超一家，能蒙受皇上像赵母、卫姬那样，因事先上奏而免于治牵连之罪的宽恕。我愚笨不懂得大义，触犯了忌讳。"

奏章送上去了，皇帝很感动，便把班超召回来了。

【评点】

以前，月氏曾帮助汉朝进攻车师国，立下了功劳。这一年，向汉朝贡献珍珠宝贝、符拔、狮子，并要求汉朝以公主许婚。班超拒绝了月氏的要求，遣还他们的使者。从此月氏怨恨汉朝。永元二年（90），月氏派遣他的副王谢，率领七万人马攻击班超。班超兵马少，军士都很惊恐。

班超晓谕军士说："月氏兵虽然多，可是跋涉数千里，翻越葱岭来犯，交通运输极为不便，有什么可忧虑的呢？只应当收好粮食，坚守不出，敌人便会因饥饿而投降。不过几十天我们便会击败敌人的。"月氏副王谢率军攻击班超，不能取胜；又进行掠夺抢劫，也毫无所得。

班超估计敌军粮尽，必定会向龟兹求救，于是派遣军队数百人于东路拦截。

月氏副王谢果然派遣骑兵赍送金银珠宝去贿赂龟兹。班超的伏兵突出截击，杀光敌人，派人持月氏使者的脑袋给副王谢看。

谢大吃一惊，立即派遣使者到班超这里来请罪，只要求让他能活着回去。班超便放了月氏副王谢，让他回去了。月氏从此受到极大震动，每年都向汉朝进贡。

通过班超多年的南征北战，西域五十余国都交纳人质，表示归服汉朝。

第二年，皇帝下诏令说："过去匈奴独霸西域，侵犯河西，永平末年，白天也要把城门关起来。先帝深深怜悯边疆老百姓遭受盗寇的祸害，就命令将帅出击右地，攻破白山，进军蒲类，攻取车师，其他定居的城郭诸围都震慑响应，于是开辟了西域，设置了都护。可是唯独焉耆王舜，舜的儿子忠，叛逆不道，倚仗他们国家的险阻，杀死都护和吏士，先帝重视黎民百姓的生命安全，不想大动干戈，所以派遣军司马班超安抚于窴以西诸国。于是班超越过葱岭，到达县度山，出入二十二年，莫有谁不服从的。班超改立各国国王，安抚其人民。不惊动中国，不派遣军队，而使远夷和睦，异族同心，达到了施行讨伐，洗雪旧耻，替将士报仇雪恨的目的。《司马法》记载：'赏赐不超过一个月，是要让人们看到为善的好处。'现在封班超为定远侯，食邑千户。"

班超自觉久居偏远的异地，年老了，思念故国。

永元十二年（100），便上书朝廷说："我听说，姜太公封于齐国，五世而归葬于周。狐狸死的时候，头总朝着它出生的土丘，代地的马依恋北风。周和齐同在中国，相距不过千里，何况我远居绝域，怎能没有'依风''首丘'的感情呢？蛮夷的风俗，害怕年壮的，欺侮年老的。我班超犬马之齿日减，常恐年老体衰，倏忽死亡，孤魂漂泊于异域。昔者苏武滞留匈奴只不过十九年。现在我持符节，捧印玺以监护西域，如年寿将终，死于驻地，那也没有什么可遗恨的。然而我恐怕后世或许有人把我死于西域的事实记载下来。我不敢望到酒泉郡，只愿活着进入玉门关。我老而多病，身体衰弱，冒死上言，谨派遣我的儿子班勇随带进贡的物品入塞，趁我活着的时候，让班勇回来看一看中国。"

班超的妹妹、同郡曹寿的妻子班昭也上书朝廷，请求把班超召回国。

奏章送上去了，皇帝被她的语言所感动，便把班超召回来了。

班超在西域住了三十一年。

永元十四年（102）八月回到洛阳，被任命为射声校尉。

班超胸肋本来有病，回国之后，病情加剧，皇帝派遣中黄门看问，赐给他医药。这一年九月逝世，享年七十一岁。

朝廷怜悯他，派使者吊唁致祭，赏赐极为优厚。

班超的儿子班雄继承他的爵位。

在《后汉书》中，班超是作者描绘极为详尽的一个人物。由此可见作者对此人饱含的深情和敬意。阅读班超，读至最后，见他翘首以望自己的祖国，恳请圣上准许他派自己的儿子在他有生之年亲眼看一看自己的祖国，读者不禁为之动容，眼含热泪。班超只身在外，在荒漠里披荆斩棘奋战三十一年，在垂垂老矣之际，最终得以回归祖国，实在让人欣慰之至。

卷四十七　杨终传

第一节　关于迁徙

【原文】

终复上书曰:"秦筑长城,功役繁兴,胡亥不革,卒亡四海。故孝元弃珠崖之郡,光武绝西域之国,不以介鳞易我衣裳。鲁文公毁泉台,《春秋》讥之曰'先祖为之而己毁之,不如勿居而已',以其无妨害于民也。襄公作三军。昭公舍之,君子大其复古,以为不舍则有害于民也。今伊吾之役,楼兰之屯,久而未还,非天意也。"

【译文】

杨终又上书道:"秦代筑长城,功役繁兴,胡亥不思改革,终于失掉天下。所以孝元帝放弃了珠崖之郡,光武帝断绝西域之国,为的是不用远夷换我中国。鲁文公毁泉台,《春秋》讥笑道:'先祖为之而己毁之,不如勿居而已',为的是对百姓无妨害。襄公作三军(即三卿),昭公舍弃中军,君子以为是复古,认为不舍弃就有害于民。现在伊吾之役,楼兰之屯,久而不还,不是天意。"

【评点】

杨终字子山,蜀郡成都人。十三岁的时候,做郡小吏,太守认为其才很奇特,派他到京师学习,学《春秋》,相当于是定向委培,进修深造。

显宗时,召他到兰台,拜为校书郎。

建初元年(76),大旱,谷价昂贵,杨终认为广陵、楚、淮阳、济南等处的牢狱，充军的人达万数，又远屯于绝域，官吏百姓怨旷的甚多，于是上书道："臣听说'善善及子孙，恶恶止其身'，（意译：优待善良的人应延及子孙，惩罚为恶的人应只限其自身，不可延及后代。）百王常典，不变的道理。秦朝政治残酷厉害，违背上天之心，一个人有罪，连累到三族（父族、母族、妻族）。高祖平定乱世，约法三章。太宗（汉文帝）极仁慈，除去收孥之律（即妻孥受累）。万姓廓然，蒙受再生之福，恩泽达到昆虫，功绩垂于万世。陛下圣德英明，德被回表。今以连年干旱，灾疫不止，自奉菲薄，广泛访问得失，即使三代的隆盛，也不过如此，不能再增加了。臣私下查《春秋》记载的水旱之变，都应暴急，恩惠不下流。自永平年间以来，仍连大狱，有司穷追，互相牵引，掠考犯人，冤及无辜，家属充军。加以北方讨伐匈奴，西方开拓三十六国，连年服役，转输耗费很大。又远屯伊吾、楼兰、车师、戊己，百姓怀念家乡，怨恨结在边域。《传》说：'安土重居，谓之众庶。'（意译：安土重迁，是百姓的习惯。）从前殷代人民近迁到洛邑，尚且埋怨，何况离开肥沃的中原土地，到不毛之地的荒原呢？并且南方暑热潮湿，瘴毒互生。愁苦的百姓，足以感动天地、移变阴阳了。陛下留心观察，救救百姓吧。"

书奏上，肃宗将奏章交给臣下讨论。

司空第五伦也赞同杨终的意见。

太尉牟融、司徒鲍昱、校书郎班固等人与第五伦辩论，认为移民之法施行已久，孝子没有改父之道的权利，先帝所建制度，不应改变。

杨终又上书，上面我们摘录的那一段文字，就是他的文章，读来感觉棒极了，句句在理啊。杨终据理力争，坚持己见，最终赢得了领导的赞同。最后，皇帝听从了，迁还那些流放之人，全部停止屯边的办法。这也是为民谋福利的事情，很多人都很感激他。

第二节　关于家教

【原文】

终与廖交善，以书戒之曰：

终闻尧、舜之民，可比屋而封；桀、纣之民，可比屋而诛，何者？尧、舜为之堤防，桀、纣示之骄奢故也。《诗》曰："皎皎练丝，在所染之。"上智下愚，谓之不移；中庸之流，要在教化。《春秋》杀太子母弟，直称君甚恶之者，坐失教也。

《礼》制，人君之子年八岁，为置少傅，教之书计，以开其明；十五置太傅，教之经典，以道其志。汉兴，诸侯王不力教诲，多触禁忌，故有亡国之祸，而乏嘉善之称。今君位地尊重，海内所望，岂可不临深履薄，以为至戒！黄门郎年幼，血气方盛，既无长君退让之风，而要结轻狡无行之客，纵而莫诲，视成任性，鉴念前往，可为寒心。君侯诚宜以临深履薄为戒。

【译文】

杨终与廖友情甚善，写信劝廖道："我听说尧、舜的百姓，可以比屋得到封赠；桀、纣的百姓，可以比屋得到诛杀。为什么呢？尧、舜为之提防，桀、纣示之骄奢的缘故。《诗经》上说：'皎皎练丝，在所染之。'（即墨子说的'染于苍则苍，染于黄则黄'的意思。）上智下愚，不可改变，中庸之疏，要在教而化之。《春秋》上记载晋侯杀太子申生，直称晋侯，表示厌恶，就因为他失教的缘故。《礼记》规定，人君之子年八岁，替他设少傅，教之书写计算，以开其智慧；十五岁设太傅，教之经典，以引导他立志。汉朝兴起，诸侯王不致力于教诲，多触禁忌，所以有亡国之祸，而缺乏嘉善的称号。今君位置尊贵，海内寄予厚望。难道不应如临深渊，如履薄冰，以为警诫嘛！黄门郎年幼，血气方盛，没有长君的退让之风度，而要结交轻狡无行之宾客，放纵而不教诲，视成任性，鉴念过去的教训，可令人寒心。君侯应该以临深渊履薄冰为戒。"

【评点】

上面的选文，是杨终对马廖的劝告。为什么劝告他呢？因为杨终和那个马廖是好朋友，关系挺不错的。因为是朋友，他就有话说了。当时，太后之兄卫尉马廖，谨慎、笃厚、自守，不训诸子，也就是对自己的子女不管不问，不严加管教。作为好友的杨终看出了端倪，感觉到了危险，于是就直言不讳，说了上面的话。

他旁征博引，举了很多反面的例子，意思是说，如果当父母的不注意用科学而严格的方法对子女进行教育，那么，后果是不堪设想的。

他说，《礼记》中规定，人君之子年八岁，替他设少傅，教之书写计算，以开其智慧；十五岁设太傅，教之经典，以引导他立志。你看看人家的教育方法，那是科学而实用的。可是，汉朝兴起之后，诸侯王不致力于教诲，不懂得家庭教育的重要性，所以那些官二代、富二代们一个个多触禁忌，所以有亡国之祸，而缺乏嘉善的称号。现在，您位置尊贵，海内寄予厚望，举国上下都眼巴巴地看着您呢，难道您不以为警诫嘛！你家小子年幼，血气方盛，既没有长君的退让之风度，还要结交轻狡无行之宾客，放纵而不教诲，危险啊！你赶紧想办法加以管教吧。

话都说到这个份儿上了，可是，人家马廖不采纳。这倒好，他的儿子马豫后来因为悬书诽谤犯罪，马廖回到封地，付出的代价够惨重的了。

其实，杨终的观点是正确的。纵观古今中外，那些疏于管教子女的，往往会酿成大祸，遗憾终生。现如今的那些少年犯，就是一个很好的佐证。

杨终是一个很有见地的人，他不仅在管理方面和教育方面有见地，而且在史书方面也有自己的观点。杨终曾经跟皇帝说："宣帝广泛征召郡儒，论定《五经》在石渠阁。当前天下太平无事，学者得以完成其业，而章句之徒，破坏大体。应照石渠旧例，永为后世的法则。"

于是诏诸儒在白虎观论考同异。碰上杨终因事系狱，博士赵博，校书郎班固、贾逵等，认为杨终对《春秋》很有研究，学术上多独特见解，上表请求，杨终又上书自我表白，即日赦免，于是得以参与白虎观。

后来受诏删削《太史公书》为十多万字。

杨终著《春秋外传》十二篇，改定章句十五万字。

永元十二年（100），召拜郎中，因病而死。

卷四十八　王充王符列传

第一节　王　充

英雄无用武之地

【原文】

充好论说，始若诡异，终有理实。以为俗儒守文，多失其真，及闭门潜思，绝庆吊之礼，户牖墙壁各置刀笔。著《论衡》八十五篇，二十余万言，释物类同异，正时俗嫌疑。

【译文】

王充喜欢发表议论，乍听起来好像很怪异，仔细想想却有道理，有根据。

他以为那些见识浅薄的儒生死守住书本上的章句，失掉了书中的精髓和真谛，于是闭门深思，谢绝那些贺喜吊丧的应酬。家中的门上、窗户上、墙壁上都放着刀和笔，撰写了《论衡》八十五篇，共二十多万字，解释了物类的异同，匡正了当时人对某些事物的疑惑。

【评点】

王充字仲任，会稽上虞人，他的祖先从魏郡元城搬迁到这里。王充少时死了父亲，同乡称赞他很孝顺。人往往就这样，小时候如果遭到过不幸，受到过磨难的洗礼，不是消沉一生，就是能够取得大的业绩。磨难，是一把双刃剑，就看我们怎么去对待磨难带给我们的刺激。

后来，王充来到京城，在太学里学习，拜扶风人班彪做老师。他博览群书而不拘泥于章句。这一点，跟班彪的儿子班固有的一拼，这才是真正的学习啊。就像我们学习语文，背诵古诗，只生硬地背诵出那些章句，而不理解其中深刻的内涵，又有什么意思呢？但凡有所成就的艺术家、学者、文学家，都会在理解形式的基础上，理解其内容，内里的精髓。

那时候，王充家里贫穷没有书籍，他便常常到洛阳书店里翻阅那些出卖的书，看过一遍就能记诵下来。书非借不能读也。这样的读书经历，恰恰更能够让王充有种求知若渴的焦灼。在这种焦灼的状态里，他就通晓了诸子百家的学说。

后来，他回到家乡，隐居下来教书。在州郡担任过功曹，因为多次劝谏长官，意见不合离去。

王充喜欢发表议论，乍听起来好像很怪异，仔细想想却有道理，有根据。

他以为那些见识浅薄的儒生死守住书本上的章句，失掉了书中的精髓和真谛，于是闭门深思，谢绝那些贺喜吊丧的应酬。家中的门上、窗户上、墙壁上都放着刀和笔，撰写了《论衡》八十五篇，共二十多万字，解释了物类的异同，匡正了当时人对某些事物的疑惑。

刺史董勤征召为从事，后又调任治中。他自己辞去职务回家。什么原因啊？其实，应该是和上次一样，意见不合呗。

他的朋友同郡人谢夷吾上书朝廷，推荐王充的才学，肃宗特意下诏公车府征召他，他因病没有成行。

其实，我们研究这个王充就能发现，好发表议论，并且是很有见地、很深刻的人，往往不被上司喜欢，意见不同嘛。前面的人物中，因与皇帝"意见不同"免职的有之，因与大臣据理力争争得脸红脖子粗最后被人陷害的有之。而现在这个王充，刚开始上班的时候，因为多次劝谏长官，意见不合离去。后来也是多次因为这个原因，不是被炒了鱿鱼，就是炒了人家的鱿鱼。最后有一次去中央的机会，却因为有病给错过了。错过之后，也就再也没有机会了。

空怀一肚子的本领，总得找个机会发挥发挥啊。不然，那些学问在肚子里是要翻江倒海、兴风作浪的。怎么办呢？我们的王充和很多文人一样，仕途不畅通，就自己营建了一个自己的精神世界。写呗！他将近七十岁的时候，记忆衰退，精力耗损，于是写了《养性书》十六篇，论述节制嗜欲、保养精神、自守心志的道理。

永元年间，他病死于家中。

人的学问，其实终归是有用的。王充走上仕途的话，无非也是用自己的政见去感化和影响大汉王朝的最高领导，落实到政策中，最后惠及方方面面。而无法走上仕途，就著书立说，将自己的观点写在书里，出版发行，让更多的人看到，去影响他们的思想，指导他们的行动，这也是好的。

如此说来，王充的一生，也是充实的，在历史人物画卷中，他也是很值得尊敬的。

第二节　王　符

王符字节信，安定临泾人。年少时喜欢学习，还很有志气、有操守，他和马融、窦章、张衡、崔瑗等是好朋友。物以类聚，人以群分，他所结交的这些朋友，都是不简单的人物啊。

当时，王符的老家安定有这样一种不好的风习，那就是瞧不起小老婆生的孩子，而王符没有外家，所以乡里瞧不起他。和帝、安帝之后盛行流动做官，相当于现在的干部交流。那些有权势的人互相推荐，弄得你好我好大家好，可是王符却耿直，不和世俗相同，因此没能做官。这有学问而清高的人，咱们可以谓之雅，而那些逢迎巴结的人，咱们可以谓之俗，雅者往往市场小，而俗者市场大。这恰如现在的文学，纯文学没有市场，而通俗文学甚至是低俗文学市场很大。

王符受大家的白眼和排挤，他的内心自然是很不舒坦，可又有什么办法呢？就是那样的一个环境，那样的一个氛围。前面咱们说过，文人在仕途上得不到出路，往往就会营建一个自己的王国——精神王国。于是，王符就隐居在家著书三十余篇，来讽刺当时政治的得失，为了不让自己的名姓被人家知道，所以书名叫"潜夫论"。他还是很注意保护自己的，知道用个马甲来掩护。他的书中指责当时的毛病，议论风俗人情，从中也足可看出当时的政治风尚。

下面，就让我们来读一读王符的文章，从中感受一下几千年前王符的思想，窥探一下大汉王朝当时的实际状态。

一、《浮侈篇》里的勤俭思想

【原文】

王者以四海为家，兆人为子。一夫不耕，天下受其饥；一妇不织，天下受其寒。今举俗舍本农，趋商贾，牛马车舆，填塞道路，游手为巧，充盈都邑，务本者少，浮食者众。"商邑翼翼，四方是极。"今察洛阳，资末业者什于农夫，虚伪游手什于末业。是则一夫耕，百人食之，一妇桑，百人衣之，以一奉百，孰能供之！天下百郡千县，市邑万数，类皆如此。本末不足相供，则民安得不饥寒？饥寒并至，则民安能无奸轨？奸轨繁多，则吏安能无严酷？严酷数加，则下安能无愁怨？愁怨者多，则咎征并臻。下民无聊，而上天降灾，则国危矣。

夫贫生于富，弱生于强，乱生于化，危生于安。是故明王之养民，忧之劳之，教之诲之，慎微防萌，以断其邪。故《易》美节以制度，不伤财，不害民。《七月》之诗，大小教之，终而复始。由此观之，人固不可恣也。

今人奢衣服，侈饮食，事口舌而习调欺。或以谋奸合任为业，或以游博持掩为事。丁夫不扶犁锄，而怀丸挟弹，携手上山遨游，或好取土作丸卖之，外不足御寇盗，内不足禁鼠雀。或作泥车瓦狗诸戏弄之具，以巧诈小儿，此皆无益也。

【译文】

国王把四海当作自己的家，把亿万人民当作自己的儿子。

如果每个农民不种田，天下人一定挨饿；每个妇女不织布，天下人一定受冻。

现在的风俗是丢失农业这个根本，都去做生意买卖，牛马车辆，塞满道路，游手好闲和投机取巧的，都邑到处都是，从事农桑的人少了，吃闲饭的多了。《诗经》上说："商的都城非常整齐，居于四方的中心。"现在看到洛阳，做买卖的十倍于农夫，弄虚作假、游手好闲的十倍于做买卖的人。这就是一个农民种田，供百人吃饭，一个妇女织布，供百人穿衣，一个人的劳动供百个人的享受，谁能供养得起！天下百郡千县，万数市邑，都像这样。本来不能相供应，那么百姓怎得不忍饥挨冻？饥寒交迫，老百姓怎能不干越轨的事？犯罪的人增多，官吏怎能不用严酷的刑罚？严刑峻罚加身，老百姓怎能不怨天恨地？愁怨的人多了，那么过错惩罚都来了。老百姓生活无着落，加上老天爷降灾，那么国家就危险了。贫困是由于富足时不节约，懦弱是由于强大时不谦虚，祸乱是由于太平时不修德，危险是由于平安时不谨慎。

所以贤明之君对待百姓，常常担心他们的疾苦，慰劳他们的艰辛，并且加强教育，小心谨慎，防患未然，断绝邪恶的根源。因此，《易经》赞美以制度规定节约，不耗费人民的财产，不侵害人民的利益。《诗经》的《七月》篇，大至耕田种桑，小至冬天绞麻绳，一一进行教育，自春到冬，终而复始。

由此看来，人本来就不可放恣哩。

现在人们穿衣讲求奢华，饮食讲求高贵，为了满足口舌的享受而讲究烹饪。

有的合谋干坏事；有的从事游戏与赌博。壮年人不扶犁耕田，而挟着弹丸打鸟，携手上山游玩；有的取土做丸卖假药。这些人对外不能抵御敌寇，对内不能停止鼠窃雀偷。有的人做泥车瓦狗等玩具，欺骗小孩儿，这都是毫无益处的事。

【评点】

王符的文章，读起来很像一把利剑，直指问题要害，很有一点鲁迅的样子。正所谓书生报国笔做枪。王符发些议论，实则是一个具有社会责任感的人才会做的事。因为，他的议论，甚至是抨击，不是空穴来风，而是有根有据，引经据典，可考可信，不是当不上官，周围的人又看不起，便关起门来胡写一通，随便找个大论坛发发牢骚帖。

在上面这一篇《浮侈篇》里，他对当时的一些社会焦点、热点问题进行了点评，像现在的一些时事评论一样，很深刻也很尖锐。文中，他先是对老百姓十有八九都去做投机的生意，而少有人种庄稼的现象，进行了猛烈抨击。意思是说，都去投机取巧，做买卖（大部分是不务正业、坑蒙拐骗的），没有人种庄稼，作为一个农业大国，吃什么啊？一个农民种庄稼，百人吃，一个妇女织布，百人穿衣服，这哪里能行啊？人就应该勤劳，勤劳才可以致富。当然，这勤劳，也是要脚踏实地的勤劳才行。像那些或以谋奸合任为业，或以游敖博弈为事，或好取土做丸卖之，或做泥车瓦狗诸戏弄之具，制造假冒伪劣产品的，还有装神弄鬼骗人钱财的，都是些不正当的行当。在那样的行当里，他们越勤劳，危害就越大。还有，他在文中提出的贫困是由于富足时不节约、懦弱是由于强大时不谦虚、祸乱是由于太平时不修德、危险是由于平安时不谨慎的思想，也是很有先进性的。

另外，他还对奢侈浪费的现象进行了抨击。他说从前孝文皇帝亲自穿着黑色的缯布，用皮革做鞋和带，生活十分俭朴。可是现在京师的贵戚，衣服饮食，车马住房，奢侈超过侯王，实在是太过分了。他说古之葬礼，铺上厚厚的柴草，埋在野外，不封土，不种树，丧期也无定数。后代圣人改用棺材，用桐木做棺。

中世以后，改用楸梓槐柏杶樗这类的木材，因各地土质，选用不同的胶漆，使它坚固可靠，耐用罢了。现在京师贵戚，必用江南出产的檽梓豫樟等木材，那些名贵的木材产地很远，从高山上砍下，从深谷中运出，经过海河，转向黄河洛水，工匠加工，连年累月，必需许多劳动力才能搬动，许多牛拉才能运走，重所千斤，需万夫，而东到乐浪、西达敦煌，费力伤农，经过万里之远，简直是劳民伤财啊。

还有那墓，古时只修丰墓，不筑坟堆，中世虽筑坟堆但垒得不高。孔子的母亲死了，冢高四尺，碰上大雨就垮了，孔子的学生请求把它修复一下，孔子哭着说："古时候是不修墓的。"后来孔子的儿子伯鲤死了，只有内棺，没有外木椁。汉文帝葬在芷阴，明帝葬在洛南，都不用珠宝殉葬，不堆起山陵，墓虽低下而德行最高。

现在京师里的贵戚，郡里的豪富之家，父母在世时不怎么孝敬，死后却大办丧事。从前晋灵公多征赋税来修饰围墙，《春秋》评他不是好君主，宋华元、乐举厚葬宋文公，君子认为他们不算好臣子。何况一般官吏和士群众，竟敢僭越主上，超过国家规定吗？

这些抨击之声，无不彰显着一个具有很强烈的社会责任感的人的高尚情操。在当时，他的文章一定是有着很好的教化作用的，像鲁迅的文章一样，在暗夜里给人亮起一盏明灯。

二、《实贡篇》里的用人理念

【原文】

国以贤兴，以谄衰；君以忠安，以佞危。此古今之常论，而时所共知也。然衰国危君，继踵不绝者，岂时无忠信正直之士哉，诚苦其道不得行耳。夫十步之间，必有茂草；十室之邑，必有忠信。是故乱殷有三仁，小卫多君子。今以大汉之广土，士民之繁庶，朝廷之清明，上下之修正，而官无善吏，位无良臣。此岂时之无贤，谅由取之乖实。夫志道者少与，逐俗者多畴，是以朋党用私，背实趋华。其贡士者，不复依其质干，准其才行，但虚造声誉，妄生羽毛。略计所举，岁且二百。览察其状，则德侔颜、冉，详核厥能，则鲜及中人，皆总务升官，自相推达。夫士者贵其用也，不必求备。故四友虽美，能不相兼；三仁齐政，事不一节。高祖佐命，出自亡秦；光武得士，亦资暴莽。况太平之时，而云无士乎！

夫明君之诏也若声，忠臣之和也如响。长短大小，清浊疾徐，必相应也。且攻玉以石，洗金以盐，濯锦以鱼，浣布以灰。夫物固有以贱理贵，以丑化好者矣。智者弃短取长，以致其功。今使贡士必核以实，其有小疵，勿强衣饰，出处默语，各因其方，则萧、曹、周、韩之伦，何足不致，吴、邓、梁、窦之属，企踵可待。孔子曰："未之思也，夫何远之有？"

【译文】

国有贤臣就兴旺，用了谄谀之臣就衰败；君主有了忠臣就安定，用了佞臣就危险。这是古今的定论，也是大家所公认的道理。然而衰国危君，接连不断，难道当

414

时没有忠信正直的人吗？的确是苦于正道行不通的缘故啊。

十步的范围，一定有茂草；十户人家，一定有忠信的人。

商朝那么乱还有三位贤人（箕子、微子和比干），卫国那么小，还有许多君子（蘧瑗、史狗、史鱼酋、公子荆、公叔发、公子朝等）。

现在大汉广大的土地上，士民多而富足，朝廷政治清明，上下又能和谐一致，但官中没有好的官，在位的良臣不多。难道是现在没有贤人？想必是使用不当吧。那些愿行正道的人用得很少，同流合污的却用得很多，因此，朋党成群，互相营私，背离朴实，趋向华丽。选拔人才时，不重视其实干的本领，衡量其才行，只是虚张声势，乱加溢美之词。粗略估计，每年将近两百人得到提拔。

看看他们的履历，个个品德像颜回、冉有，详细考察其才能，很少达到中等人才的标准，都是只务升官、互相推举。选士本应重在才干，不必求全责备。

所以孔门四友（颜回、子贡、子师、子有）虽各有长处，但不是每人都很完美。

商朝三仁（箕子、微子、比干）同在一朝，但治国的大事并不十分理想。

辅助汉高祖得天下的臣子来自亡秦；光武帝用了很多人才，不少是从王莽那里来的。何况太平之时，能说没有人才吗？明君的号令好比声音，忠臣的响应就像回声。声波的长短，声音的大小，轻重快慢，一定要互相呼应。何况治玉要用石头，洗金要用盐水，洗绸子要用鱼，漂白布要用灰。一般事物本来就有用贱的治理贵的，把丑的变为美的。聪明的人能够弃短取长，收到功效。

现在选拔人才，一定要严加考核其实绩，有小毛病的，不必勉强掩盖其过失，他们一进一退，一默一语，各有自己的方式，那么萧何、曹参、周勃、韩信这类文臣武将，哪能不会到来？吴、邓、梁、窦等类人才，踮起脚就可看到。

孔子说过："没有好好思量，如果思量了，有什么遥远呢？"

【评点】

在这一篇文章中，王符提出来了一个问题，那就是为什么国家在用人上，存在着诸多弊病。古往今来，大到一个国家，小到一个单位，用人是关键性的。用人制度的好坏，决定着国家的发展，决定着单位的命运。国有贤臣就兴旺，用了谄谀之臣就衰败；君主有了忠臣就安定，用了佞臣就危险。

他指出，现在一个很重要的问题，就是朝中没有几个像样的大臣，都是半瓶子醋，没有什么真才实学。那么，是什么导致这样的局面出现呢？

正道行不通！

我们的王符就点到问题的点子上来了。干部的选拔任用机制有问题，导致一些没有才能和品德的人能够戴上乌纱帽，并且还能够步步高升。而很多有真才实学的人，却得不到提拔重用，空怀一腔热情和学识，但是没有用武之地。这不但是这些有真本事的人的悲哀，也是那些招聘单位的悲哀啊！

王符还进一步分析，为什么那些没有才没有德的歪瓜裂枣们可以在仕途上畅通无阻、步步高升呢？原因是他们可以互相推荐，逢迎巴结，把当官当成一种生意来做，你推荐了我当官，我忘不了你，彼此互相搀扶推进，结果都受益。他们的主要精力都用在跑关系、送礼、做形象工程、欺上瞒下上去了，哪里还有什么心思给用人单位效力干活？

辅助汉高祖得天下的臣子来自亡秦；光武帝用了很多人才，不少是从王莽那里来的。何况太平之时，能说没有人才吗？肯定有啊。为什么提拔不起来，不予以重用？问题就在这里。

那怎么办呢？王符也说了，办法是有的，就是现在要选拔人才，一定要严加考核其实绩，不看形象工程，不看汇报材料，假如有小毛病的，不必勉强掩盖其过失，开诚布公地列出自己的优势和缺点来嘛。你能正视自己的缺点和失误，用人单位也会酌情接纳你的那些不足。假如这样，事情就好办了。人尽其才，发挥最大作用，于人才，于招聘单位，都是有好处的。国有贤臣就兴旺嘛，这是不言而喻的事情。

三、《爱日篇》里的时间观念

【原文】

国之所以为国者，以有民也。民之所以为民者，以有谷也。谷之所以丰殖者，以有民功也。功之所以能建者，以日力也。化国之日舒以长，故其民闲暇而力有余；乱国之日促以短，故其民困务而力不足。舒长者，非谓羲和安行，乃君明民静而力有余也。促短者，非谓分度损减，乃上暗下乱，力不足也。孔子称"既庶则富之，既富乃教之"。是故礼义生于富足，盗窃起于贫穷；富足生于宽暇，贫穷起于无日。圣人深知力者民之本，国之基也，故务省徭役，使之爱日。是以尧敕羲和，钦若昊天，敬授民时。明帝时，公车以反支日不受章奏，帝闻而怪曰："民废农桑，远来诣阙，而复拘以禁忌，岂为政之意乎！"于是遂蠲其制。今冤民仰希申诉，而令长以神自畜，百姓废农桑而趋府廷者，相续道路，非朝铺不得通，非意气不得见。或连日累月，更相瞻视；或转请邻里，馈粮应对。岁功既亏，天下岂无受其饥者乎？

孔子曰："听讼吾犹人也。"从此言之，中才以上，足议曲直，乡亭部吏，亦有任决断者，而类多枉曲，盖有故焉。夫理直则恃正而不桡，事曲则诒意以行赇。不桡故无恩于吏，行赇故见私于法。若事有反覆，吏应坐之，吏以应坐之故，不得不枉之于庭。以羸民之少党，而与豪吏对讼，其势得无屈乎？县承吏言，故与之同。若事有反覆，县亦应坐之，县以应坐之故，而排之于郡。以一民之轻，而与一县为讼，其理岂得申乎？事有反覆，郡亦坐之，郡以共坐之故，而排之于州。以一民之轻，与一郡为讼，其事岂获胜乎？既不肯理，故乃远诣公府，公府复不能察，而当延以日月。贫弱者无以旷旬，强富者可盈千日。理讼若此，何枉之能理乎？正士怀怨结而不见信，猾吏崇奸轨而不被坐，此小民所以易侵苦，而天下所以多困穷也。

且除上天感痛致灾，但以人功见事言之。自三府州郡，至于乡县典司之吏，辞讼之民，官事相连，更相检对者，日可有十万人。一人有事，二人经营，是为日三十万人废其业也。以中农率之，则是岁三百万人受其饥者也。然则盗贼何从而销，太平何由而作乎？《诗》云："莫肯念乱，谁无父母？"百姓不足，君谁与足？可无思哉！可无思哉！

【译文】

国之能成为国，因为有老百姓。

民之能成为民，因为能生产谷物。

谷物能够丰收，因为有人民在劳动。

功业能够建成，因为有时间和劳力。

太平国家的日子过得舒适而漫长，所以百姓悠闲而劳力有剩余；混乱国家的日子过得急促而短暂，所以百姓困倦而劳力不足。

日子过得舒而长，并不是说太阳走得慢些，而是由于君主英明、百姓安静而劳力有多哩。

日子过得短促，不是说历书上的分度减少了，而是上面昏聩、下面紊乱而疲于奔命，总觉劳力不足哩。

孔子说过："人口多了就应使他们富足，已经富足了就应加强教育。"因此，礼义来源于富足，盗贼来源于贫穷；富足来源于时日宽暇，贫穷来源于谋生无日。

圣人深深懂得劳力是人民谋生的根本，国家的基础。

所以务必减少百姓的差役，使他们爱惜时日，不违农时。

因此尧帝命令太阳之神羲和，敬重上天，给百姓充足的时间。

汉明帝时，国家曾一度规定用月朔为正的"反支日"不受理百姓的投诉，皇帝听了很感奇怪，便说："百姓放弃劳动时间，不远万里来朝廷，如果再加限制不许接见，难道是治理国家的本意吗？"于是废除这种不合理的制度。

现在含冤的百姓仰望申诉，可是官吏们却难见如神，百姓耽搁劳动时间到官府告状的，路上络绎不绝，不到太阳偏西不得通报，不是高兴的时候不接见。

有的连续几天，甚至十天半月，才能见到官吏；有的请求邻里，送粮食才能答话。

农时耽误过多，天下难道不受饥饿吗？孔子说："听官司我和别人差不多。"从他这话看，有中等才能以上的人，就能够评议谁是谁非，乡里亭部小吏，也有会断案的，可是多半判断不公，使人受冤枉，这是有缘故的。

凡自以为道理充足的一方总是认为得理走天下，决不随便屈服，而道理欠缺的一方就采取巴结行贿的办法。

不屈服的一方对官吏不给好处，行贿的一方所以得到官吏徇情枉法。

如果事情有反复，官吏应该有罪责，官吏因为有罪责，不能不弄权枉法。

老百姓是弱而小的一方，而与倚仗权势的官吏对讼，势力悬殊能不败诉吗？县官相信官吏的话，所以判案只能维持原判。

如果事有反复，县长应有罪责，县长因为有罪，而推到上级郡那里。

一方是老百姓，而对方是县吏，这种官司打下去，老百姓能够胜诉吗？事有反复，郡也有罪，郡因为有罪，而上诉到了州。

老百姓和郡打官司，还有获胜的希望吗？州官不肯受理，所以百姓只得远到公府里来。

公府不能详细审理，于是拖延时间。

贫弱的百姓拖不到十天，强富的可以拖到千日。

这样打官司，有什么冤案能够清理呢？正义之士怀着满腔怒火而得不到申冤，狡猾的官吏搞歪门邪道而逃避罪罚，这就是老百姓之所以受压迫，而天下越来越困穷的缘故。

除了上天感痛降灾之外，只要看看人为的灾难就可知道。

从三府州郡，到郡县司法的官吏，以及打官司的百姓，受官司的牵连，另相检举、找证人对簿公堂的，每天大约有十万人。

一个人有事，两个人参谋，这就等于每天有三十万人耽搁农业劳动时间了。

用中等农民做标准算一下，每年有三百万人要挨饿。

这样一来，盗贼怎么会消灭，太平日子从哪里来呢？《诗经》上说："不要回顾混乱，哪个没有父母？"老百姓生活的条件不足，君王怎能得到富足？这不值得深思吗？这能不引起深思吗？

【评点】

王符对社会诸事的见地，是深刻而尖锐的。他引用孔子的话说："人口多了就应使他们富足，已经富足了就应加强教育。"因此，礼义来源于富足，盗贼来源于贫穷；富足来源于时日宽暇，贫穷来源于谋生无日。

他分析说，国家的官员给民断案，解决纠纷，是可以影响农业生产的。

怎么这么说呢？因为解决纠纷是需要时间的。你给人家断案，就要提高工作效率，政府的各项工作都要提速才行。否则，只会影响大家的时间。

汉明帝时，国家曾一度规定在某些特定的时间内，不受理百姓的投诉，皇帝听了很感奇怪，便说："百姓放弃劳动时间，不远万里来朝廷，如果再加限制不许接见，难道是治理国家的本意吗？"于是废除这种不合理的制度。这就是为民着想的举措。

现在含冤的百姓仰望申诉，可是官吏们却难见如神，甚至比神还难见。百姓耽搁劳动时间到官府告状的，路上络绎不绝，不到太阳偏西不得通报，不是高兴的时候不接见。有的连续几天，甚至十天半月，才能见到官吏；有的请求邻里，送粮食才能答话。门难进、脸难看、事难办的现象屡有发生。

王符在论述中，还引用数字来加以说明。他说从三府州郡，到郡县司法的官吏，以及打官司的百姓，受官司的牵连，另相检举、找证人对簿公堂的，每天大约有十万人。一个人有事，两个人参谋，这就等于每天有三十万人耽搁农业劳动时间了。用中等农民做标准算一下，每年有三百万人要挨饿。这样一来，盗贼怎么会消灭，太平日子从哪里来呢？

简直是太深刻了！亲，王符的眼睛就是一个探照灯啊。不知道他的文章当时发行得怎么样，如果搁在现在，肯定早已经被各大报纸和网站争相聘为首席评论员了。他的眼光真毒。

然而，令人遗憾的是，就是这样的一个有着深刻见解的有识之士，最终还是没有做官，凄惨而孤苦地老死在家中。这是东汉王朝的损失啊。假如，他能够走入朝廷，将他的思想繁衍在一系列治国政策中，那么，举国上下各项事业应该会有令人瞩目的改观。可是，历史是无法改写的。我们的这个愿望，是永远也无法实现的了。不过，反过来想，这也算是王符个人的幸事。为什么这么说呢？就他这样的渊博知识和几近奇刻的思想，在他所描述的时代里，指定是一叶小舟，一旦卷进汪洋大海，就会被吞没，各方的打压、排挤、诬陷将会接踵而至。他的思想，是纯粹的，可是，想改变当时的现实，真可谓是蜀道难难于上青天了。

也许，他生活在自己的精神世界里，才是最稳妥的归宿。如今，东汉大思想家王符连同他的思想，永远生活在了历史的恒久时空里。

卷四十九　孝明八王列传

帝王将相不过寻常百姓家

孝明皇帝有九个儿子：贾贵人生章帝；阴贵人生梁节王刘畅；其余七王本书没有记载母氏。按照东汉王朝来说的话，这几位王，应该算是皇三代了。中国有一句古话，叫作富不过三代。意思是说，老爷子当年创业积攒下来的家业，往往用不了三代就给祸害干净了。这是中国人的一个劣根性。当然，也是有例外情况的。现在，我们就来看一看这八王都有着怎样的人生。

【原文】

　　畅惭惧，上书辞谢曰：
　　臣天性狂愚，生在深宫，长养傅母之手，信惑左右之言。及至归国，不知防禁。从官侍史利臣财物，荧惑臣畅。臣畅无所昭见，与相然诺，不自知陷死罪，以至考案。肌栗心悸，自悔无所复及。自谓当即时伏显诛，魂魄去身，分归黄泉。不意陛下圣德，枉法曲平，不听有司，横贷赦臣。战栗连月，未敢自安。上念以负先帝而令陛下为臣收污天下，诚无气以息，筋骨不相连。臣畅知大贷不可再得，自誓束身约妻子，不敢复出入失绳墨，不敢复有所横费。租入有余，乞裁食睢阳、穀孰、虞、蒙、宁陵五县，还余所食四县。臣畅小妻三十七人，其无子者愿还本家。自选择谨敕奴婢二百人，其余所受虎贲、官骑及诸工技、鼓吹、仓头、奴婢、兵弩、厩马皆上还本署。臣畅以骨肉近亲，乱圣化，污清流，既得生活，诚无心面目以凶恶复居大官，食大国，张官属，藏什物。愿陛下加大恩，开臣自悔之门，假臣小善之路，令天下知臣蒙恩，得去死就生，颇能自悔。臣以公卿所奏臣罪恶诏书常置于前，昼夜诵读。臣小人，贪见明时，不能即时自引，惟陛下哀臣，令得喘息漏刻。若不听许，臣实无颜以久生，下入黄泉，无以见先帝，此诚臣至心。臣欲多还所受，恐天恩不听许，节量所留，于臣畅饶足。

【译文】

刘畅惭愧害怕，上书辞谢道："臣天性狂愚，生在深宫之中，长于傅母之手，信惑左右的话。等到归国，不知防禁。从官侍史为了谋取财物，荧惑我的心。臣畅没有觉察，和他们互相然诺，不知自陷死罪，以致犯了罪。内心害怕，自悔也来不及。自以为当被杀掉，魂魄离身，分归黄泉。不意陛下圣德，枉法曲平，不听有司之言，赦免了我。战栗连月，不敢自安。上念有负先帝之恩，使陛下替臣收恶天下，的确使臣无气以息，筋骨不相连。臣畅知道宽大不可再得，自己发誓要束身约妻子，不敢再出入不讲规矩，不敢再有浪费。租入有剩余，请求裁减睢阳、谷熟、虞、蒙、宁陵五县，还剩下四县。臣有小妻三十七人，那些无子的愿回本家。自选择谨数束力奴婢二百人，其余所受虎贲、官骑和诸工技、鼓吹、仓头、奴婢、兵弩、厩马都上还本署。臣畅以骨肉至亲，乱圣化，污清流，既得生活，的确无面目以凶恶居大宫，食大国，张官属，藏什物。愿陛下加大恩，开臣自悔之门，假臣小善之路，使天下知臣蒙恩，能去死就生，颇能自悔。臣将公卿所奏罪恶诏书常置于前，昼夜诵读。臣本小人，贪见明时，不能即肘自引，望陛下哀臣，使得喘息漏刻。如不听许，臣实无颜以久生，下入黄泉，无以见先帝。这的确是臣一片至心。臣想多还所受，恐天恩不听许，节量所留，于臣畅已足够了。"

【评点】

千乘哀王刘建，永平三年（60）封。第二年死去。年少没有儿子，国除。他也是一个没有福分的皇子。刘建跟阴丽华和刘秀所生的刘衡一样，那个刘衡还没有来得及晋爵为王就早早地死去了。

咱们再来看陈敬王刘羡。永平三年（60），刘羡被封为广平王。建初三年（78），有司奏遣刘羡与钜鹿王刘恭、乐成王刘党都到封地去。意思是，都各自去过自己的小日子去吧，成天在宫里，叽叽喳喳尽是些问题。可是，肃宗性厚爱，不忍心与诸王分开，于是就都留在京师。

第二年，按地图，使诸国户口都均等，租入每年八千万。这就相当于分家啊，老爷子为了不偏不倚，不厚此薄彼，就按照统一的标准进行分家。不像光武帝刘秀那样，给孩子们分家的时候就有厚有薄，喜欢的呢，就给的封地大，不喜欢的就给得少，喜好都表现了出来，结果，有人就咧着嘴高兴，有人就噘着嘴不高兴。

这个刘羡很爱好学习，他博涉经书，有威严，与诸儒讲论在白虎观。建初七年（82），皇上认为广平在北边，多有边费，于是改为西平王，分汝南八县为封地。等到皇帝死后，遗诏改封为陈王，食淮阳郡，那年往封地去。立三十七年死去。儿子思王刘钧为嗣。

总体说来，这个刘羡还是比较有出息的一个皇子。

还有彭城靖王刘恭，也是比较有出息的一个皇子。他敦厚威重，举动有节度，受到官民敬爱。但是，他的脾气不好。刘恭于永平九年（66）赐号灵寿王。十五年（72），封为钜鹿王。建初三年（78），改封江陵王，改南郡为封地。元和二年（85），三公上言江陵在京师正南，不可以封，于是改为六安王，以庐江郡为封地。肃宗死后，遗诏改封彭城王，食楚郡，同年往封地。

说起他的脾气不好，有一件事情值得一提。元初三年（116），刘恭因事对儿子刘酉甫发怒，大发雷霆，而他的儿子刘酉甫又是一个很要脸面的人，一时间想不开，结果就自杀了。这件事情轰动不小。不仅当时轰动，在今天也会引起人们的思考：家庭教育的过程中，严父的角色是可以扮演的，可是，不注意方法，过于严厉了，反而会起到不好的效果。这方面，是值得我们吸取教训的。

因为刘恭对儿子扮演了一回咆哮老爸的角色，儿子自杀了，国相赵牧赶紧把情况上告了，还诬奏刘恭祠祀时出恶言，大逆不道。有司就奏请皇上杀掉他。刘恭赶紧上书为自己辩解。朝廷认为他素著行义，派了工作组进行考实，结果没有证据，祭祀时说的恶言没有录音资料，也没有人证，罪名不成立。这可苦了赵牧了，诬告啊！这小子偷鸡不成蚀把米，因此下了大狱，最后碰着大赦免去死罪，真想不出他从号子里出来之后，怎么在江湖上混啊。

刘恭立四十六年死去，儿子考王刘道嗣。总体说来，这个彭城靖王刘恭还是可圈可点的。而下面的这一位乐成靖王刘党就不着调儿了。他于永平九年（66）赐号为重熹王，十五年（72）封乐成王。这个刘党很聪明，会《史书》，喜正文字，也就是说给史书挑挑毛病什么的，平时没事就挑个小毛病玩儿，以此为乐。他与肃宗同岁，两个人特别亲爱。

按理说，挺不错的啊。小日子过着，闲来无事，到书籍里挑挑毛病聊以打发寂寞，也挺不错了，可是刘党不遵守法度。在文字里，无法消除他全部的寂寞，怎么办呢？偷情！

有旧掖庭技人哀置嫁给了男子章初为妻，刘党跟那个哀置勾搭连环，眉来眼去，后来悄悄把她召进宫偷情，打发寂寞。可是，刘党的身份特殊啊，是地位显赫的人物，注视他的人大有人在，结果就被狗仔队给拍到了。于是，哀置的老公章初就知道了这件事情，气得不轻，就想上书告他。事情要是捅出去，那刘党还有个好吗？刘党害怕，于是秘密收买哀置的姐姐哀焦，让她杀掉章初，可事情还是被发觉了，刘党便缢杀太监三人，以灭口实。事情摆平了之后，按理说我们的风流大王应该有所收敛了吧？不，他又娶了旧中山简王傅婢李羽生做小老婆。秉性难改啊。

结果，在永元七年（95），国相举报了这件事。和帝下诏削去了他的两个县，以示惩罚。刘党立二十五年死去，儿子哀王刘崇嗣。

下邳惠王刘衍有容貌，肃宗即位，常在左右。建初年间，刘衍刚行冠礼，诏赐刘衍师傅以下官属金帛等物，各有区别。建初三年（78），将临淮郡及九江之钟离、当涂、东城、历阴、全椒共十七县加入下邳国。帝死后，当年就去了封地。

刘衍后来有心病，而太子刘印有罪被废，诸姬争着想立子为嗣，连上书相告言。和帝可怜她们，派彭城靖王刘恭到下邳正其嫡庶，立儿子刘成为太子。

刘衍立五十四年死去，儿子贞王刘成嗣。

接下来，是梁节王刘畅。永平十五年（72），刘畅被封为汝南王。

母阴贵人有宠于帝，刘畅尤其被宠爱，国土租入比其他国封地加一倍。肃宗即位，顺着先帝的意思，赏赐恩宠很厚。建初二年（77），封刘畅舅父阴棠为西陵侯。

建初四年（79），徙为梁王，将陈留之郾、宁陵，济阴之薄、单父，己氏，成武等六县加入梁国封地。帝死后，当年去封地。

刘畅性聪慧，然而少年贵骄，不大遵守法度。

到封地后，他竟然做了很多的噩梦，从官卞忌自己说能使六丁（注：丁卯、丁巳、丁未、丁酉、丁亥、丁丑。道教认为六丁为阴神，为天帝所役使），会占梦，刘畅数次使他占卜筮。还有刘畅的乳母王礼等，借此自言能见鬼神，于是一道占气，祠祭求福。一时间，刘畅那里魑魅魍魉、神秘兮兮的了。

后来卞忌那帮家伙谄媚刘畅，说：神说了，说你啊，应当做天子哩。

刘畅一听，心喜不已，于是就和他们应答。跟演双簧戏一样，很是一通意淫。

永元九年（97），豫州刺史梁相举奏刘畅大逆不道，和帝派人去调查考问，可是刘畅不服气。

有司就请求召刘畅到廷尉那里坐牢，不是不服吗？不是不招吗？关你几天看看！然而，和帝不同意。有司又奏免除刘畅的封地，迁到九真，帝不忍心，只削去成武、单父两县。

这时候，刘畅惭愧害怕了，就写了一封长长的检讨书，内容见上面我们摘录的那段文字。检讨很深刻，感情很真挚，认识很到位，表达了他的一片至心。这一份检讨书，也许是史上最长最动人的检讨书了。

皇上看了那份检讨，就下诏书回报道："朕唯王至亲之属，淳淑之美，傅相不良，不能防止邪恶，至使有司纷纷有言。今王深思悔过，端自克责，朕很难过。志非由王，过在那班小子。一日克己复礼，天下归仁。王其安心静意，茂率休德。《易经》不是说过'一谦而四益。小有言，绝吉'，强食自爱。"

刘畅坚决退让，奏章数上，终不同意。唉！知错就改，还是好皇子嘛！人就怕执迷不悟，一路执迷下去，那可就不可救药了。好在少年贵骄、不大遵守法度的刘畅最后还是醒悟了。

刘畅立二十七年死去，子恭王刘坚嗣。

后面有一个淮阳顷王刘昞，立十六年死去，未及立嗣。还有一个济阴悼王刘长，立十三年，死在京师，无子，封地废除。均无事可表。

其实，看一看这些皇三代们，他们貌似神秘的生活，其实也是寻常。他们也有着生老病死，也有着恩恩怨怨。其实，一个历史人物要立在历史人物的画廊里，是需要有事迹，有鲜明的个性的。孝明八王，均无什么可圈可点的功勋和事迹，人物性格也很扁平，比起光武十王来，就略显单薄了许多，无事可表嘛！

卷五十　李恂传

不送礼也不收礼的李恂

【原文】

时岁荒，司空张敏、司徒鲁恭等各遣子馈粮，悉无所受。徙居新安关下，拾橡实以自资。年九十六卒。

【译文】

当时年岁饥荒，司空张敏、司徒鲁恭等各派儿子送粮食给恂，恂全部不受。

迁居新安关下，拾橡实饱肚子。

年九十六岁而死。

【评点】

李恂字叔英，安定临泾人。他年轻的时候学《韩诗》，教授诸生常数百人。太守颍川李鸿请李恂去做功曹，可他还没有到职，州里又召他做从事。其时恰逢李鸿死去，李恂不应州之命，而送李鸿之丧回故里。已经葬了，留起冢坟，持丧三年。

后来李恂被召入司徒桓虞府。后又升为侍御史，持节出使幽州，宣布皇上的恩泽，慰抚北狄，所过之处都描写山川图，以及屯田、聚落等情况，共百余卷，全部封好奏上皇帝那里。他在当时的绘图，在现在类似于导航仪的制作，其作用可想而知，是非常重要的，无论是在军事上还是交通上乃至农业生产上，都有着很高的价值。所以，肃宗嘉奖他，拜他做兖州刺史。

李恂这个人，以清约做表率，常以羊皮为席，盖布被。升为张掖太守之后，更是有威重之名。

当时大将军窦宪率领兵士驻扎在武威，天下州郡无论远近没有不修礼馈送财物，李恂奉公不阿，就是不去给他送礼。我无求于你，也素无来往，平白无故给你送的哪门子礼嘛！可是，那个窦宪啊，正所谓你送我了，我不一定记得你，但是你不送我，我指定会记住你。这一记住可就了不得了，他有权啊，就给你个小鞋子穿。果然，窦宪想方设法把李恂免职了。因为不肯给领导送礼，他的官就这么丢了。但是，丢了就丢了吧，他很是看得开。

好在后来又征召做谒者，使持节领西域校尉。

西域殷实富足，多珍宝，诸国侍子及督使和那里的一些企业老板们数次送给李恂以奴婢、宛马、金银之类的好东西，李恂一样也不接受。我不给人送礼，也不喜欢人家给我送礼！这样两不相欠，事情好做，话好说，干净利索。

北匈奴数次截断西域车师、伊吾，陇沙以西地区使命不得通，李恂设购赏，于是斩了房帅，悬首在军门。从此道路清平，恩威并行。

后来迁武威太守。因事免职。他步行回乡里，隐居山泽之间，结草为茅屋，独自与诸生织席以自给，过起了田园生活。此时，正好碰上西羌反叛，李恂到田舍劳动的时候，被羌人抓住。羌人一看是他，就把他给放了。为什么啊？因为他们素闻恂之名，早已经是敬之仰之。恂就到洛阳谢恩。

当时年岁饥荒，大家的肚子都很瘪。司空张敏、司徒鲁恭等各派儿子送粮食给李恂，恂全部不接受。后来，他迁居到新安关下，实在没有吃的，就拾橡子来填饱肚子。人是越来越瘦，可那气节却越来越丰腴。不屈膝送礼给人，也不贪心受人贿赠，不收不受，在经历了种种困苦和诱惑之后，留在历史画廊里的就是那般风骨了，实在令人感慨而敬佩。

李恂九十六岁而死。躯体死去，可他的气节却长存于世。

426

卷五十一　崔骃传

不肯为仕赋闲赋

【原文】

骃献书诫之曰：

骃闻交浅而言深者，愚也；在贱而望贵者，惑也；未信而纳忠者，谤也。三者皆所不宜，而或蹈之者，思效其区区，愤盈而不能已也。窃见足下体淳淑之姿，躬高明之量，意美志厉，有上贤之风。骃幸得充下馆，序后陈，是以竭其拳拳，敢进一言。

传曰："生而富者骄，生而贵者傲。"生富贵而能不骄傲者，未之有也。今宠禄初隆，百僚观行，当尧、舜之盛世，处光华之显时，岂可不庶几夙夜，以永众誉，弘申伯之美，致周、邵之事乎？语曰："不患无位，患所以立。"昔冯野王以外戚居位，称为贤臣；近阴卫尉克己复礼，终受多福。郑氏之宗，非不尊也；阳平之族，非不盛也。重侯累将，建天枢，执斗柄。其所以获讥于时，垂愆于后者，何也？盖在满而不挹，位有余而仁不足也。汉兴以后，迄于哀、平，外家二十，保族全身，四人而已。《书》曰："鉴于有殷。"可不慎哉！

窦氏之兴，肇自孝文。二君以淳淑守道，成名先日；安丰以佐命著德，显自中兴。内以忠诚自固，外以法度自守，卒享祚国，垂祉于今。夫谦德之光，《周易》所美；满溢之位，道家所戒。故君子福大而愈惧，爵隆而益恭。远察近览，俯仰有则，铭诸几杖，刻诸盘杆。矜矜业业，无殆无荒。如此，则百福是荷，庆流无穷矣。

【译文】

崔骃献书告诫道："骃听说交谊浅而言语深，是愚蠢；在贱位而望贵显，是糊涂；不相信而纳忠言，是毁谤。三项都不相宜，而想试试看，是想效区区之心，愤懑而不能自止哩。我私下看见足下体淳淑之姿，躬高明之量，意美志厉，有上贤的风度。驷幸而得充下馆，排在后列，因此竭尽拳拳之心，敢进一言。古人说：'生而富者骄，生而贵者傲。'生在富贵而能不骄傲的，是没有的。现在宠禄初隆，百僚观行，正当尧舜的盛世，处在光华的显时，岂可不庶几早晚，使众人之誉能久，弘扬申伯之美名，成就周公、召公的事业吗？古语说：'不患无位，患所以立。'（译：不担心没有地位，只担心立身不处于仁义。）从前冯野王以外戚居高位，称为贤臣；近来阴卫尉克己复礼，最终得到多福。郑氏的祖先，不是不尊贵，阳平的宗族，不是不隆盛。重侯累将，建天枢，执斗柄，（指王氏九侯五大司马，掌握国家的大权。）其所以被讥笑于当时，垂愆尤于后世，为什么呢？就因为满而不挹，位有余而仁义不足哩。汉兴以后，到哀帝、平帝之时，外家二十，保族全身，只有四人罢了。《尚书》说：'鉴于有殷。'（译：以殷商做镜子。）可不谨慎吗？窦氏的兴起，从孝文帝开始。长君、少君以淳淑守道，成名在前日；安丰侯窦融以佐命著德，显自中兴。内以忠诚自固，外用法度自守，终于享了国祚，垂福至今。谦德之光，《周易》所赞美；满溢之位，道家所戒。所以君子福大而更加恐慎，爵隆而愈恭敬。看远近，俯仰都有法则可循，铭刻在几杖之上，刻记在盘盂之间。兢兢业业，无敢怠荒。这样，就百福到来，庆流无穷了。"

【评点】

崔骃字亭伯，涿郡安平人。他的高祖父崔朝，昭帝时为幽州从事，谏刺史不要与燕刺王来往。后来刺王失败，被升为侍御史。生了儿子崔舒，历任四郡太守，所在之处均有能干之名。

崔舒的小儿子名崔篆，王莽时做郡文学，以明经召到公车。太保甄丰举他做步兵校尉。

崔篆一听，是要自己去打仗，就辞道："我听说伐国不问仁人，战阵不访儒士。这一举动怎么找我呢？"于是自陈有过，回家去了。王莽讨厌那些不附和自己的人，多用法中伤他们。当时崔篆之兄崔发因佞巧被王莽宠幸，官位做到大司空。你说，这哥儿俩，同是一个娘生的，差距怎么就那么大呢？

他老妈师氏能通经学、百家之言，王莽宠以殊礼，赐号义成夫人，金印紫绶，文轩丹毂，显于新莽一代。后来用崔篆为建新大尹，崔篆不得已，便叹气道："我生在无妄之世，碰上浇、羿这样的君，上有老母，下有兄弟，怎能独自法身而使所生危险呢？"于是单车到官所，称病不管事，三年不到县去劝农桑。他想啊，自己一家子人，都是那种媚上而没有骨气的人，自己能怎样呢？能做的，就是身出污泥而不染，我到工作岗位是不错，可是我不跟你们同流合污就是了。于是他什么事都不管不问。

门下掾吏倪敞看了看，觉得这也不是一个办法啊，于是，就劝他，崔篆才勉强起身颁布春令。

所到之县，他看到大小牢狱都关满了人。那个凄惨样啊，简直是让人悲伤痛苦恨啊。于是，崔篆流着泪道："哎呀！刑罚不中，于是陷人于阱。这些人有什么罪，而关在这里！"于是公平审理，放出两千多人。

掾吏叩头劝道："朝廷初政，州牧严峻。宽恕犯人，确是仁者之心；然而独有你这样做，将有后悔的嘛！"崔篆说："邴文公不因一个人易其身，君子称他知命。如杀一大尹赎两千人，是我所愿意的。"于是称疾而去。

建武初年，朝廷多荐言的，幽州刺史又举崔篆贤良。

崔篆自以宗门受王莽伪宠，惭愧对汉朝，于是辞归不做官。

客居在荥阳，闭门反省，著《周易林》六十四篇，用来决断吉凶，多所占验。

临终作赋以自悼，名叫"慰志"。

崔篆生了崔毅，因病隐身不仕。

崔毅生了崔骃，十三岁能通晓《诗经》《易经》《春秋》，博学有大才，尽通古今训诂百家之言，会写文章。年轻时游历到太学，与班固、傅毅同时齐名。

看到这里，我们会很自然地发现一个问题，那就是这一大家子，都会写诗作赋啊！不错。他们的家族文学——崔氏辞赋很出名。崔篆于建武中首作《慰志赋》，中经崔骃、崔瑗继作《达旨》《七苏》，再至崔湜作《答讥》等，辞赋创作延续不断，屡有贡献。与中国历代家族文学集团（如班彪父子、曹操父子、萧衍父子、苏洵父子、袁宏道兄弟等）相比，大抵皆为父子、兄弟相承，盛誉一时；而崔氏则不然，"崔为文宗，世禅雕龙"，前后四代传递，历经整个东汉王朝。此真是中国文学史上绝无仅有之现象。

崔骃常以钻研典籍为业，不遑做官之事。他的志向在这里，而不在什么仕途。

当时有人讥笑他太玄静，将以后名失实。

崔骃模仿扬雄的《解嘲》，写了《达旨》来答复他们。

元和年间，肃宗才修古礼，巡狩方岳。崔骃上《四巡颂》以称汉德，文辞很典美。皇上常好文章，自从看了崔骃的颂以后，常嗟叹起来。

皇上对侍中窦宪说："你知道崔骃吗？"答道："班固多次对我说起他，不过我没见过他。"皇上说："你喜欢班固而忽略了崔骃，这是叶公好龙哩。试请见他。"崔骃由此问候窦宪。窦宪急忙穿鞋在门口迎接，笑着对骃说道："亭伯，我奉皇上的命令和你交朋友，你不会薄待我吧？"于是揖为座上客。

住不多久，皇帝来到窦宪家。当时崔骃正在宪家，皇帝听说想召见他。窦宪劝阻，认为不应与白衣之士相见。那意思是，你给他个官做做呗！皇帝懂了，便说："我能使崔骃朝夕在我身旁，何必在此！"可是，不巧的是正想请他做官，碰到皇帝驾崩。此后，政局大变，窦太后临朝，窦宪以贵戚出纳诏命。

于是，崔骃写了上面摘录的那一篇文章，献书告诫。等到窦宪做了车骑将军，召崔骃做掾吏。宪府贵重，掾属三十人，都是故刺史、二千石，只有崔骃以处士年少，提升在其间。

窦宪擅权骄傲放恣，崔骃多次劝阻。

等到出击匈奴，道路上更多违法之事，崔骃做主簿，前后奏记数十次，指切长短之处。

窦宪不能容忍，意思是你有完没完啊？成天唠叨来唠叨去，烦不烦啊？于是，便稍疏远了他，让他出为长岭县长。崔骃自认为远去，不得意，于是不到官位而回家。不干就是了，何必呢！

永元四年（92），死在家中。

崔家世代都有一个特点，那就是对做官不怎么感冒，有的也做了官，可是做着做着，就不去做了，而是赋闲回家作闲赋。崔骃所著诗、赋、铭、颂、书、记、表、《七依》《婚礼结言》《达旨》《酒警》共二十一篇，在当时很有影响。研究崔氏辞赋创作之特点并揭示其成因，对把握东汉辞赋创作之历史，以及此期整个文学发展规律均具有一定意义。当然，也可以看到崔家四代文学大家眼中的大汉王朝。

卷五十二　周燮黄宪列传

第一节　周燮

我很丑，可是很有学问

【原文】

举孝廉、贤良方正，特征，皆以疾辞。延光二年，安帝以玄𬘓羔币聘燮，及南阳冯良，二郡各遣丞掾致礼。宗族更劝之曰："夫修德立行，所以为国。自先世以来，勋宠相承，君独何为守东冈之陂乎？"燮曰："吾既不能隐处巢穴，追绮季之迹，而犹显然不远父母之国，斯固以滑泥扬波，同其流矣。夫修道者，度其时而动。动而不时，焉得亨乎！"因自载到颍川阳城，遣门生送敬，遂辞疾而归。良亦载病到近县，送礼而还。诏书告二郡，岁以羊、酒养病。

【译文】

后来被举为孝廉、贤良方正，特征召他，都用病辞。

延光二年（123），安帝用玄𬘓羊羔等物聘请他，以及南阳冯良，二郡各派派丞掾送礼来。

宗族更劝他说："人们修德立行，是为了国家。自先代以来，勋宠不断，你为什么独自守东冈之陂田呢？"

周燮道："我既不能隐居巢穴，追绮季等贤人之踪迹，还显然不离父母之国，这本来就是滑泥扬波，同其流了。修道的人，度其时而动。动而不得时，怎么能通呢！"于是自己到颍川阳城，遣门生道谢，便辞疾而归。

良也载病到近县，致谢而回，诏书通知二郡，每年给他们送羊和酒养病。

【评点】

周燮字彦祖，汝南安城人。他是法曹掾周燕后代。有意思的是，这个周燮长得呢，实在有点谦虚，很是对不起观众。他生而曲颔折额，丑状使人害怕，以至于他的老妈想抛弃他，说这是我的儿子吗？简直是个怪胎嘛！可是，他的老爸不同意，说道："我听说贤圣多有异貌。兴我宗族的，便是这个儿子。"也许，这是老爷子自己安慰自己的说辞罢了。可是，他还是下决心将这个丑儿子给养了下来。

周燮也很争气，几个月便知道谦让；十岁上学，能通晓《诗经》《论语》；长大时，专门精研《礼记》《易经》。他是不读非圣之书，不修贺问之好，很有一些志气。

有前人盖的草房在山冈之上，下有陂田，周燮常在这里劳动以养活自己，不是亲自种的稻、捕的鱼就不吃。乡党宗族都希望见到他，因为觉得这个人吧，长得虽然有点那个，可是，有志气，有才学，值得交往。

后来被举为孝廉、贤良方正，特征召他，都用病辞。嘿！人家的志气还不在仕途上哩。

后来，到了延光二年（123），安帝用羊羔等物聘请他，以及南阳冯良，二郡各派丞掾送礼来。这可是千载难逢的好机会啊。于是，宗族都劝他说："人们修德立行，是为了国家。自先代以来，勋宠不断，你为什么独自守东冈之陂田呢？"

周燮道："我既不能隐居巢穴，追绮季等贤人之踪迹，还显然不离父母之国，这本来就是滑泥扬波，同其流了。修道的人，度其时而动。动而不得时，怎么能通呢！"于是自己到颍川阳城，遣门生道谢，说自己有病啊，感谢好意，我回了。于是，独自回家去了。

当时，有个叫良的也载病到近县，致谢而回，皇帝就下诏书通知二郡，也就是市里的领导，要求他们每年送羊和酒给他们，让他们养病。

那个冯良呢，字君郎。出身于孤微之家，标准的庄户小泥人，年轻的时候做过县吏。三十岁那年，替县尉帮忙，相当于到县衙那里当了个临时工，打打杂什么的。有一次，他奉檄迎督邮，自己走在路上，就有了很多感慨，对自己的人生进行了思考，觉得干这个打杂的临时工，不好，没有意思啊。于是，他立即把车子弄坏，把马杀掉，把县衙里发给他的衣服帽子都撕了，一路逃到犍为，投奔到杜抚那里潜心学习。

一个大活人，出门迎督邮，怎么早见出，晚不见回，去哪里了啊？他的老婆很着急，于是就到处找他，但是踪迹断绝，就是找不到他。他的老婆急了，就发动亲朋好友到处找，找来找去，后来就看到草中有败车死马，衣裳腐朽，那可正是自己老公的东西啊。他的妻子当时就呼天抢地。大家都以为是他被虎狼盗贼所害，人已没了，便发丧制服。可是，让他妻子和朋友没有想到的是，过了十多年，君郎又回到乡里。回来之后的君郎，志行高整，非礼不动，对待妻子如君臣一般严肃，乡党以他为榜样。

周燮与君郎都是七十多岁才死。

在周燮与君郎看来，这人生啊，不见得非要走仕途，去寻求荣华富贵。自己修身养性，也是一种美好的人生境界啊。于是，他们都拒绝官位，自己开始一生的自我修行，这便是一种隐士思想。东汉前后，大概是中国隐士文化的发端。周燮与君郎，已经具有了隐士的特征。

第二节 黄宪

隐士黄宪

【原文】

颍川荀淑至慎阳，遇宪于逆旅，时年十四，淑竦然异之，揖与语，移日不能去。谓宪曰："子，吾之师表也。"既而前至袁阆所，未及劳问，逆曰："子国有颜子，宁识之乎？"阆曰："见吾叔度邪？"是时，同郡戴良才高倨傲，而见宪未尝不正容，及归，罔然若有失也。其母问曰："汝复从牛医儿来邪？"对曰："良不见叔度，不自以为不及；既睹其人，则瞻之在前，忽焉在后，固难得而测矣。"同郡陈蕃、周举常相谓曰："时月之间不见黄生，则鄙吝之萌复存乎心。"及蕃为三公，临朝叹曰："叔度若在，吾不敢先佩印绶矣。"太守王龚在郡，礼进贤达，多所降致，卒不能屈宪。郭林宗少游汝南，先过袁阆，不宿而退，进往从宪，累日方还。或以问林宗。林宗曰："奉高之器，譬诸氿滥，虽清而易挹。叔度汪汪若千顷陂，澄之不清，淆之不浊，不可量也。"

【译文】

颍川荀淑到了慎阳，在旅社遇见黄宪，当时宪仅十四岁，荀淑竦然觉得奇异，作揖和他谈话，一整天不能离去。

便对宪道："你是我的老师。"不久，到了袁阆的住所，没有问候，便说："你国有位颜子，你认识吗？"阆说："看到我们的叔度吗？"这时，同郡戴良才高倨傲，可是见到黄宪不曾不严肃对待，等到回家，好像失掉了什么似的。

母亲问道："你又从牛医儿子那里来吧？"答道："良不见叔度，不觉得不如人，看到了这个人，就有'瞻之在前，忽焉在后'，很难捉摸似的。"同郡陈蕃、周举常彼此谈道："个把月见不到黄生，就觉得鄙吝又萌芽在心了。"等到陈蕃做了三公，临朝叹道："叔度如在这里，我不敢先佩印绶了。"太守王龚在郡，礼待贤达之人，这些人多所降致，但始终不能使黄宪屈服。

郭林宗少游汝南，先到袁阆那里，不宿就退出，到了黄宪那里，几天才回。

有人问林宗。

林宗说："奉高（即袁阆）的器量，好比泉水，虽清而易接到手中。叔度像汪汪的千顷波，澄之不清，淆之不浊，不可量哩。"

【评点】

黄宪字叔度，汝南慎阳人，也就是今安徽颍上人。他们家世代贫贱，他的父亲是牛医，专门给牛开了一个门诊。然而，黄宪却成为一代文豪、大名士。他大约生于东汉永平十七年（74），延光元年（122）病终，仅四十八岁，天下称之为"征君"。民国时期，颍上县曾建置"黄宪乡"，并有黄宪坟遗迹。

他年幼爱读书，所谓"宪少年好学，履洁怀清"，十四岁时就满腹经纶，家虽贫穷而具才华、有气节，被当时大名士荀淑誉为孔子的大弟子颜回。有一次，颍川的荀淑到了慎阳，也就是到了黄宪的家乡，他在旅社里遇见黄宪，当时黄宪仅十四岁，可是，荀淑竦然觉得奇异，这小孩儿，怎么看起来和别人不一样啊？气质不错，双眼里满是灵动。于是，就作揖和他谈话，结果一谈不要紧，越谈越有劲儿，谈了一整天不肯离去。他便对黄宪说道："你是我的老师。"

不久，到了袁阆的住所，荀淑没有问候，便说："你国有位颜子，你认识吗？"你看看，见了面还没有问句"你吃了吗"之类的问候语，就急不可耐地问起了之前遇到的黄宪。

没有想到袁阆说："你看到我们的叔度啦？"嘿！他早就知道这个黄宪啊。由此可见，黄宪才十来岁就已经很有名气，可以说已经是一个网络红人了。

这时，同郡有一个叫戴良的，才高倨傲，觉得自己肚子里有很多本领，很是不可一世啊。可是见到黄宪不曾不严肃对待，等到回家，好像失掉了什么似的。抑郁了！

他老妈一看儿子这样，就问道："你又从牛医儿子那里来吧？"

434

戴良答道:"良不见叔度,不觉得不如人,看到了这个人,就有'瞻之在前,忽焉在后',很难捉摸似的。"

当朝大臣陈蕃、周举曾说:"如果一个月见不到黄宪,粗俗的念头就会萌发。"陈蕃后来当上三公(汉代最高级别的官爵),上任时还念念不忘黄宪,说:"如果黄叔度还在,我是不敢先接受印绶的!"当时汝南郡两任太守都是学富五车的汉代著名学者儒臣,然而当面策论均不能超越黄宪的学识。

汉代著名太学生领袖郭泰(字宗林),当时被称为"八顾"(道德高尚人士)之首。一次拜访黄宪,居然数日(一说数月)舍不得离去。他充满敬意地赞扬黄宪:"叔度汪汪(水宽广的样子,比喻气度宽宏)如千顷波浪,澄下去也不见清澈,搅扰也不见浑浊,不可估量啊!"

黄宪曾被举为孝廉,有人劝他做官,他也不拒绝,但去京城洛阳住了两个月,又返回故里,什么官也不做。著有博奕名著《机论》《天禄阁外史》(该书争议为后人托伪)等。世人以"汪汪澄波"的美誉,来称颂他的道德文章,并奉为归"隐"一派文士(如"竹林七贤"等)的开山祖师。

黄宪生活在东汉王朝统一约半个多世纪以后。西汉末年王朝的衰败和纷争、王莽灭亲的杀戮及其新朝改革的速灭可以说历历在目,加之,文化思潮上的儒教、黄老和佛教宗教的所谓"三教融合",给文人士大夫的价值观念带来深刻的冲击;历代统治阶级休养生息、发展经济的法宝已经发挥到了极致,随着经济发展,新一轮的土地兼并、贫富不均无可遏制;统治阶级的道德资源告罄,儒家治国的一套空头理论与酷吏治国、官场倾轧、吏治腐败、豪强割据的现实发生了冲撞;不同的利益集团明争暗斗,各种社会矛盾已经展现无余。"春江水暖鸭先知",聪明的文人,是社会的魂灵。他们理所当然已经敏感地觉察出深刻的社会危机的存在。黄宪就是在这样的背景之下,产生了"官念"十分淡化的"隐士"思想。黄宪是继东汉初年严光(子陵)之后又一位可以视为真正大隐的宗师。

隐士这类人的特点是个人主体性特别强,到达学问自觉的层次,但不为官用;不反对官场规则,但是自己不去做官;有圣贤之德,但不当点缀升平的"时髦"圣贤。

"隐士"之风,由严光、黄宪开启之后,经由徐庶、诸葛亮、陶渊明、"竹林七贤"等著名人物的身体力行,即经东汉三国和魏晋的盛行演化,流布于后世。

大隐于市的高人,超然于物外,可望而不可即。那是一种人生的至高境界。隐士之于世人,是一个美好的传说。正是因为有了这样美好的传说,红尘俗世才拥有了美好的向往。而之于官府,却是最想聘用的高级人才。鲁迅在《集外集拾遗·帮忙文学与帮闲文学》中说过,"中国是隐士和官僚最接近的,那时很有被聘的希望。一被聘,即谓之征君。"黄宪最终还是选择了归隐。于是,他就成为了一个美丽的传说。

卷五十三　杨震传

是谁毒死了杨震

【原文】

震复上书曰：

"臣闻古者九年耕必有三年之储，故尧遭洪水，人无菜色。臣伏念方今灾害发起，弥弥滋甚，百姓空虚，不能自赡。重以螟蝗，羌虏抄掠，三边震扰，战斗之役至今未息，兵甲军粮不能复给。大司农帑藏匮乏，殆非社稷安宁之时。伏见诏书为阿母兴起津城门内第舍，合两为一，连里竟街，雕修缮饰，穷极巧伎。今盛夏土王，而攻山采石，其大匠左校别部将作合数十处，转相迫促，为费巨亿。周广、谢恽兄弟，与国无肺腑枝叶之属，依倚近幸奸佞之人，与樊丰、王永等分威共权，属托州郡，倾动大臣。宰司辟召，承望旨意，招来海内贪污之人，受其货赂，至有臧锢弃世之徒复得显用。白黑溷淆，清浊同源，天下欢哗，咸曰财货上流，为朝结讥。臣闻师言：'上之所取，财尽则怨，力尽则叛。'怨叛之人，不可复使，故曰：'百姓不足，君谁与足？'惟陛下度之。"

丰、恽等见震连切谏不从，无所顾忌，遂诈作诏书，调发司农钱谷、大匠见徒材木，各起家舍、园池、庐观，役费无数。

震因地震，复上书曰：

臣蒙恩备台辅，不能奉宣政化，调和阴阳，去年十二月四日，京师地动。臣闻师言："地者阴精，当安静承阳。"而今动摇者，阴道盛也。其日戊辰，三者皆土，位在中官，此中臣近官盛于持权用事之象也。臣伏惟陛下以边境未宁，躬自菲薄，宫殿垣屋倾倚，枝柱而已，无所兴造，欲令远近咸知政化之清流，商邑之翼翼也。而亲近幸臣，未崇断金，骄溢逾法，多请徒士，盛修第舍，卖弄威福。

道路欢哗，众所闻见。地动之变，近在城郭，殆为此发。又冬无宿雪，春节未雨，百僚燋心，而缮修不止，诚致旱之征也。《书》曰："僭恒阳若，臣无作威作福玉食。"唯陛下奋乾刚之德，弃骄奢之臣，以掩讹言之口，奉承皇天之戒，无令威福久移于下。

【译文】

杨震又上书说："我听说古时九年耕种，一定有三年的储蓄。所以尧时洪水为灾，人民没有饥饿。现在灾害严重，百姓空虚，不能自给。加之螟蝗为害，羌虏抢掠，边疆不安，战斗至今不止，兵员粮草都不足。大司农国库虚空，不是国家安宁的时候。诏书为阿母兴建津城门内第舍，合二而一，连里通街，雕刻修饰，极为华丽。现在正当夏天，土旺之时，上山采石，大匠左校别部将作共数十处，互相催促，耗费何止亿万！周广、谢恽兄弟，与国家无骨肉之亲，依靠一班奸佞之徒，与樊丰、王永等分威共权，联络州郡，架空大臣。宰司征召，全按上面意旨办，招来海内贪污之人，接受他们的贿赂，至有赃贿不用之辈，再次重用。混淆黑白，不分清浊，天下哗然，都说：'财货上流，是为朝廷结下讥怨。'我听老师说：'上之所取，钱财尽了，就生怨；劳力尽了，就生叛乱。'怨叛的人，不可再用。所以说：'百姓不足，君谁与足？'希望皇上考虑。"

樊丰、谢恽等看到杨震多次切谏不见采纳，没有什么顾忌了，假作诏书，调用国库钱谷、大匠，征用材木，各起家舍、园池、庐观，劳役费用无法统计。

杨震因地震，又上书。

说："我蒙恩供职台府，不能宣扬政化，调和阴阳，去年十二月四日，京师地动。我听老师说：'地属阴精，当安静承阳。'现在动摇，是阴道太盛的缘故。那天戊干辰支并地动，三者皆土，位在中宫，这是中臣近官操权用事的象征。我想皇上因边境不宁，自己非常刻苦，宫殿垣屋倾斜，也只用一根支柱撑撑罢了。土木不兴，想使远近都知道政化清廉，京师庄严雄伟，不在乎崇楼高阁。而一些谄媚之徒，不能与皇上同心，骄奢越法，滥用劳役，大修房屋，作威作福。道路议论纷纷，大家耳闻目睹。地动的变异，就在京城附近，大概就是因此发生。又冬无宿雪，春节未雨，百官焦急，而修建不止，真是致旱的先兆。《尚书》说：'僭恒阳若，臣无作威作福玉食。'就是说：只有君王得专威福，为美食。请皇上发扬刚健中正的精神，抛弃那些骄奢之徒，杜塞妖言的来源，秉承皇天的警诫，莫令威福久移在下，大权旁落。"

【评点】

　　杨震字伯起，弘农华阴人。八世祖杨喜，汉高祖时因功封为赤泉侯。他的老爸叫杨宝，学《欧阳尚书》，很有学问，在哀帝、平帝时，不问世事，对当官不感兴趣，就隐居教学。又一个隐士！东汉前后隐士开始越来越多地出现。到了居摄二年（7），杨宝同龚胜、龚舍、蒋诩等几个很有才学的人一道被征召，让他们到官府里去当官，可是他们不愿意，就逃跑了，也不知道逃到什么地方去了。

　　光武帝非常赞赏他的气节。光武帝刘秀也知道啊，往往那些隐士，都是非常难得的顶级人才。于是，建武中，刘秀就派人特别征召杨宝，打算让他出山为官，可是杨宝依然如故，他以年老多病为理由，还是不答应，他是决心把隐士做到底啊。最后，他就在家中去世。

　　杨宝的儿子就是杨震，他少年时爱学习，从太常桓郁学《欧阳尚书》（跟他老爸学的是同一个专业），他通晓经术，博览群书，专心探究。

　　当时儒生为之语说："关西孔子杨伯起。"你听听，这个称谓，可真是盖了帽了。还有什么样的称呼可以用来形容他有学问呢？都被称为关西孔子了！他居住湖城，几十年不答州郡的礼聘。如此看来，他是和自己的老爸一样的秉性，不爱做官。很多人说他年纪大了，应该出去做官了，杨震不仕的志概，更加坚决。

　　后来有冠雀衔了三条鳣鱼，飞栖讲堂前面，主讲老师拿着鱼说："蛇鳣，是卿大夫衣服的象征。三是表示三台的意思，先生从此要高升了。"

　　最终，杨震还是出山了，在五十岁的时候做了州郡之官。

　　大将军邓骘听说杨震是个人才，举他为茂才，四次升荆州刺史、东莱太守。

　　当他去郡经过昌邑时，从前他推举的荆州茂才王密，也就是当时的昌邑县长，晚上去看杨震，送金十斤给他，这可是厚礼啊。如今黄金涨价涨得不靠谱呢！可是杨震说："老朋友知道你，你为什么不知道老朋友呢？"王密说："晚上没有人知道。"杨震说："天知，神知，我知，你知，怎么说没有人知道呢？"王密惭愧地走了。为官清廉啊！虽然不是有求于他的贿赂，即便是老朋友的礼尚往来，他也拒不接受。

　　后转涿郡太守。在任期间，他公正廉明，不接受私人请托，是一个清正廉洁的好干部。他不但严于律己，还对子孙后代要求很严。按理说，做了太守，最起码也相当于一个厅级干部吧，子孙过过富裕日子也不是没有条件，比如下下星级宾馆，吃吃山珍海味，最起码弄辆进口车开开，也不是没有钱，可是他要求子孙们蔬食徒步，生活俭朴。他的一些老朋友或长辈，想要他为子孙置产业，他说："让后世的人称他们为清白吏的子孙，不是很好吗？"

元初四年（117），征召做太仆，升太常。这官啊，可就真的做大了，怎么说也成部级干部了。不过，他这高官，肯定不是托关系走后门搞来的，而是依靠自己的优秀品德和真实业绩换来的。

以前的博士选举大多名不副实，杨震推举通晓经术的名士陈留、杨伦等，传授学业，得到儒生们的称赞。到了永宁元年（120），代刘恺为司徒。

第二年，邓太后去世，安帝喜欢的一些后妃，开始骄横起来。

安帝的奶娘王圣，因为抚养安帝有功，依靠帝恩，无法无天。还有王圣的子女伯荣出入宫中，贪赃枉法。于是，杨震就上书，参他一本。说："我听说政治依赖的是人才，治理国家必须去掉那些害人虫。所以唐尧、虞舜时代，优秀的人才在位，浑敦、穷奇、涛杌、饕餮四个坏人，都给流放到边远地方去了，人人心服口服，国家太平。道德堕落，宫廷里尽是一些卑鄙谄媚的人。王圣出身下贱，碰上千载一时的机会，养育圣躬，虽然有些洗洗涮涮的功劳，但得到的赏赐，已经远远超过她的劳苦了。而她贪得无厌，没完没了。在外面转相托请，扰乱天下，损害了朝廷，给皇帝脸上抹黑。《尚书》警戒母鸡做公鸡叫，《诗经》讽刺妇人丧国。从前郑严公听从母亲的私欲，放纵骄傲的弟弟，为所欲为，几乎把国家灭亡了，然后再来治理。《春秋》曾经批评他，认为教育不好。那些女子小人，亲近她，就高兴，疏远她，就怨恨你，是很难对付的。《易》说：'不能放纵，在厨房里就行了。'就是说妇人不得干预政治啊！应该赶快让王圣离开宫中，让她住在外面，与伯荣断绝关系，莫使他们往来，使有恩有德，上下都好。希望皇上去掉私爱，铲除不忍之心，留心国家大事，谨慎地挑选臣子，减少开支和赋税。使用四方无不在位的优秀人才，使得朝廷的官员没有乱世做官的悔恨。《大东》讽刺乱世赋敛多的诗句不行于今天，人民也无'迄可小康'之怨。效法往古，与历代圣哲同德，难道不好吗？"

其实，杨震说得有道理啊，这也是给安帝敲响警钟。可是，这个安帝鬼迷心窍，他看了杨震的奏折之后，居然还转给阿母王圣等，她们看了之后都怀恨在心，牙根儿都恨得直痒痒。

而伯荣骄奢淫乱更加严重，与前朝阳侯刘护从兄刘瑰勾搭，刘瑰还娶她为妻，并袭了刘护的爵位，官至侍中。杨震恨透了，再上书说："我听说昔高祖与群臣相约，不是功臣不得封，治国的制度规定，父死子继，兄亡弟及，以此防止篡夺。今天子有诏封前朝阳侯刘护从兄刘瑰袭刘护爵为侯，可刘护的亲弟弟刘威还在。我听说天子专封封有功，诸侯专爵爵有德。现在刘瑰没有其他功绩，仅仅因为配了阿母女儿，一时之间，既位侍中又至封侯，不符旧制，不合经义，行人喧嚷，百姓不安。皇上应该吸取过去教训，遵守做帝之道。"

疏上，皇帝不理。

延光二年（123），杨震代刘恺为太尉。

安帝他舅大鸿胪耿宝推荐中常侍李闰的哥哥给杨震，那意思是说，我的一个熟人，你给安排个好点的职位吧，把组织关系给解决了。可是，我们的杨震居然不受。那可是安帝的大舅啊，国舅的话他都不在乎。

耿宝就气咻咻地去问杨震，说："李常侍国家所重，皇上想叫你推荐他的哥哥，我耿宝不过是传达皇上的意见而已。"国舅耿宝没有办法，就打出皇上这张牌。杨震说："如果朝廷想令三府推举，应该有尚书命令。"杨震不吃他的那一套，坚决地拒绝了他，什么皇上的旨意啊，你是拿着鸡毛当令箭。真是老大的旨意，为什么不弄个红头文件，弄个人事调令啊？鬼才信你呢！于是，国舅耿宝就恨极而去。

皇后兄执金吾阎显也向杨震推荐他的亲戚好友，杨震又不从。

司空刘接听说了，马上推举这两个人，十天之内皆见提拔。你说这人啊，就是有意思，就是有看风使舵的！

因此，杨震更加遭怨。这下把人得罪大喽！

当时，有诏遣使者为阿母王圣大肆建造房屋，中常侍樊丰及侍中周广、谢恽等人更相鼓动，把朝廷搞得乱糟糟的。这可不是一件小事啊。于是，杨震同志义愤填膺，就再次上书。还有一些事情，他都勇于直言上书。

杨震前后所上，言辞激切，帝已经不高兴他，而樊丰等又都侧目憎怨，只是因为他是名儒，不敢加害。不久，河间男子至朝廷上书，言朝政的得失。帝发怒，下令逮捕入狱，定为欺上不道。

杨震又上书救他，说："我听说尧舜时，谏鼓谤木，立于朝廷；商周圣哲之主，小人怨，还自我检查，勉励自己。这是为了广开言路，集思广益，使下情上达。现在赵腾以攻击诽谤获罪，与杀人犯法有差别，请皇上减罪，保全腾的性命，启发百姓敢于说话。"

帝不理，赵腾被杀掉。

到了延光三年（124）春，皇帝东登泰山，樊丰等乘机竞修房屋。杨震部掾高舒召大匠令史稽查这件事。获得赵丰等的假诏书，写了奏书，要等皇上回来再送上。

樊丰等听说了，惶恐万状。

正好太史说星变倒行，就一起诬陷杨震说："自赵腾死后，杨震深为怨怒。并且为邓骘的旧部，怀恨在心。"等皇上返回，在太学待吉日入宫，晚上派使者持令收了杨震太尉印绶，杨震于是闭门绝宾客。

樊丰等还是恨他，竟请大将军耿宝，也就是国舅，奏杨震不服罪，心怀怨恨，有令送归原籍。杨震几封奏折竟然把自己折回老家来了。

杨震走到城西几阳亭，慷慨地对他的儿子、学生说："死是一个人不可免的。我蒙恩居位，痛恨奸臣狡猾而不能诛，恶嬖女倾乱而不能禁，还有什么面目见天下呢？身死之日，用杂木为棺，布单被只要盖住形体，不归葬所，不设祭祠。"于是服毒而死，时年七十余岁。

　　弘农太守移良奉樊丰等旨意，派吏在陕县留停杨震丧，露棺道旁，责令杨震诸子代邮行书，道路之人，皆为之流泪。你说这人啊，也太惨无人道。人都死了，还要这么做，也真够犀利的！

　　岁余，顺帝即位，樊丰、周广等诛死，杨震学生虞放、陈翼至朝廷申诉杨震事。朝廷都称杨震忠。

　　下诏授二子为郎，赠钱百万，以礼改葬杨震于华阴潼亭。安葬的时候，方圆很多人都到了现场。并且，在葬前十几天，有大鸟高丈余，飞到杨震丧前，俯仰悲鸣，泪流湿地，葬完，才飞去。郡里将这一情况报告上去。

　　当时灾异连续出现，帝觉得杨震为冤案，下诏说："已故太尉杨震，正直为怀，使他辅佐时政，而小人颠倒黑白，陷害忠良，上天降威，灾害屡作，求神问卜，都说是杨震枉死之故。我的昏庸，加重了这种罪过。山岳崩塌，栋梁折断，我是多么危险啊！现在使太守丞用中牢具祠，魂而有灵，或者来享受我的这些祭品吧。"于是人们立石鸟像于杨震墓前，以纪念他。

　　有这样的结局，杨震在天之灵也该感到欣慰了吧？只是，有一个问题，在叩问世道人心：到底是谁毒死了杨震？为什么杨震们总是要惨遭毒手呢？

卷五十四　张晧传

老子英雄儿好汉

【原文】

时顺帝委纵宦官，有识危心。纲常感激，慨然叹曰："秽恶满朝，不能奋身出命埽国家之难，虽生吾不愿也。"退而上书曰：

"《诗》曰：'不愆不忘，率由旧章。'寻大汉初隆，及中兴之世，文、明二帝，德化尤盛。观其理为，易循易见，但恭俭守节，约身尚德而已。中官常侍不过两人，近幸赏赐裁满数金，惜费重人，故家给人足。夷狄闻中国优富，任信道德，所以奸谋自消而和气感应。而顷者以来，不遵旧典，无功小人皆有官爵，富之骄之而复害之，非爱人重器，承天顺道者也。伏愿陛下少留圣思，割损左右，以奉天心。"

书奏不省。

【译文】

这时顺帝放纵宦官，有识之士都为之寒心。

张纲心情激动，慨然叹说："污秽恶浊满朝，不能奋身而出扫除国家的危难，虽然活着，我不愿意啊！"因而上书说："《诗经》说：'不愆不忘，率由旧章。'是说成王令德，不过循用旧的典章而已。考大汉最初兴隆，及中兴之世，文帝和明帝，道德教化更盛。看当时的治理措施，显而易见，不难照着去做，不过推行俭朴、坚持节约、修身尚德而已。中官常侍不过两人，左右侍奉的人，赏赐才满数金，爱惜费用，尊重人，所以家家富裕，人人有吃有穿。夷狄知道中国富强，讲信义道德，所以奸谋自然消除，和气感应。而最近以来，不遵守旧的典章，没有功的小人都有官爵，使他们富足，使他们骄奢，然后再惩治他们，这不是爱人重才，奉承天命，顺从大道。请皇上稍加圣思，整饬左右，以奉天意。"

书送上，皇帝没有采纳。

【评点】

张晧字叔明。他的六世祖就是历史上有名的张良，高帝时为太子少傅，封留侯。张晧年轻时游学京师，毕业后就分配回州郡做官，辟大将军邓骘府，五次迁升为尚书仆射，任事八年，出为彭城相。永宁元年（120），征为廷尉。

张晧虽然不是法家，但留心刑罚断狱，常与尚书辩正疑狱，他的意见多因详审平当被采纳。这时，安帝废皇太子为济阴王，张晧与太常桓焉、太仆来历在朝廷争辩，不得结果。

张晧退出朝廷上书说："从前贼臣江充，制造谗言妖逆，致使戾园兴兵，终于发生祸难。后来壶关三老令狐茂上书说太子冤事，武帝才觉悟。虽然认识到以前的失误，后悔也无济于事了！现在皇太子才十岁，还未知保母师傅九德的意义，应当挑选有贤德的人为之辅佐，使他拥有天子的气质。"书送上，未被采纳。

顺帝即位，任命张晧为司空，在职时推举了很多人才，天下称他是推士。

这时清河赵腾上书说灾变，讥刺朝政，奏下达管事的人，捕赵腾等人拷问。

牵涉党羽八十多人，都因诽谤朝廷，应当处以重法。

张晧上书劝谏说："我听说尧舜设立敢谏鼓，三王立诽谤木，《春秋》采好事，写恶事，贤明的天子，不加罪于草野的小民。赵腾等虽抵触朝廷犯法，但他说话是想尽忠正谏。如果应当诛杀，天下人的口将堵着了，谏争的源流就塞住了，这不是弘扬道德以做后人表率的方法。"帝竟感悟，减赵腾死罪一等，其余的都处二岁刑。

就是啊，张晧说得有理啊。人家只不过是为了国家的利益，在网上发发帖子，或者是给领导人写写信，说说自己的想法，提出合理化建议，难道就要重法处置吗？那什么人还会畅所欲言？还不真的堵了天下人的口？

四年，因阴阳不和被免职。又是一个阴阳不和免职。什么意思？就是与最高领导意见不统一。阳嘉元年（132），再为廷尉。可惜的是，就在刚刚走上工作岗位，再次发挥余热的时候，张晧去世了，享年八十三岁。朝廷派使者吊祭，赐葬地于河南县。

张晧的儿子，叫张纲。张纲，字文纪，年轻时通晓经学。虽然是个官二代，可是很有砥砺布衣之士的节概。举孝廉不就，司徒以他的成绩优异，辟高第为侍御史。

这时顺帝放纵宦官，有识之士都为之寒心。

张纲心情激动，慨然叹说："污秽恶浊满朝，不能奋身而出扫除国家的危难，虽然活着，我不愿意啊！"因而上书说:"《诗经》说:'不愆不忘，率由旧章。'是说成王令德，不过循用旧的典章而已。考大汉最初兴隆，及中兴之世，文帝和明帝，道德教化更盛。看当时的治理措施，显而易见，不难照着去做，不过推行俭朴、坚持节约、修身尚德而已。中官常侍不过两人，左右侍奉的人，赏赐才满数金，爱惜费用，尊重人，所以家家富裕，人人有吃有穿。夷狄知道中国富强，讲信义道德，所以奸谋自然消除，和气感应。而最近以来，不遵守旧的典章，没有功的小人都有官爵，使他们富足，使他们骄奢，然后再惩治他们，这不是爱人重才，奉承天命，顺从大道。请皇上稍加圣思，整饬左右，以奉天意。"书送上，皇帝没有采纳。

汉安元年（142），挑选八个使者巡视社会风俗，都是一些知名的老儒生，地位很高，只有张纲年轻，官次最小。

其余的人接受命令启程，而张纲独埋其车轮于洛阳都亭，说:"豺狼当道，何问狐狸！"就上奏说:"大将军梁冀，河南尹不疑，受外戚的援引，享受国家的厚恩，是草野小民之才，负辅导帝王、举持国政的责任，不能弘扬五教，辅翼皇上，专做大猪长蛇，元凶恶首，贪残无度，一心好货，放纵恣肆无止境，培植一班阿谀谄媚的人，陷害忠良。这是皇帝的权威所不能赦的，应该处以极刑。谨条呈他们无君之心十五事，都是臣子们所切齿痛恨的。"

这封奏折快递到高层那里后，京师震动。

这时梁冀的妹妹是皇后，正得到皇上的宠爱，诸梁的亲戚满朝，帝虽然知道张纲说的是实话，终于不忍采用。

这时，广陵贼张婴等众数万人，杀刺史、二千石，侵犯扰乱扬、徐间，十多年，朝廷不能讨伐。梁冀于是暗示尚书，任张纲为广陵太守，想因事攻击陷害他。让你不识抬举，给你个烫芋头啃啃吧！看不烫死你！

以前派去的郡守，一般都是向朝廷多要兵马，张纲独请单车赴任。

既到，只带吏卒十几个人，直到张婴的阵地，安慰他们，要求与他们的首领相见，说明国家对他们的恩德。

张婴开始大为惊讶，心说，啊呀，真的假的啊？亲们，我张婴没有听错吧？可是，当他看到张纲一片诚心之后，他就出来拜谒张纲。

张纲被延请坐上座。

张纲问张婴，你有什么困难尽管说，并且晓谕张婴说:"以前的二千石大多贪污残暴，以致使公等怀愤聚集一起来了。二千石是真正有罪啊！然而你们这么做也是不义呢。现在皇上仁慈聪明，想用文德平息叛乱，所以派我来。我想你们如能以得到国家的爵禄为光荣，我就不愿用刑罚加之于你们了。现在真正是你们转祸为福的时机啊！如果你们知道应该这么做，还是不服从朝廷，天子勃然大怒，荆、扬、兖、豫大兵云集，难道不危险吗？如果不度量强与弱，这是不明；抛弃善的而取恶的，这是不智；不顺从而效法叛逆，这是不忠；身死无后，这是不孝；反正从邪，这是不直；见义不为，这是不勇。此六点是成败的关键，利害相依，您可以深深地考虑一下。"

张婴听完之后，哭着说："边远愚人，不能与朝廷通声气，不堪官吏的压迫欺侮，不得已，大家就集合一起，苟且偷生，好像鱼游釜中，暂时喘口气罢了。现在听了太守的话，是我张婴等再生的时候了。不过既已陷入不义，只怕投降之日，不免遭到逮捕杀戮。"

张纲以天长地久不变为约，以日月光鉴为誓，张婴深被感动，就辞张纲还营。

第二天，带了一万多人与妻子面缚投降。

张纲单车进张婴阵垒，开大会，饮酒为乐，遣散部队，任各人随便去哪里都可以，亲自为被遣散的人员找住宅，看田土；子弟想为吏的，都引见召问。人情悦服，南州安然无事了。张纲，真乃神人也。不用一兵一卒，就搞了个大获全胜。此功不可没！朝廷论功当封张纲，可是，梁冀又跳出来阻止，结果张纲没有得到封赏。

后来，天子嘉美，想征召提拔张纲，张婴等人上书请求把张纲留在广陵，朝廷批准了他们的请求。

张纲在郡一年，年四十六逝世。

百姓扶老携幼，到郡府哀悼的不可胜数。

张纲自从患病，吏人都为他祈祷求福，都说"千秋万岁，何时再见此君"。

张婴等五百多人穿着丧服送丧，一直送到犍为，也就是张纲的老家，负土把坟筑好。

朝廷下诏说："已故广陵太守张纲，大臣的后裔，奉天子命综理事务，以身作则，诱导下级，颁布宣传国家的道德信用，使巨贼张婴率一万多人投降，消除了战争的灾难，解除了百姓的困苦，没有升迁到高位，不幸早死了。张婴等披丧服，持丧杖，如死了父母一样。我对他的死十分忧伤。"任张纲儿子张续为郎中，赐钱百万。

中央的这个讣告里对张纲的评价，还是比较中肯的。

张晧以推土之名，名扬天下；张纲以信义，感动天下。张氏父子，真可谓是老子英雄儿好汉。

卷五十五　杜根传

性急吃不到热豆腐

【原文】

根以安帝年长，宜亲政事，乃与同时郎上书直谏。太后大怒，收执根等，令盛以缣囊，于殿上扑杀之。执法者以根知名，私语行事人使不加力，既而载出城外，根得苏。太后使人检视，根遂诈死，三日，目中生蛆，因得逃窜，为宜城山中酒家保。积十五年，酒家知其贤，厚敬待之。

【译文】

杜根认为安帝年纪大了，应该亲理政事，于是与同时郎上书直谏。

太后大怒，逮捕了杜根等人，使用缣袋装着，就在殿上打死。

执法的人因杜根有名气，悄悄地告诉打杀的人，不要太用力，后来用车子拉出城外，杜根苏醒过来。

太后使人检验尸体，杜根假死，三天，眼睛中生了蛆，因此得以逃跑，在宜城山中一家酒店里打杂。

共十五年，酒家知道他是个好人，待他很恭敬。

【评点】

杜根字伯坚，颍川郡定陵县人。他的爸爸叫杜安，年轻的时候就很有志气，有节操，十三岁的时候就拿到了太学的录取通知书，被称为神童。京师的达官贵人、皇亲国戚都羡慕他的名声，有的写信给他，杜安不拆开看，都收藏在夹壁里。他聪明就聪明在了这里啊。后来因罪逮捕贵戚宾客，杜安打开夹壁，拿出信来，印封还是原来的样子，都没有拆封，因此没有遭到祸害，当时的人非常尊敬他。他位至巴郡太守，很有政声。

而他的儿子杜根呢，天性方正笃实，是一个急性子。永初元年（107），推举为孝廉，任郎中。当时是什么情况呢？当时是和熹邓后临朝听政，权柄在外戚手中。

杜根认为安帝年纪大了，应该亲理政事，于是与同时郎上书直谏。你看看，挺聪明的一个人，居然干了一件要命的糊涂事！都是性子急惹的祸啊！

果然，太后大怒。太后很生气，后果很严重啊。好你个杜根啊，怎么着？想叫我下台啊？门儿也没有我告诉你！于是，太后就逮捕了杜根等人，找了个袋子装起来，朝殿里一扔，恶狠狠地说：就在这里给我打死！

执法的人因杜根有名气，悄悄地告诉打杀的人，不要太用力，象征性地噼里啪啦打了一通，之后用车子拉出城外，杜根就苏醒过来，大难不死啊。可是，狠毒的太后也不是省油的灯啊，她派人去验尸，看看到底死了没有啊。杜根就趴在死人堆里装死三天。结果，他的眼睛里都生了蛆，验尸的人一看，嗯，都这样了，还有个活吗？死翘翘了！因此，杜根才得以逃跑。捡了一条命之后，就在宜城山中一家酒店里打杂，当了个店小二。这一干就是十五年，酒家老板知道他是个好人，待他很恭敬。

等到邓氏被诛杀，皇上左右的人都说杜根等人尽忠。皇帝不知情啊，就说杜根已经死了，太可惜了啊。于是下诏布告天下，要录用他的子孙。

杜根刚回到乡里，征召到公车，授侍御史。之前，平原郡吏成翊世也谏太后归政，获罪，这时与杜根同被征召，选为尚书郎，二人都见任用。你看看，终于熬出头了，我们也都舒了一口气不是？

有人问杜根说："以前遇祸，天下的人都同情你的忠义，你的朋友又不少，为什么要自苦到这个样子？"杜根说："在民间辗转，不可能不露踪迹，偶然被发觉，灾祸就要降临亲友，所以我没有这样做。"

顺帝时，稍升济阴太守。而他后来选择了罢官归家，年七十八逝世。

上面的那个成翊世字季明，年轻时好学，熟悉道术。他的遭遇和杜根如出一辙。

延光时，中常侍樊丰，帝乳母王圣共同诽谤皇太子，并把皇太子废为济阴王。

翊世一看，觉得太不像话了。于是，他连连上书申辩，又说樊丰、王圣诬陷皇太子，欺罔皇上的情状。可惜的是，皇帝不听他的，樊丰等人于是用重罪陷害他，下狱当处死，有诏只免去他的官，放归本郡，胳膊拧不过大腿啊。宫廷深，深似海，你摸不到深浅贸然行动，往往会惹火烧身的。前面的那个杜根就是这样。这下好了，官就没了。

等到济阴王立，即顺帝，司空张晧辟举他。

张晧因翊世之前为太子的废黜申辩，据理力争，惨遭陷害，而极力推荐他为议郎。成翊世认为自己的功劳不大，不好意思接受这个职位，自己请求回去。

三公频频征辟，就是不答应。尚书仆射虞诩最器重成翊世，想招他共参朝政，于是上书推荐他，征授议郎。后来尚书令左雄、仆射郭虔再举他为尚书。

成翊世到了工作岗位之后，在朝廷不苟言笑，一板一眼的，百官都很敬爱他。

杜根和成翊世，都是忠义之士啊。杜根以前是一个急性子，急着想让皇帝亲政，结果惹来了杀身大祸。异常变故改变了他的急性子，先是趴在死人堆里装死三天，接着悄无声息躲在酒店里当服务员当了十五年，这是多么大的耐性啊。

卷五十六　虞诩传

志不求易，事不避难

【原文】

后羌寇武都，邓太后以诩有将帅之略，迁武都太守，引见嘉德殿，厚加赏赐。羌乃率众数千，遮诩于陈仓、崤谷，诩即停军不进，而宣言上书请兵，须到当发。羌闻之，乃分抄傍县，诩因其兵散，日夜进道，兼行百余里。令吏士各作两灶，日增倍之，羌不敢逼。或问曰："孙膑减灶而君增之。兵法日行不过三十里，以戒不虞，而今日且二百里。何也？"诩曰："虏众多，吾兵少。徐行则易为所及，速进则彼所不测。虏见吾灶日增，必谓郡兵来迎。众多行速，必惮追我。孙膑见弱，吾今示强，势有不同故也。"

既到郡，兵不满三千，而羌众万余，攻围赤亭数十日。诩乃令军中，使强弩勿发，而潜发小弩。羌以为矢力弱，不能至，并兵急攻。诩于是使二十强弩共射一人，发无不中，羌大震，退。诩因出城奋击，多所伤杀。明日悉陈其兵众，令从东郭门出，北郭门入，贸易衣服，回转数周。羌不知其数，更相恐动。诩计贼当退，乃潜遣五百余人于浅水设伏，候其走路。虏果大奔，因掩击，大破之，斩获甚众，贼由是败散，南入益州。诩乃占相地势，筑营壁百八十所，招还流亡，假赈贫人，郡遂以安。

【译文】

后来羌入侵武都，邓太后因虞诩有将帅的谋略，升为武都太守，在嘉德殿召见，赏赐很多。

羌于是率众数千，于陈仓、崤谷间拦阻虞诩。

虞诩马上停军不进，扬言上书请兵，等援兵到了再前进。

羌知道了，分兵抢劫他县，虞诩因羌兵分散，日夜进发，加倍前行百余里。

使吏士各做两灶，一天增加一倍，羌不敢追逼。

有人问："孙膑减灶你增灶，兵法日行不过三十里，以防不测，你现在一日行二百里，为什么呢？"虞诩说："虏兵多，我兵少。走慢了，就容易被追上，快走，虏就料不到了。虏看见我的灶天天增加，定说是郡兵来接我了。人多行速，虏不敢追我。孙膑装着自己弱，我今装着自己强，是情势不同的缘故。"

到达郡里，兵不满三千，而羌兵一万多，围攻赤亭数十天。

虞诩命令军中，强弩不发，只悄悄发射些小弩。

羌以为矢力弱，不能达到，于是集中兵力急攻。

虞诩使二十强弩共射一人，射无不中，羌兵大为震惊，撤退。

虞诩因此出城追击，杀伤很多。

第二天，率全军从东郭门出，北郭门入，更换衣服，回转几周。

羌人不知虞诩有多少兵力，更加恐惧。

虞诩算准了羌贼会退，于是暗暗派五百余人于浅水处埋伏，等候羌贼逃走。

羌贼真的大奔，突然袭击，大破之，斩获很多。

贼因此败散，南入益州。

虞诩观察地势，筑营壁一百八十所，招还逃亡百姓，赈济贫民，郡里安宁了。

【评点】

虞诩字升卿，陈国武平人。他的祖父虞经，为郡县狱官，办案公正，存心宽厚，推己及人。每逢冬月，案件上报，常为之流泪，性情中人啊。他曾经说："东海于公高筑闾门，令容驷马高车盖，以为子孙必有做大官的。而其子定国终于做了丞相。我办狱六十年了，虽比不上于公，也差不多吧，子孙不一定不做九卿呢。"所以为虞诩取字升卿。嘿！这老头儿还挺有意思的哈，这可真是望孙成卿啊！

虞诩也很争气，十二岁的时候就把《尚书》学了个滚瓜烂熟。他是个孤儿，对祖母长辈都非常孝顺。县里推举他为顺孙，国相十分赞赏他，想要他为吏。这可是他祖父的梦想的第一步啊，升卿嘛，先从基层干起呗。可是，我们的虞诩却推辞说："祖母九十岁了，没有我，再无人奉养了。"国相才没叫他去。

后来，他的祖母逝世，服丧期满，这才被征召入太尉李脩府，授郎中。

永初四年（110），羌胡作乱，蹂躏并、凉，大将军邓骘认为军事紧张，不能兼顾，因为顾不过来啊，所以就想放弃凉州，集中力量对付北边，于是召集公卿开会，商议对策。邓骘说："譬如衣服坏了，坏一件补另一件，还可以有一件完好的。如果不这样，将是两无所保。"开会的人琢磨了琢磨，嗯，言之有理啊，于是就都赞同邓骘的意见。

虞诩听了对李脩说："据说公卿决定放弃凉州，在我看来，不合适。先帝开辟疆土，辛辛苦苦，现在怕费事，丢掉它。凉州既然丢了，那三辅就算边塞了，三辅做了边塞，那祖宗的园陵坟墓，就在界外了，这是万万不行的。俗话说：'关西出相，关东出将。'凉州习兵练勇，超过他州。现在羌胡所以不敢入侵三辅，因凉州在他的后方，是他的心腹之患啊！凉州老百姓拿起武器，保卫凉州，毫无反顾之心，因为凉州是汉朝的啊！如果放弃它，迁走老百姓，人民安于故土，不愿意迁徙，这样，一定会发生变故。假使英雄豪杰集合起来，乘势东来，虽有贲、育那样的勇士，太公那样的将领，还恐怕抵挡不住呢。说者以补衣做比方，我看如疽的溃烂，越烂越宽，没有所止。放弃凉州不是计策。"

李脩说："我没有想到这点。不是你说，几乎败了国家大事。那么，有什么好计策呢？"

虞诩说："今凉州骚动，人情不安，我担心发生突然事变。应该下令四府九卿，各推举所属州数人，对牧守令长子弟，皆授散官，表面上是奖励他们的功勋，实际上是监视他们，防止他们捣乱。"

李脩认为说得对，更推及四府，都照虞诩之计办事，于是征召两州豪杰为掾属，授牧守长吏子弟为郎，安慰他们。邓骘兄弟因虞诩反对了邓骘的意见，不服，就想利用吏法诬陷虞诩。

后朝歌贼宁季等数千人攻杀长吏，连年不散，州郡不能禁止，于是以虞诩为朝歌长。一个大烂摊子，你去拾掇吧，收拾好了，那是我们的策略好，收拾不好，那是你的罪过！

于是，虞诩的一些老友不无遗憾地对虞诩说："去朝歌真倒霉！"

虞诩笑着说："志不求易，事不避难，这是我的本分。不遇盘曲的根、错乱的节，哪能识别利器呢？"于是，虞诩就走马上任。刚到，去见河内太守马棱，马棱勉励他说："你是有学问的人，应当在朝廷谋划国家大事，为什么来朝歌呢？"虞诩说："受命的那天，不少有地位的官员都来慰问勉励我。我想，贼是不能有所作为的。朝歌在韩、魏交界之处，背靠太行，面临黄河，离敖仓百里，青州、冀州流亡到这里的有几万人。贼不知开仓募众，抢劫库藏兵器，守城皋，断天下的右手，这就不足忧了。现在，贼众正盛，不好较量。兵不厌诈，希望多给兵马，不要使我有为难而已。"

虞诩一上任，设三科募求壮士，令自掾史以下各举所知；抢劫的为上，伤人偷盗的次之，有丧服而不事家业的为下。

共募得百余人，虞诩设宴招待他们，好吃好喝伺候一通，关键的是还都免了他们的罪过，他们当然是感恩戴德了。不过，人家聪明的虞诩是有条件的。什么条件啊，就是让他招募来的那些间谍跑入贼窝子中，引诱他们去劫掠，来个钓鱼执法，设下伏兵见机行事，结果是因之杀贼数百人。

还有更绝的妙招。他又派遣会缝纫的贫民，为贼做衣，用绛缕缝在衣襟上做标记，贼出入市里的，官兵一看那标志，就立即加以捕捉，贼众因此惊骇走散。

这样一来，大家都称道虞诩为神明。厉害啊！真是有谋略。于是，虞诩就被提拔重用了，升为怀县县令。

从前运输困难，舟车不通。驴马驮运，五石货仅能运到一石。那四石都哪里去了啊？在路上颠簸掉了。虞诩自己率领官兵，察看川谷，自沮至下辩，数十里中，劈石剪木，开通运粮船道，雇取劳工，按人给以报酬，于是水运通利，每年节省四千余万。

虞诩到郡初期，郡里才一万来口人。经过收拾荒乱，招还流散的百姓，两三年间，就增加到四万余户。盐米多且便宜，十倍于前。老虞的功绩不小啊，并且都是货真价实的实际，粮食多而便宜，是实际吧？人口增多，是真的吧？船道也不是豆腐渣工程吧？这都是有目共睹的。

后来，居然因犯法免官。至于犯了什么法，在今人看来，大概也是遭人陷害而已。这样的人，能犯什么法呢？

到了永建元年（126），东山再起，他代陈禅当了司隶校尉。

到了工作岗位之后，他在几个月内，奏劾太傅冯石，太尉刘熹，中常侍程璜、陈秉、孟生、李闰等，百官嫉恨他，名为苛刻，都骂他犯疯发狂，疯狗一样到处乱咬。于是，三公劾奏虞诩盛夏拘捕无辜，为吏人祸患。

虞诩上书申诉说："法禁是社会的堤防，刑罚是人的鞭策。现在州推郡，郡推县，彼此推卸，百姓埋怨，以苟且容忍为贤，尽忠为愚。我所举发，赃罪有的是，二府害怕我上奏，就诬害我。我将如史鱼一样死去，以尸谏劝啊。"

顺帝看了他的奏章，免却了陶敦司空的职务。

当时中常侍张防滥用权势，收受贿赂。虞诩依法追究，但往往遭到扣压，不得上报。由此可见，人家张防上头有人啊。当然，也暴露了当时的体制弊病，虞诩愤慨之至。

于是捆绑自己去见廷尉，上奏说："从前孝安皇帝任用樊丰，扰乱正统，几乎亡国。现在张防又弄权势，国家祸乱又来了，我不能与张防在一起，自己捆绑前来，不要使我走杨震的路。"

奏上，张防在帝前流涕申诉，虞诩以罪去左校服劳役。

张防这人也是一个狠角色，他非要害死虞诩不可，两天之内，传讯四次。狱吏劝虞诩自杀，虞诩说："宁愿处死，使远近都知道。"宦官孙程、张贤等知道虞诩因公获罪，就相继上奏请求皇上接见他们。

孙程说："皇上开始与臣等相处时，常恨奸臣，知道奸臣害国。如今做了皇帝，自己又这样做起来，怎么与先帝区别呢？司隶校尉虞诩为您尽忠，被拘系，常侍张防赃罪确凿，反而陷害忠良。现在客星守羽林，占得宫中有奸臣。应该赶快收捕张防送狱，以防天变。下诏释放虞诩，归还他的印绶。"

这时，张防站在帝后，孙程怒斥张防道："奸臣张防，为什么不下殿！"张防不得已，跑入东厢。

孙程说："皇上赶快收捕张防，不要让他向阿母求情。"帝问各尚书，尚书贾朗一向与张防相好，证明虞诩有罪。你说气人不气人啊！

帝有些怀疑，对孙程说："暂时出去，我还要考虑考虑。"于是虞诩子虞凯与学生百余人，举着旗帜，等来中常侍高梵的车子，叩头流血，申诉虞诩的冤枉。高梵于是向皇上说了，张防以罪流放边疆，贾朗等六人或处死，或罢黜，当天释放了虞诩。

孙程又上书说虞诩有功，言辞慷慨，帝明白过来，便征拜虞诩为议郎。

数日，升尚书仆射。这时，长吏、二千石使百姓犯罪的用钱赎买，叫作"义钱"，假说替贫民储蓄，守令却借此贪污。花钱赎罪，这生财之道好啊，来钱快，来钱多，还没有讨价还价的。

虞诩上书说："永建元年（126）以来，穷苦百姓公开揭发收受百万以上的长吏，为这争议不休，谪罚吏人数千万，而三公、刺史很少举报。不久，永平、章和年间，州郡用走卒钱贷给贫民，司空查劾处理，州及郡县皆以罪罢黜。现在应该遵照从前的典章制度，废除一切权宜的办法。"诏书批准了虞诩的报告，并严厉批评了州郡。谪罚输赎从此禁止了。

先前，宁阳主簿至朝廷，申诉其县令枉法，积压六七年不理。主簿上书说："臣为陛下的儿子，陛下是臣的父亲。臣的奏章百上，终不理睬，臣难道可以至匈奴单于处告怨吗？"帝大怒，拿了奏章给尚书看，尚书判为大逆不道。

虞诩驳辩说："主簿所告发，是君父所怨恨。百上不达，是有司的错误。愚蠢之人，不足多诛。"帝采纳了虞诩的话，打一顿屁股了事。

虞诩因此对各尚书说："小人有怨，不远千里，断发刻肌，下定决心到朝廷告状，你们不理，难道合于臣子之义吗？你们与那些贪官污吏有什么亲，与怨人有什

453

么仇呢？"官僚主义！你们不是吃人类粮食长大的啊？！听了这话之后，那帮子尚书都汗颜无地。

虞诩又上言："尚书郎是要职，做官的阶梯，现在有的一郡七八人，有的一州无人，应使之均平，以满足天下之望。"虞诩的不少奏议，多见采纳。

虞诩好揭发坏人，从不回避，多次因此得罪了权戚。曾经遭到九次斥责，三次法办，而刚正的性格，到老不屈。

永元初，升尚书令，因公事免官。

朝廷想念他忠诚，再次征召，正好死去。

临终，对子虞恭说："我为朝廷办事，正直无私，自己凡事无愧于心。后悔的是做朝歌长时杀贼数百人，里面哪能没有冤枉的，从此二十余年，家里没有增加一口人，这是获罪于天的缘故啊！"

一岁年纪一岁心啊。当他的官越做越大，才知道，在这个世界上，很多事情都不是那么简单的。他感受到朝廷里那些乌烟瘴气、倾轧陷害，才想到当年自己杀贼的时候，应该也存在冤屈的情况。于是，这成了他终生的遗憾。可是，总体说来，虞诩敢于挑战困难，敢于挑战邪恶的品性，是我们学习的榜样。他给后人留下的印象，是一条铮铮的汉子，不低头，不畏惧，一直昂首挺胸。

卷五十七　张衡传

发明地动仪的张衡

【原文】

时政事渐损，权移于下，衡因上书陈事曰：

"伏惟陛下宣哲克明，继体承天，中遭倾覆，龙德泥蟠。今乘云高跻，磐桓天位，诚所谓将隆大位，必先倥偬之也。亲履艰难者知下情，备经险易者达物伪。故能一贯万机，靡所疑惑，百揆允当，庶绩咸熙。宜获福祉神祇，受誉黎庶。而阴阳未和，灾眚屡见，神明幽远，冥鉴在兹。福仁祸淫，景响而应，因德降休，乘失致咎，天道虽远，吉凶可见，近世郑、蔡、江、樊、周广、王圣，皆为效矣。故恭俭畏忌，必蒙祉祚，奢淫谄慢，鲜不夷戮，前事不忘，后事之师也。夫情胜其性，流遁忘反，岂唯不肖，中才皆然。苟非大贤，不能见得思义，故积恶成衅，罪不可解也。向使能瞻前顾后，援镜自戒，则何陷于凶患乎！贵宠之臣，众所属仰，其有愆尤，上下知之。褒美讥恶，有心皆同，故怨讟溢乎四海，神明降其祸辟也。顷年雨常不足，思求所失，则《洪范》所得"僭恒阳若"者也。惧群臣奢侈，昏逾典式，自下逼上，用速咎征。又前年京师地震土裂，裂者威分，震者人扰也。君以静唱，臣以动和，威自上出，不趣于下，礼之政也。窃惧圣思厌倦，制不专己，思不忍割，与众共威。威不可分，德不可共。《洪范》曰："臣有作威作福玉食，害于而家，凶于而国。"天鉴孔明，虽疏不失。灾异示人，前后数矣，而未见所革，以复往悔。自非圣人，不能无过。愿陛下思惟所以稽古率旧，勿令刑德八柄，不由天子。若恩从上下，事依礼制，礼制修则奢僭息，事合宜则无凶咎。然后神望允塞，灾消不至矣。"

初，光武善谶，及显宗、肃宗因祖述焉。自中兴之后，儒者争学图纬，兼复附以妖言。衡以图纬虚妄，非圣人之法，乃上书曰：

"臣闻圣人明审律历以定吉凶，重之以卜筮，杂之以九宫，经天验道，本尽于此。或观星辰逆顺，寒燠所由，或察龟策之占，巫觋之言，其所因者，非一术也。立言于前，有征于后，故智者贵焉，谓之谶书。谶书始出，盖知之者寡。自汉取秦，用兵力战，功成业遂，可谓大事，当此之时，莫或称谶。若夏侯胜、眭孟之徒，以道术立名，其所述著，无谶一言。刘向父子领校秘书，阅定九流，亦无谶录。成、哀之后，乃始闻之。《尚书》尧使鲧理洪水，九载绩用不成，鲧则殛死，禹乃嗣兴。而《春秋谶》云'共工理水'。凡谶皆云黄帝伐蚩尤，而《诗谶》独以为'蚩尤败，然后尧受命'。《春秋元命包》中有公输班与墨翟，事见战国，非春秋时也。又言'别有益州'。益州之置，在于汉世。其名三辅诸陵，世数可知。至于图中讫于成帝。一卷之书，互异数事，圣人之言，势无若是，殆必虚伪之徒，以要世取资。往者侍中贾逵摘谶互异三十余事，诸言谶者皆不能说。至于王莽篡位，汉世大祸，八十篇何为不戒？则知图谶成于哀、平之际也。且《河洛》《六艺》，篇录已定，后人皮传，无所容篡。永元中，清河宋景遂以历纪推言水灾，而伪称洞视玉版。或者至于弃家业，入山林。后皆无效，而复采前世成事，以为证验。至于永建复统，则不能知。此皆欺世罔俗，以昧势位，情伪较然，莫之纠禁。且律历、卦候、九宫、风角，数有征效，世莫肯学，而竞称不占之书。譬犹画工。恶图犬马而好作鬼魅，诚以实事难形，而虚伪不穷也。宜收藏图谶，一禁绝之，则朱紫无所眩，典籍无瑕玷矣。"

【译文】

当时，政事渐衰，权柄被臣下操纵。张衡于是上书陈事。说：

"皇上聪明俊哲，耿承天命，不幸做太子时，废为济阴王，龙德未升。现在乘云在上，不进天位，真是所谓将登大位，必先穷困吧。亲身经过艰难的，了解下情，饱经险易的，明白事物的真伪。所以能够处理万机，无所疑惑。措施适当，各行各业，都很协调，应该受到天神降福，平民百姓的爱戴。而阴阳未和，灾祸屡见。神明虽深远，却暗暗地看着。仁则得福，淫则得祸，如影的随形，声的应响。因德降善，以失获罪，天道虽远，吉凶可见。近世郑众、蔡伦、江京、樊丰、周广、王圣，都是明显的例子。所以谨慎小心，一定得福，骄奢谄媚，很少不遭杀身的。前事不忘，后事之师也。至于情胜其性，随流忘返，岂止不肖之人，中才也都如此。如果不是大贤，不能见得思义，所以积恶成罪，罪不可免。假使能瞻前顾后，以往事为戒，那怎么会遭到祸害！贵宠之臣，众目所视，有什么罪过，上下的人都知道。奖善罚恶，人同此心。所以怨恨满盈，神明就会降下罪祸。近年雨常不足，考求所失，即《洪范》所说的君行有过错，则常阳顺之，常阳则多旱。要警惕群臣奢侈，不守范例，自下逼上，加速罪咎征兆的到来。又前年京师地震土裂，裂意味着威分，震意味着有人捣乱。君用静唱，则臣以动和之，威自上出，不出于下，这是国家的制度。我担心皇上怕麻烦，政令不一人独揽，恩爱不忍割弃，与众共威。威不可分，德不可共。《洪范》说：'臣有作威作福玉食，害于而家，凶于而国。'老天在上看得明白，虽远不误。灾异的出现，前后几次了，而未见改革，反悔过去，人非圣贤，不能没有过错。愿皇上考古循旧，莫使刑德八柄，不由天子。如果恩从上下，事依礼制，礼制完备，奢侈越轨的事止，凡事处理适当，就无罪凶。然后神灵所希望的都得到满足，灾异就消除了。"

起先，光武好谶。喜欢玩那些虚妄的玩意儿。显宗、肃宗继承祖说，跟着学习。于是，自中兴以后，儒生争学图纬，更复附以妖言。

张衡认为图纬虚妄，不是圣人之法，于是上书。

说："我听说圣人明析天文历法以定吉凶，加以卜筮，杂用九宫，测度天象，检验道理，尽在于此。有的观看星辰逆顺，寒热所由；有的考察龟策的占卜，巫觋之所说，他们凭借的不止一术。前面说的，后面证实，所以聪明之士，以此为贵，叫作谶书。谶书开始流行，知道的不多。自汉取代秦，用兵力战，功成业就，可说是大事。这时无人说谶。如夏侯胜、眭孟等，以道术立名，他们的著述，没有谶字。刘向父子领校秘书，审定九流，也对谶没有记录。成、哀以后，才开始听说谶这回事。《尚书》载尧使鲧治洪水，九年不成，鲧被处死，禹才继起。而《春秋谶》说：'共工理水。'凡谶都说黄帝伐蚩尤，而《诗谶》独以为'蚩尤败，然后尧受命'。《春秋元命包》中有公输班与墨翟，事情发生在战国，不是春秋时期。又说'别有益州'。设置益州在武帝时，其名三辅诸陵，世代可知。至于图谶中止于成帝。一卷书中，数事互异，圣人之言，不会如此。大概是虚伪之徒，借此求世取财。以前侍中贾逵指出谶互相矛盾三十余事，一群说谶的人都不能解释。至于王莽篡位，这是汉朝的大祸，八十篇为什么不戒呢？这就可知图谶成于哀平之世啊！且《河洛》《六艺》，篇目已定，后人牵强附会，不容妄有加增。永元中，清河人宋景用历纪推言水灾，而假托洞视玉版所见。有的至于弃家业，走入山林，后都无效，又搜集前世的成事，作为证验。至顺帝废而复位，就不知道了。这都是欺世骗俗，蒙昧势位，其情虚伪，清清楚楚，却没有人纠禁。律历、卦候、九宫、风角，屡有效验，没有人学，而争说谶纬之书。譬如画工，厌恶画犬马，而喜欢作鬼魅，这是因为具体的事物难于形容，而鬼魅虚伪无形，画起来容易。应该收藏图谶，禁止流行，则是非不致混淆，坏书也没有了。"

张衡字平子，南阳西鄂县人。在当时，张姓是大姓。他的祖父张堪，曾任蜀郡太守。张衡从少年时就会做文章，曾在三辅游学，因入京师，观太学，通《五经》《六艺》。总之，他学识很广，如果搁在现在的话，各种各样的证书肯定能拿到不少，各种各样的技能资格证也会颁发给他不少。他虽然很有才学，可是，从来就没有骄傲之心。平常从容淡泊，不爱与俗人相交，至于为什么不爱与俗人相交呢，想必是张衡没有那个时间和精力啊，平时的时间可都用在工作和学习上了。

和帝永元年间，张衡被推举为孝廉，可是，他不去，公府几次征召都不去。为什么不去啊？当官多好啊！张衡又不是不熟悉当官的样子，他的祖父张堪曾经任蜀郡太守，相当于一个省厅级干部嘛。可是，我们的张衡就是对官位不感冒。这是个人的志趣追求问题。那时候隐士文化已经渐成风气。张衡大概也是浸染了隐士思想。更何况，张衡也看到了当时社会的弊病。当时，国家太平已久，自王侯以下，没有不奢侈过度的。

张衡于是就在家里学习班固的《两都赋》，作《二京赋》，用以讽谏。他殚精竭虑十年才作成。

大将军邓骘赞赏他的才华，多次征召，意思是跟我混吧，我不会亏待你的。可是，张衡还是不应。

张衡的学识很广，可以说博学多才，但是最长于机械，特别用心于天文、阴阳、历算。用现在的话来说，是一个理科奇才。他平常爱看扬雄的《太玄经》，对崔瑗说："我看《太玄》，才知道子云妙极道数，可与《五经》相比，不仅仅是传记一类，使人论辩阴阳之事，汉朝得天下二百年来的书啊。再过两百年，《太玄经》就会衰微吗？因为作者的命运必显一世，这是当然之符验。汉朝四百年之际，玄学还要兴起来的呢。"

安帝早就听说张衡善术学，公车特征拜为郎中，再升为太史令。嗯，直到皇帝亲自叫他去做官，张衡才答应了。可见，以前那些招聘的，没有入他的法眼呢。在他看来，在那些岗位上，无法发挥自己的才学。到了自己理想的工作岗位之后，张衡就研究阴阳，精通天文历法，做浑天仪，著《灵宪》《算罔论》，写得挺详细明白。

顺帝初年，再调动自离史官，五年又回到原职，又为太史令。于是设客问体，作《应问》以表明自己的心迹。

阳嘉元年（132），又造候风地动仪，这就是举世闻名的那个地动仪。那地动仪用精铜铸成，圆径八尺，顶盖突起，形如酒樽，用篆文山龟鸟兽的形象装饰。中有大柱，傍行八道，安关闭发动之机。外有八条龙，每条龙口衔铜丸，下面有蟾蜍，张口接丸。牙机巧制，都隐藏樽中，覆盖周密，无缝隙。如果地动，樽就使龙摇动起来，机发，龙就吐丸，丸入蟾蜍口中，发出激扬之声，守者因此知道地动了。而且一龙发机，其余七龙之头不动，只要找到龙动的地方，就知道地震发生的方向。经过试验，与所设制，符合如神，自从有书籍记载以来，是没有过的。天才啊！

有一天，有一龙机发，那铜丸落入蟾蜍口中，地动仪显示地震了。可是，当时人们根本就不觉地动，京师的学者都责怪不足信，有的嗤之以鼻：嘿！什么破玩意儿？哄小孩儿玩的吧！可是，几天之后，送信人来了，果然陇西发生了地震。这一下了不得了，大家都服其神妙。自此之后，就令史官记载地动发生的地方。

后来，张衡在工作岗位上多次给主要领导提意见，对大臣操纵权柄的事进行抨击，也对大家都学习谶学不讲科学的现象予以痛击，前面我们摘录的那几段文字，就是他的文章，写得是论点鲜明，论据充足，论证有力，令人信服。

后来，张衡升为侍中，皇帝把他引入深宫，讽议左右。他曾经问张衡，天下所痛恶的是什么？请回答。宦官怕他说坏话，都睁着眼睛看着他。张衡于是说了些假话。为什么说假话啊？因为这个制造了地动仪可以测出哪里会发生地震的张衡，自己也是一台地动仪啊，他能够敏锐地感觉出自己的生活中哪里会发生地震，他情不得已啊。可是，即便是这样小心，那些宦官还是怕他为患，一起诬陷他。在这样的复杂关系中，曾经不愿与俗人相交怕耽搁自己学习时间的张衡，如今不得不常想着如何立身行事。他认为吉凶祸福，幽暗深微，不易明白，于是作《思玄赋》，以表达和寄托自己的情志。

顺帝永和初，出为河间相。

当时河间王骄奢淫逸，不遵守法纪，纠集了不少豪强之徒。

张衡到任，树威严，理法度，暗中探得奸党名姓，通过摸排，搞出来了一个黑名单，便一时收捕，一网打尽，上下一片肃然，他便以政治清廉而著称。

任职三年，上书请求退职归家。后来，又征拜尚书。

张衡于永和四年（139）去世，享年六十二岁。

卷五十八　马融传

求其所安的马融

【原文】

其辞曰:

臣闻孔子曰:"奢则不逊,俭则固。"奢俭之中,以礼为界。是以《蟋蟀》《山枢》之人,并刺国君,讽以太康驰驱之节。夫乐而不荒,忧而不困,先王所以平和府藏,颐养精神,致之无疆。故戛击鸣球,载于《虞谟》;吉日车攻,序于《周诗》。圣主贤君,以增盛美,岂徒为奢淫而已哉!伏见元年已来,遭值厄运,陛下戒惧灾异,躬自菲薄,荒弃禁苑,废弛乐悬,勤忧潜思,十有余年,以过礼数。重以皇太后体唐尧亲九族笃睦之德,陛下履有虞烝烝之孝,外舍诸家,每有忧疾,圣恩普劳,遣使交错,稀有旷绝。时时宁息,又无以自娱乐,殆非所以逢迎太和,裨助万福也。臣愚以为虽尚颇有蝗虫,今年五月以来,雨露时澍,祥应将至。方涉冬节,农事间隙,宜幸广成,览原隰,观宿麦,劝收藏,因讲武校猎,使寮庶百姓,复睹羽旄之美,闻钟鼓之音,欢嬉喜乐,鼓舞疆畔,以迎和气,招致休庆。小臣蝼蚁,不胜区区。职在书籍,谨依旧文,重述搜狩之义,作颂一篇,并封上。浅陋鄙薄,不足观省。

【译文】

序言说:"我闻孔子讲过:'奢侈浪费就不谦让,太朴素节约就是鄙陋。'奢、俭,以礼为标准。所以《蟋蟀》《山枢》都是讽刺国君不要太享乐,也不要放着车马不用。文武之道,折中行事。要乐而不过度,忧而不疲乏,先王所以平和五脏六腑，颐养精神，永远行之。所以如何用乐，记载在《虞谟》之中，吉日田猎，《周诗》也有叙述。这是圣王贤君，为了赞美盛世，难道是为了奢侈淫乐吗？安帝即位以来，遇上地震，皇上警惕灾异，自己刻苦，禁苑荒芜，乐器废弃，勤劳忧思，十有余年，超过礼制。加之，皇太后体现了唐尧亲九族，笃和睦之情；皇上实践了有虞淳厚的孝道，外戚诸家，有什么疾病，派人慰问，很少疏忽。时时宁息，又没有什么娱乐，这大概不是迎接太和，有助万福之道吧。我认为现在虽有蝗灾，今年五月以来，雨露及时，好兆头来了。进入冬节，农事间隙，应该去广成，观察川原，看宿麦，奖励收藏，从而讲武狩猎，使官吏百姓，再看到旌旗之美，听到钟鼓之音，欢嬉喜乐，鼓舞于田野之间，迎和气，召休庆。蝼蚁小人，不尽思念。职在校书，根据旧文，叙说田猎的事情。写了《广成颂》一篇作为讽刺。浅陋鄙薄，不足观省。"

【评点】

马融字季长，扶风茂陵人。将作大匠马严的儿子。挺帅的一个人，也很有才华，善于言辞，能说会道。

以前，京兆挚恂隐居南山，用儒术教授生徒，不应征聘，名闻关西。马融就跟从他游学，博通经书。挚恂赞赏马融的才华，把女儿嫁给了他，师徒二人成了翁婿。

永初二年（108），大将军邓骘闻马融有名，召为舍人，他不喜欢这个，不应命，客居在凉州武都、汉阳间。这时羌虏突起，扰乱边境。米谷价格飞涨，自关以西，道上饿死的一个接一个。那个惨状就甭提了。此时的马融，也饥困难耐啊，就后悔起来，对他的朋友说："古人有言：'左手据天下之图，右手割其喉，这种以名害生的事，愚夫也不干。'为什么呢？生是最可贵的。现在为了怕乡曲之士耻笑，使无价的身体受到摧残，这不符合老庄的道理。"就去应了邓骘的征召。

四年（110），拜为校书郎中，至东观典校秘藏书籍。这时，邓太后掌权，邓骘兄弟辅政。一般浅见的儒生学士，认为文德可兴，武功宜废，停止了练武的制度，不讲战阵之法。因此猾贼蜂起，乘国家无备。其实，无论是在战争年代，还是在和平年代，一个国家的军事建设都不可忽略啊。这不，武功废止，却招来了猾贼蜂起。

马融大为不满，他认为文武之道，圣贤所重，金、木、水、火、土，人并用之，废一不可，哪能不讲武功呢？于是，就在元初二年（115），上《广成颂》以讽谏之。

可是，《颂》送上的结果是触犯了邓氏，弄了个他们好不高兴。于是，就让他待在东观，十年不得升迁。我就是不提拔你！我憋死你！

因为兄长之子死了，自己请罪归家。意思是，你不提拔我，好啊，我不跟你玩儿了，俺回家还不行吗？可是，太后听说了，勃然大怒，说马融不尊重朝廷命令，想去州郡做官。于是下令禁止马融为官。

太后死，安帝得以亲政了，就召还郎署，回到讲部。后来出为河间王厩长史。

这时皇帝东巡泰山，马融上《东巡颂》，帝赞赏他的文章，召拜郎中。北乡侯即位，马融作书称有病，身体不好，就离郎中职位，去做了郡功曹。阳嘉二年（133），朝廷推举敦朴之士。城门校尉岑起举马融，征召赴公车，经过考试，拜议郎，大将军梁商荐为从事中郎，升武都太守。

这时西羌反叛，征西将军马贤与护羌校尉胡畴征讨，却拖延不进。马融一看，就料定是要失败啊。于是，他就上书要求效命，说："现在杂种各羌到处抄盗，应该趁他没有集中之前，赶快派兵深入，消灭他的党羽，而马贤等处处留滞。羌胡消息灵通，望尘听声，现在虽躲藏回避，一旦乘虚而来，一定要侵掠三辅，为民大害。我愿请马贤所不可用的关东兵五千，假借部队的番号令，尽力统率奋厉，扎根部队前列，身先士卒，三十天内，一定能击败羌胡。我年轻学习艺文，不懂军事，冒昧上言，不实之辞，应受罪责。从前毛遂是下贱之人，大家都嘲笑他，可他用一句话使楚与赵定合纵盟约。我恐怕马贤等专守一城，说打西，而羌在东出现，且其将士必然会发生像高克那样溃败逃叛的事情。"

可是，朝廷没有理会他。

于是，马融又上书说："'参''毕'变色，'参'西方之宿，'毕'为边兵，至于分野，'参'在申，为晋分，并州之地。西戎北狄，可能来侵扰了，应该做好准备。"不久，陇西羌反，乌桓侵掠上郡，都如马融所说。虽然没有上过军校，学过军事学，可人家马融的军事素养，还是可圈可点的。这不，他也算是料事如神啊。

经三次迁官，桓帝时，马融就做了南郡太守。

可是不久马融触犯了大将军梁冀的意旨，梁冀暗示官吏告马融在郡贪污，免官，剃掉头发，弄了个劳改犯的光头，给迁徙到了朔方。马融很失望，对这个世界可以说是万念俱灰了，他干脆选择了自杀。可是，幸运的是他自杀未遂。后来，他的罪名被免除，回来之后，又被安排在了议郎岗位上，继续到东观开始著述写作。直到因病去世，他都工作在自己的这个岗位上。

马融才高，学问渊博，是当世的通家。用现在的话说，至少属于一个博士导师级别的学者，他教授辅导学生，常以千计。涿郡卢植和北海郑玄等名流，都是他的学生。

另外，他还会鼓琴，好吹笛子，十八般武艺样样精通，和弘一法师也就是李叔同有的一拼啊。但是，这个人放达任性，不为儒者的小节所拘。并且，他很崇尚奢侈，常坐高堂，挂红纱帐，前面教学生，后有女乐。真是派头十足。弟子按次传授，很少有进入室内的。有些学生，连他的面也没有见上。

有派，是马融的一个鲜明的性格特点。

他还有一个显著的特点，就是求其所安。

他可以为了自己的安危和快乐，对自己的人生信条屈服。前面说了，马融辞去邓氏之命，徘徊于陇汉之间，这是在要求自己言行一致，坚守自己的人生信条。然而，不久就以乡曲之士的拘谨小节为羞，爱惜他的千金之躯，又跑回去答应了人家去做官。

开始，他的人生信条还是坚不可摧的，可是后来，马融被邓氏惩办，就知道厉害了，从此不敢再触犯权势之家，他还为梁冀起草陷害李固的奏折，又作大将军《西第颂》。因此颇被一般正直之士耻笑。

年八十八，延熹九年（166），死在家里。有趣的是，他喜好奢华，却遗嘱要薄葬自己。如此看来，这人生啊，是一辈子的修行。有些事情，到了最后才会懂。虽然迟一点，但终究是懂得了。

卷五十九　左雄传

专门打造好官的官

【原文】

上书陈事曰：

臣闻柔远和迩，莫大宁人，宁人之务，莫重用贤，用贤之道，必存考黜。是以皋陶对禹，贵在知人。"安人则惠，黎民怀之。"分伯建侯，代位亲民，民用和穆，礼让以兴。故《诗》云："有渰凄凄，兴雨祁祁。雨我公田，遂及我私。"及幽、厉昏乱，不自为政，褒艳用权，七子党进，贤愚错绪，深谷为陵。故其诗云："四国无政，不用其良。"又曰："哀今之人，胡为虺蜴？"言人畏吏如虺蜴也。宗周既灭，六国并秦，坑儒泯典，划革五等，更立郡县，县设令长，郡置守尉，什伍相司，封豕其民。大汉受命，虽未复古，然克慎庶官，蠲苛救敝，悦以济难，抚而循之。至于文、景，天下康乂。诚由玄靖宽柔，克慎官人故也。降及宣帝，兴于仄陋，综核名实，知时所病，刺史守相，辄亲引见，考察言行，信赏必罚。帝乃叹曰："民所以安而无怨者，政平吏良也。与我共此者，其唯良二千石乎！"

【译文】

左雄上奏说："我听说对边远地区要采取怀柔政策，对内地要用和平手段，这样做，最要紧的是使人民能得到安宁，而要人民安宁，最要紧的是任用贤人。而用贤人的方法，必须有奖有罚。所以皋陶对答夏禹：'贵在知人。要使人民安宁，就必须爱人民，这样，老百姓就会爱戴你。'封伯建侯，代皇上爱民，民便因此和穆，讲礼讲让的风俗便由此而兴。所以《诗经》说：'阴云油然，好雨为丝，先下到公田里啊！再落到我的私田。'到了幽王、厉王昏乱的时代，不好好治理国家，褒姒专权，七子结党横行，贤愚不分，万丈深谷，变为高峻的山岭。所以有诗云：'四方之国，政治腐败，是不用贤才的缘故。'又云：'现在的人可怜啊！如虺蜴一样，看见官吏就逃走了。'宗周灭亡，六国被秦吞并，焚书坑儒，废除公侯伯子男五等的封爵，设立郡县制度。县设县长，郡置守尉，使人民五家为伍，十家相连，互相担保，犯禁相连坐，不告奸者腰斩，把老百姓当牛马。大汉建立，虽然没有恢复古代的制度，然而，能够慎重选拔百官，废除苛政，改正弊端，安抚老百姓，解决他们的困难问题。到文、景时代，天下太平，真正是由于清静无为、慎选官吏的结果。下及宣帝，因为出身微贱，循名责实，知道当时政治坏在什么地方。对刺史、守相一类官员，亲自引见，考察他们的一言一行，信赏必罚。宣帝叹说：'百姓现在安宁没有怨气，是因为政策好、官吏好。与我一道做到这个地步的，都是这些很好的二千石啊！'"

【评点】

左雄字伯豪，南阳涅阳人。安帝时，被推举为孝廉，升冀州刺史。当时，州部有很多大族，喜欢拉关系，走后门。而左雄呢，经常把门关着，不与他们来往，很有个性。他依法拿办那些贪污狡猾而凶狠的大小干部，从来不讲半点面子。

永建初年，公车征拜议郎。

这时，顺帝刚刚上任，大臣们因循苟且，朝廷好多工作都未开展。左雄几次上书，措辞激烈。可见他拳拳赤子之心啊！

尚书仆射虞诩认为左雄有忠直的大节，给皇上写报告推荐他，说："我所见现在公卿以下百官，大多数是缄默自守，把施恩为贤，把忠于朝廷为愚，甚至彼此相戒说：'不能像白璧那样一点污点也没有，马马虎虎终归多福。'我见左雄几次上奏，竟敢引皇上身遭困厄的事实，以为警诫，真有大臣忠直不阿的气概，有周公辅成王的高风，以之充任言官，一定能得到匡正辅佐的好处。"因此拜左雄为尚书，再升尚书令。这个世界上，还是识货的多啊！

他认为官吏经常变动，下面就不安于其业，干得时间长，百姓就为他的教育所感化。干得成绩出色的，就亲笔写信勉励，升级并发给奖金。有的升至关内侯，公卿有缺额就按次调补。所以官吏都称职，百姓安居乐业。

汉代的好官，这时最多。所以有凤凰五至的瑞兆，建了中兴的功业。

"从汉代初年到现在，三百多年，风俗渐渐败坏，作伪作巧的事，多所滋长，下面掩饰其欺诈，上面残虐无已。无论是刺史还是县令，调动都过于频繁，各人有各人的想法，不做长久的考虑。说杀害无罪之人是有威风，横征暴敛是有办法，认为以身作则安民是庸弱无能，认为奉公守法按法办事是呆板不灵活。微不足道的小事，动辄剃去人的头发用铁圈把颈束起来。喜怒之间，往往置人于死地。把老百姓看作敌人，征收赋税，凶如虎豹豺狼。负责监察的官员，前后相顾，却狼狈为奸。见非不揭发，听了坏事不纠察。在驿站观察政治，在短短的时间里要求事业有成，这只能是说善不称德，论功无实绩，弄虚作假地获得美名，拘谨的人遭到诽谤。有的因罪逃跑，以求高尚之名，有的看人颜色行事，也能得到好的名声。州宰不考核，争起推举征召，连续升迁，超等提拔。有的正要逮捕归案，竟逃跑了事，不受惩办；碰到大赦，就大行贿赂，居然无事。朱的与紫的混同一色，清的与浊的不分。所以奸猾之徒充斥，去就随便。任命的命令像流水一般，而遗缺往往以百计。乡官部吏，一般官员，职务低贱，俸禄微薄，车马衣服，都出于老百姓。廉洁的拿足了就算，贪污的就要让全家什么都有。特选征调，纷纷不绝，送往迎来，烦费不少，损政害民。和气不洽，灾异不消，罪咎的根源就在这里。现在的县长，等于古代的诸侯。由官府任命，衣服、舆马都有规定，而事实上无异于匹夫小子，亡命避债之流，这不能说是严肃法纪，讲求治理，爱护百姓。我虽愚陋，却认为守相长吏，治绩显著的，可就地升级，不使移徙，不是死了父母，不得离职。有不服从法禁，不听王命的，勒令终身不准许做官，虽遇上赦令，不得与好人并列。如果是被弹劾应法办的，逃跑不服法的，迁徙到边远地区，以惩戒后人。乡部亲民的官，都用儒生清白能够从政的，欠的口钱，不追逼，增加他一些俸禄，干满一岁，宰府州郡方可征召推举。这样，断绝了作威作福的路子，弄虚作假的没有了，送往迎来的劳役减少了，横征暴敛的根源堵绝了。按法治理的官，能够教化大行；四海之内的老百姓，能够安居乐业。追配文、宣中兴的盛业，德泽流传后世，永远不灭。"

顺帝被左雄的话感动了，一再下令官吏，考察真假，审慎施行。

左雄说的，都阐明了治政体要，因为宦官专权，始终不采用。这么好的主意，却不能采用，这就可以窥见大汉政体的症结之所在。于是，自此以后，荐举代替交互而行，县令月月换，迎新送旧，劳耗骚扰没完了。最终受害的，是老百姓，大家苦不堪言啊。由于那些当官的都忙着去跑官、要官，忙得不亦乐乎，致使有的官府空旷无人办事，每当考查干部、提拔干部工作紧张时，有的人来办事，办不成，关押的罪犯也能随便逃跑。

永建三年（128），京师、汉阳地都震裂开了，有水泉涌出。四年（129），司、冀又有大水。你看，老天都生气了。这都乱成什么了嘛！

左雄推算灾异的产生，认为下面的人有反叛的迹象。于是，他又上书说："应该严密地做好准备，以对付意外事件的发生。"不久，青、冀、扬州盗贼相继为患，几年内，海内扰乱。他果然看中了。

后来，朝廷大赦天下，盗贼虽稍稍缓解了，官吏仍是没有戒备，流亡反叛的余党，数月又起来作乱。左雄与仆射郭虔联名上书，认为"寇贼连年，死亡大半，一人犯法，全族人都共与死亡。应该趁其作恶还轻微的时候，教育他改过自新，如果有揭发同伙的，可以免除其罪；能反戈一击，诛杀罪犯的，予以嘉奖"。

疏送上去，都没有采纳。

又上言："应该尊崇经术，修建太学。"顺帝听了他的话。顺帝啊，你老人家终于听了他一回啊。

阳嘉元年（132），太学落成，皇上下令试明经的补弟子，增加甲乙两种，生员各十人，授予京师及郡国老儒生年龄六十以上的为郎、舍人、诸王国郎的三十八人。

左雄又上言："郡国孝廉，就是古时候的贡士。出来做官，就要协理风俗，宣扬教化。若是不学无术，那就一点用也没有。孔子说：'四十岁的人不会有什么疑惑不明的事了。'《礼》称'四十曰强而仕'，就是说男子年四十，智虑气力皆强盛，可以出来做官了。请自今以后，孝廉年不满四十的，不得推举，都先去公府，诸生考儒家一家之学，文官考公文。端门复试，考其虚实，观察他的特异才能，以美风俗。有不遵守法令的，按法处理。如果遇有特殊才能的人，自然可以不拘年龄。"

顺帝采纳了。于是颁布郡国。

第二年，有广陵孝廉徐淑，还未到推举的年龄，台郎怀疑，问他是怎么回事。徐淑回答说："诏书上说的'有如颜回、子奇，不拘年齿'。所以我们郡让我充选。"郎不能屈服他。

左雄问他说："从前颜回听说一，就知道十，孝廉听说一知道几呢？"徐淑没有办法回答。于是训了他一顿令他回郡去了。

因此济阴太守胡广等十几个人，都因推举错误免了官，唯汝南陈蕃、颍川李膺、下邳陈球等三十余人得拜郎中。从此以后，牧守害怕，不敢随便推举孝廉。

到永熹时，选举清正，录用了不少人才。

左雄又奏请征召海内有名的儒生为博士，使公卿的子弟为诸生。有志气、有操行的，增加待遇。汝南谢廉、河南赵建，才十二岁，都通经术，左雄都奏请拜童子郎。因此背起书包来京师学习的，很多很多。

起先，顺帝被废为济阴王，乳母宋娥与黄门孙程商量立帝，帝后来认为宋娥曾有谋划，就封她为山阳君，邑五千户。又封大将军梁商子梁冀为襄邑侯。

左雄秘密上书说："把土地分封给侯王，这是王家的大事。高皇帝曾经有规定：'不是姓刘的不得封王，没有功劳的不得封侯。'孝安皇帝封江京、王圣等，就招来地震的灾异。永建二年（127），封阴谋之功，又有日食之变。一些阴阳迷信家都把这些怪异归罪于封王封侯上。现在青州闹饥荒，盗贼没有平息，人民生活乏绝，要求国家帮助。皇上整天勤劳忧思，把关心人民的疾苦，作为自己的首要任务。应该遵行古法，宁静无为，以求天意，消除灾异。实在不应该因追记小小的恩情，而使国家的大典遭到破坏。"

然而，皇帝不采纳。

左雄又劝谏说："我听说君主没有不爱忠正而恶谗谄阿谀的，然而历代有大患，没有不是因忠正获罪，谗谄得到宠幸的。大概是忠言难听，谄谀的话爱听之故。一般来说，犯刑判罪，总是人情所恶的，得到皇上的宠爱，升官封爵，总是人情所希望的。所以世上为忠的少，学阿谀的人多。使人主只听见说他好的，很少听说他的缺点的，糊糊涂涂，不知醒悟，到最后至于危亡。我见诏书顾念不忘阿母旧德旧恩，想特别奖赏她。根据尚书老例，没有乳母封爵赐邑的制度，只有先帝时阿母王圣封了野王君。王圣制造了废立的大祸，在生时，为天下的人切齿痛恨；死了，四海之内，没有不高兴的。桀、纣贵为天子，而奴仆也以与他在一起为耻，是因为桀、纣无义啊！伯夷、叔齐是普通的老百姓，而王公大人争起来与他俩为朋友，是因为伯夷、叔齐有德啊！现在阿母生活俭朴，以身作则，百官及一般百姓，没有不学习她的。如果与王圣一样封爵，我怕违反了她的操守，反而违背了她的愿望。我以为人凡都是一样的，道理也不会相差得太远，凡属不对的事，古今的认识都是一样的。百姓深恶痛绝王圣倾覆国家的巨祸，人民的生命，好像堆叠鸡蛋一样，是非常危险的。我经常担心再发生这类事情。因为警惕的念头，常在胸中，所以恐惧的言语，也就不离于口。请还是按照以前议定的，每年拿千万钱给阿母，一则尽了自己恩爱之情，二则也不会为吏民所责怪。梁冀的封侯，不是当前所急，应该过了灾异厄运之后，然后评议可与不可。"

正好又有地震、缑氏山崩的怪异出现，左雄又上书劝谏说："先帝封野王君，汉阳地震，现在封山阳君，京城又有地震，女子干政，灾害特大。我前后谏说封爵的事关系重大，王者可以把钱给人，而不可以把官给人。应当追还阿母的封号，堵塞灾异之源。现在梁冀已经让侯了，山阳君也当尊重自己的本节，把封爵让出来。"

左雄屡次进言劝谏，说得很迫切，宋娥也害怕，要求辞让封爵，帝还是恋恋不已，终于封了山阳君。后来阿母终究因构陷失去了爵位。

这时大司农刘据因失职被谴责，把他叫到尚书，大声呼叫，又赶又打。

左雄上言："九卿的官位仅仅次于三事，是大臣一级，行有佩玉的规矩，动有学者的风度。孝明皇帝才有扑打的刑罚，但不合于古时的法制。"

帝听从了他并做了改正，此后九卿再没有受到捶打的。

自从左雄掌管纳言之官，匡正的事很多。他的工作量很大啊。每有章表奏议，台阁把它做典型，升司隶校尉。左雄推荐周举为尚书，周举干得很好，大家都称赞左雄。

升了司隶，又推举前冀州刺史冯直为将帅。不过，这次他推举的这个人，是有前科的。什么前科啊？他曾经因接受赃款获罪。周举就拿这件事上奏弹劾左雄。意思是说，哦，这样的人，你也推荐啊？

左雄高兴地说："我曾经是冯直的父亲的僚属，与冯直又很相好。现在周举拿这个弹劾我，这是春秋时晋韩厥的行为啊！"

第二年，获罪免官，后来又为尚书。

永和三年（138）去世。

左雄少有大志，聪明好学，知识渊博；品性笃厚，善助邻里，誉满郡县。他一生最大的贡献，是在任时实行考试选官制度，完善了科举制度。

卷六十　荀淑传

神君荀淑

【原文】

顷之，弃官归，闲居养志。产业每增，辄以赡宗族知友，年六十七，建和三年卒。李膺时为尚书，自表师丧。二县皆为立祠。有子八人：俭、绲、靖、焘、汪、爽、肃、专，并有名称，时人谓之"八龙"。

初，荀氏旧里名西豪，颍阴令勃海苑康以为昔高阳氏有才子八人，今荀氏亦有八子，故改其里曰高阳里。

靖有至行，不仕，年五十而终，号曰"玄行先生"。

【译文】

没有多久，辞官回家，闲居养志。

家产增加了，就分给宗族和好朋友。年六十七，建和三年（149）卒。

李膺这时任尚书，自己上表，服心丧三年。

二县都立祠。

有子八人：俭、绲、靖、焘、汪、爽、肃、专，都有名，当时的人叫他们为"八龙"。

起先，荀氏旧里叫西豪，颍阴令勃海苑康认为从前高阳氏有才子八人，今荀氏也有八子，所以改其旧里为高阳里。

荀靖有德行，不做官，年五十而死，号"玄行先生"。

【评点】

荀淑字季和，颖川郡颍阴人，是荀卿的十一世孙。他在年轻时就有很高尚的德行，学问渊博，不喜欢雕章琢句，徒在文字上用功，不注重实际的学识。因此，常常被俗儒看不起。但州里称他有知人之明。

汉安帝的时候，被征召去担任了郎中，后来再升当涂长。后来，他离职还乡里。这个人大有来头，有着很高的威望。何以见证呢？当时，名贤李固、李膺等都尊崇他为老师。

梁太后临朝理政，有日食、地震的变异，下诏公卿举贤良方正，光禄勋杜乔、少府房植举荀淑回答皇上的提问，荀淑讥讽指责皇上的贵戚及宠幸的人，遭到大将军梁冀的忌妒，把他调出补朗陵侯相。

荀淑到职处事正直，明于治理，称为"神君"。但是，他没有过多久，就主动辞官回家，闲居养志，过起了隐居生活。他在家乡生活，当家里富有了，家产增加了，就分给宗族和好朋友。

年六十七，建和三年（149）卒。李膺这时任尚书，自己上表，服心丧三年。

那么，亲们要问了，什么叫服心丧啊？

心丧呢，是旧时丧俗。老师死后，其弟子不着丧服，只在心里悼念，称之为心丧。相传古代黄帝时期，心丧之俗已有之。亲人去世，一生内心悲伤，永远不会平复。《易传·系辞下》说"古者丧期无数"，就指的是这种心丧。但那时的心丧是就所有亲人之丧而言。到了周代，心丧作为一种丧俗，专指学生为死去的老师服丧。《礼记·檀弓上》曰："事师无犯无隐，左右就养无方，服勤至死，心丧三年。"又曰："孔子之丧，门人疑所服。子贡曰：'昔者夫子之丧颜渊，若丧子而无服，丧子路亦然。'请丧夫子，若丧父而无服。"《史记·孔子世家》亦载："孔子葬鲁城北泗上，弟子皆服三年。三年心丧毕，相诀而去。"据《孔子家语》载：孔子死后，弟子们都位于墓旁，行心丧之礼。

汉代以后，心丧之俗所服用的对象扩大，不单是老师死了，弟子为之服心丧，恩人、兄弟、朋友死了，也有服心丧三年的。据《后汉书·马棱传》记载：马棱小的时候，父母都死了，其兄马毅把他扶养成人，恩义至深，如同父子。马毅死后，没有儿子为他戴孝。于是马棱就为兄服心丧三年。

由此可见，尚书李膺对荀淑多么敬重。

卷六十一　李固传

有一种骨气叫李固

【原文】

固对曰：

臣闻王者父天母地，宝有山川。王道得则阴阳和穆，政化乖则崩震为灾。斯皆关之天心，效于成事者也。夫化以职成，官由能理。古之进者，有德有命；今之进者，唯财与力。伏闻诏书务求宽博，疾恶严暴。而今长吏多杀伐致声名者，必加迁赏；其存宽和无党援者，辄见斥逐。是以淳厚之风不宣，彫薄之俗未革。虽繁刑重禁，何能有益？前孝安皇帝变乱旧典，封爵阿母，因造妖孽，使樊丰之徒乘权放恣，侵夺主威，改乱嫡嗣，至令圣躬狼狈，亲遇其艰。既拔自困殆，龙兴即位，天下喁喁，属望风政。积敝之后，易致中兴，诚当沛然思惟善道；而论者犹云，方今之事，复同于前。臣伏从山草，痛心伤臆。实以汉兴以来，三百余年，贤圣相继，十有八主。岂无阿乳之恩？岂忘贵爵之宠？然上畏天威，俯案经典，知义不可，故不封也。今宋阿母虽有大功勤谨之德，但加赏赐，足以酬其劳苦；至于裂土开国，实乖旧典。闻阿母体性谦虚，必有逊让，陛下宜许其辞国之高，使成万安之福。

夫妃后之家所以少完全者，岂天性当然？但以爵位尊显，专总权柄，天道恶盈，不知自损，故至颠仆。先帝宠遇阎氏，位号太疾，故其受祸，曾不旋时。《老子》曰："其进锐，其退速也。"今梁氏戚为椒房，礼所不臣，尊以高爵，尚可然也。而子弟群从，荣显兼加，永平、建初故事，殆不如此。宜令步兵校尉冀及诸侍中还居黄门之官，使权去外戚，政归国家，岂不休乎！

又诏书所以禁侍中尚书中臣子弟不得为吏察孝廉者，以其秉威权，容请托故也。而中常侍在日月之侧，声势振天下，子弟禄仕，曾无限极。虽外托谦默，不干州郡，而谄伪之徒，望风进举。今可为设常禁，同之中臣。

昔馆陶公主为子求郎，明帝不许，赐钱千万。所以轻厚赐，重薄位者，为官人失才，害及百姓也。窃闻长水司马武宣、开阳城门候羊迪等，无它功德，初拜便真。此虽小失，而渐坏旧章。先圣法度，所宜坚守，政教一跌，百年不复。《诗》云："上帝板板，下民卒瘅。"刺周王变祖法度，故使下民将尽病也。

今陛下之有尚书，犹天之有北斗也。斗为天喉舌，尚书亦为陛下喉舌。斗斟酌元气，运平四时。尚书出纳王命，赋政四海，权尊势重，责之所归。若不平心，灾眚必至。诚宜审择其人，以毗圣政。今与陛下共理天下者，外则公卿尚书，内则常侍黄门，譬犹一门之内，一家之事，安则共其福庆，危则通其祸败。刺史、二千石，外统职事，内受法则。夫表曲者景必邪，源清者流必絜，犹叩树本，百枝皆动也。《周颂》曰："薄言振之，莫不震叠。"此言动之于内，而应于外者也。由此言之，本朝号令，岂可蹉跌？间隙一开，则邪人动心；利竞暂启，则仁义道塞。刑罚不能复禁，化导以之寝坏。此天下之纪纲，当今之急务。陛下宜开石室，陈图书，招会群儒，引问失得，指擿变象，以求天意。其言有中理，即时施行，显拔其人，以表能者。则圣听日有所闻，忠臣尽其所知。又宜罢退宦官，去其权重，裁置常侍二人，方直有德者，省事左右；小黄门五人，才智闲雅者，给事殿中。如此，则论者厌塞，升平可致也。臣所以敢陈愚瞽，冒昧自闻者，傥或皇天欲令微臣觉悟陛下。陛下宜熟察臣言，怜赦臣死。

【译文】

李固对答道："臣下听说国王是以天为父，以地为母，拥有山川之宝藏。王道行得通那么就阴阳和睦，政化乖忤就山崩地震成为灾害。这都是关系于天心，见效在成事上面。所谓化以职成，官由能理。古时进而为官的人，都是有德才有爵命；今日进而为官的人，只是有财和力。臣下听说诏书务求宽大博厚，疾恨苛严残暴。可是现在的长吏以杀伐为名的，一定得到升迁重赏；而那些心存宽和没有党羽援助的，每每得到排斥放逐。因此淳厚的风气不能宣传，雕薄的习俗不能改革。即使用繁刑重禁，又有什么益处？前孝安皇帝变乱旧典，封爵给阿母王圣，因而制造妖孽，使樊丰这班人乘权放恣，侵夺主上的威严，改乱嫡嗣，把太子废为济阴王，致使圣躬狼狈不堪，亲遇其难。既从危难中出来，做了皇帝，天下人都在仰望，希望风政有所转变。积敝之后，容易得到中兴，的确应当宽厚地想为善之道；可是议论的人，还说当前的事，又与以前相同。臣下伏在山草之间，感到十分痛心。回忆汉朝兴起以来，三百多年，贤圣相继出现，十有八个君主。难道没有阿乳之恩？难道忘了贵爵之宠？然而上面害怕天威，下面根据经典，知道不可违反道义，所以不加封赏。现在宋阿母（宋娥），虽然有大功勤谨的品德，只要加以赏赐，就足以酬报她的劳苦；至于分封土地，实在与旧典相乖违。听说阿母体性谦虚，必然会逊让不受，陛下应赞许她那种辞国的高风，使她成就万安之福。一般说来，妃后之家很少完全的原因，难道是天性造成的？只是因为爵位太高太显，专揽大权，而天道最恨盈满，可他们不知自损，所以至于颠仆垮台。先帝宠遇阎氏，位号立得太快，所以得到灾祸，时间并不太长。《老子》说过：'其进锐，其退速也。'（注：进得快，也退得快。）现在梁氏外戚居在皇后所住的椒房之内，按礼是不能以妻之父母为臣，尊以高爵，还是可以的。可是她的子弟侄儿，荣显交加，永平、建初年间的故事，大概不是如此。应该使步兵校尉梁冀以及诸侍中还居黄门之官，使国家大权离开外戚之手，政权归于国家，难道不很好吗？

又诏书禁止侍中尚书中臣子弟不得为吏察孝廉的原因，就是因为他们掌握威权，照顾私情，准予请托的关系。而中常侍在日月的旁边，声势振动天下，子弟要做官，没有什么极限。虽然外表看似谦默，不插手州郡，可是那些谄伪之徒，望风推举。现在可为设常禁，与中臣相同。

从前光武帝第三女馆陶公主替她儿子求做郎，明帝不同意，赐钱千万。为什么轻厚赐，重薄位，为的是官人失才，害及百姓哩。臣下私自听说长水司马武宣，开阳城门侯羊迪等，没有别的功德，初次拜官便补真。这虽是小过失，可慢慢破坏了旧规章。先圣的法度，应该坚守不移，政教一出差错，百年难得恢复。《诗经》上说：'上帝板板，下民卒瘅。'（注：帝王反其道而行，下民就遭殃。）这是讽刺周厉王变更先王之道，所以使下民尽病哩。

现在陛下有了尚书，等于天上有北斗星。北斗是天的喉舌，尚书便是陛下的喉舌。北斗斟酌元气，运平四时的气候。尚书出纳国王之命，布政于天下，权尊势重，责任之所归属。如果不平心办事，那么灾害必然到来。的确应该慎审选择其人，来弥补圣政。现在与陛下共同治理天下的人，外面就是公卿尚书，里面就是常侍黄门，譬如一门之内，一家之事，安宁大家就有福，危险就共遭祸败。刺史、二千石，外面统管职事，里面受法则的制约。任何事物表面歪曲，影子必斜，源流清澈的流水必干净，等于敲敲树根，百枝都动摇哩。《周颂》说：'薄言振之，莫不震叠。'（注：稍有振动，没有不震动。）这是说动之于内心，而反映在外表。这么说来，本朝发号施令，难道可以随便？间隙一打开，邪人就在想心思；利竞暂开一线，那么通向仁义的路就阻塞了。刑罚不能复禁，化导因此变坏。这是天下的纪纲，当前的急务。陛下应打开石室金匮之书，陈列图书，招集一班儒生，引问为政的得失，指摘变象，以求天意。他们说得中理，立即实行，选拔其人，表彰能干之辈。那么圣德每天都有所闻,忠臣竭尽他们的智慧。又应罢退宦官,免去他们的权重,裁置常侍两个,端方正直有德的人,让他们在左右省察事理;小黄门五人,有才智闲雅的,让他们在殿中工作。这样一来,议论的人厌塞,升平世界即可到来。臣所以敢于陈述愚瞽之言,冒昧上奏,倘若皇天想使微臣使陛下觉悟,陛下应熟虑臣下的话,怜悯赦免臣的死罪。"

【评点】

李固(94—147),是东汉著名的大臣。后因对策指斥时政,要求"权去外戚、政归国家",为议郎。历任荆州刺史、太山太守,政称天下第一。之后改将作大匠、大司农。汉冲帝即位后,他任太尉,与大将军梁冀参录尚书事。汉冲帝死了之后,他以建策立清河王,不屈服于梁冀,因此被梁冀记恨,并被免职。汉桓帝即位,又为冀所诬,逮捕治罪,遂死于狱中。

李固字子坚,汉中南郑(今属陕西)人。他的老爸就是著名的司徒李郃。李固这个人长得有些奇特,怎么个奇特法呢?他的头上有骨突出如鼎足,上入发际隐起,脚板上有龟文。这样的相貌,不知道是不是真实的描绘,但不管是真是假,反正这个李固呢,一出生就与众不同。在古代,对那些有成就的人大都有类似的描绘,要么说是出生时发生了奇异的事情,要么说有着奇特的相貌。总之,是为了说明这个人从小就有非凡的特征。

李固在年少的时候非常好学,常不远千里,步行寻师。这种学习劲头儿,实在是令人敬佩啊。现在的学生,条件那么好,不用千里寻师,遇到问题的时候,可以打个电话请教老师,问问同学,是多么方便啊。假如李固有今天这样优越的条件,那还指不定能学成什么样呢。即便条件那么艰苦,他还是读了许多古书,结交了不少英贤。四方有志之士,多羡慕他的风采而来向他学习。

京师人都赞叹说:"这又是第二个李公了。"他老爸就很厉害了,他肯定又是一个李郃啊。司隶、益州都命令郡守举李固为孝廉,召他为司空掾,可是,李固都不去就职。

阳嘉二年(133),有地动、山崩、火灾等变异,公卿推举李固去对策,皇上又下诏特地问他当代的弊端,以及为政应做些什么。皇上跟基层连线,征求良策了。于是,李固就洋洋洒洒表达了自己的见解,提出了很多合理化建议,诸如招集一班儒生,引问为政的得失;应罢退宦官,免去他们的权重等。上面我们摘录的选文,即是李固给顺帝的详细对策。

顺帝看了上述对策,多所采纳应用,立刻让阿母迁还弟舍,诸常侍全部叩头谢罪，朝廷的政纪肃然。顺帝立即起用李固做了议郎，可是阿母身边的宦官恨李固的话太直，太有隐患，于是就共同捏造罪名来陷害李固，事从中下。你看看，这人啊，就是复杂得很啊。不知不觉间，就有了对立面，就有了敌人。其实，人生就是这样，我们每时每刻都处在或者正要处在矛盾之中，或者从一个矛盾转往另一个矛盾。这是人生的必然。问题在于，我们应该以怎样的心态来对待那些看得见的和看不见的矛盾。在矛盾面前畏缩，是不行的，那就会压抑了自己的个性，丢失了自己的本真。而在矛盾面前觉得无所恐惧，肆无忌惮，也是不可取的，因为那样就会让你陷入危险的境地。所以，我们要学会不怕事，不找事，不坏事，在慎重考虑之后，该怎样就怎样就行了。也就是凡事要三思而后行，于己于人都有好处。这才是真正的骨气。

李固的一通建议，给自己树了敌，结果被潜规则了。大司农黄尚等人请求大将军梁商，又有仆射黄琼究明李固的案情，过了好久才得拜为议郎。

后来，李固出去做了广汉雒县县令，到了白水关，解除印绶，回到汉中，关起门来不与人交往。半年之久，梁商请求让李固做从事中郎。梁商以后父的身份辅政，柔和自守，不能有所整顿，灾异多次显现，下面权势日重。李固想使梁商先整治风化，退辞高满之位，于是给梁商写奏记道：《春秋》褒奖仪父以开义路，贬责无骇以闭利门。义路闭了，利门就打开；利门打开，义路就闭塞。前孝安皇帝内任伯荣、樊丰等人，外委派周广、谢恽等人，开门受贿，用人不当，天下议论纷纷，怨恨之声到处都是。朝廷开始建立，比较清静，不到几年，渐渐堕落。左右党进，每天均有人升官，守死善道的人，走向穷途末路，而没有改正弊端，树立正气的方法。又即位以来，十余年，太子未确立，群下都在盼望。可使宫中的嫔媵减少一些，挑选身份微贱但宜生子之人，进御到皇上那里，顺助天意。如果有了皇子，母亲自己喂奶，不要交给保妄巫医，以致出现赵飞燕那样的杀子之祸。明将军威望高地位显，应当以天下大事为忧，提倡谦虚节约，做万方的榜样。新建祠堂，费工用亿计算，不是显示美德，表示清俭的方式。数年以来，灾怪多次出现，连续多时不下雨，而阴沉多云。宫省之内，定有阴谋。孔子说：'智者见变思刑，愚者睹怪讳名。'天道没有亲疏之分，可为敬畏。近来月食尽于端门之侧。月，大臣的象征。一般来说，太高就危险，太满就溢出，月亮满了就缺，太阳到中午就偏移。这四项，自然之数。天地之心，福谦忌盛，因此贤达之人功成身退，保全名节，颐养天年，没有恐惧之忧。如使王纲一整，道行忠立，明公走伯高的路，保全不朽的名声，难道和这些外戚平庸之辈耽荣好位能同日而语吗？我是狂夫下愚之人，不知大体，私下感到古人报一饭之恩，何况受了照顾优遇而可不尽心吗？"

可惜的是，梁商没有听从。

永和年间，荆州盗贼兴起，长年不得平定，于是朝廷用李固做荆州刺史。

李固到职后，派官吏慰劳访问境内，赦免寇盗以前的罪恶，与他们从头开始。于是贼人头目夏密等收编他们的党徒六百多人，绑着自己，前来自首。李固都原谅他们，让他们回去，使他们自相招集，开示威法。半年时间，盗贼全部投降，州内从此太平无事。

李固上奏南阳太守高赐等人贪赃的秽行。高赐等怕受处分，于是共同用重金贿赂大将军梁冀，梁冀替他们千里移送檄文，可是李固抓得更紧。梁冀便令调李固做太山太守。那意思是，你不听我的，我就给你挪挪地方吧，把你挪到太山盗贼窝子里去。当时太山的盗贼屯聚多年，郡兵常有千人，追讨不能制伏。

李固到职后，将郡兵全部罢遣回去种田，只挑选留任有战斗力的百多人，用恩信招诱盗贼投降。嘿，原来的那些当兵的，是不少，可尽是些吃闲饭的啊！一千多个人，没有中用的。李固进行优化组合竞争上岗，留下百十个人，以一当十。果然，不到一年，境内的贼人都逃散了。

李固升为将作大匠。这时候，李固又闲不住了，他又开始上书陈事道：

"臣下听说气之清的为神，人之清的为贤。养身的以练神为最宝贵，治国的以积贤为正道。古时秦国想进攻楚国，王孙圉在西门设坛，陈列名臣的姓名，秦使者感到惊讶，于是停止进击。魏文侯以卜子夏为老师，以田子方为朋友，对段干木行轼礼，所以一般贤人争着到来，名声超过齐桓公，秦国不敢在西河派兵，这大概是积贤人的符命哩。陛下拨乱反正，初登大位，礼聘南阳樊英、江夏黄琼、广汉杨厚、会稽贺纯，策书赞叹他们，用大夫之位接待他们。因此隐居之人，智术之士，弹冠相庆，振衣而出，乐意替你出力，四海人民高兴，归服圣德。杨厚等人在职时，虽无奇特的表现，但每天勤勤恳恳为国事操心。臣前些时在荆州，听说杨厚、贺纯等人因病免职归田，十分惋惜。有一天朝会时，看见诸侍中都是年轻人，没有一位宿儒大人可做顾问的，的确可叹。应该召回杨厚等人，以满足众人之期望。黄琼处议郎，将近十年，众人都觉得开始十分看重，现在都停滞了，很可怪。光禄大夫周举，才谋高正，应在常伯之位，访以言议。侍中杜乔，学问品行很好，当世之良臣，久托疾病，可敕令起身视事。"

李固又推荐陈留杨伦、河南尹存、东平王恽、陈国何临、清河房植等人。

这天有诏书召用杨伦、杨厚等，又调升黄琼、周举，用李固做大司农。

起先周举等八使案察天下，劾奏许多不法官吏，其中多半是宦者亲属，宦者常替他们求情，诏书便叫他们不必追究。又旧任三府选令史，光禄试尚书郎，这时都系特派，不再选试。唉！皇帝的力度不够，腰杆儿不挺啊。

李固便与廷尉吴雄上书，认为八使所检举的人，应该赶快诛罚，选举署置，可归有司去办。

最后，皇帝想了想，就被他们的话感动了，于是更免八使所举的刺史、二千石，从此减少特派，责成三公，明加考察，朝廷称赞很好。

李固又与光禄勋刘宣上言道："近来选举牧守，多数不称职，甚至横行无道，侵害百姓的权益。又主上应停止盘乐游玩，专心庶政。"皇帝采纳他们的意见，于是下诏诸州劾奏太守、县令以下的官吏，政有乖错不正，对百姓没好处的，免去官职；那些奸秽重罪的人，一律收付诏狱。

后来冲帝即位，用李固做太尉，与梁冀参录尚书事。

第二年皇帝死了，梁太后认为扬州、徐州盗贼盛强，恐惊扰造成大乱，使中常侍诏李固等，想等到所召诸王侯到齐才发丧。

李固答道："皇帝虽然年少，还是天下之父。今日崩亡，人神感动，岂有臣子反共掩匿吗？古时秦始皇死在沙丘，胡亥、赵高隐瞒而不发丧，卒至害死扶苏，以至亡国。近来北乡侯死了，阎后兄弟和江京等人也一起掩秘，于是有孙程杀人之事。这是天下之大忌，切不可做的。"太后听从了，当天晚上就发丧。

李固认为清河王刘蒜年长有德，想立他为帝，对梁冀说："今当立帝，应选择年高而有德的，任亲政事的人，希望将军审详大计，学习周勃立文帝、霍光立宣帝，而不能像邓太后、阎太后利用君主幼弱的做法。"梁冀不听，于是立了乐安王之子刘缵，年刚八岁，这是质帝。

这时冲帝将北卜山陵作为葬址，李固便建议道："今天处处有寇贼，军兴用费加倍开支，新创宪陵，赋发非一。帝尚幼小，可起坟陵在宪陵茔内，照殇帝的康陵制度，可减少三分之一的费用。"冲帝听从李固的意见。这时太后因为连遭不幸之事，委任宰辅，李固所匡正的意见，每次听从了，那些黄门宦者一概斥遣，天下都希望太平，可是梁冀猜专，每相忌恨。

起初，顺帝时所封的官，多不按次序，等到李固在事，奏免百多人。

这班人既怨恨，又希望梁冀帮忙，于是共同写个急切的奏章诬蔑李固有罪，奏章说："臣下听说君王不同天而行事，便无以承受天命；臣子不述旧事，不能侍奉君王。古时尧死之后，舜仰慕三年，坐下就看见尧在墙边，吃饭就看见尧在羹边。这就是所谓常追来孝（注：指周文王能述追王季勤孝之行）不失臣子的气节。太尉李固，因公假私，依正行邪，离间近戚，自建支党。至于他所表举荐达的，照例是他的门徒；他所辟召之人，没有不是故旧。有的用财货贿赂，有的是他的子婿婚属，那些列在官牒上的共四十九人。他又广选贾竖之徒，来补充令史；募求好马，临窗呈试。他出入过分奢侈，车帷鲜艳曜日。皇帝大行在殡，路人都在哭泣，而李固却胡粉饰貌，搔头弄姿，游玩自如，从容冶步，竟无半点伤悴之心。皇帝之山陵尚未建成，他竟违背旧政，把好的都说在自己身上，把过错全部归于君王，斥逐旧臣，不得侍送，作威作福，没有哪个比李固更厉害的了。臣听说宰相之职，在于调理阴阳，璇玑不平，寇贼捣乱，责任就在太尉。李固受任之后，东南地区盗贼猖狂，九江、广陵两州以及数郡，千里萧条，兆民受到伤损，大化陵迟，而诋毁先主，疯狂已极。存无廷争之忠，没有诽谤之说。儿子之罪没有比累父更大，臣子的罪行没有比毁君更深。李固之罪，应该杀头。"

你看看这些嘴脸吧！欲加罪于人何患无辞乎？书奏上去，梁冀告太后，请交下面审理。太后需要李固，所以太后不听，于是李固得免于死。

梁冀忌帝之聪慧，恐产生后患，于是叫左右进鸩毒。皇帝吃了毒药之后，药效就发作了，他痛烦闷苦，派人把李固找来。

李固进去，上前问道："陛下怎么得的病？"帝还能说话，说道："吃了煮饼，现在腹中闷得很，找到水来还可活命。"当时梁冀也在旁边，说道："恐怕呕吐，不可饮水。"话未说完就死了。李固伏尸号哭，推举侍医。梁冀担心李固看出端倪来，顾虑事情被泄露，就特别恨他。随后商量立嗣，李固引进司徒胡广、司空赵戒，先给梁冀写信道："天下不幸，仍遭大忧。皇太后圣德当朝，总理万机，明将军体履忠孝之道，考虑国家的安危，而连年之间，国祚三次断绝。今当立帝，帝位是天下重器，太后十分关心，将军劳虑，详择合适的人，务存圣明。然而愚情考虑再三，私下独有想法。远寻先代废立的旧制，近见国家立帝的前事，没有不访问公卿、广泛征求意见的，务必上应天心，下面符合众人愿望。再说永初年间以来，政事很多谬误，地震宫庙，彗星出现在天，的确是将军用心思的日子到了。《古书》说：'以天下与人易，为天下得人难。'从前昌邑王被立，昏乱得很，霍光十分担心，后悔得折骨。如果不是博陆侯霍光的忠勇，大司农田延年的奋发，大汉的江山，差点倾覆了。可见事关重大，不可不深思熟虑！悠悠万事，只有这是最大的事。国家的兴衰，在此一举。"

梁冀得了信，便召集三公、中二千石、列侯大议立谁为好。李固、胡广、赵戒以及大鸿胪杜乔都认为清河王刘蒜明德著闻，又是最尊亲，应立为嗣。不过梁冀另有想法，蠡吾侯刘志当娶梁冀之妹，这时正在京师，梁冀想立他。

众人不同意，梁冀愤愤不乐，可又没有别的理由可以改变大家的主意。

中常侍曹腾等听了，晚上到梁冀那里劝说道："将军几代人与皇后有亲，掌握大权，宾客胡作非为，多有过失。清河王为人很严明，如果立君，那么将军受祸的日子便不久了。不如立蠡吾侯，富贵可长久保持哩。"梁冀同意他们的话。

第二天重新开会，梁冀意气汹汹，言辞激动。自胡广、赵戒以下的官吏，没有不害怕的。都说："大将军发令就是。"可是李固与杜乔仍坚持原来的意见。

梁冀大声宣布"罢会"。

李固的意见再次不被听从，但是他还希望众人之心可立，又写信给梁冀。梁冀那个气啊！他便劝太后先策免李固的官，去你的吧！总是跟老子对着干，你没有好果子吃的！最后，他们立了蠡吾侯，这便是桓帝。

后一年有余，甘陵刘文、魏郡刘鲔各打算立刘蒜做天子，梁冀因此诬蔑李固与刘文、刘鲔等散布妖言，将他们关进牢狱。这时候，李固的门生勃海王调贯械上书，证明李固是被冤枉的。

河内赵承等数十人也力挺李固，太后明了他们的意思，于是赦了罪。等到李固被放出牢狱，京师里那些百姓都高声喊：万岁！

这足以表达出人们的心声啊。可是，在梁冀听来，令他大吃一惊。为什么啊？很明显，他是真的害怕李固名声道德将来对自己有大害，于是再次力奏前面的事，把李固杀了，当时年仅五十四岁。一代忠臣良将，竟然遭此毒手，天地动容啊！

临死前，李固给胡广、赵戒那帮子软骨头写信道："我受了国家大恩，因此竭尽股肱之力，不顾个人死亡，志在扶持王室，达到文帝、宣帝那样。哪想到一朝梁氏迷谬，你们曲从，把好事变为坏事，成功变为失败呢？汉朝衰亡，从此开始了。你们受了主上的厚禄，颠覆而不扶持，倾覆国家大事，后代的良史，难道会容你们的私心？我的身体完了，在义方面还是有所得，还有什么可说呢！"

胡广、赵戒得了信感到悲痛惭愧，都长叹流涕。

州郡将李固的两个儿子李基、李兹从郾中逮捕了，都死在狱中。但是老天有眼，不让良臣绝后，李固的小儿子李燮逃出，保全了性命。

梁冀便封胡广、赵戒的官，而把李固的尸首露放于交通要道，命令说有敢于接近的加罪处理！可是，李固的弟子汝南郭亮，年刚成童，游学到了洛阳，到朝廷上书，冒死请求替固收尸。南阳人董班也去哭李固，殉尸不肯离开。

太后同情他们，于是免了郭亮死罪，又让董班用布包起李固的尸体归葬。

李固所著的章、表、奏、议、教令、对策、记、铭共十一篇。

李固作为东汉时代著名的忠正耿直的大臣，他坚决与梁冀一派腐朽势力做斗争。他表现出来的坚贞、勇敢的斗争精神，与梁冀以及屈从梁冀淫威的人相比，成为受到后人赞扬的另一种典型的历史人物——铁骨铮铮，刚正不阿。这就是有骨气的李固。

卷六十二　窦武传

忠义之士

【原文】

时国政多失，内官专宠，李膺、杜密等为党事考逮。永康元年，上书谏曰：

臣闻明主不讳讥刺之言，以探幽暗之实；忠臣不恤谏争之患，以畅万端之事。是以君臣并熙，名布百世。臣幸得遭盛明之世，逢文、武之化，岂敢怀禄逃罪，不竭其诚！陛下初从藩国，爰登圣祚，天下逸豫，谓当中兴。自即位以来，未闻善政。梁、孙、寇、邓虽或诛灭，而常侍黄门续为祸虐，欺罔陛下，竞行谲诈，自造制度，妄爵非人，朝政日衰，奸臣日强，伏寻西京放恣王氏，佞臣执政，终丧天下。今不虑前事之失，复循覆车之轨，臣恐二世之难，必将复及，赵高之变，不朝则夕。近者奸臣牢修，造设党议，遂收前司隶校尉李膺、太仆杜密、御史中丞陈翔、太尉掾范滂等逮考，连及数百人，旷年拘录，事无效验。臣惟膺等建忠抗节，志经王室，此诚陛下稷、卨、伊、吕之佐，而虚为奸臣贼子之所诬枉，天下寒心，海内失望。惟陛下留神澄省，时见理出，以厌人鬼喁喁之心。

臣闻古之明君，必须贤佐，以成政道。今台阁近臣，尚书令陈蕃，仆射胡广，尚书朱寓、荀绲、刘祐、魏朗、刘矩、尹勋等，皆国之贞士，朝之良佐。尚书郎张陵、妫皓、苑康、杨乔、边韶、戴恢等，文质彬彬，明达国典。内外之职，群才并列。而陛下委任近习，专树饕餮，外典州郡，内干心膂。宜以次贬黜，案罪纠罚，抑夺宦官欺国之封，案其无状诬罔之罪，信任忠良，平决臧否，使邪正毁誉，各得其所，宝爱天官，唯善是授。如此，咎征可消，天应可待。间者有嘉禾、芝草、黄龙之见。夫瑞生必于嘉士，福至实由善人，在德为瑞，无德为灾。陛下所行，不合天意，不宜称庆。

当时国家的政治失误很多，宦官专权，李膺、杜密等人因党事被逮捕审讯。

永康元年（167），窦武上书说："我听说英明的皇帝，不怕人说讥刺的话，为的是了解一些黑暗的事实；忠臣不担心因谏诤皇上而遭到祸害，为的是使国家万事顺畅。所以君臣和洽，名扬百世。我有幸遇上盛明时代，逢文武的教化，难道敢于保禄位以逃罪，对皇上不竭诚尽智？皇上最初是在藩国，后来才登上帝位的，天下欢欣，认为是国家中兴。但是，即位以来，没有看见好的政治措施。梁冀、孙寿、寇荣、邓万代，虽然被诛灭，但常侍宦官继续为祸，欺侮陛下，争行诡诈，他们擅自创立制度，随便给坏人官爵，朝廷政治一天一天坏下去，奸臣一天一天强起来。窃思西汉放纵王氏，谄媚的臣子执政，终于丧失了天下。现在不考虑前事失败的教训，再走覆车的轨道；我恐怕秦朝二世胡亥的祸难一定会再现，赵高的变乱，不是早上就是晚上要到了。最近奸臣牢修，制造党议，将前司隶校尉李膺、太仆杜密、御史中丞陈翔、太尉掾范滂等人逮捕审讯，牵连几百人，整年拘审，无事实根据。我想李膺等人立忠秉节，志在王室，这真是皇上稷、卨、伊、吕的辅佐，却反为奸臣贼子所诬陷，天下的人都为此感到寒心，全国人民为之失望。请陛下留心省察，即时处理，以满足人鬼的期望。

"我听说古时候的明主，一定要有贤明的辅佐，使政治清明。现在朝里亲近的臣子，尚书令陈蕃、仆射胡广、尚书朱寓、荀绲、刘祐、魏朗、刘矩、尹勋等，都是国家可靠的人才，朝廷的好助手。尚书郎张陵、妫皓、苑康、杨乔、边韶、戴恢等，文质彬彬，熟悉国家的典章制度。朝廷内外的事，各种人才都在，随陛下任用。但是，陛下却委任接近一班小人，专门树立饕餮贪残的坏人，使他们在外任州郡大官，在朝廷内充当心腹。应当依次把他们贬谪罢去，按罪行大小惩处，剥夺宦官欺国的封爵，治他们非法欺君的罪，任用忠良，分清好坏，使邪正毁誉，名副其实，爱惜官位，只授予善人。这样，灾异可以消除，上天的感应可以立至。近来有嘉禾、芝草、黄龙出现。那些祥瑞是应嘉士而生，福来是由好人，在德为瑞，无德为灾。陛下做的，不合天意，不应称庆。"

窦武字游平，扶风郡平陵县人，安丰戴侯融的玄孙。他的爸爸叫窦奉，是定襄太守。窦武年轻时以经术德行而著名，曾经教授大泽中，不涉及时政，名声显著关西一带。这可是聪明之举啊，什么都讲，可就是不涉及时政。这样安全，是明哲保身啊。

延熹八年（165），长女被选进宫中，桓帝命为贵人，任窦武为郎中。这年冬天，贵人立为皇后，窦武升任越骑校尉，封槐里侯，五千户。第二年冬天，授城门校尉。这下子显赫了！荣华富贵，蜂拥而至。可是，这个皇帝的老丈人在任职期间，征召名士，廉洁奉公，深恶坏人坏事，不接受送礼贿赂，妻子衣食仅仅够吃够穿而已。

这时羌蛮作乱，粮食歉收，人民饥饿，窦武将所得两宫的赏赐，全部分给太学诸生，又用车载粮食饭菜，在道路上施给贫民。

窦武哥哥的儿子窦绍，任虎贲中郎将，性情疏懒奢侈。窦武经常很严厉地训诫他，看他还不觉悟，于是上书请求把窦绍撤职，窦家门里怎么出了你这么个不争气的小子？滚回老家去吧，别在这里给我丢脸了！然后，他又责备自己不能训导好窦绍，应当首先受罪。经过这么一通言传身教，疏懒奢侈不思悔改的窦绍就有所触动了，他从此便遵守节制，不论大小，凡是非法的，都不再去做。

当时国家的政治失误很多，宦官专权，李膺、杜密等人因党事被逮捕审讯。永康元年（167），窦武上书，跟皇上讲了很多深刻的问题，将目前国家的病症、病因进行了深入分析，并对症下药，开了行之有效的处方。

疏送上去之后，窦武以病为由，把城门校尉、槐里侯两个官职的印绶交给了组织。他知道，跟皇上说这样深刻的触及深层问题的话，按照惯例，是要出事儿的，势必要触动某些人的利益，是要给自己树敌。这是有很多血淋淋的例子摆在那里的。所以，干脆把官衔都上缴吧，他做了最坏的打算。可是，皇帝不许，又诏原宥李膺、杜密等，自黄门北寺、若虚、都内诸狱，罪轻的犯人都释放出来了。

这年冬天，桓帝逝世。汉桓帝没有儿子，于是，就面临着一个谁来做皇帝的问题。窦武召侍御史河间刘鯈，问他对国中王子侯的意见，刘鯈说解渎亭侯刘宏好。他听取了各方意见，都是这个意见。于是，窦武跑入宫中报告太后这件事情。最后，就征召刘宏立为皇帝，他就是汉灵帝。

窦武被任为大将军，常居宫中。

灵帝即位后，论定功劳，更封窦武为闻喜侯；子窦机，渭阳侯，任侍中；兄子窦绍为鄠侯，升步兵校尉（这一回，他是真的知道自己的叔叔窦武的良苦用心了吧？俗话说不听老人言，吃亏在眼前。假若当年窦绍不听窦武的训斥，不知道悔改，他哪里会有如今？）；窦绍的弟弟窦靖为西乡侯，为侍中，监羽林左骑。

窦武辅朝以后，经常有诛杀宦官的想法，太尉陈蕃也久有此谋。

他们在朝堂会议时，陈蕃悄悄地对窦武说："中常侍曹节、王甫等，在先帝时就操弄国家权柄，把天下搞得乌烟瘴气，百姓纷扰，罪祸就是他们。现在不诛杀曹节等人，以后就难办了。"窦武非常同意，陈蕃大喜，用手推开坐席而起。

窦武于是招引同志尹勋为尚书令，刘瑜为侍中，冯述为屯骑校尉；又征召被废黜的天下名士前司隶校尉李膺、宗正刘猛、太仆杜密、庐江太守朱㝢等，齐集朝廷，请前越巂太守荀翌为从事中郎，征召颍川陈寔为属，共同商定计策。

于是天下雄才俊杰，知道了形势所趋，没有不抬着脑袋，踮起脚，想贡献自己的才智的。正逢五月日食，陈蕃再说窦武："从前萧望之被石显所害，近来李膺、杜密诸公祸害及于妻室儿女，何况今天石显有数十人呢！我已八十高龄，想助将军除害，现在可以借日食为由，斥退罢黜宦官，以抵天变。又赵夫人和女尚书，从早到晚乱太后，应当赶快除掉她们。希望将军好好考虑啊！"窦武于是告诉太后说："老规矩，黄门、常侍，但当供事宫中，守门户，掌管宫中钱物而已。现在竟使他们参与政事，任要职，到处有他们的子弟，专干贪污横暴的事。天下纷扰，就是这个缘故。应当全部诛杀，扫清朝廷。"太后说："汉以来的老规矩，只应当诛杀有罪恶的，难道可以全部废掉吗？"当时中常侍管霸有才略，专制宫中事。

窦武先请诛杀管霸及中常侍苏康等，处死之后，窦武再次请诛杀曹节等，太后犹豫不忍，事情久拖未决。

至八月，太白星出现在西方。

刘瑜平常懂得天文，认为不祥，上书皇太后说："太白星犯房星左骖，上将星入太微星，占卜的结果：应当关闭宫门，对将相不利，奸人在人主的旁边。请赶快防避。"又给窦武、陈蕃写信，说他觉得星辰错位，对大家不利啊，应该赶快决定大计。窦武、陈蕃接到刘瑜的信，准备发动诛杀宦官，于是以朱寓为司隶校尉，刘祐为河南尹，虞祁为洛阳令。

窦武奏请免去魏彪的黄门令，用他所亲信的小黄门山冰代替。

使山冰奏请把一贯狡猾特别无行的长乐尚书郑飒，送北寺狱。

陈蕃对窦武说："这些家伙就应当立即收杀，还要审讯干啥！"窦武不听他的意见，命令山冰与尹勋、侍御史祝王晋杂乱地审问郑飒，飒的供词牵及曹节、王甫。

尹勋、山冰就奏请收捕曹节等人，使刘瑜报告皇太后。

这时窦武出宿归府，管理中书的先把他告到长乐五官史朱瑀那里。出了叛徒了。

朱瑀偷了窦武的奏书看了，骂道："宦官放纵非法的当然可以杀嘛。我们这些人有什么罪呢，何以应该一起族灭？"因此大呼道："陈蕃、窦武奏请太后废帝，这是大逆不道！"于是晚上召集他的亲信强壮有力的长乐从官史共普、张亮等十七人，口含牲畜血共同立盟发誓诛灭窦武等人。

曹节听了，惊惶地告帝说："外间非常紧张，请出御德阳前殿。"使皇上拔剑踊跃，让乳母赵娆等拥护保卫左右，收取入门的证件，把各禁门统统关闭。皇帝召集北军五校士数千人驻都亭下，命令军士说："黄门宦官反叛，尽力诛杀的封侯重赏。"诏令少府周靖、行车骑将军与护匈奴中郎将张奂率五营士讨伐窦武。

第二天清晨，全军驻宫门下，与窦武的部队对阵。

王甫的兵慢慢增多了，命令战士大呼窦武军道："窦武反，你们都是禁兵，应当保卫宫省，为什么跟着反叛的人呢？先投降的有赏！"营府平日畏服宦官，于是窦武的军队稍稍归王甫。自早晨到食中午饭时，窦武的部队投降得差不多了。

窦武、窦绍逃跑，被王甫的军队追捕包围，没有办法，他们都自杀了。惨案还没有结束，王甫的军队收捕他们的宗亲、宾客、姻属，全部诛杀，刘瑜、冯述，都被夷灭宗族。并把窦武的家属徙到日南，迁太后于云台。

这时，凶恶的宦官得志，正直的人都丧气不敢吭声。

窦武的府掾桂阳胡腾，年轻时从窦武学习，一个人为窦武收尸埋葬，因此被禁锢，不得为官。窦武的孙子窦辅，当时仅两岁，因为逃避，没有受害。也是老天有眼啊。后来被发觉了，曹节等人收捕紧急，非要抓住他斩草除根不可。好在胡腾和令史南阳张敞一起帮助窦辅逃到零陵境里，假称已经死了。胡腾认窦辅为自己的儿子，并且为他娶了妻子。后来被举为桂阳孝廉。

卷六十三　董卓传

第一节　老大是怎样炼成的

【原文】

董卓字仲颖，陇西临洮人也。性粗猛有谋。少尝游羌中，尽与豪帅相结。后归耕于野，诸豪帅有来从之者，卓为杀耕牛，与共宴乐，豪帅感其意，归相敛得杂畜千余头以遗之，由是以健侠知名。为州兵马掾，常徼守塞下。卓膂力过人，双带两鞬，左右驰射，为羌胡所畏。

【译文】

董卓字仲颖，陕西临洮人。性情粗猛有谋略。少年时曾经游历羌族地区，交结豪侠。之后回到家中耕种田地，董卓所结交的豪侠之士有来投奔他的，董卓为他们宰杀耕牛，和他们一起饮宴作乐。这些豪侠之士都很感激董卓的盛情，回去集聚好财物，共得到上千头牲畜送给董卓，从此他以勇健侠气知名。被任用为州里的兵马掾，曾在塞下巡逻守备。董卓体力过人，佩带两个弓匣左右奔驰发射，羌胡人都怕他。

【评点】

董卓出生于殷富的地方豪强家庭。当时岷县属于边远地区，与西北少数民族羌人的居住地相邻。羌人野性、彪悍，董卓也沾染了他们的一些习性。董卓自小养尊处优，少年时期便形成了放纵任性、粗野凶狠的性格。地方豪强之家嘛。在那样

486

的家庭环境和社会环境中长大，势必要有所影响。史书载，董卓"少好侠，尝游羌中""性粗猛有谋"。董卓年轻时就曾经到羌人居住地游历，倚仗地主豪强的出身和富足的资产，多与羌族部落酋长交往。董卓不仅体魄健壮，力气过人，还通晓武艺，骑上骏马，能带着两匣弓箭，左右驰射。他那野蛮凶狠的性格和粗壮强悍的体魄，使得当地人们都畏他三分。不仅乡里人不敢惹他，周边羌人也不敢有丝毫怠慢。羌族首领豪帅为了保全自己，极力迎合趋附董卓，并且与他结为好友，以求暂时相安无事。地方豪帅们经常带着大量的牲畜和财物前来拜望，与董卓称兄道弟。他十分熟悉那里的情况，见羌人如此敬畏自己，便寻思如何来利用和控制他们，在羌人中培植和收罗亲信，为自己以后的长远发展打下基础。

于是，在野心驱使下，董卓丝毫不吝惜花费自己的家产，每当羌人豪帅来家做客，他便杀牛宰羊款待羌人豪帅，以取得他们对自己的支持和拥护。羌人一方面畏服董卓的凶悍，一方面感于董卓的"豪爽"，所以都归附他，愿意听候他调遣。一次，一个羌人豪帅见董卓家的牛羊宰得所剩无几，便从老远的地方赶来上千头牛，赠给董卓。由此可见，董卓当时在羌人中的影响之大。除了结交羌人，董卓还注意保持自己在当地豪强中的地位和影响，凭着他非凡的才武，拉拢、兼并其他势力，不断巩固和扩大自己的力量。他经常扮演游侠豪杰的角色，在当地享有"健侠"的美名。同时，董卓还收罗大批失意、落魄的无赖之徒，他们为董卓的义气所感动，后来都一直死心塌地地跟随他。就这样，董卓一步一步发展成为老大。

董卓势力的扩张有着深刻的历史背景和社会根源。自汉光武帝刘秀建立东汉政权以来，地方豪强地主势力就相当强大。东汉末期，由于中央政权衰弱，农民起义不断，地方豪强便趁机兼并土地，扩充势力。朝廷对豪强势力的膨胀虽然深感忧虑，但又无能为力。在众多矛盾冲突并发的灵帝时期，中央政府一方面想极力抑制地方豪强，另一方面又不得不利用地方豪强来镇压农民起义和少数民族的反抗，董卓也毫不例外地成了官府利用和招抚的对象。这跟梁山好汉的事情有的一拼。

当时董卓就出任州兵马掾一职，负责带兵巡守边塞，维护地方治安。这样一来，董卓通过控制更多的羌人，为他今后势力发展奠定了坚实的基础。一时之间，董卓成为闻名陇西的风云人物，不管是在官府，还是在民间，董卓都具有举足轻重的地位。白道黑道，董老大是通吃啊。

随着自己势力的不断膨胀和地位的相继上升，董卓似乎已不满足于边远豪强的名分，认为自己需要更加广阔的政治空间。于是，他开始进一步蓄积力量，伺机发展。不久，东汉朝廷急于解决西羌问题。这对于董卓来说，是一个极其重要的发展契机。西羌问题一直是东汉政府最棘手的民族问题：自汉安帝永初二年（108）开始，羌人就不断发动反叛，涉及范围相当广泛，持续时间也很长久。汉桓帝年间，西羌问题不仅没有得到丝毫平息，反而声势更加浩大。羌人不堪忍受汉朝地方官吏对他们的残酷剥削和压迫，不断杀死汉人官吏，侵占州县。而面对羌人的反抗，内忧外患的东汉政府根本就束手无策，只得求救于地方豪强，想借他们的力量来缓解西羌危机。当时，深知董卓底细的陇西地方官吏便极力向朝廷推荐董卓，这无疑给董卓创造了一个发展势力、满足贪欲和野心的良机。

公元167年，董卓担任羽林郎，统管元郡（汉阳、陇西、安定、北地、上郡、西河）羽林军。不久，他升为军司马，跟从中郎将张奂征讨并州反叛的羌人。征战中，董卓极力表现自己，充分发挥他勇猛强悍的优势，纵横冲杀，左右开弓，由于战绩突出，因功迁升为郎中，后来又因功升迁为广武（今山西省代县）令、郡守北部都尉（统治四川省汶川县西南大部分地区的官名）、西域戊己校尉（掌管西部各民族事务的官名），一直征拜至并州刺史、河东太守。至此，董卓可谓平步青云。

只是任中郎将后，他在一次镇压黄巾军的战争中惨遭失败，获罪革职，又被贬回陇西。常在河边走，怎会不湿鞋啊。当然胜败乃兵家常事。更何况，人家董卓独特的性格和狂妄的野心决定了他不会甘于失败和寂寞。

汉灵帝中平元年（184）冬天，北地郡的先零羌和枹罕县的群贼反叛，拥立羌族北宫伯玉、李文侯为将军，杀死护羌校尉泠征。后来，伯玉和李文侯又劫持金城（今甘肃兰州市西北）汉人边章和韩遂。在不断的兼并战争中，边章和韩遂势力迅猛增强，不仅杀死了金城太守陈懿，而且还于中平二年以讨伐宦官为名，率领大军，"入寇三辅，侵逼园陵"。在东汉政权面临被推翻的紧急关头，汉灵帝急忙起用和征派几乎所有强将精兵抵御边章和韩遂的进攻。于是，董卓被重迁中郎将，拜破虏将军，和司空张温、执金吾袁滂、荡寇将军周慎等，率领步兵、骑兵共十余万人屯兵美阳（今雍州武功县北），护卫园陵。

当时，边章、韩遂也正好进兵美阳。两军对垒，初一交锋，由于羌兵凶悍勇猛，而且士气旺盛，董卓所率政府军队便遭遇打击，情势不利。张温等人心急如焚，生怕朝廷怪罪，而董卓却神色自如，劝慰他们说："现在我们虽然处于不利地位，但只要我们等待时机，稳定情绪，一定能击退敌人。如果连我们当统兵将领的都惊慌失措，势必会动摇军心，给敌人创造进攻我们的机会！"

果然不出董卓所料，十一月中旬某天夜晚，皓月当空，群星灿烂。由于交战双方一直处于相互对峙的紧张状态，除了各自负责戒备的哨兵外，所有士兵都被战争拖累得精疲力竭。夜半时分，静悄悄的夜空突然出现一道长达十余丈的流星，半壁天空火光如柱，惊得边章、韩遂军营中的战马狂鸣不已。熟睡中的士兵惊醒后也被这一突如其来的奇怪现象吓得目瞪口呆，不知所措。他们以为这是战争吃败仗的不祥征兆，不愿再留在美阳打仗，都想归回旧地金城。顿时，整个军营一片骚乱，久久不能安静下来。第二天清晨，东汉军队的探马向董卓火速报告这一紧急军情。董卓听后，欣喜若狂，心想正好可以利用这一天赐良机突袭边章、韩遂的部队，杀他个措手不及，彻底消灭敌人。于是，董卓立即采取紧急行动，与鲍鸿等人合兵夹击。由于对方军心受到影响，组织不严，大部分士兵根本没有思想和防卫准备，顷刻之间遭受沉重创击，死伤无数。董卓大获全胜；边章、韩遂败走榆中（今甘肃省兰州市金城县中部）。董卓见机会难得，便马上与周慎等人率领大军追剿逃军。由于金城是羌人的地盘，势力无所不及，到处都驻有军队，而董卓等人盲目深入西羌，又犯了"穷寇勿追"的兵家大忌，在追赶过程中，遭到数万名羌人围击。孤军深入的东汉大军完全陷入西羌部队的分割包围之中。由于后方援军无法及时赶到，不到数日，各军粮草殆尽，而围兵不仅没有丝毫减退，反而进攻更加猛烈，情势十分危急。

当时，由周慎等人率领的军队被彻底击溃，只有董卓军队设计得脱。沉着老练的董卓在如此情况下，仍不惊慌，他命令士兵在河中筑一高堤坝，截断上游的流水。羌人对此感到莫名其妙。这时，羌骑侦察回来传出消息说，东汉军队整天在坝中捕捉鱼虾。西羌将领以为董卓军粮已尽，只得靠捕捉鱼虾充饥，于是，便放松了警惕，只围不攻，想困死董卓的军队。可是，很久都不见动静，等羌骑探明情况时，董卓军队早已消失得无影无踪，不知去向。原来，董卓筑坝的真正目的是迷惑敌人，以此做掩护，然后伺机悄悄撤退。胡兵、羌骑听闻董卓军队逃遁，前往追击，但河水太深，无法渡河。

因抗击边章、韩遂有功，表现突出，董卓不久便被封为鏊乡侯，食邑千户。汉灵帝中平三年（186），羌胡内部发生兵变，韩遂格杀边章、北宫伯玉、李文侯，集结三人的部队共十余万人围攻陕西，太守李相如叛离朝廷，归附韩遂。不久，韩遂又联合周边的马腾、王国等人，合兵进攻三辅，声势浩大，势不可当。中平五年（188），韩遂、马腾已攻到陈仓（今陕西省宝鸡市），危及长安和洛阳。灵帝急忙拜董卓为前将军，与左将军皇甫嵩共同解陈仓之围，大败韩遂、马腾。董卓因此又得到朝廷封赏。不断升迁的董卓势力急速膨胀。老董的势头很猛啊！

东汉朝廷为了遏制董卓权势继续滋长和蔓延，于中平六年（189）征董卓为不掌实权的少府。董卓一听，立即明白了朝廷用意，便婉言拒绝，不肯就任。喊！想削我的权柄？把我架空？门儿都没有啊！

这时候，灵帝病重，急忙召见董卓，打算拜他为并州牧，所属部队隶属皇甫嵩。野心勃勃的董卓自然对朝廷如此安排和任命不满，便回奏灵帝说："士卒大小相狎弥久，恋臣畜养之恩，为臣奋一旦之命，乞将之北州，效力边陲。"拒绝交出兵权，随即率领自己所属部队进驻河东，以观时变。老董开始行动了。他明白，这是紧要关头啊，向东还是向西，是成还是败，就在此一举了！

董卓自领兵征讨羌胡、镇压黄巾军以来，因战功显赫，受到朝廷多次重用，不断升迁，尤其是击败韩遂等人的进攻后，他的势力日趋壮大，形成了一支以凉州人为主体、兼杂胡人和汉人的混合军队。朝廷虽然对董卓加以抑制，但羽翼日趋丰满的董卓自恃战功与威望，变得越来越野心勃勃，目中无人。

第二节　章鱼一样的膨胀

屯兵河东以后，整个陇西便成了董卓的势力范围，他不仅掌握强大的武装力量，是地方军阀豪强，而且还是朝廷命官、边陲重臣。此时的董卓俨然就是一个疯狂的巨人。凭借强大的实力，极度膨胀的野心促使董卓开始着手设计问鼎中央政权的具体步骤。哼！老子胃口大开，待我想想，如何去切块更大的蛋糕吃吃！

中平六年（189）四月，汉灵帝刘宏在嘉德宫驾崩，少帝刘辩继位。由于刘辩年幼不晓事，暂时由何太后临朝主政，皇权更加衰微。宦官和外戚为了取得控制皇权的特殊权力，斗争日趋激烈。双方不惜采用一切手段，相互排挤，殊死斗争。大汉王朝内部就开了锅了。

深知朝廷派系之争的董卓得知灵帝驾崩的消息后，心中窃喜：小皇帝你死得好啊！他密切注视朝廷各派动向，随时准备相应措施，见机行事。不久，在河东伺机而动的董卓便收到大将军何进的密令。何进是谁啊？何进就是少帝的舅舅，代表外戚势力。灵帝死后，他与司隶校尉袁绍共同谋计诛杀张让，遭到何太后的反对。于是，何进便诱董卓以好处，以圣旨名义召他立即进京讨伐张让，并以此来胁迫何太后。董卓接到圣旨后，大喜过望：哦耶！我老董等的就是这样的机会啊！

于是，董卓董老大就立即召集人马，连日引军进京，并按何进的意思，上书少帝，要求"逐君侧之恶""收让军，以清奸秽"。可是，董卓万万没有想到，在他还没来得及赶到洛阳之前，何进就在争斗中被张让等人杀死。计划不如变化快啊。这可就到了考验董老大的智力的时候了。

这时，虎贲中郎将袁术（？—199）也在洛阳统兵，听到何进被杀的消息后，便放火烧毁了南宫，并追杀张让等人。张让和中常侍段珪慌忙劫持少帝刘辩和陈留王刘协半夜出逃至黄河渡口小平津（今河南省巩县西南）。

行进中的董卓远远望见京城一片火海，知道情况有变，打听到少帝在北芒，又急忙率兵前往。少帝被蜂拥而至的大军吓得惊慌失措，泪流满面。董卓威风凛凛，大摇大摆地走上前去参见少帝，并且向他询问事变经过。少帝结结巴巴，语无伦次。董卓一看，嗤之以鼻：我勒个去！这样的，也能当皇帝啊？丢人现眼！

倒是站立一旁的陈留王刘协主动上前向董卓讲述了整个事变的经过，叙述毫不含糊，条理清楚。当时，刘协只有九岁，比少帝还小整整五岁。董卓大为欢喜，认为刘协要比刘辩强得多，而且又因他是董太后亲自抚养的，于是，便有了罢黜刘辩、拥立刘协的最初念头。

董卓把少帝奉迎至皇宫后，挟天子以令诸侯，开始干预整个东汉中央政权。董卓预谋的那一块大蛋糕，搞定了！

长期统兵打仗的董卓深深体会到：要想征服百官，控制朝廷，必须得先掌握强大的军事后盾。初到洛阳时，董卓部属的兵力不超过三千人，为了一开始就给洛阳造成一种强烈的军事威慑影响，他每隔四五天就命令所部晚上悄悄溜出洛阳，第二天早上再浩浩荡荡开进洛阳，战鼓震天，旌旗招展，俨然千军万马源源不断。包括朝廷官员在内的所有洛阳人，都被董卓如此强大的实力所吓倒，不敢有丝毫越轨行为。虽然假象能暂时迷惑人，但终会被人识破。董卓此举当然只能是权宜之计，稍稍调整后，他便开始采取实际行动，以扩充兵力，收揽兵权。

大将军何进被张让伏杀后，他的部曲将领吴匡对何进的弟弟何苗（时任车骑将军）怨恨很深，认为何苗存心不肯与何进合作，而且还怀疑他与张让勾结，共同对付何进。吴匡念何进平日对自己有恩，发誓要杀死何苗，替何进报仇。他发动手下士兵，告诉他们说："是车骑将军何苗勾结张让杀死了大将军，我们一定要替大将军报仇！"于是，便联合董卓的弟弟董旻，共同攻杀何苗。结果，何苗就被他们给杀死了。何苗死后，董卓坐收渔翁之利，他大嘴一张，说：哇哈，都是我的了。果然，老谋深算的董卓不费一兵一卒就收编了何进、何苗的部队。控制中央政权，掌握洛阳卫戍军队的兵权极为重要，董卓便具体部署，派心腹大将吕布杀掉执金吾，也就是京城的公安局长，接收了全部京城防卫部队。

从此，董卓不仅控制大量常规部队，而且还掌握着洛阳的直属部队，完全具备了左右朝政的军事基础。这为他的野心进一步膨胀增加了相当分量的筹码。

当时，明眼人很多啊，其中鲍信就对董卓军事势力的膨胀有较清醒的觉察和认识，他曾对袁绍说："董卓拥有强兵，素有野心，如果现在不想办法除掉他，今后必将受其牵制。如今董卓军队人员混杂，军心不稳，组织不严，正可趁早除掉。"可是袁绍因惧怕董卓，优柔寡断，未采取行动。有了强大的军事后盾，董卓便有恃无恐，为所欲为。

首先他迫使朝廷免除司空刘弘的职务，自己取而代之。接着，为了进一步独揽中央政权，董卓决定召集文武百官商议废除少帝，另立新皇帝。在一次会议上，董卓肆无忌惮地说："少帝愚昧懦弱，不能敬奉宗庙，没有资格担任天下的君主。

为国家和汉室江山着想，我想效法伊尹放太甲，霍光废昌邑的故事，废掉少帝，让他下课算了，咱们就改立陈留王刘协为天子吧。这孩子不错！"在场官员大多慑于董卓的淫威，对他独断专行、随心所欲的行为敢怒不敢言。只有尚书卢植当面提出反对意见，认为少帝只是年纪幼小，行为品性根本就不能与太甲和昌邑王相提并论。董卓大怒，没想到卢植如此不敬，胆敢当众反对自己，便立即命令士兵将他推出斩首，幸亏侍中蔡邕极力劝阻，卢植才免于一死。

之后，董卓废掉少帝，将他贬为弘农王；另立陈留王刘协，即为汉献帝。废立皇帝之后，董卓又看着何太后不顺眼，认为她有碍自己在朝廷上下自由行动和树立威信。于是，董卓又大会群臣，向大臣们数落太后所谓的罪行，说她如何如何逼迫婆母永乐皇太后（灵帝刘宏的母亲），以致皇太后忧虑而死。这种违背婆媳常理、不讲孝顺礼节的教法，应当受到严厉惩处。之后，董卓便责令何太后迁居永安宫，不久，董卓又借故杀死少帝刘辩，毒死何太后。通过对中央政权最高阶层人员的更换和处理，整个东汉政府几乎完全受制于董卓：皇帝的废立、朝臣的任免、重大政策的制定，都由董卓说了算。此时，野心极度膨胀的董卓，已经目空一切。整个蛋糕，他都有了支配权。

改立献帝之后，董卓将自己升迁为太尉，成为三公之一，掌管全国军事和前将军事务，后又自封郿侯，拜国相，跃居三公之首，掌宰相权。董卓虽然名为"一人之下，万人之上"的国相，实际上却远远超越皇帝，享有"赞拜不名、入朝不趋、剑履上殿"等特权。一人得道，鸡犬升天。自己加官晋爵后，董卓还利用自己手中的特权，大肆加封董氏家族成员。他首先封自己的母亲为池阳君，越礼配备家令和家臣，地位与皇家公主相当。同时，董卓又拜弟弟董旻为左将军，封鄠侯，另外还封自己年幼的孙女为渭阳君。更有甚者，"卓侍妾怀抱中子，皆封侯，弄以金紫"（《英雄记》）。为了更有效地控制皇帝，董卓不顾朝臣反对，胁迫献帝将都城从洛阳西迁至长安。董卓还无视礼制和皇威，在自己的封地修筑了与长安城墙规模相当的坞堡，高厚达七丈，明目张胆地用"万岁坞"来命名，并规定，任何官员经过他的封地时，都必须下马，恭恭敬敬地对他行大礼。初到洛阳时，董卓手下虽然也集结了一批心腹亲信，但是，要在庞大的中央官僚体系中纵横捭阖，单靠这些人是远远不够的。况且当时朝中许多有一定势力和影响的官僚，根本就不服董卓。对此，董卓在玩弄权术的过程中，暗中培养爪牙，广为收罗亲信，用拉拢、诱惑、排挤等手段打击和陷害一切于己不利的势力和集团。封侯后，董卓极力拉拢司徒黄琬、司空杨彪。三人在朝中拉帮结派，沆瀣一气，抬举和扶植已被贬斥的陈蕃、窦武等人。董卓不光全部恢复陈蕃等人以前的爵位，还擢升他们的子孙，以使他们世世代代为己所用。据史载，董卓利用手中特权，重新提升和任用大批党人，如吏部尚书周珌、侍中伍琼、尚书郑公业、长史何颙、司空伍处士等。不仅如此，只要是与以上人员有关的党锢之徒，董卓都把他们拔为列卿，一时之间，"幽滞之士，多所显拔"。当朝大文学家蔡邕也曾被董卓拉拢和征召。当初，议郎蔡邕因直言上书皇帝而被放逐朔方，后来遇赦返回乡里。当地官吏王智原来与蔡邕有私怨，便弹劾蔡邕有诽谤政府的言论，蔡邕又被迫离家逃命，浪迹江湖，历时十二年。董卓对蔡邕的盛名和才气早有所闻，便特别征召他进京任官，蔡邕不想再涉及政治，婉言拒绝。董卓便威胁蔡邕："如不听命，我将诛杀你们全族。"蔡邕恐惧，只好回到洛阳。董卓大喜，任命他为祭酒，十分敬重蔡邕，后来又不断升迁他的官职。史书载，蔡邕三天之内，历遍"三台"，官至宫廷随从官。董卓除了在中央各部布置亲己势力外，还通过任命太守、刺史等手段安插地方爪牙。这样，董卓通过层层安置耳目，基本上已经控制了中央和地方的主要政治力量，只要是不满他的官员稍有动作，他便毫不留情地予以彻底铲除，杀鸡骇猴，威慑朝野。董卓观察到手握实权的袁绍和曹操对己不利，必须尽早除掉。早在废立皇帝之前，董卓就想利用袁绍来支持他，可是遭到袁绍的极力反对。一次，袁绍说："东西两汉王朝恩德布满四海，万民拥戴，国泰民安。今皇上年纪虽小，但并没有恶行传布天下。你如果要罢黜皇上，改立新帝，恐怕没有人赞同你的意见。"董卓听后，凶相毕露，持剑怒叱袁绍说："我是有意看重你，没想到你如此不识抬举，今天不杀掉你，今后总是祸害！"袁绍也手按剑柄，针锋相对，董卓不敢轻举妄动。当夜，袁绍就逃奔勃海郡避难。因为袁绍是世家，董卓也不敢追究。

董卓军进驻洛阳时，曹操也在京城，而且手中掌握有一定兵权。董卓在扩充兵力、统收兵权的过程中，也曾想通过诱之以利来吃掉曹操。但曹操识破董卓的阴谋，拒绝与他合作，不辞而别，逃离洛阳。卫尉张温曾担任太尉，素来对董卓飞扬跋扈、野蛮残忍的行为极为不满。董卓也视张温为眼中钉，为了除掉这一心头大患，董卓便在朝中散布谣言，诬蔑张温与袁术长期勾结，对抗朝廷。不久，便以"莫须有"的罪名，笞杀张温。在董卓的淫威逼迫和阴谋陷害下，他的竞争对手和朝中许多忠义之臣，不是被逼迫出逃，就是被铲除消灭。贪欲驱使下的董卓，野心几度膨胀，他像章鱼一样膨胀，触角伸及所有可及的地方。为了满足和达到自己的野心，他恣意玩弄权术，滥杀无辜，引起广大官员和人们的强烈愤慨和反对。

第三节　多行不义必自毙

董卓入朝乱政，"性残忍不仁，遂以严刑协众，睚眦之隙必扳，人不自保"。

董卓的残暴本性与政治野心相结合，便直接导致了他对东汉政权和社会的巨大破坏。董卓率军初次进兵洛阳时，见城中富足贵族府第连绵，家家殷实，金帛财产无数，便放纵手下士兵，实行所谓"收牢"运动。这些士兵到处杀人放火，奸淫妇女，劫掠物资，把整个洛阳城闹得鸡犬不宁，怨声载道。控制中央政权后，董卓残忍不仁的恶性更加膨胀，经常派遣手下士兵四处劫掠，残暴百姓。汉献帝初平元年（190）二月，董卓部属的羌兵在阳城抢劫正在乡社集会的老百姓。士兵们杀死全部男子，凶残地割下他们的头颅，血淋淋地并排挂在车辕上，令人触目惊心。此外，他们还趁机掳走大批妇女和大量财物。回到洛阳后，他的手下将领把头颅集中起来加以焚烧，把妇女和财物赏赐给士兵，对外人宣称是战胜敌人所得。一次，朝中许多官员被董卓邀请去赴宴。官员们都莫名其妙，不知董卓葫芦里到底装的什么药。宴会上，董卓兴致高昂，招呼大家不要顾忌，畅怀痛饮。酒过三巡，董卓突然起身，神秘地对在场的人说："为了给大家助酒兴，我将为各位献上一个精彩的节目，请欣赏！"说完，击掌示意，狂笑不已。顿时，整个宴席变成了肃杀的刑场。董卓把诱降俘虏的几百名北方反叛者押到会场正中央，先命令士兵剪掉他们的舌头，然后有的人被斩断手脚，有的人被挖掉眼睛。其手段之残忍，令所有在场官员和士兵不忍直视，许多宾客手中的筷子都被吓得抖落在地。董卓却若无其事，仍然狂饮自如，脸上还流露出扬扬得意的神色。

还有一次，董卓把俘虏来的数百名起义士兵先用布条缠绑全身，头朝下倒立，然后浇上油膏，点火活活将他们烧死，可谓残忍至极。迁都长安时，为了防止官员和人民逃回故都洛阳，董卓将整个洛阳城以及附近二百里内的宫殿、宗庙、府库等大批建筑物全部焚火烧毁。昔日兴盛繁华的洛阳城，瞬时之间变成一片废墟，凄凉惨景令人顿首痛惜。为了攫取财富，董卓还派吕布洗劫皇家陵墓和公卿坟冢，尽收珍宝。整个洛阳城狼藉不堪，在董卓肆意践踏破坏下，已是千疮百孔，满目疮痍。曹操对此悲愤不已，他写了一首诗《薤露行》，予以讥讽：贼臣持国柄，杀主灭宇京。荡覆帝基业，宗庙以燔丧。播越西迁移，号泣而且行。瞻彼洛城郭，微子为哀伤。

董卓掌权后，国家制度朝令夕改，反复无常，严重阻碍了整个国家政权机器的正常运转。其中，他颁布的法律刑罚尤为混乱无度，不成体统：对普通老百姓往往实施严刑酷法，而对亲信家族，则违法不究，一切都取决于董卓个人的意志。《魏书》记载：董卓专门指派司隶校尉刘器登记所谓"为子不孝，为臣不忠，为吏不清，为弟不顺"的臣民，凡是册上有名者，都应处死，财产没收。不久，整个社会便民怨沸腾，冤狱遍地。为了聚敛巨额财富，董卓大量毁坏通行的五铢钱，还下令将所有的铜人、铜钟和铜马打破，重新铸成小钱。粗制滥造的小钱不仅重量比五铢钱轻，而且没有纹章，钱的边缘也没有轮廓，不耐磨损。小钱的流通直接导致了严重的通货膨胀：货币贬值，物价猛涨。据史书记载，当时买一石谷大概要花数万钱。老百姓苦不堪言，生活陷于极度痛苦之中。董卓却利用搜刮来的钱财，整日歌舞升平，寻欢作乐，生活荒淫无度。

恶有恶报，董卓的倒行逆施终于激起了广大人民的愤怒与反抗。许多有志之士出于对国家危亡的考虑，长期与董卓进行不屈斗争，在很大程度上打击和动摇了董卓的地位和基础，同时也缓解了董卓对整个东汉政权的破坏影响。起初，议郎杨勋与左将军皇甫嵩秘密商议，准备共同讨伐董卓，后来由于皇甫嵩被征调，杨勋势单力薄，才就此罢休。初平元年（190），冀州刺史韩馥、兖州刺史刘岱、豫州刺史孔伷、南阳太守张咨和袁绍等十余人纷纷起兵反对董卓，从此便掀起了大规模持续反抗董卓的斗争浪潮。不久，长沙太守孙坚率领豫州各郡军队征讨董卓，在梁地（今汝州梁县西南）被董卓部将徐荣打败，联合孙坚反董卓的颍州太守李曼也被生擒。接着，河内太守王匡又屯兵河阳津（今河南省孟县西部的黄河渡口），准备进攻董卓。不料老谋深算的董卓早有觉察，先派疑兵向王匡挑战，暗中却派精锐部队从小平津渡河北上，绕道偷袭王匡所部。王匡大败，几乎全军覆没。第二年，孙坚重新收拢流散部属，进驻梁县，准备再度讨伐董卓。董卓派胡轸、吕布迎击孙坚。由于胡、吕二人心存芥蒂，不能相处，还没交战，士兵就涣散逃离。孙坚趁机出击，胡轸、吕布大败而逃。董卓见势不妙，不得不派部将李催向孙坚求和。孙坚不理，继续进攻距洛阳只有九十里的大谷。董卓被迫率军出战，被孙坚击败，退驻渑池。孙坚乘胜追击，遇吕布，大败吕布后，出兵函谷关，分兵两路，直取新安和渑池。此时，山东诸路豪杰也纷纷揭竿而起，共同起兵声讨董卓。被多方义军逼得无路可走的董卓决定迁都长安，以避锋芒。但是，征讨董卓的斗争并没有因迁都长安而有丝毫松懈，而是更加风起云涌。这时，董卓已成了众矢之的。越骑校尉伍孚对董卓的倒行逆施十分痛恨，发誓亲手杀死董卓。一天，伍孚身藏佩刀，前来拜见董卓。交谈完毕，伍孚便告辞离去。董卓起身出门相送，用手轻轻拍着伍孚的后背，表现出极其亲切的样子。伍孚瞅准机会，猛地抽出佩刀向董卓刺去。由于杀人心切，用力过猛，失手没刺中要害。董卓大惊，慌忙奋力反击，并急呼警卫出手相救，这才脱离危险。伍孚在与警卫斗争过程中，由于寡不敌众，被乱剑刺死。事后，董卓大骂伍孚包藏祸心，不讲仁义。当时，天下老百姓为了表达对董卓的痛恨，到处传唱《千里草》的歌谣，希望他尽快死去。

初平三年四月，司徒王允、尚书仆射士孙瑞与董卓的亲信吕布共同密谋诛杀董卓。之前，王允先后与司隶校尉黄琬、尚书郑公业、尚书仆射士孙瑞等人多次商议诛杀董卓的事情。初平三年春天，王允与士孙瑞、杨瓒借登台拜神为名，又一次秘密商量废除董卓的事宜。士孙瑞说："自从去年年底以来，太阳不照，淫雨不断已达六十多天，我们应该让这种不利国家和老百姓的时期尽快结束。现在，时机大好，我们正可趁天下沸腾之际，主动采取措施，消灭罪魁祸首！"士孙瑞意在提醒王允可借天时地利人和之机除掉董卓。王允同意士孙瑞的意见，可是考虑到董卓平时戒备森严，而且他本人武力过人，如果不采取周密措施，恐怕不易得手。于是，王允便物色了董卓的亲信吕布做内应。吕布年轻勇猛，武力超群。起初董卓对他深为喜爱和信任，收他为义子，并提拔他担任骑都尉。后来，董卓又迁吕布为中郎将，封他为都亭侯。董卓把吕布当作自己的贴身侍卫。不管董卓走到哪里，吕布总是形影不离，负责保护董卓的生命安全。一次，吕布不小心得罪了董卓，董卓大怒，随手抽出刀戟向吕布掷去，幸亏吕布眼疾手快，才得以幸免。当时，吕布并没直接顶撞董卓，而是立即向他谢罪道歉，董卓便不再追究，以后也根本没把这件事放在心上。可是，吕布从此心怀私恨，吕布又与董卓的婢女私通，心中十分不安。

王允把诛杀董卓的计划告诉吕布，并要求他充当内应。起初，吕布不同意，他说："奈何（我和他）如同父子一样！"王允开导说："你姓吕，他姓董，又不是骨肉亲情。况且董卓现在是人人得而诛之的国贼，你难道还认他做父亲吗？他向你掷刀戟的时候，把你当儿子看待吗？"在王允的敦促下，吕布最终答应了。一切准备就绪，正好逢上皇帝大病初愈，朝中文武大臣都集会于未央殿，恭贺天子龙体康复。吕布借此机会，事先安排同郡骑都尉李肃等人带领十多名亲兵，换上卫士的装束隐蔽在宫殿侧门的两边。董卓刚到侧门，便遭到李肃等人的突袭。董卓大骇，慌忙向吕布呼救。吕布正襟危坐，大声道："我们是奉诏讨杀乱臣贼子，你死有余辜！"绝望中的董卓虽然奋力反抗，但已无济于事，当场被杀，并株连三族。董卓被杀后，满朝文武和所有士兵都高呼万岁！长安老百姓高兴地在大街小巷载歌载舞，共同庆祝奸贼被诛。据说董卓死后，被暴尸东市，守尸吏把点燃的捻子插入董卓的肚脐眼中，点起天灯。因为董卓肥胖脂厚，"光明达曙，如是积日"。董卓死后，西凉军余部由李傕等人率领。

在本书《五行志》中有这样一首董卓之死的童谣，歌词是这样的：千里草，何青青；十日卜，不得生。

歌词中"千里草""十日卜"合起来是董卓的名字，"何青青""不得生"则深刻地表达了当时广大老百姓对误国权臣董卓的极度痛恨，都希望他早日死去。这首民谣是东汉人民对董卓整个人生的基本评价，同时也从侧面反映了董卓对东汉末年政治和社会的消极影响。

卷六十四　华佗传

治不了自己性格的弊病

【原文】

广陵吴普、彭城樊阿皆从佗学。普依准佗疗，多所全济。

佗语普曰："人体欲得劳动，但不当使极耳。动摇则谷气得销，血脉流通，病不得生，譬犹户枢，终不朽也。是以古之仙者为导引之事，熊经鸱顾，引挽腰体，动诸关节，以求难老。吾有一术，名五禽之戏：一曰虎，二曰鹿，三曰熊，四曰猿，五曰鸟。亦以除疾，兼利蹄足，以当导引。体有不快，起作一禽之戏，怡而汗出，因以著粉，身体轻便而欲食。"普施行之，年九十余，耳目聪明，齿牙完坚。

阿善针术。凡医咸言背及匈藏之间不可妄针，针之不可过四分，而阿针背入一二寸，巨阙匈藏乃五六寸，而病皆瘳。阿从佗求方可服食益于人者，佗授以漆叶青黏散：漆叶屑一斗，青黏十四两，以是为率。言久服，去三虫，利五藏，轻体，使人头不白。阿从其言，寿百余岁。漆叶处所而有。青黏生于丰、沛、彭城及朝歌间。

【译文】

广陵人吴普、彭城人樊阿都曾跟华佗学过医。吴普依照华佗的医术治病，许多人被治好救活了。华佗对吴普说："人的身体应该得到运动，只是不应当疲惫罢了。运动则养分（谷气：中医术语，指饮食的精气，即养分）才能消化，血脉环流通畅，病就不会发生，如同门户的转轴部分因转动而不会腐朽一样。因此古时的仙人常做'气功'之类的锻炼，模仿熊悬挂（颈：通'经'，悬挂）树枝和鸱鹰转头顾盼，伸展腰部躯体，使各个关节活动，用来求得不易衰老。我有一种锻炼方法，叫作'五禽戏',一叫虎戏,二叫鹿戏,三叫熊戏,四叫猿戏,五叫鸟戏,也可以用来防治疾病,都使腿脚轻便利索,可以当作导引之术。身体不舒服,起来做其中一种禽戏,浸湿衣服热汗发出,接着在上面涂上爽身粉,身体便觉得轻松便捷,腹中想吃东西了。"吴普用这种方法锻炼,到九十多岁时,听力和视力还都很好,牙齿完整而牢固。

樊阿精通针疗法。一般的医生都说背部和胸部脏腑之间不可以乱扎针,即使下针也不能超过四分深,而樊阿针刺背部穴位深到一二寸,在胸部的巨阙穴扎进去五六寸,病就都痊愈了。樊阿向华佗求取可以服用的对人体有好处的东西,华佗传授给他"漆叶青黏散":漆叶的粉末一升,青黏的粉末十四两,按这个做比例。说是长期服用此药能打掉三种寄生虫(蛔虫、赤虫、蛲虫),对五脏有利,使身体轻便,使人的头发不会变白。樊阿遵照他的话去做,活到一百多岁。漆叶到处都有,青黏据说生长在丰、沛、彭城和朝歌一带。

【评点】

华佗字元化,沛国谯县人,又名敷。年轻的时候,他离开家乡,到徐州地区求学。他通晓《诗》《书》《易》《春秋》等儒家经典。沛国的相陈圭推荐他为孝廉,太尉黄琬征召任用,他都不去就任。他没有当官的心思。

华佗很懂得养生的方法,年纪很大的时候,外表看上去还像青壮年的容貌。白里透红,与众不同。更重要的是,他又精通医方医药,他给人治病时,配制汤药不过用几味药而已,不像现在一些医院里的医生开大方,一个感冒抓好几百块钱的药。华佗心里明了药物的分量、比例,用不着再称量。就跟杀猪卖肉的人一样,成精了,就咔嚓一刀下去,说一斤,结果,就是一斤,一钱也不差。他配好了之后,把药煮熟就让病人服饮,告诉病人服药的禁忌及注意事项,华佗起身离开后,病人的病就痊愈了。真是神了。这是内科方面。

另外,病人如果需要灸疗呢,也不过一两个穴位,每个穴位不过烧灸七八根艾条,病痛就应手消除。

还有,如果需要针疗,也不过扎一两个穴位,下针时,他会对病人说:"针刺感应应当延伸到某处,如果到了,告诉我。"于是下针。当病人说"已经到了",应声便起针,病痛很快就痊愈了。

如果病患集结郁积在体内,扎针吃药的疗效都不能奏效,应须剖开割去的,就饮服他配制的"麻沸散",一会儿病人便如醉死一样,毫无知觉,这时再开刀取出结积物。如此看来,华佗的麻醉方法,是属于今天的全身麻醉啊。病患如果在病人的肠中，就割除肠子患病部位，清洗伤口及感染部位，缝合刀口用药膏敷上，四五天后，病好了，不再疼痛，病人自己也不觉得，一个月之内，伤口便愈合复原了。这是外科手术方面的。

华佗真是一个全科医生啊，几乎没有不能治的病。这要搁在现在，就成国宝级的医学教授了。当然，那个时候，也是属于国宝级的医生啊。

华佗在医治病人的过程中，有很多传奇故事。我们不妨来领略一下他的传奇风采。

甘陵（诸侯国名）相的夫人有孕六个月了，腹痛不安，华佗察看脉搏，说："胎儿死了。"派人用手摸知道所在位置。为什么派人用手摸呢？是这样的，那时候男女不是授受不亲吗？于是就让人去摸。

当时，他给那个孕妇看病，让人替他摸，说在左边则为男婴，在右边则为女婴。那人说"在左边"，于是喂汤药流产它，果然产下男婴形状，随即痊愈。

县吏尹世苦手和脚燥热，口中干燥，不想听到人声，小便不顺畅。华佗说："试着做吃热食，出汗则痊愈；不出汗，此后三日内死亡。"立即做吃热食而不出汗，华佗说："五脏的元气已断绝在体内，当呼叫哭泣而死亡。"果然如华佗所言。郡守府中的官吏倪寻、李延同时到来就诊，都头痛发烧，病痛的症状相同。华佗回答说："倪寻是外实症，李延是内实症，所以治疗应当不同。"马上分别给两人服药，次日早晨两人一同起来，都已病愈，行动自如了。

盐渎（地名，东汉属广陵郡，今江苏盐城市西北）严昕与数人一起探问华佗，刚刚来到，华佗对严昕说："您感觉体内好吗？"严昕说："自己觉得跟平常一样。"华佗说："您有急病反映在脸色上，不要多喝酒。"坐完回去，行了几里，严昕突然头脑眩晕，眼发花，看不清楚，坠落车下，人们搀扶他返回，乘车回家，第二夜死去。原来的督邮顿子献，也就是汉代郡守佐吏，掌管督察纠举所辖各县违法之事的官，他得了病，但自己感觉已经痊愈了，到华佗那里察看脉搏，进行复查，华佗说："还是有虚症，还没有康复，不要做致人疲劳的事，与女子交合马上就死。临死时，会吐舌数寸。"他的妻子听说他的病除掉了，从百里外来看他，晚上住下来，情不自禁行了房事，结果间隔三日病发，完全像华佗说的那样，吐舌而死。督邮徐毅得病，华佗前去看望他。徐毅对华佗说："昨天让官府内负责医疗的小官吏刘租针刺胃部后，便感到味苦咳嗽，想要躺下却不安宁。"华佗说："针刺未及胃部，误中肝脏了，食量应会日益减少，过五日不能挽救。"接着，真的像华佗所说的那样。东阳（县名）陈叔山的小儿子两岁，得了病，腹泻，常在早间啼哭，一天天地瘦弱疲困。询问华佗，华佗说："他的母亲怀孕，阳气生养于体内，未能达到体表，致使乳汁气虚偏冷，孩子得到母亲的寒气，所以使他不能应时而痊愈。"华佗给他四物女宛丸（丸药名），十日即病除。

彭城有位夫人夜里到厕所去，蝎子蜇了她的手，呻吟呼叫没有办法。华佗让温汤水在旁边煮热，浸手在里面，终于可以睡着，但旁边的人屡次为她换热水，汤要令其温暖病手，次日早晨就痊愈了。军队中的小吏梅平得了病，被去名籍后回家，家居住在广陵郡，没有到二百里，留宿在亲戚家中。一会儿，华佗偶然到了主人许家，主人请华佗察看梅平，华佗对梅平说："您早遇到我，可以不到这种地步。如今疾病已经凝集，赶快回去可以和家人相见，五日后命终。"按时回去，正如华佗所说的时间。

华佗行在路上，看见一个人患咽喉堵塞的病，想吃东西却吃不下，家里人用车载着他去求医。华佗听到病人的呻吟声，车马停止去诊视，告诉他们说："刚才我来的路边上有家卖饼的，有蒜泥和大醋，你向店主买三升来吃，病痛自然会好。"他们马上照华佗的话去做，病人吃下后立即吐出蛇（这里指一种寄生虫）一条，把虫悬挂在车边，想到华佗家去拜谢。相当于现在的人，给医生送的"华佗再世"之类的锦旗一样。但是，华佗还没有回家，他的两个孩子在门口玩耍，迎面看见来送"锦旗"的人，小孩相互告诉说："像是遇见咱们的父亲了，车边挂着的'病'就是证明啦。"病人上前进屋坐下，看到华佗屋里北面墙上悬挂着十几条这类寄生虫的标本。

又有一名郡守得病，华佗认为这人极其愤怒就好了，于是多次接受他的礼品而不加以医治，还留下书信辱骂他。郡守果然大怒，命人追赶捕杀华佗。郡守的儿子知道情况，嘱咐使者不要追赶。郡守怒得更厉害了，吐黑血数升而痊愈。这一招啊，华佗应该慎用，一定要有一个在场的知情人才好。否则，到时候可就说不清楚喽。

又有一士大夫不舒服，华佗说："您病得严重，应当开腹取疾。然而您的寿命也不过十年，病不能使您死，忍病十年，寿命也就全到尽头，不值得自己特意开刀。"士大夫不能忍受疼痛，发痒，一定要去除它。华佗随即下手，所病不久痊愈，十年后终于死了。

广陵郡太守陈登得了病，心中烦躁郁闷，脸色发红，不想吃饭。华佗为他切脉说："您胃中有虫好几升，将在腹内形成一种肿胀坚硬的毒疮，是吃生鱼、生肉造成的。"马上做了二升药汤，先喝一升，一会儿把药全部喝了，过了一顿饭的工夫，吐出了约莫三升小虫，小虫赤红色的头都会动，一半身体还是生鱼脍的模样，也就是切得很细的鱼肉的样子，所受病痛也就好了。华佗说："这种病三年后该会复发，碰到良医才以救活。"按照预计的时间果然旧病发作，当时华佗不在，正如华佗预言的那样，陈登死了。这个人真是大意，明知道事情会发生，为什么不提前挂号预约华佗呢？真是命当该绝。

大人物曹操听说了华佗的医术，于是就召唤华佗，华佗常守在他身边。曹操为头痛病所苦，每当发作，就心情烦乱，眼睛眩晕。华佗只要针刺膈俞穴，应手而愈。李将军的妻子病得很严重，召唤华佗切脉，说："胎儿受到伤害而不能去除。"将军说："听说确实胎儿受到伤害，胎儿已经去除了。"华佗说："胎儿没有去除啊。"将军以为不是这样。华佗告辞离去，妇人稍微好些，百余日后又发病，再召唤华佗，华佗说："此脉相按照先例有胎儿。先前应该生两个婴儿，一个婴儿先去除，血出得太多，后面的婴儿没有及时产下。母亲自己没感觉到，旁边的人也没有领悟，不再接生，于是不得生产。胎儿死了，血脉不能回复，必然干燥附着他母亲的脊背，因此造成脊背疼痛。如今应当施以汤药，并针刺一处，这个死胎必定产下。"汤药针刺施加后，妇人疼痛急着想要生产。华佗说："这个死胎日久干枯，不能自己出来，适宜派人掏取它。"果然得到一个死去的男婴，手足完备，颜色发黑，长大约一尺。

华佗的卓绝医技，可从上文所述各病例中看出。然而他本是读书人，以医术养活自己，心里常感懊悔。为什么懊悔呢？当时，中国封建社会中医生属于"方技"，被视为"贱业"，所以华佗时常"自悔"。当然，这也算是华佗思想上的一个局限性吧，虽然不是他的错，当时就是这么一个状况。

后来曹操亲自处理国事，得病沉重，让华佗专为他个人治病。也就是打算正式聘他为私人医生。华佗说："这病难以治好，不断地进行治疗，可以延长一些寿命。"华佗长期远离家乡，想回去看看，因此说："刚才收到家中来信，正要短期回家一趟呢。"到家后，推托妻子有病，多次请求延长假期不回来。曹操多次用书信召唤，又下诏令郡县征发遣送。华佗自恃有才能，厌恶吃侍候人的饭，还是不上路。我凭什么专门伺候你啊？真的。关键的是，他对这个曹操没有什么好印象。

曹操很生气，派人前往查看：如果他妻子确实生病，就赐赠四十斛小豆，放宽假期；如果他虚假欺骗，就逮捕押送他回来。结果去了一看，他的老婆好好的呢。因此用专车把华佗递解交付许昌监狱，拷问服罪。荀彧向曹操求情说："华佗的医术确实高明，关系着人的生命，应该包涵宽容他。"那意思是说，华佗是百年不遇的大人才啊，你可不能毁了这样的人才！曹操不屑一顾，说："不用担忧，天下会没有这种无能鼠辈吗？天下的医生，多了去了！"在曹操看来，这医生啊，举国上下，一抓一大把，少了他华佗一个，又有何妨？结果是，终于拷问致死华佗。一代名医就这么死在了曹操的手里。后人痛恨曹操，这也是一个原因。

华佗临死前，拿出一卷医书给狱官，说："这书可以用来救活人。"狱吏害怕触犯法律不敢接受，华佗也不勉强，讨取火来把书烧掉了。这书烧得让多少后人心痛啊！

华佗死了以后，曹操脑神经痛没有去除。曹操说："华佗能治好这种病。这小子有意拖延我的病，不加根治，想借此来抬高自己的地位，如果我不杀掉这小子，也终究不会替我断掉这病根的。"曹操觉得华佗故意不给他治病，是打算敲他竹杠，他偏偏不肯中计。可是，到后来他的爱子曹冲病危，曹操才感叹地说："我后悔杀了华佗，使这个儿子活活地死去了。"后悔还有什么用啊？后悔是神马，神马是浮云。没有用。亲，我们做决定的时候，可一定要深思熟虑，三思而后行，可不能因为一时冲动，一时气愤就草率做出决定，结果留下遗憾，让自己后悔不迭啊。

　　当初，军中小吏李成苦于咳嗽，早晚不能入睡，经常吐带脓的血，因此询问华佗。华佗说："您的病是肠道痈疽脓肿，咳嗽所吐出来的，并非从肺里来。给您药末两钱，应当吐出二升余脓血，终了，能自己保养，一月可以小起，自己好好把握珍爱，一年便能健康。十八年当有一次小的发作，服用这个药末，也将再痊愈；如果不得此药，仍旧要死。"再给两钱药末。李成得到药，走了五六年，亲戚中有病似李成的人，对成说："您如今强健，我要死了，怎么忍心隐藏药物，以等待我不幸？先拿来借给我，我痊愈，为您再向华佗索要。"李成给了他。由于这个缘故到了谯地，打算找华佗再要点药救命的，可是正好赶上华佗验明收下，被投进监狱了，于是，他趋利避害，不愿意再向华佗求药。结果是避了小害取了大害。十八年后，李成的病终于又复发了，因为无药可服，在痛苦和悔恨中死去。

　　一代神医华佗，医人无数，受到世人永远地追忆和崇敬。不过，这个世界上，是没有完人的。他的人性的弱点在于，他的恃才孤傲。他指出某人有什么病，可是人家不信，他就拂袖而去，结果人家就死了。假如他更耐心一点予以施救的话，不就又可救活一条性命吗？这就是骨子里的一股傲气使然，你不信我，好，我也不强求你，你爱咋的咋的吧，我不管了！就是这样的心理。

　　还有，他觉得自己是一个读书人，虽然行医救人，可是自己很看不起医生这个职业，赤脚医生嘛，没有什么出息，低人一等，窄人一背。更关键的一点就是，他觉得自己很有才能，不肯屈服于曹操，结果被曹操给杀害了。从这一点上来讲，我们除却痛骂曹操，还要思考，华佗为什么看病还要有所选择啊？医德的至高境界，应该就是治病，应该撇弃国别，丢弃私怨。比如你是一个医生，邻居和你家有纠纷，可邻居重病，你可以不用你的医术来救治他吗？一代医圣，医人无数，却医不好自己性格上的弊病。

　　当然，我们这么说，是有求全责备的意味了。总体来说，华佗是中国医学的一个标志，一个骄傲，他是举世公认的医圣，是备受国内外崇敬的医学大家，对医学的发展做出了卓越贡献。他独创的五禽戏对后世的健身强体运动也有很深的影响。